高等职业技术院校汽车类专业教材

汽车发动机电控技术

主编　黎亚洲　陈和平

中国劳动社会保障出版社

简介

本书主要内容包括：发动机电控系统概述、空气供给系统、燃油供给系统、电子控制系统、点火控制系统、污染物排放净化控制系统、发动机电控系统故障诊断、发动机电控系统新技术等。

本书由黎亚洲、陈和平担任主编，陈乃昌、张喜顺担任副主编。

图书在版编目(CIP)数据

汽车发动机电控技术/黎亚洲等主编. —北京：中国劳动社会保障出版社，2014

高等职业技术院校汽车类专业教材

ISBN 978－7－5167－1375－4

Ⅰ. 汽…　Ⅱ. ①黎…　Ⅲ. ①汽车－发动机－电子系统－控制系统－高等职业教育－教材　Ⅳ. ①U464

中国版本图书馆 CIP 数据核字(2014)第 240303 号

中国劳动社会保障出版社出版发行

(北京市惠新东街 1 号　邮政编码：100029)

*

河北鹏盛贤印刷有限公司印刷装订　新华书店经销

787 毫米×1092 毫米　16 开本　30 印张　556 千字

2014 年 11 月第 1 版　2025 年 6 月第 13 次印刷

定价：56.00 元

营销中心电话：400-606-6496

出版社网址：http://www.class.com.cn

http://jg.class.com.cn

前言

为了更好地适应全国高等职业技术院校汽车类专业的教学要求，全面提升教学质量，人力资源和社会保障部教材办公室组织有关学校的骨干教师和行业、企业专家，在充分调研企业生产和学校教学情况、广泛听取教师对现有教材反馈意见的基础上，吸收和借鉴各地高等职业技术院校教学改革的成功经验，对现有全国高等职业技术院校汽车类专业教材进行了修订（新编）。

本次教材修订（新编）工作的重点主要体现在以下几个方面：

第一，合理更新教材内容。

根据企业岗位和教学实践的需求变化，确定学生应具备的能力与知识结构，调整部分教材内容，使知识技能点的深度、难度、广度与实际需求相匹配；根据相关专业领域的最新发展，淘汰陈旧过时的内容，补充新知识、新技术、新设备、新材料等方面的内容；根据最新的国家技术标准编写教材内容，保证教材的科学性和规范性。

第二，加强实践技能的培养。

根据就业岗位对技能型人才所需能力的要求，进一步加强实践性教学内容，采用了理论知识与技能训练一体化的编写模式，以体现“做中学”“学中做”的教学理念。

第三，衔接职业技能鉴定要求。

教材编写以国家职业标准为依据，涵盖相关国家职业标准高级的知识和技能要求，并在配套习题册中增加了相关职业技能考试的练习题。

第四，精心设计教材形式。

在教材的呈现形式上，尽可能使用图片、实物照片和表格等将知识点生动地展示出来，力求让学生更直观地理解和掌握所学内容。

第五，提供全方位教学服务。

本套教材配有习题册、教学参考书、电子课件和习题册答案，电子课件和习题册答案可通过中国人力资源和社会保障出版集团网站（http：//www. class. com. cn）或职业教育教学资源和数字学习中心（http：//zyjy. class. com. cn）免费下载。

本次教材的修订（新编）工作得到了辽宁、吉林、江苏、山东、河南、广东等省人力资源和社会保障厅及有关学校的大力支持，在此我们表示诚挚的谢意。

人力资源和社会保障部教材办公室

2014 年 8 月

目 录
Contents

模块一 发动机电控系统概述

课题一　发动机电控系统的组成和工作原理

学习目标

◆ 熟悉发动机电控系统的组成。

◆ 了解发动机电控系统的工作原理。

◆ 熟悉发动机电控系统中各传感器的位置及功能。

观察传统汽车发动机供油示意图（见图 1—1—1）和电控汽车发动机供油示意图（见图 1—1—2），试分析两者之间的异同，并说说为什么现代汽车上的发动机普遍使用电控技术。

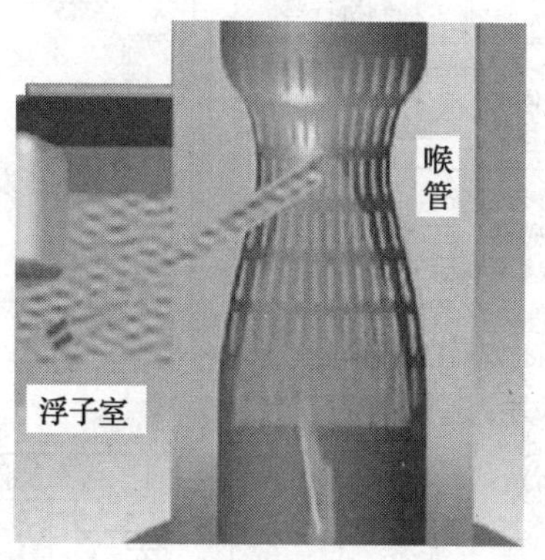

化油器主供油

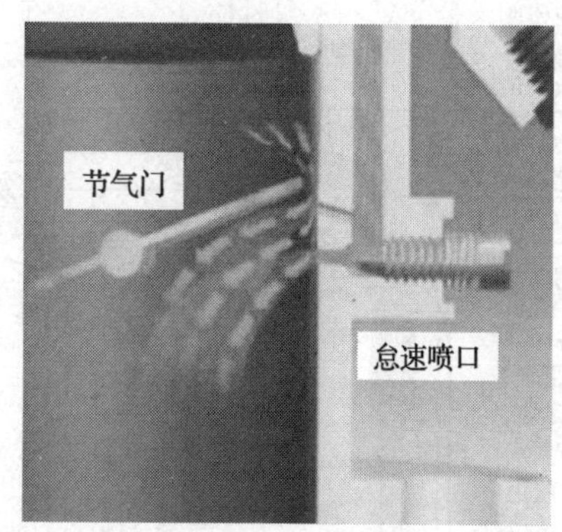

化油器怠速供油

图 1—1—1　传统汽车发动机供油

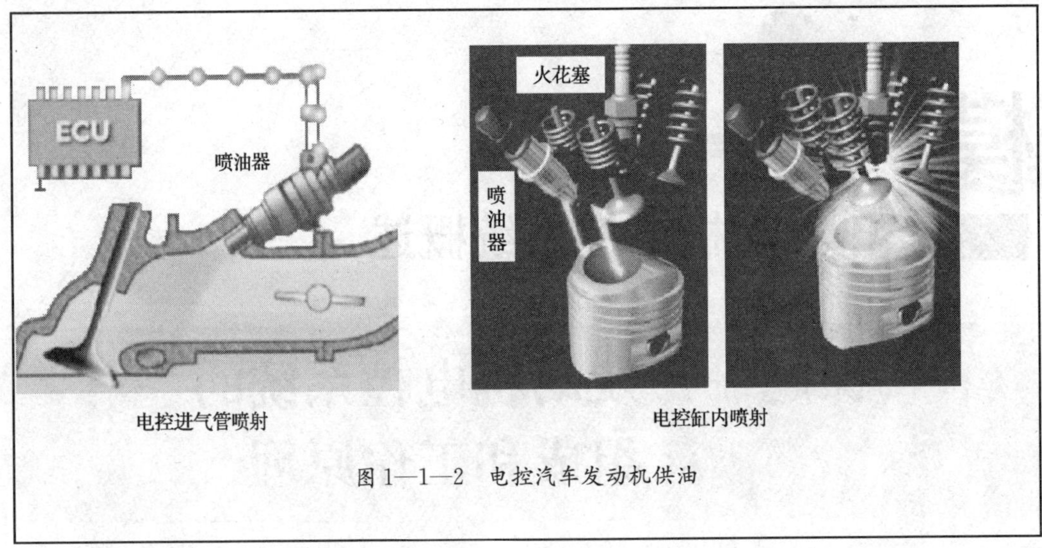

图 1—1—2 电控汽车发动机供油

一、发动机电控系统的组成

发动机电控系统如图 1—1—3 所示，由空气供给系统、燃油供给系统、点火控制系统、污染控制系统和电子控制系统 5 个子系统组成。每个子系统的组成如图 1—1—4 所示。

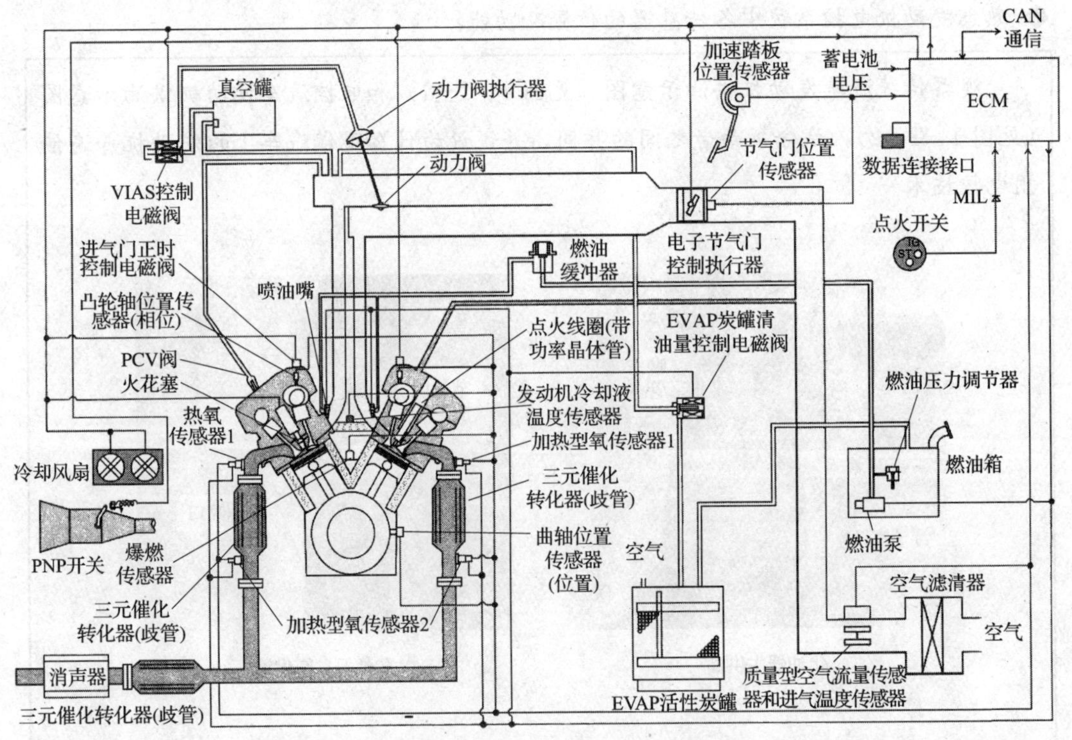

图 1—1—3 发动机（日产天籁 VQ35DE）电控系统

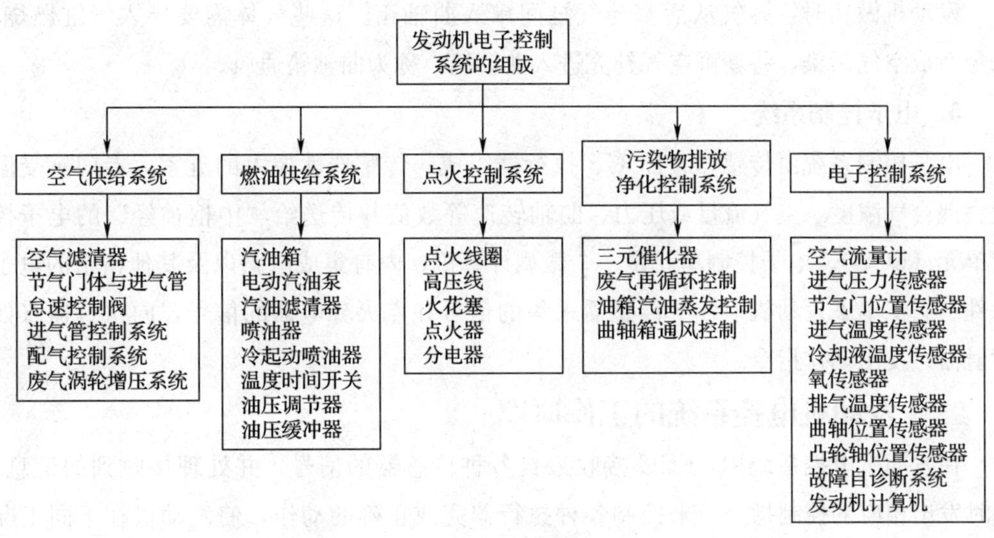

图 1—1—4　发动机电控系统的组成

1．空气供给系统

空气供给系统各部分的作用是：空气滤清器过滤空气；空气流量计是计量发动机进气量，其内的进气温度传感器用来检测进气温度，使进气量计量更准确；节气门体控制发动机进气量和发动机怠速。空气供给系统通过动力阀等配气控制系统保证流过进气道的空气量最大。

2．燃油供给系统

燃油供给系统各部分的作用是：油箱内汽油由电动汽油泵泵出，燃油滤清器过滤后，油压调节器将压力调整为比进气管压力高约 250 kPa。当油路压力超过规定值时，一部分回到油箱，大部分经分配油管配送给各个喷油器和冷起动喷油器。当 ECU 发出信号给喷油器通电时，与进气量相适应的汽油被喷射到进气歧管中。

3．点火控制系统

点火控制系统的作用是：准时点燃空气与汽油形成的混合气，使发动机做功。

4．污染物排放净化控制系统

污染物排放净化控制系统的作用是：减少发动机工作时对大气的污染。汽车发动机的污染物来自油箱、发动机曲轴箱和排气管。

油箱内的汽油受热蒸发后，利用炭罐吸附，防止挥发到大气中。并在发动机工作时，汽油蒸气被吸入进气管，进入气缸燃烧。

排气管的废气污染物有 HC、CO 和 NO_x。利用三元催化器转化为水和二氧化碳。利用废气再循环（EGR），将部分废气导入气缸，可降低气缸内的温度，减少 NO_x 的排放。

发动机做功时，燃气从活塞与气缸间窜入曲轴箱。这些气体需要导入气缸燃烧，以免造成空气污染，将新鲜空气补充进入曲轴箱，称为曲轴箱通风。

5. 电子控制系统

电子控制系统由传感器、ECU、执行器组成。传感器就像人的五官，专门感受温度、混合气浓度、空气流量或压力、曲轴转速等数值并传送给“中枢神经”的电子控制单元（ECU）。电子控制单元是一个微型计算机，内有集成电路以及其他精密的电子元件。它汇集了发动机上各个传感器采集的信号和点火分电器的信号，向执行器（如喷射器）发出动作指令。

二、发动机电控系统的工作原理

在发动机电控系统中，ECU 接收来自各种传感器的信号，并处理接收到的信息，同时发出相应的控制指令，来控制各种执行器完成正确的动作，使发动机在不同工况下均能使混合气获得合适的空燃比，如图 1—1—5 所示。发动机电控系统控制功能见表 1—1—1。

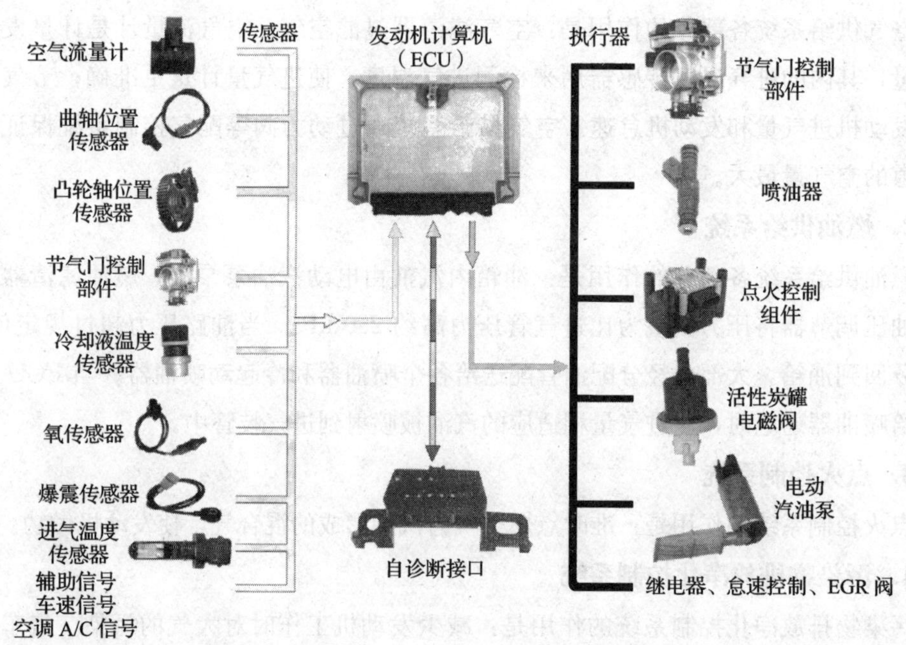

图 1—1—5　发动机电控系统工作原理图

三、发动机电控系统传感器的位置及功能

发动机电控系统传感器的位置及功能以威驰发动机电控系统为例说明。如图 1—1—6 所示为威驰发动机电控系统的元件位置图，标明了各传感器的实际位置，它们的外形、位置及功能见表 1—1—2。

表 1—1—1　　发动机电控系统控制功能

控制功能	具体内容
燃油控制	1. 电动汽油泵控制：发动机微型计算机通过汽油泵继电器控制汽油泵。发动机工作，电动汽油泵工作；发动机不工作，电动汽油泵不工作；在发动机起动前，点火开关置于 ON 挡时，汽油泵运转 2 s，以提高油压，便于起动；以恒定的压差将一定量的汽油喷入进气管 2. 根据汽车运行工况，通过控制喷油器的通电时刻和通电时间，实现控制喷油时刻和喷油量。喷油器开启时刻是在进气门打开前 70°
点火控制	发动机微型计算机根据曲轴位置传感器和凸轮轴位置传感器，确定点火时刻基准。再根据发动机运行工况，确定最佳点火时刻（点火提前角），及控制点火线圈电流大小和通电时间（导通角）
怠速控制	ECU 根据冷却液温度传感器信号，在发动机冷起动时，控制怠速阀门全开，以便于着车。发动机起动后，ECU 控制发动机以 1 200 ～1 600 r/min 快怠速运转，并提前点火，便于暖车；当水温升高到一定温度后，发动机以 800 r/min 正常怠速运转。当转向和开空调时，ECU 根据动力转向开关和空调开关信号，提高发动机转速，保证转向机油泵和空调系统正常运转
进气控制	1. 谐振控制：随着进气门的开闭，使气流的频率与进气管的频率相等，利用进气流的惯性和谐振效应，提高进气量 2. 进气管长度控制：一般而言，进气管长，压力波长，可使发动机中低转速区功率增大。进气管长度短时，压力波波长短，进气能量大，利用共振原理可使发动机高速区功率增大 3. 气门升程控制：发动机低速时，进气门开度小，有利于提高进气流的惯性和进气量 4. 配气相位控制：控制进排气门的关闭时刻和重叠角，可大幅提高充气效率，减少废气污染 5. 废气涡轮增压：用增压器是将空气先压缩，增加其密度，使进入气缸的实际进气量比自然进气量多，从而达到增加发动机功率、改善燃料经济性和排放性能
排放控制	1. 三元催化器：当 CO、HC 和 NO_x 通过三元催化器孔道时，转化为无毒的水（H_2O）、氧气（O_2）和氮气（N_2） 2. 废气再循环控制：在发动机中高速运转时，ECU 控制 EGR 阀，使部分废气进入气缸中再循环，降低气缸中的温度，从而减少 NO_x 的排放 3. 油箱汽油蒸发控制：油箱和化油器内的汽油受热蒸发后，利用炭罐吸附，防止

续表

控制功能	具体内容
排放控制	挥发到大气中。发动机工作时，节气门打开，负压通过真空管吸开控制阀，将汽油蒸气吸入进气管，进入气缸燃烧 4. 曲轴箱通风控制：发动机做功时，燃气从活塞与气缸间窜入曲轴箱。窜气需要导入气缸燃烧，以免造成空气污染，新鲜空气补充进入曲轴箱
自诊断控制	出现故障时，ECU 检测有问题的传感器，在 ECU 中储存故障码，并点亮故障灯。采用人工或用解码器，从 ECU 中可读取故障码

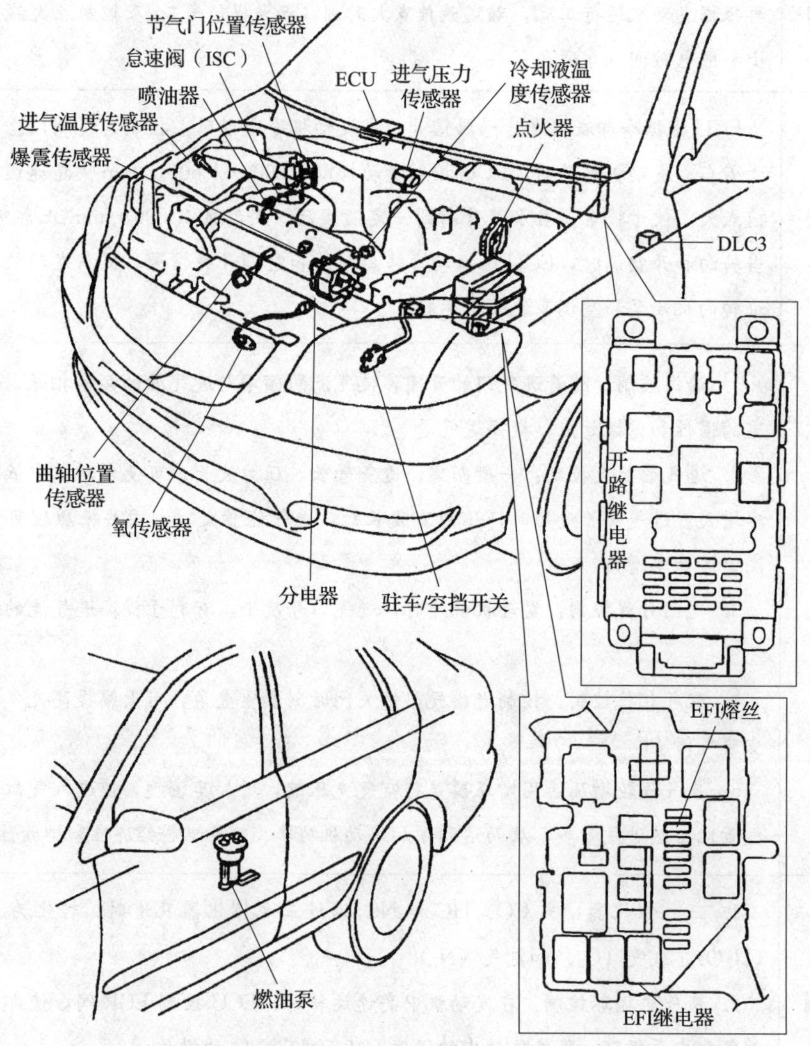

图 1—1—6　威驰发动机电控系统的元件位置

表 1—1—2　　　　各传感器的外形、位置及功能

传感器名称	外形	安装位置	功能
节气门位置传感器		节气门位置传感器 节气门拉索架 节气门 怠速控制阀 加热水管	检测发动机的工况，怠速阀用来控制发动机的怠速
空气流量计		空气流量计	检测进气量，是进气管路的一部分
进气歧管绝对压力传感器		节气门位置传感器 进气压力传感器 怠速阀	检测进气量
氧传感器	通气孔	氧传感器 氧传感器 氧传感器 发动机 排气管 三元催化器 氧传感器	检测废气中含氧量，实现空燃比的闭环控制
冷却液温度传感器			检测发动机冷却液温度，修正空燃比和点火时间

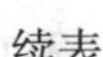
续表

传感器名称	外形	安装位置	功能
进气温度传感器		进气温度传感器 节气门位置传感器	检测进气温度，修正空燃比和点火时间
曲轴位置传感器		曲轴位置传感器	检测曲轴转动位置，作为点火时间和喷油时间的计时
爆震传感器		爆震传感器	检测做功时是否产生爆震，以实现点火时刻的闭环控制

思考与练习

1. 简述发动机电控系统的组成。
2. 简述发动机电控系统的工作原理。
3. 发动机电控系统传感器的功能有哪些？
4. 发动机电控系统有哪些控制功能？

课题二　发动机电控系统的类别、特点及发展趋势

学习目标

◆ 了解发动机电控系统的一般类型。

◆ 了解发动机电控系统的特点及发展趋势。

按照不同的分类方式，发动机电控系统有多种类型。观察下图，说说图 1—2—1 属于哪种类型的发动机，图 1—2—2 属于哪种类型的燃油喷射系统？

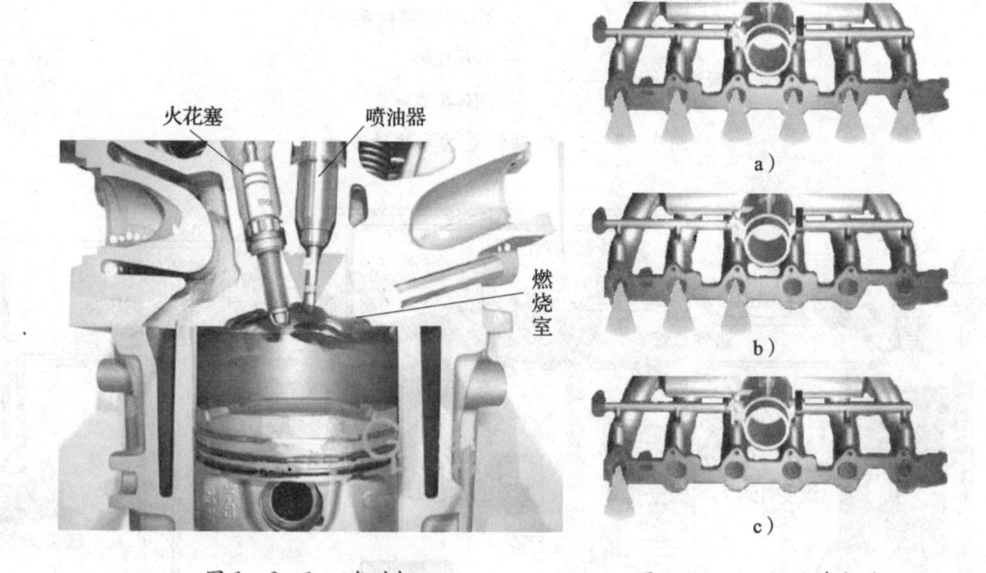

图 1—2—1　发动机　　图 1—2—2　燃油喷射系统

一、发动机电控系统的类别

发动机电控系统按不同的标准有多种分类方式，如图 1—2—3 所示。

1．按喷射装置的控制方式分类

(1) 机械控制式（K 型）汽油喷射系统

如图 1—2—4 所示，发动机稳定运行时，空气流冲开空气计量板，经空气计量器、

进气总管、歧管进入气缸。空气计量器的位移，反映进气量的大小，通过杠杆机构使油量调节柱塞产生位移，改变燃油计量槽开度大小，控制喷油量，达到控制混合气空燃比的目的。为满足冷起动、暖机、全负荷等工况要求，K系统还设有冷起动喷油器、暖机调节器、怠速辅助空气阀等装置，以便根据不同工况对基本喷油量进行修正。

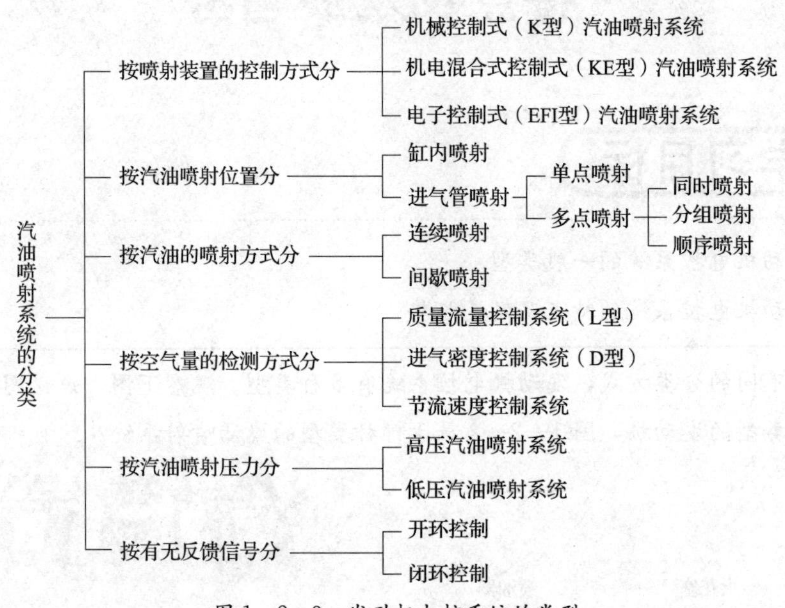

图1—2—3　发动机电控系统的类型

图1—2—4　奔驰230SEL轿车采用的K型汽油喷射系统

柱塞与带槽孔的套筒是一副精密偶件，套筒上部周向开有与发动机缸数相等的长5 mm、宽0.1～0.2 mm的纵向出油槽，套筒下部开有出油孔。柱塞上下较粗的两个圆柱带部分与套筒上进出油口相通。柱塞移动时，其上部的密封环便遮住狭长出油槽的一部分，使出油槽截面随进气量不同而变化，改变供给喷油器的燃油量。当燃油压力高于喷油器针阀弹簧力时，打开喷油器针阀，燃油便喷入进气歧管。

（2）机电混合控制式（KE 型）燃油喷射系统

KE 型是在 K 型燃油分配器上安装了电液式压差调节器，ECU 根据冷却液温度、节气门位置传感器输入的信号控制电液式压差调节器动作，通过改变燃油分配器燃油计量槽进出口压差，调节燃油供给量，达到修正发动机不同工况混合气空燃比的目的，如图 1—2—5 所示。

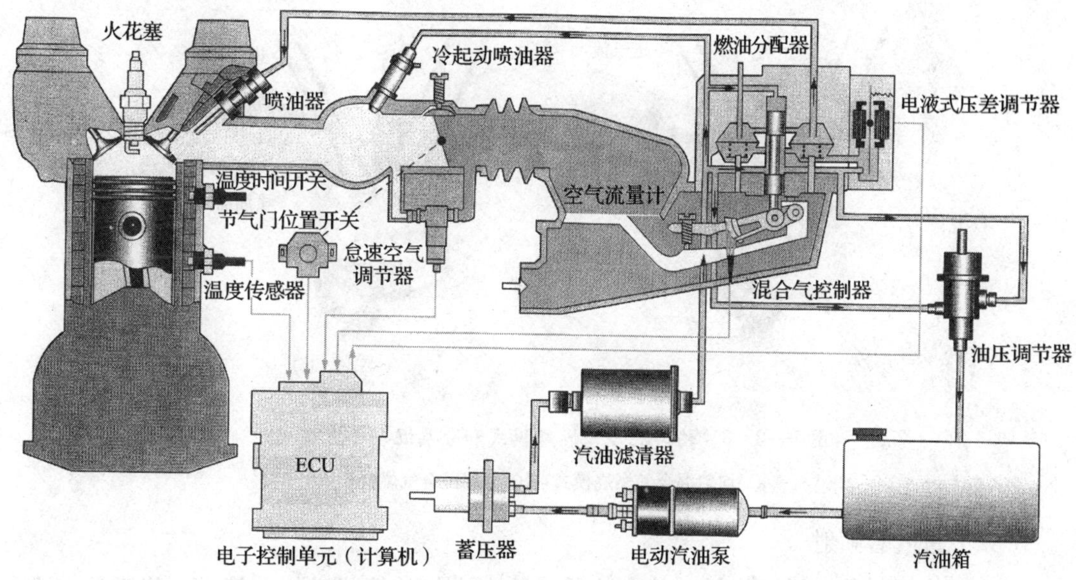

图 1—2—5　奔驰 380SEL 轿车采用的 KE 型汽油喷射系统

K 型和 KE 型控制精度低，在早期奔驰和奥迪轿车上采用。

（3）电子控制式（EFI 型）燃油喷射系统

由于控制精度较高，废气污染小，现代汽车发动机普遍采用电子控制式燃油喷射系统。

2．按汽油喷射位置分类

（1）缸内喷射

如图 1—2—1 所示为缸内喷射汽油机的剖视图。汽油机缸内喷射又称为汽油直接喷射，三菱汽车公司称为 GDI，大众汽车公司称为 FSI（Fuel Stratified Injection，成分层直喷）。与进气道喷射相比，GDI 喷射压力更高、油耗低、燃烧更彻底、排放污染物更少、动态响应好、压缩比大，功率和扭矩可以同时提升。目前只有大众汽车公司和三菱汽车公司掌握这项技术，但造价较高。目前大众和奥迪品牌的汽车已广泛使用这三项技术。

缸内喷射属于高压喷射。有两种燃烧模式：均匀混合气燃烧模式和分层混合气燃烧模式。分层混合气燃烧模式称为 FSI（Fuel Stratified Injection），意指燃油分层喷射。可实现空燃比为 40∶1 的“稀薄燃烧”，比较节油。而进气道喷射汽油发动机的空燃比为 15∶1。

活塞顶部是球形，从进气门冲进的空气，在活塞的压缩作用下形成涡流运动。当压缩行程将要结束时，喷油器从燃烧室顶部喷油，汽油与空气在涡流运动的作用下形成混合气，这种急速旋转的混合气是分层次的，越接近火花塞越浓，易于点火做功，如图 1—2—6 所示。

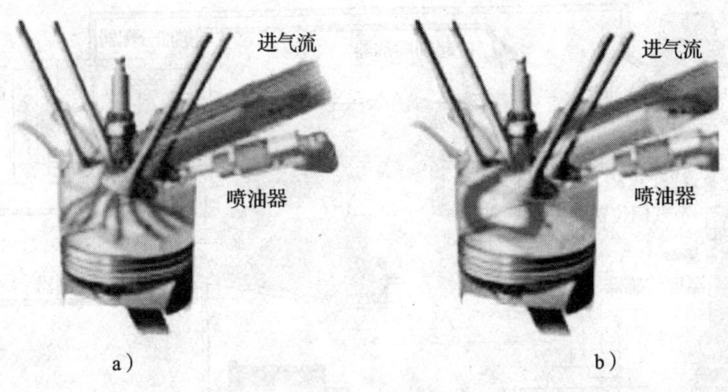

图 1—2—6　均匀混合气燃烧模式和分层混合气燃烧模式

a）均匀混合气燃烧模式　b）分层混合气燃烧模式

（2）进气管喷射

进气管喷射属于低压喷射。其喷油器安装在进气歧管或进气总管上，将汽油向进气管喷射。有单点喷射和多点喷射之分。

单点喷射又称节气门体喷射系统（简称 TBI）或中央喷射系统（简称 CFI），其英文为 Single Point Injection，SPI，如图 1—2—7 所示。在结构布置上与化油器式发动机有些相似，采用一个或并列的两个喷油器，采用连续喷射。直接将汽油喷入节气门前方的进气管中，与进气气流混合，形成的混合气通过进气歧管分配至各气缸。

喷油器安装在节气门上方的进气总管处，距发动机气缸盖较远，不易产生气阻。进气总管处的截面积小，空气流速快，混合气较均匀，所以汽油压力比多点喷射系统低，一般为 100 kPa 左右。其他的传感器和执行器等与多点汽油喷射系统基本相同。目前采用的车型较少。但是，喷油器离气缸较远，冷天容易积油，控制精度较低。

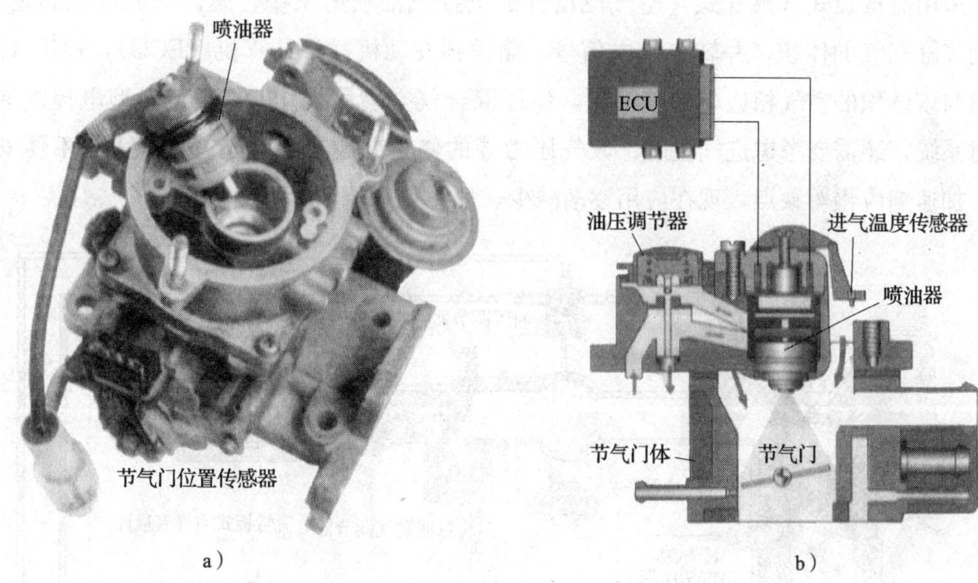

图 1—2—7　单点喷射

a）节气门体实物图　b）原理图

现代汽车广泛采用多点间歇喷射，英文为 Multi Point Injection，MPI，每个气缸进气门前都装有喷油器。如图 1—2—2 所示为进气管喷射系统，喷油器工作顺序有同时喷射（见图 1—2—2a)、分组喷射（见图 1—2—2b）和顺序喷射（见图1—2—2c)。尤其是顺序喷射，与各缸进气行程同步进行喷射，有利于燃油的蒸发，及与空气很好地混合；由于喷油实时性强，能更加精确地控制空燃比，提高汽油机的动力性，降低了排放污染；但是增加了喷油器驱动电路，使硬件设计和控制软件更复杂，需要更高性能的微处理器，增加了成本。

3．按汽油的喷射方式分类

（1）连续喷射

单点喷射采用连续喷射。

（2）间歇喷射

多点喷射采用间歇喷射。一般发动机每转一周，在进气之前，各缸喷油一次。

4．按空气量的检测方式分类

按空气量的检测方式，汽车发动机电控系统可以分为流量控制型、速度密度控制型和节流速度控制型。

（1）流量控制型

采用空气流量计直接测量吸入的空气量，称为流量控制型电控汽油喷射系统（L型）。空气流量计形式不同，又分为体积流量控制型和质量流量控制型。

采用流量板式（翼片式）空气流量计的电控汽油喷射系统，属体积流量控制型，检测气缸充气的体积，并转换成电信号，输送到发动机微型计算机（ECU），ECU 计算出与该体积的空气相适应的喷油量，保证混合气空燃比最佳。体积流量型电控汽油喷射系统，还需要考虑进气温度、大气压力等的修正问题，而且还有体积大、不便安装、加速响应慢等缺点，现在应用逐渐减少，如图 1—2—8 所示。

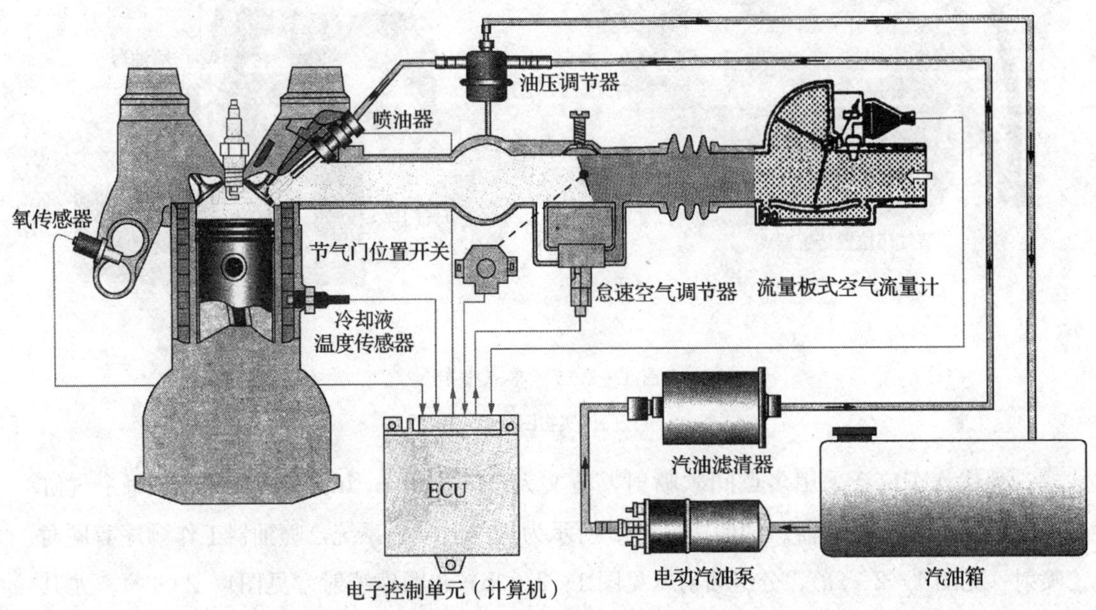

图 1—2—8　采用流量板式空气流量计的电控汽油喷射系统

热线式空气流量计属于质量流量型，即直接测量进入气缸内空气的质量，将该空气的质量转换成电信号，输送给 ECU，由 ECU 根据空气的质量计算出与之相适应的喷油量，以控制混合气的空燃比在最佳值。

（2）速度密度控制型

利用发动机转速和进气管绝对压力，推算出每一循环吸入发动机的空气量，据此计算汽油的喷射量，称为速度密度控制型电控汽油喷射系统（D 型），如图 1—2—9 所示。

（3）节流速度控制型

利用节气门开度和发动机转速，推算每个循环吸入发动机的空气量，据此计算汽油的喷射量，称为节流速度控制型电控汽油喷射系统。

速度密度控制型和节流速度控制型都是间接测量进气量。

5．按汽油喷射压力分类

（1）高压汽油喷射系统

缸内喷射采用高压汽油喷射系统。

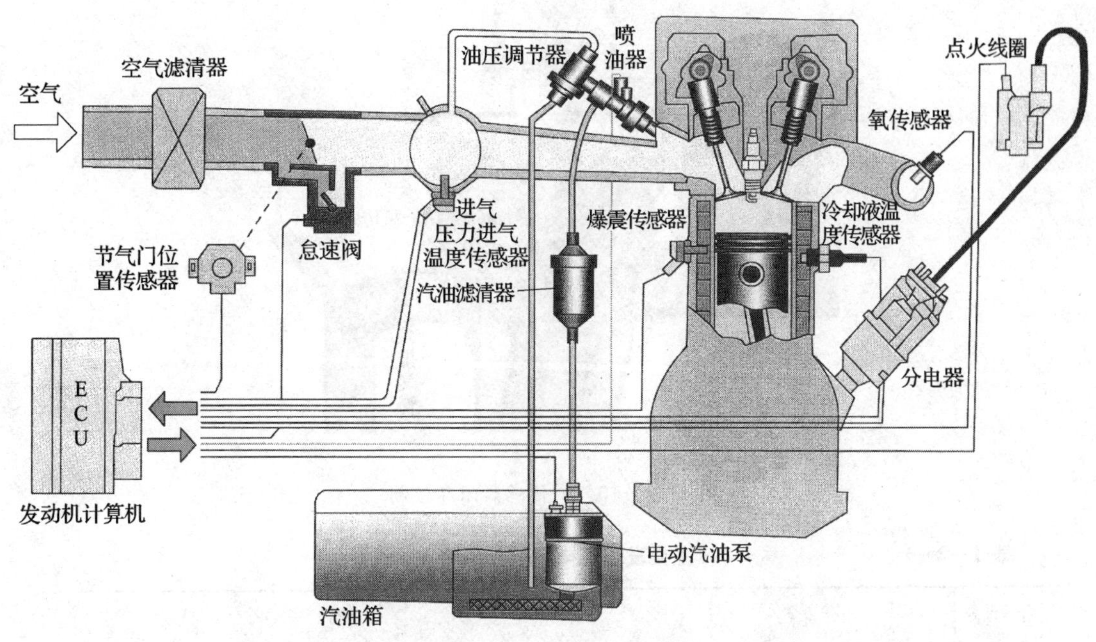

图 1—2—9 上海桑塔纳采用的 Motronic M1.5.4 电喷系统（D 型）

（2）低压汽油喷射系统

进气管喷射采用低压汽油喷射系统。

6. 按有无反馈信号分类

（1）开环控制

开环控制是根据实验确定发动机各种运行工况的最佳供油参数，事先存入计算机，形成控制 MAP 图。发动机运行时，计算机根据各个传感器的输入信号，判断发动机所处的运行工况，计算出最佳供油量，控制喷油器的喷射时间，从而精确控制混合气的空燃比。开环控制结构简单，响应快。但当传感器、喷油器及发动机的产品性能出现差异，或由于运行磨损等引起性能参数变化时，会影响控制精度，使混合气的空燃比偏离预定值，因此应用不多。

（2）闭环控制

闭环控制是指在排气管内加装氧传感器，根据排气中含氧量的变化，对进入气缸内的可燃混合气的空燃比进行计算，并不断与设定值进行比较，根据比较结果修正喷油量，最终将空燃比控制在设定值的附近，如图 1—2—10 所示。

二、主要发动机电控系统的特点

主要发动机电控系统的特点见表 1—2—1。

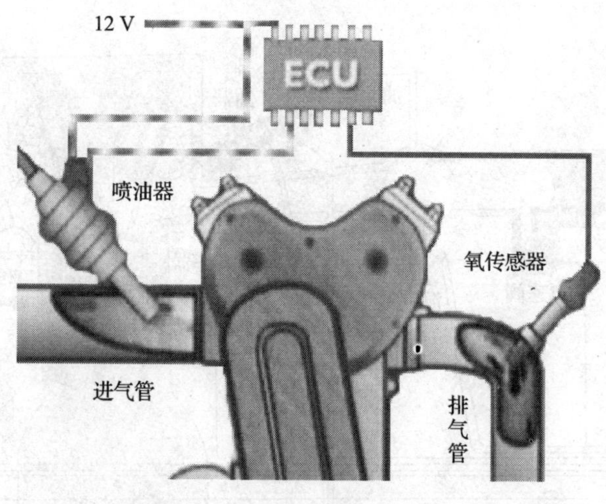

图 1—2—10　氧传感器闭环控制

表 1—2—1　　　　　　　主要发动机电控系统的特点

类型		特　点	图　形
缸内喷射		喷油压力高，动态响应快，对车辆的加速性能极有帮助；最大扭矩和功率都要比传统发动机高；燃油经济性好，排放更为清洁。在均质燃烧模式下，燃油蒸发效果更好，雾化好，同时汽油蒸发吸热过程降低了气缸内温度，降低产生爆震的可能性，因此压缩比可以适当增加，这同样可以提高发动机功率	火花塞 喷油器 燃烧室
进气管喷射	单点喷射	是化油器式发动机的改进型，结构简单。采用一个或并列的两个喷油器，直接将汽油连续喷入节气门前方的进气管中，与进气气流混合，形成的混合气通过进气歧管分配至各气缸。其结构和电路如右图所示。现代汽车广泛采用多点、间歇、顺序喷射	喷油器 ECM 节气门位置传感器

续表

类型		特　　点	图　　形
进气管喷射	同时喷射	各缸喷油器在 ECU 的同一指令下同时开启和关闭，其喷射脉宽相等。控制电路单一	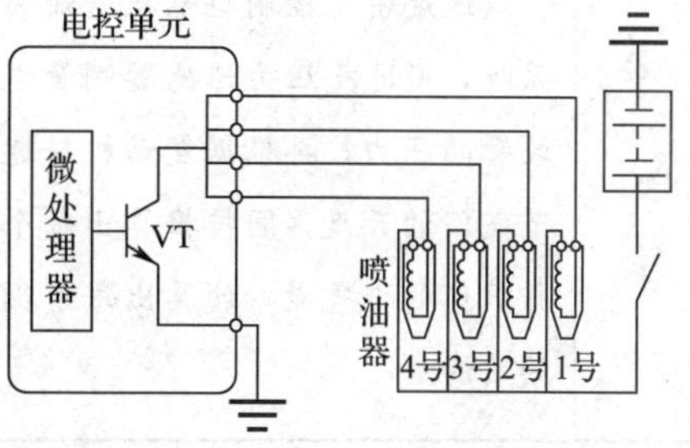
	分组喷射	将多缸发动机的气缸分组，一般四缸分为两组，六缸分为 2～3 组，八缸分为 4 组。同一组喷油器采用同时喷射方式，不同组喷油器采用交替喷射	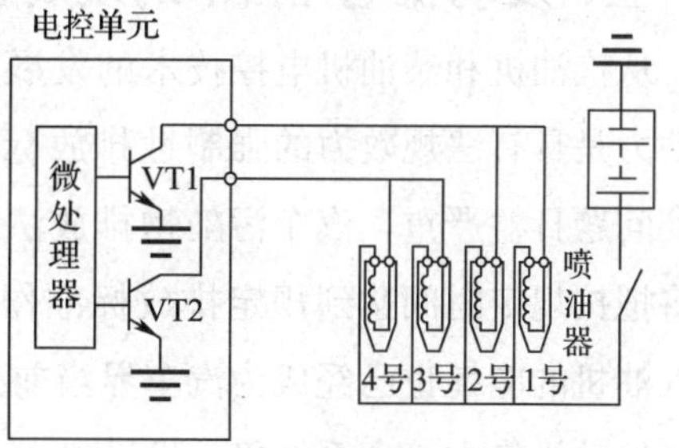
	顺序喷射	ECU 按照发动机的工作顺序，依次控制各缸喷油器进行喷射。ECU 根据曲轴位置传感器提供的喷射正时信号，在各缸的进气行程适时发出喷油脉冲信号	
L 型		是流量控制型电控汽油喷射系统。利用空气流量计直接测量吸入的空气量，再根据发动机转速推算出每个工作循环的进气量，计算出每个循环的喷油量，精度高。在空气滤清器后面的进气管上有空气流量计导线连接器	

续表

类型	特　点	图　形
D 型	是速度密度控制型电控汽油喷射系统，用进气压力传感器测量进气歧管的压力，再根据发动机转速和节气门的开度，间接推算出每个工作循环的进气量，计算出每个循环的喷油量	进气压力传感器　进气总管　节气门体　空气滤清器

三、发动机电控技术的发展趋势

从汽油机和柴油机电控技术的发展历程来看，汽车发动机电控技术快速发展的根本动力是具有法规效力的强制性排放标准的颁布。随着汽车保有量的快速增加，汽车污染问题日益严重，汽车污染物排放法规越来越严格，未来汽车发动机电子控制技术仍将把按规定时间达到规定排放标准作为主要发展方向。同时，能源越来越紧张，降低汽油机的能耗也已经成为汽车界当前必须要解决的问题。

发动机集中管理系统仍是发动机电子控制技术首选的控制模式，但是随着 32 位微机，甚至 64 位微机在发动机管理系统中的应用和数据通信方式的改变，发动机集中管理系统的控制功能将进一步拓展到整个动力总成系统的控制和管理，控制方式将从现在的被动控制向主动控制转变，控制功能和内容将得到增加，过去无法实现的控制功能（如发动机燃烧过程的控制等）将成为现实。

为了满足更严格的排放法规及减少 CO_2 排放的要求，汽油机缸内直喷技术、分层稀薄燃烧控制技术将是汽油机技术发展的重要方向。为了实现分层稀薄燃烧，除了需要对汽油机的本身结构进行重大改进外，还需要对电控系统的控制功能进一步完善。

思考与练习

1. 进气管喷射有哪些类型？
2. 什么是闭环控制？
3. 依据不同的分类方法，讨论各种汽车发动机电控系统的本质特征和优劣。

模块二 空气供给系统

课题一　空气供给系统基础

学习目标

◆ 了解空气供给系统的组成。

◆ 了解四行程发动机的换气过程。

◆ 了解提高充气效率的措施。

如图 2—1—1 所示是汽车发动机舱，试找出此图中空气供给系统的零部件。

图 2—1—1　汽车发动机舱

1—进气口　2—空气滤清器　3—进气软管　4—节气门体　5— 节气门位置传感器　6—进气总管　7—进气压力传感器　8—进气歧管

一、空气供给系统的组成

空气供给系统由进气通道、空气供给系统传感器与执行器和进气量提高装置组成，如图 2—1—2 所示。

空气供给系统
- 进气通道：空气滤清器、进气软管、节气门体、进气总管、进气歧管
- 进气系统传感器与执行器
  - 进气温度传感器
  - 空气流量计或进气压力传感器
  - 节气门位置传感器和怠速阀
- 进气量提高装置：进气谐振效应控制、气门升程控制、配气相位控制、增压器

图 2—1—2 空气供给系统的组成

1. 进气通道是空气流所经过的管道，其长度和形状对进气量影响极大。其功能是过滤空气中的杂质、控制发动机的功率输出。

2. 进气系统传感器与执行器的作用准确计量进气量、检测发动机的负荷、控制发动机怠速进气量。

3. 进气量提高装置的功用是提高发动机在各种工况时的进气量。

二、四行程发动机的换气过程分析

发动机换气过程是排气过程和进气过程的通称，目的是将气缸内废气排除干净，并充入尽量多的新鲜空气，提高发动机动力性。包括从排气门开启直到进气门关闭的整个期间，占 410°～480°曲轴转角。

1. 换气过程

如图 2—1—3 所示，进气门提前打开角 α 一般为 10°～30°、进气门延迟关闭角 β 一般为 40°～80°、排气门提前打开角 γ 一般为 40°～80°、排气门延迟关闭角 δ 一般为 10°～30°。

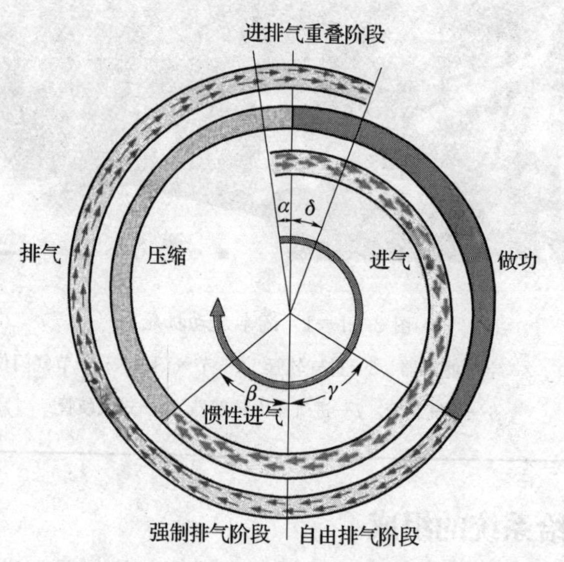

图 2—1—3 换气过程与曲轴转角的关系

(1) 为了增加进气量，充分利用进气流的惯性，需要尽量提前打开进气门（增大 α），推迟关闭进气门（增大 β）。

(2) 由于做功行程末，气缸内燃烧基本结束，有必要提前打开排气门（增大 γ）。为了将废气排除干净，需要推迟关闭排气门（增大 δ），充分利用排气流的惯性排气。

(3) 曲轴在上止点前，进气门提前打开。活塞向下止点移动，这时排气门逐渐关闭。$\alpha+\delta$ 称为进排气门重叠角，是进排气重叠阶段。非增压发动机重叠角一般为 20°～60°；增压发动机，因进气压力高，故需较大的气门重叠角，一般为 80°～160°。

2. 示功图与换气损失分析

(1) 进气冲程

进气冲程如图 2—1—4 所示 r—a 线，活塞位于上止点位置，气缸内残留有上一循环未排净的废气，因此气缸内的压力稍高于大气压力。随着活塞右移，气缸内部容积增大，压力随之减小，当压力低于大气压力时，外部新鲜混合气开始被吸入气缸，直至活塞移至下止点，新鲜混合气不断进入气缸。

在进气过程中，由于受空气滤清器、进气管道、进气门等阻力的影响，使进气终了时，气缸内的气体压力略低于大气压力，为 0.075～0.90 MPa，积为进气损失。

吸进气缸内的可燃混合气，因与气缸壁、活塞顶等高温机件接触并与前一循环留下的高温残余废气混合，故温度升高到 370～400 K（273 K=0℃）。

(2) 压缩冲程

如图 2—1—4 所示 a—c 线，曲轴继续旋转，活塞由下止点向上止点移动，这时进、排气门都关闭。随着活塞左移，气缸内的气体不断受到压缩，压力和温度不断升高。压缩冲程终了时，气体的压力达 0.6～1.5 MPa，温度达 600～800 K（327～527℃）。

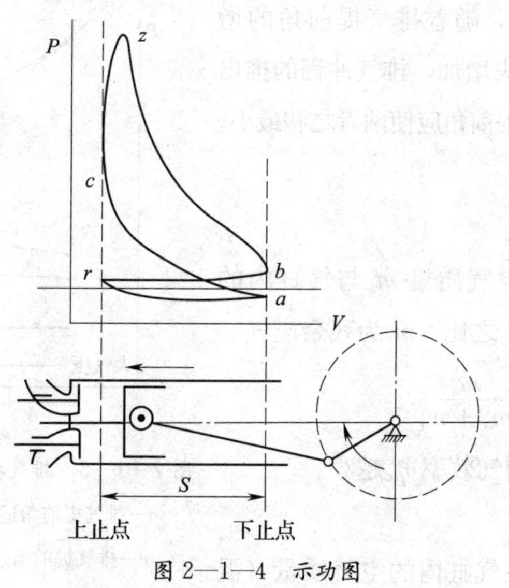

图 2—1—4 示功图

为了充分利用燃料燃烧的热能，要求燃烧过程在活塞到达上止点略后（10°）的位置完成，使气体充分膨胀做功。考虑到从点火到燃烧需要经过着火准备阶段，因此实际汽油机都在压缩冲程结束前（上止点前10°～25°）点火。

（3）做功冲程

如图 2—1—4 所示 $c-z-b$ 线，此时进、排气门都关闭。由于燃料燃烧放出大量热能，使气缸内气体压力急剧升高，最高瞬时压力达 3～5 MPa，温度升高到 2 200～2 800 K。由于高温高压的气体迅速膨胀，推动活塞从上止点向下止点移动做功，通过连杆推动曲轴做旋转运动。随着活塞向下止点移动，气缸内气体容积不断增大，压力和温度逐渐降低。做功冲程终了时，气缸内气体压力下降到 0.30～0.50 MPa，温度降至1 500～1 700 K。z 点为最大爆发压力。

（4）排气冲程

如图 2—1—4 所示 $b-r$ 线，做功过程结束后，气缸内充满燃烧过的废气。由于惯性作用，曲轴继续旋转，使活塞从下止点往上止点移动，此时进气门关闭，排气门打开。因为废气本身的压力高于大气压力，并在活塞的推动下，使废气经排气门排出，但因排气管道及消声器的阻力，废气不可能彻底排除干净。当排气终了时，气缸内气体压力为 0.105～0.125 MPa，温度 900～1 200 K。

从图上看出，排气过程的气缸压力变化很小，排气结束时缸内压力略高于大气压。实际汽油机的排气门都是在活塞到达下止点前打开，上止点后关闭，以便排除更多的废气。

排气冲程结束后，曲轴继续旋转，活塞从上止点向下止点移动，开始下一循环的进气过程。汽油机每完成进气、压缩、做功、排气四个冲程称为一个工作循环，四冲程汽油机每完成一个工作循环，活塞往复四次，曲轴旋转两圈（720°）。

如图 2—1—5 所示，随着排气提前角的增大，做功冲程的膨胀损失增加，排气冲程的推出损失减小。适当的排气提前角应使两者之和最小。

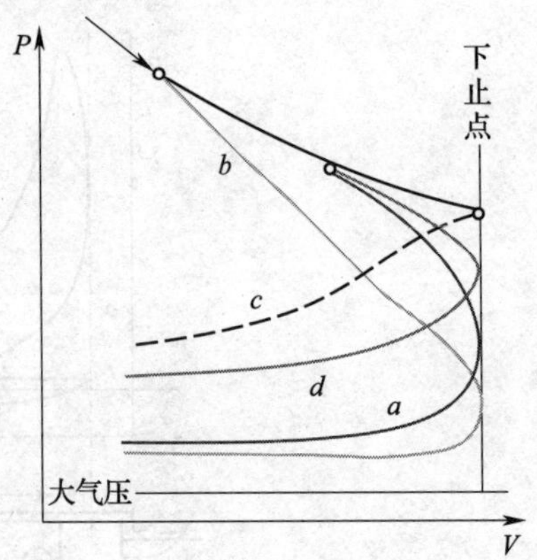

图 2—1—5 排气提前角对换气损失的影响

a—排气提前角适当 b—排气提前角过大

c—排气提前角过小 d—排气阻力过大

3. 充气效率

（1）扫气效率 η_{sc}

指进入气缸内的空气质量 m_a 与气缸内的总气体质量（m_a+m_r）之比，m_r为残余废气。

$$\eta_{sc}=\frac{m_a}{m_a+m_r}$$

残余废气越多，扫气效率 η_{sc} 越小。

（2）充气效率 η_{ch}

指在常压下封存在气缸内的空气质量（混

合气）m，与在进气状态下封存在气缸内的空气质量（混合气）m_a之比：

$$\eta_{ch}=\frac{m}{m_a}$$

由于进气阻力、气缸压力和温度的影响，$\eta_{ch}<1$：汽油机为0.7～0.85；柴油机为0.75～0.9。

(3) 影响充气量的因素

1）一定的空气供给系统，在一定负荷（节气门开度）下，有一个转速对应的充气量最大。如图2—1—6所示，随着发动机转速升高，进气压力下降，进气阻力增加，充气量下降。

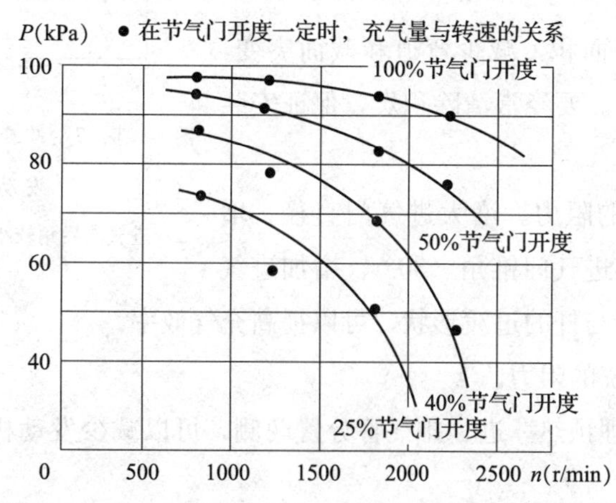

图2—1—6　不同节气门开度、不同转速时的进气压力

2）负荷

汽油机的负荷调节属于混合气“量”调节，负荷增大，节气门开度增大，进气阻力减小，进气终了压力上升，充气效率η_{ch}上升。

柴油机的负荷调节属于“质”（供油量）调节，负荷的变化对充气系数无明显的影响。

3）空气供给系统

一般包括进气门、进气管、空滤器、进气道等部件。要尽量减少各部件的流动阻力，以增大进气终了的压力，提高充气系数。

试验证明，增大进气终了的压力，比降低残余废气，对充气影响更大，所以进气门直径要大于排气门直径，气门顶部的形状要呈流线型，能有效地减小进气阻力。

4）压缩比增加，充气效率η_{ch}上升。

5）配气相位中，进气滞后角β对充气效率η_{ch}的影响最大。改变进气滞后角可以调整发动机的扭矩和有效功率，如图2—1—7所示。

高速时，发动机进气滞后角 β 较大，充分利用进气流的惯性，以提高充气量。

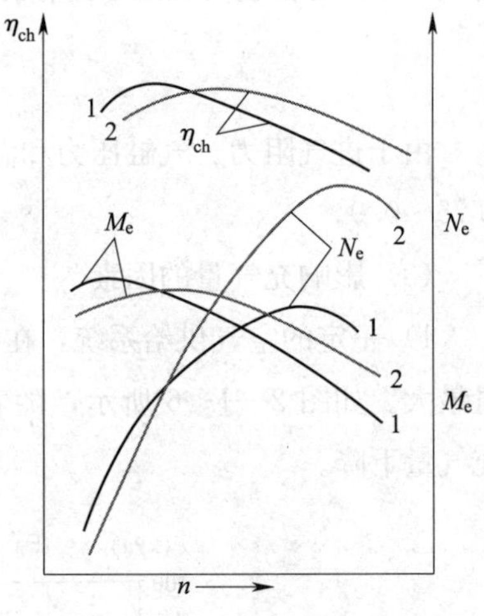

图 2—1—7 改变进气滞后角可以调整发动机的扭矩和有效功率

1—进气滞后角较小 2—进气滞后角较大

三、提高充气效率的措施

1. 减小空气供给系统的阻力。使用低阻高效空气滤清器，并经常保养清洁。

汽油机采用矩形进气歧管，其断面面积较小，进气流速快，燃油汽化好，但阻力较大。柴油机采用圆形断面的进气歧管，断面面积较大，阻力小，但进气流速慢，汽化差。

增大进排气通道面积，减少弯道和截面突变，可提高发动机进气量。要经常清除积炭，保证安装正确和畅通。

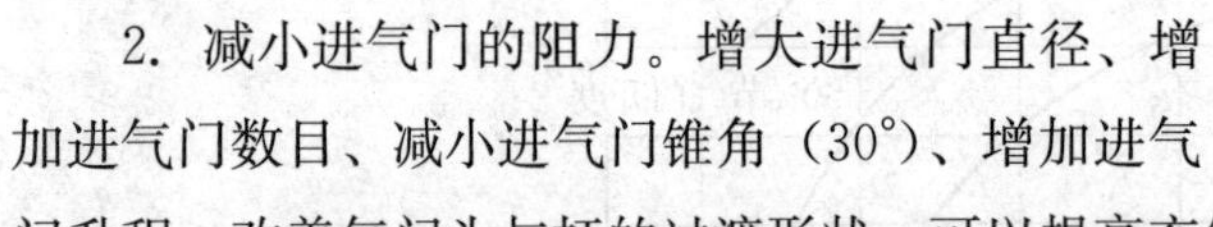

2. 减小进气门的阻力。增大进气门直径、增加进气门数目、减小进气门锥角（30°）、增加进气门升程、改善气门头与杆的过渡形状，可以提高充气效率。

3. 减小排气系统的阻力。

4. 对进气管合理预热。进、排气管分置两侧，可以减少发动机对进气管加热，增加进气量。

5. 利用进、排气管内气流的惯性和谐振效应，改善发动机的换气过程。

如图 2—1—8 所示，在进气门打开时，进气流从进气管中高速流进气缸；在进气门关闭时，高速流动的进气流被反弹回来。这样进气流在进气管道中不停地产生振荡，当与进气管道的固有频率一致时，就形成谐振，可以提高进气量。

一般而言，进气管长度长，压力波波长大（频率小），可使发动机中低转速区功率增大。进气管长度短时，压力波波长短（频率大），进气能量大，利用谐振原理可使发动机高速区功率增大，如图 2—1—9 所示。

如图 2—1—10b 所示，奔驰和宝马的进气管长度是连续变化的。让进气管盘旋几圈（回旋进气）。在中心处设计一个转子，通过转子转角的改变能够获得连续可变的进气歧管长度，使进气管道的固有频率不断发生改变，从而与进气流的频率一致，可以让发动机在任何转速下都拥有最大的进气量。

6. 采用可变配气机构，控制进气门的关闭时刻和气门重叠角，可大幅提高充气效率，减少废气污染。

可变配气相位：低速时，进气滞后角 β 小，防止气缸内新鲜混合气倒流；高速时，进气滞后角 β 大，充分利用进气流的惯性。

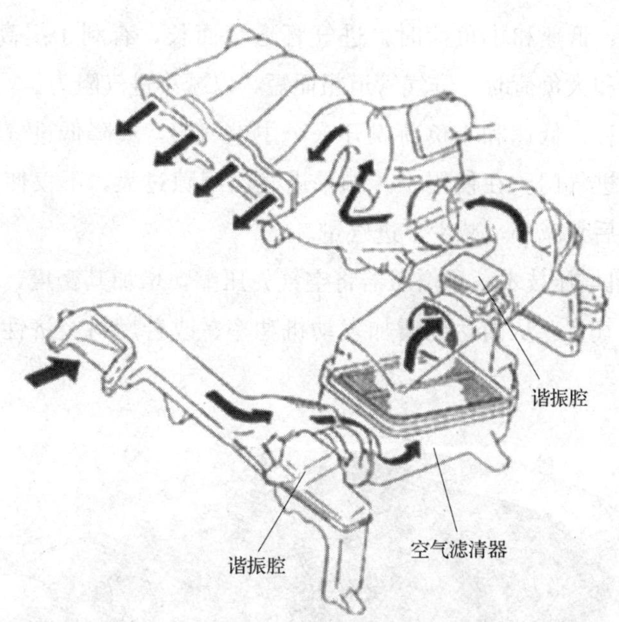

图 2—1—8 谐振腔与谐振进气

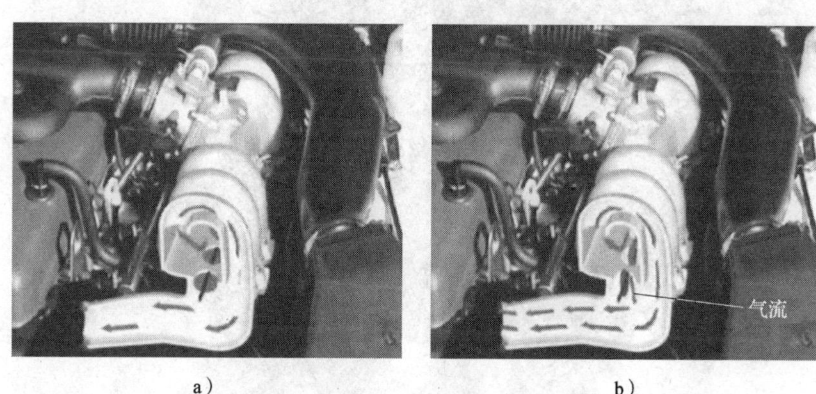

a） b）

图 2—1—9 可变进气管长度

a）阀门关闭，进气道变长 b）阀门打开，进气道变短

a） b）

图 2—1—10 可变进气管长度

a）进气管长度不连续变化 b）进气管长度连续变化

可变进气管道：低速和小负荷时，进气管道细而长，有利于提高进气流的惯性，增加进气量；高速和大负荷时，进气管道粗而短，以减小进气阻力。

可变进气门升程：低速和小负荷仅开一个主进气门，或降低进气门升程；高速与大负荷时打开两个进气门。在使用中，如果进气门间隙过大，不仅使气门打开时间缩短，还会使进气滞后角减小，减少了进气量。

7. 采用发动机增压技术，用增压器将空气先压缩，增加其密度，使进入气缸的实际进气量比自然进气多，从而达到增加发动机功率、改善燃料经济性和排放性能，如图 2—1—11 所示。

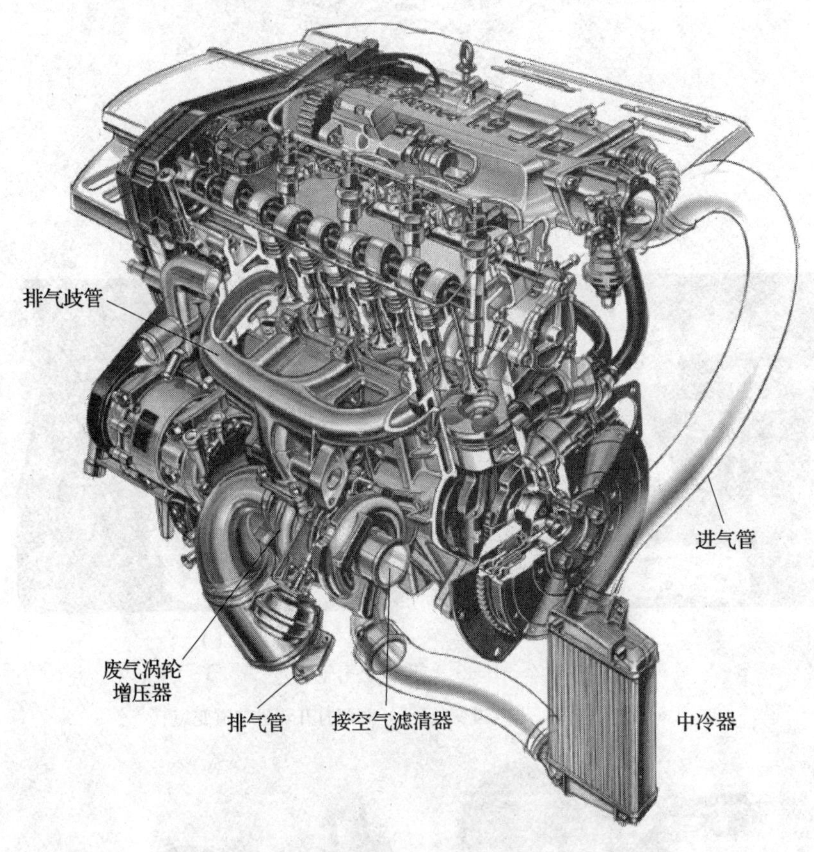

图 2—1—11　发动机废气涡轮增压系统

思考与练习

1. 提高充气效率的措施有哪些？
2. 进气谐振增压的原理是什么？

课题二　可变配气机构

学习目标

◆ 了解配气相位对发动机工作性能的影响。

◆ 熟悉可变配气机构各种类型及结构原理。

观察图 2—2—1 所示的发动机，它与传统发动机有什么区别？

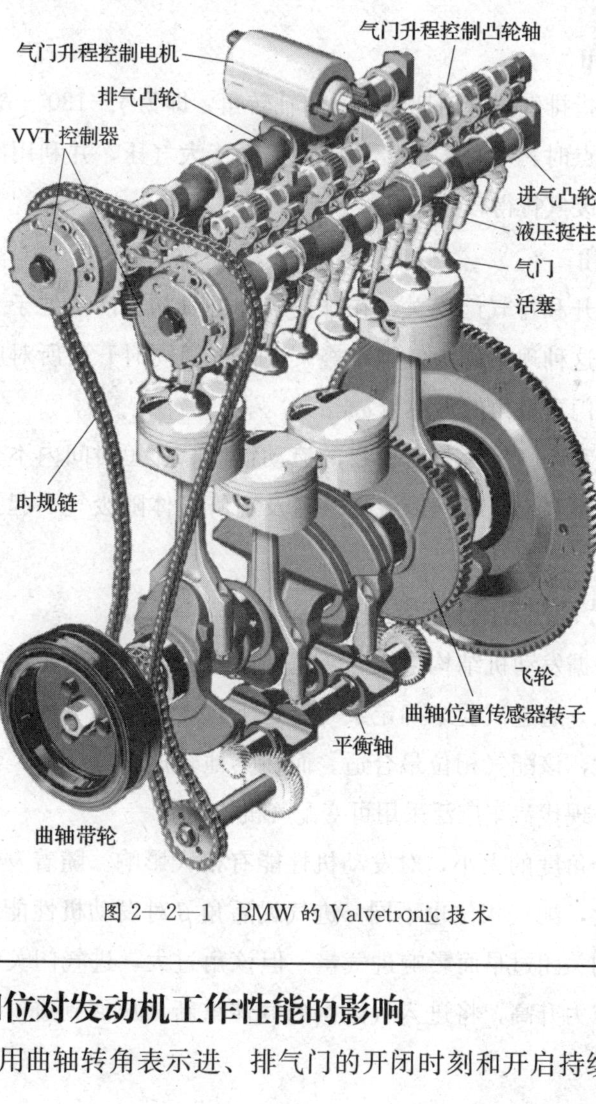

图 2—2—1　BMW 的 Valvetronic 技术

一、配气相位对发动机工作性能的影响

配气相位就是用曲轴转角表示进、排气门的开闭时刻和开启持续时间的图形，如

图 2—1—3 所示。传统发动机的配气相位角是固定不变的，一般与发动机中高速性能相匹配。

配气相位对发动机的充气系数和功率影响很大。发动机的转速高，一个冲程经历的时间只有 0.005 4 s（5 600 r/min），发动机往往充气不足或排气不净，功率下降。因此，随着发动机转速升高，需延长进、排气时间，使气门早开晚闭，增加进气量，使排气更干净，以提高发动机的动力性。

1. 进气持续角

进气持续角是指进气门开启期间曲轴转过的角度，即为 $\alpha+180°+\beta$。

由于进气有阻力，在进气行程结束时，气缸内的压力仍低于大气压，且气流的惯性很大，进气门晚关仍能继续进气。若 β 过大，便会将进入气缸的气体重新又压回进气管。

2. 排气持续角

排气持续角是指排气门开启期间内的曲轴转角，即为 $\gamma+180°+\delta$。

活塞到达上止点时，气缸内的废气压力仍高于大气压，并利用废气流的惯性，排气门适当晚关可使废气排得较干净。

3. 气门重叠角

由于进气门早开和排气门晚关，在排气末和进气初，活塞处于上止点附近时，进排气门同时开启，这种现象称为气门重叠。进排气门同时开启所对应的曲轴转角，称为气门重叠角。气门重叠角的大小为 $\alpha+\delta$。

由于新鲜气流和废气气流都有各自的流动惯性，在短时间内不会改变流向，只要角度选择合适，就不会出现废气倒流进气道及新鲜气体随废气一起排出的现象，而且可以提高充气量。

二、可变配气机构的重要性

配气相位是根据发动机结构形式、转速等因素通过反复试验而确定的。也就是按照发动机性能要求，通过试验来确定某一转速下较合适的配气相位。因此，发动机在这一转速下运转时，该配气相位最合适。而在其他转速下运转时，该配气相位就不是最合适的。因此，现代汽车广泛采用可变配气机构。

配气相位四个角度的大小，对发动机性能有很大影响。随着发动机的转速、节气门开度等工况变化，配气相位也不同。进气迟后角 β 对发动机性能影响最大，该角过小，会导致进气门关闭过早而影响进气量。但该角过大，进气门关闭过晚，会由于活塞上行，气缸内压力升高，将进入气缸内的气体重新又压回到进气道内，同样影响发动机的进气量。

现代汽车采用的可变配气机构，配气相位和气门升程都可以改变，具有许多种类型。

三、可变配气机构的类型

在轿车发动机上，经常能看到 VTEC、i－VTEC、VVT－i、VVTL－i、VVT、VVL 等字母，表示这些发动机都采用了可变气门正时技术（可变气门升程和可变配气相位）。

目前，大多数轿车发动机的配气相位可以随发动机转速、负荷变化而自动调整。其类型有：

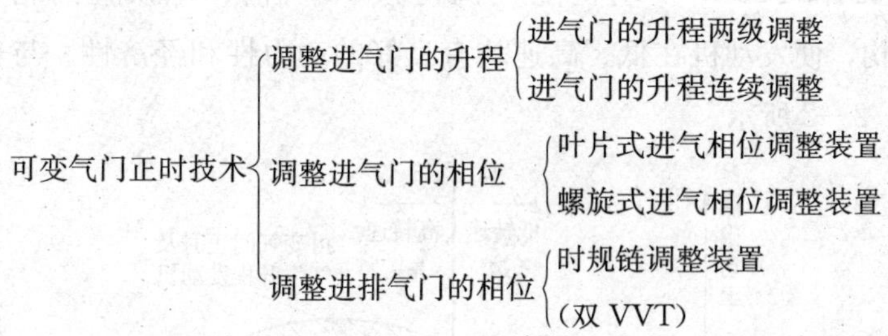

配气相位调整装置装在凸轮轴正时齿轮（或正时链轮）与凸轮轴之间，接受发动机微型计算机的指令，对发动机配气相位进行自动调整。如本田汽车的 i－VTEC、丰田汽车的 VVT－i 等。

1．进气门升程两级调整机构

（1）本田汽车的 VTEC

1）本田 VTEC 的构造

VTEC 即英文“Variable Valve Timing and Valve Lift Electronic Control System”的英文缩写，意思是“可变气门正时和气门升程电子控制系统”。

发动机采用 4 气门能够提高进排气截面积。进排气截面积越大，高速气流的流量也就越大，提高了发动机的功率。如果转速较低，那么大的进气截面会让发动机进气效率下降。跟人的呼吸一样，人在平静状态下通常只是使用鼻子呼吸。因为此时呼吸频率很低，空气流量很小，用鼻子呼吸，相当于进气面积很小，肺部有足够的负压，吸进足够多的空气。但是当人迅速跑完 100 m 以后，呼吸变得急促，而且会自然而然地张开嘴巴，此时是嘴巴和鼻子一同呼吸。因为此时呼吸频率高，空气流量大，所以需要大的进气截面，以减少进气阻力，来满足大流量的呼吸。

本田汽车的 VTEC 技术，当发动机在低转速时，气门升程很小，以减小进气道面积，增大气缸内真空度和吸力，提高进气流的惯性，相当于人在平静时的呼吸状态，以提高进气效率；当发动机高转速时，增大气门升程，增大了进气道截面积，以减小进气阻力，相当于人在剧烈运动时需要靠嘴巴呼吸一样，以增加进气流量。所以，气门升程可变，保证发动机在高、低转速时都可获得良好性能。

VTEC 有两段或三段调节，当气门从一个升程转换到另一个升程时，由于进气流量突然增大，发动机的输出功率也突然增大，导致发动机在整个转速范围内的输出并不是线性的，也就是说，工作不柔和。VTEC 发动机在加速时有突如其来的推背感，这在很大程度上提高了驾驶乐趣。但舒适性和发动机运转的平顺性较差。当然，要想做到动力的线性输出，则需要在技术上下更大的功夫，做到气门升程无级调节。

本田 F23A3 和 F20B1 发动机配气机构为 16 气门、单顶置凸轮轴（SOHC），VTEC 配气机构，使发动机在低、高速均有良好的动力性和经济性。与普通发动机性能差别如图 2—2—2 所示。

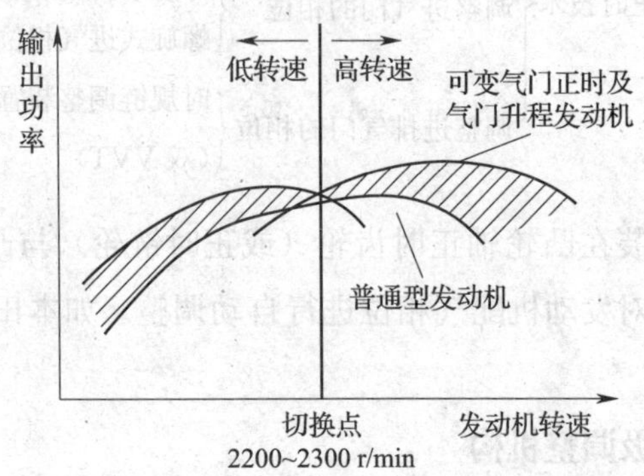

图 2—2—2　VTEC 发动机与普通发动机性能比较

如图 2—2—3 所示是单顶置凸轮轴 VTEC 的结构。双顶置凸轮轴 VTEC 如图 2—2—4 所示。控制气门打开的高度，保证发动机不同工况下进气充分。在低速时，此系统能使发动机产生高燃烧率和低燃油消耗率，降低废气排放。在高速时产生高功率，从而提高汽车的动力性能。

两进气门分为主进气门与次进气门。在主凸轮和次凸轮之间增加了升程较大中间凸轮，如图 2—2—3c 所示。三个凸轮分别驱动三个进气摇臂：主摇臂 1、中间摇臂 7、次摇臂 5。主凸轮驱动主摇臂 1，打开主进气门。次凸轮驱动次摇臂 5，打开次进气门。中间摇臂不驱动任何进气门。在主摇臂内装有活塞 A 和活塞 B。在中间摇臂内装有活塞 4。在次摇臂内装有止推活塞。

2）本田 VTEC 的控制过程

VTEC 是利用不同高度的凸轮来改变气门升程，所以低速凸轮使气门开启升程和时间都短，高速凸轮的形状能让气门开启时间更长，改变了配气相位。

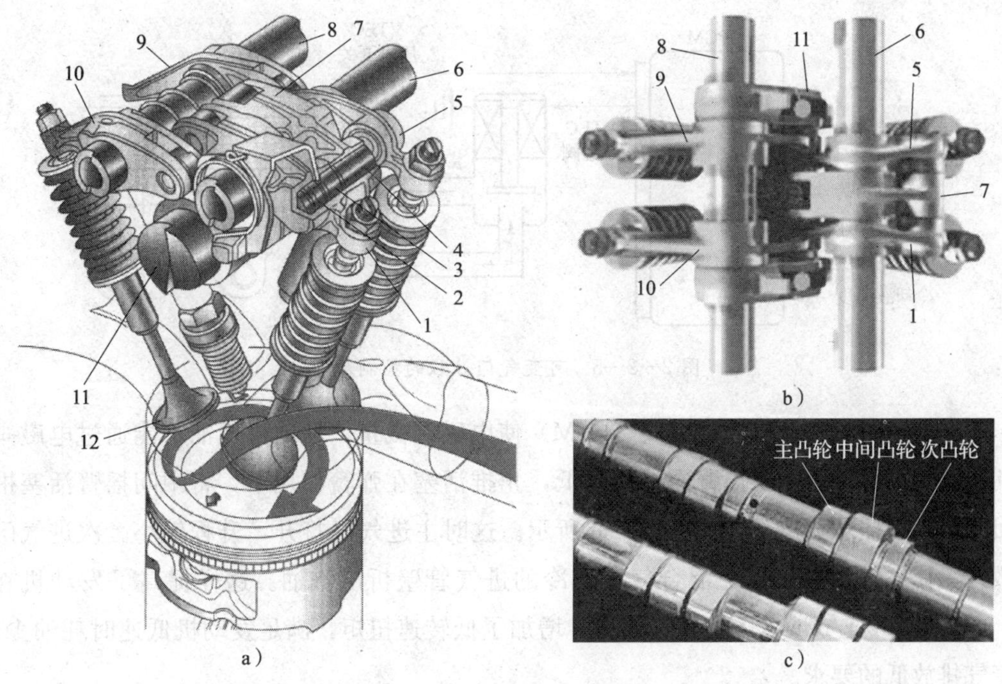

图 2—2—3 单顶置凸轮轴 VTEC

a）单顶置凸轮轴 VTEC b）俯视图 c）VTEC 单顶置凸轮轴

1—主摇臂 2—主摇臂活塞 A 3—主摇臂活塞 B 4—中间摇臂活塞 5—次摇臂 6—进气摇臂轴 7—中间摇臂 8—排气摇臂轴 9、10—排气摇臂 11—凸轮轴 12—排气门

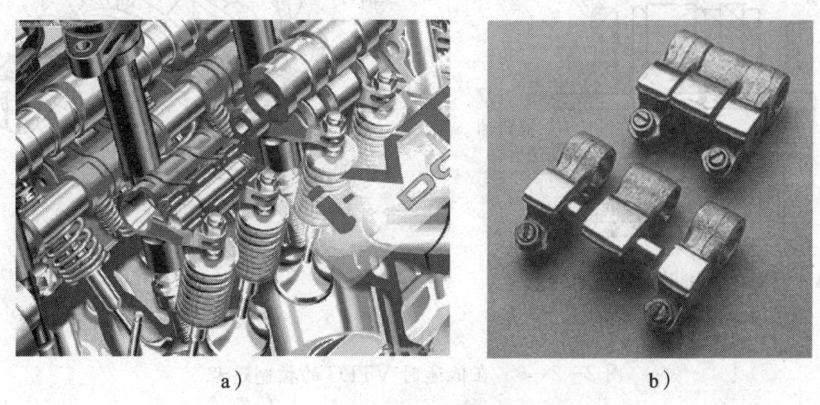

图 2—2—4 双顶置凸轮轴 VTEC

a）双顶置凸轮轴 VTEC b）摇臂

可变气门升程的控制原理如图 2—2—5 所示。PCM 根据发动机的负荷、转速、冷却液温度和车速等信息，决定何时改变气门升程及正时。改变气门升程及正时条件有：发动机转速为 2 300 ～3 200 r/min（依进气歧管压力而定）；车速为 10 km/h 或更快；发动机冷却液温度为 70℃或更高；发动机负荷由进气压力传感器判断。

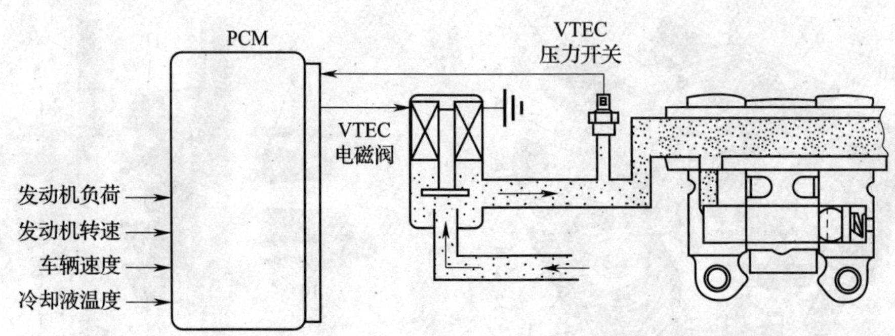

图 2—2—5　可变气门升程的控制原理

在低速时，发动机控制模块（PCM）使电磁阀截止，发动机机油不能通过电磁阀到达进气摇臂轴内，主摇臂内油压降低，止推活塞在弹簧作用下，将中间摇臂活塞推回原位，三摇臂分离。如图 2—2—6 所示。这时主进气门打开，升程较小。次进气门微开，让空气流动，以免混合气遇到冷的进气管壁析出汽油。这样提高了发动机在 2 300～3 200 r/min 以下的充气效率，增加了低转速扭矩，满足发动机低速时耗油少、废气排放低的要求。

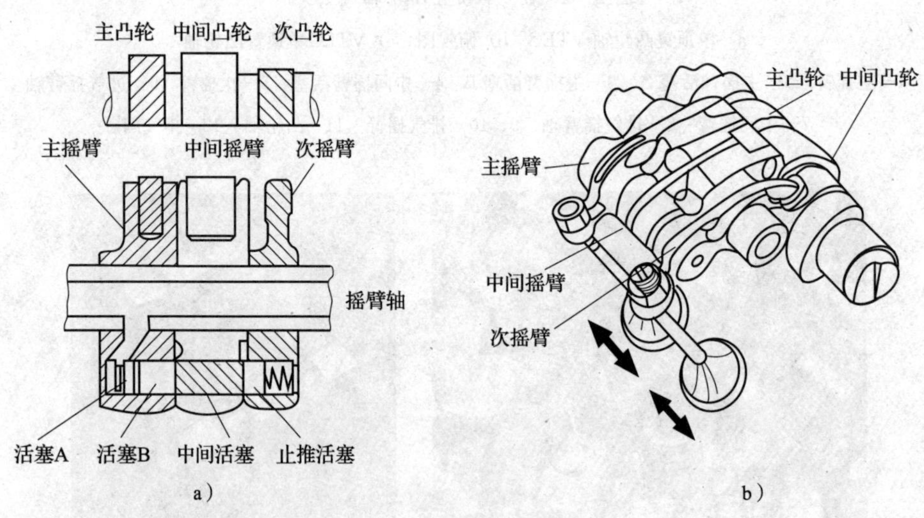

图 2—2—6　在低速时 VTEC 的控制过程

a）平面图　b）立体图

在高速时，发动机控制模块（PCM）使电磁阀接通时，发动机机油通过电磁阀到达进气摇臂轴内，进入主摇臂，机油压力推动活塞 A、活塞 B、中间摇臂活塞，将三个摇臂贯穿在一起，三摇臂连接为一体，如图 2—2—7 所示。中间凸轮驱动中间摇臂，中间摇臂带动主、次摇臂一起动作，同时打开两个进气门，而且升程最大，使进气量增大，满足发动机大功率的要求。

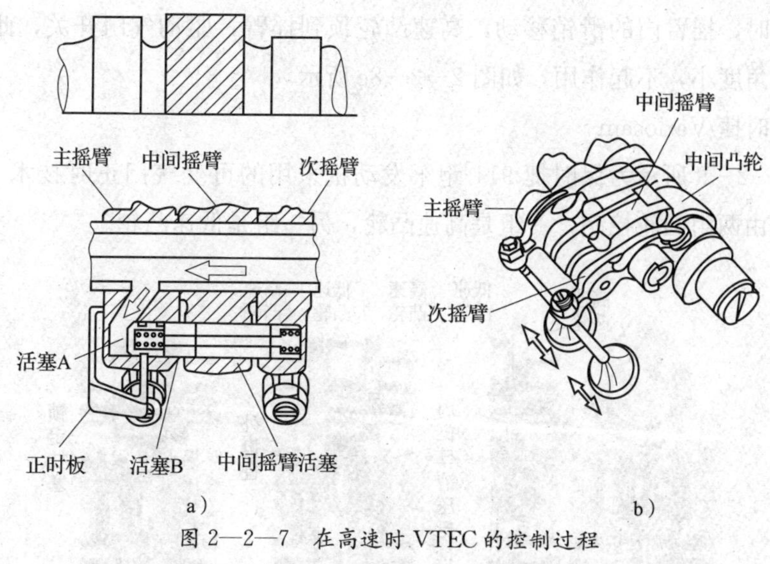

图 2—2—7　在高速时 VTEC 的控制过程

a）平面图　b）立体图

图 2—2—5 中 VTEC 压力开关起反馈作用。若 VTEC 电磁阀断电关闭时，则 VTEC 电磁阀后的机油压力低，压力开关闭合，其电阻为 0。VTEC 电磁阀通电打开，如果机油压力开关电阻不为 0，则故障码为 21。

（2）丰田 VVTL－i

VVTL－i 是指 Variable Valve－Intelligent，意思是“智慧型可变气门正时系统”，如图 2—2—8 所示。它是利用移动滑销使不同的凸轮工作。

发动机转速低时，由于摇臂内的滑销未移动，所以是低速凸轮顶到摇臂，驱动气门开关，此时，高速凸轮空转，如图 2—2—8b 所示。

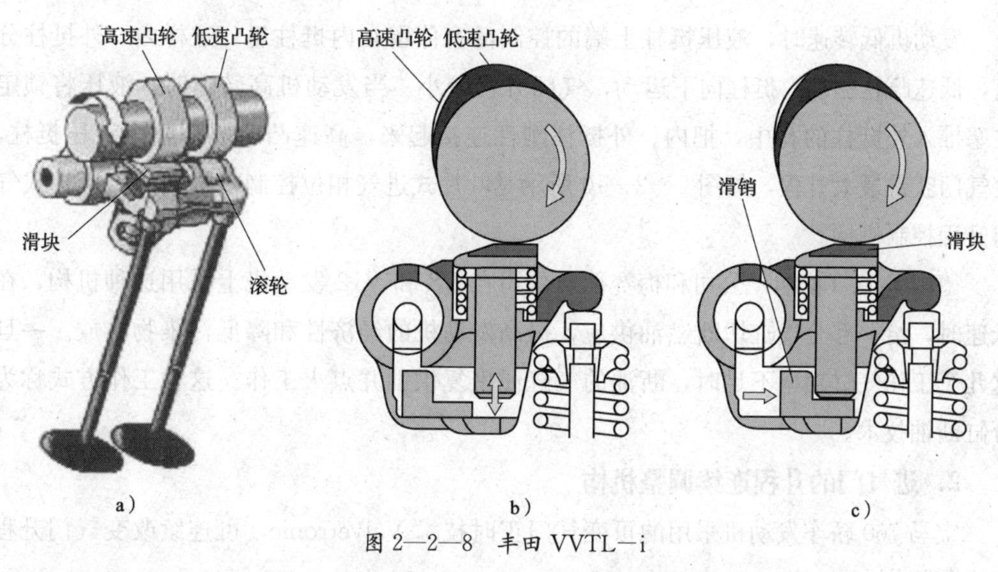

图 2—2—8　丰田 VVTL－i

a）丰田 VVTL－i　b）低速　c）高速

高转速时，摇臂内的滑销移动，高速凸轮顶到摇臂，驱动气门开关，此时，低速凸轮高度和角度小，不起作用，如图 2—2—8c 所示。

（3）保时捷 Variocam

如图 2—2—9 所示为保时捷 911 跑车发动机采用的可变气门正时技术 Variocam。气门的行程由两组凸轮控制，一组是高速凸轮，另一组是低速凸轮。

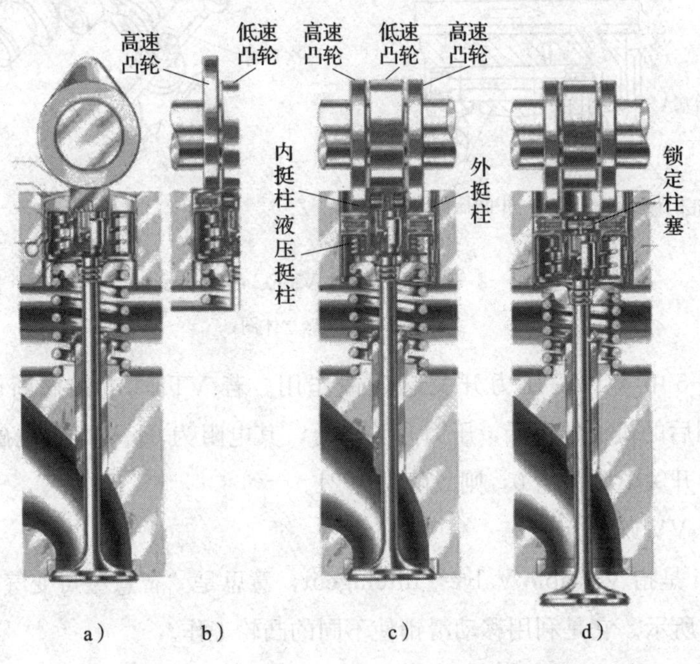

图 2—2—9　液压挺柱式气门升程控制原理

a）凸轮基圆阶段　b）侧视图　c）低速时凸轮压下阶段　d）高速时凸轮压下阶段

发动机低转速时，液压挺柱上端的控制活塞停留在内挺柱里。这样内、外挺柱分离，低速凸轮驱动内挺柱向下运动，气门升程较小。当发动机高转速时，液压将锁定柱塞推入外挺柱的孔中，把内、外挺柱刚性连接起来，高速凸轮驱动整个液压挺柱，使气门获得最大升程，如图 2—2—10 所示是叶片式进气相位控制机构和液压挺柱式气门升程控制机构。

德国 INA（依纳）公司和梅赛德斯公司在 V8 和 V12 发动机上采用这种机构，在低速时，给一部分气缸切断燃油供应，提高发动机的经济性和降低污染物排放。一旦这几个工作气缸功率不足时，断油的气缸便恢复供油并点火工作。这种工作方式称为分缸断油技术。

2．进气门的升程连续调整机构

宝马 760 轿车发动机采用的可变气门正时技术 Valvetronic，可连续改变气门升程和进气相位。

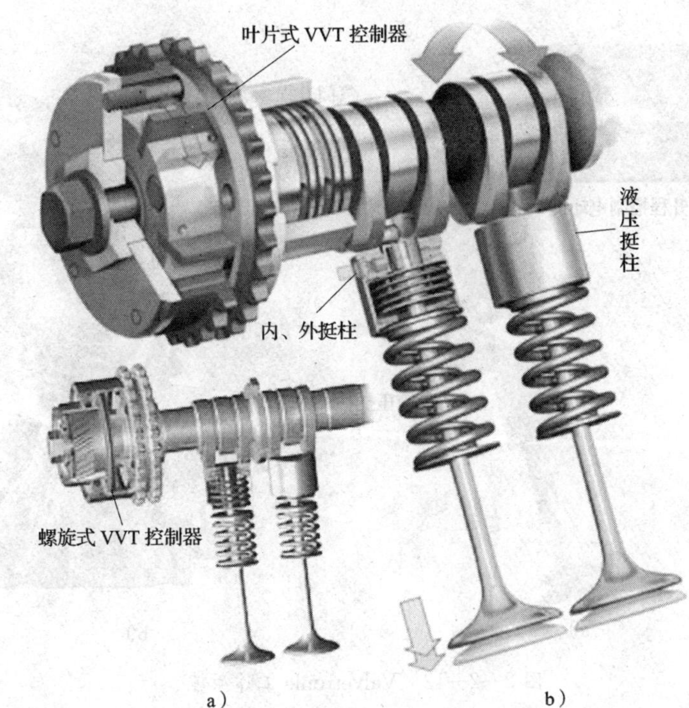

图 2—2—10　进气相位和气门升程控制机构

a）内、外挺柱结合　b）内、外挺柱分离

其工作原理如图 2—2—11 和图 2—2—12 所示。ECU 控制电动机通过蜗杆驱动齿轮，使 Valvetronic 凸轮旋转，改变 Valvetronic 摇臂与凸轮轴的位置，从而连续改变气门的升程，使发动机线性输出动力。

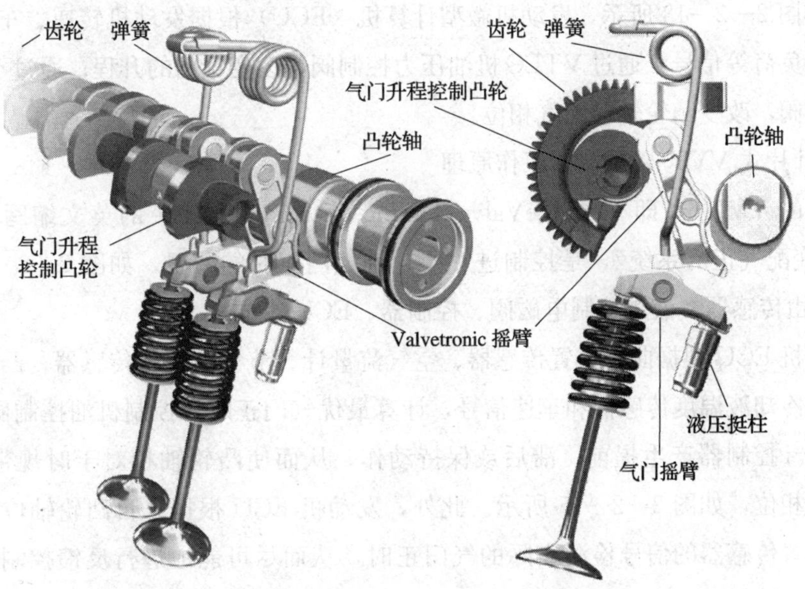

图 2—2—11　Valvetronic 的传动

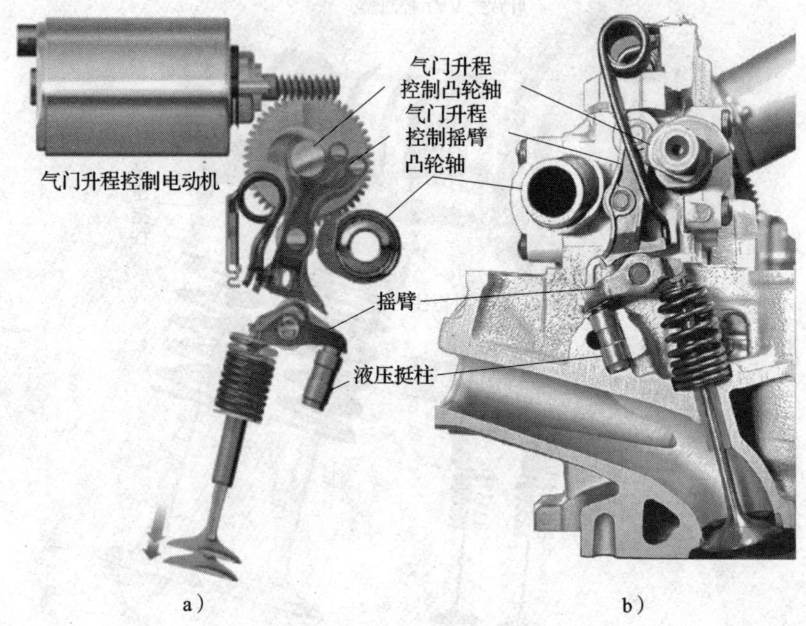

图 2—2—12　Valvetronic 工作原理

a）平面图　b）实物图

3. 叶片式进气相位调整装置

（1）叶片式进气相位调整装置的结构原理

本田汽车的 i－VTEC、丰田汽车的 VVT－i 以及大众汽车的 VVT 都是叶片式进气相位调整装置。i－VTEC 是指 VTEC＋VTC＋intelligent（VTC＝valve overlap control），如图 2—2—13 所示，发动机微型计算机（ECU）根据发动机转速、车速、冷却液温度和负荷等信号，通过 VTEC 机油压力控制阀，改变气门的升程；通过 VTC 机油压力控制阀，改变凸轮轴的配气相位。

1）叶片式 VVT－i 控制器工作原理

丰田的 VVT－i 即 VariableValve Timing with intelligence 的英文缩写，意思是“智能可变配气正时系统”，是控制进气凸轮轴气门正时的装置，如图 2—2—14 所示。VVT－i 由传感器、液压控制电磁阀、控制器、ECU 组成。

发动机 ECU 根据曲轴位置传感器、空气流量计、节气门位置传感器、凸轮轴位置传感器、冷却液温度传感器和车速信号，计算最优气门正时，控制机油控制阀的位置，使 VVT－i 控制器产生提前、滞后或保持动作，从而使凸轮轴相对于时规带轮旋转，改变配气相位，如图 2—2—15 所示。此外，发动机 ECU 根据来自凸轮轴位置传感器和曲轴位置传感器的信号检测实际的气门正时，从而尽可能地进行反馈控制，以获得预定的气门正时。

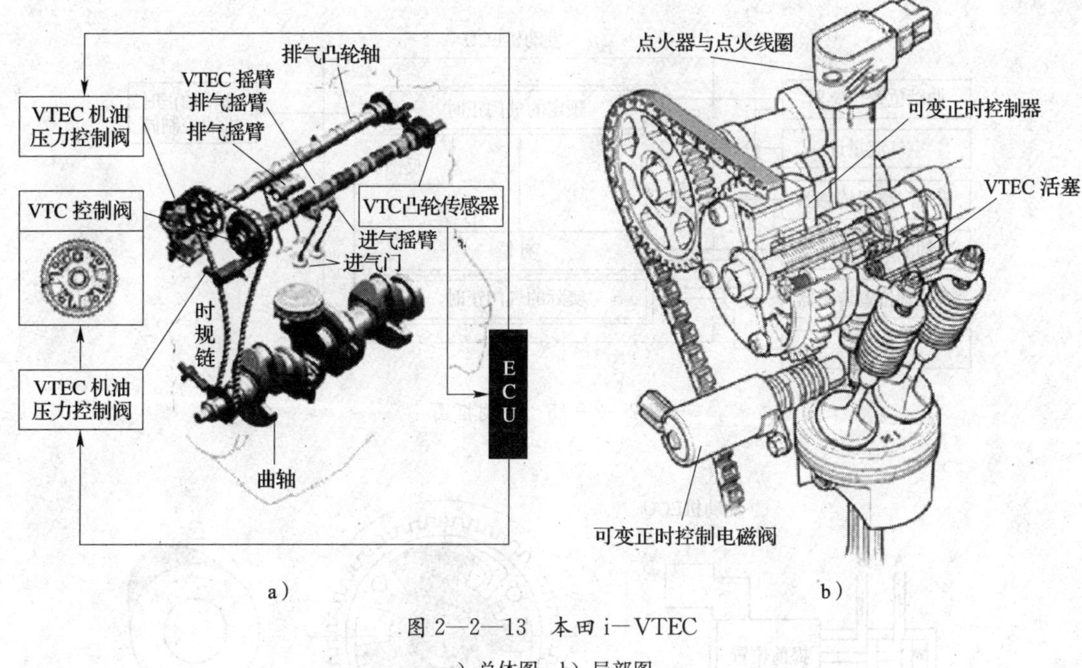

图 2—2—13　本田 i－VTEC

a）总体图　b）局部图

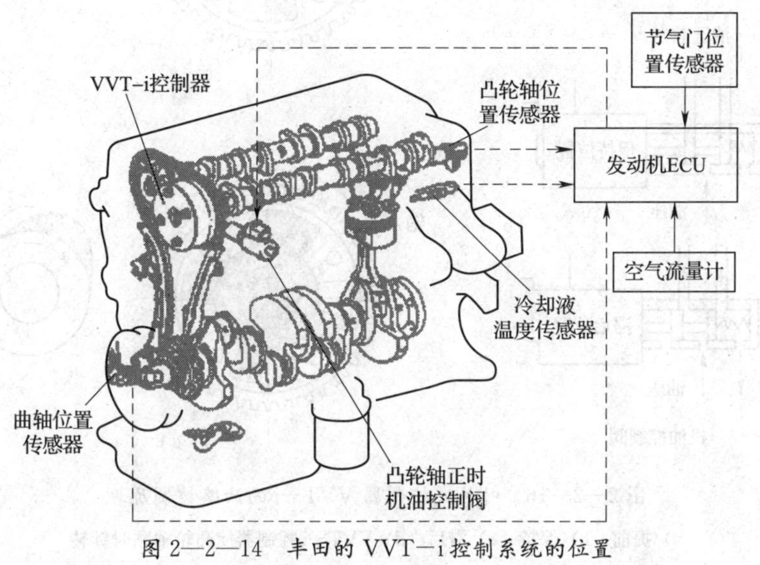

图 2—2—14　丰田的 VVT—i 控制系统的位置

①提前的控制过程

发动机 ECU 给电磁阀通电，接通提前油路，如图 2—2—16a、d 所示。A 进油，B 回油，使 VVT—i 控制器叶片和凸轮轴顺时针旋转，使进气门提前打开。

②保持的控制过程

发动机 ECU 给电磁阀断电，电磁阀在弹簧的作用下，回到中间位置，如图 2—2—16b 所示，A、B 油路封闭，凸轮轴位置保持不变，防止机油从 VVT—i 控制器中流出。

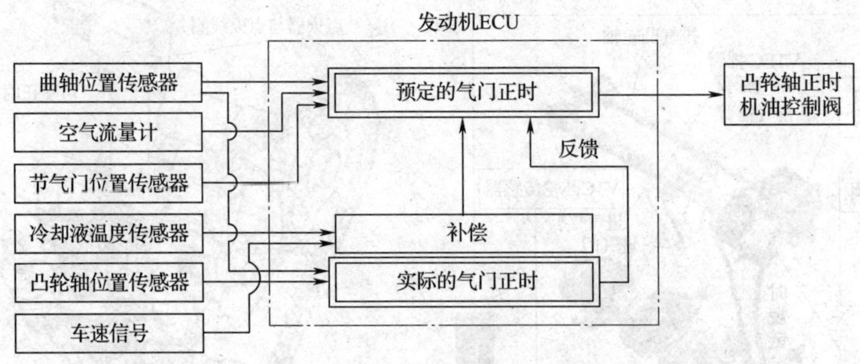

图 2—2—15 控制框图

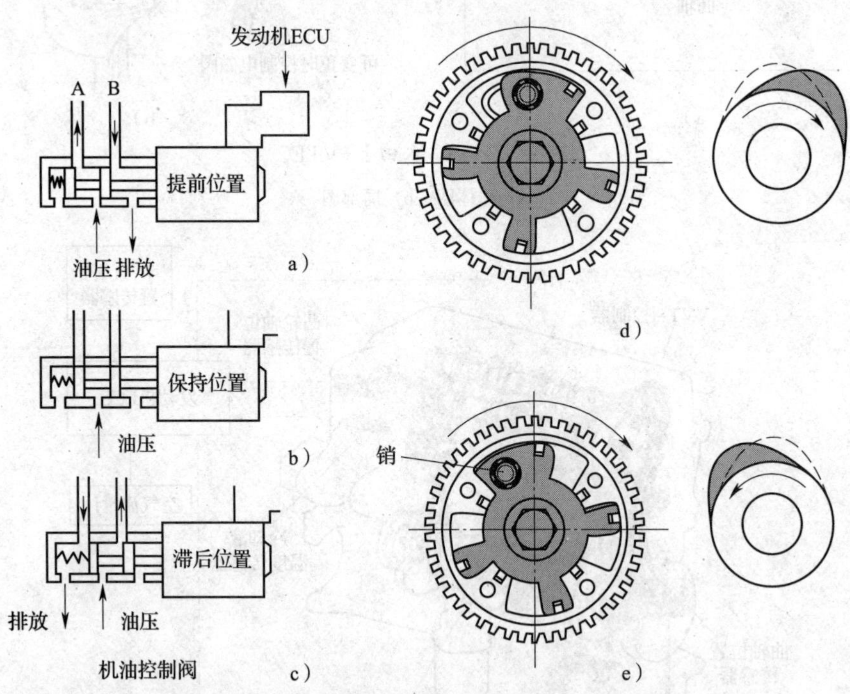

图 2—2—16 叶片式控制器 VVT—i 的油路控制原理

a）提前 b）保持 c）滞后 d）VVT—i 控制器使凸轮轴顺时针转

e）VVT—i 控制器使凸轮轴逆时针转

③滞后的控制过程

发动机 ECU 给电磁阀反向通电，接通滞后油路，如图 2—2—16c、e 所示。A 回油，B 进油，使控制器叶片和凸轮轴逆时针旋转，使进气门推迟打开。

在发动机停机和起动时，图 2—2—16e 中的销会把 VVT—i 控制器锁死。

电磁阀的结构如图 2—2—17 所示。

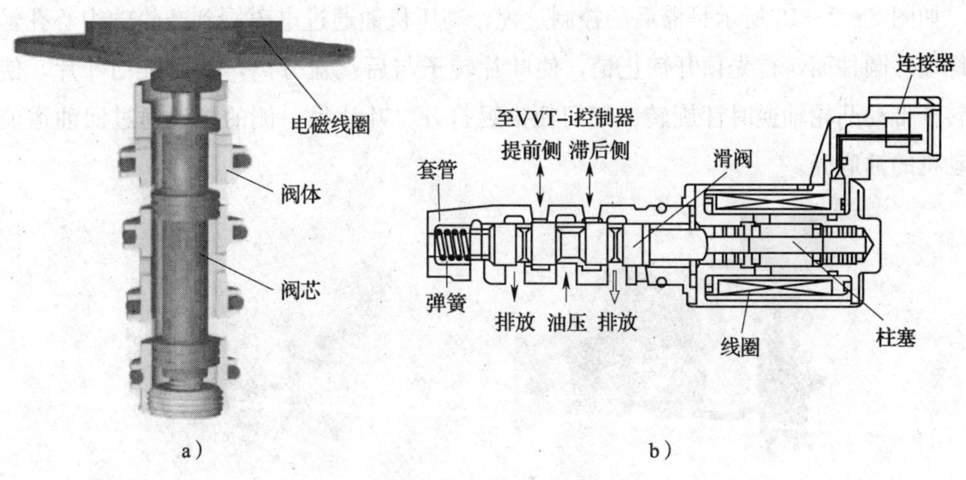

图 2—2—17　电磁阀的结构

a）立体图　b）剖视图

2）叶片式 VVT—i 控制器的结构

叶片式 VVT—i 控制器的结构如图 2—2—18 所示。叶片转子用螺栓与凸轮轴固定在一起，时规带轮、壳体、前后端盖为一体，套在凸轮轴上。

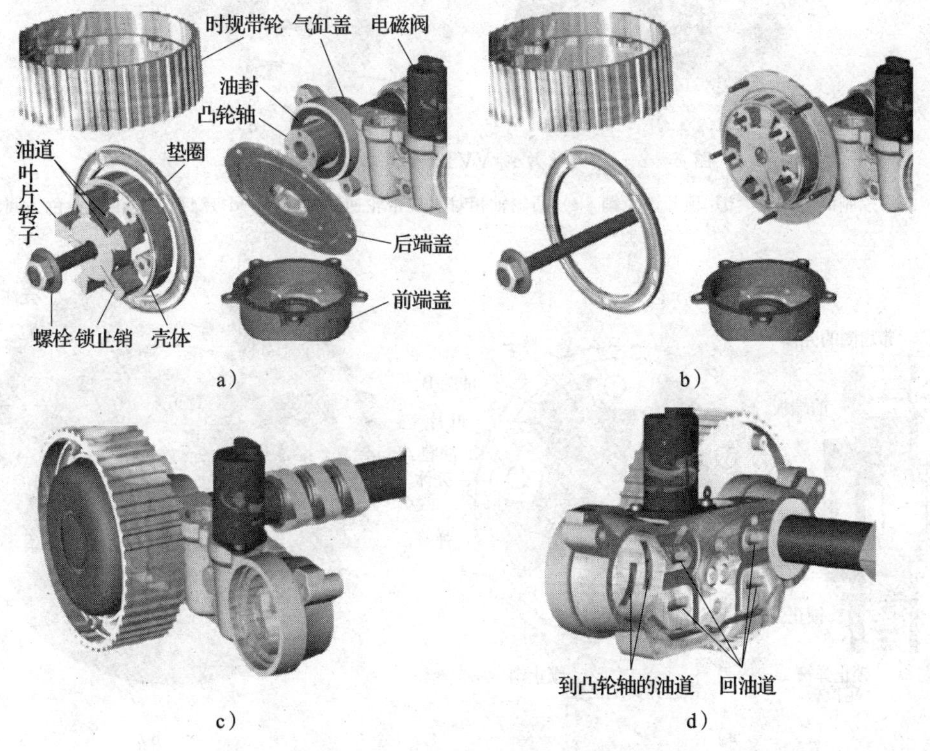

图 2—2—18　叶片式 VVT—i 控制器的结构

a）分解图　b）叶片转子组装图　c）组装图　d）油道

如图 2—2—19 所示是滞后的控制过程，高压机油通过电磁阀到凸轮轴中心孔，流过螺栓外圆柱面，首先顶开锁止销，使叶片转子与后端盖分离，然后推动叶片，使叶片转子带动凸轮轴逆时针旋转，气门便推迟打开。叶片另一侧的机油通过回油道流到发动机的油底壳。

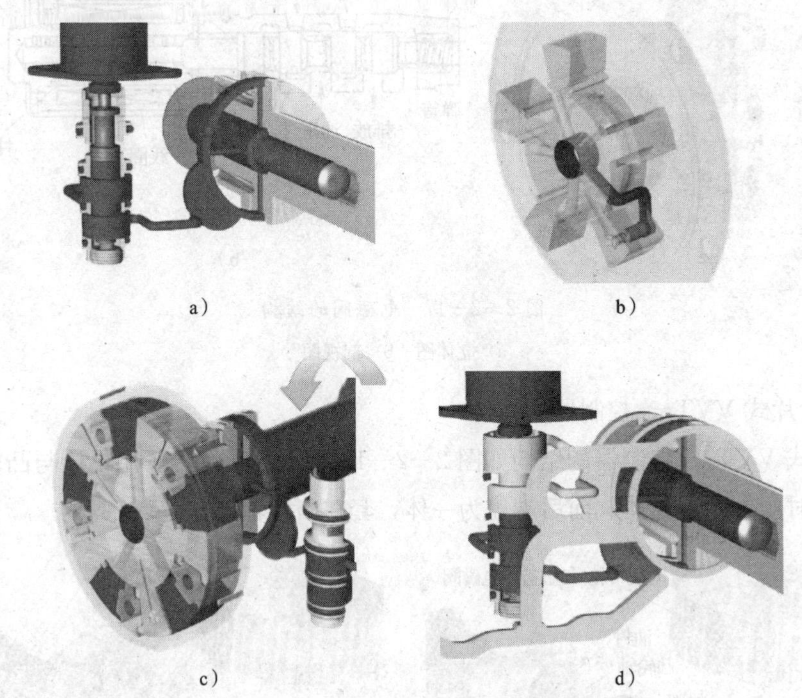

图 2—2—19 叶片式 VVT—i 控制器的控制油路

a）滞后控制的进油道 b）顶开锁止销 c）凸轮轴相对时规带轮逆时针旋转 d）绿色为进油、黄色为回油

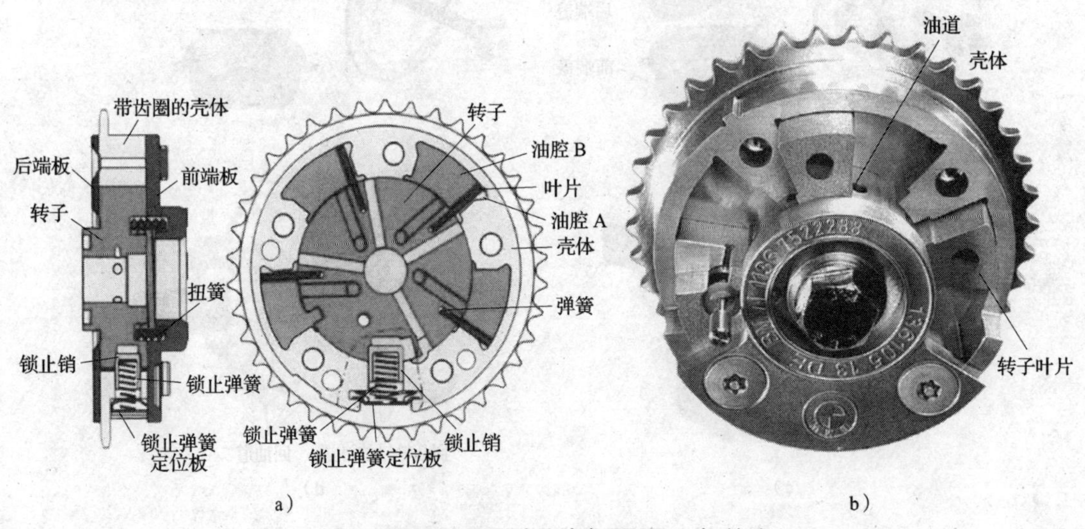

图 2—2—20 另一种叶片式 VVT—i 控制器

a）示意图 b）实物图

（2）丰田花冠汽车的 VVT—i 的控制原理

1）汽车发动机在不同工况的控制如图 2—2—21 所示。

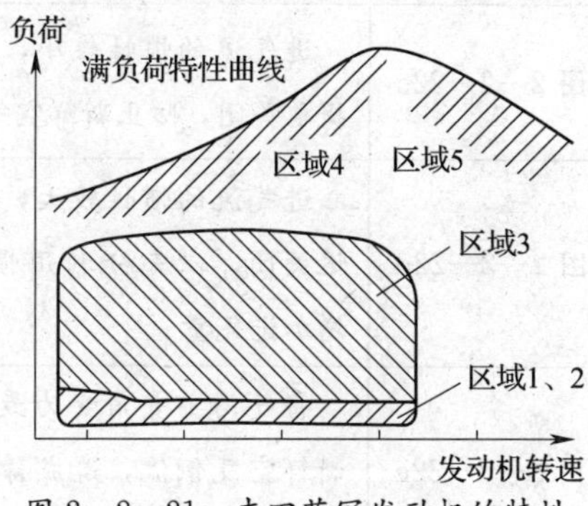

图 2—2—21　丰田花冠发动机的特性

2）丰田花冠发动机在不同工况的控制策略。

丰田花冠发动机在不同工况的控制策略如图 2—2—22 所示和见表 2—2—1。

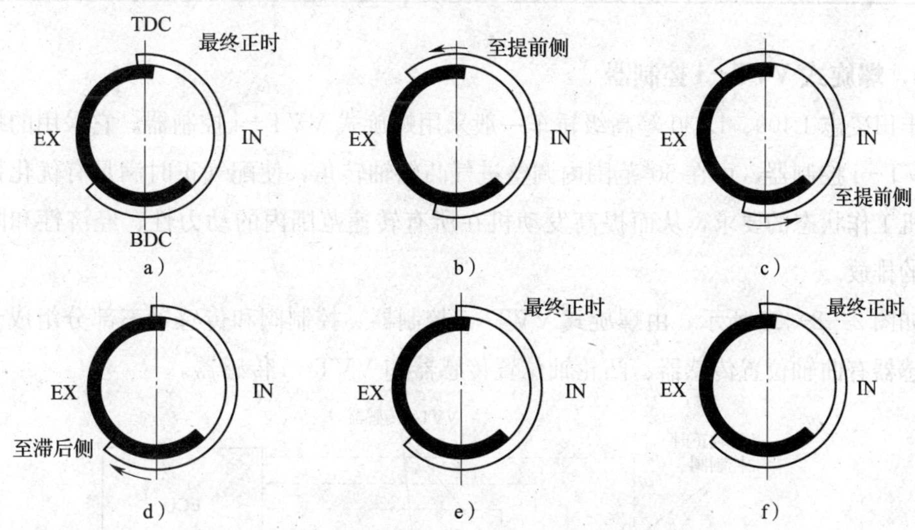

图 2—2—22　丰田花冠发动机在不同工况的控制策略

表 2—2—1　　　　丰田花冠发动机在不同工况的控制策略

工作状况	控制范围	配气相位	控制目的	效果
怠速期和小负荷	图 2—2—21 中区域 1、2	图 2—2—22a	将进气门和排气门同时打开的时间变为最短，并减少回流到进气侧的气体	稳定怠速转速，燃油经济性更好
中负荷	图 2—2—21 中区域 3	图 2—2—22b	增加进气门和排气门同时打开的时间，充分利用气流的惯性，使换气更彻底，增加进气量	燃油经济性更好，改善排放

续表

工作状况	控制范围	配气相位	控制目的	效果
中低速带重负荷	图 2—2—21 中区域 4	图 2—2—22c	进气流的惯性较小，进气门需提前关闭，防止新鲜空气倒流	改善中低速范围的扭矩
高速范围带重负荷	图 2—2—21 中区域 5	图 2—2—22d	进气流的惯性较大，进气门推迟关闭，以充分利用惯性进气，增加进气量	增加输出功率
低温		图 2—2—22e	将气门重叠角变为最小，防止新鲜空气倒流，造成稀混合气燃烧，并稳定为快怠速	稳定快怠速，使燃油经济性更好
起动停机		图 2—2—22f	将气门重叠角变为最小，减少新鲜空气倒流	改善起动性能

4．螺旋式 VVT－i 控制器

丰田凌志 L400、L430 等高级轿车一般采用螺旋式 VVT－i 控制器。它采用的螺旋式 VVT－i 控制器，可在 50°范围内调整进气凸轮轴转角，使配气正时满足有优化控制发动机工作状态的要求，从而提高发动机在所有转速范围内的动力性、经济性和降低尾气的排放。

如图 2—2—23 所示，由螺旋式 VVT－i 控制器、控制阀和传感器三部分组成。其中传感器有曲轴位置传感器、凸轮轴位置传感器和 VVT－i 传感器。

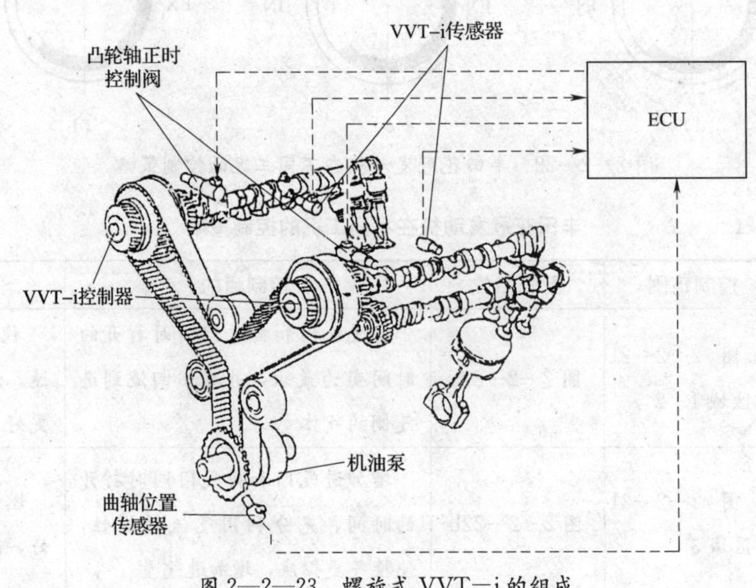

图 2—2—23　螺旋式 VVT－i 的组成

螺旋式 VVT－i 控制器如图 2—2—24 所示，可动活塞在内齿轮与外齿轮之间。活塞的内外表面有螺旋形花键。活塞沿轴向的移动，改变内、外齿轮的相对位置，从而使配气相位连续改变。螺旋式 VVT－i 外壳后部安装有剪式齿轮，驱动排气凸轮轴。

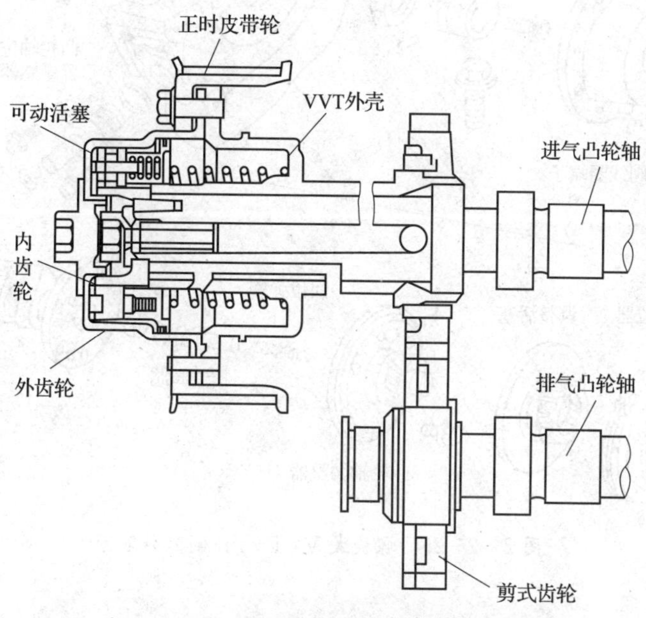

图 2—2—24　螺旋式 VVT－i 控制器的构造

其分解图如图 2—2—25 所示。调整活塞的外螺旋齿与链轮定位器啮合，调整活塞的内螺旋齿与凸轮轴调整器啮合。当调整活塞左右移动时，链轮定位器与凸轮轴之间就会有相对转动，从而改变配气相位，参见图 2—2—10a。螺旋式 VVT－i 控制器如图 2—2—26 所示。

根据发动机 ECU 的指令，当控制阀在如图 2—2—27a 所示位置时，机油压力施加在活塞的左侧，使得活塞向右移动。由于活塞上的旋转花键的作用，进气凸轮轴相对于凸轮轴正时带轮提前一定角度。当控制阀在如图 2—2—27b 所示位置时，活塞向左移动，并向延迟的方向旋转。接着控制阀关闭油道，保持活塞两侧的压力平衡，从而保持配气相位不变，由此得到理想的配气正时。发动机停机时，凸轮轴正时控制阀处于最延迟的位置。

5．时规链调整装置

宝马的 VANOS 系统由车辆发动机微型计算机控制液压和机械部分，调整进排气凸轮轴。双 VANOS 于 1992 年应用在 M50 发动机上，进气门相位在 0°～40°之间调节，排气门相位在 0°～25°之间调节。如图 2—2—28 所示。

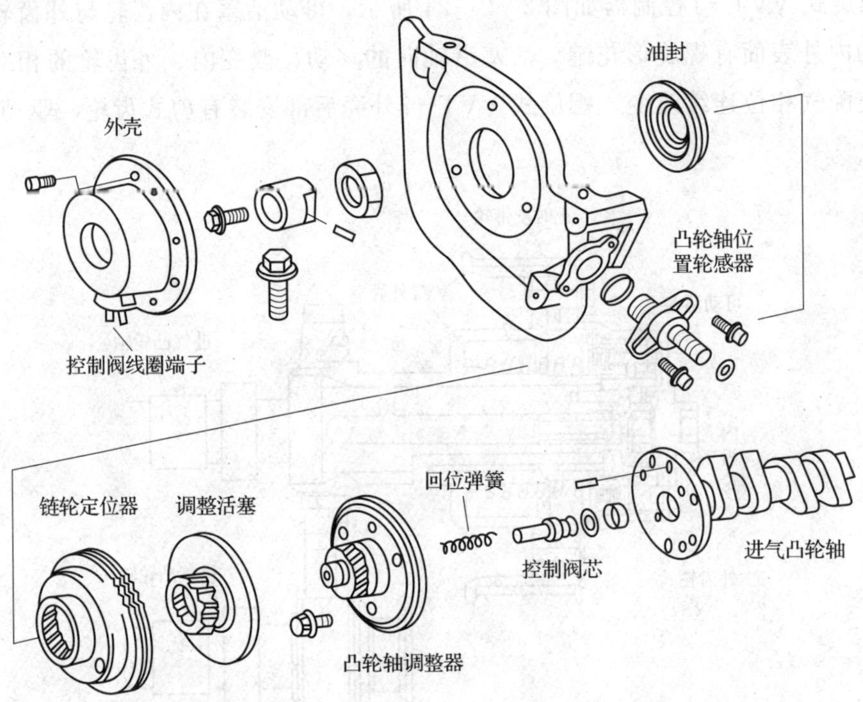

图 2—2—25　螺旋式 VVT—i 控制器分解图

图 2—2—26　螺旋式 VVT—i 控制器的组装图

VANOS 系统根据发动机转速和加速踏板位置来控制凸轮轴。低转速时，进气门推迟开启，以改善怠速质量及平稳度。中等转速时，进气门提前开启，以增大扭矩，并允许废气在燃烧室中进行再循环从而减少耗油量和废气的排放。高转速时，进气门开启稍延迟，从而发挥出最大功率。

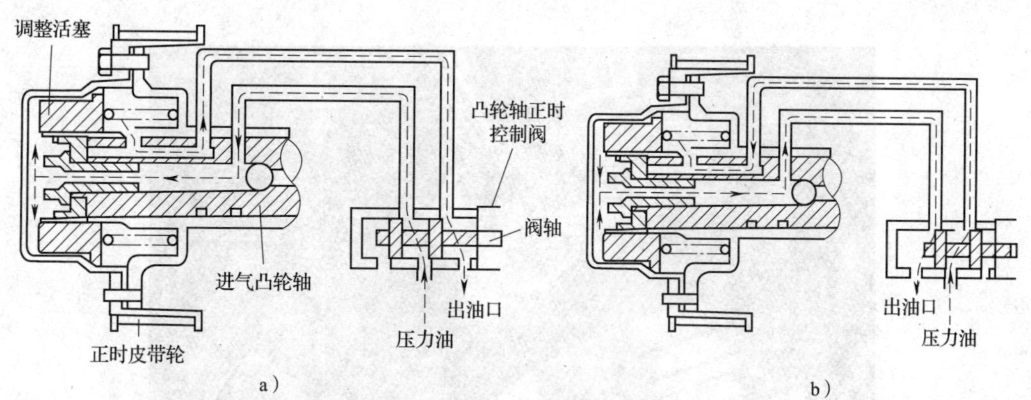

图 2—2—27　VVT－i 的油路控制

a）提前　b）延迟

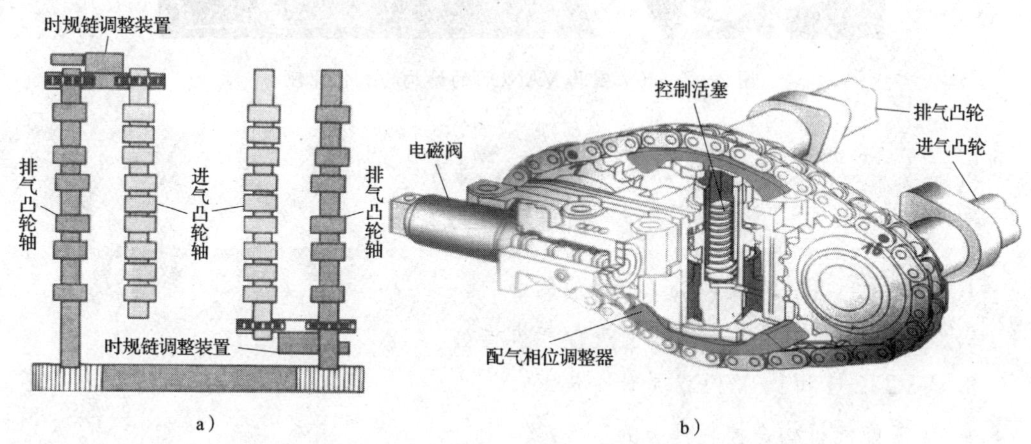

图 2—2—28　宝马 VANOS

a）时规链调整装置的位置　b）时规链调整装置的结构

如果发动机转速低，活塞在气缸中的移动速度和混合气被压缩的速度都慢，进气门可以推迟关闭，充分利用气流惯性提高进气量。如果发动机高速运转时，活塞的移动速度和气缸中混合气压缩速度都加快，进气门应早开早闭，以提高进气效率。

当发动机转速变化达到规定值时，发动机 ECU 便给电磁阀通电或断电。电磁阀便改变正时调整器内的机油的流向，使控制活塞上下的机油压力发生变化，从而改变活塞的位置，活塞的上下移动导致链条调整器上下移动，从而推动链条上下的长度发生变化。发动机低速运转时，凸轮轴调整器向下拉长，于是链条上短，下长。进气凸轮轴相对于排气凸轮轴逆时针转过一个角度，进气门提前关闭，以使发动机在中、低速获得大扭矩，如图 2—2—29b 所示。当发动机高速运转时，如图 2—2—29c 所示，链条上短，下长，进气凸轮轴相对排气凸轮轴顺时针转动了一个角度，使进气门提前打开，提前进气，提高进气效率和发动机功率。

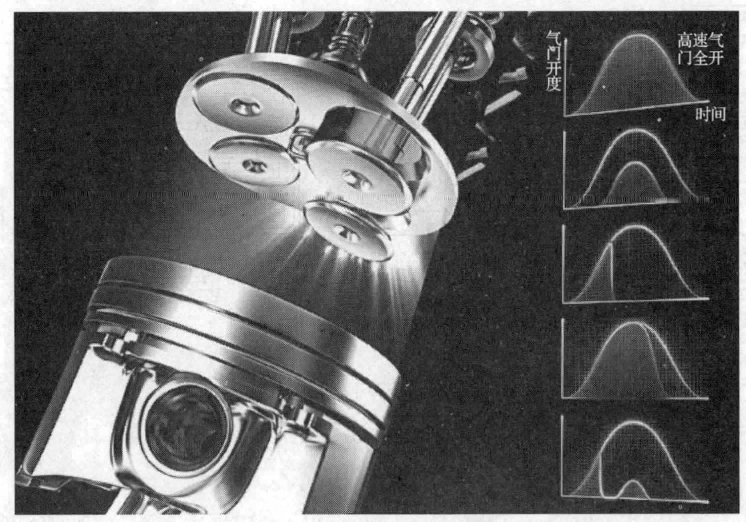

图 2—2—29　宝马 VANOS 的结构与工作原理

思考与练习

1. 简述配气相位对发动机工作性能的影响。
2. 现代汽车为什么广泛采用可变配气机构?
3. VVTL—i 和 i—VTEC 是什么意思?
4. 可变配气机构是控制什么的?

课题三　进气增压系统

学习目标

◆ 了解进气增压系统的各种类型及结构原理。

◆ 熟练掌握涡轮增压车型的使用与保养。

发动机进气方式有自然进气和增压进气。前面讲的气门升程与配气相位控制都属于自然进气发动机。如图 2—3—1 所示发动机，判断它采用的是哪种进气方式?

阅读表 2—3—1，能得出什么结论?

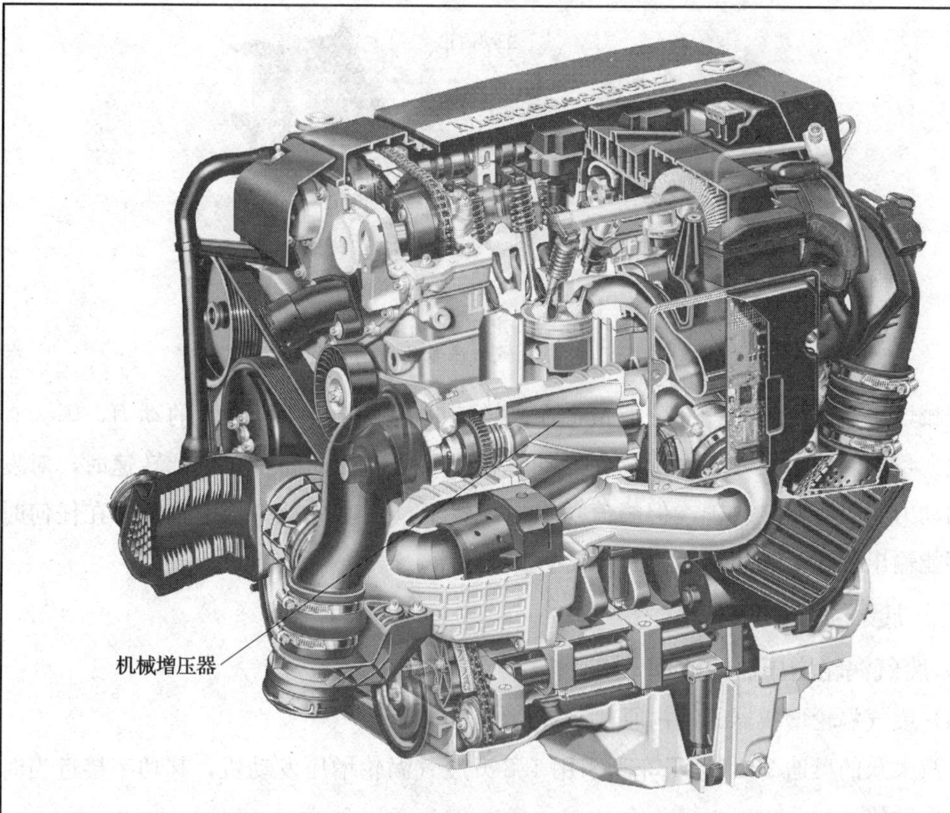

图 2—3—1　奔驰 C200K 发动机

表 2—3—1　　自然吸气和涡轮增压发动机最大功率和最大扭矩对比

车型	进气方式	最大功率/对应转速	最大扭矩/对应转速	与新宝来 1.4T 相比	
新宝来 1.4 T	涡轮增压	96 kW/5 000 r/min	220 N·m/1 750～3 500 r/min	最大功率	最大扭矩
Polo1.4 L	自然吸气	63 kW/5 000 r/min	132 N·m/3 750 r/min	－33 kW	－88 N·m
卡罗拉 1.8 L	自然吸气	103 kW/6 400 r/min	173 N·m/6 000 r/min	＋7 kW	－47 N·m
凯美瑞 2.4 L	自然吸气	123 kW/5 000 r/min	224 N·m/4 000 r/min	＋27 kW	＋4 N·m

发动机增压形式有涡轮增压和机械增压两种形式。增压发动机有机械增压、废气涡轮增压、复合式增压三种类型。涡轮增压发动机高速性能好，而机械增压发动机低速性能好。增压发动机的使用与自然吸气发动机差别较大。

一、机械增压器

机械增压器的压缩机直接由发动机曲轴带动，它的优点是响应性好，奔驰 C200K 发动机如图 2—3—1 所示。机械增压器的结构如图 2—3—2 所示。

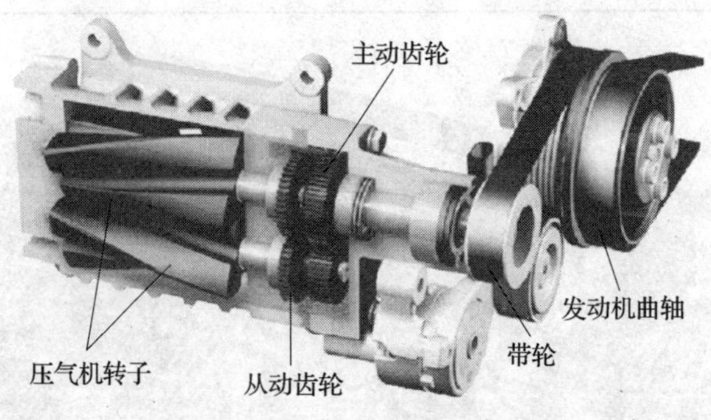

图 2—3—2　机械增压器的结构

机械增压器需要消耗一部分能量，在高转速时不能产生特别强大的动力，因为它会产生大量的摩擦损失，从而影响到发动机转速和功率的提高。在中低转速时，对发动机的动力输出有明显改善，但峰值功率出现较早，发动机最高转速较低。在任何时候，都能输出源源不断的动力，大大减小换挡频率。

二、废气涡轮增压器

1. 废气涡轮增压器的原理

（1）废气涡轮增压器的结构原理

一汽大众的奥迪 200 1.8T 车型采用 1.8 升废气涡轮增压发动机，其功率接近当时 2.6V6 发动机。

涡轮增压的工作原理如图 2—3—3 所示。发动机排出的废气驱动废气涡轮高速旋转，废气涡轮再带动进气泵轮以同样的速度旋转，进气泵轮将空气压缩到气缸内燃烧。使进气压力远远高于大气压力。通过涡轮增压器产生的进气量，远远超过了自然吸气产生的进气量。

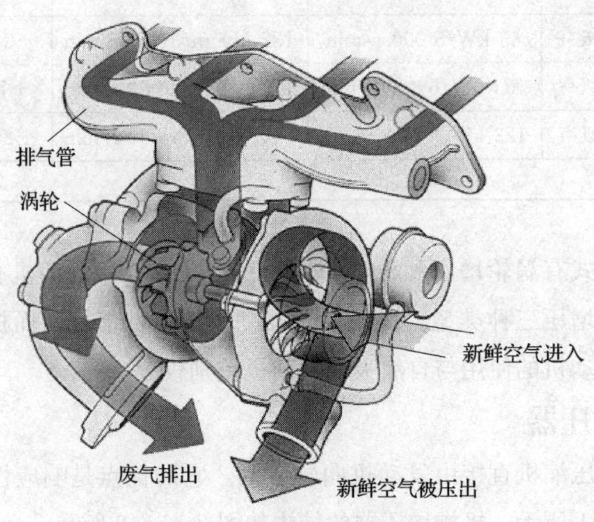

图 2—3—3　涡轮增压的工作原理

在发动机转速低时，涡轮增压器增加了排气阻力，低速动力输出减小。采用如图2—3—4所示的阀门，当发动机不需要增压时，进气管内压力增大，空气压力推动膜片，打开旁通阀，废气直接排出，此时增压器不起作用。

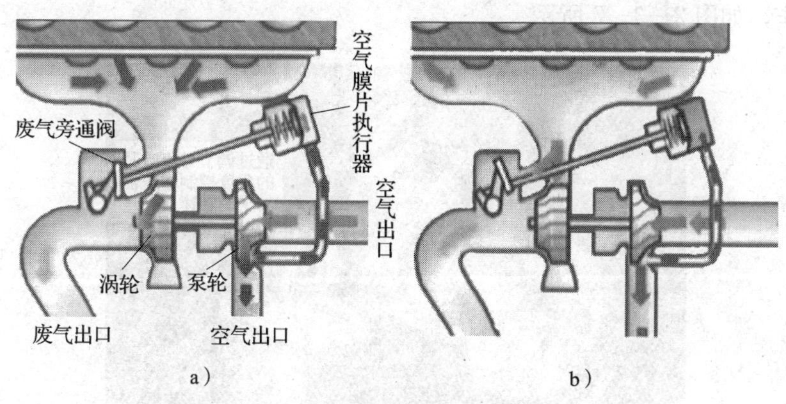

图2—3—4　旁通阀

a）进气压力低时，旁通阀关　b）进气压力高时，旁通阀开

废气涡轮增压器的解剖图如图2—3—5所示。内部设有润滑油道和冷却水道，如图2—3—5b所示。

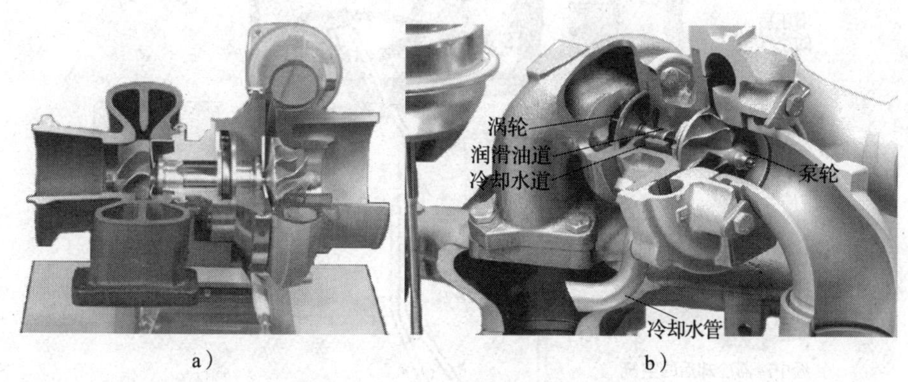

图2—3—5　废气涡轮增压器的解剖图

（2）废气涡轮增压器的性能改善

涡轮增压器转子的转速达到一定值（150 000～170 000 r/min）后，其工作状态才最佳。但转速提升中，涡轮增压器的转子反应滞后于加速踏板的动作。而转速达到一定值后，发动机动力输出会突然增加，往往使人难以适应。为了改善发动机低转扭矩和运转平顺性的问题，采用改变叶片角度的废气涡轮增压器，如图2—3—6所示。

通过控制废气涡轮外围的一组导流叶片，来控制废气涡轮增压器转子的转速。涡轮增压器就可以在发动机转速较低时进入工作状态，从而使发动机在各个转速区域都有良好的扭矩、功率输出。

随着进气压力的增加，压气机出口的气温也会随之增加，空气密度减小了。采用中冷器，在同样的空燃比下，进气温度每下降 10℃，发动机功率实际上可提高约 3.5%。而且还可降低发动机的热负荷、排气温度以及最大爆发压力。中冷器采用风冷的方式工作，如图 2—3—7 所示。

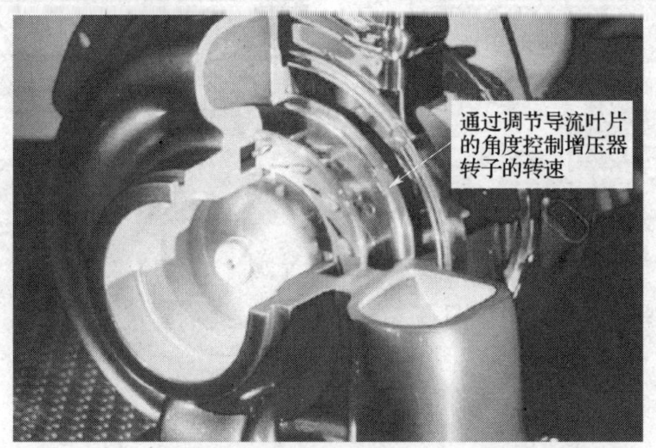

图 2—3—6　叶片角度可调的废气涡轮增压器

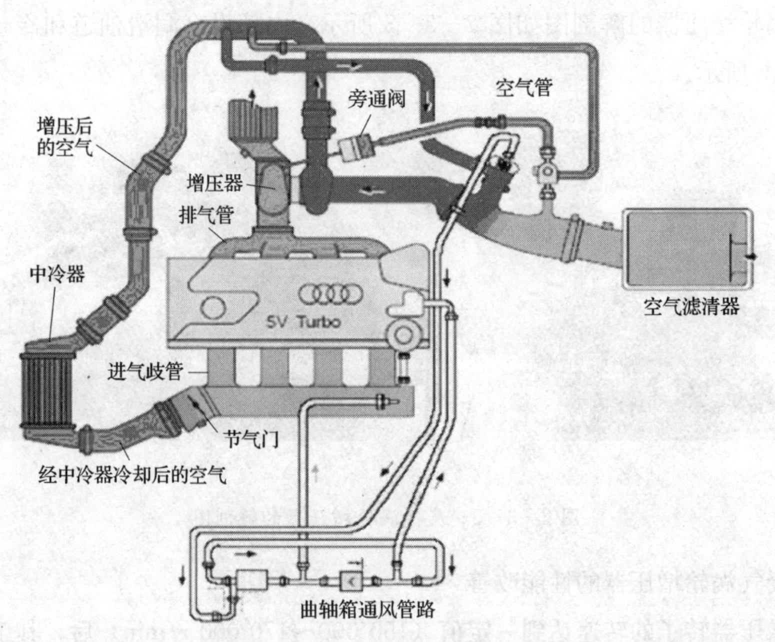

图 2—3—7　中冷器的安装位置

V 型发动机和水平对置发动机常采用双涡轮增压，减少了进气管的数量，减小了增压器的体积，如图 2—3—8 所示。

2. 涡轮增压车型的使用与保养

1.4TSI 中“T”表示涡轮增压发动机。SI 即 FSI，是 Fuel Stratified Injection 的缩写，意思是燃料分层喷射技术（燃油缸内直喷），其使用要注意以下几点。

图 2—3—8　双涡轮增压器

（1）使用专用机油

涡轮增压发动机对油品的要求很高。因为涡轮增压器主转轴采用浮动式设计，涡轮本体和主转轴之间充满了机油，整个主转轴依靠润滑油来散热与润滑，而劣质机油的黏稠度较高，流动性较差，无法较好地发挥作用。要使用全合成机油，这种油有良好的抗氧化性、抗磨性、耐高温性能，润滑和散热性更佳。

（2）不能突然熄火

在发动机长时间高负荷运转后，在关闭发动机之前，一定要怠速运转几分钟，让机件能有效冷却并得到润滑。因为这时增压器的温度在 600℃左右。如果突然熄火，发动机机油压力将迅速下降，同时增压器转子仍在惯性作用下高速旋转，高温会加热轴承支承壳内的机油，进而损坏轴承和轴。

（3）不能一起动就猛踩加速踏板

涡轮增压汽车能在短时间内提高速度，但是刚起动就猛踩加速踏板，易损坏增压器油封。应先怠速运转 3～5 min，使机油泵有充足的时间把机油输送到涡轮增压器的各个部位，同时机油温度慢慢上升后，流动性更好，这样涡轮增压器能得到充分润滑。

（4）在更换机油时同时换空气滤清器

定时更换空气滤清器可防止灰尘等杂质进入高速旋转的叶轮，造成转速不稳或轴套和密封件加剧磨损。

三、复合式增压器

由于机械增压低速性能好，而涡轮增压高速性能好。因此 2005 年高尔夫 1.4 TSI 车型采用复合式增压器（机械增压和涡轮增压“双增压”），如图 2—3—9 所示，在低转速时，由机械增压提供大部分的增压压力，这些压力也用来驱动涡轮增压器，因此

涡轮增压器的起动更平顺，响应速度更快。其功率相当于 2.3 L 自然吸气发动机，油耗降低了 20%。

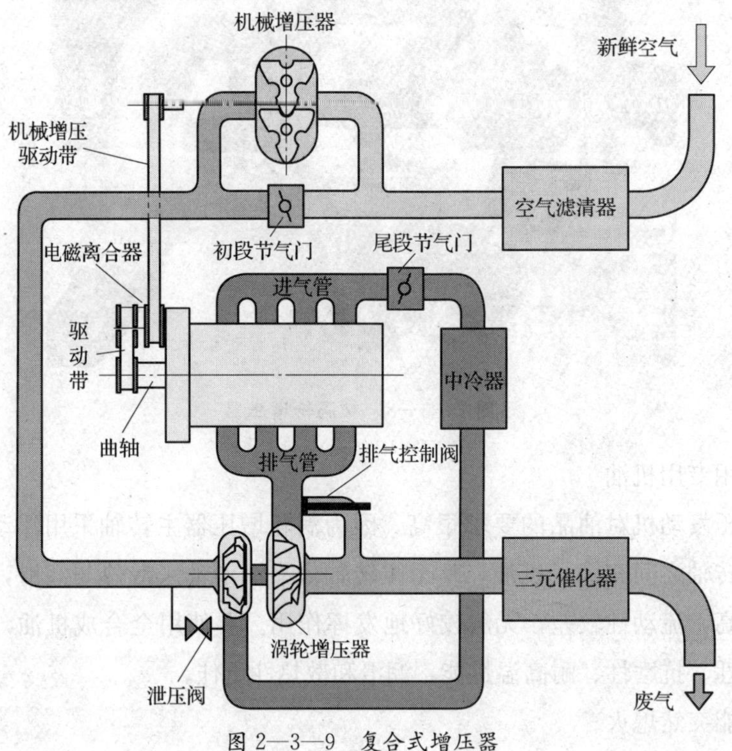

图 2—3—9　复合式增压器

在 1 500 r/min 时，两个增压器同时提供增压压力，其总增压值达到 2.5 bar（涡轮增压器单独工作，只能产生 1.3 bar 的压力）。随着转速的提高，涡轮增压器能使发动机获得更大的功率，与此同时，机械增压器的增压压力逐渐降低。

在转速超过 3 500 r/min 时，电磁离合器断开，机械增压器与发动机分离，由涡轮增压器提供增压压力。

通过涡轮增压系统对吸入的空气进行压缩，增大气体密度，从而增加每个进气冲程进入燃烧室的空气量，增加循环供油量，提高功率和扭矩，提高燃烧效率，提高整机使用经济性。

思考与练习

1. 进气增压系统的类型有哪些?
2. 简述涡轮增压车型的使用与保养要点。
3. 简述机械增压和涡轮增压各自的优点。

课题四　节 气 门 体

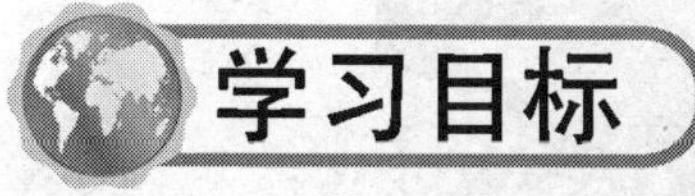

◆ 了解节气门体的组成及结构原理。

◆ 能够熟练检修节气门体的故障。

1. 阅读图 2—4—1，试比较两种节气门控制的差异。

2. 阅读图 2—4—2，试比较此三种节气门体主要结构的差异。

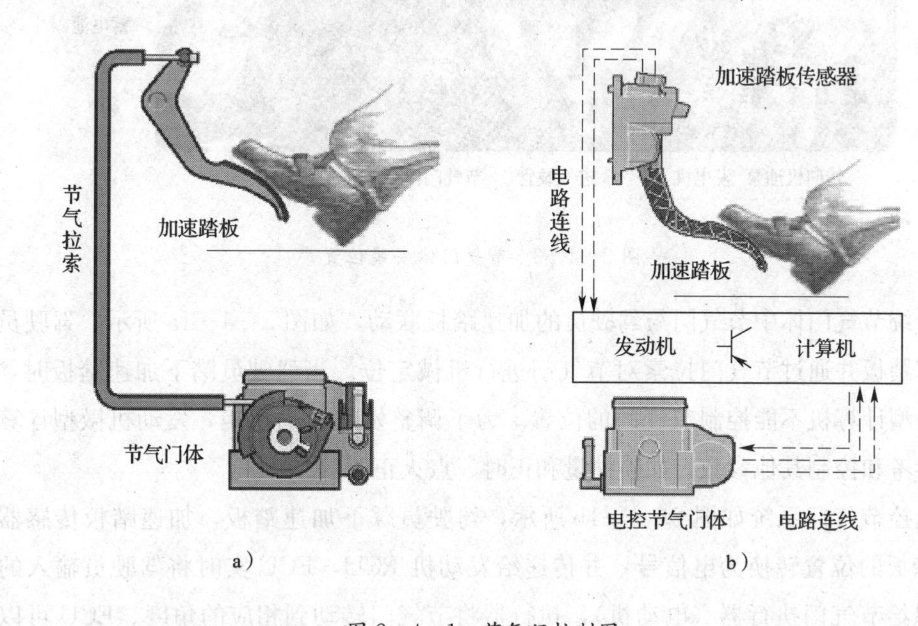

图 2—4—1　节气门控制图

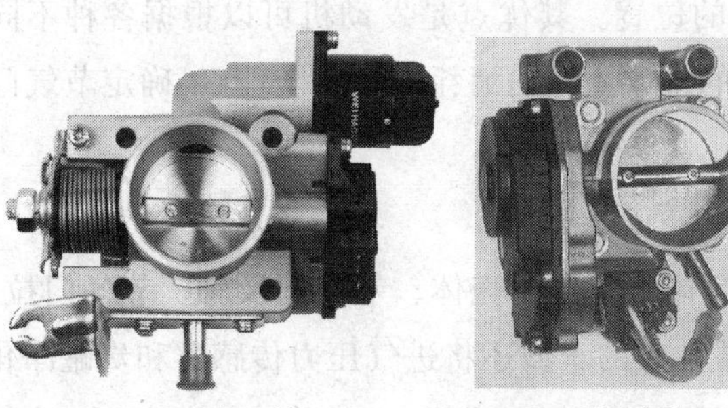

节气门体 1　　节气门体 2　　节气门体 3

图 2—4—2　节气门体

一、节气门体的作用和安装位置

节气门体安装在空气流量计和发动机之间的进气管上（见图 2—4—3），用来改变进气通道面积，从而控制进气量和发动机运行工况。

图 2—4—3 节气门体安装位置

传统节气门体中节气门与驾驶员的加速踏板联动，如图 2—4—1a 所示。驾驶员踏下加速踏板并通过节气门拉索对节气门进行机械定位。当驾驶员踏下加速踏板时，发动机微型计算机不能控制节气门的位置。为了调整发动机的扭矩，发动机微型计算机必须参考和控制其他参数，如喷油量和正时、点火正时等。

电控节气门系统如图 2—4—1b 所示，驾驶员踩下加速踏板，加速踏板传感器将加速踏板的位置转换为电信号，并传递给发动机 ECU，ECU 实时将驾驶员输入的信号传递给节气门执行器（电动机），执行器将节气门转动到相应的角度。ECU 可以独立于加速踏板的位置，调整节气门的位置。其优点是发动机可以根据各种不同的需求（例如驾驶员输入的信号、废气的排放、燃油消耗以及安全性），确定节气门的位置。

二、传统节气门体的组成

如图 2—4—4 所示，传统节气门体由节气门壳体、节气门及轴、节气门拉索架、节气门位置传感器、怠速控制阀组成。有的车型还将进气压力传感器和炭罐净化阀安装在节气门体上，以缩短真空管路，如图 2—4—5 所示。

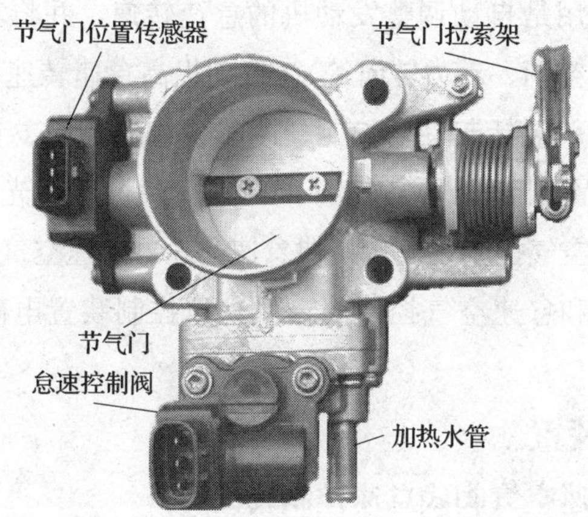

图 2—4—4　传统节气门体的组成

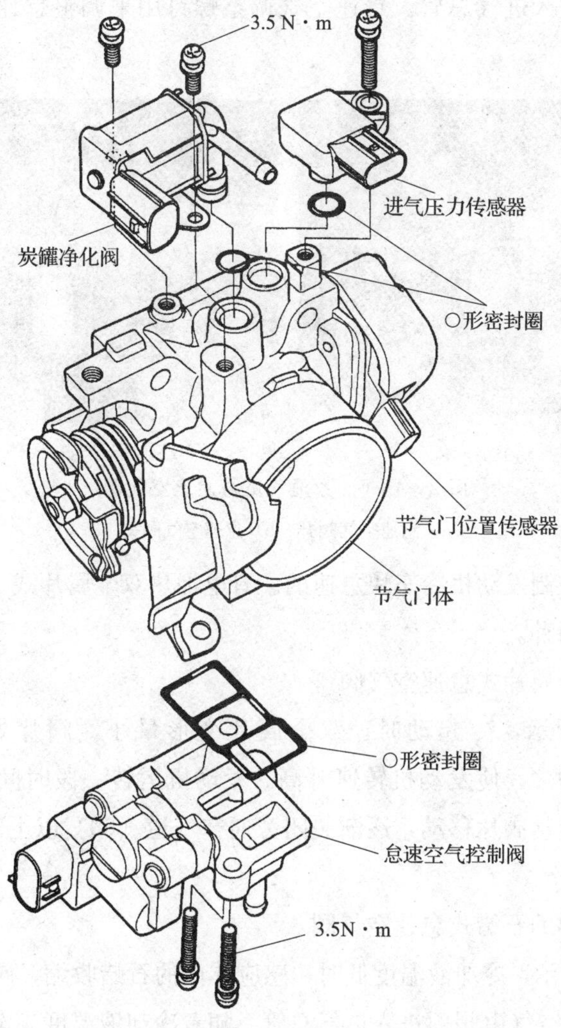

图 2—4—5　本田 CRV 的节气门体分解

怠速控制装置的作用是自动调整发动机的怠速转速，并将其稳定在规定值，同时还根据发动机负荷（如空调、动力转向等），自动提高怠速转速，以满足附加的功率需求。怠速控制的内容一般包括起动后控制、冷车快怠速控制、负荷变化控制以及减速控制等。怠速控制装置因车而异，如日产（NISSAN）阳光（SUNNY）B14 轿车GA16DE发动机的怠速空气控制系统包括快怠速凸轮、怠速空气控制阀—辅助空气控制阀（IACV－ACC 阀）和怠速空气控制阀－快怠速控制装置电磁阀（IACV－FICD 电磁阀）三部分。

三、怠速控制装置

1. 旁通气道与怠速空气阀式怠速控制装置

如图 2—4—6 所示，当节气门完全关闭时，经空气流量计计量过的空气，绕过节气门，从旁通气道进入进气总管。怠速空气调整螺钉用来调整怠速进气量，即调整发动机怠速。

图 2—4—6　旁通气道与怠速空气阀

a）怠速空气阀开　b）怠速空气阀关

怠速空气阀是控制发动机冷车快怠速的。有电加热双金属片式（见图 2—4—6）和冷却液加热石蜡式两种。

（1）电加热双金属片式怠速空气阀

如图 2—4—7 所示，冷起动时，双金属片变形量小，阀片处在最大开启位置（－20℃），进气量增多，使发动机转速升高。发动机运转一段时间后，加热线圈通电使双金属片变形，带动阀片移动，逐渐关闭旁通空气道（60℃以上时全关），发动机转速降为正常怠速。

（2）冷却液加热的石蜡式怠速空气阀

如图 2—4—8 所示，冷却液温度低时，感应体内的石蜡收缩，阀门在外弹簧的作用下左移，阀门打开，空气由阀门进入进气总管。随着冷却液温度逐渐升高，感应体内的石蜡膨胀，推动阀门右移，阀门逐渐关闭。冷却液温度达到 80℃后，阀门完全关闭。

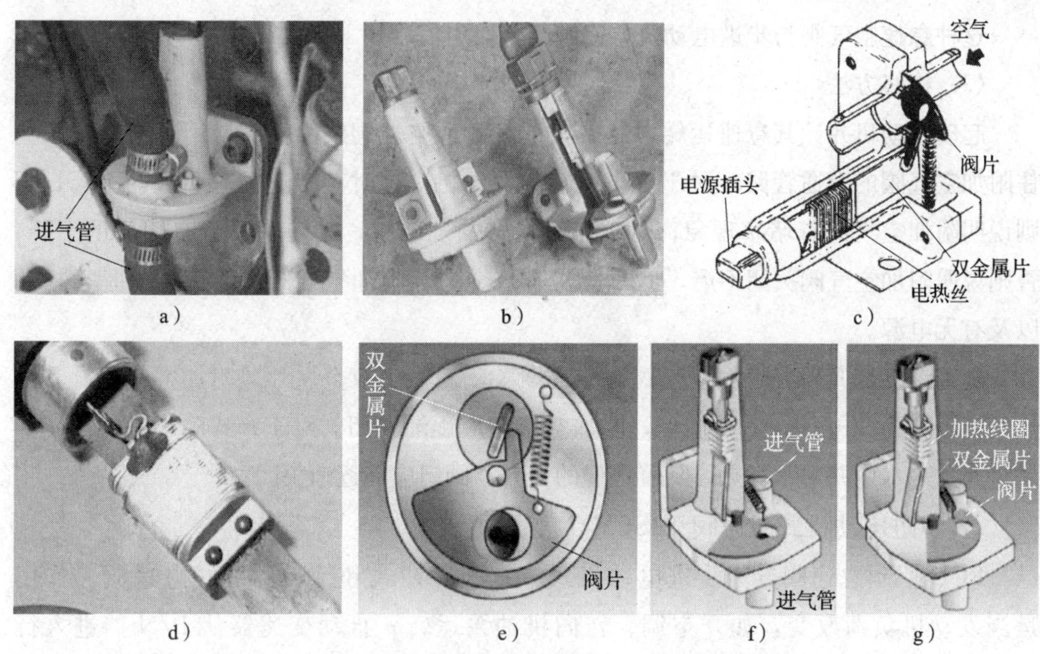

a） b） c） d） e） f） g）

图 2—4—7 电加热双金属片式怠速空气阀

a）安装位置 b）剖面图 c）阀门关 d）双金属片和加热线圈 e）阀门正在关闭 f）阀门打开 g）阀门关

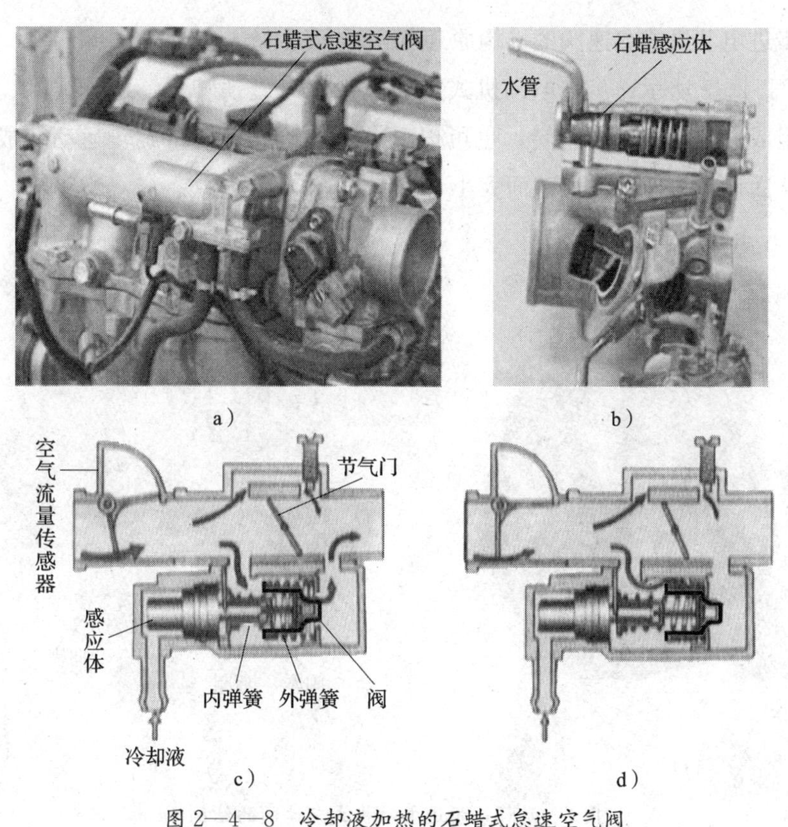

a） b） c） d）

图 2—4—8 冷却液加热的石蜡式怠速空气阀

a）外形 b）剖面图 c）阀门打开 d）阀门关闭

这种怠速空气阀与步进电动机怠速阀配合使用。

(3) 检修方法

起动发动机并让其怠速运转，然后拔下其附加空气阀线束插头，用裹布的钳子夹住附加空气阀的旁通管路。对于冷车运转的发动机，这时其转速会有明显的下降，否则说明附加空气阀有堵塞现象；对于热车运转的发动机，其转速不会有明显的下降，否则说明附加空气阀关闭不严，此时应检查双金属片附加空气阀的线束插头是否松动以及有无电源。

随着温度的升高，附加空气阀应能逐渐关闭。对于双金属片式附加空气阀，其加热丝电阻应为 30～60 Ω。通电后，附加空气阀应逐渐关闭。对于蜡式附加空气阀，如果将其浸入水中并对水加热，随着水温的上升，阀门应能逐渐关闭。

2. 步进电动机式怠速阀（ISCV）

ECU 控制怠速阀分为步进电动机式、直线脉冲式和旋转脉冲式怠速阀。作用是当发动机负荷改变，如开空调、转向机油泵运转、自动变速器从 P/N 挡进入行驶挡、全车电器投入使用时，额外增加进气量，提高发动机的转速，保证发动机稳定运转。

(1) 步进电动机式怠速阀的结构原理

如图 2—4—9 所示，步进电动机式怠速阀由永久磁铁转子、定子线圈、进给丝杆及阀门等组成。电动机可以正转，也可以反转，进给丝杆可将旋转运动变成阀芯的直线运动，从而调节旁通空气道截面大小（见图 2—4—10）。

a）

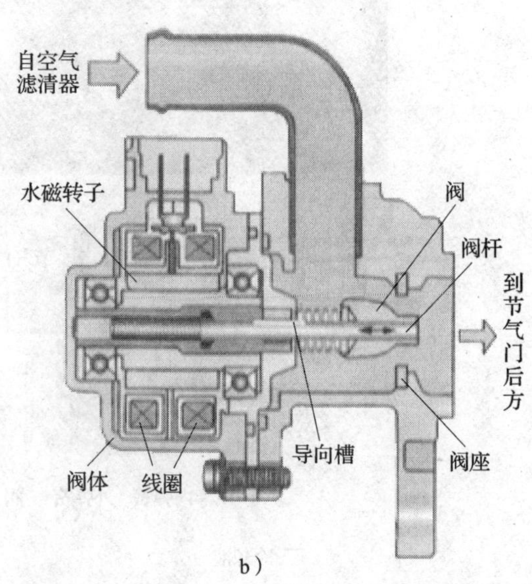

b）

图 2—4—9　步进电动机式怠速阀的结构

a）外形　b）剖视图

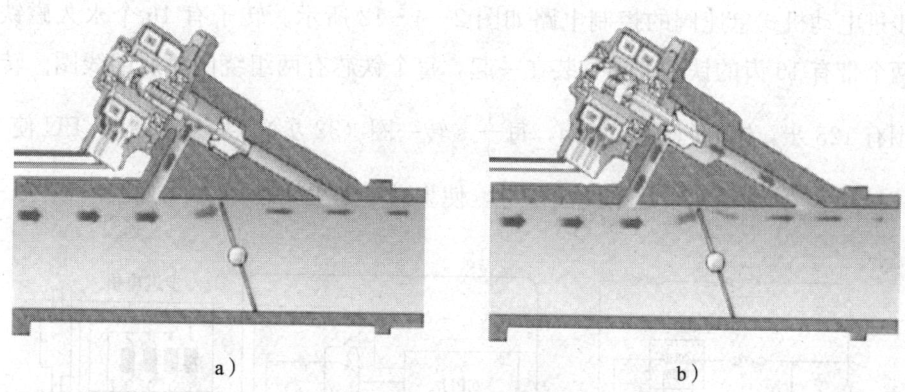

图 2—4—10 步进电动机式怠速阀的工作过程

a）阀门关闭 b）阀门打开

如图 2—4—11b 所示，当电流由 A 流向 A1 时，定子线圈上为 N 极，下为 S 极，永久磁铁转子的磁极与定子磁极同极相斥，异极相吸，使转子逆时针旋转一步。

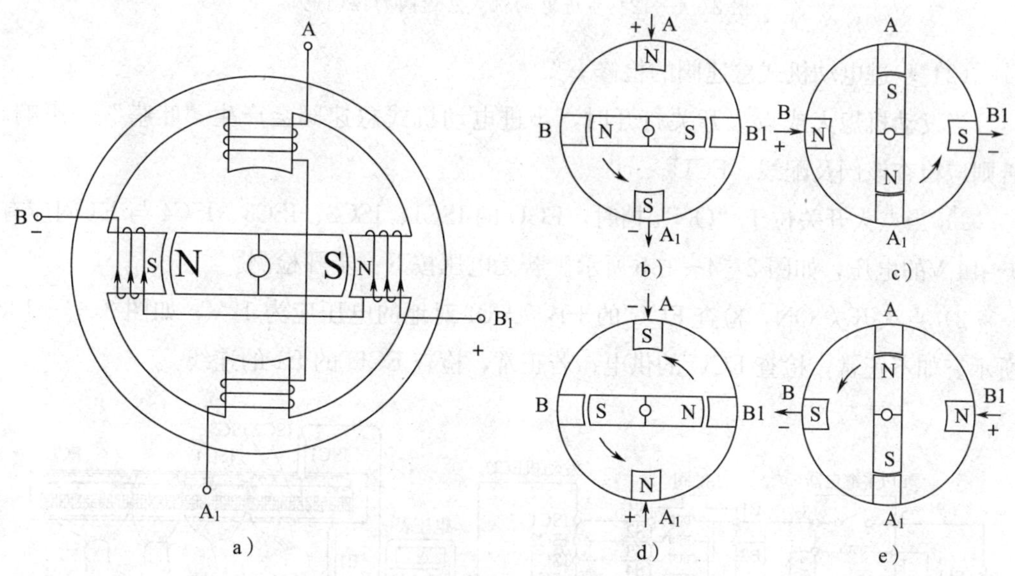

图 2—4—11 步进电动机式怠速阀的工作原理

a）原理图 b）电流从 A 到 A_1 c）电流从 B 到 B_1 d）电流从 A_1 到 A e）电流从 B_1 到 B

如图 2—4—11c 所示，当电流由 B 流向 B1 时，定子线圈左为 N 极，右为 S 极，永久磁铁转子的磁极与定子磁极同极相斥，异极相吸，使转子逆时针又旋转一步。

如图 2—4—11d 所示，当电流由 A1 流向 A 时，定子线圈为下 N 极，上为 S 极，永久磁铁转子的磁极与定子磁极同极相斥，异极相吸，使转子逆时针旋转一步。

如图 2—4—11e 所示，当电流由 B1 流向 B 时，定子线圈右为 N 极，左为 S 极，永久磁铁转子的磁极与定子磁极同极相斥，异极相吸，使转子逆时针又旋转一步。

步进电动机式怠速阀的控制电路如图 2—4—12 所示。转子有 16 个永久磁铁，定子由两个带有 16 齿的铁芯交错安装在一起，每个铁芯有两组绕向相反的线圈。转子工作范围有 125 步，锥阀行程 10 mm，每$\frac{1}{4}$ s 转一圈（32 步），共 3.9 圈。CPU 使 T1～T4 适时导通，分别给四个定了线圈供电，使步进电动机转动。

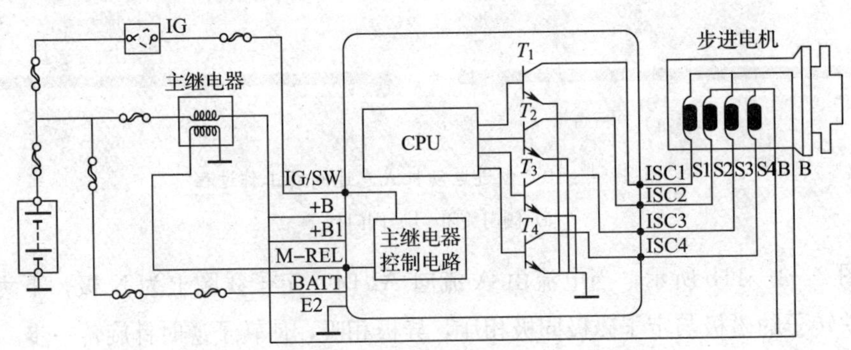

图 2—4—12　步进电动机式怠速阀的控制电路

（2）步进电动机式怠速阀的检修

当发动机熄火或点火开关打开时，步进电动机式怠速阀会产生“咔嗒”一声响。否则应检查该阀及配线、ECU。

1）当点火开关位于“ON”挡时，ECU 的 ISC1、ISC2、ISC3、ISC4 与 E1 间应有 9～14 V的电压，如图 2—4—13b 所示。若无电压按下一步骤检测。

2）点火开关 ON，检查 ECU 的＋B、＋B1 对地的电压应为 12V，如图 2—4—13c 所示。如不正常，检查 ECU 的供电；若正常，检查 ECU 的 E1 的连线。

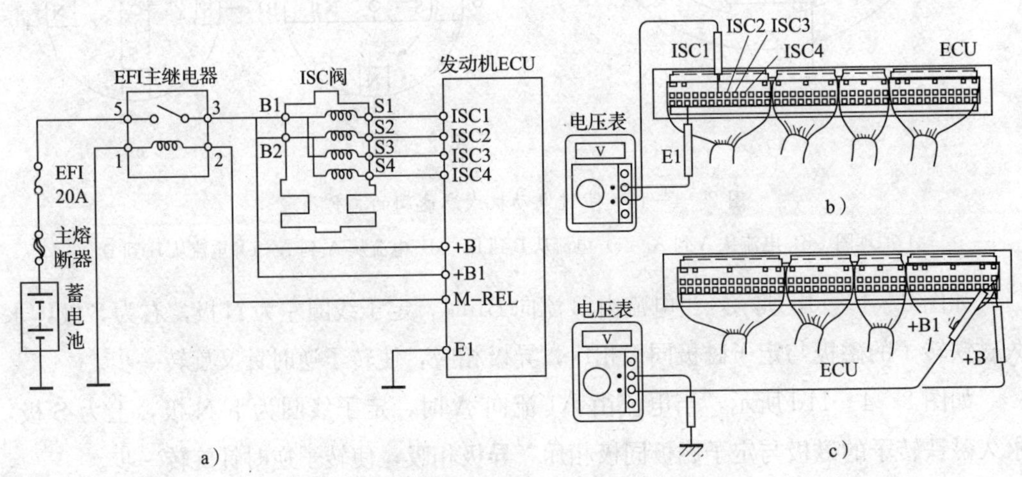

图 2—4—13　皇冠 2JZ-GE 发动机 ECU 配线

a）步进电动机与 ECU 的连接电路　b）检查 ECU 与 ISC 阀的配线　c）检查 ECU 的电源

3）检查 ISC 阀。不符合要求，更换 ISC 阀。

如图 2—4—14 所示，测 B1 与 S1、S3 及 B2 与 S2、S4 的电阻为 10～30 Ω。

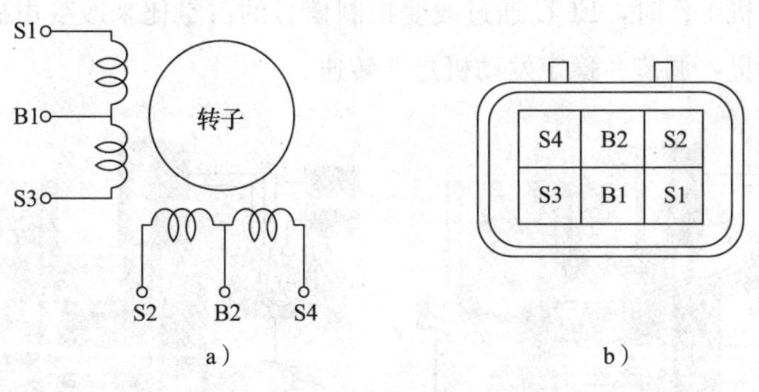

图 2—4—14　测电阻

a）步进电动机内部线路　b）端子

如图 2—4—15 所示，将 B1、B2 接蓄电池正极，然后按 S1－S2－S3－S4 的顺序接负极，ISC 阀应逐步关闭。

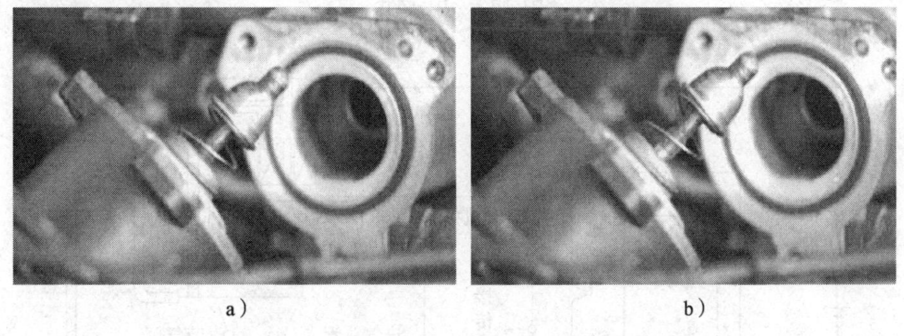

图 2—4—15　接电源后步进电动机应能动作

a）阀芯缩进　b）阀芯伸出

4）ISC 阀正常，则检查 ECU 与 EFI 主继电器线路。

3. 直线脉冲式怠速阀

（1）直线脉冲式怠速阀的结构

直线脉冲式怠速阀由电磁线圈、阀轴及阀等构成，是利用电流通断时间的占空比控制怠速进气量的，如图 2—4—16 所示。通电时间长，断电时间短，则进气量增加。所谓占空比，是指电子控制单元（ECU）输出的控制信号在一个周期内的通电时间与周期的比值。

（2）直线脉冲式怠速阀的控制电路

当 ECU 检测到发动机怠速转速低于目标转速时，自动提高控制信号的占空比，使线圈的通电时间变长，阀门开度变大，旁通气量增大，使怠速转速提高到目标值。反之，当发动机怠速转速高于目标转速时，ECU 自动降低占空比，最终使怠速转速降低到目标值。如图 2—4—17 所示，ECU 通过 V－ISC 端子来控制怠速电磁阀（VSV）的搭铁电路。发动机工作时，ECU 通过改变控制信号的占空比来改变电磁阀的开度，从而改变旁通空气量，调节、稳定发动机怠速转速。

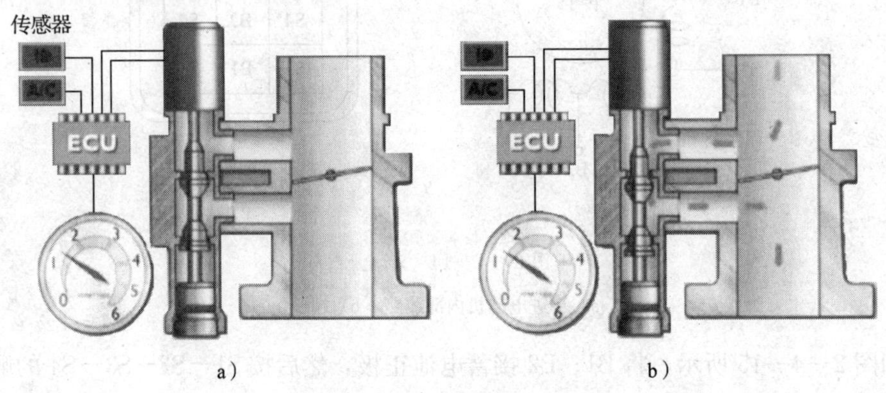

图 2—4—16　直线脉冲式怠速阀

a）阀关　b）阀开

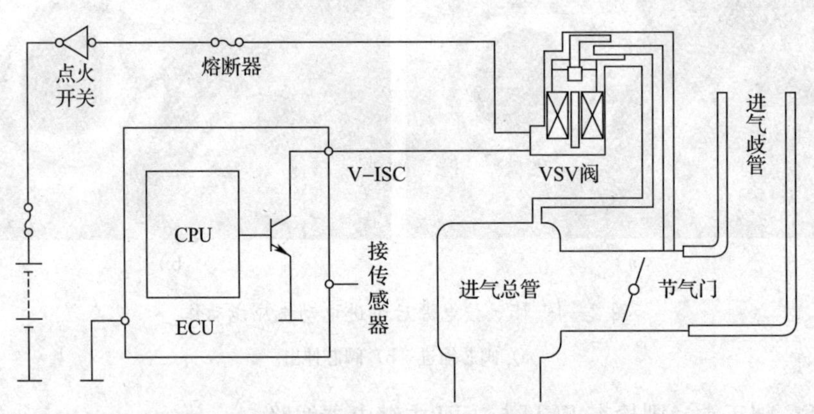

图 2—4—17　直线脉冲式怠速阀的控制电路

（3）开关型电磁式怠速控制阀

开关型电磁式怠速控制阀与占空比型类似，只是 ECU 控制信号为开关信号。发动机怠速运转时，若 ECU 控制电磁阀打开，则可使怠速转速升高 100 r/min 左右。其电路如图 2—4—18 所示。除了由 ECU 根据各传感信号来控制外，还受到后窗除雾开关和灯开关的控制。也就是说，在发动机怠速时，怠速控制阀还会根据除雾开关和灯开关的状态，自动接通或断开怠速控制阀的电源电路，打开或关闭旁通气道，自动调节发动机怠速转速。当使用灯光或除雾器时，怠速控制阀打开旁通气道，以提高发动机的怠速。

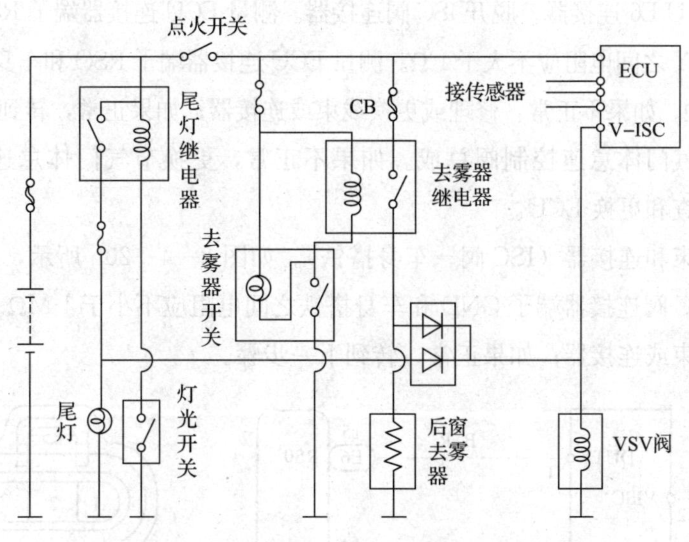

图 2—4—18 后窗除雾开关和灯开关控制的怠速阀

(4) 直线脉冲式怠速阀的检修

1) 丰田大霸王 2TZ—FE 发动机怠速控制阀的检修（见图 2—4—19）

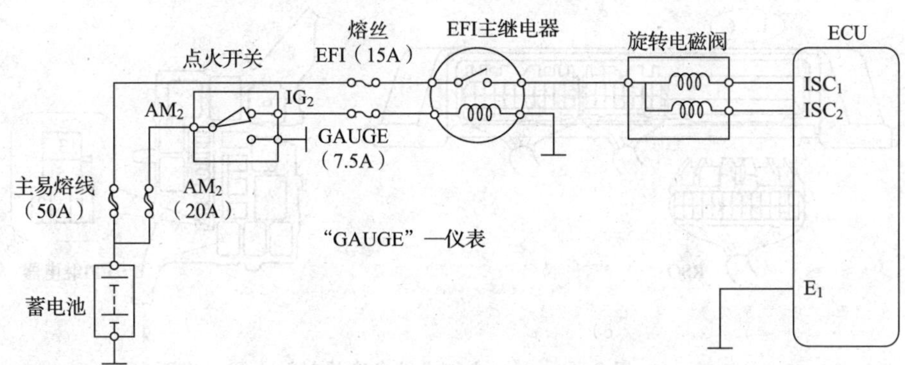

图 2—4—19 丰田大霸王 2TZ—FE 发动机怠速控制阀

①当点火开关位于“ON”挡位置时，发动机微型计算机 ISC1、ISC2 端子对 E1 端子的标准电压应为 8～14 V。如果电压不符合要求，则说明电源电路有故障。

②拔下怠速控制阀的线束插头，用万用表欧姆挡测量怠速控制阀的＋B 端子与 ISC1、ISC2 端子间的电阻值，其标准值应为 18. 8～28. 8 Ω。如果阻值不符合要求，说明怠速控制阀有故障，应立即更换怠速控制阀。

2) 丰田威驰怠速控制阀的检修

①脱开 ISC 阀连接器。点火开关扭至“ON”挡位置。测量 ISC 阀连接器端子 VISC 和 GND 之间电压应为 9～14 V。如果不正常，转到步骤④；如果正常，转到下一步骤。

②脱开 ECU E6 连接器。脱开 ISC 阀连接器。测量 ECU 连接器端子 RSO 和 ISC 阀连接器端子 DUTY 之间电阻应不大于 1 Ω。测量 ECU 连接器端子 RSO 和车身搭铁之间电阻应不小于 1 MΩ。如果不正常，修理或更换线束或连接器；如果正常，转到下一步骤。

③检查节气门体怠速控制阀总成。如果不正常，更换节气门体怠速控制阀总成；如果正常，检查和更换 ECU。

④检查线束和连接器（ISC 阀—车身搭铁）。如图 2—4—20b 所示，脱开 ISC 阀连接器。测量 ISC 阀连接器端子 GND 和车身搭铁之间电阻应不小于 1 MΩ。如果不正常，修理或更换线束或连接器；如果正常，转到下一步骤。

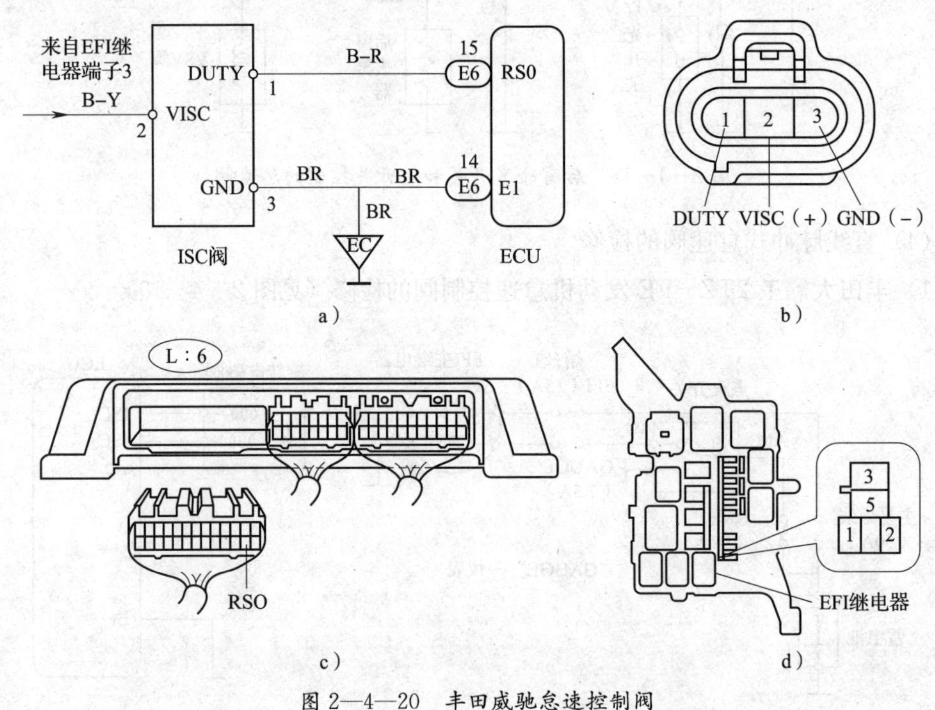

图 2—4—20　丰田威驰怠速控制阀

a）ISC 阀的电路　b）ISC 阀的连接器（线束侧）

c）ECU 连接器　d）发动机舱 1 号继电器盒

⑤检查线束和连接器（EFI 继电器—ISC 阀），如图 2—4—20d 所示。拆卸 EFI 继电器。脱开 ISC 阀连接器，测量 EFI 继电器一侧连接器端子 3 和 ISC 阀连接器端子 VISC 之间电阻应不大于 1 Ω。如果不正常，修理或更换线束或连接器；如果正常，检查 ECU 电源电路。

4．旋转脉冲式怠速阀

图 2—4—21 所示是丰田花冠采用的旋转脉冲式怠速阀（ISCV）。电枢铁芯上有绕向相反的两组线圈 L1、L2，当线圈 L1 通电时，电枢带动滑阀顺时针转动，旁通空气道减小；当线圈 L2 通电时，电枢带动滑阀逆时针转动，旁通空气道增大。

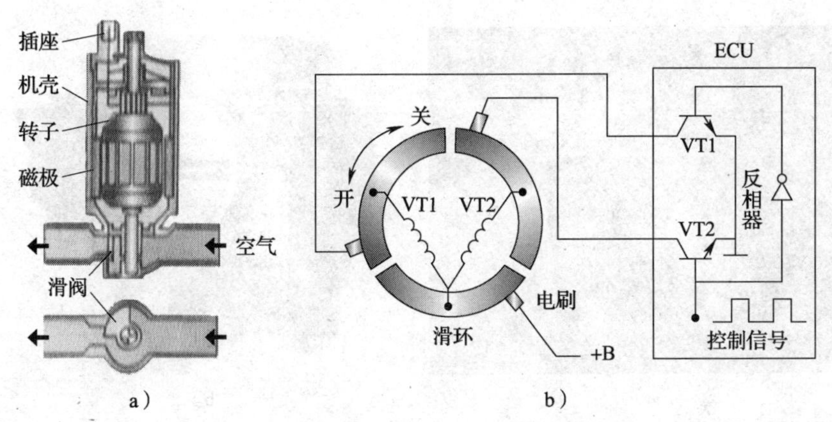

图 2—4—21　旋转脉冲式怠速阀

a）机械部分　b）原理图

电枢轴上有三段滑环，分别通过三个电刷与 ECU 和电源连接。三极管 VT1、VT2 之间接有反相器，ECU 的控制信号通过三极管交替地给线圈 L1、L2 通电。L1、L2 通电时间相等时，产生的电磁力矩相等互相抵消，电枢轴停止偏转。当 L1 平均通电时间长时，合成电磁力矩使滑阀顺时针偏转，旁通空气道截面积减小，怠速降低。当 L2 平均通电时间长时，合成电磁力矩使滑阀逆时针偏转，旁通空气道截面积增大，怠速上升。转动的角度取决于控制信号的占空比。控制信号是 ECU 根据怠速时发动机冷却液温度、转速以及外加负荷（如空调、动力转向）等因素确定的。这样，就可使发动机获得稳定的怠速转速。

当占空比为 50%时，两个三极管的导通时间相等，正、反向旋转力矩抵消，滑阀不转动；当占空比小于 50%时，线圈 Ll 的通电时间大于线圈 L2 的通电时间，滑阀顺时针旋转，旁通气道被关小；当占空比大于 50%时，线圈 L2 的通电时间大于线圈 Ll 的通电时间，滑阀逆时针旋转，旁通气道被打开。

5．怠速电动机式节气门怠速阀

（1）结构与工作原理

如图 2—4—22 所示是捷达轿车的节气门体。由怠速触点 F60、节气门位置传感器 G69、怠速位置传感器 G88 和怠速电动机 V60 组成。通过控制节气门的开度直接控制发动机怠速。

怠速开关 F60 与节气门位置传感器 G69 都与节气门轴连动。当节气门关闭时，怠速开关触点闭合，如图 2—4—22c 所示，ECU 据此按怠速工况喷油。当节气门打开时，怠速开关触点断开，如图 2—4—22d 所示，ECU 据此按从怠速到小负荷的过渡工况喷油。怠速开关信号还可作为 ECU 判断是否进行怠速自动控制和急减速断油控制的依据。

a） b） c） d）

图 2—4—22 怠速电动机式节气门体的结构

a）节气门拉索传动机构 b）外观 c）怠速触点闭合 d）怠速触点断开

G69 是线性节气门位置传感器。ECU 据此判断节气门的开度和发动机运转工况。

怠速位置传感器 G88 与怠速电动机连接在一起，可将节气门开度和怠速电动机的位置信号送给 ECU。当怠速位置传感器达到调节极限时，G88 不再移动，节气门仍可继续开启。当 G88 信号中断时，弹簧将节气门拉开到固定位置，使怠速转速升高。

怠速电动机 V60 在怠速调节范围内，控制节气门开度。当发动机怠速工作时，怠速位置传感器 G88 将其阻值变化转化为电信号送给 ECU，ECU 据此确定节气门的位置，再控制怠速电动机微量调整节气门开度，控制发动机怠速转速。当怠速电动机 V60 有故障或 ECU 对怠速电动机控制失灵时，弹簧将节气门拉开到固定位置，使怠速转速升高。

（2）检测方法

1）供电检测。打开点火开关，测量 4－7 两脚的电压，应大于 4.5 V。3－7 两脚的电压应大于 9 V，如图 2—4—23 所示。

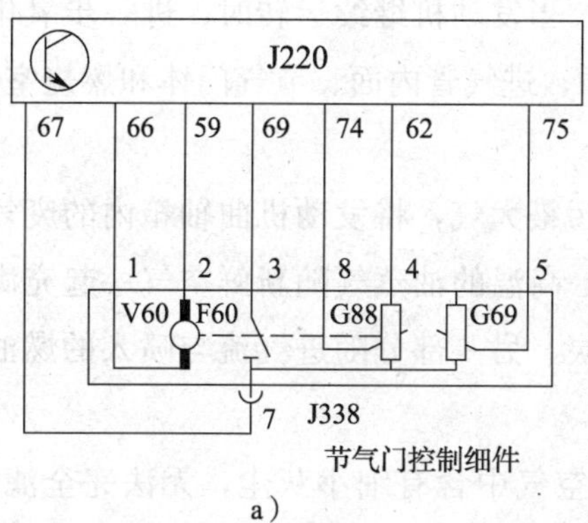

a）

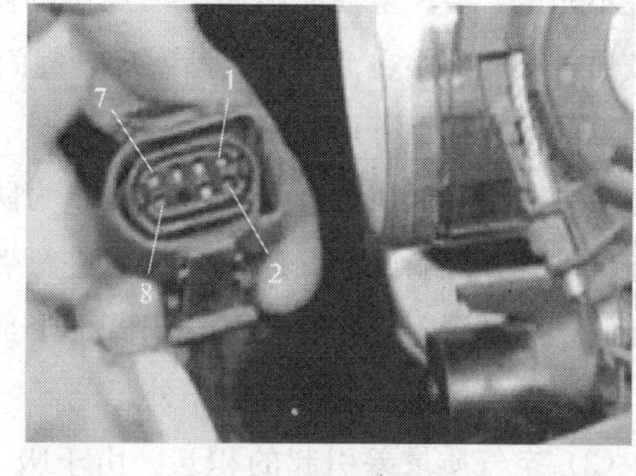

b）

图 2—4—23　怠速电动机式节气门体的电路

a）电路　b）插座

2）节气门位置传感器检测。缓慢转动节气门，从全闭到全开，应顺畅无阻碍。关闭点火开关，缓慢转动节气门，从全闭到全开，测量 5－7 两脚的电阻，应从 1.76～1 Ω连续变化。

3）怠速开关的检测。测量 3－7 两脚的电阻，节气门回位，怠速位置的电阻小于 1.5 Ω。慢慢打开节气门，电阻变为无穷大。

4）怠速电动机检测。点火开关 OFF，节气门半开，测量 1－2 两脚的电阻应为 3～200 Ω。

四、节气门体的故障检修与清洗

当节气门体脏污时（见图 2—4—24），会出现摘空挡熄火和热车起动怠速不稳的现象，这时就要对节气门体进行清洗。

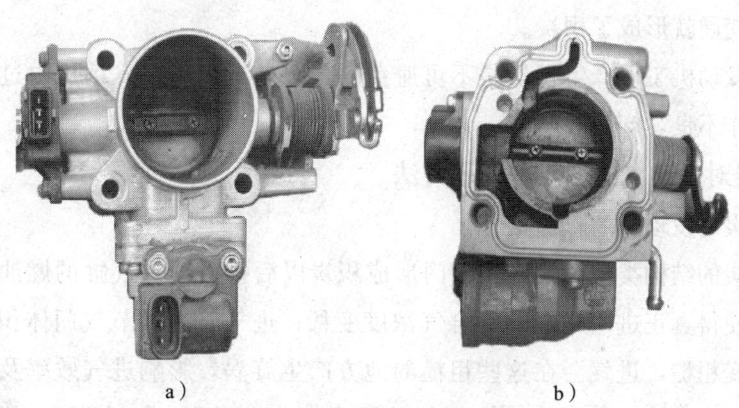
a）　　b）

图 2—4—24　节气门体脏污

1. 积炭形成的原因

(1) 在发动机正常工作中，汽油和正常进入燃烧室的机油，在供氧不足的条件下，燃烧不完全，会产生油烟和润滑油烧焦的微粒。当发动机继续运转时，进一步氧化变成胶质，牢固地粘在活塞顶、活塞环、气门背面、进气管内面、节气门体和燃烧室内，在高温的反复作用下形成积炭。

（2）曲轴箱通风装置形成的积炭。为防止污染大气，将发动机曲轴箱内的废气引入进气歧管，随新鲜空气进入燃烧室进行燃烧。高温的油蒸气随新鲜空气一起充满进气歧管，一部分附着在管壁及气门背部形成积炭，另一部分随进气流与喷入的燃油混合，进入燃烧室燃烧后被排出车外。

（3）空气质量差引起的积炭。由于吸入的空气中含有细小灰尘，无法完全滤除，伴随油气一起冲刷气门背部，经长时间冲刷造成细微划痕。细小颗粒与来自曲轴箱的润滑油储存在划痕中，在高温下形成漆状物，经长时间积累，并混合燃油中的蜡等成分形成积炭。

（4）汽油在储存、运输过程中，容易和空气发生氧化反应，生成胶状物质，或者汽油本身胶质的含量高（汽油品质差），这些胶质随汽油通过车辆的燃油供给系统进入燃烧室内部，然后和汽油一同燃烧后，就会使燃油供给系统中的喷油器、发动机的燃烧室、活塞环槽、火花塞、进气门背部、进气道等部位产生很多积炭。

（5）拥堵的城市路况，车辆走走停停，发动机低速运转，燃油和窜入燃烧室的润滑油燃烧更加不完全，在高温和氧化下形成胶质，黏附在发动机内部的零件表面上，再经过高温作用形成积炭。

（6）受电喷发动机控制特点的决定，气缸每次工作的时候都是先喷油再点火，当熄灭发动机的一瞬间点火被马上切断，但是这次工作循环所喷出的汽油却无法被回收，只能贴附在进气门和燃烧室壁上，汽油很容易挥发，但汽油中的蜡和胶质物越积越厚，反复受热后变硬就形成了积炭。

总之，发动机工作产生积炭是不可避免的，但是当积炭在发动机内过多时就会造成发动机工作不良，产生故障。

2．积炭对发动机的影响和处理方法

（1）积炭对发动机的影响

由于积炭的结构类似海绵，当气门形成积炭以后每次喷入气缸的燃油就会有一部分被吸附，使得真正进入气缸的混合气浓度变稀；进气管内和节气门体积炭，会使进气管的管壁变粗糙，进气会在这些粗糙的地方产生旋涡，影响进气效率及混合气的质量。积炭导致发动机工作不良，出现起动困难、怠速不稳、加速不良、急加油回火、尾气超标、油耗增多等异常现象。严重的造成气门封闭不严，使某缸因没有缸压而彻底不工作，甚至粘连气门使之不回位。此时气门与活塞会产生运动干涉，最终损坏发动机。

当发动机出现冷车起动困难，怠速不稳时，说明积炭已经相当严重，再进一步就会造成失火断缸，直到无法起动。当出现凉车起动困难时应立即到维修站进行检查，排除其他因素后应及时清洗气门积炭，避免加大损失。

(2) 防止和处理方法

1) 定期做保养。根据车辆的使用和实际情况，每 4 000～8 000 km 清理空气滤清器（视情况更换），清洗一次节气门体，清理火花塞；每 15 000～25 000 km，清洗进气管、节气门体、燃烧室以及相关油路，检查汽油滤清器，视情况更换。

2) 提高驾驶技术，避免长时间怠速停车（怠速时曲轴箱窜气最多），避免高速行驶后立即熄火，避免起动后立刻高速行驶，避免低转速换挡。

3) 用合适的机油。夏天一定要用标号为 15W40 以上的机油，避免产生过多的机油蒸气。

4) 确保机油冷却装置正常，减少机油蒸气的产生。

5) 不要使用劣质的“大流量”空气滤清器，勤清洁勤更换。

3. 传统节气门体的清洗

(1) 取下发动机罩，松开进气管与节气门体连接卡箍，拔出进气管，取下节气门拉线。安装时要注意这里漏气，如图 2—4—25 所示。

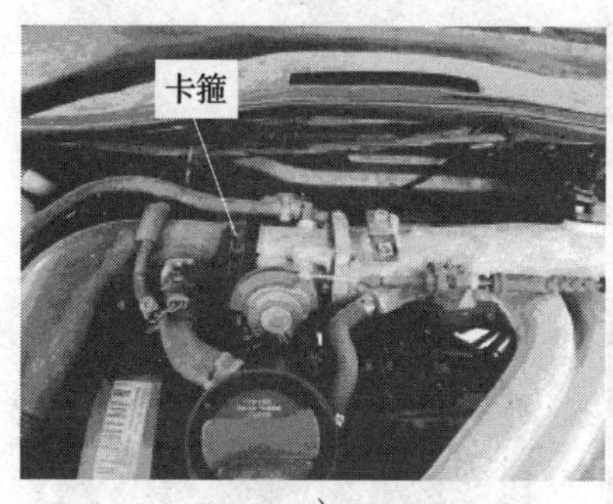

a)

b)

图 2—4—25 节气门体的拆卸

a) 松开卡箍，拔出进气管 b) 取下节气门拉线

(2) 拔下节气门位置传感器、怠速电动机和进气歧管绝对压力传感器的插座。用 10 mm 套筒将固定节气门体的四个螺钉拧下，取下节气门体。

(3) 拆下节气门位置传感器、怠速电动机和进气歧管绝对压力传感器。这时，会看到怠速电动机伸缩杆头部（阀）也附着有油泥。通常怠速不稳或偏低大多是怠速电动机这个部位太脏造成的。

(4) 用化油器清洗剂将节气门体由内向外进行清洗，如图 2—4—26 所示。然后用干净的布擦净节气门体，如图 2—4—27 和图 2—4—28 所示。特别是节气门四周、怠速阀，要露出金属光泽。

a）

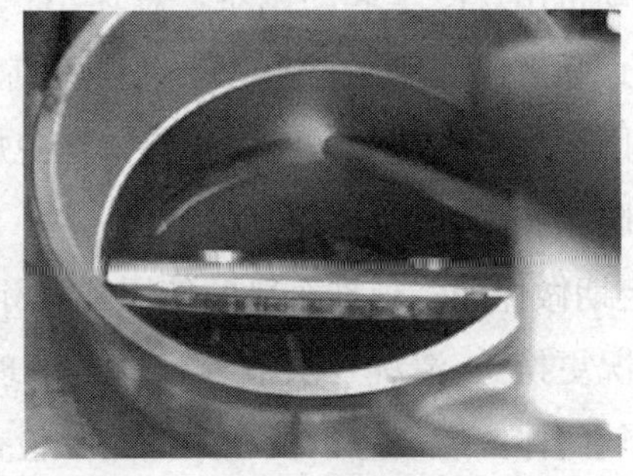

b）

图 2—4—26 用清洗剂由内向外清洗节气门体

a）清洗节气门里面 b）清洗节气门外面

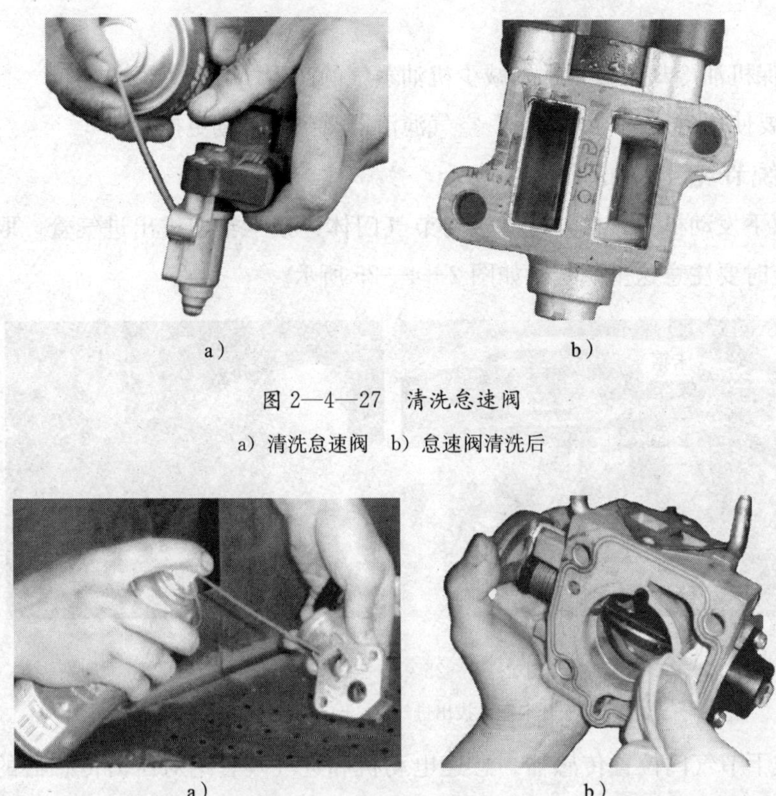

a） b）

图 2—4—27 清洗怠速阀

a）清洗怠速阀 b）怠速阀清洗后

a） b）

图 2—4—28 擦净节气门体

a）清洗怠速阀 b）用干净的布擦净节气门体

（5）将节气门体原样装回。为了重新校正 ECU 程序的记录，最好用专业的 ECU 进行匹配，如图 2—4—29 所示。做匹配的时候，要在水温 85℃以上，点火开关转到 ON 挡，在熄火状态下进行。

有些车型还有一个自学习的过程，汽车运行一定时间，怠速就会恢复正常。

图 2—4—29 节气门体装回后需进行匹配

思考与练习

1. 节气门体有哪些类型？各种类型的节气门体有哪些结构特点？
2. 发动机怠速控制有哪些形式？

课题五 节气门位置传感器

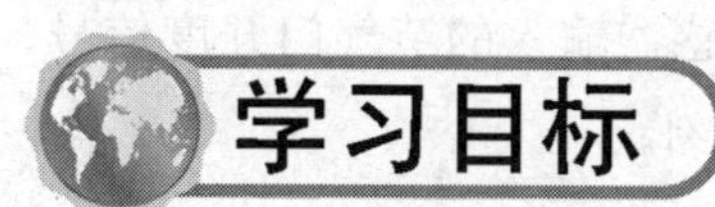

◆ 了解节气门位置传感器的各种类型及结构原理。

◆ 能够熟练检修节气门位置传感器的故障。

1. 在图 2—4—6 中标出节气门位置传感器安装的位置。

2. 发动机加速无力，急减速发动机发抖并熄火。尝试推断出现这一问题的原因。

一、节气门位置传感器的作用

节气门位置传感器有开关触点式、多触点式、线性可变电阻式和霍尔式四种类型，其工作原理各不相同，但其作用都是将节气门的位置或开启角度的变化转换成电压信号，输入到 ECU。若该传感器工作失常，将会影响点火提前角以及混合

气的空燃比。此时，发动机将表现为没有怠速、加速不良甚至熄火等现象。具体如下：

1．控制怠速阀的动作

发动机怠速运转时，节气门位置传感器产生对应于节气门最小开度的电信号，并输入 ECU。ECU 根据此信号判定发动机处于怠速工况，控制怠速控制阀动作，稳定、调节怠速转速。

2．修正喷油量

对于线性可变电阻型节气门位置传感器来说，当节气门开度变化（发动机负荷变化）时，其输出信号电压也变化。ECU 据此来修正喷油量，以适应不同工况对混合气浓度的要求。当节气门急速开、闭时，节气门位置传感器信号电压也急速变化，ECU 根据此信号判断加速、减速工况，控制喷油器在加速时多喷油，在急减速时少喷油或断油。

3．修正点火提前角

发动机怠速运转时，ECU 会根据节气门位置传感器信号来调整点火提前角，以稳定怠速转速。

4．影响废气再循环（EGR）系统的工作

当节气门位于怠速开度时，ECU 根据节气门位置传感器的输出信号，控制废气再循环系统停止工作，断开排气管至进气系统之间的通道以稳定怠速。

5．控制自动变速器的工作

在电子控制自动变速器上，ECU 根据节气门位置传感器输入的节气门开度信号、车速信号等控制变速器的换挡时刻和锁止离合器的锁止时刻。

二、开关触点式节气门位置传感器

1．开关型节气门位置传感器的工作原理

如图 2—5—1 所示，当节气门关闭时，怠速开关触点闭合，ECU 根据这一信号，按怠速工况喷油。当节气门微开时，怠速开关触点断开，ECU 根据这一信号，按过渡工况喷油。当节气门开度为 50％时，全负荷开关触点闭合，ECU 根据这一信号，按全负荷工况加浓喷油。

ECU 还可以根据怠速开关信号判断是否进行怠速自动控制和急减速断油控制。

2．开关型节气门位置传感器的检修

(1) 检查搭铁电路：断开点火开关，拆开传感器插接器，用万用表欧姆挡测量线束插接器 E 端子与车身之间的电阻，其电阻值应为零。否则应检查 ECU 的 E 端子与搭铁部位之间是否导通。

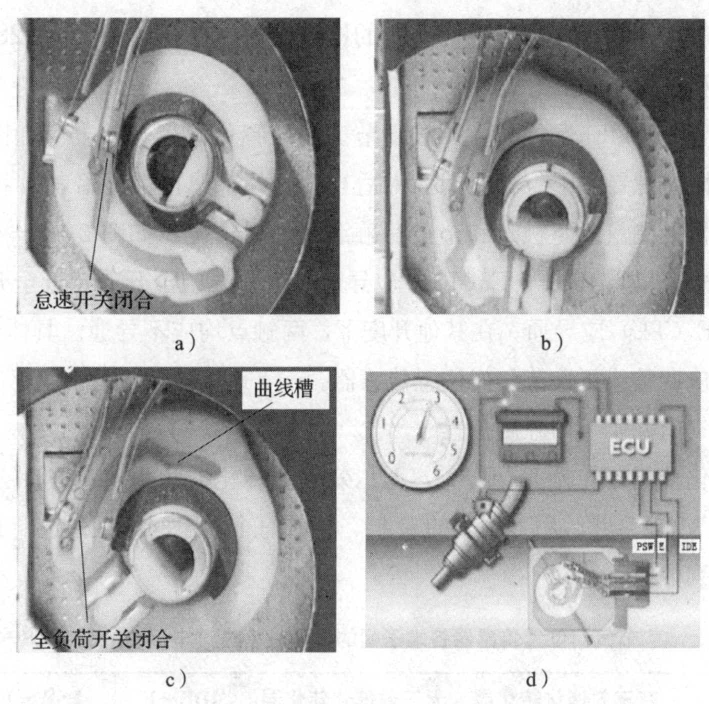

a）　　b）

c）　　d）

图 2—5—1　开关型节气门位置传感器

a）节气门全闭时　b）中间位置　c）节气门全开时　d）电路图

（2）检查工作电压：接通点火开关，用电压表分别检测线束插接器另外两个端子与车身之间的电压。电路正常时应有 12 V 左右的电压，若没有电压，则说明传感器的电源线路有故障。此时应检测传感器电源线、ECU 电源线、主继电器以及熔丝等。

（3）检查传感器：如图 2—5—2 所示，在节气门限位螺钉与限位杆之间插入规定厚度的塞尺，用万用表欧姆挡检查各端子之间的导通情况，正常时应符合表 2—5—1。否则应更换节气门位置传感器。

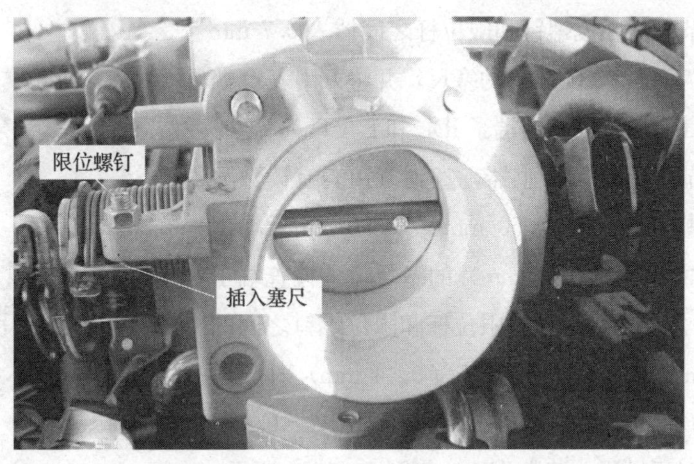

图 2—5—2　节气门限位螺钉的位置

3. 开关量输出型节气门位置传感器的检查调整（丰田 1S－E 和 2S－E）

（1）就车检查端子间的导通性

点火开关置于“OFF”挡位置，拔下节气门位置传感器连接器。如图 2—5—2 所示，在节气门限位螺钉和限位杆之间插入适当厚度的塞尺，用万用表 Ω 挡在节气门位置传感器连接器上测量怠速触点和全负荷触点的导通情况，如图 2－5－4 所示。当节气门全闭时，怠速触点 IDL 与 E（TL）应导通；当节气门全开或接近全开时，全负荷触点 PSW 与 E（TL）应导通；在其他开度下，两触点均应不导通。具体情况见表 2—5—1。否则，应调整或更换节气门位置传感器。

（2）使节气门处于下列开度位置

有三效催化转化器的为 71°或 81°，无三效催化转化器的为 41°或 51°（节气门完全关闭时的度数为 6°）。然后用万用表的 Ω 挡，检查每个端子间的导通性，其结果应符合表 2—5—1 所列数值。

表 2—5—1　　节气门位置传感器各端子间的导通性检查（丰田 1S—E 和 2S—E）

限位螺钉和限位杆的间隙	有三效催化转化器节气门开度	无三效催化转化器节气门开度	IDL－E（TL）	PSW－E（TL）	IDL－PSW
0.9 mm	从垂直位置起 71°	从垂直位置起 41°	不导通	不导通	不导通
节气门全开	从垂直位置起 81°	从垂直位置起 51°	不导通	导通	不导通
0.5 mm（节气门全闭）	从垂直位置起 7.5°	从垂直位置起 6°	导通	不导通	不导通

（3）检查结果不符合要求时的调整步骤

松开节气门位置传感器的两个固定螺钉（见图 2—5—3），在节气门限位螺钉和限位杆之间插入 0.7 mm（丰田 1G—EU 车为 0.55 mm）的塞尺，并将万用表 Ω 挡的接头连接节气门位置传感器端子 IDL 和 E（TL），逆时针平稳地转动节气门位置传感器，直到万用表有读数显示，拧紧两只螺钉；换用 0.50 mm 或 0.90 mm（丰田 1G—EU 为 0.44 mm 或 0.66 mm）的塞尺，再检查端子 IDL—E（TL）之间的导通性：限位杆和限位螺钉之间的间隙为 0.5 mm（丰田 1G—EU 车为 0.44 mm）时导通（万用表读数为 0 Ω）；间隙为 0.9 mm（丰田 1G—EU 车为 0.66 mm）时不导通，读数为∞。如图 2—5—4 所示。

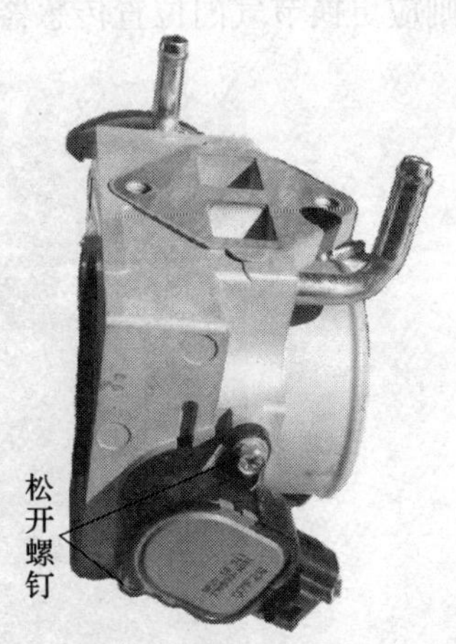

图 2—5—3　松开节气门位置传感器的两个固定螺钉

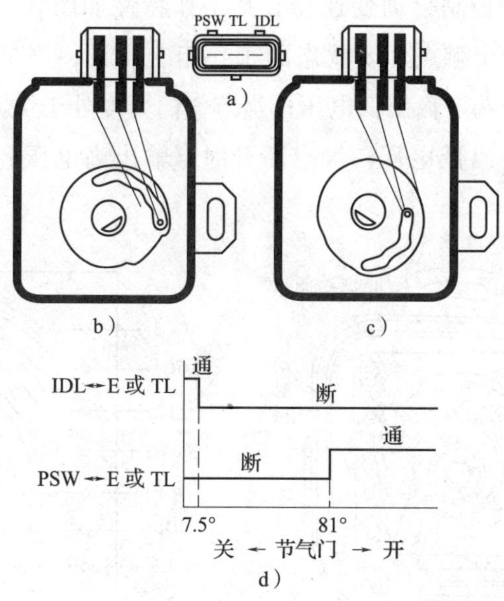

图 2—5—4　连续转动节气门各端子的连通情况

a）插座　b）怠速触点闭合　c）全负荷触点闭合　d）随节气门的开启，各端子的连通情况

4. 开关型节气门位置传感器与 ECU 连接电路图

开关型节气门位置传感器与 ECU 连接电路图如图 2—5—5 所示。

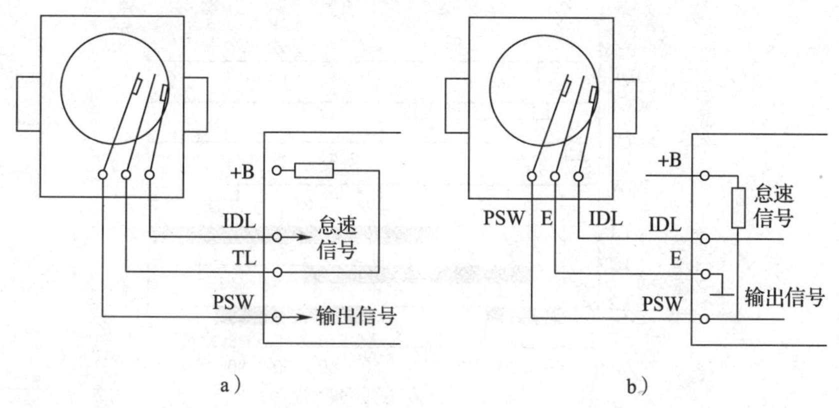

图 2—5—5　开关型节气门位置传感器与 ECU 连接电路图

a）电源端子为 TL　b）电源端子为 IDL 和 PSW

三、多触点式节气门位置传感器

多触点式节气门位置传感器的触点数目多，能更精确地反映发动机负荷的变化，以便于更加准确地控制自动变速器的换挡时刻和变矩器锁止离合器的锁止时刻。如图 2—5—6 所示，该传感器向外共有 8 个端子，分别与传感器内部触点连接，其中端子 IDL、ACC1、ACC2 和 PSW 输出的信号用于控制发动机的工作，L1、L2、L3

及 IDL 输出的信号用于控制自动变速器。其工作特性如图 2—5—7 所示，当节气门处于不同的开度时，各个触点开闭状态的工作组合不同。当节气门完全关闭时，怠速触点 IDL 闭合，IDL 端子输出低电压；当节气门开度处于 7%～15%范围内时，触点 L3 闭合，L3 端子输出低电压；触点断开时，输出高电压；触点闭合时，输出低电压。

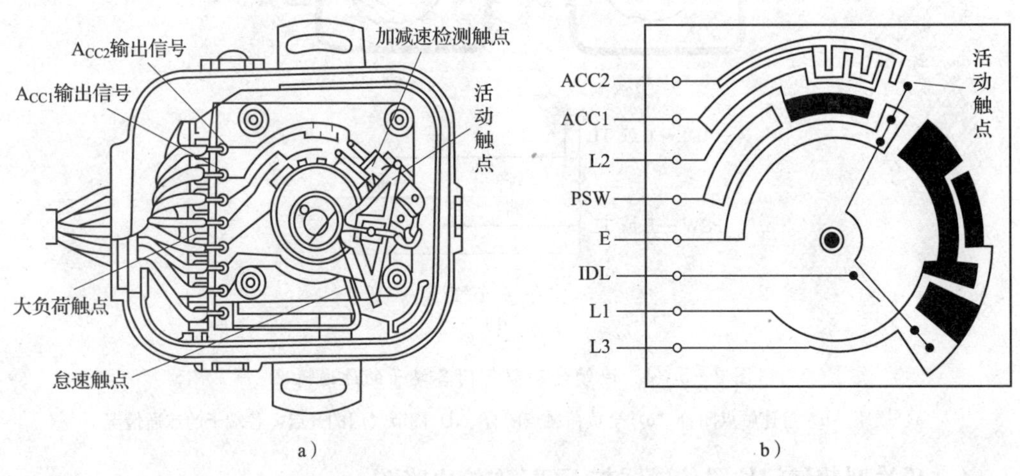

图 2—5—6　多触点式节气门位置传感器

a）结构图　b）示意图

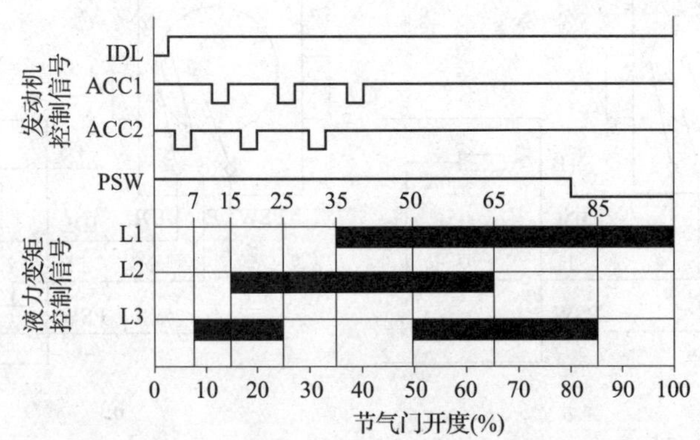

图 2—5—7　多触点式节气门位置传感器工作特性

四、线性可变电阻式节气门位置传感器

1．结构与原理

如图 2—5—8 所示，节气门轴转动时，带动电位计活动触点移动。随着节气门开度的增大，电位计活动触点的电阻增大。ECU 通过线性节气门位置传感器，获得从全闭到全开连续变化的线性模拟信号，以及节气门开度变化速率，从而精确判断发动机的工况，提高控制精度和效果。

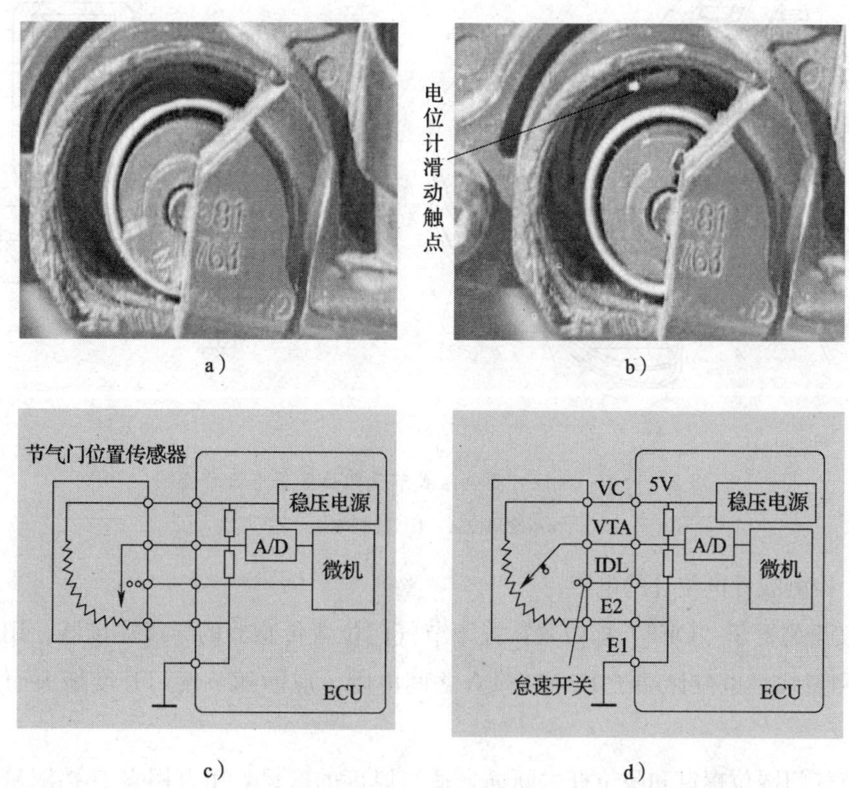

图 2—5—8 线性可变电阻式节气门位置传感器

a）节气门关闭 b）节气门打开 c）节气门关闭的电路 d）节气门打开的电路

怠速开关给 ECU 提供怠速信号。当电位计有误差时，怠速信号是 ECU 校正节气门开度信号的基准点。有的车型没有怠速开关（IDL），因此只有 VC、VTA 和 E2 三条线。

2．节气门位置传感器的常见故障及现象

常见故障有：插接器松动、导线断开、滑动触头和电阻片损坏、触点接触不良或损坏等。节气门位置传感器工作不正常可能会出现无怠速、加速无力、减速冒烟、起动困难等现象。

3．线性可变电阻式节气门位置传感器的检测与调整（以丰田皇冠 3.0 为例）

（1）检测怠速触点：点火开关置于“OFF”位置，拔去节气门位置传感器的导线连接器，用万用表 Ω 挡在节气门位置传感器连接器上测量怠速触点 IDL 的导通情况（见图 2—5—9）。当节气门全闭时，IDL－E2 端子间应导通（电阻为 0）；当节气门打开时，IDL－E2 端子间应不导通（电阻为∞）。否则应更换节气门位置传感器。

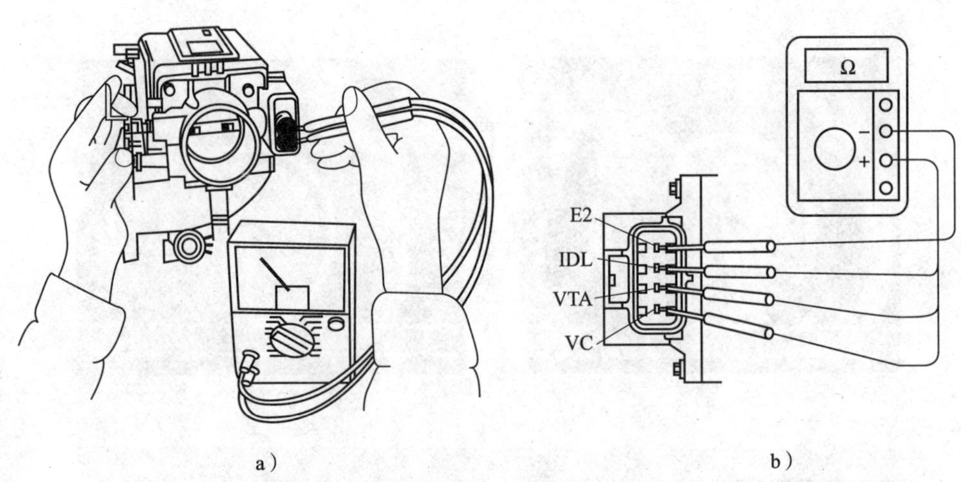

图 2—5—9　线性可变电阻式节气门位置传感器的检测

a）检测位置　b）检测端子

（2）检测线性电位计的电阻

点火开关置于“OFF”挡位置，拔下节气门位置传感器的导线连接器，用万用表的Ω挡测量线性电位计端子 E2 和 VTA 之间电阻，应能随节气门开度增大而呈线性增大。

在节气门限位螺钉和限位杆之间插入适当厚度的塞尺，用万用表Ω挡测量此传感器导线连接器上各端子间的电阻，其电阻值应符合表 2—5—2 的要求。

表 2—5—2　线性可变电阻式节气门位置传感器各端子间检测数据（皇冠 3.0 车）

检测条件	端子名称	电阻值	标准电压
间隙 0 mm（全闭）	VTA－E2	0.34～6.30 kΩ	0.3～0.8 V
间隙 0.45 mm	IDL－E2	0.50 kΩ 或更小	
间隙 0.55 mm	IDL－E2	∞	9～14 V
节气门全开	VTA－E2	2.40～11.20 kΩ	3.2～4.9 V
	VC－E2	3.10～7.20 kΩ	4.0～5.5 V

（3）检测线性电位计的电压

插好节气门位置传感器的导线连接器，当点火开关置“ON”挡位置时，用万用表电压挡检测 ECU 连接器的 IDL－E2、VC－E2、VTA－E2 间的电压值应符合表 2—5—2 的要求。随着节气门开度增大，VTA－E2 之间的电压呈线性增大，如图 2—5—10b所示。

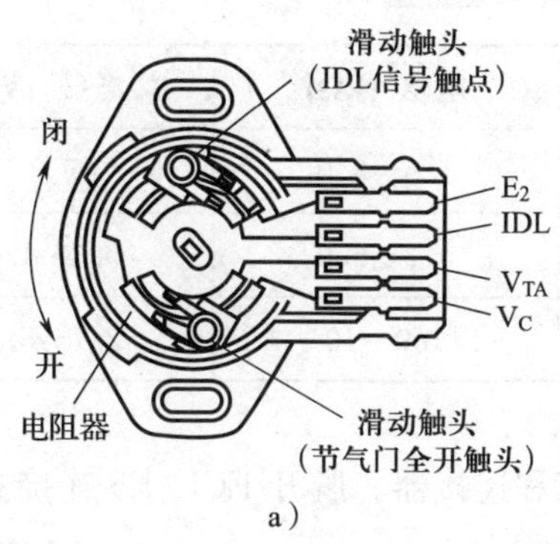

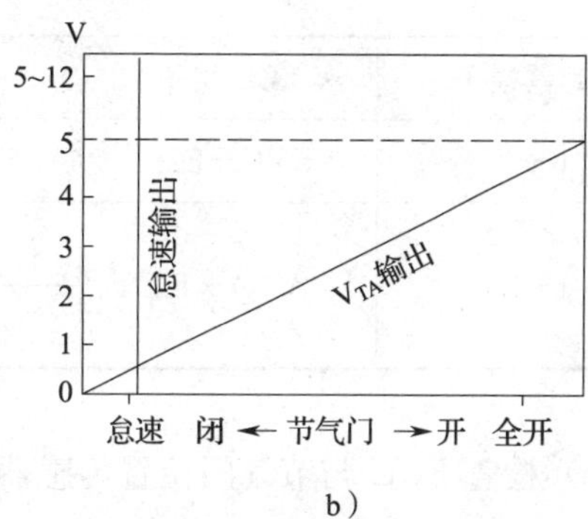

图 2—5—10　线性可变电阻式节气门位置传感器的结构与特性

a）结构　b）特性

4．丰田威驰故障码 P0120/41 检查

（1）形成故障码 P0120/41 的条件：VTA＜0.1 V 或 VTA＞4.9 V 持续 5 s 以上。

（2）故障部位：节气门位置传感器电路开路或短路、节气门位置传感器。

（3）节气门完全关闭时，ECU 的 VTA 端子电压约为 0.7 V。加在 ECU 的 VTA 端电压与节气门开度成正比，当节气门完全打开时，VTA 端电压升至 3.5～5.0 V。ECU 根据端子 VTA 输入的信号判断车辆行驶状况，并将这些信号作为校正空燃比、修正功率及燃油切断控制等的参数。

（4）检查 ECU（VAT 电压），如图 2—5—11c 所示。点火开关扭至“ON”挡位置。测量 ECU 连接器端子 VTA 和 E2 之间电压，电压值应符合表 2—5—3 要求。

（5）检查节气门位置传感器，如图 2—5—11b 所示。脱开节气门位置传感器连接器。测量节气门位置传感器连接器端子 1 和端子 2 之间，端子 1 和端子 3 之间电阻，电阻值应符合表 2—5—3 要求；如果正常，转到下一步骤。

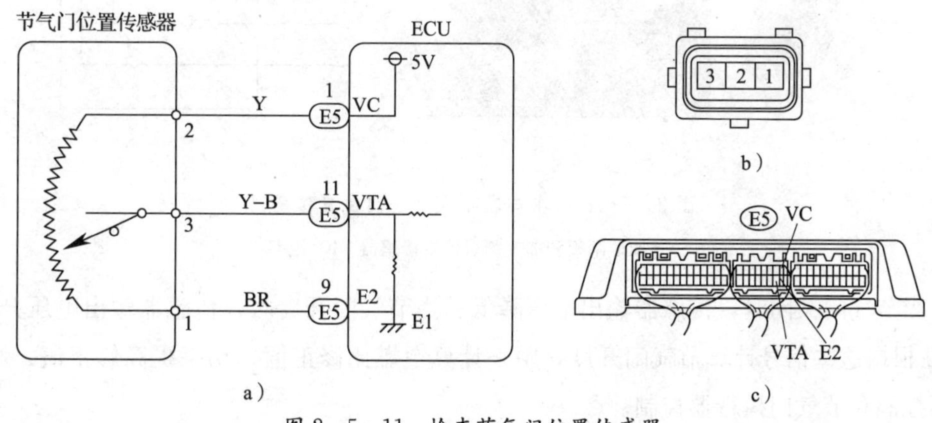

图 2—5—11　检查节气门位置传感器

a）电路　b）节气门位置传感器端子　c）ECU 节气门位置传感器端子位置

表 2—5—3　　丰田威驰节气门位置传感器检测数据

传感器端子	ECU 端子	节气门	电阻（kΩ）	电压（V）
1－2	VC－E2	—	1.5～3.0	5.2
1－3	VTA－E2	全关	0.2～6.0	0.3～1.0
		全开	1.0～10	2.7～5.2

（6）检查 ECU 与节气门位置传感器之间线束和连接器。脱开 ECU E5 连接器。测量 ECU 连接器端子 VC 和 E2、VTA 和 E2 之间的电阻，应符合表 2—5—3 要求。

（7）分别测量 ECU 连接器端子 VC、VTA 与车身搭铁之间电阻，应不小于 1 MΩ。

如果不正常，更换节气门位置传感器；如果正常，修理或更换线束或连接器。

五、霍尔式节气门位置传感器

丰田卡罗拉 1ZR－FE 发动机和新款凯美瑞采用霍尔式节气门位置传感器，在高速和极低车速下，也能产生精确的信号。如图 2—5—12 所示，VTA1 用于检测节气门开度，以百分比表示：10％～24％为全关，64％～96％为全开，16％为失效保护角（6°）。VTA2 用于检测 VTA1 的故障。传感器信号电压与节气门开度成比例，在 0～5 V 变化，通过 VTA 端子传送至 ECU。

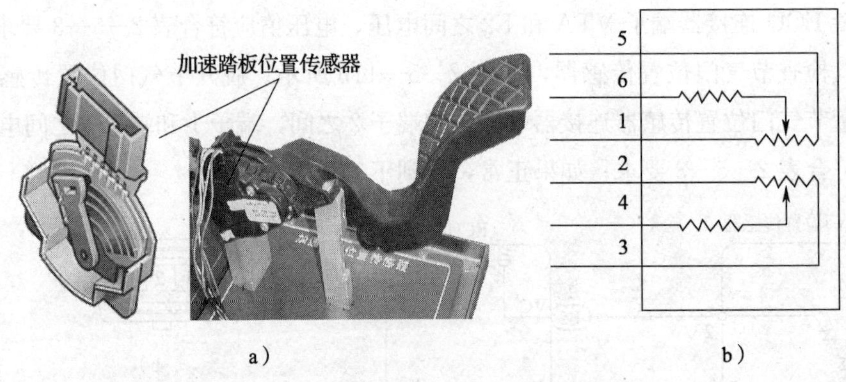

图 2—5—12　丰田霍尔式节气门位置传感器

a）加速踏板和加速踏板位置传感器　b）电路

当节气门关闭时，传感器输出电压降低。当节气门开启时，传感器输出电压升高。ECU 根据这些信号计算节气门开度，用来计算空燃比修正值、功率提高修正值、燃油切断控制和节气门执行器控制。

其检测与维修见本节“电控节气门系统”。

思考与练习

1. 有哪四种节气门位置传感器?
2. 画出四种节气门位置传感器的电路。
3. 如何检测线性可变电阻式节气门位置传感器。

课题六　空气流量传感器

学习目标

◆ 了解空气流量传感器的类型和原理。

◆ 能检修空气流量传感器的故障。

试分析空气流量传感器的作用，并在图 2—6—1 中标出其可能的安装位置。

图 2—6—1　发动机舱

空气流量传感器有翼片式空气流量计、量芯式空气流量计、热线式空气流量计、热膜式空气流量计和卡门涡旋空气流量计。

一、翼片式空气流量计

翼片式空气流量计又称活门式或叶片式空气流量计，它由翼片部分、电位计部分和接线插头组成，如图 2—6—2 所示。翼片由流量板和缓冲板组成，翼片转轴与电位计一同旋转，当吸入空气推开叶片的力与弹簧弹力相平衡时，翼片即停止转动。当流量板在主通道内偏转时，缓冲室对缓冲板起阻尼作用，减小翼片脉动，保证运转平稳，计量精确。怠速调节螺钉可以改变旁通空气通道大小，以调节怠速混合气。

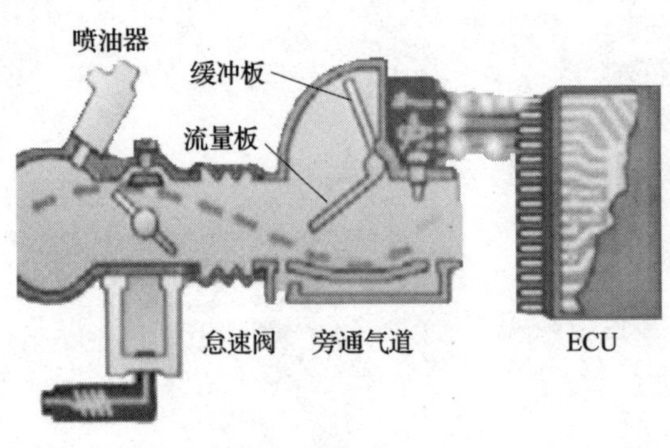

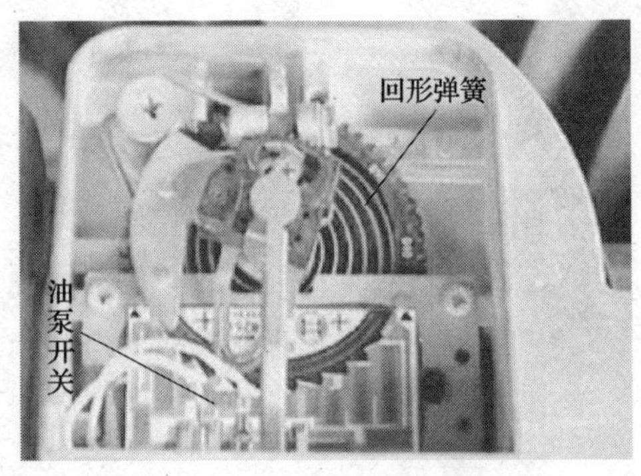

a） b）

图 2—6—2 翼片式空气流量计

a）翼片部分 b）电位计部分

翼片式空气流量计的接线插头一般有七个，取消电动汽油泵控制触点，变为五个端子，如图 2—6—3 所示。V_C和 E 2的工作电压为 5 V 或 12 V。V_S和 E 2的电阻随流量板的开度成正比或成反比变化（20～1 000 Ω)。THA 与 E2 之间为负温度系数。流量板关闭时，F_c与 E 2之间不导通，目的是使汽油泵停止运转。

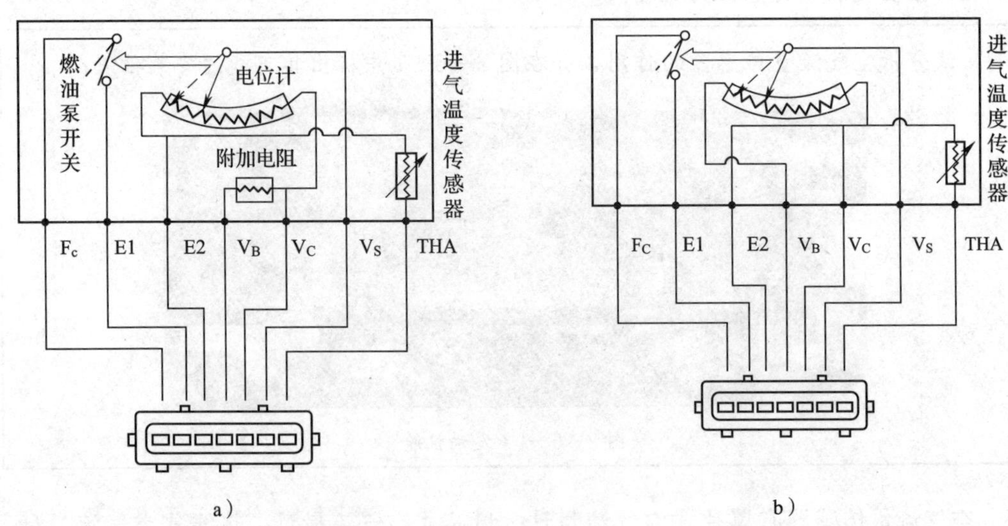

图 2—6—3 翼片式空气流量计的电路

a）输出电压与进气量成正比 b）输出电压与进气量成反比

二、量芯式空气流量计

如图 2—6—4 所示是马自达 929 轿车采用的量芯式空气流量计，当气流冲击量芯移动时，使电位计的电阻发生变化，进气量越大，量芯移动距离越大，电位计的电阻变化也越大。它与翼片式空气流量计的原理相同，但没有旁通道，其怠速是通过调整一个与 ECU 相连的可变电阻实现的。

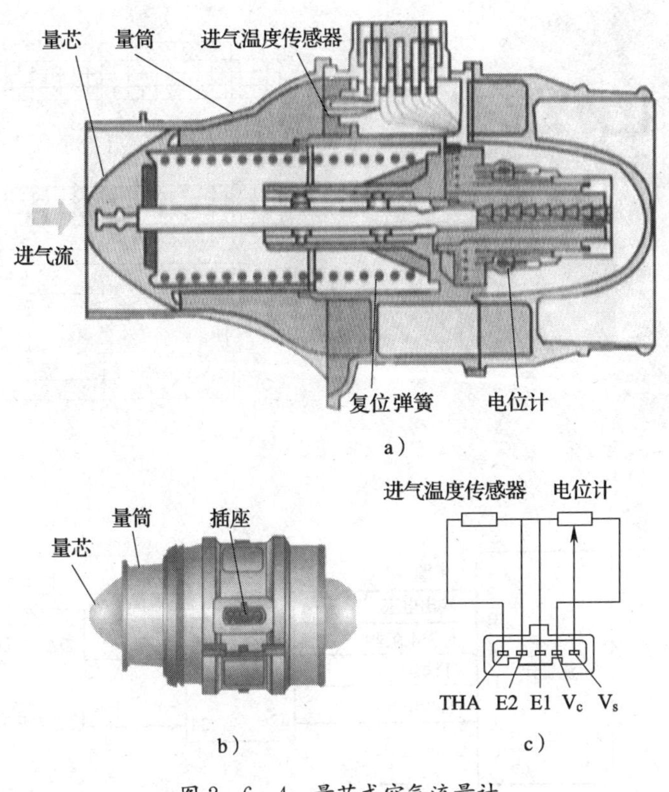

图 2—6—4　量芯式空气流量计

a）结构　b）外形　c）电路图

三、热线式空气流量计

1．热线式空气流量计的组成

热线式空气流量计如图 2—6—5 所示，由取样管、白金热线 R_H（直径为0.07 mm）、温度补偿电阻 R_K（冷线）、精密电阻 R_A、电桥电阻 R_B、控制线路、连接器和保护网等组成。热线和冷线安置在取样管（在进气管道中央）中，两端有金属保护网。

热线 R_H、冷线 R_K、精密电阻 R_A 和电桥电阻 R_B 组成惠斯顿电桥。冷线 R_K 和电桥电阻 R_B 的阻值较大，以减少耗电量。

2．热线式空气流量计工作原理

当空气流过热线时，热线的热量被空气吸收并变冷，使电桥失去平衡，控制电路增加热线的电流，使热线与吸入空气的温度差保持在 100℃。当空气质量流量减小时，则减小热线的电流。这样，热线的电流是空气质量流量的单一函数，即热线电流随空气质量流量的增大而增大，随空气质量流量减小而减小。热线电流在 50～120 mA 变化。热线加热电流通过惠斯顿电桥中精密电阻 R_A 的电压降输出信号，并随空气质量流量的增大而增大。

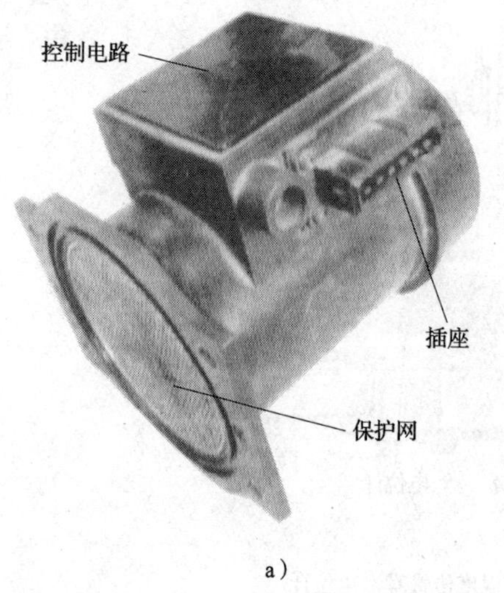

a）

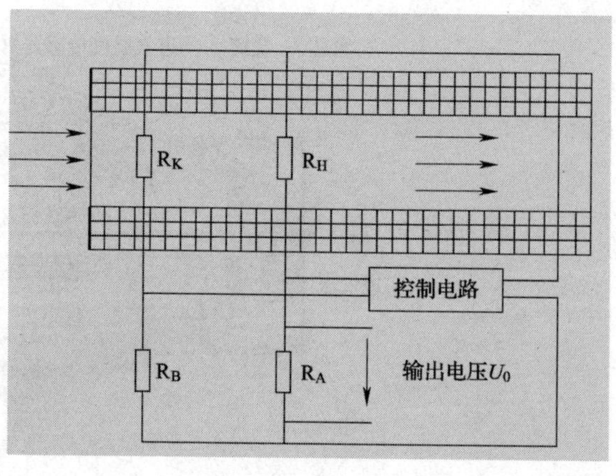

b）

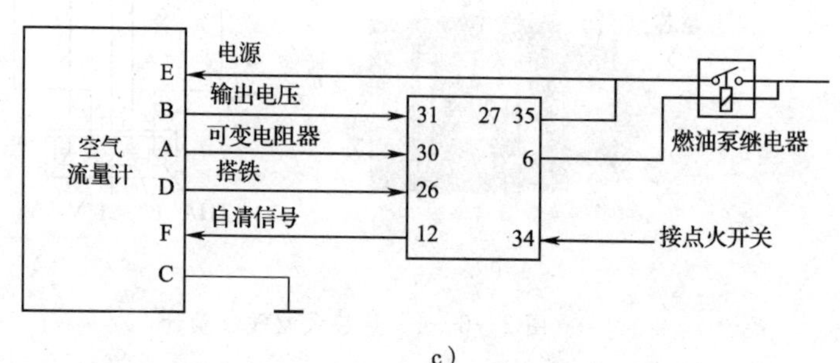

c）

图 2—6—5 热线式空气流量计

a）外形 b）原理图 c）日产 VG30E 发动机空气流量计电路图

吸入空气的温度由冷线 R_K（热敏电阻）检测，因此有的车型不需要进气温度度传感器。

图 2—6—5c 是尼桑 MAXIMA 轿车采用的热线式空气流量计的接线图。各引脚的作用为：

A 端子：为调整 CO（一氧化碳）的可变电阻输出端子。

E 端子：为蓄电池供电电压输入端，一般为 12V。

B 端子：为热线式空气流量计的信号输出端，提供给 ECU 集中控制装置 ECCS 作控制检测信号。

D 端子：为热线式空气流量计搭铁端。

F 端子：自清信号输入端，来自 ECCS 控制电路。每当点火开关关闭后，ECCS 通过 F 端子向流量计输入一个自清信号，使流量计内的加热电阻丝在 5 s 内升温至 1 000℃左右，并保持 1 s 后停止，以便将残留在热线上的污垢和油渍等烧掉，保证流量计的准确性。

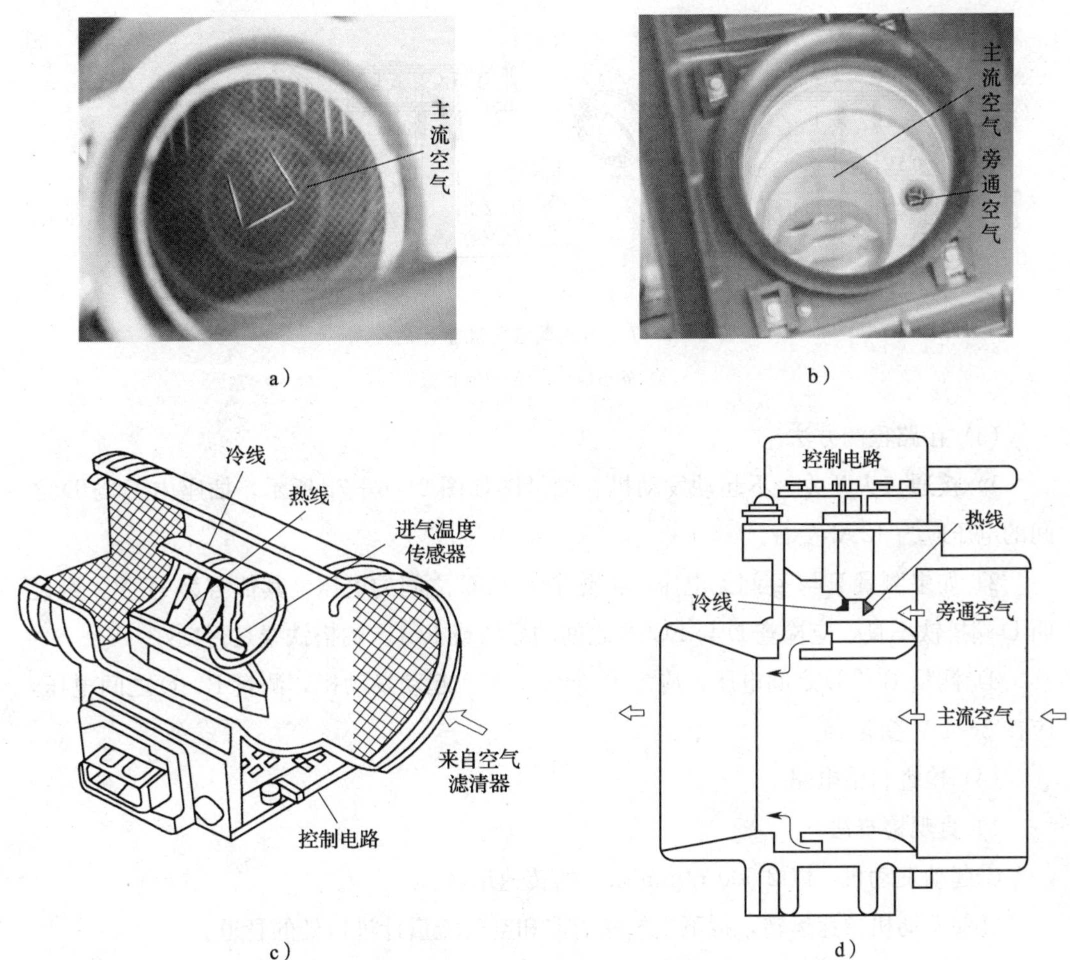

图 2—6—6　热线式空气流量计的类型

a）主流测量方式外形　b）旁通测量方式外形　c）主流测量方式　d）旁通测量方式

3．热线式空气流量计的类型

热线式空气流量计有主流测量方式和旁通测量方式两种形式，如图 2—6—6 所示。

4．热线式空气流量计的检修

（1）静态检查

如图 2—6—7a 所示，空气流量计的 E 端子与蓄电池正极相接，D 端子与负极相接，并将万用表置于 10 V 直流电压挡，两表笔测量插座的 B、D 两端子间的电压，其值应为 1.6±0.5 V。如测得值与规定值不符，应更换或修理空气流量计。

（2）动态检查

接线状态不变，用电风扇向空气流量计进口吹热气，如图 2—6—7b 所示，B、D 端子间的电压为 2～4 V。如测得值与规定值不符，应换装新的空气流量计。

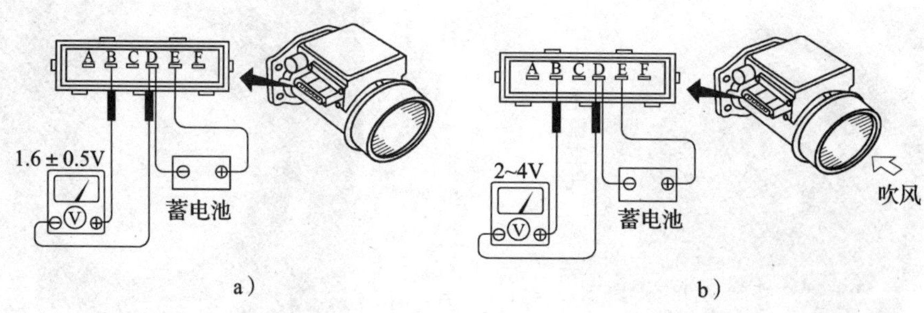

图 2—6—7　热线式空气流量计的检测

a）静态检查　b）动态检查

（3）在路检测方法

1）接通点火开关，不起动发动机。测量图如图 2—6—7a 所示，插座内 E 与 D 之间的电压应为 12 V 左右。

2）如果测量 E 与 D 间无电压，再测量 E 与 C 之间的电压，其值若为 12 V，则说明 D 端搭铁不良，应检查 D 与 ECCS 之间的导线或 ECCS 的搭铁线是否良好。

3）测量 B 与 D 之间电压，应为 1.6±0.5 V。起动发动机，测量 B、D 之间电压，应在 2～4 V 变化。

（4）检查自清电路

1）直观检查法

①起动发动机，以 2 500 r/min 以上的转速运转。

②使发动机怠速运转，拆下空气滤清器和空气流量计进口处的管道。

③关断点火开关，从空气流量计进口部位查看铂丝热线是否在发动机熄火后 5 s 内被加热至发出红光，并持续 1 s 时间，如图 2—6—6a 所示。

2）万用表测量法

①使发动机冷却液温度上升至 60℃以上，发动机转速超过 1 500 r/min。

②用万用表 10VDC 挡，将其两表笔接在插座的 F 与 D 之间。

③关闭点火开关，电表电压值应回零，并在 5 s 后又跳跃上升，1 s 后再回到零。

如检测结果与上述要求不符，进一步检查 ECU 与空气流量计连接导线均无问题，可换一只新的空气流量计试试。

四、热膜式空气流量计

热膜式空气流量计如图 2—6—8 所示，其发热体热膜由金属铂固定在薄树脂膜上构成。增加了发热体的强度，提高了空气流量计的可靠性。

热膜式空气流量计的工作原理与热线式空气流量计的工作原理基本相同。

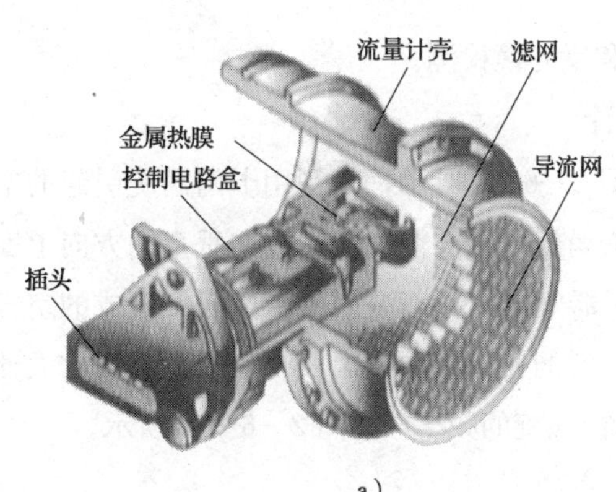

a）

b）

图 2—6—8　热膜式空气流量计

a）结构　b）金属热膜

五、卡门涡旋空气流量计

1．卡门涡旋空气流量计的工作原理

如图 2—6—9d 所示，涡旋发生器呈锥体状，安装在进气管道中央。当空气流过时，涡旋发生器后部将会不断产生所谓的卡门涡旋的涡旋串，测出卡门涡旋的频率便可感知空气流量的大小。

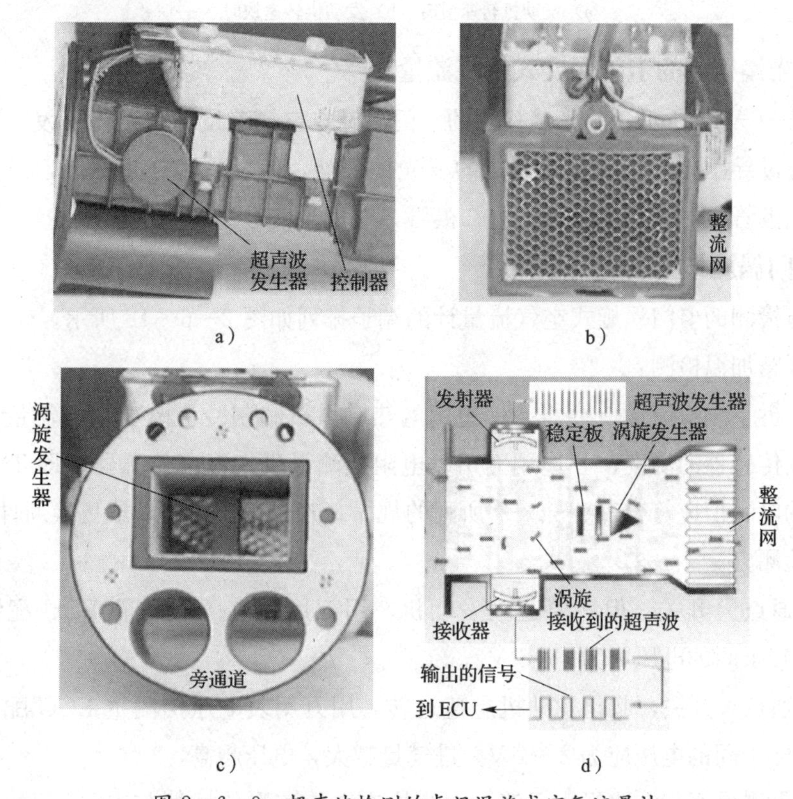

a）　b）　c）　d）

图 2—6—9　超声波检测的卡门涡旋式空气流量计

a）侧向　b）前面　c）后面　d）原理图

检测卡门涡旋频率的方法有超声波检测和反光镜检测。

2. 超声波检测的卡门涡旋式空气流量计

超声波检测的卡门涡旋式空气流量计如图 2—6—9 所示，是利用卡门涡旋引起的空气密度变化进行测量的。在涡旋发生器后产生涡旋处、与空气流动方向垂直的方向上安装超声波发生器和超声波接收器。从信号发生器发出的超声波因受卡门涡旋造成的空气密度变化的影响，到达接收器时，有的变早，有的变迟，而测出其相位差，利用放大器使之形成矩形波，则矩形波的脉冲频率即为卡门涡旋的频率，如图 2—6—10 所示。

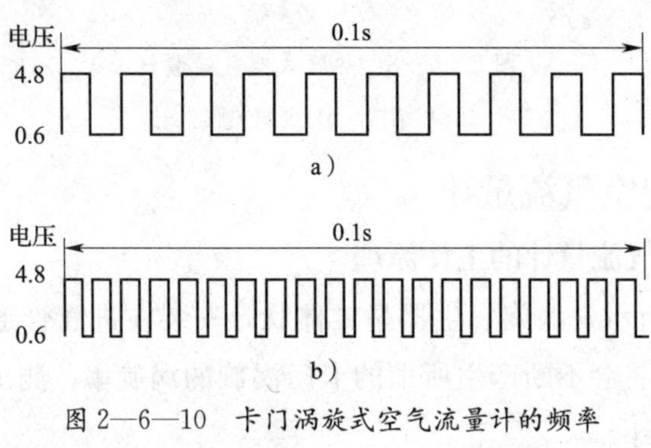

图 2—6—10 卡门涡旋式空气流量计的频率

a）发动机转速慢时 b）发动机转速快时

3. 反光镜检测的卡门涡旋式空气流量计

如图 2—6—11 所示，反光镜检测的卡门涡旋式空气流量计是把涡旋发生器两侧压力变化，通过导压孔引向薄金属制成的反光镜表面，使反光镜产生振动，反光镜振动时将发光二极管投射的光反射给光电二极管，对反光信号进行测量。

4. 卡门涡旋式空气流量计检修

反光镜检测的卡门涡旋式空气流量计的端子排列如图 2—6—12 所示。

（1）开路加温检测

从车上拆下空气流量传感器。一边用电热吹风机和制冷剂改变空气流量传感器上的进气温度传感器的温度，一边用万用表电阻挡测量进气温度传感器，即 THA 与 E2 两端子间的电阻值应符合表 2—6—1 所列的规律。若不符，应修理或更换新件。

（2）检测方法

1）接通点火开关，但不要起动发动机，用万用表电压挡测量 ECU 配线连接器 K_S、E2 两端子间的电压应为 4～6 V。

2）接通点火开关，起动发动机怠速运转，用万用表电压挡测量 ECU 配线连接器 K_S、E2 两端子间的电压应为 2～4 V。进气量越大，电压越高。

3）如果测得值与上述规律不符，则应检查空气流量传感器与 ECU 间的配线和连接器。

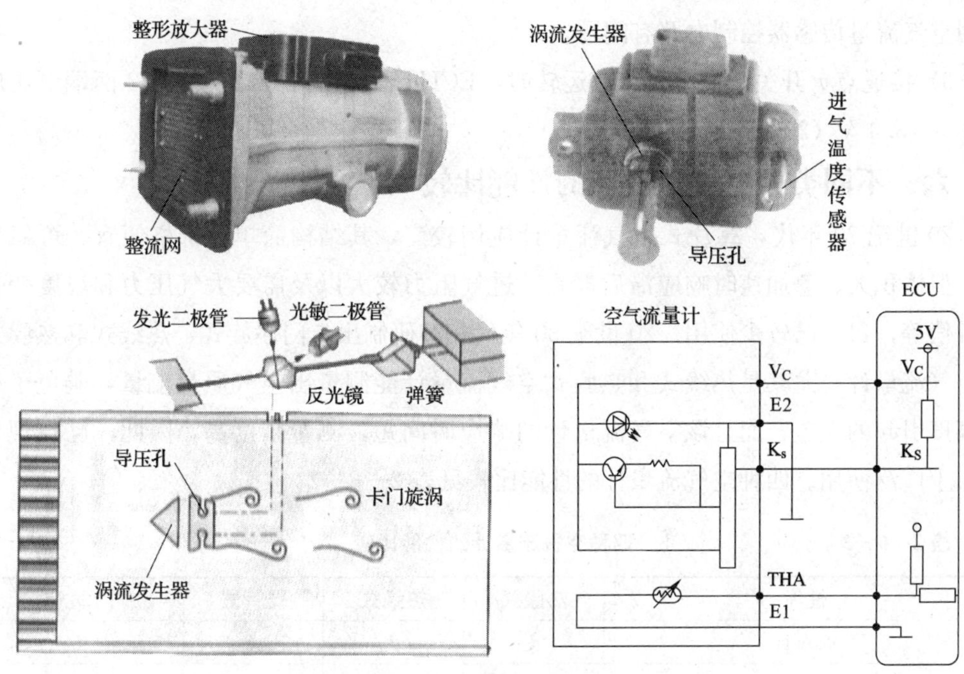

图 2—6—11　反光镜检测的卡门涡旋式空气流量计

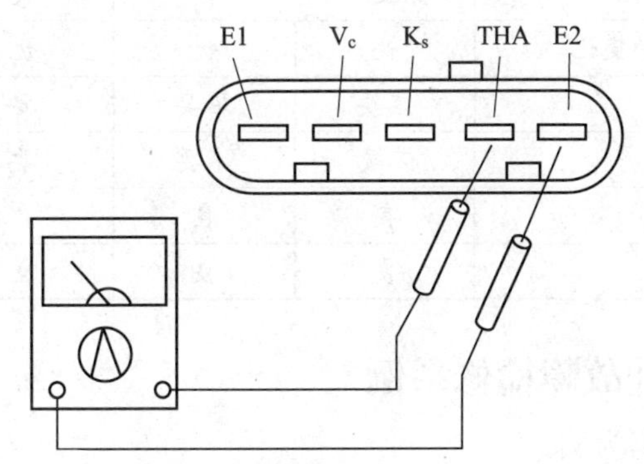

图 2—6—12　反光镜检测的卡门涡旋式空气流量计端子

表 2—6—1　　THA 与 E2 两端子间的电阻值随温度变化的规律

温度（℃）	−20	0	20	40	60
电阻（kΩ）	10～20	4～7	2～3	0.9～1.3	0.4～0.7

4）如果检查配线或连接器无问题，可拔开空气流量传感器配线连接器，接通点火开关，用万用表电压挡测量 ECU 配线连接器 V_C 与 E2 两端子间的电压应为 4.5～5.5 V。如果测得值符合规定，应修理或更换空气流量传感器。如果测得值不符合规定，应更换 ECU 后重新进行检查。

5）更换 ECU 后，如果测得 ECU 配线连接器 K_S 与 E2 两端子间的 2～4 V 电压正常，调取故障码检查，如果发动机有时起动性能不良、怠速不稳、甚至熄火停转，则

说明空气流量传感器控制电路有问题。

6）接通点火开关，发动机怠速运转时，ECU 配线连接器 THA 与 E2 两端电压应为 0.5～3.4 V（20℃时）。

六、不同类型空气流量计的性能比较

20 世纪 70 年代，翼片式空气流量计应用较广，其结构简单、价格便宜、可靠性好。但体积大、急加速时响应滞后严重、进气阻力较大以及需要大气压力和温度变化的补偿等，目前已较少使用。20 世纪 80 年代相继研制出卡门涡旋式、热线式和热膜式等空气流量计，尤其是热线式和热膜式空气流量计能测量出空气质量流量，避免了海拔高度引起的误差，而且该空气流量计的响应时间短，测量精度高，因此，已在现代汽车上广泛使用。四种空气流量计的性能比较见表 2—6—2。

表 2—6—2　　四种空气流量计的性能比较

性能	热膜式	热线式	翼片式	卡门涡旋式
响应性	良	良	差	良
怠速稳定性	良	良	良	良
废气再循环适应性	良	良	良	良
发动机性能随时间的变化	优	优	优	优
海拔修正	不要	不要	要	要
进气温度修正	不要	不要	要	要
安装性	良	良	良	良
成本	良	良	良	良

七、空气流量计故障检修举例

以 2002 款宝来轿车为例。

1．故障分析（见表 2—6—3）

表 2—6—3　　宝来轿车空气流量计故障分析

V. A. G1551 输出	可能的故障原因	可能的影响	故障排除
06486 空气流量计 G70 信号过小	G70 与发动机间漏气 G70 供电故障 G70 与 J220 间信号线断路或对地短路 G70 损坏 发动机控制单元信号输入故障（控制单元损坏） 熔丝 43 损坏	进入紧急运行状态（来自节气门角度及	确定并排除漏气处 检查 G70 检查熔丝

续表

V. A. G1551 输出	可能的故障原因	可能的影响	故障排除
16487 空气流量计 G70 信号过大	G70 与 J220 间信号线对正极短路 G70 搭铁故障 G70 损坏 发动机控制单元信号输入损坏（控制单元损坏）	转速的替代值，所以感觉不到对行驶性能有影响）	检查 G70

2. 检查空气流量计数据流

（1）连接故障诊断仪 V. A. G1551 或 V. A. G1552，输入地址码 01，选择“发动机电控单元”，屏幕显示如图 2—6—13a 所示。图 2—6—13 左侧是德文显示，右侧是中文显示。

（2）按 0 键和 8 键，选择“读取测量数据块”，按 Q 键确认，屏幕显示如图 2—6—13b 所示。

（3）按 0 键和 3 键，选择“显示组 3”，按 Q 键确认输入，屏幕显示如图 2—6—13c 所示。

（4）检查显示区 3 的冷却液温度值是否超过 85℃。

（5）按 V. A. G1551 的 1 键或 V. A. G1552 的↓键，切换到显示组 2，屏幕显示如图 2—6—13d 所示。

（6）检查显示区 4 的吸入空气量。规定值：2.00～4.00 g/s。

（7）按→键。

（8）按 0 键和 6 键，选择“结束输出”，按 Q 键确认输出。

（9）关闭点火开关。

Schnelle Daten übertragung HELP Funktion anwählen ××	快速数据传输 帮助 选择功能××

a）

Me βwerteblock lesen HELP Anzeigegruppennummer eingeben ×××	读取测量数据块 帮助 输入显示组号×××

b）

Me βwerteblock lesen 3 → 1 2 3 4	读取测量数据块 1 → 1 2 3 4

c）

Me βwerteblock lesen 2 → 1 2 3 4	读取测量数据块 2 → 1 2 3 4

d）

图 2—6—13 检查空气流量计数据流

如果未达到规定值或故障存储器内存有空气流量计故障，则应检查空气流量计G70供电电压。

3．检查空气流量计的供电电压

（1）如图2—6—14所示，从空气流量计上拔下5脚插头，万用表接到插头2脚和搭铁之间测量电压。

（2）起动发动机，使之怠速运转。

（3）关闭点火开关。

（4）如果供电正常（12 V），检查信号线及搭铁线。

（5）如果无电压，顺着图2—6—15和图2—6—16检查燃油泵继电器J17的导线。

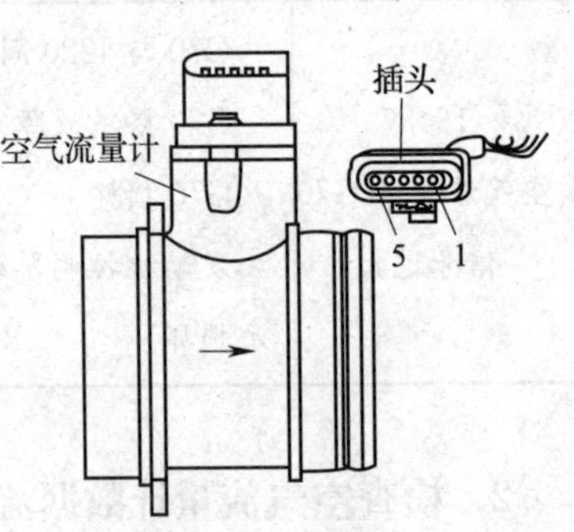

图2—6—14　空气流量计及5脚插头

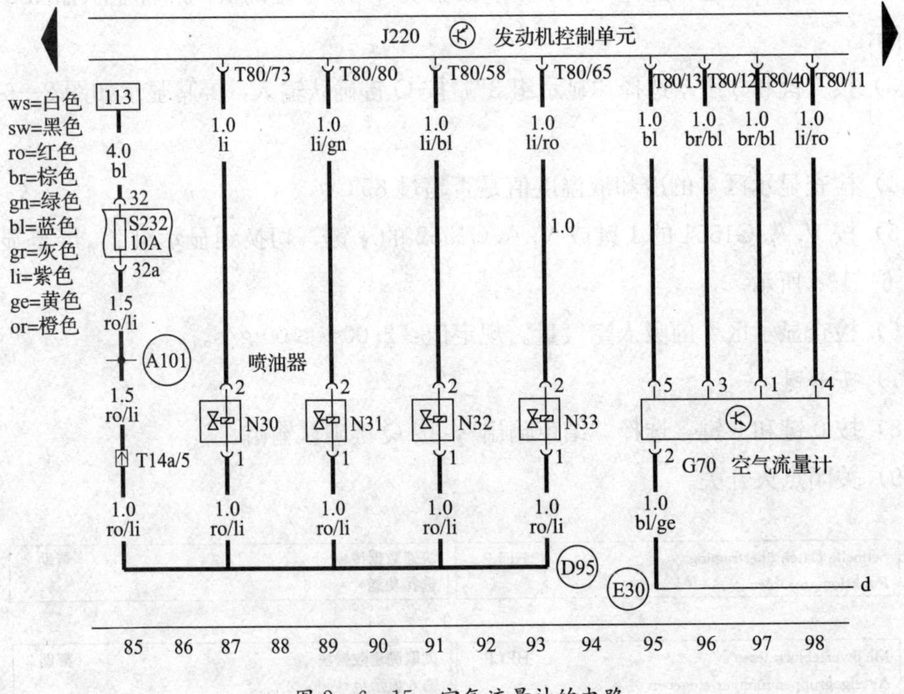

图2—6—15　空气流量计的电路

4．检查空气流量计信号线及搭铁线

（1）将V. A. G1598/22接到控制单元线束上。

（2）按电路图检查V. A. G1598/22与5脚插头间导线是否断路（见图2—6—14和图2—6—15）。测量空气流量计G70的5、4、3脚与J220端插头13、11、12间导线的电阻，应低于1.5 Ω。

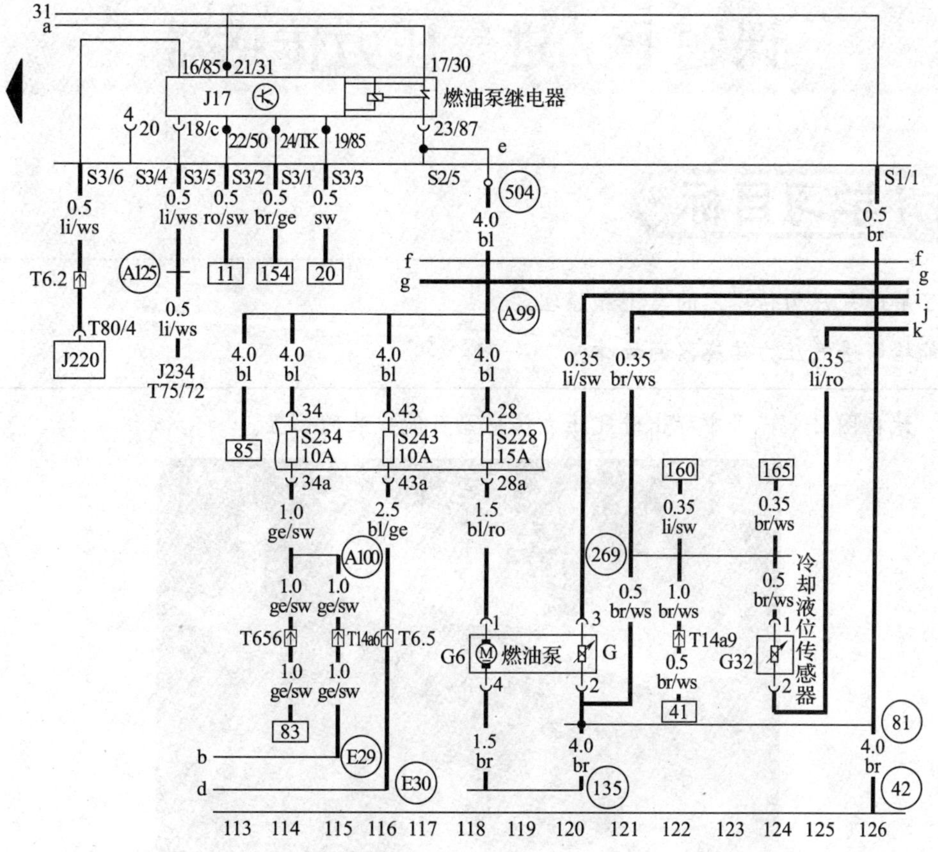

图 2—6—16　空气流量计的供电电路

（3）检查导线彼此间是否短路，电阻值应为∞。

（4）如果确定导线无故障，更换空气流量计 G70。

思考与练习

1. 有哪几种空气流量计？
2. 比较各种空气流量计的异同。
3. 空气流量计故障有哪些？

课题七　进气压力传感器

学习目标

- 了解进气压力传感器的类型和原理。
- 能检修进气压力传感器的故障。

试在图 2—7—1 中标出进气压力传感器可能安装的位置。

图 2—7—1　空气供给系统

有的车型没有空气流量传感器，而是采用进气压力传感器。它是将进气管内的压力转化成电压信号，并通过测得的进气压力和发动机的转速，间接地计算出进入的空气流量，这种检测法又称为“速度密度测量法”。进气压力传感器的类型有膜盒式和半导体压敏电阻式两种。

一、膜盒式进气压力传感器

1. 膜盒式进气压力传感器的结构原理

如图 2—7—2 所示，主要由膜盒、铁芯、感应线圈或滑动电阻、电子电路等组成。膜盒是由薄金属片焊接而成，其内部被抽成真空，外部与进气歧管相通。外部压力变化将使膜盒产生膨胀和收缩。置于感应线圈内部的铁心和膜盒联动。感应线圈由两个绕组构成，如图 2—7—3 所示，其中一个与振荡电路相连，产生交流电，在线圈周围产生磁场；另一个为感应绕组，产生信号电压。当进气歧管压力变化时，膜盒带动铁芯在磁场中移动，使感应线圈产生的信号电压随之变化。该信号电压由电子电路检波、整形和放大后，作为传感器的输出信号送至 ECU。

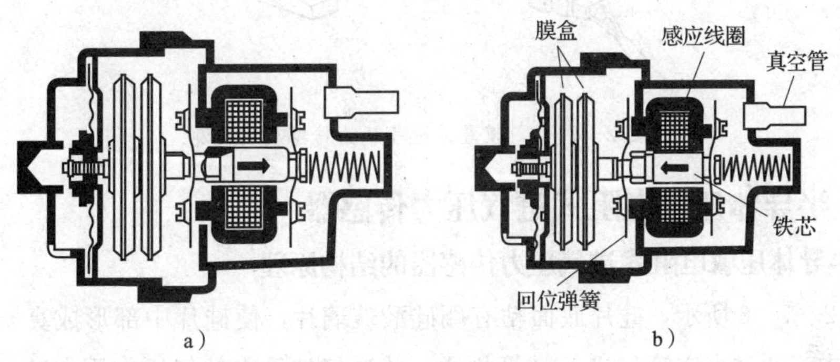

图 2—7—2　膜盒式进气压力传感器

a）膜盒膨胀　b）膜盒收缩

进气歧管内压力变化，使膜盒收缩或伸张，通过传动杆操纵可变电阻滑动触点，使输出的电阻或电压变化，ECU 据此测得进气歧管内压力，如图 2—7—4 所示。

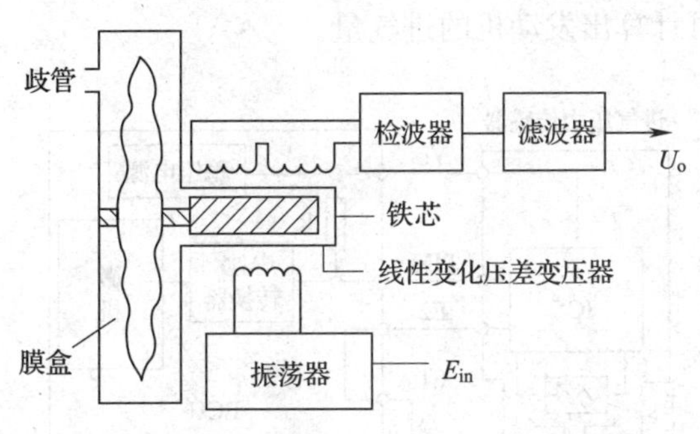

图 2—7—3　膜盒式进气压力传感器的原理图

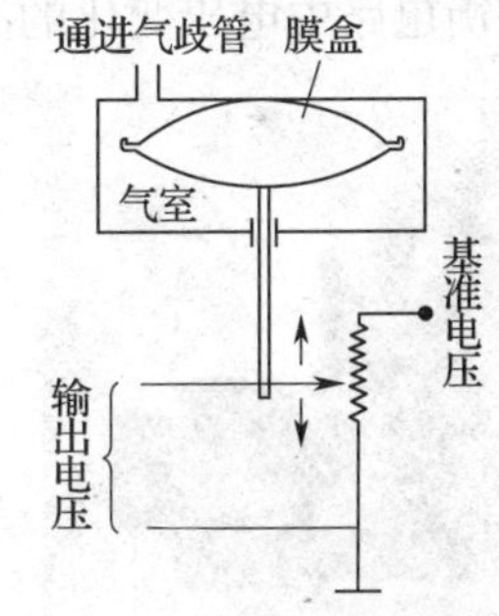

图 2—7—4　膜盒可变电阻式进气压力传感器

2．膜盒式进气压力传感器的故障检修

进气压力传感器一般有供电、信号和接地三个端子。检测时，将万用表（电压挡）的表笔分别插入导线连接器与两端子接触，如图 2—7—5 所示，测量其输出电压。不拔插座，点火开关在“ON”挡，将万用表表笔与 Vs、E 端子接触。在拔下真空管，加上大气压的情况下，电压值约为 1.5 V；用嘴对真空管道吸气时，电压值应从 1.5 V 起减小；接上真空管，发动机怠速运转时，电压值约为 0.4 V；而当发动机转速升高时，此电压值也升高。否则，检查进气压力传感器的供电线路。

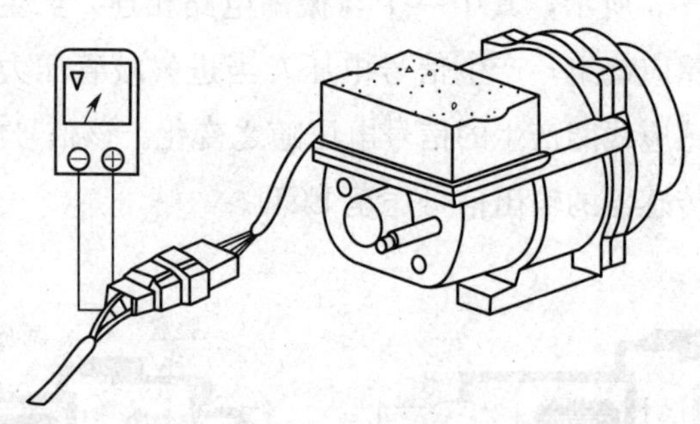

图 2—7—5 膜盒式进气压力传感器的检测

二、半导体压敏电阻式进气压力传感器

1. 半导体压敏电阻式进气压力传感器的结构原理

如图 2—7—6 所示，硅片底面粘有硼硅酸玻璃片，使硅片中部形成真空腔，并密封在容器中，通过真空管与进气歧管相通，使进气歧管内的气压作用在硅片周围。封装在真空室内的硅片，由于一侧受进气压力的作用，另一侧是真空，所以在进气压力变化时硅片产生变形，使硅片的电阻值发生变化，导致桥式电路的输出电压发生变化，使半导体硅片产生压电效应。但传感器实际输出值是经过空气温度补偿及放大后的值。由于压差的关系引起压电元件所组成的桥式电路中电阻阻值的变化而使电流偏流，通过对桥式平衡电路中电压变化的测定即可计算出发动机的进气量。

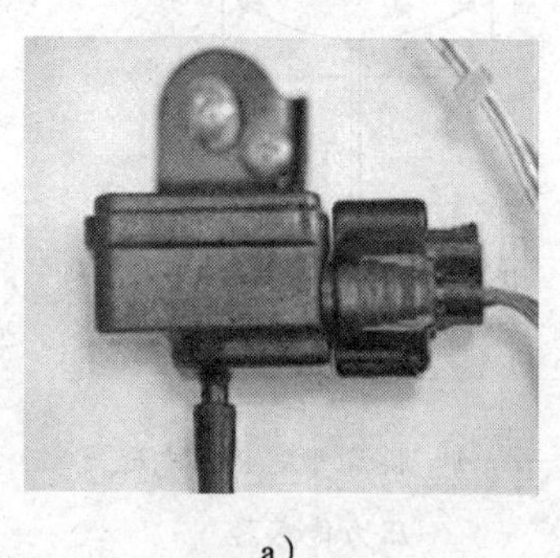

a）

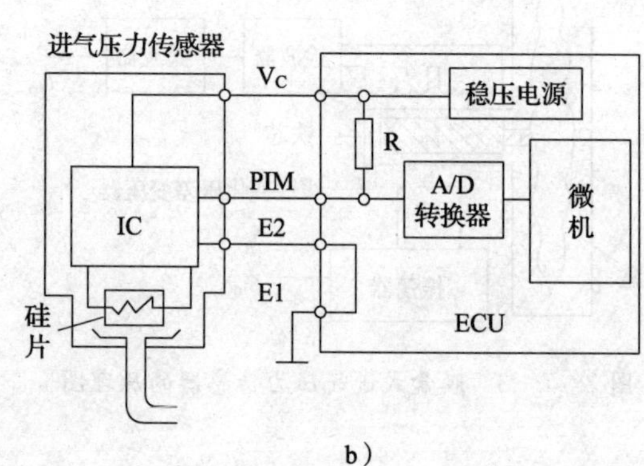

b）

图 2—7—6 半导体压敏电阻式进气压力传感器

a）外形 b）电路

硅片上 4 个压敏电阻连接成惠斯登电桥，由稳压电源 Vc 供电。当进气歧管内压力增加时，硅片变形，使硅片内的压敏电阻变化，PIM 和 E2 之间输出与压力成正比的电压。

如图 2—7—7 所示，桑塔纳轿车将进气压力传感器和进气温度传感器安装在一起。进气温度传感器 G72 是一个负温度系数的热敏电阻。

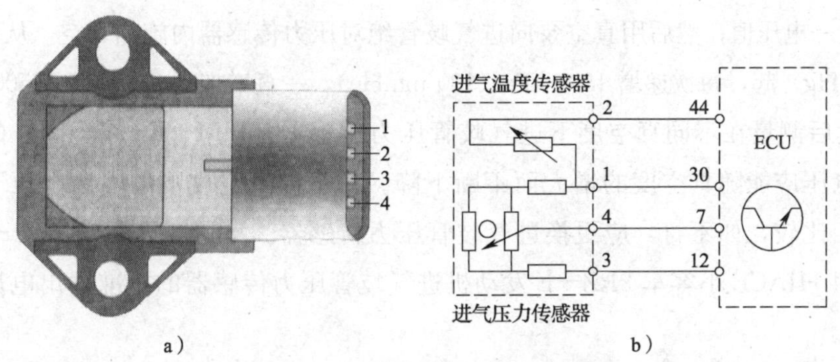

图 2—7—7 桑塔纳进气压力传感器

a）外形 b）电路

2. 半导体压敏电阻式进气压力传感器的检测

（1）皇冠 3.0 轿车 2JZ－GE 发动机进气压力传感器的检测

皇冠 3.0 轿车 2JZ－GE 发动机采用半导体压敏电阻式进气歧管绝对压力传感器，与 ECU 的连接电路如图 2—7—6 所示。

1）传感器电源电压的检测。

点火开关置于“OFF”挡位置，拔下进气歧管绝对压力传感器的导线连接器。然后将点火开关置于“ON”挡位置（不起动发动机），用万用表电压挡测量导线连接器中电源端 V_C和接地端 E2 之间的电压，如图 2—7—8 所示，其电压值应为 4.5～5.5 V。如有异常，应检查进气歧管绝对压力传感器与 ECU 之间的线路是否导通。若断路，应更换或修理线束。

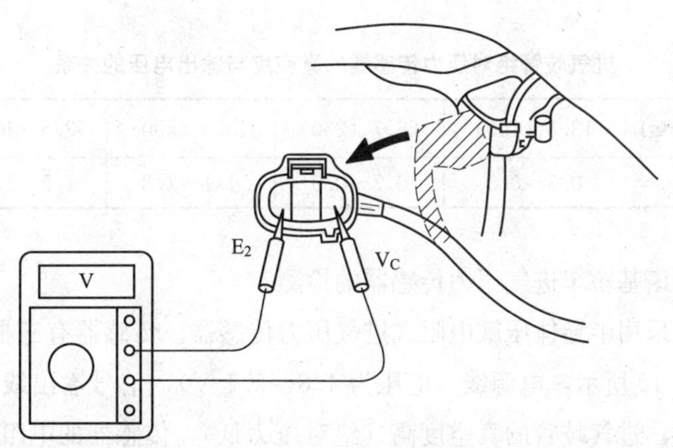

图 2—7—8 传感器电源电压的检测

2）传感器输出电压的检测。

将点火开关置于“ON”挡位置（不起动发动机），拆下连接进气歧管绝对压力传感器与进气歧管的真空软管。在 ECU 导线连接器侧，用万用表电压挡测量进气歧管绝对压力传感器 PIM－E2 两端子间在大气压力状态下的输出电压，如图 2—7—9 所示，并记下这一电压值；然后用真空泵向进气歧管绝对压力传感器内施加真空，从 13.3 kPa（100 mmHg）起，每次递增 13.3 kPa（100 mmHg），一直增加到 66.7 kPa（500 mmHg）为止，然后测量在不同真空度下进气歧管压力传感器（PIM－E2 端子间）的输出电压。该电压应能随真空度的增大而不断下降。将不同真空度下的输出电压下降量与标准值相比较，如不符，应更换进气歧管压力传感器。皇冠 3.0 轿车 2JZ－GE 发动机和丰田 HIACE 小客车 2RZ－E 发动机进气歧管压力传感器的标准输出电压值见表 2—7—1。

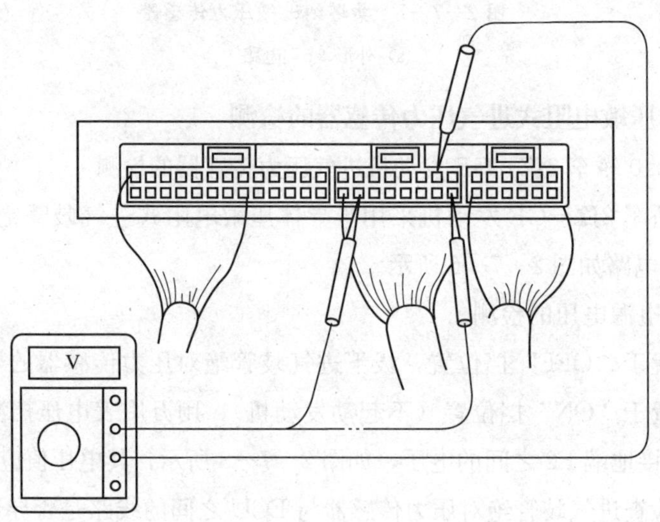

图 2—7—9　传感器输出电压的检测

表 2—7—1　　进气歧管绝对压力传感器的真空度与输出电压的关系

真空度 kPa（mmHg）	13.3（100）	26.7（200）	40.0（300）	53.5（400）	66.7（500）
电压值（V）	0.3～0.5	0.7～0.9	1.1～1.3	1.5～1.7	1.9～2.1

（2）北京切诺基轿车进气压力传感器的检测

北京切诺基采用半导体压敏电阻式进气压力传感器。传感器有三根导线与 ECU 相连，如图 2—7—10 所示，电源线（电压为 4.8～5.1 V），信号输出线和搭铁线。在发动机怠速运转时，进气歧管的真空度高（绝对压力低），传感器的电阻值大，传感器输出 1.5～2.1 V 的低电压信号；当节气门全开时，歧管真空度低（绝对压力高），传感器电阻小，传感器输出 3.9～4.8 V 的高电压信号。

1）用万用表电压挡测试 ECU 线束 6 号端子的电压值。当点火开关接通（ON）时，该电压应为 5 V±0.5 V；再用万用表测试传感器端子 C 电压值，其电压值也应为 5±0.5 V。如不符，则为传感器电源线断路或连接器接触不良（见图 2—7—10）。

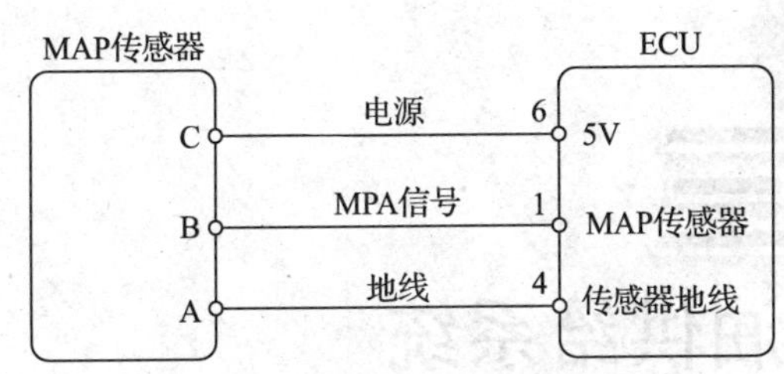

图 2—7—10　北京切诺基进气压力传感器的原理

2）用万用表电压挡测试传感器端子 B 的输出电压。当点火开关接通（ON），不起动发动机时，B 端子电压值应为 4～5 V；当发动机在热机空挡怠速运转时，输出电压应降到 1.5～2.1 V。此时，如从 ECU 线束侧 1 号端子处测试，其电压值也应是上述数值；如不符，则为传感器信号连线断路或连接器接触不良。

3）用万用表 Ω 挡，从传感器的端子 A 处测试其搭铁电阻。如电阻值不为零或电阻值较大，多数为导线断线或 ECU 插接件连接不良，按下一步检查，并修理或更换线束。

4）测试 ECU 传感器地线的接地情况

用万用表 Ω 挡测试 ECU 的 4 号端子与 11 或 12 号端子间的电阻值，及 11 或 12 号端子与发动机搭铁点接柱（在气缸体右侧机油尺管的安装螺钉上）之间的电阻值。若它们之间的电阻值均＜1 Ω，表明传感器搭铁良好；若电阻值＞1 Ω，则表明传感器搭铁不良，应查明原因并予以排除。若两者之间断路，且查不出原因，则应更换 ECU。

思考与练习

1. 简述膜盒式进气压力传感器的结构原理。
2. 简述压敏电阻式进气压力传感器的结构原理。
3. 简述压敏电阻式进气压力传感器的检修方法。

模块三 燃油供给系统

课题一　电动汽油泵控制系统

学习目标

◆ 了解电动汽油泵的结构和控制电路。

◆ 能够熟练检修电动汽油泵控制电路的故障。

如图 3—1—1 所示，汽车依靠燃烧汽油提供动力，那么汽车是怎样供给汽油的呢？

燃油压力调节器
燃油泵
脉动阻尼器
燃油分配管
喷油器
燃油滤清器

图 3—1—1　汽油供给

一、电动汽油泵的结构

电动汽油泵装在油箱内，如图 3—1—2 所示，由电动机驱动。常用的有滚柱式、叶片式和转子式三种电动汽油泵。

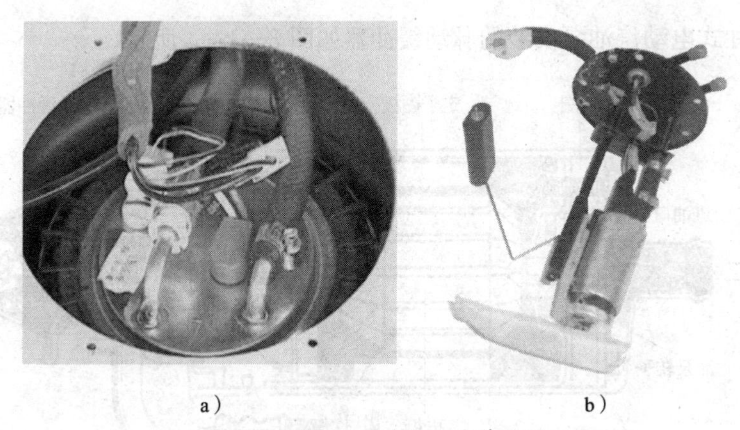
a)　b)

图 3—1—2　电动汽油泵安装位置

a）安装位置图　b）外形图

电动汽油泵及电动机都浸在油箱内汽油中，这样安装管路简单，不会产生漏油现象。运转时，燃油不断穿过油泵和电动机，油泵本身及电动机中的线圈、电刷、轴承等部位都靠燃油来润滑和冷却，不易产生气阻。因此，要绝对禁止在无油的情况下运转电动汽油泵，也不要等油用光后才去加油，以免烧坏电动汽油泵。

1. 滚柱式电动汽油泵

电动汽油泵主要由滤网、单向阀、安全阀、直流电动机、油泵等部件组成。

滚柱式电动汽油泵如图 3—1—3 所示。直流电动机驱动滚柱式油泵，油泵旋转产生离心力，转子槽内的滚子向外移动，紧压在偏心设计的泵体壁面上。滚柱随转子旋转时，泵腔容积产生变化，燃油进口处容积越来越大，出口处容积越来越小，如图 3—1—3b所示，使燃油经过入口的滤网被吸入油泵，加压后经过电动机周围的空间由出口泵出。油泵出口处有一单向阀，在油泵不工作时阻止燃油倒流回油箱，以保持发动机停机后的燃油压力，便于再次起动。若油泵出口一侧油压过高，限压阀打开，使部分燃油回到进油口一侧，以保护电动汽油泵。

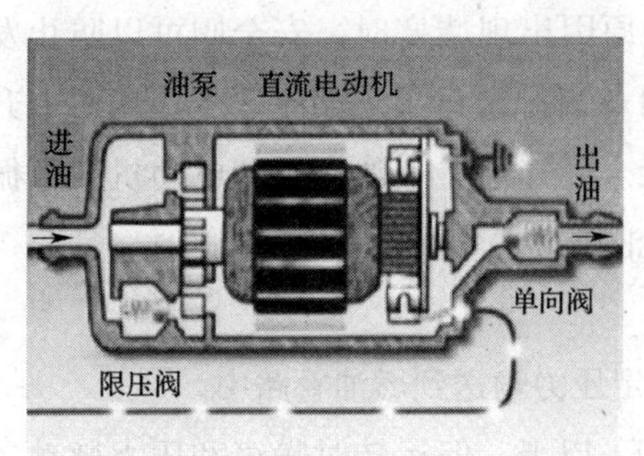

a)

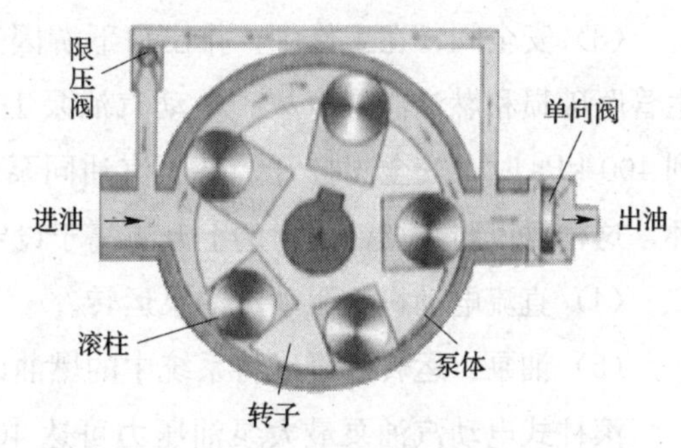

b)

图 3—1—3　滚柱式电动汽油泵

a）结构图　b）原理图

有的滚柱式电动汽油泵安装的脉动缓冲器如图 3—1—4 所示。

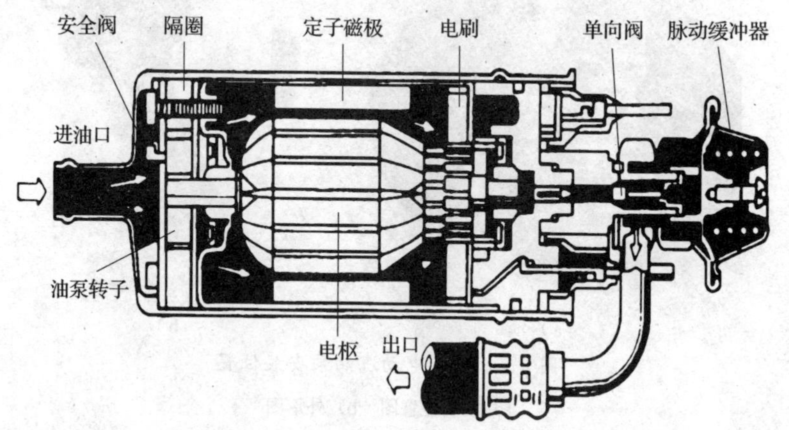

图 3—1—4　汽油泵安装的脉动缓冲器

2．平面叶轮式电动汽油泵

平面叶轮式电动汽油泵如图 3—1—5 所示。其构造与滚柱式电动汽油泵相似，但它的转子是一块圆形平板，平板圆周上开有小槽，形成泵油叶轮。油泵运转时，转子周围小槽内的燃油跟随转子一同高速旋转。由于离心力的作用，使燃油出口处油压增高，同时在进口处产生一定的真空吸力，从而使燃油从进口吸入并被泵向出口。

（1）滤网：用来滤除燃油中的杂质。

（2）单向阀：当发动机熄火，电动汽油泵刚刚停止输送燃油时，单向阀立即关闭，以保持泵和压力调节器之间的燃油具有一定压力，该压力称为残余压力。一般说来，汽油一遇高温就要产生蒸气。汽油蒸气会引起电动汽油泵及喷油器的工作性能下降，其结果会造成发动机在高温情况下不易起动。设置单向阀可以在燃油输送管路内维持一定的压力，以使发动机在高温情况下的起动变得容易。

（3）安全阀：在工作中，排出口下游因某些原因出现堵塞时，安全阀可以防止发生管路破损和燃油泄漏事故。电动汽油泵工作时，当排出口出现堵塞、工作压力上升到 400 kPa 时，安全阀打开，高压汽油同泵的吸入侧连通，汽油在泵和电动机内部循环，这样可以防止燃油压力的上升不高于设定燃油压力。

（4）直流电动机：驱动汽油泵运转。

（5）油泵：运转后可以将系统中的燃油以一定压力输送到燃油管路中。

滚柱式电动汽油泵最大泵油压力可达 400 kPa 以上。但运转时噪声和压力脉动较大，易磨损，使用寿命短。

最大泵油压力高达 600 kPa 以上，运转噪声小，出油压力脉动小，使用寿命长。

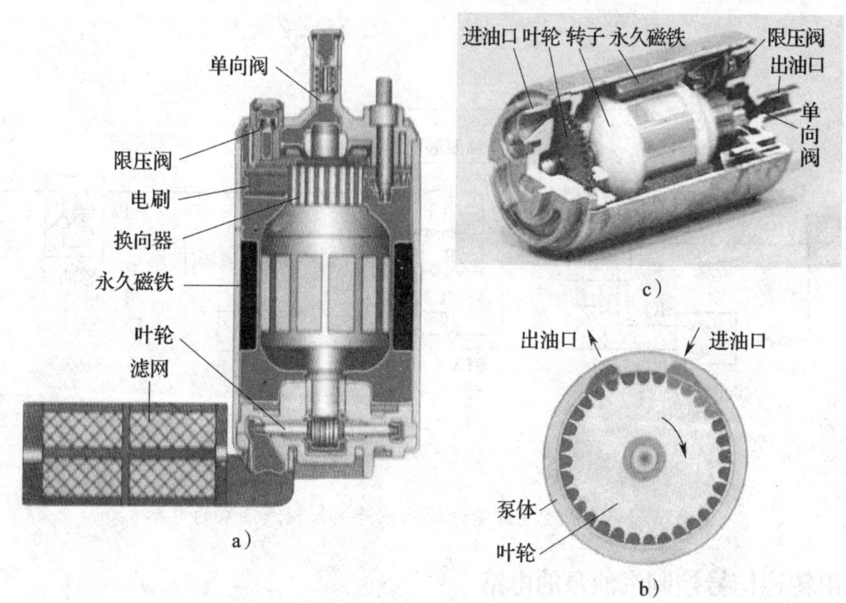

图 3—1—5　平面叶轮式电动汽油泵

a）剖视图　b）原理图　c）剖面图

二、电动汽油泵的控制电路

当发动机运转时，电动汽油泵工作。当发动机不运转时，电动汽油泵停止工作。在发动机工作之前，电动汽油泵运转几秒钟，让燃油供给系统建立油压，以便于发动机顺利起动。

1. 用空气流量计内的油泵开关控制汽油泵的电路

如图 3—1—6 所示，当点火开关打到 ST 挡时，油泵继电器线圈 L2 通电，油泵继电器和主继电器的触点闭合，电流由蓄电池→熔丝→主继电器触点→＋B→油泵继电器触点→Fp→电动汽油泵→E→搭铁，电动汽油泵开始泵油。

发动机着车后，当点火开关打到 IG 挡，翼片式空气流量计内的油泵开关闭合，油泵继电器和主继电器的触点闭合，油泵继电器线圈 L1 通电，电流由蓄电池→熔丝→主继电器触点→＋B→油泵继电器线圈 L1→Fc→翼片式空气流量计内的油泵开关→E→搭铁，接通电动汽油泵电路，电动汽油泵工作。当发动机熄火后，即使点火开关仍在 IG 挡，由于没有空气流，翼片带动空气流量计内的油泵开关断开，油泵继电器线圈 L1 断电，油泵继电器触点断开，电动汽油泵停止工作。

如果电动汽油泵不工作，将点火开关打到 IG 挡，用导线连接诊断座的＋B 和 Fp 两端子。若电动汽油泵工作，说明油泵继电器损坏。若电动汽油泵仍不工作，说明电动汽油泵损坏。用导线连接检查连接器的端子，若电动汽油泵工作，说明翼片式空气流量计内的油泵开关损坏。

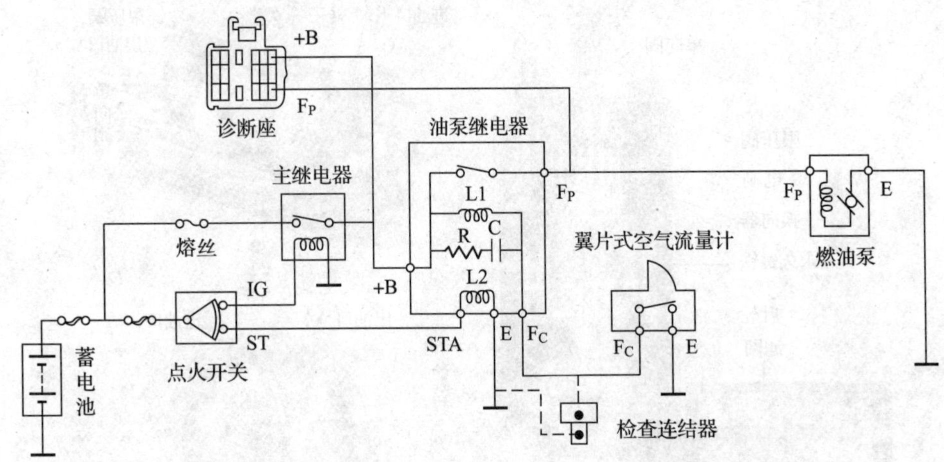

图 3—1—6　用空气流量计的油泵开关控制汽油泵的电路

2. 用转速信号控制汽油泵的电路

如图 3—1—7 所示，发动机工作时，分电器内传感器信号送给 ECU，ECU 接通电动汽油泵继电器线圈电路，电动汽油泵工作。发动机停止时，分电器内传感器无信号送给 ECU，ECU 断开电动汽油泵继电器线圈电路，电动汽油泵不工作。

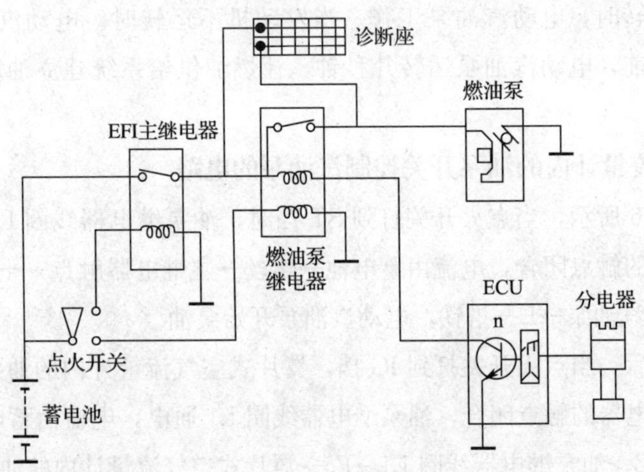

图 3—1—7　用转速信号控制电动汽油泵

3. 用机油压力控制汽油泵的电路

通用汽车采用机油压力控制电动汽油泵，如图 3—1—8 所示。当点火开关打到 IG 挡，ECU 接通电动汽油泵继电器线圈电路，电动汽油泵工作 2～5 s。当点火开关打到 ST 挡时，EFI 主继电器和电动汽油泵继电器线圈都通电，触点闭合，电流由蓄电池→EFI 熔丝→EFI 主继电器触点→电动汽油泵继电器触点→Fp→电动汽油泵→E→搭铁，电动汽油泵继续泵油。

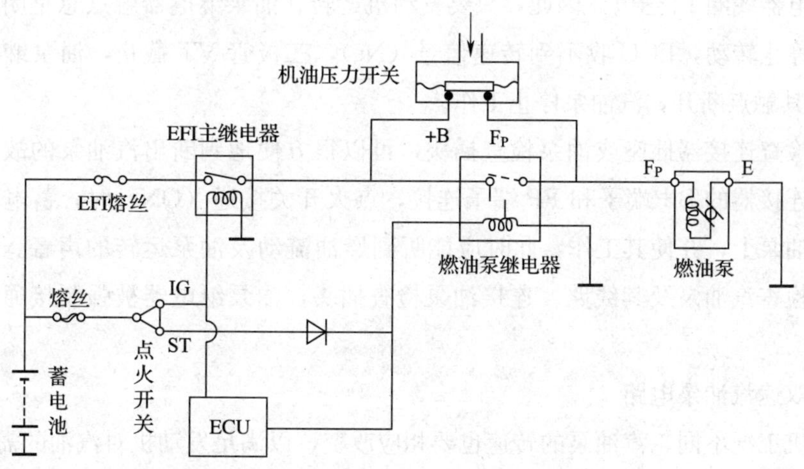

图 3—1—8 用机油压力控制电动汽油泵

发动机起动后，机油压力达到 28 kPa，使机油压力开关闭合，电流由蓄电池→EFI 熔丝→EFI 主继电器触点→＋B→机油压力开关→Fp→电动汽油泵→E→搭铁，电动汽油泵继续泵油。

如果发动机停止运转，机油压力下降，使机油压力开关断开，电动汽油泵停止运转，不泵油。

4. ECU 控制汽油泵电路

(1) 单速汽油泵电路

当采用卡门涡旋式或热线式空气流量计时，汽油泵控制电路如图 3—1—9 所示。发动机起动时，点火开关在 ST 挡（起动），油泵继电器线圈 L2 通电，使触点闭合，油泵通电运转。发动机工作时，ECU 收到发动机转速信号（Ne），使三极管 VT 导通，

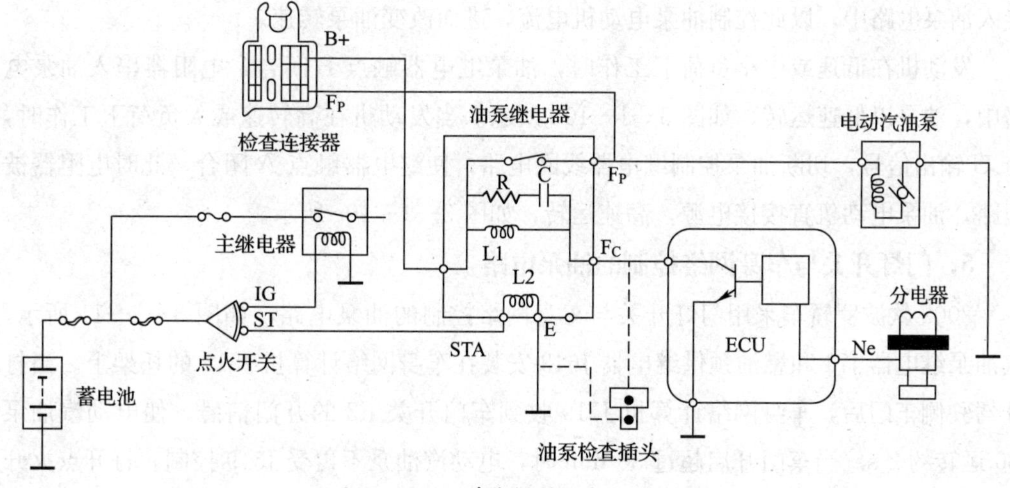

图 3—1—9 单速控制的汽油泵电路

给油泵继电器线圈 Ll 通电。因此，只要发动机运转，油泵继电器触点总是闭合的。如果发动机停止转动，ECU 收不到转速信号（Ne），三极管 VT 截止，油泵继电器线圈 Ll 断电，其触点断开，汽油泵停止工作。

通过检查连接器插座或油泵检查插头，可以很方便地判断出汽油泵的故障。用导线将检查连接器的 B＋端子和 FP 端子连接，点火开关接通（ON）时，蓄电池电压直接加在汽油泵上，并使其工作，此时应能听到燃油流动及油泵运转的声音。否则，需要进一步检查汽油泵及其线路。连接油泵检查插头，油泵继电器被强制接通，汽油泵也会工作。

（2）双速汽油泵电路

发动机工况不同，汽油泵的转速也要相应改变，以满足发动机对汽油的需要量。

1）皇冠 3.0 和 1993 款凌志 LS400 采用电子式油泵继电器，控制油泵电动机的电压，可实现油泵高速/低速二级控制，如图 3—1—10a 所示。当发动机在起动阶段或高转速、大负荷下工作时，ECU 向油泵继电器的 F_{PC}（油泵控制）端子输入一个高电位信号，此时油泵继电器的 F_P 端子向油泵电动机供应较高的电压（蓄电池电压），使油泵高速运转。

发动机起动后，在怠速或小负荷下工作时，ECU 向油泵继电器的 F_{PC}端输入一个低电位信号，此时油泵继电器的 F_P 端子向油泵电动机供应较低电压（约 9 V），使油泵低速运转。

当发动机的转速低于最低转速（120 r/min）时，油泵继电器断开油泵电路，使油泵停止工作。此时尽管点火开关处于接通状态，油泵也不工作。ECU 与油泵继电器间的 DI 线路为油泵继电器的故障诊断信号线。

2）丰田佳美和凌志 LS400 采用电阻器式双速汽油泵电路，如图 3—1—10b 所示。发动机工作时，ECU 根据发动机的转速和负荷，控制油泵继电器，使电阻器接入或不接入油泵电路中，以此控制油泵电动机电流，进而改变油泵转速。

发动机在低速或中小负荷下工作时，油泵继电器触点 B 闭合，电阻器串入油泵电路中，油泵以低速运转，如图 3—1—10b 所示。当发动机在高转速或大负荷下工作时，ECU 输出信号，切断油泵控制继电器线圈电路，使继电器触点 A 闭合，此时电阻器被短路，油泵电动机直接接电源，高速运转，如图 3—1—10c 所示。

5. 门灯开关与车身网络控制的油泵电路

2002 款波罗轿车采用门灯开关与车身网络控制的油泵电路，如图 3—1—11 所示。汽油泵继电器 J71 和燃油预供继电器 J643 安装在车身网络计算机 J519 的托架上。当打开驾驶侧车门后，车身网络计算机 J519 收到车门开关 F2 的开门信号，使电动汽油泵 G6 运转约 2 s。当车门开启超过 30 min 时，电动汽油泵不再受 J519 控制。打开点火开关或起动发动机后，则由发动机 ECU 通过汽油泵继电器 J71 控制电动汽油泵 G6。

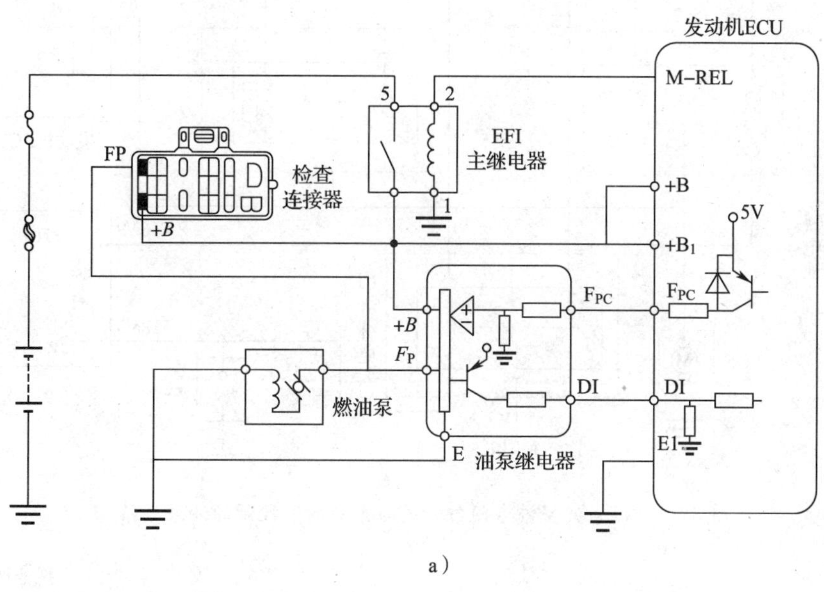

a）

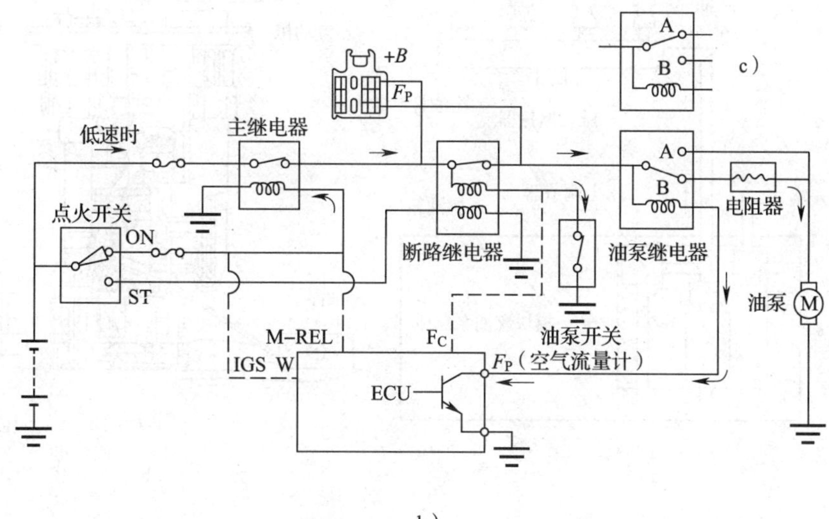

b）

图 3—1—10　两速汽油泵控制电路

a）油泵继电器控制式　b）电阻器控制式　c）A 触点闭合，汽油泵高速运转

三、电动汽油泵控制电路的检修

电动汽油泵控制电路的检修以一汽花冠为例。

一汽花冠将汽油滤清器、油压调节器、油位传感器和燃油切断阀组装为一体，可防止发动机回油和油箱内汽油温度过高，如图 3—1—12 所示。其控制电路如图 3—1—13所示，检查步骤如下。

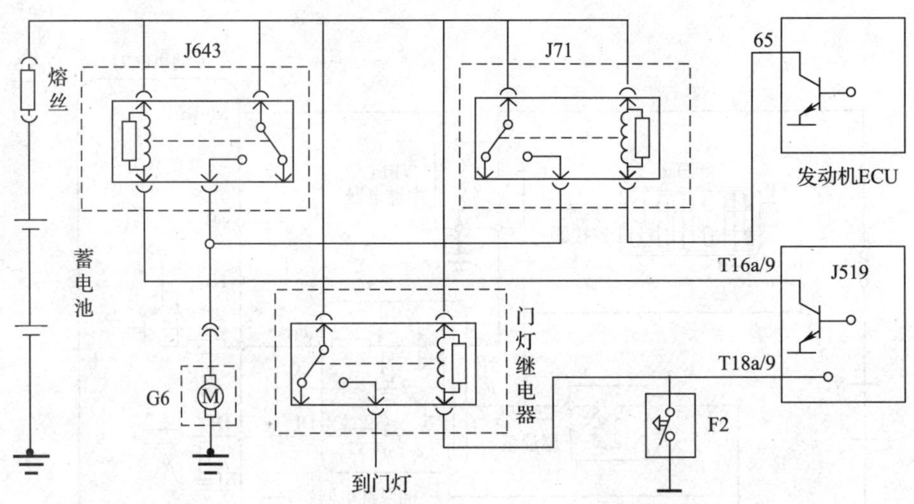

图 3—1—11　波罗轿车门灯开关与车身网络控制的油泵电路

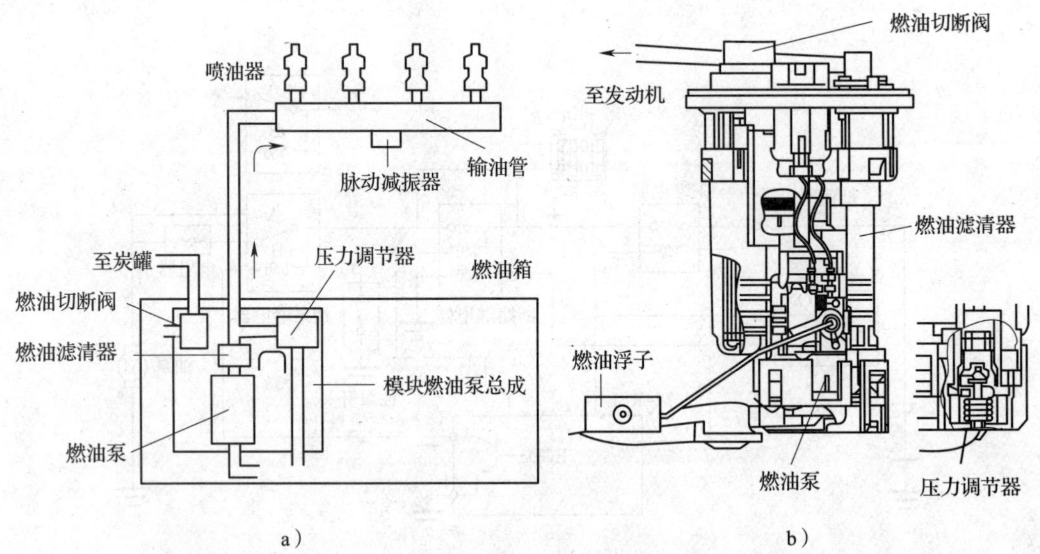

图 3—1—12　一汽花冠汽油泵

a）原理图　b）零件图

1. 检查发动机与 ECT 的 ECU 电源电路。若正常，则进行下一步检查。若不正常，则修理或更换发动机与 ECT 的 ECU 电源电路。

2. 检查 EFI 继电器。若正常，则进行下一步检查。若不正常，则更换 EFI 继电器。

3. 检查发动机与 ECT 的 ECU 连接器 E6 端子 3（FC）与连接器 E8 端子 17（E1）间的电压，应为 8～14 V。若正常，则进行下一步检查。若不正常，则进行第 7 步检查。

4. 检查汽油泵。若正常，则进行下一步检查。若不正常，则修理或更换汽油泵。

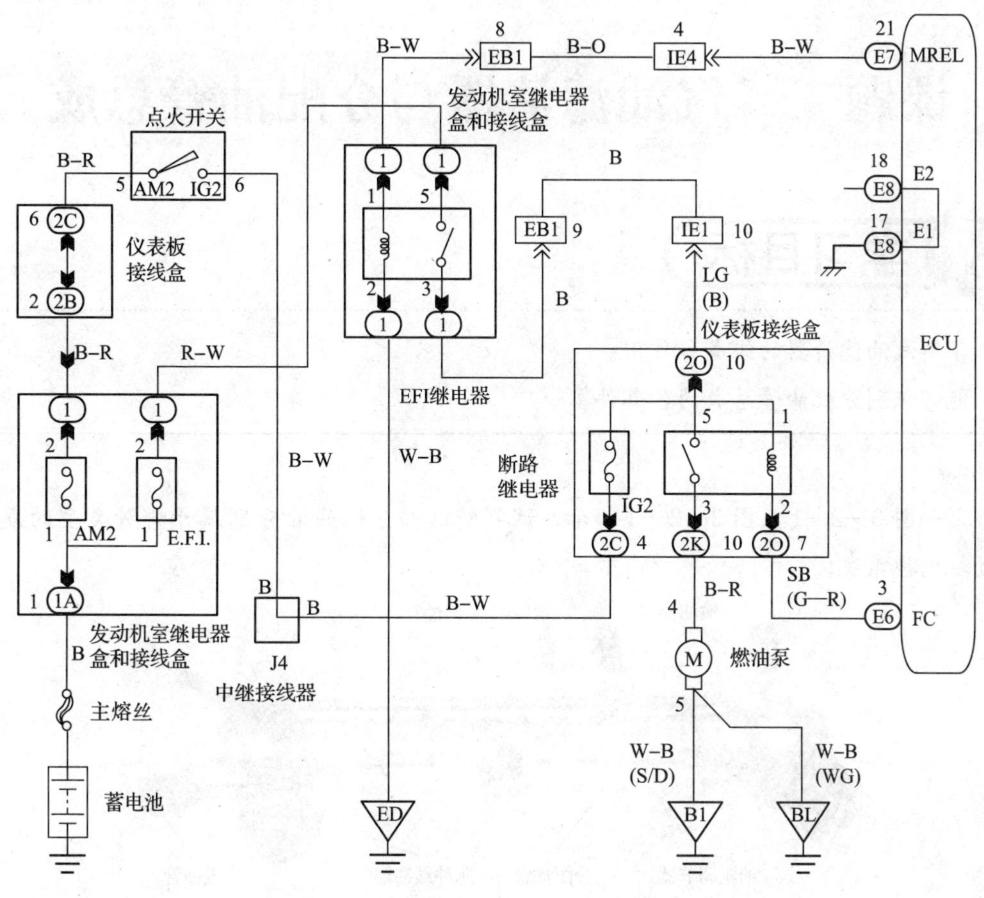

图 3—1—13　一汽花冠汽油泵控制电路

5．检查发动机与 ECT 的 ECU 和断路继电器间的配线和连接器。若正常，则进行下一步检查。若不正常，则修理或更换配线和连接器。

6．检查断路继电器插座端子 3 与汽油泵连接器端子 4 间的配线和连接器。若正常，则检查并更换发动机与 ECT 的 ECU。若不正常，则修理或更换配线和连接器。

7．检查发动机与 ECT 的 ECU 和 EFI 继电器间的配线和连接器是否有断路或接触不良。若正常，则检查并更换发动机与 ECT 的 ECU。若不正常，则修理或更换配线和连接器。

思考与练习

1．电动汽油泵的类型有哪些？

2．电动汽油泵的控制电路有哪些？

3．简述电动汽油泵控制电路检修的步骤。

课题二　汽油滤清器与分配油管总成

学习目标

◆ 了解汽油滤清器的组成和作用。

◆ 能够识别分配油管总成的各部件。

如图 3—2—1 至图 3—2—3 所示，试判断这些分配油管分别属于哪种类型的发动机电控系统。

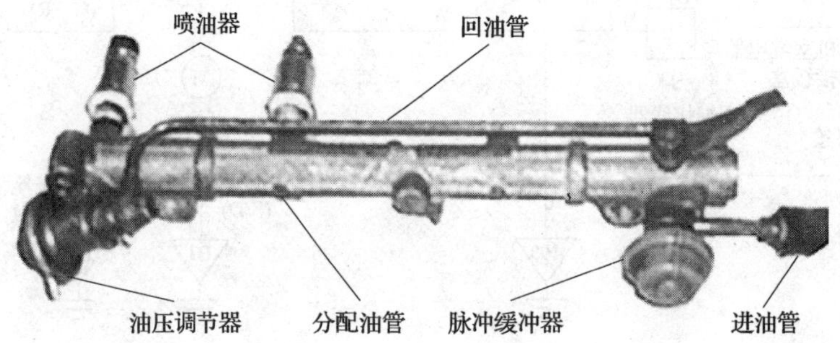

图 3—2—1　进气管喷射分配油管

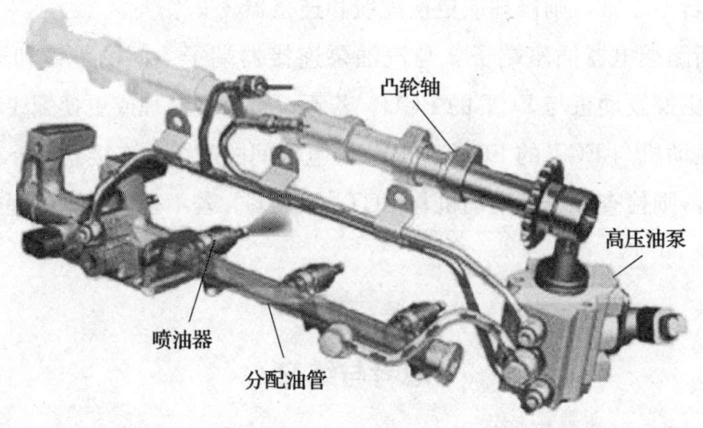

图 3—2—2　缸内直喷分配油管

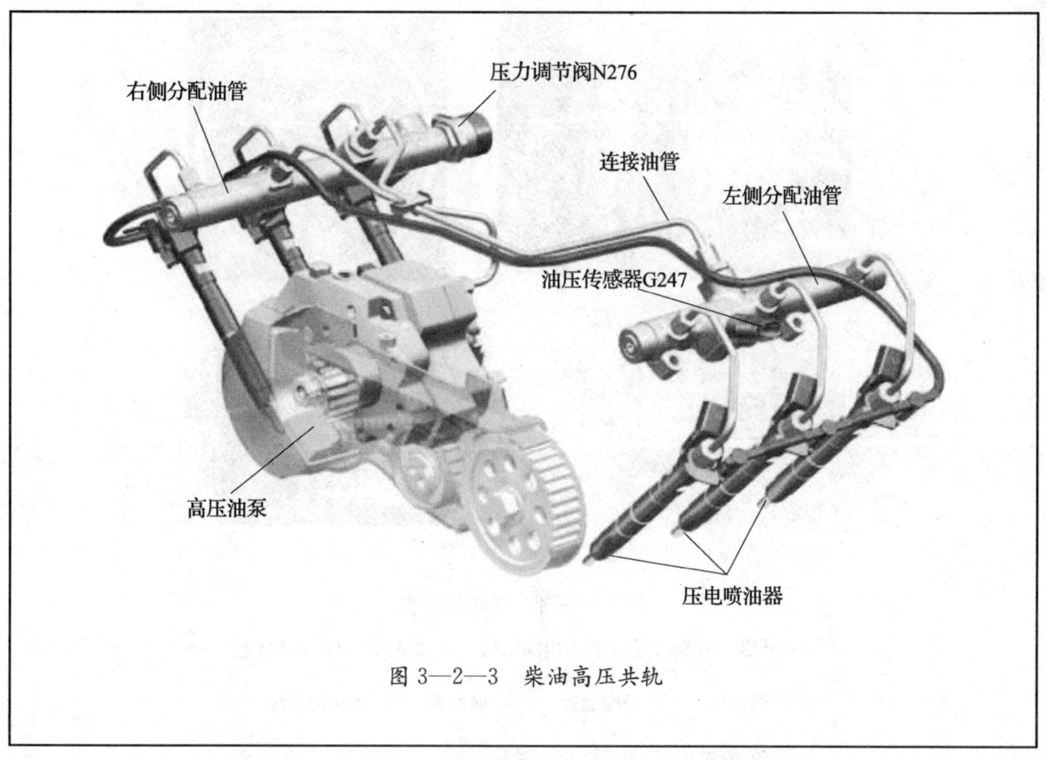

图 3—2—3　柴油高压共轨

一、汽油滤清器

汽油滤清器常装在电动汽油泵之后的输油管上，过滤燃油中的杂质，防止污物堵塞喷油器等精密零件。滤清器内部有 200～300 kPa 的燃油压力，因此，耐压强度要求在 500 kPa 以上，油管也应使用旋入式金属管，滤芯元件一般采用菊花形和盘簧形结构。要有如下性能：过滤效率高、使用寿命长、压力损失小、耐压性能好、体积小、质量轻。

电动汽油泵进口处装有滤网，滤去汽油中较大的杂质。汽油滤清器可以装在汽油箱附近，也可以装在发动机附近。汽油滤清器大多为袋式，用铁壳封装，如图3—2—4所示，安装时注意方向。能承受一定压力，寿命较长，汽车每行驶 40 000 km后更换。

二、分配油管总成

分配油管总成主要由分配油管、脉动缓冲器、油压调节器组成。

1. 分配油管

如图 3—2—1 所示，分配油管比较粗，其上安装有油压调节器、喷油器，有的还安装有脉动缓冲器。安装位置如图 3—2—5 所示。

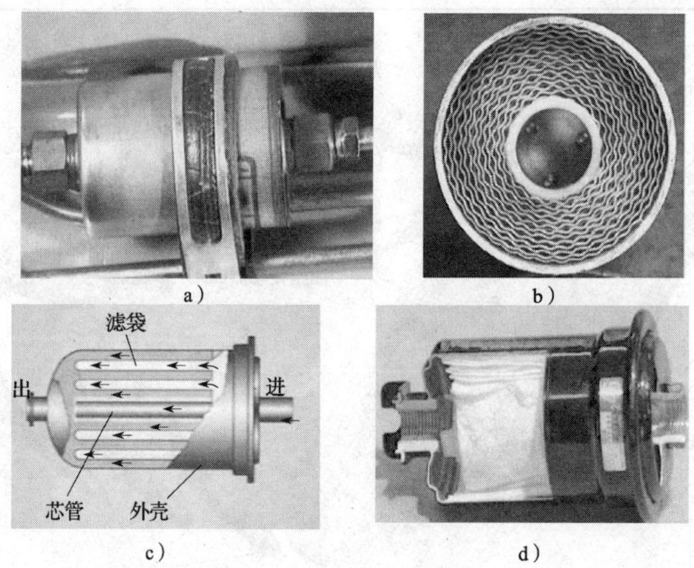

图 3—2—4　汽油滤清器

a）外形　b）取下前盖后，内部结构　c）原理图　d）袋状滤芯

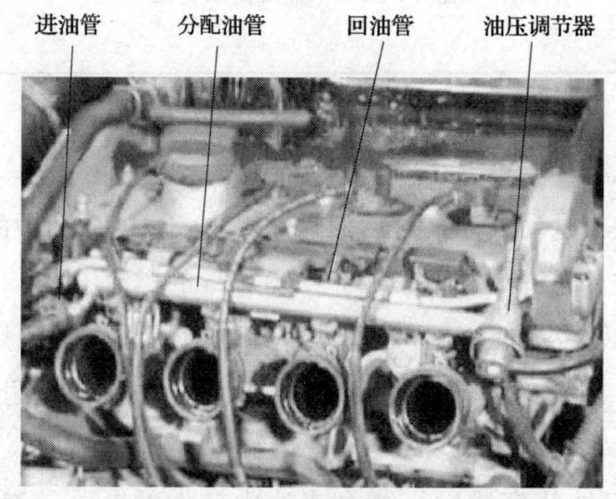

图 3—2—5　分配油管安装位置

2．脉动缓冲器

由于油泵内容积变化，油压调节器阀门打开和关闭，喷油器间歇喷油会产生泵油脉动、回油脉动和喷油脉动，使分配油管内油压不恒定。如图 3—2—6 所示，脉动缓冲器利用弹簧和膜片的变形，使其内部的容积随分配油管内油压大小而变化，保持分配油管内油压恒定。

3．油压调节器

发动机 ECU 是调节喷油器的通电时间来控制喷油量的。进气歧管内真空度随发动机工况而变化，使喷油量发生少量的变化。为了精确控制喷油量，必须使油压 A 和进气歧管真空度 B 之和保持不变（如 2.9 kg/cm^2），如图 3—2—7 所示。

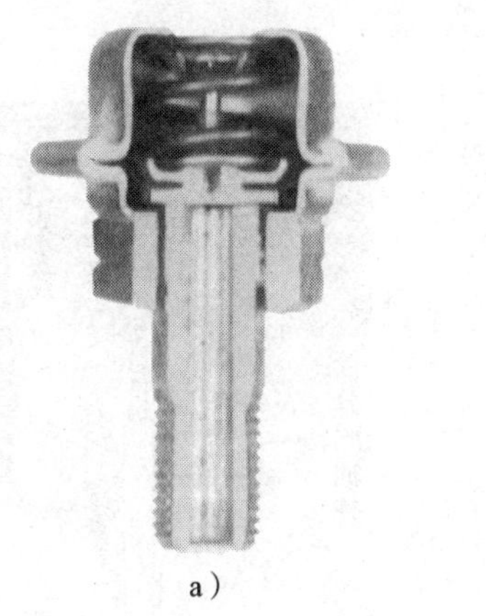

a）

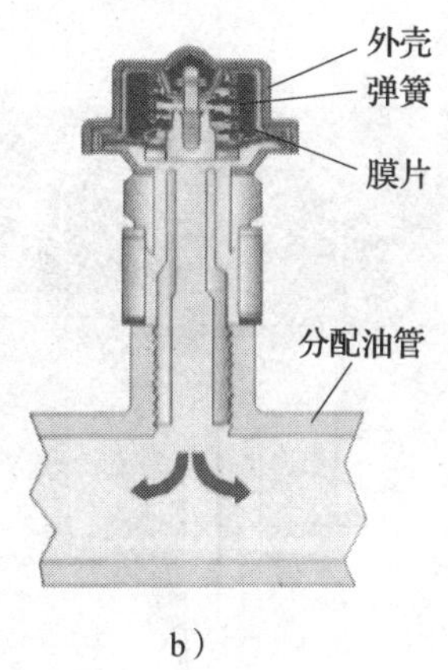

b）

图 3—2—6 脉动缓冲器

a）解剖图 b）原理图

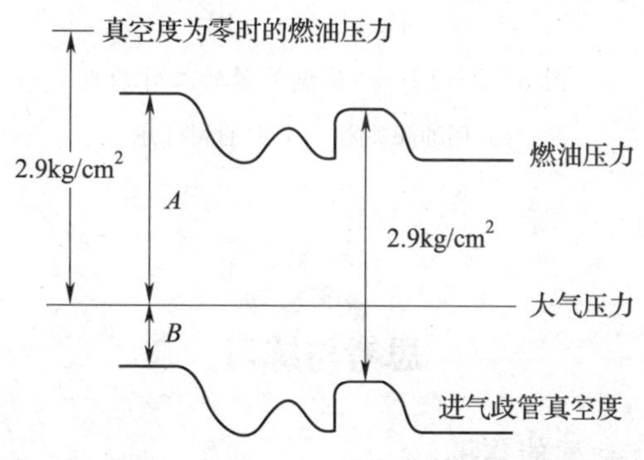

图 3—2—7 油压 A 与进气歧管压力 B 之和不变

如图 3—2—8 所示，油压调节器的上端用软管连接进气总管，下端用回油管通油箱。当进气总管内压力减小时，膜片向上移动，回油阀打开，分配油管内的燃油通过回油阀流回油箱，使分配油管内的燃油压力下降（见图 3—2—9 和图 3—2—10）。

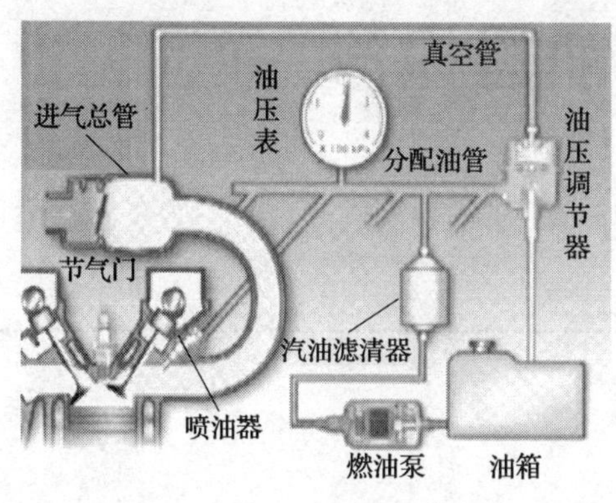

图 3—2—8 油压调节器的安装位置

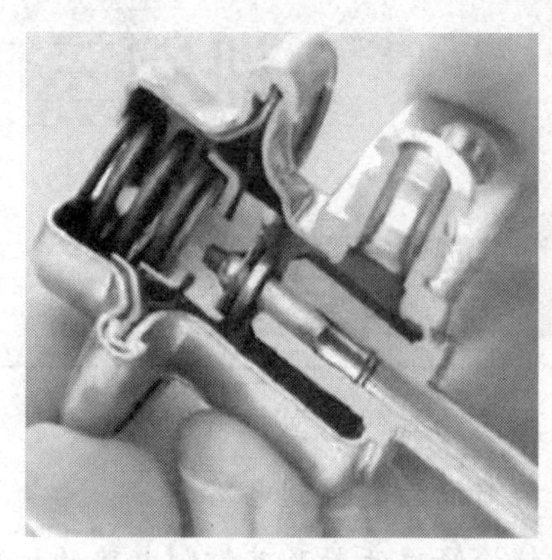

图 3—2—9 油压调节器的结构

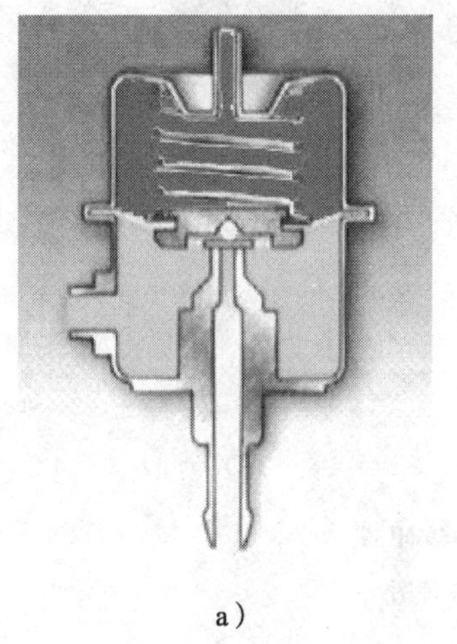

a）

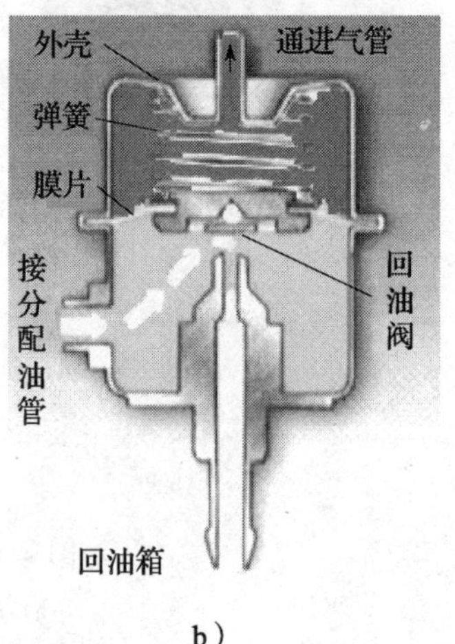

b）

图 3—2—10　油压调节器的工作原理

a）回油阀关闭　b）回油阀打开

思考与练习

1. 简述发动机分配油管的作用。
2. 脉动缓冲器的基本工作原理是什么？
3. 油压调节器的基本工作原理是什么？

课题三　喷油器检修

学习目标

◆ 了解喷油器的类型与工作原理。

◆ 了解喷油器的控制电路。

◆ 能够检修喷油器及其控制电路的故障。

观察图 3—3—1 至图 3—3—3 所示的喷油器的类型，试比较其结构异同。

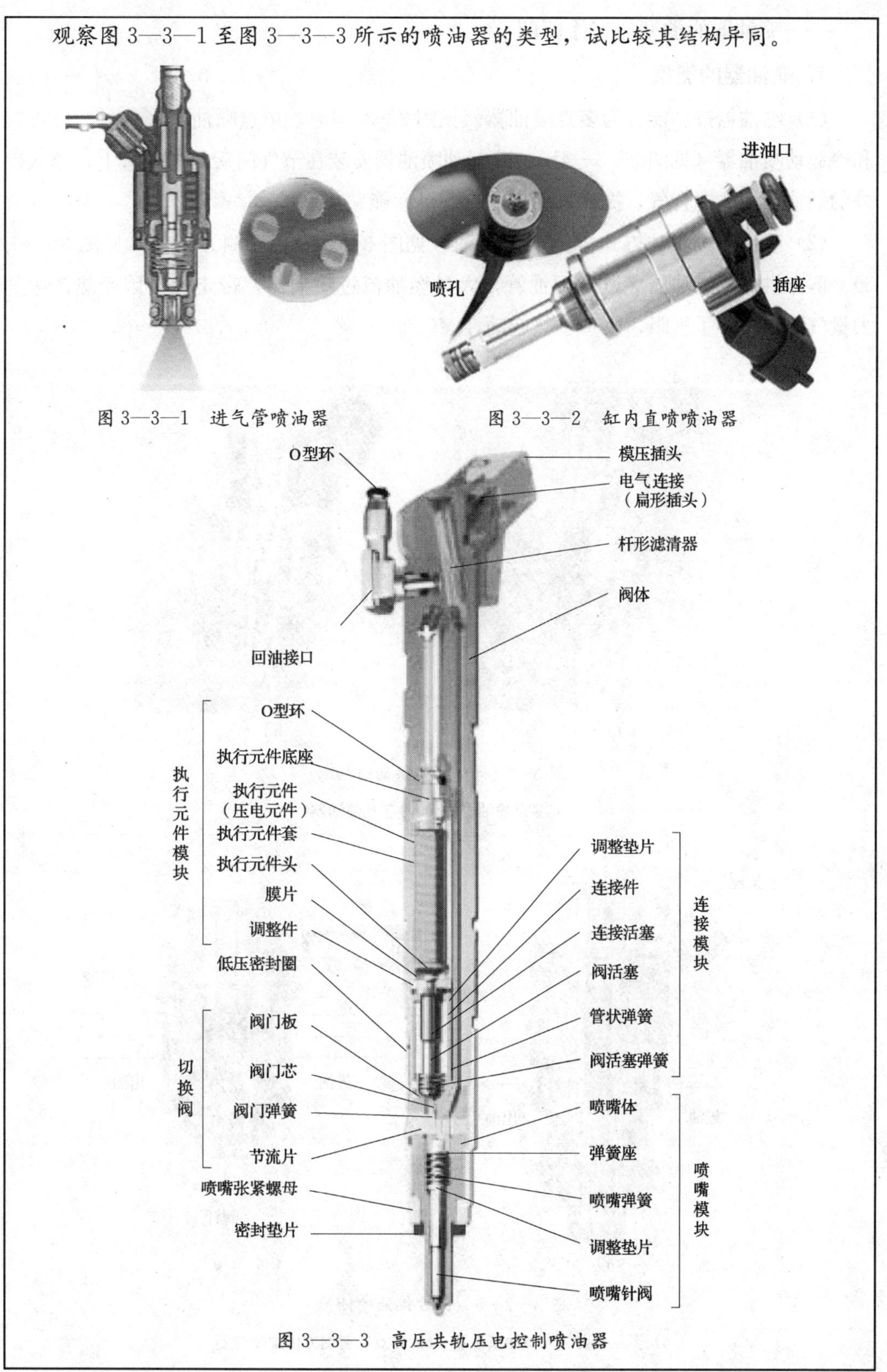

图 3—3—1　进气管喷油器

图 3—3—2　缸内直喷喷油器

图 3—3—3　高压共轨压电控制喷油器

一、喷油器的类型与工作原理

1. 喷油器的类型

（1）喷油器按功能分为多点喷油器（见图 3—3—4a)、单点喷油器（见图 1—2—7）和冷起动喷油器（见图 3—3—4b)。冷起动喷油器安装在节气门后的进气管上，喷入额外的燃油，加浓混合气，提高发动机的冷起动性能。

（2）喷油器按供油方式分为上方供油（见图 3—3—4）和侧方供油（见图 3—3—5)。侧方供油的喷油器穿过分配油管，大量燃油流过喷油器，带走燃油因受热产生的大量气泡，减小了气阻，改善了热起动性。

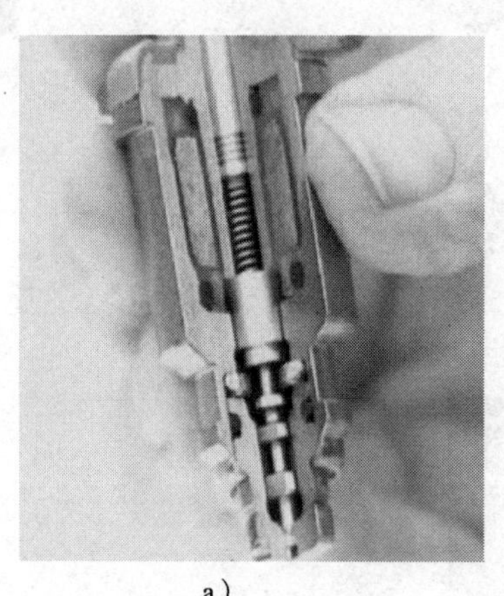
a)

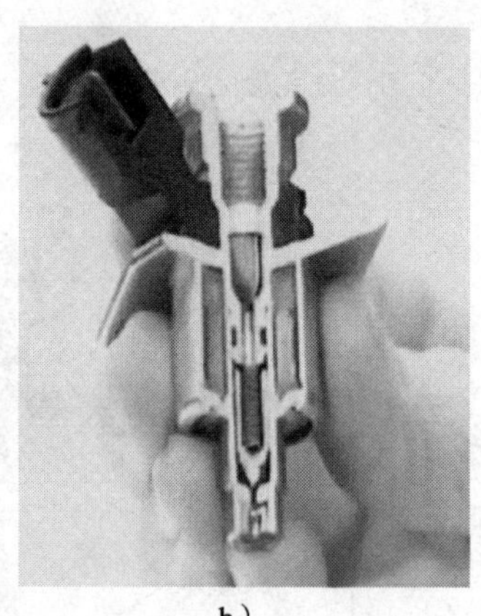
b)

图 3—3—4 上方供油喷油器

a）多点喷油器 b）冷起动喷油器

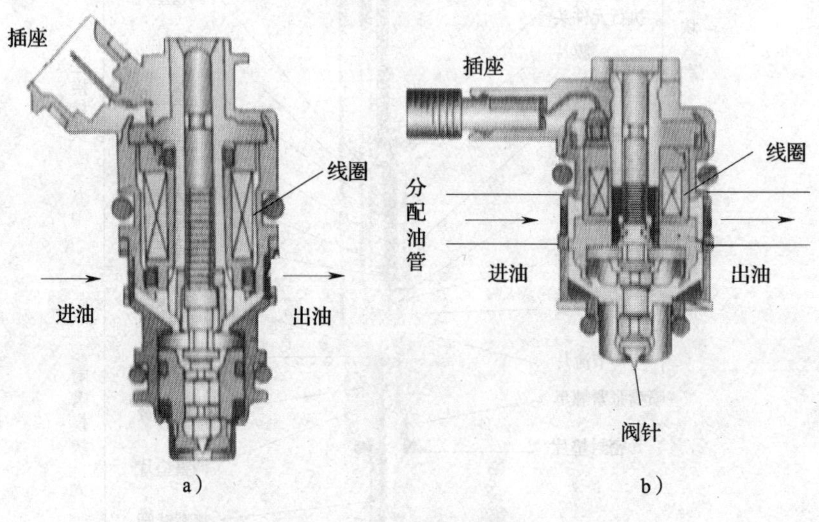

图 3—3—5 侧方供油喷油器

a）多点喷射侧方供油喷油器 b）单点喷射侧方供油喷油器

（3）按照喷孔数量可分为单喷孔式和多喷孔式。单喷孔式即有一个喷孔，多喷孔式喷孔有 1 个、2 个、4 个和 6 个。多孔喷油器将燃油喷向多个方向，使油束与空气混合更均匀，如图 3—3—6 所示。

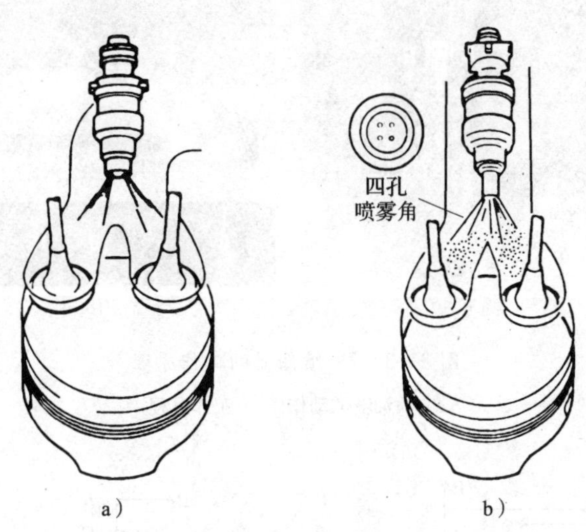

图 3—3—6　多孔喷油器

a）双孔喷油器　b）四孔喷油器

（4）按 ECU 控制方式分为电压驱动式和电流驱动式。电压驱动是指 ECU 驱动喷油器喷油电脉冲的电压是恒定的，又分为高阻抗型和低阻抗型两种。低阻抗型喷油器线圈的电阻较小，为 2～5 Ω，用 5～6 V 的电压驱动，不能直接连接 12 V 电源，否则会烧坏喷油器线圈。高阻抗型喷油器用 12 V 电压驱动，其线圈电阻为 10～17 Ω。电流驱动式喷油器一般为低阻抗型，其线圈的电阻为 2～3 Ω，驱动的脉冲电流开始较大，使电磁线圈产生较大的吸力，打开针阀，然后再用较小的电流保持针阀的开启。

2. 喷油器工作原理

喷油器是一种电磁阀，由 ECU 发出脉冲电信号，控制其电磁线圈的通电时间，吸开阀针，有压力的燃油通过喷孔，以雾状喷入进气歧管，如图 3—3—7 所示。通电时间越长，喷油量越多。

喷油器针阀的升程很小，一般为 0.10～0.20 mm，以保证针阀反应快捷，在数毫秒之内开启和关闭。

二、喷油器的控制电路

1. 多点喷油器的控制电路

ECU 根据各种传感器提供的数据和预先设定的程序计算出喷油量，向驱动电路发出信号，控制三极管 VT 的通电时间，使喷油器通电喷油。喷油器线圈断电时，会产生强烈的自感电动势，自感电流通过消弧电路构成回路，以免损坏 ECU，如图 3—3—8 所示。

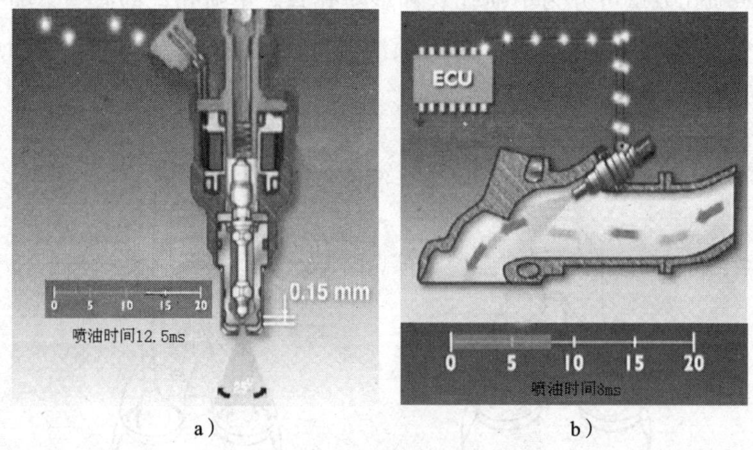

a） b）

图 3—3—7 喷油器的工作原理

a）喷油器的动作 b）工作过程

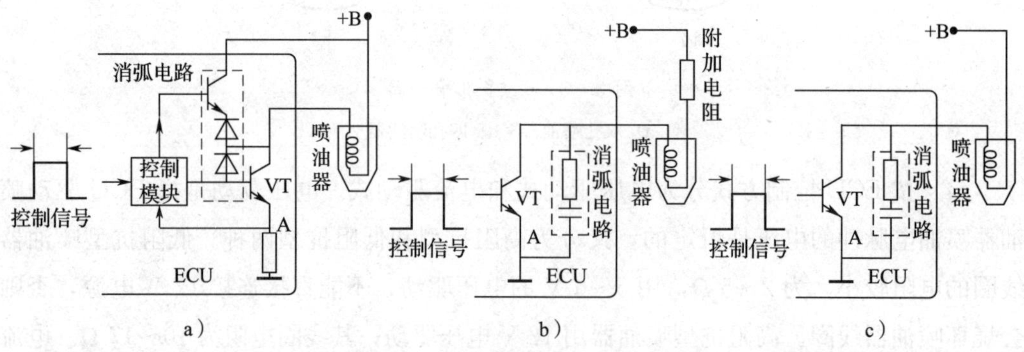

a） b） c）

图 3—3—8 喷油器的基本控制电路

a）电流驱动 b）低阻喷油器驱动电路 c）高阻喷油器驱动电路

低阻喷油器通过附加电阻接 12 V 电源，如图 3—3—8b 所示。有的一个喷油器配一个附加电阻，有的两个喷油器配一个附加电阻，有的三个喷油器配一个附加电阻。

喷油器的控制方式见表 3—3—1。

表 3—3—1 喷油器的控制方式

	电路图	喷油正时图
同时喷射	驱动电路	（见下图）

喷油	360°		喷油		喷油		喷油
1缸	进	压⚡	功	排	进	压⚡	功
3缸	排	进	压⚡	功	排	进	压⚡
4缸	功	排	进	压⚡	功	排	进
2缸	压	功	排	进	压⚡	功	排

续表

	电路图	喷油正时图
分组喷射	驱动电路	喷油 720° 喷油 1缸 进 压 功 排 进 压 功 3缸 排 进 压 功 排 进 压 4缸 功 排 进 压 功 排 进 2缸 压 功 排 进 压 功 排
顺序喷射	驱动电路	1缸 进 压 功 排 进 压 功 3缸 排 进 压 功 排 进 压 4缸 功 排 进 压 功 排 进 2缸 压 功 排 进 压 功 排

2．冷起动喷油器的控制电路

冷起动喷油器喷口面积大，线圈电阻小（2～4 Ω），射程大，在冷车起动时供给浓而少的混合气，改善发动机冷起动的性能。

如图 3—3—9 所示，冷车起动时，温度时间开关闭合，冷起动喷油器通电，打开喷油。同时加热线圈 L1、L2 通电，给双金属片加热到给定温度后，使温度时间开关断开，冷起动喷油器停止喷油。

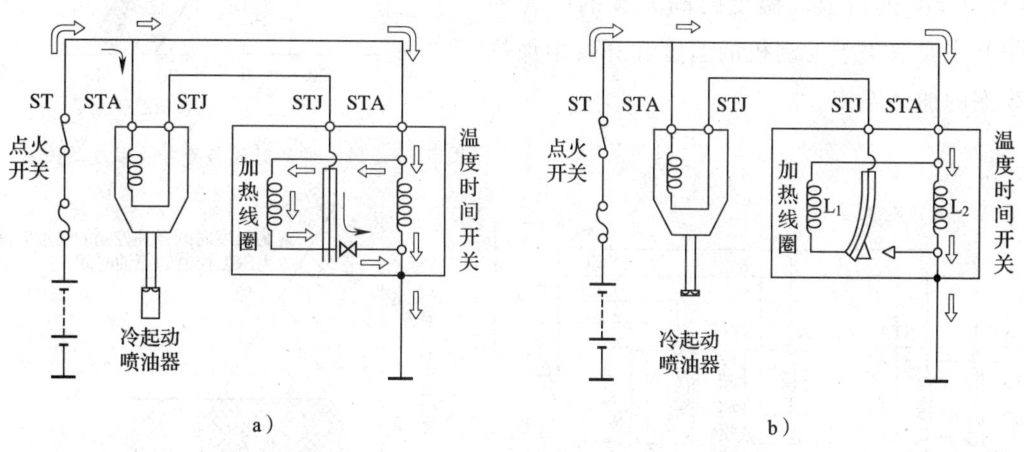

图 3—3—9 温度时间开关控制的冷起动喷油器电路

a）冷起动时 b）热车后

温度时间开关的工作原理如图 3—3—10 所示。冷却液温度升高（见图 3—3—11）或加热线圈通电都会使温度时间开关的触点断开。

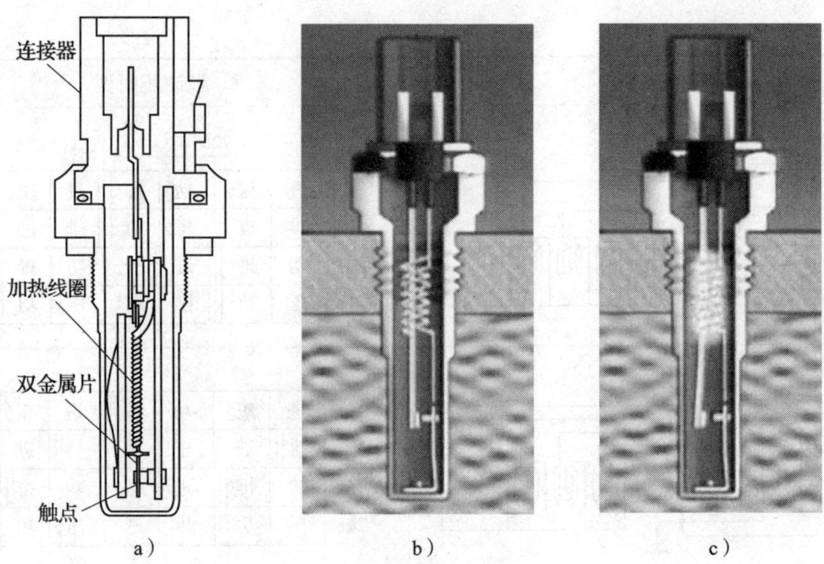

图 3—3—10　温度时间开关的工作原理

a）结构　b）触点闭合　c）触点断开

ECU 控制的冷起动喷油电路如图 3—3—12a 所示，当冷却液温度低于 20℃时，冷起动喷油器由温度时间开关控制。20～60℃由 ECU 控制喷油。大于 60℃，ECU 使冷起动喷油器停止喷油。这样可以降低冷起动时 CO 和 HC 的排放。温度时间开关的闭合和张开主要取决于发动机的温度和开关中加热线圈的加热温度。

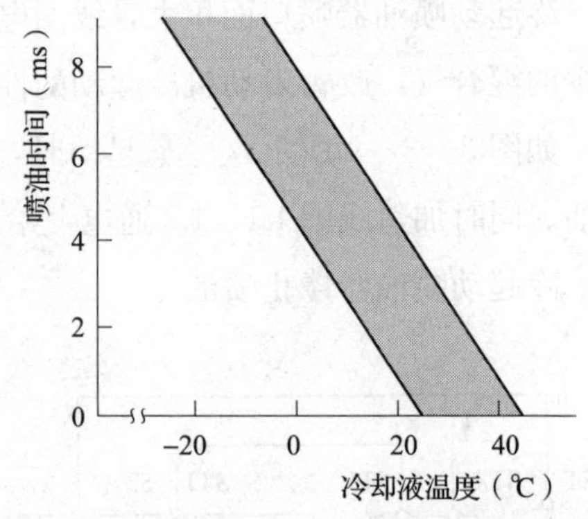

图 3—3—11　喷油时间与冷却液温度的关系

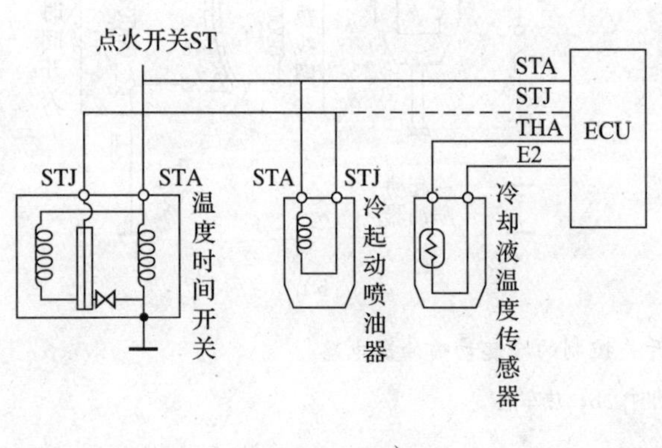

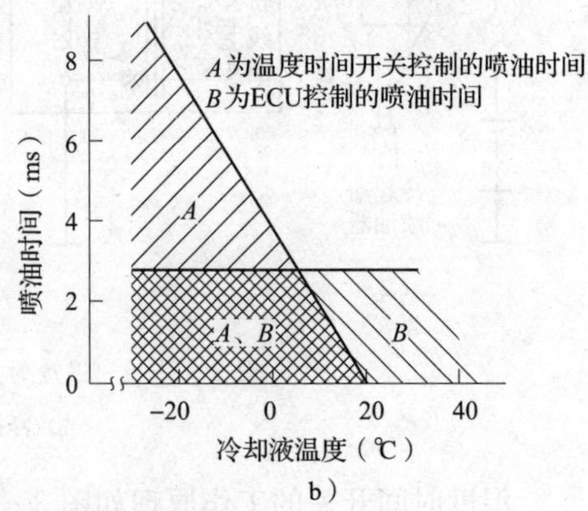

图 3—3—12　ECU 控制的冷起动喷油电路

a）ECU 控制的冷起动喷油电路　b）喷油时间与冷却液温度的关系

三、喷油器控制电路的检修

天津威驰喷油器控制电路如图 3—3—13 所示。其检修程序如下。

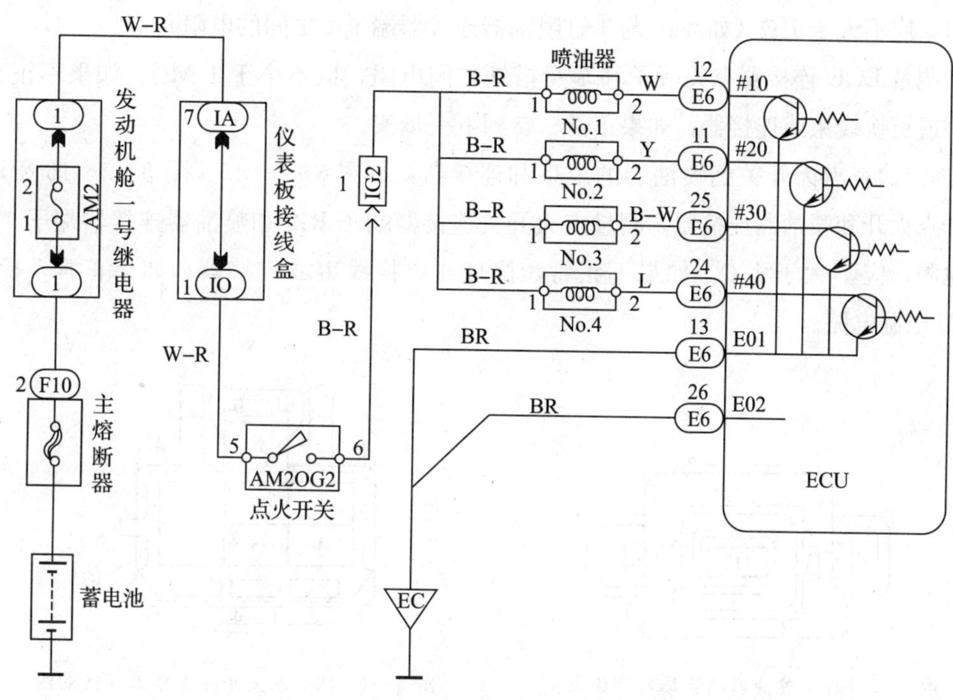

图 3—3—13　天津威驰喷油器控制电路

1. 脱开 ECU 的 E6 连接器。点火开关扭至“ON”挡位置。分别测量 ECU 连接器端子＃10、＃20、＃30、＃40 和 E01 之间电压。电压应为 9～14 V。如图 3—3—14 所示。如果正常，转到步骤 5；如果不正常，转到下一步骤。

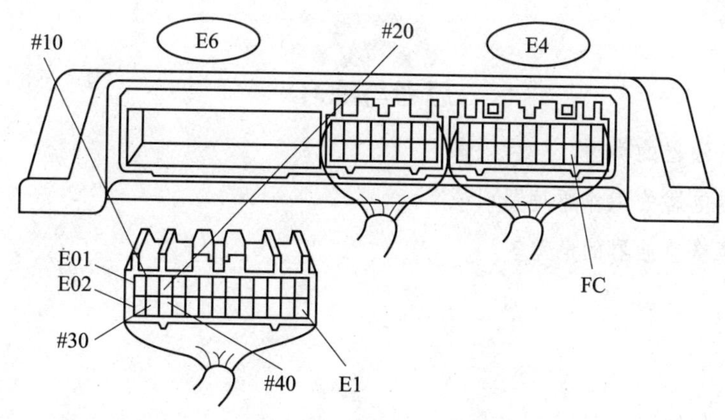

图 3—3—14　ECU 的 E6 连接器

2. 检查喷油器电阻。如果不正常，更换喷油器总成；如果正常，转到下一步骤。

3. 检查 ECU 到喷油器的线束和连接器，如图 3—3—14、图 3—3—15 所示。脱开 ECU 的 E6 和喷油器连接器。测量 ECU 连接器有关端子和喷油器连接器端子 2 之间的电阻，应不大于 1 Ω（如＃10 与 1 缸喷油器连接器端子 2 之间的电阻）。

测量 ECU 连接器有关端子和车身搭铁之间电阻，应不小于 1 MΩ。如果不正常，修理或更换线束或连接器；如果正常，转到下一步骤。

4. 检查点火开关到喷油器的线束和连接器，如图 3—3—15、图 3—3—16 所示。脱开点火开和喷油器连接器。测量点火开关连接器端子 IG2 和喷油器连接器端子 1 之间电阻，应不大于 1 Ω。如果不正常，修理或更换线束或连接器；如果正常，检查 ECU 电源电路。

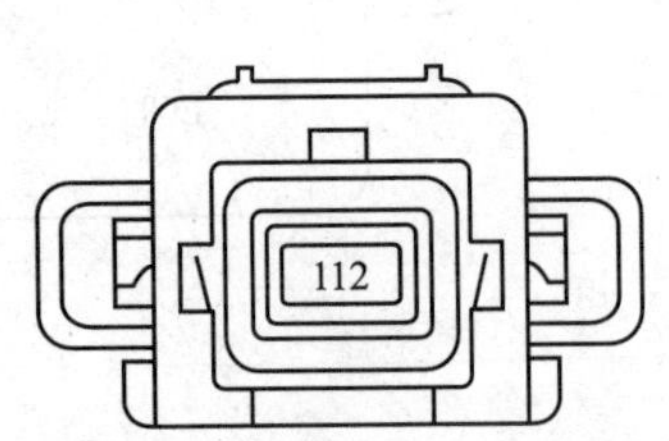

图 3—3—15　喷油器的连接器（线束侧）

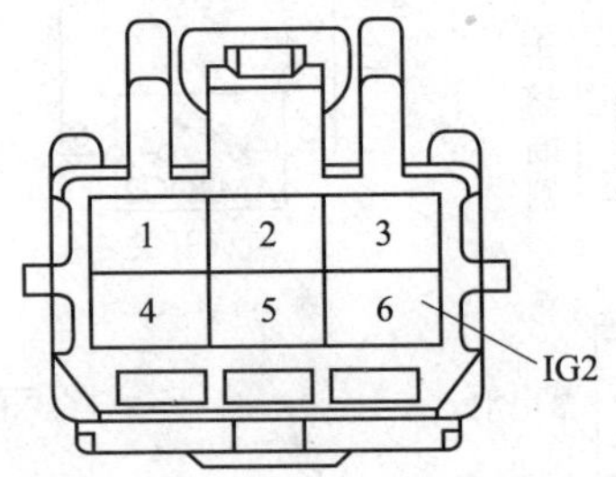

图 3—3—16　点火开关连接器（线束侧）

5. 检查 ECU，如图 3—3—14 所示。脱开 ECUE6 连接器。测量 ECU 连接器端子 E01 和车身搭铁之间电阻，应不大于 1 Ω。如果不正常，修理或更换线束或连接器；如果正常，转到下一步骤。

6. 检查喷油器总成（喷油量）。如果不正常，更换喷油器总成；如果正常，进行维修手册故障症状表中下一个电路检查。

思考与练习

1. 简述喷油器的类型。
2. 喷油器电路的工作原理是什么？
3. 如何检修喷油器的电路？

课题四　燃油供给系统检修

◆ 熟知燃油供给系统常见故障。

◆ 能更换喷油器。

◆ 能够熟练检修燃油供给系统的故障和拆装方法。

丰田花冠汽车的发动机喘震，驾驶性能差，试分析造成此问题的原因。

一、燃油供给系统检修注意事项

1．预防措施

（1）在燃油系统上作业之前，应断开蓄电池负极电缆。

（2）当在燃油系统上操作时，不要吸烟或让明火靠近。

（3）橡胶或皮革零件不能沾上汽油，以免腐蚀损坏。

2．防止汽油溢出

（1）在发动机室继电器盒里拆下 EFI 开路继电器，如图 3—4—1 所示。

（2）起动发动机，直到发动机自行停止运转，将管路中的汽油消耗完。

（3）检查发动机不起动。把点火开关转至“OFF”位置。

（4）拆下燃油箱盖，使空气逸出燃油箱。从蓄电池上断开负极接线柱。

（5）进行燃油系统部件之间分离操作时，由于燃油管路仍有残余压力，应该用棉纱覆盖住管口，以防止燃油飞溅。

（6）在油管连接处下边放上容器。断开汽油泵管路，排空汽油泵管子内残留的燃油。用聚乙烯袋子盖住断开的汽油泵管口，以防止损坏和异物侵入。

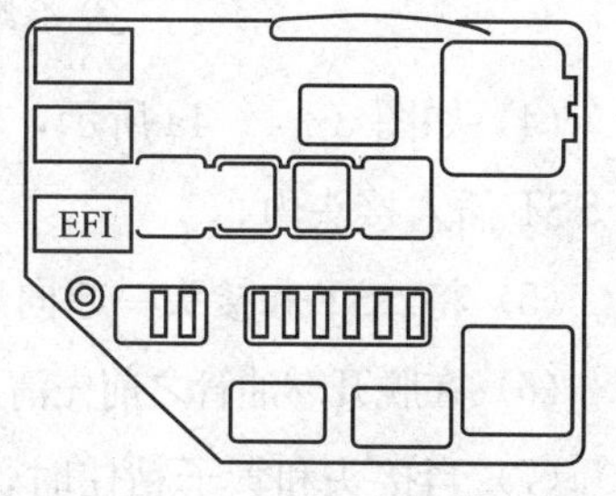

图 3—4—1　拆下发动机舱 EFI 开路继电器

3．连接高压管螺栓的步骤

（1）使用新垫片。先用手紧固联管螺栓。

（2）再紧固联管螺栓至规定力矩，拧紧力矩为 39 N·m。

4．把扩口螺母接到高压管件上的步骤

（1）在扩口螺母上涂上一层薄薄的机油，并用手拧紧扩口螺母。

（2）如图 3—4—2 所示，使用 SST 09631－22020 和 300 mm 扭力扳手，紧固该螺母至 34 N·m 力矩。

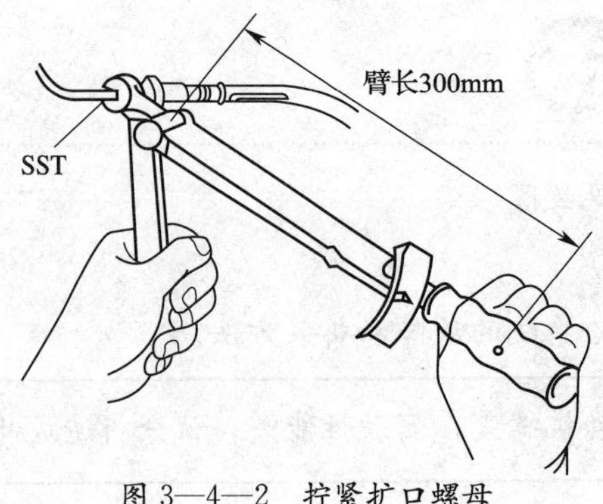

图 3—4—2 拧紧扩口螺母

5．断开燃油出油管的步骤

（1）金属管接头的结构如图 3—4—3a 所示。拆下燃油管夹箍。

（2）握住燃油管总成的金属连接器，并向后拉出。

（3）如图 3—4—3b 所示，将 SST 09268－21010 安装到金属连接器上。

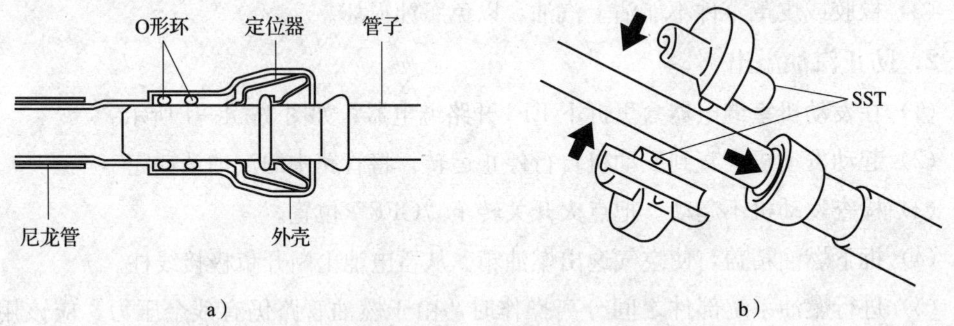

图 3—4—3 金属管接头

a）金属管接头的结构 b）安装专用工具 SST

（4）如图 3—4—4a 所示，转动并将 SST 的斜面部分与定位器内侧接头对准，然后把 SST 插入接头内。

（5）将 SST 和接头一起向燃油管总成方向滑动。

（6）在脱开燃油管之前先清洁污垢。如图 3—4—4b 所示，一定要用手脱开接头管箍。

（7）当接头和管子粘住时，径向推拉接头以松开，然后拉出（见图 3—4—5），不要用工具。

（8）用聚乙烯袋子盖住脱开的管口和接头，以防止损坏和异物侵入。

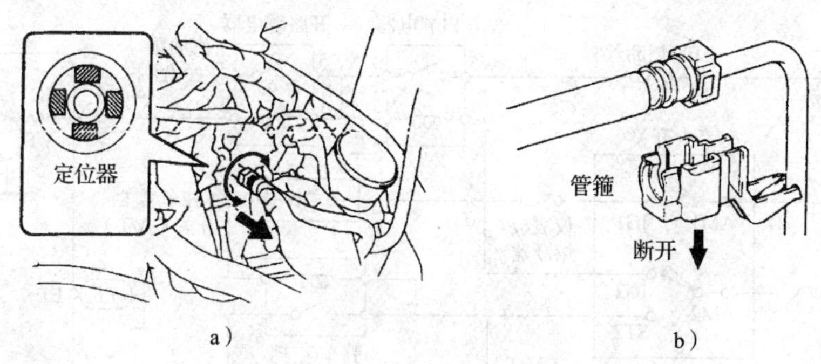

图 3—4—4 将 SST 插入接头内

a）转动并将 SST 斜面与定位器对准 b）用手脱开接头管箍

6．连接燃油管接头的步骤

（1）检查在油管连接部分有无任何损坏或异物。

（2）将油管的轴线与接头的轴线对齐，推接头直至接头发出“咔嚓”的声响（见图 3—4—6）。在连接紧固的情况下，在油管的末端涂注一点新鲜的发动机机油。

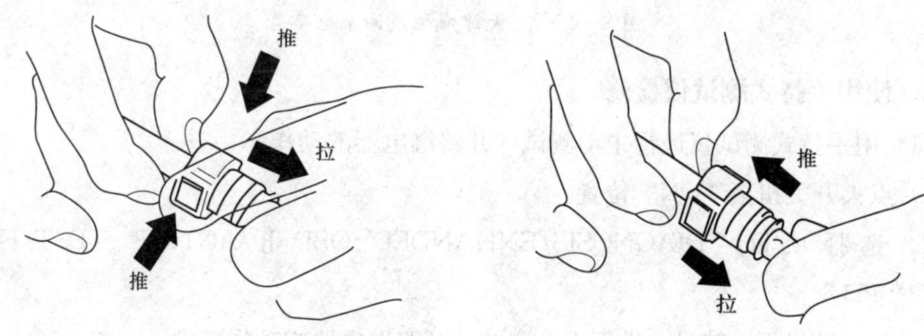

图 3—4—5 径向推拉接头以松开然后拉出 图 3—4—6 连接油管与接头

（3）完成连接之后，拉动管子和接头检查它们是否安全连接。

（4）将燃油管夹箍向上安装到接头上，如图 3—4—4b 所示。

（5）检查是否有燃油泄漏。

二、就车检修汽油泵电路

1．电路原理

如图 3—4—7 所示，汽油泵电路是由 STA 和 NE 信号通过 ECU 控制的。当发动机起动时，电流便从点火开关的端子 ST2 流至起动机继电器线圈（M/T 车型），或通过驻车/空挡起动继电器（A/T 车型）流至起动机继电器线圈，同时也流至 ECU 的端子 STA（STA 信号）。STA 信号和 NE 信号输入 ECU 时，使三极管 VT 接通，电流流至开路继电器线圈，接通汽油泵电路，使汽油泵运转。发动机起动后产生 NE 信号，使 ECU 继续保持 VT 接通（开路继电器接通），汽油泵也继续工作。

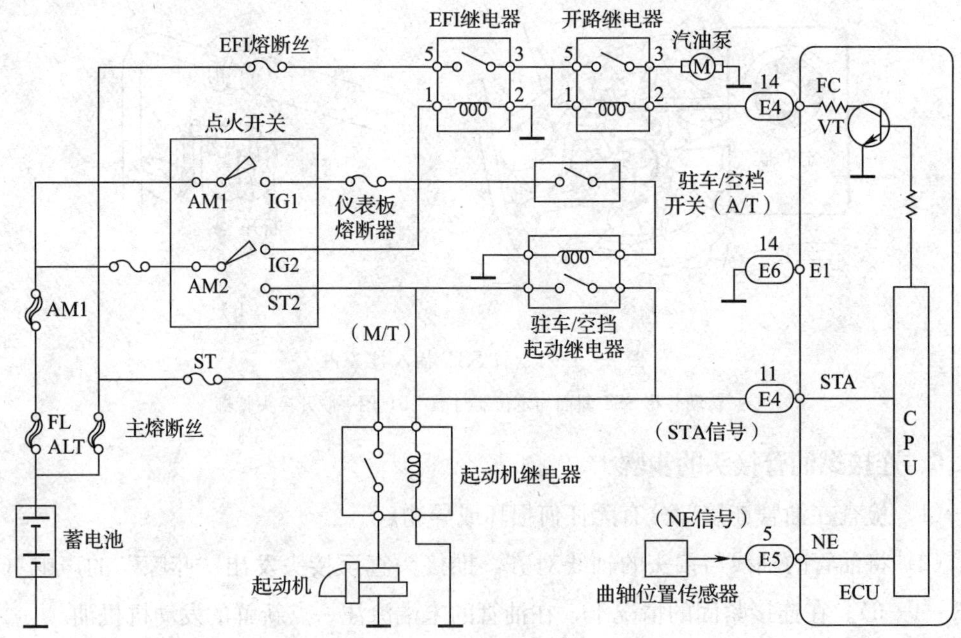

图 3—4—7　天津威驰汽油泵电路

2．使用手持式测试仪检修

（1）用手持式测试仪进行主动测试（开路继电器的动作）

1）点火开关扭至“ON”位置。

2）选择项目“DIAGNOSIS/ENHANDED OBD Ⅱ/ACTIVE TEST/FUEI. PUMP/SPD”。

3）在发动机不运转时，进行主动测试。开路继电器应动作正常。

如果正常，转到步骤（6）；如果不正常，转到下一步。

（2）检查 ECU 电源电路。如果不正常，修理或更换；如果正常，转到下一步。

（3）检查开路继电器。从发动机室 1 号继电器盒拆下开路继电器。EFI 继电器如果不正常，更换开路继电器；如果正常，转到下一步（见图 3—4—8）。

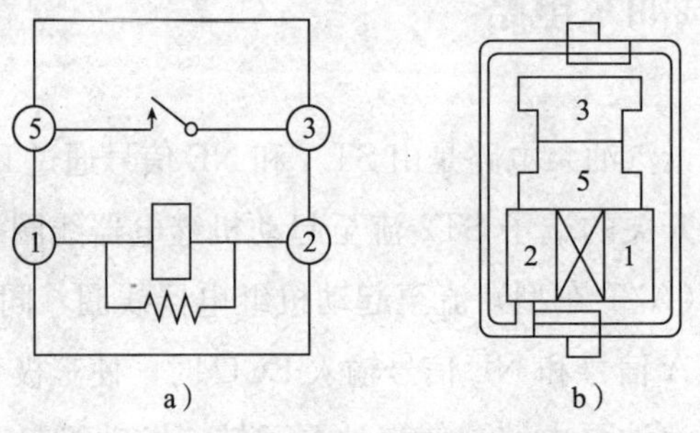

图 3—4—8　EFI 和开路继电器
a）电路　b）插座

（4）检查 ECU 端子 Fc 的电压。点火开关扭至“ON”位置。测量 ECU 连接器端子 F_C 和 E1 之间电压应为 9～14 V，如图 3—4—7 所示。如果正常，检查和更换 ECU；如果不正常，转到下一步。

（5）检查线束和连接器，如图 3—4—9 和图 3—4—7 所示。

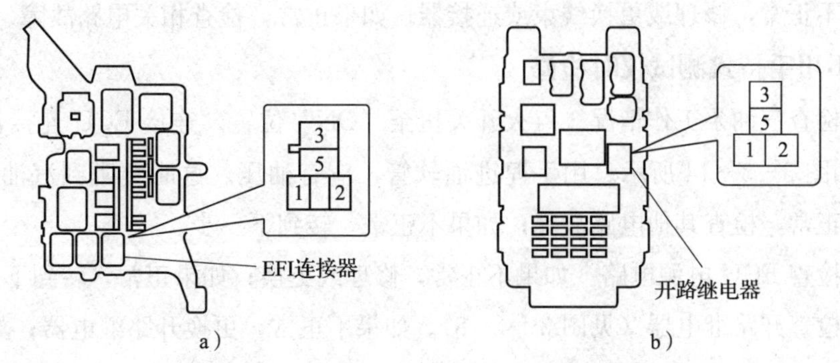

图 3—4—9　开路继电器和 EFI 继电器的位置

a）发动机舱 1 号接线盒　b）仪表板下接线盒

1）拆下 EFI 继电器和开路继电器。

2）测量 EFI 继电器处端子 3 和开路继电器处端子 1 之间电阻，不应大于 1 Ω。

3）测量 EFI 继电器处端子 3 和车身搭铁之间电阻，不应小于 1 MΩ。

如果不正常，修理或更换线束或连接器；如果正常，检查和修理开路继电器与 ECU 之间线束和连接器。

（6）检查汽油泵总成，如图 3—4—10a 所示。测量端子 4 和端子 5 之间的电阻，在 20℃时为 0.2～3.0 Ω。如果不正常，更换汽油泵总成；如果正常，转到下一步。

（7）检查开路继电器至汽油泵、汽油泵至车身搭铁的线束和连接器，如图 3—4—9b、图 3—4—10b 所示。

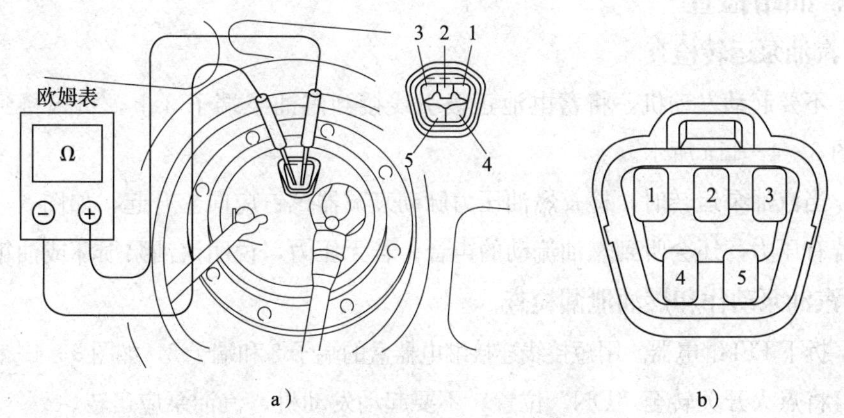

图 3—4—10　天津威驰汽油泵及连接器

a）测汽油泵电阻　b）汽油泵插头

1）拆下开路继电器。脱开汽油泵连接器。

2）测量开路继电器处连接器端子 3 和燃油泵处连接器端子 4 之间电阻，应不大于 1 Ω。

3）测量汽油泵连接器端子 4 和车身搭铁之间电阻，应不小于 1 MΩ。

4）测量汽油泵连接器端子 5 和车身搭铁之间电阻，应不大于 1 Ω。

如果不正常，修理或更换线束或连接器；如果正常，检查相关电路故障。

3．不用手持式测试仪时检修

（1）检查汽油泵工作情况。点火开关扭至“ON”位置。连接 ECU 连接器端子 F_C 和 E1，如图 3—3—14 所示。用手捏进油软管，应有油压。这时会听到汽油的回流噪声。如果正常，检查其他电路故障；如果不正常，转到下一步。

（2）检查 ECU 电源电路。如果不正常，修理或更换；如果正常，转到下一步。

（3）检查开路继电器（见图 3—4—8）。如果不正常，更换开路继电器；如果正常，转到下一步。

（4）检查 ECU 端子 F_C 和 E1 电压应为 9～14 V（见图 3—3—14 和图 3—4—7）。如果正常，转到步骤（6）；如果不正常，转到下一步。

（5）检查 EFI 继电器与开路继电器线束和连接器，如图 3—4—9 和图 3—4—7 所示。如果不正常，修理或更换线束或连接器；如果正常，检查和修理开路继电器至 ECU 线束和连接器。

（6）检查汽油泵电阻，如图 3—4—10a 所示。如果不正常，更换汽油泵总成；如果正常，转到下一步。

（7）检查开路继电器至汽油泵、汽油泵至车身搭铁的线束和连接器，如图 3—4—9b、图 3—4—10b 所示。如果不正常，修理或更换线束或连接器；如果正常，检查相关电路故障。

三、油路检查

1．汽油泵运转检查

（1）不要起动发动机，将蓄电池正极引线接到汽油泵端子 5 上，负极接到端子 4 上，如图 3—4—11a 所示。

（2）当汽油泵运转时，检查燃油压力脉动衰减器螺钉应向上升起，如图 3—4—11b 所示。若有压力，还会听到燃油流动的声音。若无压力，说明汽油泵损坏或油箱无油。

2．汽油泵动作和燃油泄漏检查

（1）拆下 EFI 继电器。用短接线连接继电器盒的端子 3 和端子 5，如图 3—4—9a 所示。

（2）将点火开关转至“ON”位置，不要起动发动机，汽油泵应运转。

（3）检查燃油系统，应无燃油泄漏。

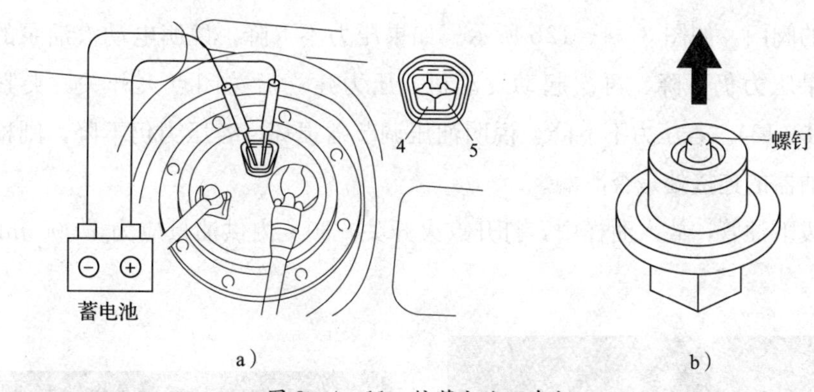

图 3—4—11　接蓄电池正负极

a）将蓄电池接到汽油泵上　b）脉动衰减器螺钉应升起

3. 汽油泵油压和泵油量检查

（1）在图 3—4—4b 处安装油压表，如图 3—4—12 所示。擦去所有溅出的汽油。

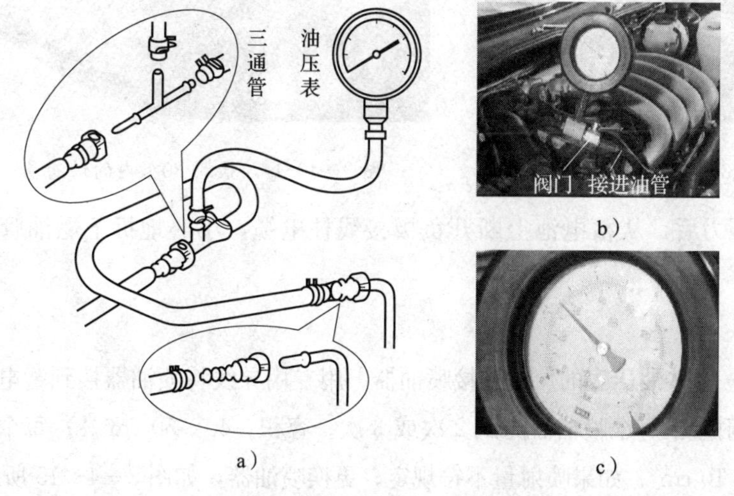

图 3—4—12　检查燃油压力

a）油压表管路连接　b）油压表安装　c）油压表读数

（2）再接上蓄电池负极接线柱电缆，起动发动机。

（3）在怠速时测量燃油压力，应为 304～343 kPa。如果压力高，更换燃油压力调节器。如果压力低，检查燃油管和连接处、汽油泵、燃油滤清器和燃油压力调节器。

（4）发动机怠速运转，拔下油压调节器的真空管（见图 3—2—8），燃油压力表的读数升为 343 kPa 左右。接上真空管，燃油压力应为 304 kPa 左右。否则说明燃油压力调节器损坏。

（5）发动机熄火后，检查燃油压力，应保持在 147 kPa 约 5 min。注意：如果压力不符合规范，检查汽油泵、压力调节器、喷油器。

如果低于 147 kPa，则起动发动机并怠速运行，压力建立后关闭点火开关，关闭燃

油压力表的阀门，如图 3—4—12b 所示。如果压力不下降，说明电动汽油泵的单向阀损坏；如果压力仍下降，再次起动发动机，压力建立后关闭点火开关，夹紧回油管（见图 3—4—13）。若压力不下降，说明油压调节器损坏；若压力仍下降，则检查分配油管与喷油器的连接处是否泄漏。

（6）拔下油管，放入油杯中，打开点火开关，30 s 内供油量应为 1 000 mL（见图 3—4—14）。

图 3—4—13　夹紧回油管

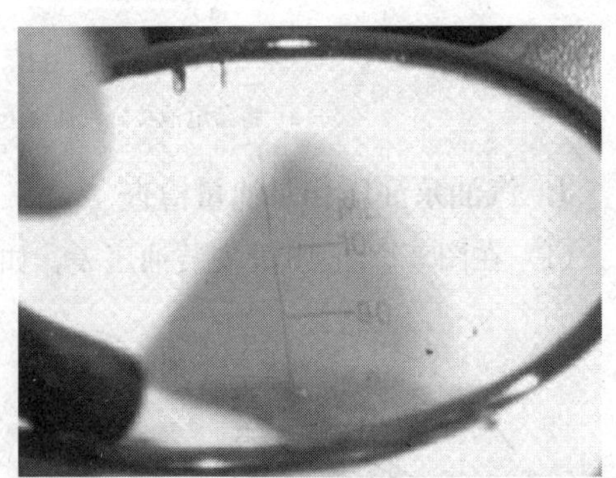

图 3—4—14　检测 30 s 内的供油量

（7）检查燃油压力后，从蓄电池上断开负极接线柱电缆，小心地拆下燃油管接头和油压表。

4．喷油器检查

（1）在图 3—4—12 接油压表的位置连接喷油器。用专用导线将喷油器接到蓄电池上 15 s，用量杯测量喷射量。每个喷油器测试 2 次或 3 次。容积：40～50 cm^3/s；每个喷油器之间的误差不大于 10 cm^3。如果喷射量不符规定，更换喷油器，如图 3—4—15 所示。

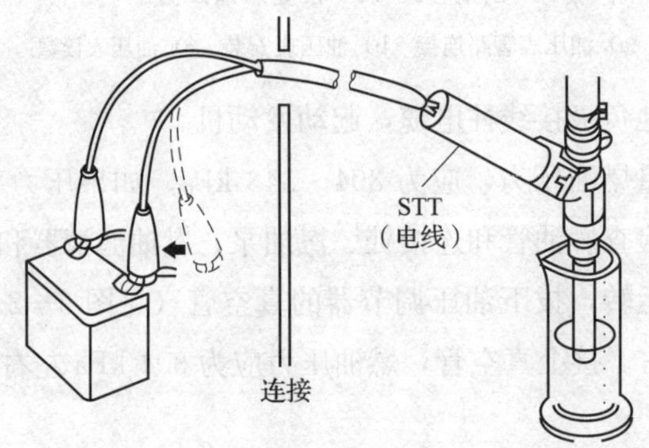

图 3—4—15　喷油器喷射量的测量

（2）检查泄漏。在以上情况下，从蓄电池上断开喷油器连线，检查喷油器燃油泄漏，每 12 min 不超过 1 滴。喷油器密封不良，将造成发动机混合气过浓。在油箱中加入清洗液，或用清洗机清洗，如图 3—4—16 所示。

喷油器针阀（或球阀、片阀）的升程很小，一般为 0.1～0.2 mm，在 0.01 s 左右的时间内开启和关闭，所以喷油器是一个特别精密的装置。如果燃油中含有杂质，将会影响到喷油器的正常工作。为了避免喷油器被杂质堵塞，现在汽车除了在供油管路中安装了燃油滤清器外，还在每个喷油器尾部也安装了一个燃油滤清器。同时，喷油器在进气管上安装的设计也保证它能较好地隔绝从发动机传来的热量，以避免油管内燃油在高温下形成气泡，影响喷油效果。

图 3—4—16　喷油器清洗机

（3）喷油器雾化性能的检测

喷油器所喷汽油的雾化情况和油束形状对发动机工作影响很大，如果油束形状合理，雾化效果好，那么发动机冷起动性好、怠速平稳、排污少。雾化质量与喷油压力、喷射位置、喷油器结构、积炭情况等因素有关。多孔喷油器喷雾角要大于 70°，如图 3—3—6 所示。喷油器清洗机可以清洗喷油器、测试喷油器的喷油量、喷射角度和雾化程度。

（4）喷油器的电信号检测

拔下喷油器插头，将二极管测试笔接在端子上，短暂起动发动机，二极管测试笔应闪光（见图 3—4—17）。短暂起动发动机，测喷油器供电电压（见图 3—4—18），应大于 9 V（高阻抗）。否则，检查燃油继电器。用万用表的欧姆挡测量喷油器两端之间的电阻值，高电阻型喷油器的电阻为 10～18 Ω，低电阻型喷油器的阻值为 3～5 Ω。

图 3—4—17　用二极管测试笔检查喷油器端子

图 3—4—18　测喷油器供电电压

四、更换喷油器

1．喷油器总成的分解（见图 3—4—19）

如图 3—4—20 所示，拆下通风管。拆下 EFI 燃油管夹箍。压下接头锁止弹簧时，从喷油器上拉出接头。拆下 2 个螺钉，并连同喷油器一起拆下分配油管。从分配油管上取出 4 个喷油器，要防止汽油溢出。

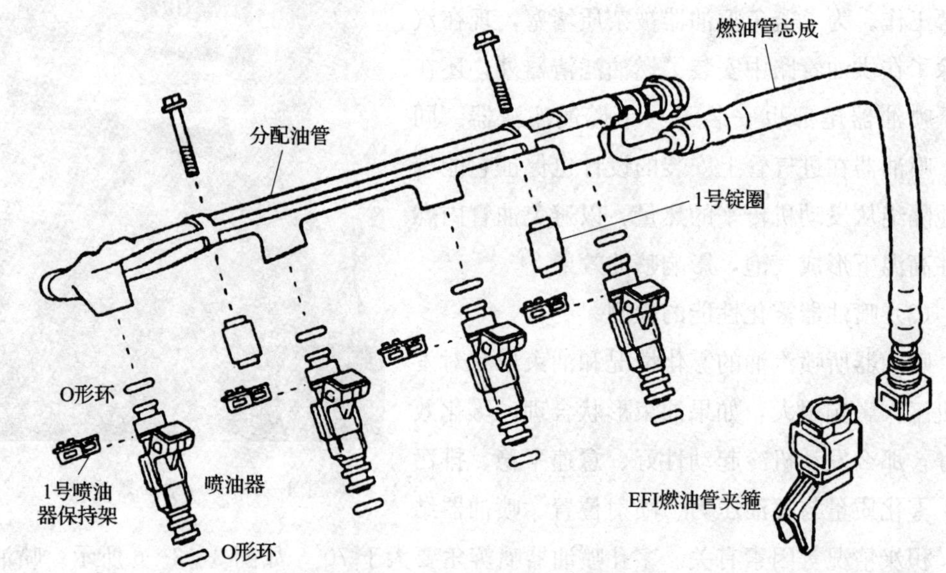

图 3—4—19　喷油器总成的分解图

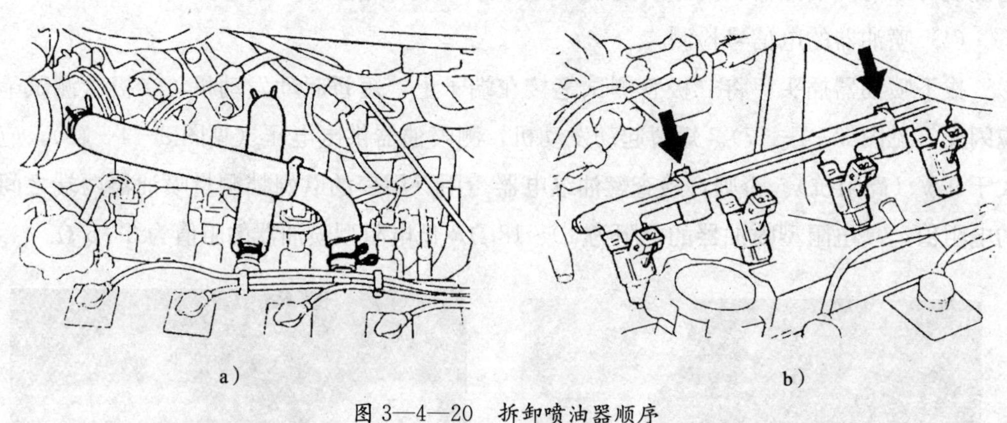

图 3—4—20　拆卸喷油器顺序

a）拆下通风管　b）拆下 2 个螺钉

2．安装喷油器总成

（1）在 2 个 O 形环上加涂一层薄薄的汽油，然后把它们装到喷油器上，如图 3—4—21a所示。

（2）如图 3—4—21b 所示，左右转动喷油器将其安装到分配油管上，安装好 4 个喷油器。

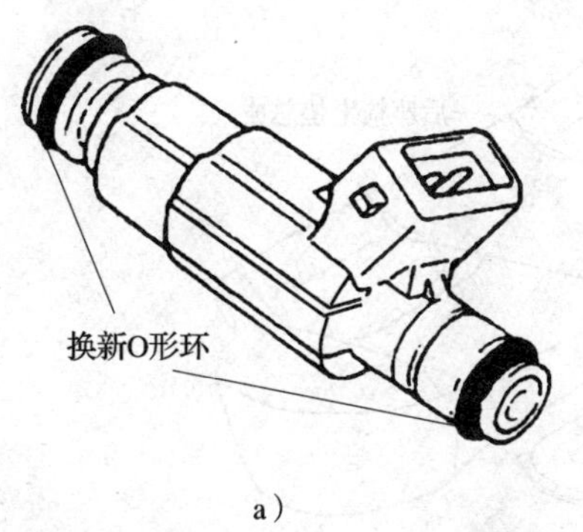

a)

b)

图 3—4—21　安装喷油器

a）喷油器　b）安装喷油器

（3）安装喷油器接头，其位置朝向上面。

（4）安装每个喷油器的保持架。

（5）安装分配油管总成。将 2 个垫圈安装在进气歧管上。将 4 个喷油器和分配油管总成安装在进气歧管上，如图 3—4—22a 所示。

（6）暂时安装 2 个螺栓，将供油管固定到进气歧管上。检查喷油器应平滑旋转，如图 3—4—22b 所示。若喷油器不能平滑旋转，更换 O 形环，喷油器接头应向上。

（7）拧紧 2 个螺栓，将分配油管固定在进气歧管上，拧紧力矩 15 N·m，如图 3—4—20b 所示箭头所示。

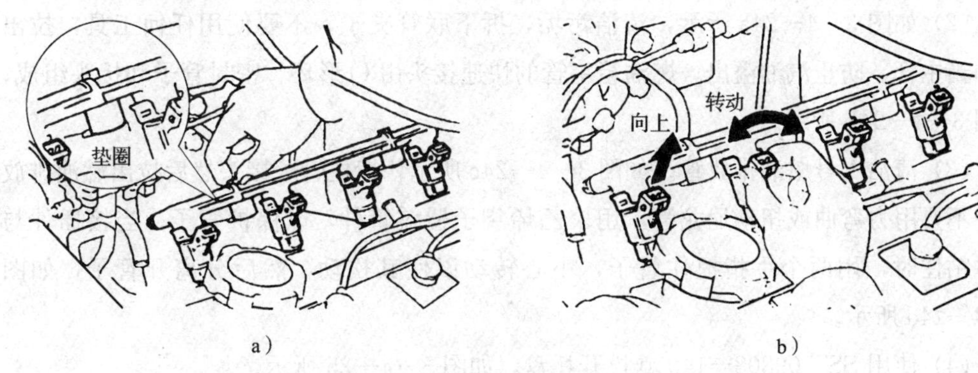

a)　　b)

图 3—4—22　安装分配油管总成

a）安装垫片和喷油器　b）喷油器转动平滑

五、汽油泵总成的拆装

1．汽油泵的拆卸（见图 3—4—23）

（1）拆卸后座椅坐垫总成。拆卸后座地板维修孔盖。断开燃油箱主管总成。

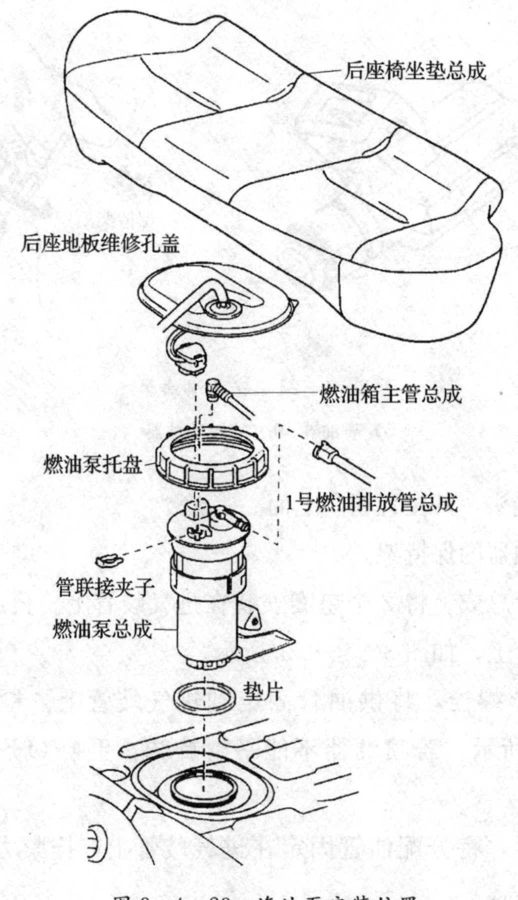

图 3—4—23　汽油泵安装位置

（2）如图 3—4—24a 所示，清洁污垢，拆下联管夹子，不要使用任何工具，拉出燃油箱主管，防止汽油溢出。燃油箱主管的快速接头由 O 形环、密封管子和接头组成，如图 3—4—24b 所示。

（3）清洁 1 号燃油排放管。如图 3—4—24c 所示，捏住管子接头然后拉出燃油排放管，不要用力弯曲或扭动尼龙管，用聚乙烯袋子覆盖管件，以保护管子；当接插件与管件粘住时，用两个手指捏住管子，小心转动以使其松动，然后分离开管子，如图 3—4—24d 所示。

（4）使用 SST 09808－14010 松开托盘，如图 3—4—25 所示。

（5）拉出汽油泵总成，不要弯曲油量传感器臂。从燃油箱上拆下垫片。

（6）使用旋具，从爪孔里脱开 5 个扣爪，拆下 2 号燃油吸入端支架。拆下燃油泵缓冲橡胶。

（7）拆开 2 个接头。用 2 把旋具，从爪孔里脱开 4 个扣爪，拆下燃油吸入盘。

（8）拆下汽油泵线束。松开燃油油量传感器，向下移动拆下。

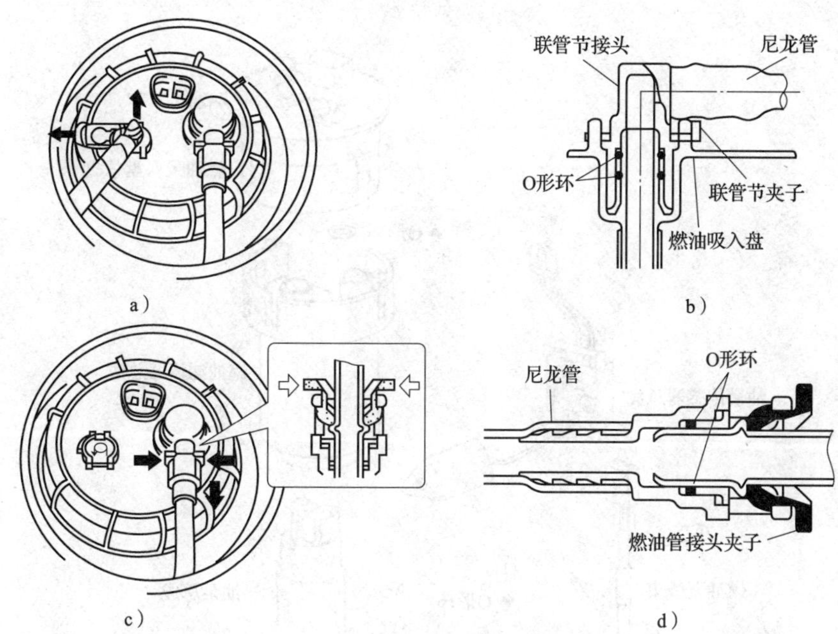

图 3—4—24　拉出燃油排放管

a）清洁污垢，拆下联管夹子　b）燃油箱主管的快速接头　c）拉出燃油排放管　d）转动并分离开管子

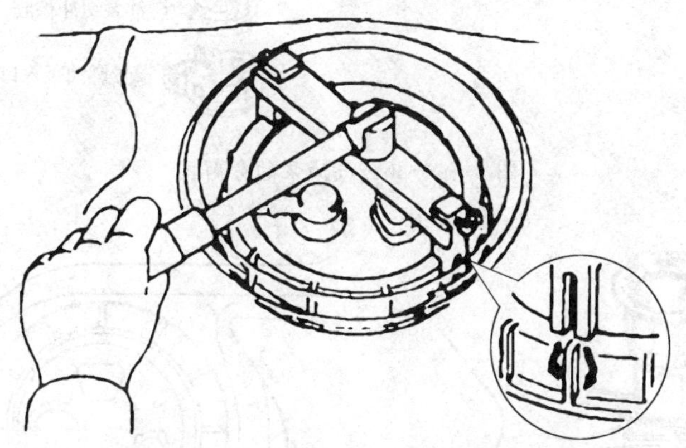

图 3—4—25　用专用工具松开托盘

（9）从滤清器上拉出燃油压力调节器。拉出汽油泵总成。

（10）汽油泵的分解如图 3—4—26 所示。

2．汽油泵的安装

汽油泵的安装顺序与拆卸顺序相反，安装时注意以下事项：

（1）垫片要换新的，并在 O 形环、滤清器油封上涂上汽油。

（2）在汽油泵和燃油箱上作对应记号，如图 3—4—27a 所示。

（3）检查汽油泵托盘的箭头记号和油箱应对齐，如图 3—4—27b 所示。

（4）检查燃油有无泄漏。

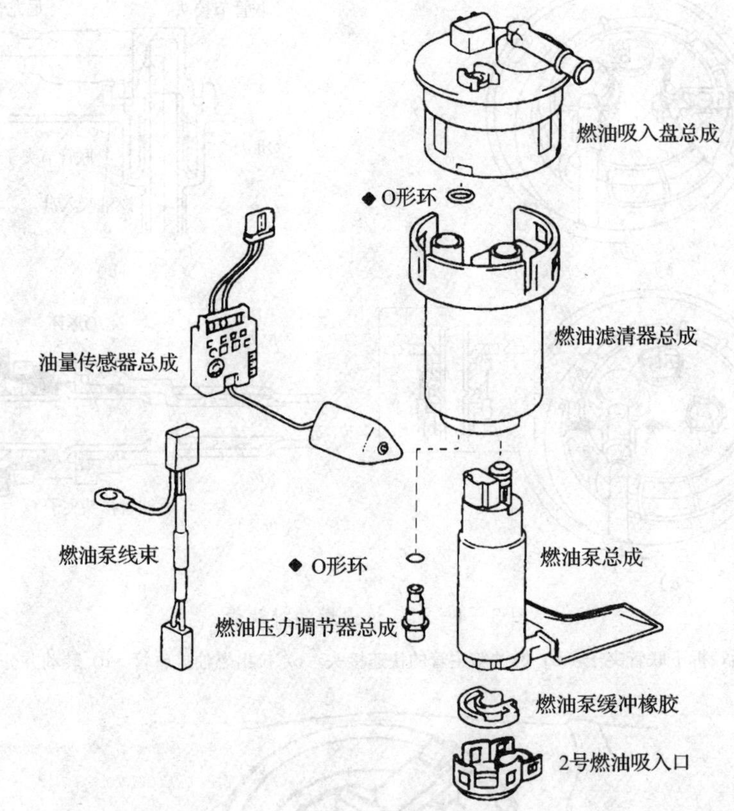

图 3—4—26 汽油泵的分解图

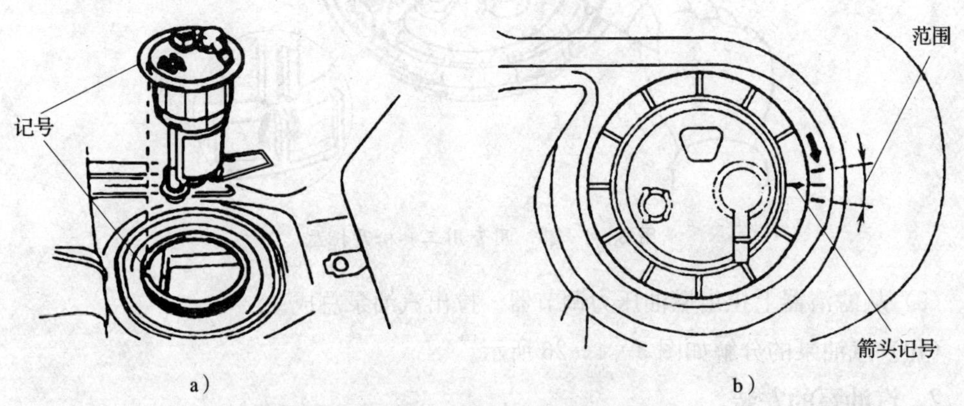

图 3—4—27 安装汽油泵的标记

a）汽油泵与燃油箱的记号 b）汽油泵托盘与油箱上的标记

六、燃油箱总成的拆装

燃油箱总成的分解如图 3—4—28 所示。燃油箱的安装步骤与拆卸步骤相反。其拆卸步骤如下：

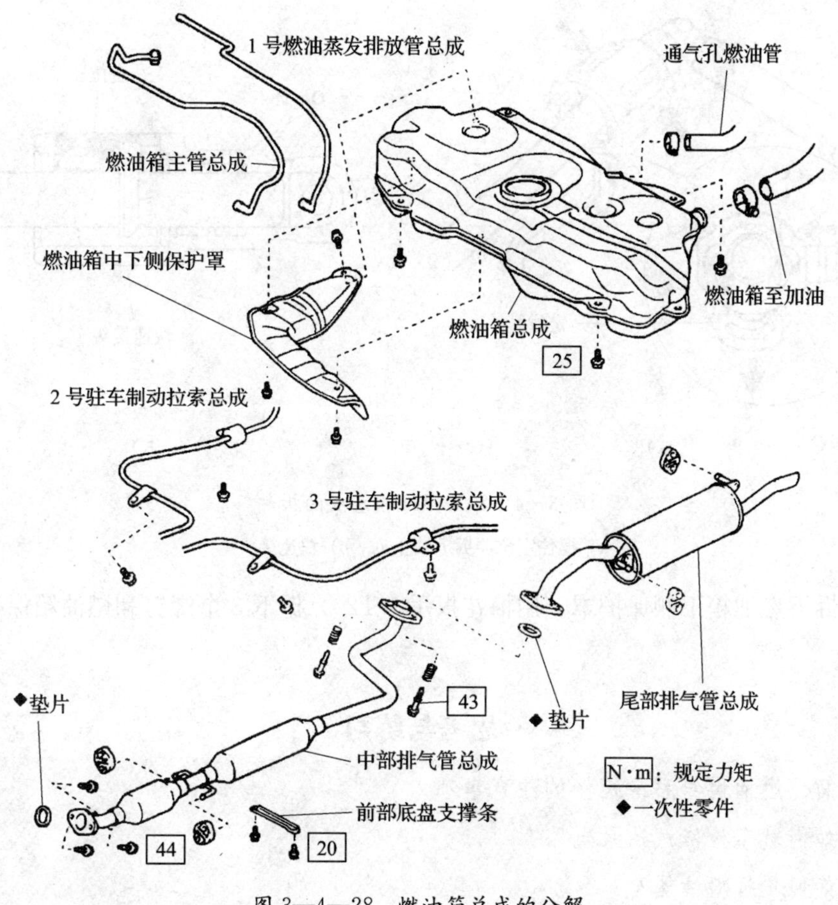

图 3—4—28　燃油箱总成的分解

1. 拆下后座椅坐垫。拆下后座地板维修孔盖。

2. 拆开燃油箱主管总成。拆开 1 号燃油排放管总成。拆下汽油泵总成，排空燃油。

3. 拆下前部底盘支架。拆下尾部排气管总成。拆下 2 个螺栓、2 个压缩弹簧和中间排气管总成。

4. 从燃油箱上断开通气孔燃油管。从燃油箱上断开燃油箱和注油管。

5. 清理污垢，捏住定位器的突出部分，拆下锁止爪，如图 3—4—29a 所示，拉出管子。快速接头有一个 O 形环，如图 3—4—29b 所示；当接插件与管件粘住时，用两个手指捏住管子，小心转动以使其松动，然后分离开管子。断开 1 号燃油排放管总成。

6. 拆下驻车制动拉索夹子的 4 个安装螺栓，分解驻车制动拉索。用千斤顶托起燃油箱，拆下 4 个螺栓和燃油箱。

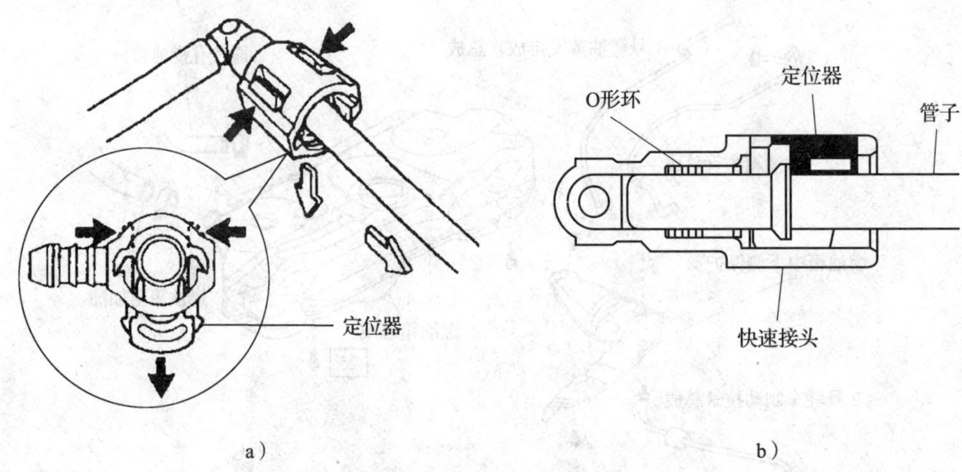

图 3—4—29 燃油箱总成的拆卸

a）捏住定位器拆下锁止爪 b）快速接头

7. 拆下燃油箱下侧保护罩。用梅花扳手（T20）拆下 3 个螺钉和燃油箱保护罩。

思考与练习

1. 简述燃油供给系统检修的注意事项。
2. 如何就车检修汽油泵电路？
3. 如何更换喷油器？

模块四

电子控制系统

课题一　电子控制系统基础

学习目标

◆ 了解电子控制系统的组成。

◆ 能分析电子控制系统的电路图。

◆ 能够熟练检测发动机微型计算机各端子的数据。

阅读图 4—1—1，试分析各种传感器安装位置和作用。

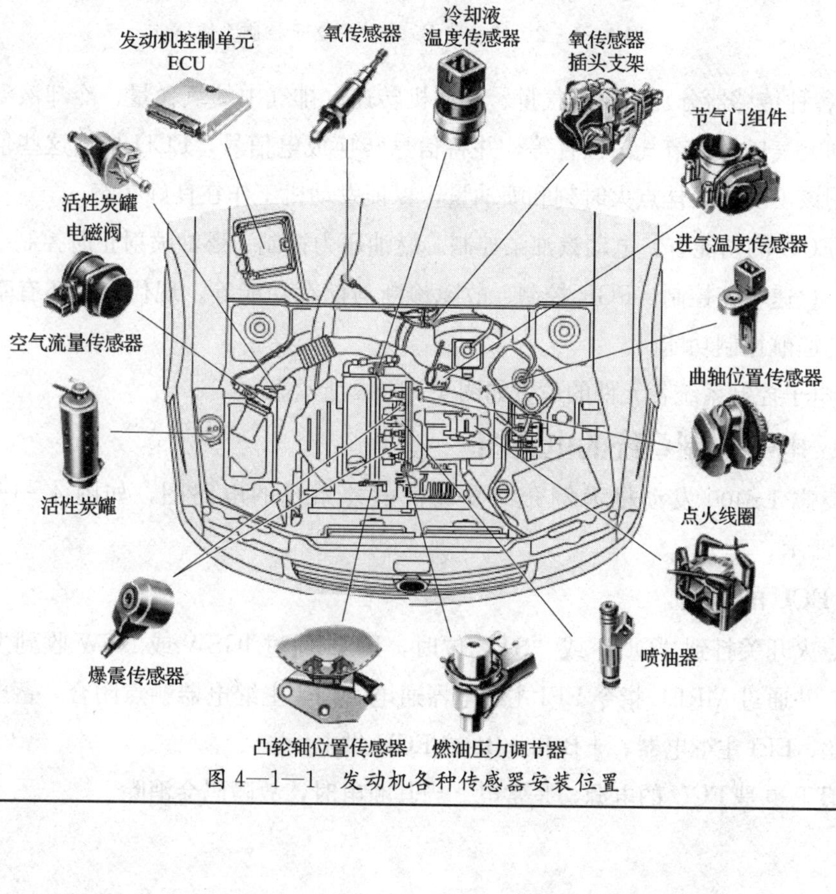

发动机控制单元 ECU
氧传感器
冷却液温度传感器
氧传感器插头支架
节气门组件
活性炭罐电磁阀
进气温度传感器
空气流量传感器
曲轴位置传感器
活性炭罐
点火线圈
爆震传感器
喷油器
凸轮轴位置传感器
燃油压力调节器

图 4—1—1　发动机各种传感器安装位置

一、电子控制系统的组成

1. 电子控制系统由传感器、执行器和发动机控制单元ECU（微型计算机）三部分组成，如图4—1—2所示。

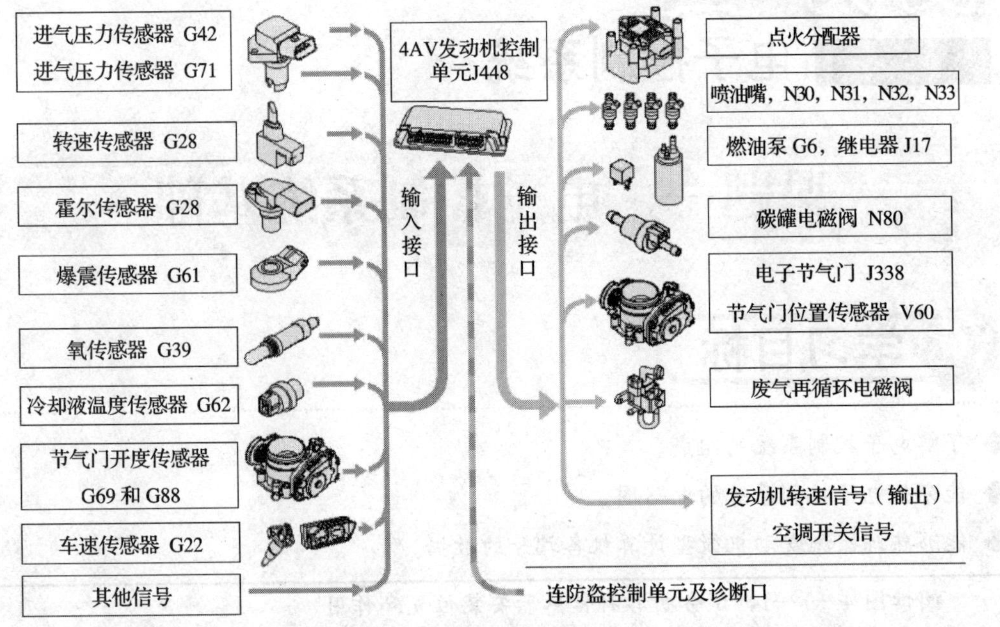

图4—1—2　帕萨特B5发动机电子控制系统

2. 各种传感器分别检测进气量、发动机转速、排气中的氧含量、冷却液温度、进气温度和大气压力、节气门位置等，并将信息转换成电信号，ECU根据这些信号，计算并控制该工况的最佳点火时刻和喷油量，保证发动机工作在良好状态。

3. ECU的功能有：电动汽油泵控制、燃油压力控制、燃油喷射正时控制、点火正时控制、怠速转速控制、EGR控制、故障诊断与储存功能等。现代汽车还有牵引力控制、定速巡航控制功能。

4. 电子控制系统各元件的位置如图4—1—3所示。

二、电子控制系统的电路图

以凌志LS400发动机为例介绍发动机电控系统的电路图，如图4—1—4和图4—1—5所示。

1. ECU的供电

当点火开关打到“ON”或“ST”位时，ECU通过IGSW或NSW收到发动机工作信号，并通过MREL指令EFI主继电器通电，EFI主继电器触点闭合，蓄电池通过EFI熔丝、EFI主继电器、＋B和＋B1给ECU供电。

BATT也是ECU的电源，是常电。当其断电时，故障码会消除。

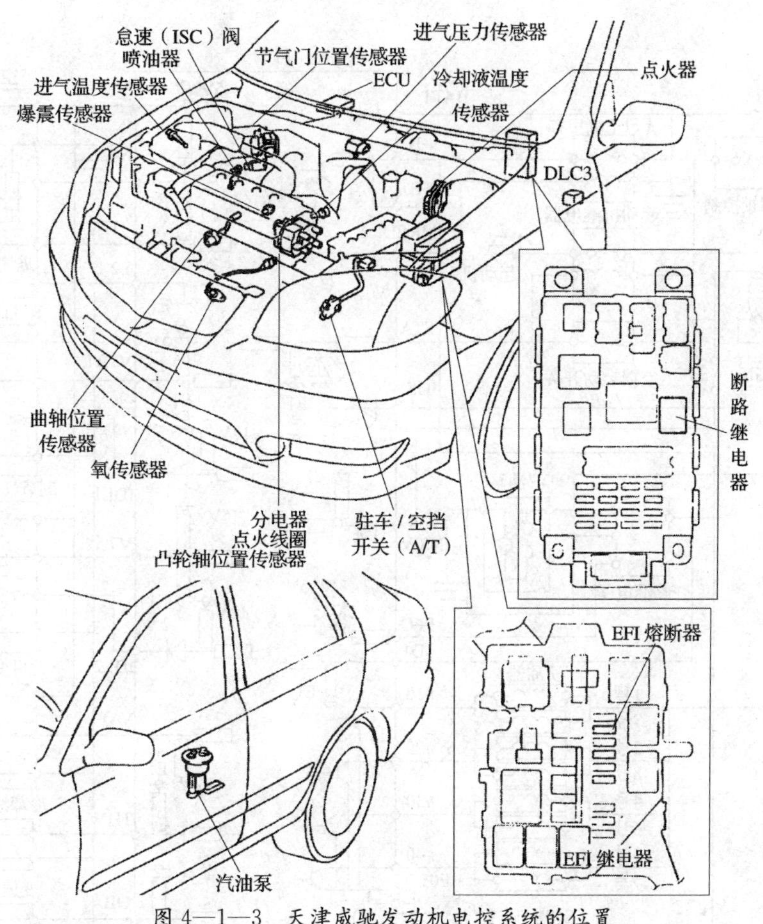

图 4—1—3　天津威驰发动机电控系统的位置

2．执行器的供电

汽油泵、喷油器、EGR 阀、ISC 阀、点火线圈和点火器、炭罐电磁（EVAP）阀、燃油压力控制阀、氧传感器的加热线圈都是由 EFI 主继电器供电。自动变速器的执行器，如 ECT1－4 号电磁线圈，则由 ECU 供 12 V 电源。

3．传感器的供电

有源传感器，如空气流量计、进气温度传感器、主副节气门位置传感器、冷却液温度传感器等，由 ECU 供电，电压大多为 5 V。氧传感器、爆震传感器本身能产生电压信号。凸轮轴位置传感器、曲轴位置传感器、转速传感器和车速传感器是电磁式，不需要电源。

三、微型计算机（ECU）端子

以天津威驰为例讲述。

1．电路原理图

如图 4—1—6 所示，ECU 有三个插座 E4（A）、E5（B）、E6（C），Ⓐ表示插座 A，即插座 E4；其旁边的数字，“1”表示 E4 的第 1 号端子；字母“BAT”表示该端子的意义，是接蓄电池正极。

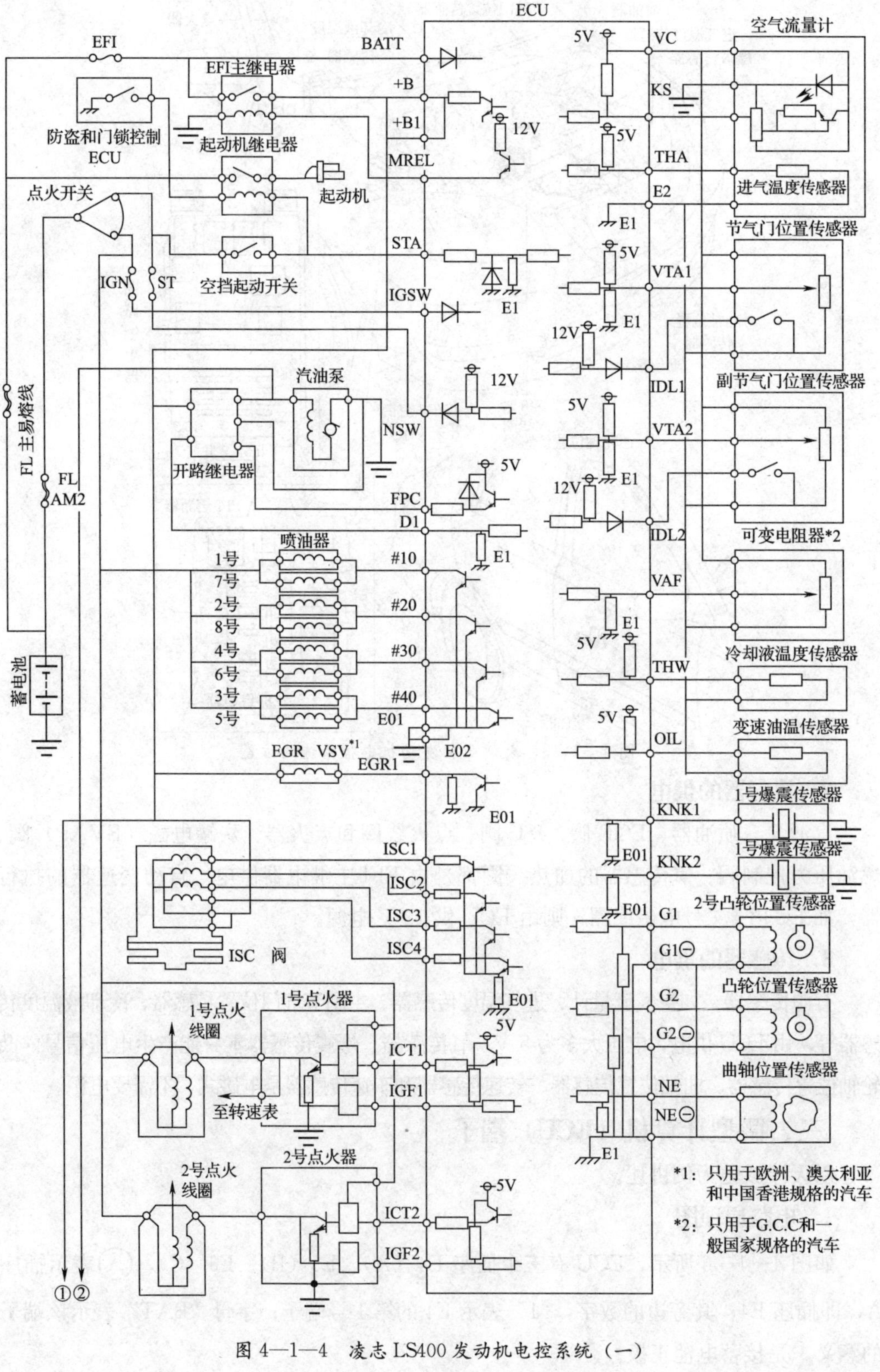

*1：只用于欧洲、澳大利亚和中国香港规格的汽车

*2：只用于G.C.C和一般国家规格的汽车

图 4—1—4 凌志 LS400 发动机电控系统（一）

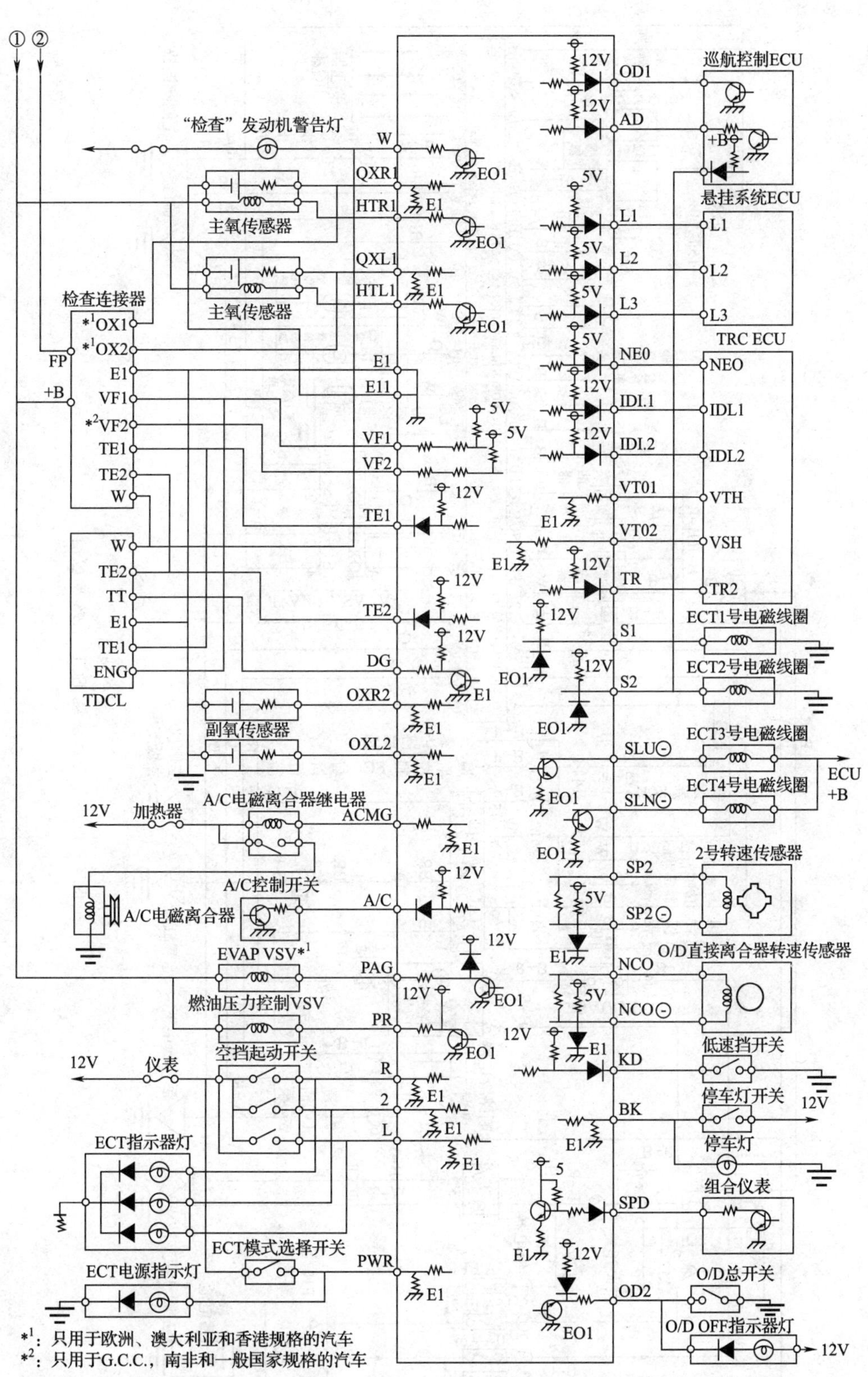

图 4—1—5　凌志 LS400 发动机电控系统（二）

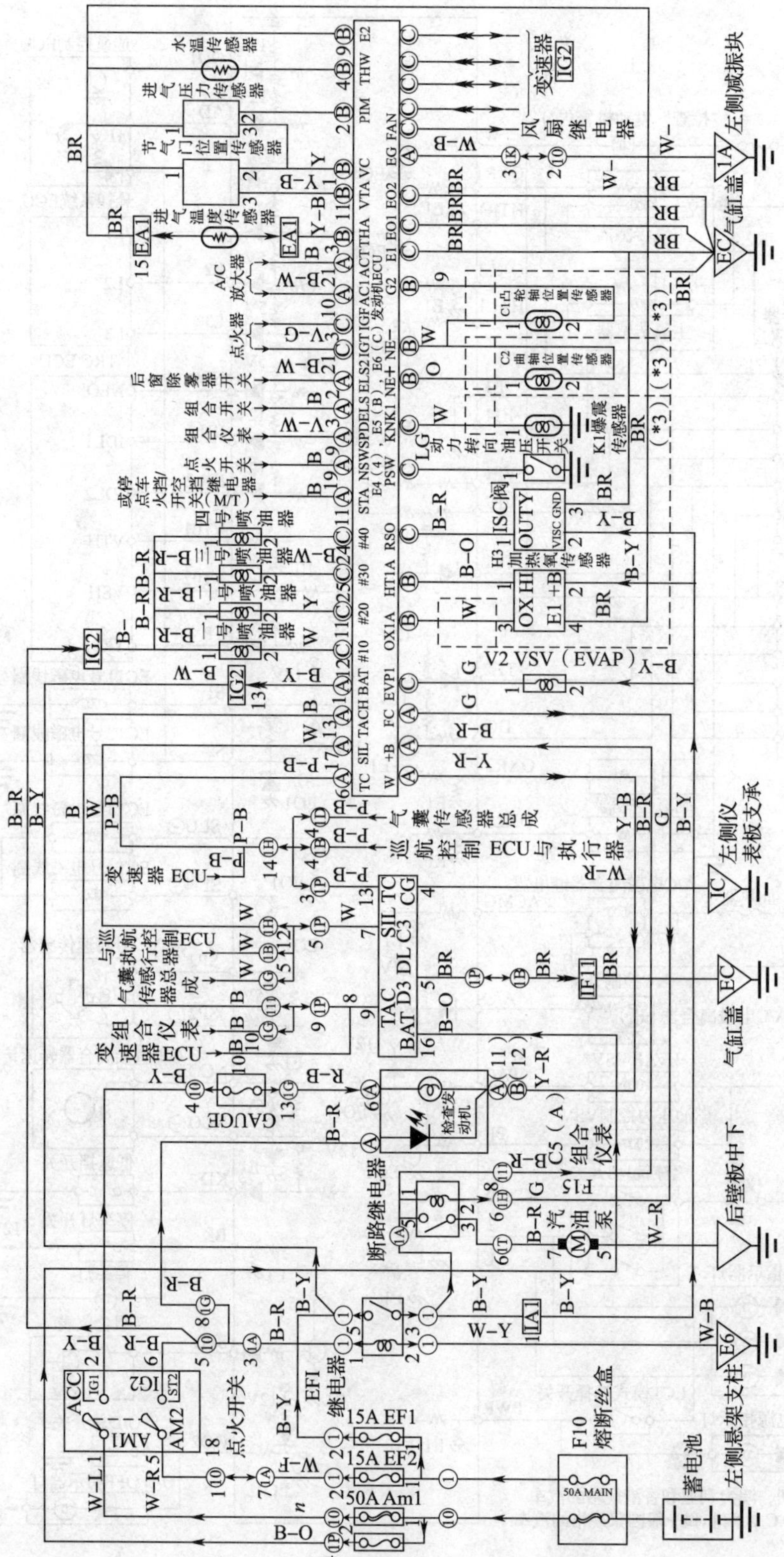

图 4—1—6　天津威驰 ECU 电路原理图

2. ECU的端子位置

如图 4—1—7 所示，天津威驰 ECU 的端子编号，从右向左，从上向下。

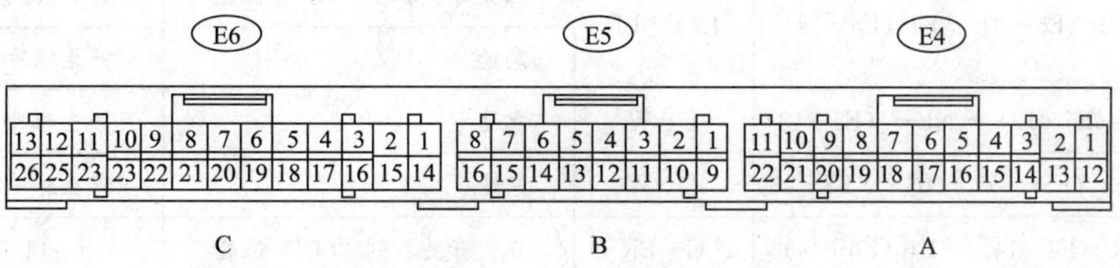

图 4—1—7　天津威驰 ECU 的端子编号

3. ECU的端子检测数据

天津威驰 ECU 的端子检测数据见表 4—1—1。

表 4—1—1　　天津威驰 ECU 的端子检测数据

符号（端子号码）	导线颜色	条件	标准电压（V）
BAT（E4－1）－ E1（E6－14）	B/Y－ BR	任何情况	9～14
＋B（E4－12）－ E1（E6－14）	B/R－BR	点火开关扭到“ON”位置	9～14
VC（E5－1）－ E2（E5－9）	Y－BR	点火开关扭至“ON”位置	4.5～5.5
VTA（E5－11）－E2（E5－9）	Y/B－BR	点火开关扭至“ON”位置，节气门全开	0.3～1.0
		点火开关扭到“ON”位置，节气门全闭	2.7～5.2
THA（E5－3）－ E2（E5－9）	Y/R－BR	怠速，进气温度 20℃	0.5～3.4
THW（E5－4）－E2（E5－9）	W/ B－BR	怠速，发动机冷却液温度 80℃	0.2～1.0
STA（E4－11）－E1（E6－14）	B－BR	起动	小于 6.0
＃10（E6－21）－E01（E6－13） ＃20（E6－11）－E01（E6－13）	W－BR Y－BR	怠速	9～14
＃30（E6－25）－E01（E6－13） ＃40（E6－24）－E01（E6－13）	B/W－BR L－BR	怠速	产生脉冲
IGT（E6－21）－E1（E6－14）	Y/G－BR	怠速	产生脉冲

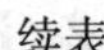

续表

符号（端子号码）	导线颜色	条件	标准电压（V）
IGF（E6－3）－E1（E6－14）	L/Y－BR	点火开关扭至“ON”位置	4.5～5.5
		怠速	产生脉冲
G2（E5－12）－NE－（E5－13）	B－W	怠速	产生脉冲
NE＋（E5－5）－NE－（E5－13）	O－W	怠速	产生脉冲
FC（E4－14）－E1（E6－14）	G－BR	点火开关打到“ON”位置	9～14
OX1A（E5－6）－E1（E6－14）	W－BR	预热发动机保持在 2 500 r/min 运转 1.5 min	产生脉冲
HT1A（E5－16）－ E1（E6－14）	B/O－BR	怠速	小于 3.0
		点火开关扭到“ON”位置	9～14
KNK1（E6－18）－E1（E6－14）	W－BR	预热后使发动机转速保持在 4 000 r/min	产生脉冲
TC（E4－6）－E1（E6－14）	P/B－BR	点火开关打到“ON”位置	9～14
W（E4－5）－E1（E6－14）	Y/G－BR	怠速	9～14
		点火开关“ON”位置	小于 3.5
EVP1（E6－7）－ E1（E6－14）	G－BR	点火开关打到“ON”位置	9～14
RSO（E6－15）－ E1（E6－14）	B/R－BR	点火开关扭至“ON”位置	9～14
ACT（E4－21）－E1（E6－14）	B－BR	空调开关断开	7.5～14
		空调开关接通	小于 1.5
ESL（E4－3）－E1（E6－14）	G－BR	灯光开关断开	小于 3.0
		灯光开关接通	9～14
ELS2（E4－2）－E1（E6－14）	B/W－BR	除雾器开关断开	小于 3.0
		除雾器开关接通	9～14
PIM（E5－2）－E2（E5－9）	LG/R－BR	点火开关扭至“ON”位置	3.4～3.8
		应用真空 26.7 kPa	2.6～3.0
AC1（E4－10）－El（E6－14）	B/W－BR	A/C 开关接通（怠速）	小于 1.5
		A/C 开关断开	7.5～14
AC1（E4－10）－El（E6－14）	B/W－BR	A/C 开关接通（怠速）	小于 1.5
		A/C 开关断开	7.5～14
TACH（E5－13）－E1（E6－14）	B－BR	怠速	产生脉冲

续表

符号（端子号码）	导线颜色	条件	标准电压（V）
SPD（E4－9）－E1（E6－14）	V/W－BR	点火开关扭至“ON”位置，慢慢转动驱动轮	产生脉冲
PSW（E6－8）－E1（E6－14）	LG－BR	怠速，转向盘在中间位置	9～14
		怠速，转动转向盘	小于1.5
FAN（E6－9）－El（E6－14）	W/L－BR	怠速，发动机温度不超过80℃	9～14
		怠速，发动机温度不低于93℃	小于1.5
SIL（E4－17）－E1（E6－14）	W－BR	变速器使用时	产生脉冲
NSW（E4－19）－E1（E6－14）	B－BR	点火开关扭至“ON”位置，P、N挡位以外的其他挡位	9～14
		点火开关扭至“ON”位置，P、N挡位	0～3.0

思考与练习

1. 简述发动机电控系统的组成。

2. 请画出空气流量传感器与ECU连接电路图。

3. 请说明发动机微型计算机（ECU）进气温度传感器、冷却液温度传感器、喷油器电路信号电压和特点。

课题二 发动机微型计算机（ECU）

◆ 了解ECU的基本结构和原理。

◆ 能分析ECU主板及元件。

◆ 能够熟练检测ECU。

阅读图 4—2—1 汽车 ECU 电路板，分析上面元件的作用。

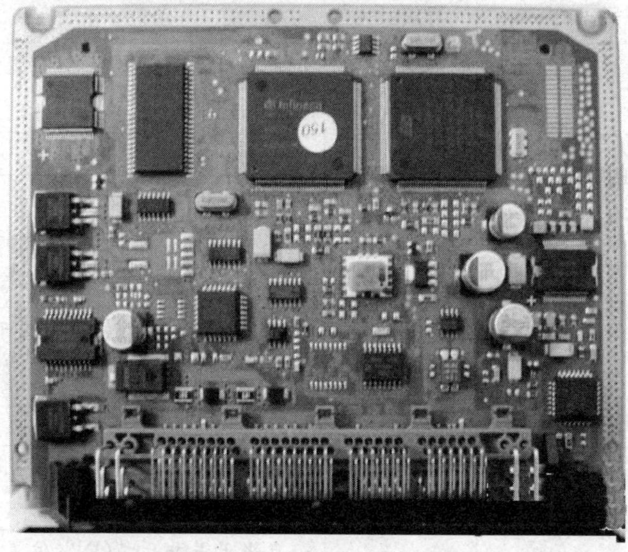

图 4—2—1　汽车 ECU 电路板

一、ECU 的基本结构

ECU 采集和处理各种传感器的输入信号，根据发动机工作的要求（喷油脉宽、点火提前角等），进行控制决策的运算，并输出相应的控制信号。除了控制喷油外，还对电动汽油泵、点火、EGR、怠速、废气涡轮增压器的废气阀、空调等进行综合控制。

汽车使用计算机一般有几个输入接口，它们是转速、负荷、温度、压力等传感器接口。输出接口是控制接口，它们控制外部执行机构如喷油器、点火模块、喷油泵、怠速执行器等的动作（见图 4—1—2）。

ECU 内部框图如图 4—2—2 所示。其组成及功能如下：

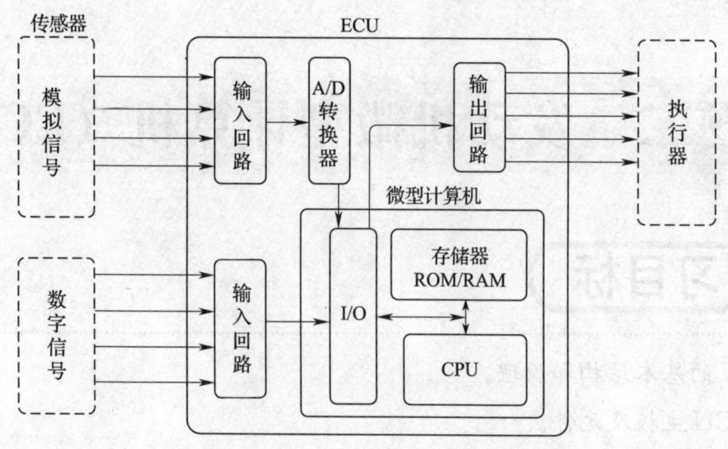

图 4—2—2　ECU 内部框图

1. 输入回路

输入回路是对输入信号进行预处理。先去除传感器输入信号中的杂波，将正弦波转变为矩形波，最后转换成 5～12 V 的输入电平，如图 4—2—3 所示。传感器输出的信号有模拟信号和数字信号两种。模拟信号的电压随时间连续变化，数字信号的电压是矩形波。

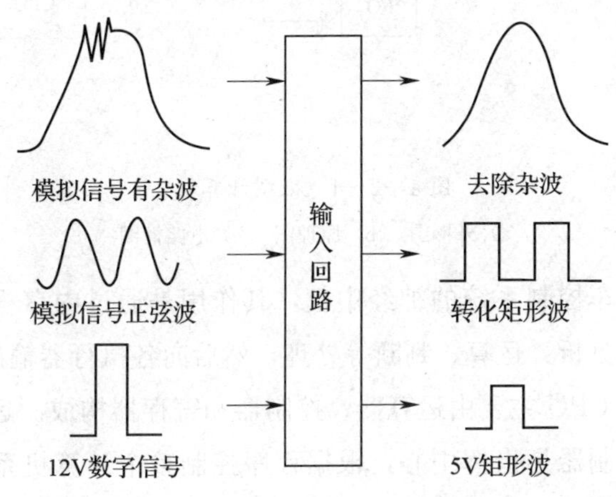

图 4—2—3　输入回路的信号转换作用

对于模拟信号的处理，输入回路首先对其进行放大、去除杂波、正弦波转换为矩形波，然后将输入电压变成能够被计算机接收的数字信号。如电磁式曲轴位置传感器的输出信号为模拟信号，发动机转速较高时，输出的信号电压较高；发动机转速较低时，输出的信号电压较低。该传感器的输出信号首先由输入回路进行放大、整形等处理，然后由 A/D 转换器转换成数字信号输出。另外，输入回路还利用其内部的转角脉冲发生器，将曲轴位置传感器输入的几十个脉冲信号（曲轴转一圈）转换成 720 个脉冲信号，使脉冲周期由十几度曲轴转角转换成 0.5°曲轴转角，提高了发动机的控制精度。

对于数字信号，输入回路则对其进行输入电平处理后直接将其输入微型计算机。如霍尔式曲轴位置传感器，其输出信号就是数字信号，输入回路对其输入电平（12 V）进行处理，将其转换成能够被微型计算机接收的 5 V 电平。

2. 微型计算机

微型计算机是单片机，由中央处理器（Central Processing Unit，CPU）、存储器、定时/计数器、输入/输出（I/O）接口电路等部件集成在一块集成电路芯片上，如图 4—2—4 所示。

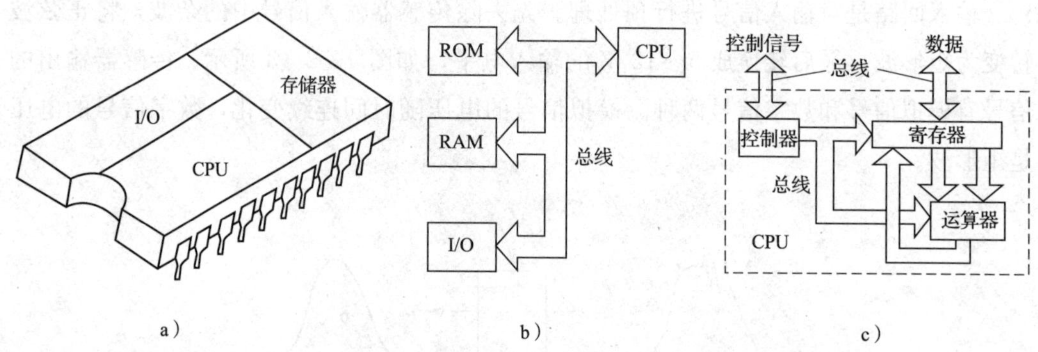

图 4—2—4 微型计算机

a）外形图 b）原理图 c）电路框图

微型计算机是汽车控制系统的神经中枢，其作用是通过内存程序和数据库，对传感器输入的信号进行分析、运算、判断等处理，然后向各执行器输出控制指令。

（1）中央处理器 CPU 主要由运算器、控制器和寄存器构成。运算器用于进行数学运算和逻辑运算；控制器是指挥中心，根据程序控制整个计算机系统的工作；寄存器暂时存放参与运算的数据和运算后的结果，如图 4—2—4 所示。

中央处理器 CPU 是一块集成电路芯片，在汽车上常用的有 8 位（Intel 的 MCS8048、MCS8049、MCS8032；Motorola 的 MC68HC Ⅱ）和 16 位（Intel 的 MCS8097、Motorola 的 MC68HC12、MC68HC16）。通用 Buick 汽车采用 32 位（Motorola68332）CPU。

（2）存储器用于存储程序和数据，它一般分为两种，即 RAM 和 ROM。RAM（Random Access Memory）是随机访问存储器的英文字头缩写，这种存储器是可以随时进行读取数据和随时向里写入数据，在计算机中起暂时存储信息的作用。当切断电源时，存储器中的数据会全部丢失。发动机在运行过程中产生的故障代码、空燃比学习值等都存入 RAM 中。为了防止点火开关断开时 RAM 中的数据全部丢失，RAM 一般都通过后备电源电路与蓄电池常连接，不受点火开关的控制。当拔下蓄电池的搭铁线或切断后备电源电路时，RAM 中的数据会全部丢失。当然，这也是清除故障代码的一种方法。

ROM（Read Only Memory）是只读存储器的英文字头缩写。数据或程序被预先固化在该存储器中，当需要数据或运行程序时，可随时从 ROM 中读取，但不允许随机地把数据或程序写入该存储器。在汽车电控系统中，各种程序控制软件、喷油特性、点火特性以及其他特性数据等都存储在 ROM 中。ROM 中的信息在电源切断时不会丢失。

只读存储器还有 PROM、EPROM 和 EEPROM 等新形式。其中，PROM 为可编程序只读存储器，用专用的 PROM 编程器，根据用户需要对 PROM 自行编写程序，无须厂家完成编程。利用这种存储器可以改变汽车计算机内存的数据，从而使同一汽车计算机适用于不同的车型。EPROM 为可擦除可编程只读存储器，其特点是在 EPROM 芯片的顶部有一窗口，其内部存储的程序可用紫外线照射的方法擦除，然后再用专用编程器存入新的程序。EEPROM 在通电的情况下可以进行擦除和重新编程，无须从微型计算机电路板上取下。

只读存储器中存储的程序和数据都是经过大量试验得到的，是微型计算机控制发动机获得良好工作特性的重要保证。

(3) 输入/输出（I/O）接口的主要功能有数据匹配、电平匹配、时序匹配和频率匹配等。输入/输出接口是 CPU 与输入装置（传感器）、输出装置（执行器）进行信息交流的通道。

(4) 总线是 CPU 与其他部件之间传送数据、地址和控制信息的公共通道，实际上就是计算机系统中各部件之间传递信息的一组信号线的集合。CPU、存储器、输入/输出接口等通过总线才能连接在一起。

总线包括数据总线（Data Bus）、地址总线（Address Bus）和控制总线（Control Bus）。数据总线主要用于传递数据和指令。数据总线的导线数与数据的位数一一对应，比如 16 位微型计算机的数据总线就有 16 根导线。地址总线用于传递地址码。在微型计算机总线上，各器件之间的通信，主要是依靠地址码进行的。比如，当需要存储或读出存储器中某单元内的数据时，应先把该单元的地址码送到地址总线上，然后送出存储或读出指令，以完成相应的操作。控制总线用于传送 CPU 输出的控制指令，CPU 也通过控制总线随时掌握各器件的状态。

3. 输出回路

输出回路的作用是将微型计算机的控制指令转换成能够驱动执行器工作的控制信号。因为微型计算机输出的是数字信号，其输出电流很小，不能直接驱动执行器工作，必须由输出回路将其转换成能够驱动执行器工作的控制信号。通过输出回路将微型计算机和执行器联系起来。

二、ECU 工作原理

当 ECU 接收到点火开关接通信号时，便开始接收传感器输入的信号。当微型计算机接收到发动机起动信号时，便进入工作状态。与此同时，根据发动机的工作状态，CPU 从 ROM 中调用某些程序（如喷油控制程序、点火控制程序等）或数据，完成各项控制功能。如图 4—2—5 和图 4—2—6 所示。

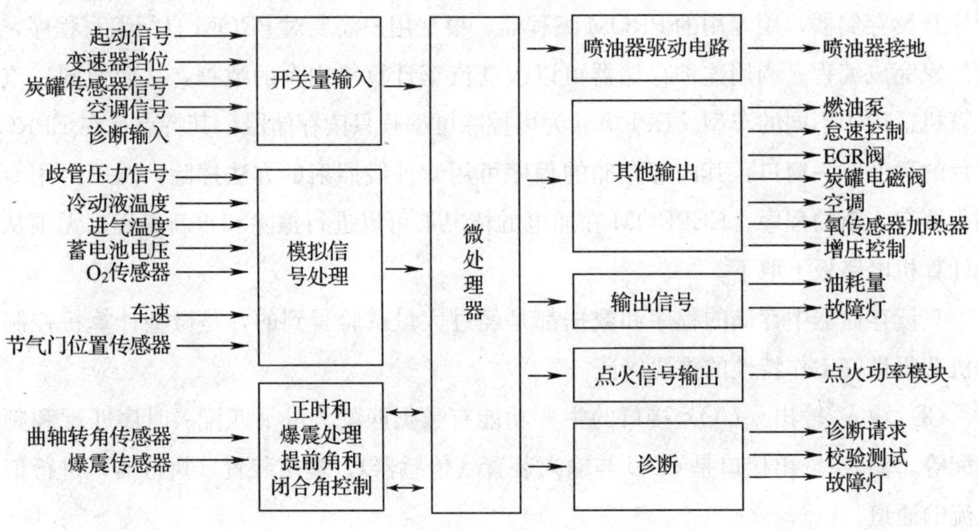

图 4—2—5 ECU 控制系统的组成

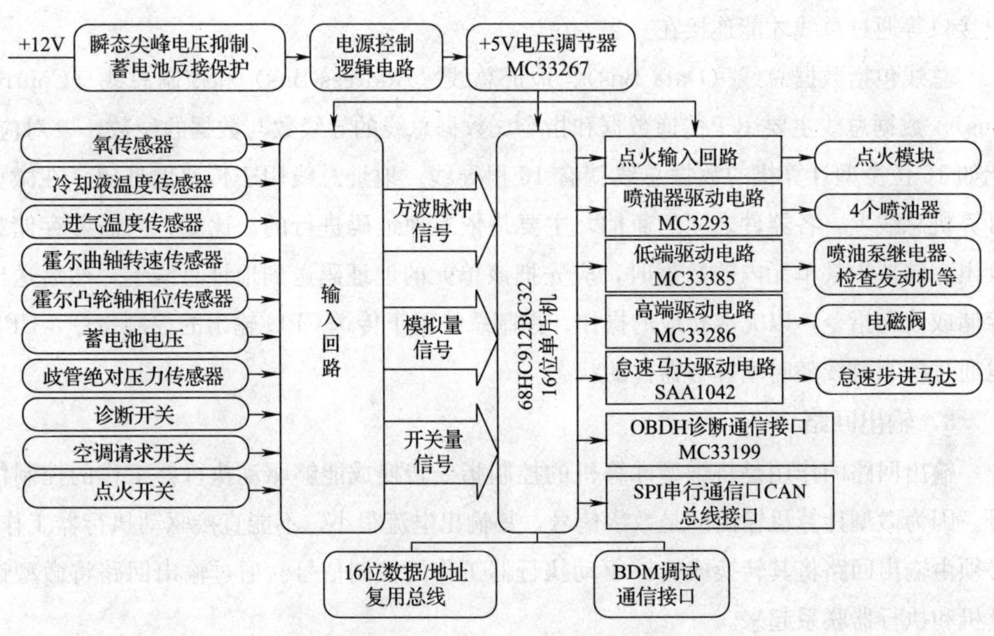

图 4—2—6 ECU 系统控制框图

在程序控制过程中，各个传感器首先将反映发动机运行工况的各个参数信号输送到 ECU 的输入回路。如果传感器输出的是数字信号，则通过 I/O 接口直接进入 ECU；如果传感器输出的是模拟信号，则首先需要通过 A/D 转换器将其转换成数字信号，然后再通过 I/O 接口进入 ECU。大多数信息暂时存储在 RAM 中，并根据指令再从 RAM

中输送到 CPU 中。

CPU 根据调出的程序对接收到的传感器信号进行运算，并将存储在 ROM（或 PROM）中的参考数据调入 CPU，使输入的传感器信息与之相比较。CPU 在对这些数据进行比较运算后输出控制指令，控制指令通过输出回路转换成能够驱动执行器工作的控制信号，控制执行器工作，完成控制功能。

ECU 的运行速度非常快，如点火正时，每秒钟可以修正上百次，因此控制精度是非常高的。

三、联合电子 M1.5.4 型 ECU 主板

M1.5.4 型 ECU 在吉利、五菱、昌河、铃木、哈飞、长城等国产汽车上应用非常广泛。

1．M1.5.4 型 ECU 主板元件介绍

如图 4—2—7 所示是 M1.5.4 型 ECU 主板。M1.5.4 型 ECU 主板正面示意图如图 4—2—8 所示。

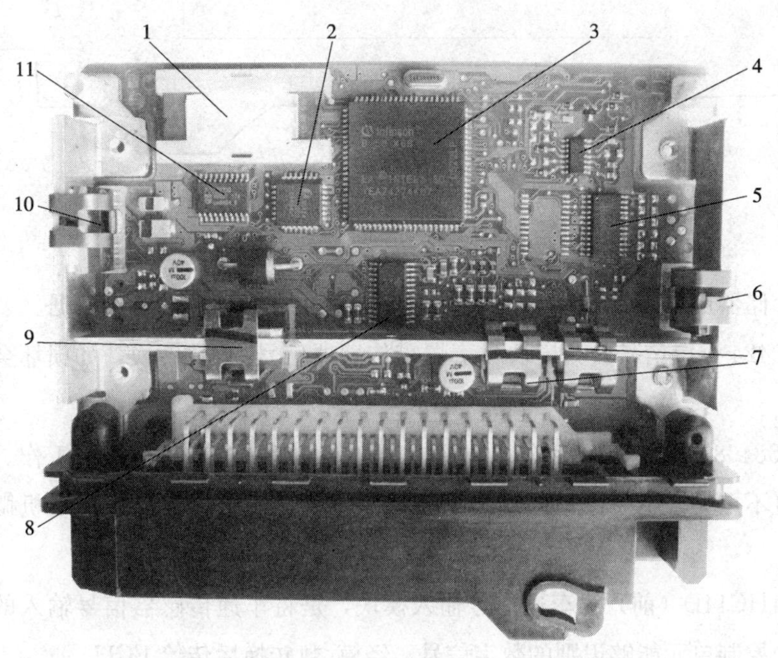

图 4—2—7　M1.5.4 型 ECU 主板实物正面

1—存储器　2—爆燃信号放大模块　3—B58468CPU　4—车速信号输入模块
5—4226－G 低电平驱动开关集成电路　6—30023 点火线圈驱动晶体管
7—58574 怠速控制模块　8—30311 传感器信号放大转换电路　9—30373 喷油器驱动
10—30358 传感器 5 V 电源输出转换模块　11—74HCT573D 地址数据锁存器

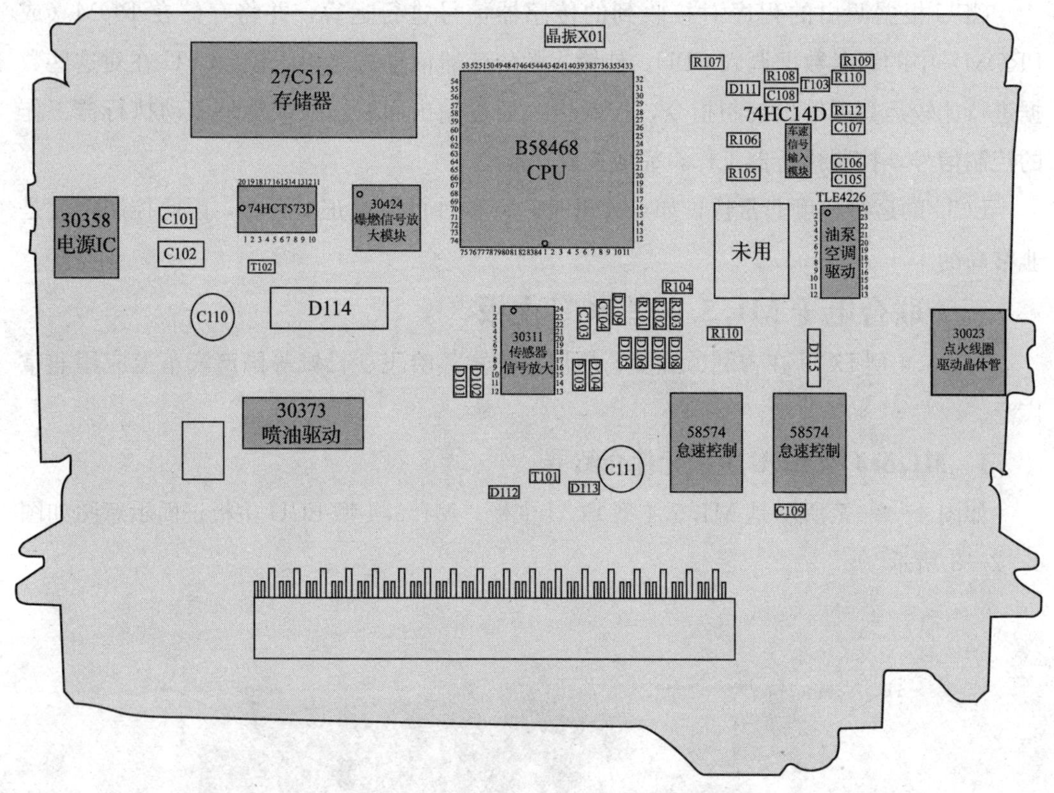

图 4—2—8　M1.5.4 型 ECU 主板正面示意图

（1）存储器用来存储 ECU 主程序及各工况下点火、喷油的标准数据。

（2）30424 爆震信号放大模块负责爆震传感器信号模/数转换，如损坏会引起发动机爆震。

（3）B58468CPU 是英飞凌的 8 位单片机，负责整个 ECU 的控制工作。如损坏会引起发动机不点火、不喷油、检测仪无法与电控单元通信，以至于发动机微型计算机不工作。

（4）74HC14D（前）为车速信号输入模块，是将车速传感器信号输入的电压模拟信号转换为控制单元能够识别的数字信号，经模/数转换后传给 ECU。

（5）4226－G 低电平驱动开关集成电路，在 CPU 的配合下驱动晶体管 30023 和控制点火线圈，如损坏会引起不点火故障。

（6）30023 点火线圈驱动晶体管，损坏会引起不点火故障。

（7）58574 怠速控制模块，如损坏会引起发动机无怠速、怠速过高等故障。

（8）30311 传感器信号放大转换电路负责传感器信号的整形与放大，如损坏会引起不点火、不喷油等故障。

(9) 30373 喷油器驱动损坏会引起不喷油故障。

(10) 30358 传感器 5 V 电源输出转换模块，供给系统中需要用电源的传感器（冷却液温度传感器、节气门位置传感器、进气压力温度传感器、蒸发器温度传感器），损坏会引起发动机怠速不稳、容易熄火、起动困难等故障。

(11) 74HCT573D SOP PHILIPS 20 地址数据锁存器。

(12) 74HC14D（后）空调控制模块，如图 4—2—9 所示，飞利浦公司芯片，负责空调压缩机及空调开关的控制。

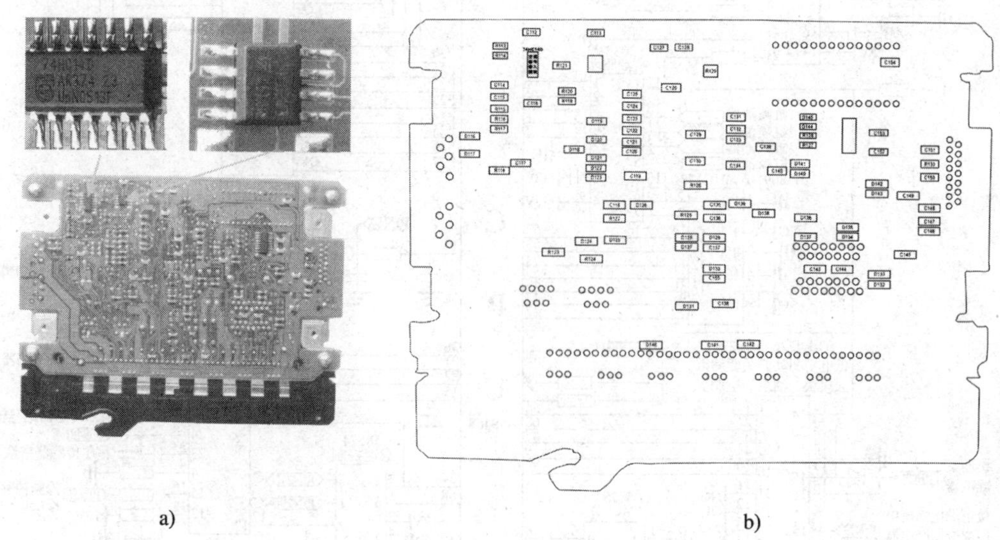

a)　　b)

图 4—2—9　M1.5.4 型 ECU 主板实物反面

a) 实物图　b) 示意图

2. M1.5.4 型 ECU 电路

M1.5.4 型 ECU 的电路如图 4—2—10 所示。

(1) B58468 控制器

B58468 是英飞凌公司的 8 位控制器。它具有 80C537 的典型内核，其内部结构如图 4—2—11 所示。B58468 并行端口中的 Port7、Port8 可输入模拟信号，也可输入数字信号。当输入模拟信号时，用于 A/D 转换，Port7 和 Port8 的数字输入脚在相邻脚进行 A/D 转换时，状态不应跳变，否则影响转换精度。

Motronic1.5.4 计算机使用示例如图 4—2—12 所示。Motronic1.5.4 计算机正常加电方法是 PIN18、PIN27、PIN37 接电源 12 V，PIN2 搭铁。

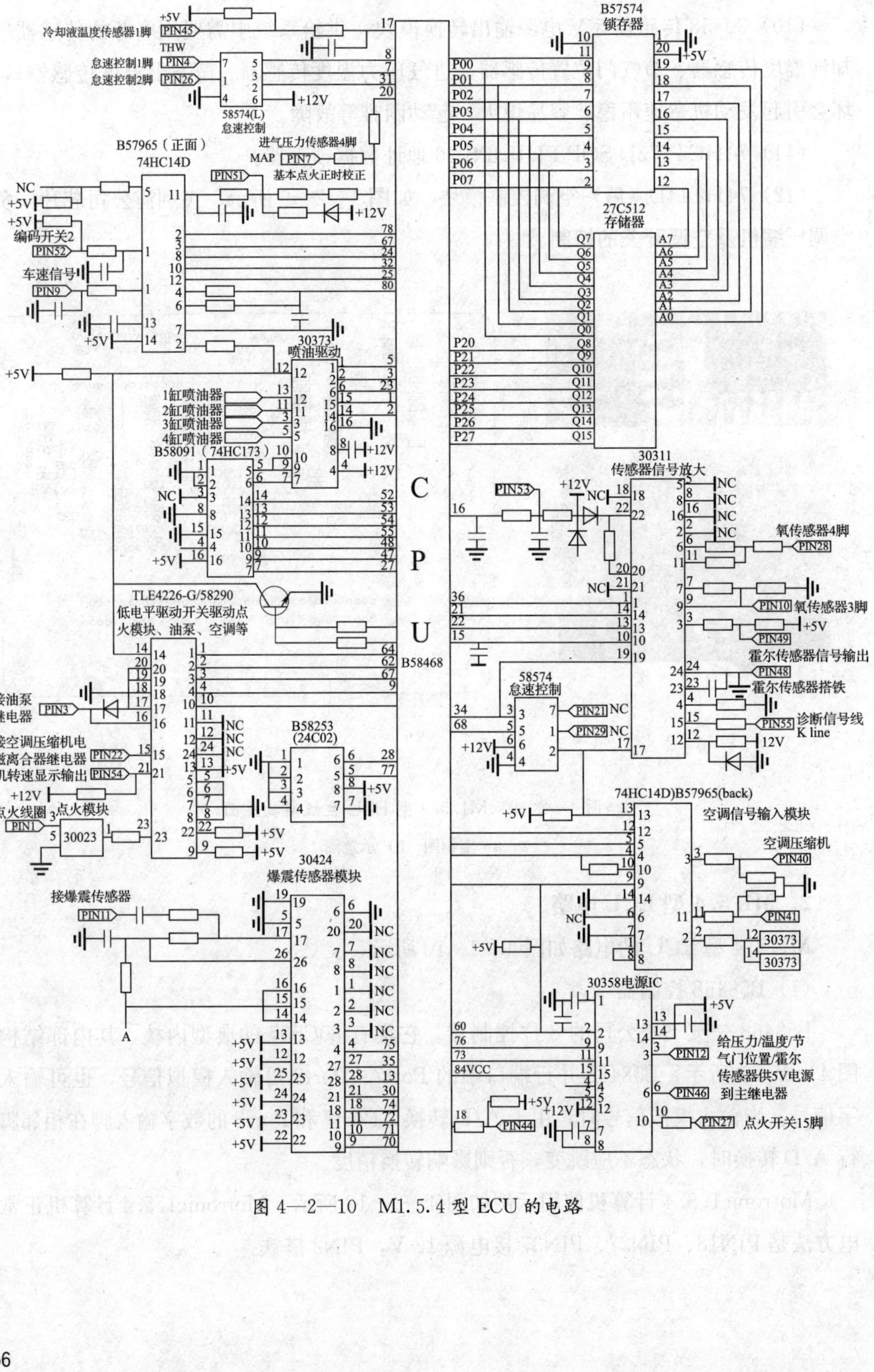

图 4—2—10 M1.5.4 型 ECU 的电路

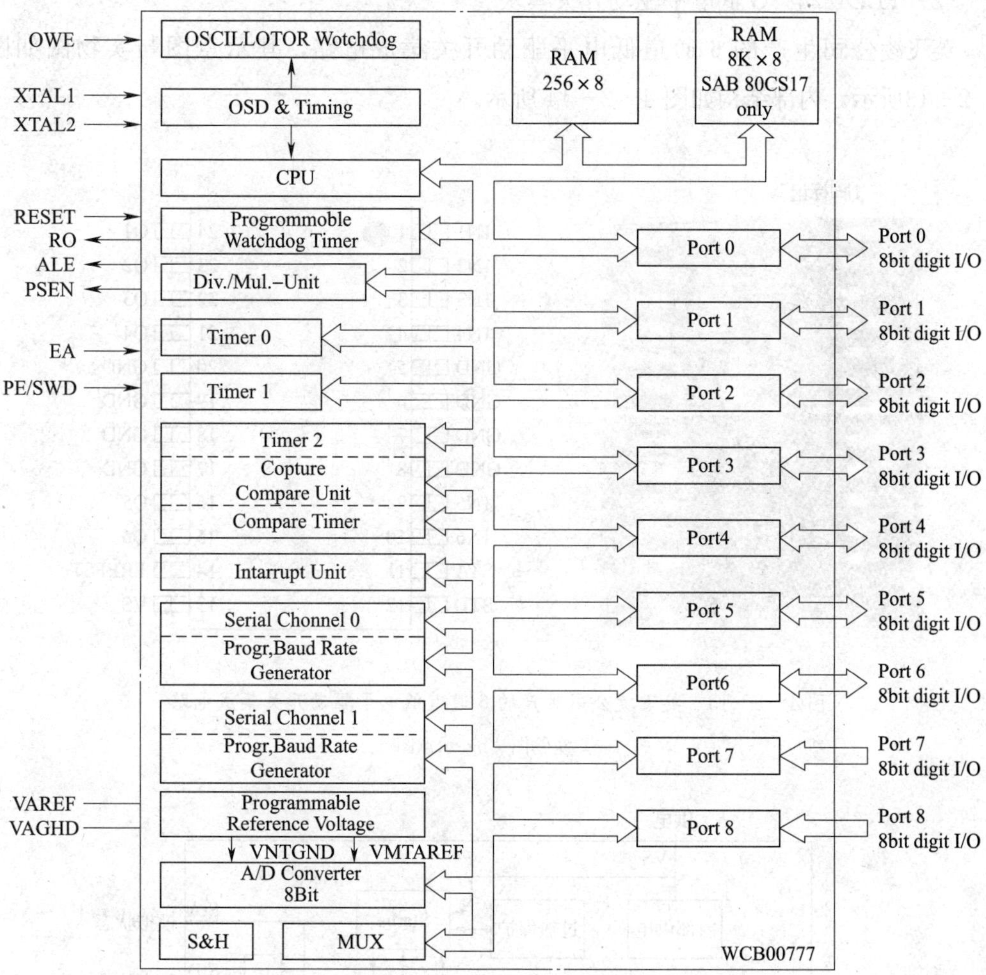

OWE
XTAL1
XTAL2
RESET
RO
ALE
PSEN
EA
PE/SWD
VAREF
VAGHD
OSCILLOTOR Wotchdog
OSD & Timing
CPU
Progrommoble
Watchdog Timer
Div./Mul.–Unit
Timer 0
Timer 1
Timer 2
Copture
Compare Unit
Compare Timer
Intarrupt Unit
Serial Chonnel 0
Progr,Baud Rate
Generator
Serial Chonnel 1
Progr,Baud Rate
Generator
Programmable
Reference Voltage
VNTGND
VMTAREF
A/D Converter
8Bit
S&H
MUX
RAM
256×8
RAM
8K×8
SAB 80CS17
only
Port 0
Port 1
Port 2
Port 3
Port4
Port 5
Port6
Port 7
Port 8
Port 0
8bit digit I/O
Port 1
8bit digit I/O
Port 2
8bit digit I/O
Port 3
8bit digit I/O
Port 4
8bit digit I/O
Port 5
8bit digit I/O
Port 6
8bit digit I/O
Port 7
8bit digit I/O
Port 8
8bit digit I/O
WCB00777

图 4—2—11　英飞凌公司的 8 位控制器 B58468 内部结构

Infineon
B 58 468
Vcc
R
R
节气门位置信号
冷却液温度信号
R
B58468
R
Vcc

a)　　b)

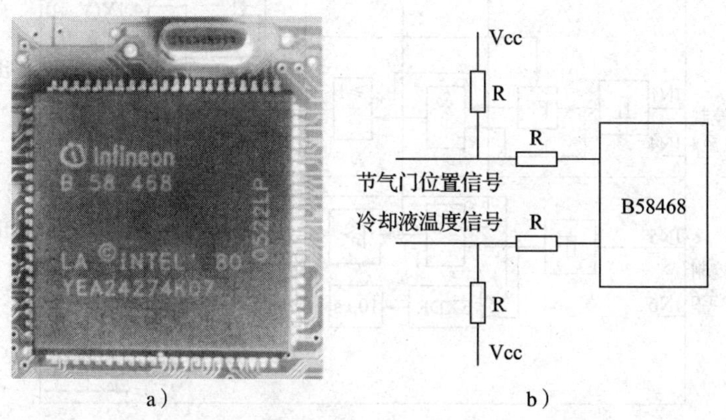

图 4—2—12　Motronic1.5.4 发动机计算机

a）外形　b）使用示例

（2）TLE4226－G 低电平驱动开关模块

英飞凌公司生产的 6 通道低电平驱动开关集成电路，其示意图与实物图如图 4—2—13所示，内部结构如图 4—2—14 所示。

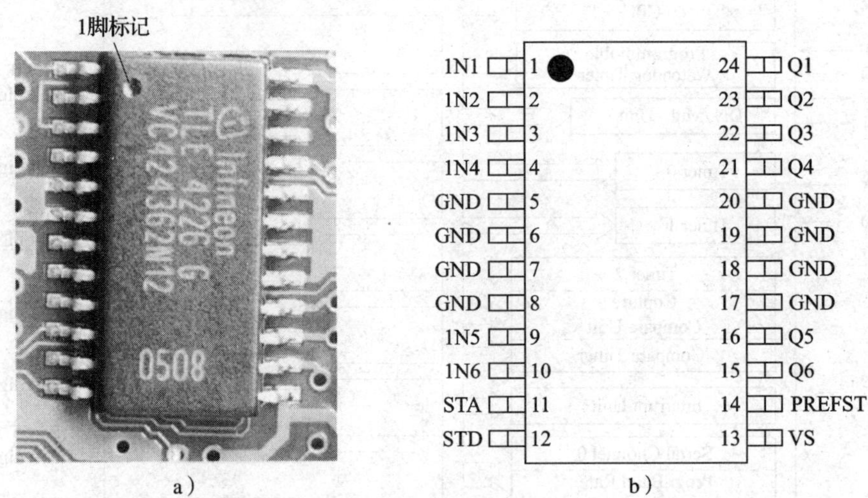

图 4—2—13　英飞凌公司生产的 6 通道低电平驱动开关集成电路

a）实物图　b）示意图

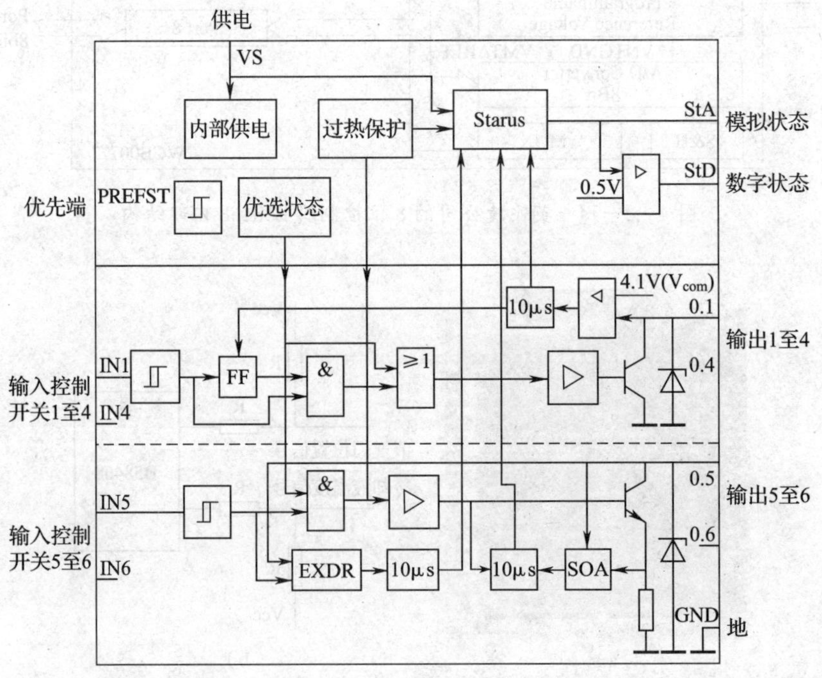

图 4—2—14　英飞凌公司生产的 6 通道低电平驱动开关集成电路内部结构

4226 具有热过载保护，当芯片温度达到 155℃时，状态输出开始监测温度。如果温度持续上升，5～6 通道的输入将关闭，没有输出，1～4 通道不关闭。所以使用时应注意防止芯片温度进一步升高，以免损坏芯片。当芯片温度冷却到 140℃以下，过热监测将复位，5～6 通道也将重新开启。

当供电电压达不到供电最小值时，输出无效（关闭），当电源电压大于 1.8 V 时，如果芯片第 14 针脚（PREFST）通过一个小于 1 MΩ 的电阻接地，1～4 通道将打开。如果第 14 针脚（PREFST）接地或悬空，输出 Q1～Q4 将受控于 IN1～IN4。

该模块在此计算机中为燃油泵、空调系统以及点火线圈控制信号的开关，损坏会引起燃油泵、空调不工作以及发动机不点火等故障。

电路中 NC 是“Not Connect”，或者“No Connection”的缩写，意思是在这个电路中，这个引脚不需要接。

四、联合电子 M1.5.4 型 ECU 的检修

1. ECU 引起不点火的故障检测（见图 4—2—10）

（1）ECU 加电，用 SM－59 信号发生器模拟转速信号，加至 ECU 的 PIN48、PIN49 脚。

（2）用示波器检测 30311 的 1 脚有无方波输出。如果无，检查 30311 第 3 脚到 ECU 插脚的通路，或 30311 周围附属电路是否正常。如果有，进行下一步。

（3）测量 B58468 第 36 脚有无方波信号（见图 4—2—15）。如果无，则 30311 第 1 脚到 B58468 第 36 针脚之间有断路。如果有，进行下一步。

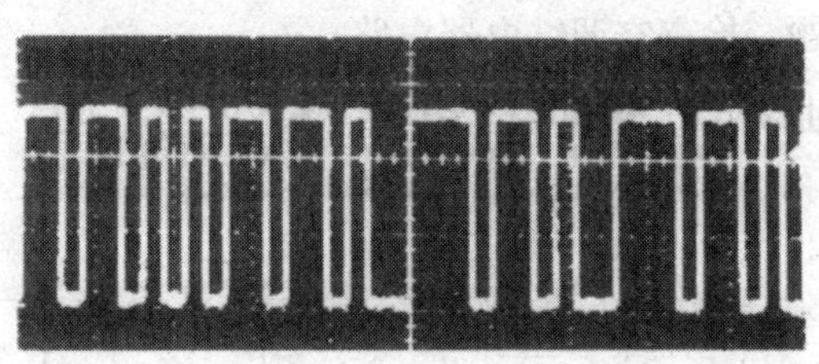

图 4—2—15　测量 B58468 第 36 脚有无方波信号

（4）测量 B58468 第 62 脚有无点火驱动信号。如果无，用示波器测量 27C512，数据及地址脚应有数据交换信号。如果无，说明 CPU 已损坏，更换 B58468（更换 B58468 前需要重写 Boot loader 程序）。如果有，重写 27C512 的程序。到此可解决不点火故障。

点火控制回路中损坏概率最高的是 B58468，其次是 30023、30311，而 27C512 很少出现损坏。

2．ECU 引起空调继电器不吸合故障检测（见图 4—2—16）

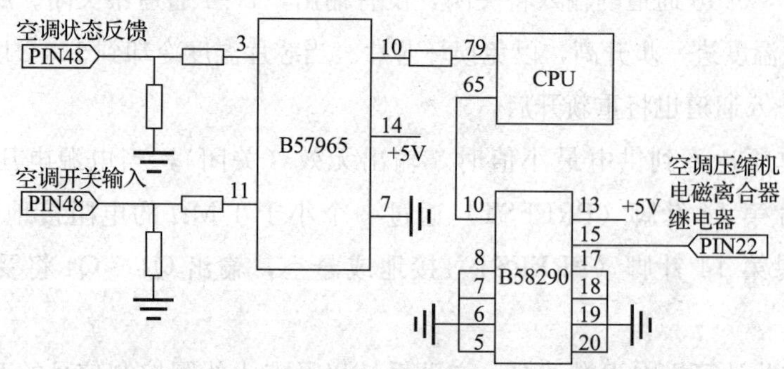

图 4—2—16　ECU 引起空调继电器不吸合故障检测

（1）ECU 加电，并通过 10 kΩ 电阻接到 5 V 电源并在 PIN41 脚上加高电平。测量 B57965 的第 11 脚有无高电平信号。如果无，则 PIN41 至 B57965 的第 11 脚之间为断路。如果有，则进行下一步。

（2）测量 B57965 的第 10 脚是否为低电平信号。如果不为低电平，则检查 B57965 或其周围器件是否有损坏。如果没损坏，测量 B58468 的第 79 脚是否为低电平。如果否，B57965 至 B58468 间有断路。如果是，进行下一步。

（3）测量 B58468 第 65 脚是否是高电平输出。如果否，更换 B58468。如果是，进行下一步。

（4）测量 B58290 的第 10 脚是否为高电平。如果否，B58290 至 B58468 之间存在断路。如果是，进行下一步。

（5）测量 B58290 的第 15 脚是否为低电平。如果否，B58290 或其周围器件损坏。如果是，ECU 没有问题，检查空调继电器电路。

3．ECU 引起燃油泵继电器不吸合故障检测（见图 4—2—17）

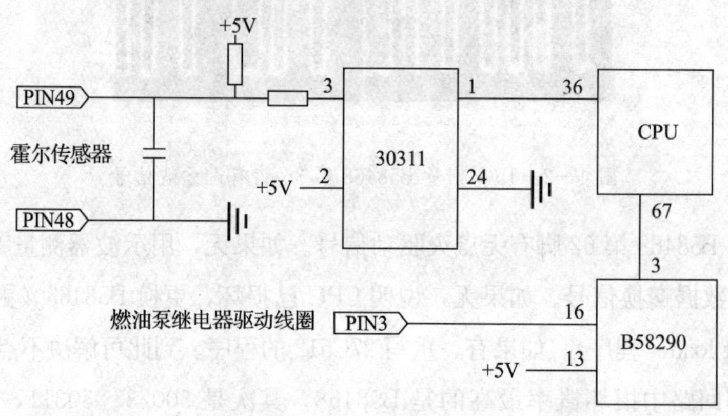

图 4—2—17　ECU 引起燃油泵继电器不吸合故障检测

（1）ECU 加电，用波形信号发生器模拟转速信号加至 ECU 插脚 PIN48 及 PIN49，测量 B58468 的第 67 脚有无低电平驱动信号输出。如果无，更换 B58468。如果有信号，进行下一步。

（2）测量 B58290 的第 16 脚是否为低电平。如果否，说明 B58290 及周围电路有故障。如果是低电平信号，表明燃油泵控制电路工作正常，故障出在 ECU 外部电路。

4．ECU 引起尾气冒黑烟的故障检测（见图 4—2—18）

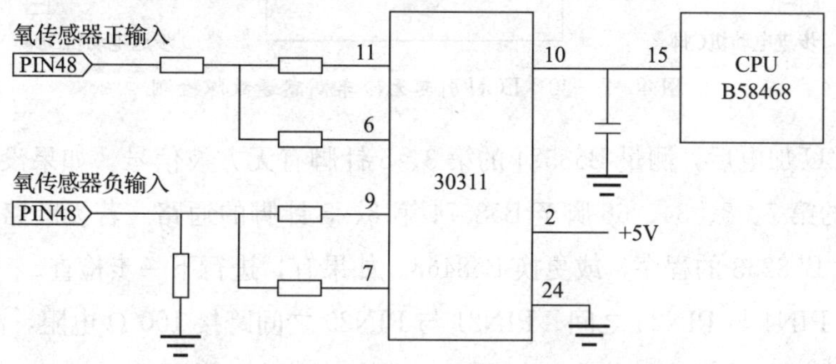

图 4—2—18　ECU 引起尾气冒黑烟的故障检测电路

（1）给 ECU 加电，然后按照如图 4—2—19 所示的方法用一个 1 kΩ 的可变电阻器和一个 4.7 kΩ 的固定电阻模拟氧传感器信号接到 PIN28 和 PIN10，改变可变电阻器的电阻，同时测量 30311 的第 6、11 针脚有无电压变化。如果无电压变化，说明 30311 的第 6、9、11、7 针脚之间是断路，用万用表检查并排除故障。如果有电压变化，进行下一步。

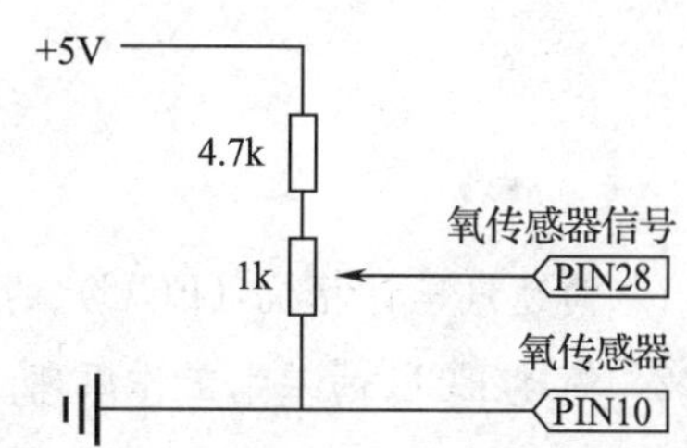

图 4—2—19　用 1 kΩ 可变电阻器和 4.7 kΩ 的固定电阻模拟氧传感器信号

（2）测量 30311 的第 10 脚有无电压变化。如果无电压变化，说明 30311 损坏或其周围器件损坏。如果有电压变化，进行下一步。

（3）测量 B58468 的第 15 脚有无电压变化。如果无电压变化，说明 B58468 与 30311 之间存在断路，用万用表排除故障。如果有电压变化，进行下一步。

（4）用示波器测量 B58468 的第 1、2、3、5 针脚的喷油脉宽是否变化。如果有变化，说明程序运行不正常，更换 27C512 及 B58253，或对 270512 重写程序。如果无变化，进行下一步。

（5）测量 30373 的第 11、13、3、5 针脚脉宽是否有变化。如果无变化，更换 30373。如果有变化，说明 ECU 工作正常，应进一步检查其他电路及器件。

5. ECU 引起无冷车高怠速故障检测（见图 4—2—20）

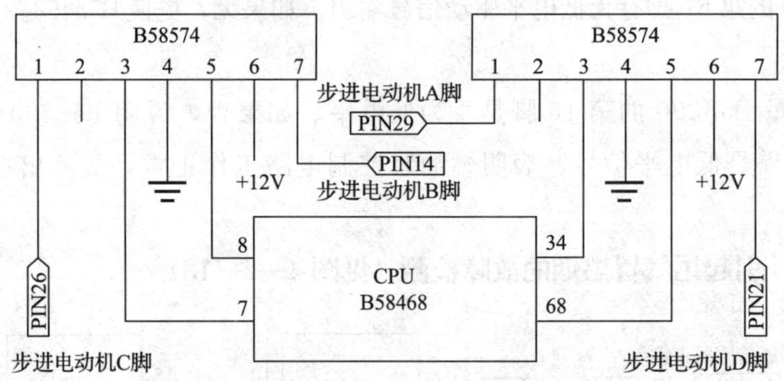

图 4—2—20 ECU 引起无冷车高怠速故障检测

（1）ECU 加电后，测量 B58574 的第 3、5 针脚有无方波信号。如果没有，首先检查 B58468 的第 7、8、34、68 脚至 B58574 第 3、5 针脚的通路。若无断路现象，请重写 27C512、B58253 的程序，或更换 B58468。如果有，进行下一步检查。

（2）将 PIN4 与 PIN26 之间、PIN21 与 PIN29 之间跨接 100 Ω 电阻，测量 B58574 的第 1 脚和第 7 脚有无方波信号。如果无，更换 B58574。如果有，请检查外部的怠速电动机电路。

思考与练习

1. 简述汽车计算机（ECU）的基本结构。
2. 简述 ECU 的基本工作原理。
3. 简述如何分析联合电子 M1.5.4 型 ECU 主板元件。
4. 如何检修联合电子 M1.5.4 型 ECU？

课题三 燃油喷射控制

学习目标

◆ 了解喷油量控制。
◆ 了解断油控制。

◆ 能检修燃油喷射控制故障。

如图 4—3—1 所示，喷油器喷油时间就是喷油器通电的持续时间。喷油器通电时间越长，混合气越浓。分析喷油器通电时间的受控因素。

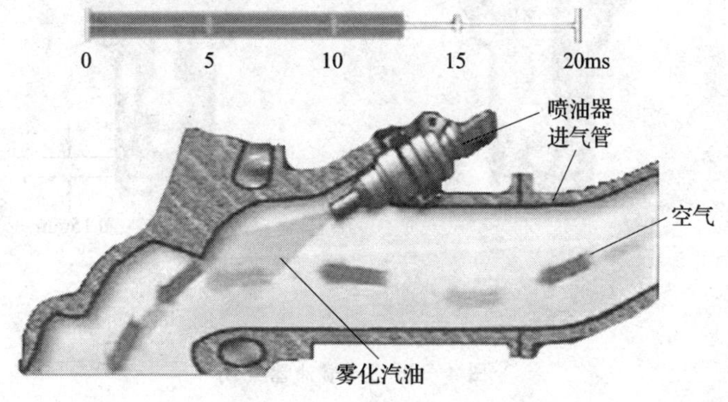

图 4—3—1　喷油器喷油时间与通电的时间

工况不同，发动机需求的混合气浓度也不同，如起动、急加速工况，要求混合气很浓。急减速，要求断油。ECU 要根据有关传感器测得的运转工况，按不同的方式控制喷油量。燃油喷射控制包括喷油正时控制、喷油量（喷油持续时间）控制和断油控制三种。喷油量控制分为起动控制、运转控制、自学习控制和反馈控制等。

喷油器通电时间（或喷油脉冲宽度）越长，喷油持续时间越长，喷油量就越大。一般每次喷油的持续时间为 2～20 ms。

一、喷油器性能的影响

1. 喷油器工作性能的影响因素

由于喷油器针阀受惯性、电磁线圈的磁滞特性以及磁路效率的影响，在喷油电脉冲加到电磁线圈后，针阀并不是随着电脉冲同步升起到最大值，而是滞后一段时间。通常把从通电开始到针阀最大升程所需的时间称为开阀时间 T_0，从断电到针阀落座关闭该段时间称为关阀时间 T_C，如图 4—3—2 和图 4—3—3 所示。其中，T_i为通电时间（即脉宽）。开阀时间与关阀时间之差（T_0-T_C）称为无效喷射时间，在这段时间内喷油器并不喷油。其中开阀时间受蓄电池电压的影响较大，而关阀时间受蓄电池电压的影响较小。

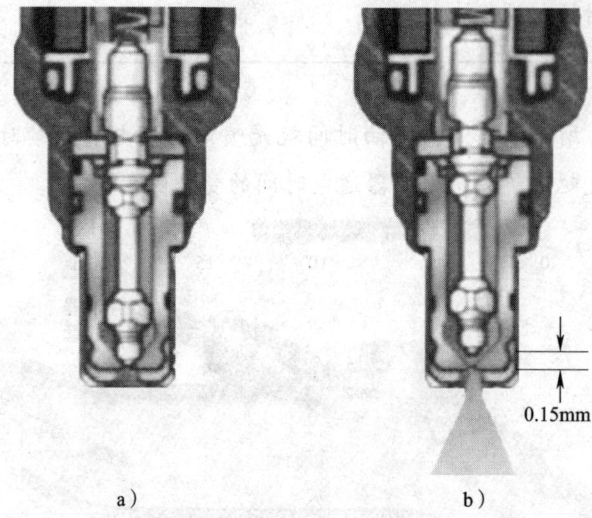

图 4—3—2 喷油器开闭

a）喷油器关闭 b）喷油器打开

2．蓄电池电压过低对喷油器工作性能的影响

喷油器的实际喷油量与流经其线圈的电流大小有关，当电流增大时，喷油器线圈的吸力增大，从而使喷油器的开阀时间 T_0 缩短，针阀全开时间即有效喷射时间延长，使喷油量增加；反之，当电流减小时，其线圈吸力减小，从而使喷油器的开阀时间 T_0 延长，针阀全开时间即有效喷射时间缩短，使喷油量减少。

当蓄电池电压变化时，会影响到喷油器开启时刻，从而造成喷油量的误差。所以，ECU 还要根据蓄电池电压对喷油量进行修正。通常采用修正通电时间的方法来消除蓄电池电压变化对喷油量的影响，如图 4—3—4 所示，当电源电压过低时，适当延长通电时间；当电源电压较高时，适当缩短通电时间。另外，喷油时间的修正值还与喷油器的规格及驱动方式有关。

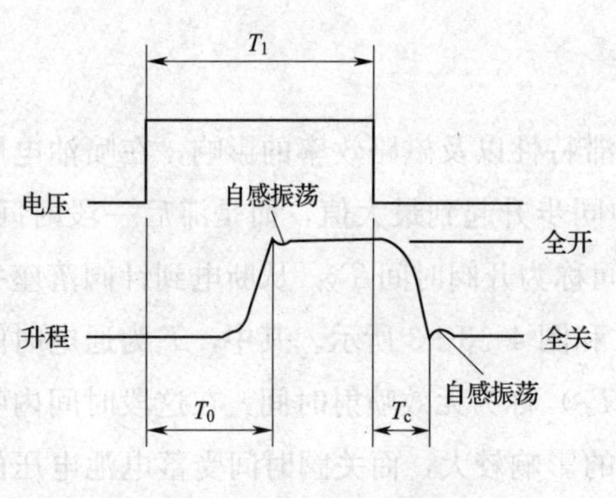

图 4—3—3 喷油器的工作特性

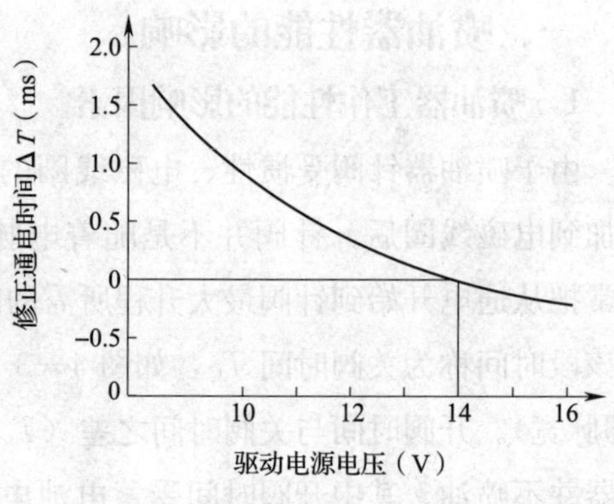

图 4—3—4 蓄电池电压修正曲线

3．喷油器驱动形式与性能

喷油器电流驱动参见图 3—3—8a 所示，使用低电阻喷油器（阻值 0.6～3 Ω），蓄电池电压直接加在喷油器上。由于喷油器电阻值较小，当接通驱动电路时，通过喷油器线圈的电流会上升很快，使针阀快速打开。随着电流的上升，检测点 A 的电位也很快升高。当 A 点电位上升到设定值时，控制模块会控制三极管 VT，以 20 MHz 的频率交替地导通和截止，使通过喷油器线圈的平均电流保持为 1～2 A，保持针阀的开启状态。这时喷油器的响应性好，可缩短无效喷油时间，既防止了电磁线圈的发热损坏，又减少了能量消耗。

喷油器电压驱动如图 3—3—8 所示，使用低电阻喷油器时，则应在电路中串入附加电阻，将蓄电池电压分压后加在喷油器上。这是因为低电阻喷油器电磁线圈的匝数少、电阻小，所以电流大、发热快、易损坏，以保护低电阻喷油器。

二、喷油正时控制

喷油正时控制是指喷油器开始喷油时刻的控制。燃油喷射系统有单点喷射系统和多点喷射系统两种。单点喷射系统对正时没有要求，因此不需要控制。多点喷射系统控制主要有同步喷射正时控制和异步喷射正时控制。

1．同步喷射正时控制

同步喷射是指汽油的喷射与发动机旋转同步，ECU 根据曲轴的转角位置控制开始喷射的时刻，同步喷射正时控制如图 4—3—5 所示。发动机稳定工况，大都以同步喷射控制方式工作。同时喷射、分组喷射、顺序喷射大多属于同步喷射。

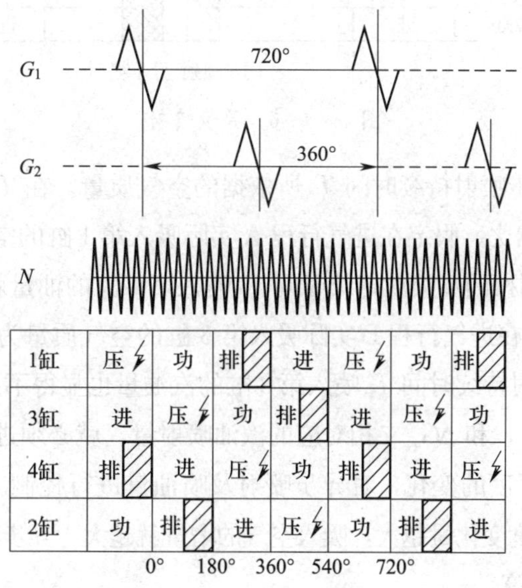

图 4—3—5　同步喷射正时控制

2. 异步喷射正时控制

异步喷射是指 ECU 只是根据相关传感器输入信号，控制开始喷油时刻，而与曲轴转角位置无关，是一种随机喷射。发动机处于起动、加速等非稳定工况时，以异步喷射方式工作，或在同步喷射的基础上增加异步喷射，对喷油量进行临时补偿。

当点火开关打到起动位置时，就立即开始喷油，以提高发动机的起动性能。有的异步喷射控制系统通过冷起动喷油器完成。

汽车急加速时，ECU 对同步喷射进行加速燃油增量修正，同时还对喷油器进行异步喷射控制，以提高汽车的加速性能。

如图 4—3—6 所示，加速时，节气门开度、吸入空气量与各缸进气行程的对应关系。

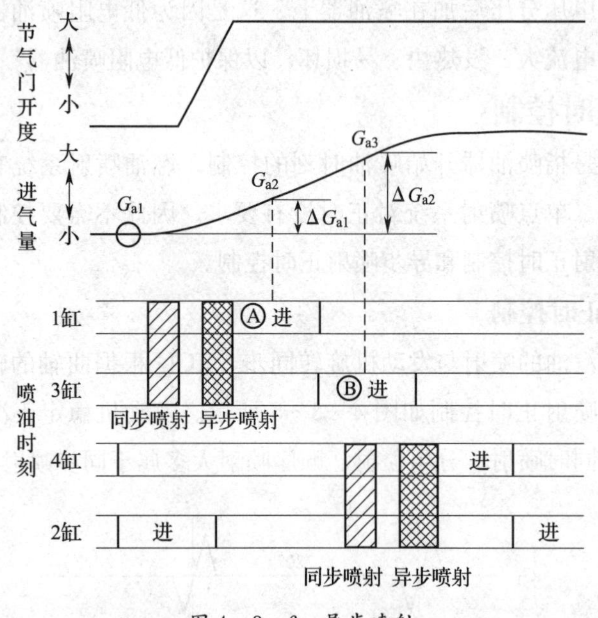

图 4—3—6 异步喷射

G_a是 ECU 计算同步喷射持续时间 T_A所依据的空气质量。在 T_A内喷射的油量正好与 G_{a1}匹配，达到目标空燃比。假定在进气行程 A 实际吸入第 1 缸的空气质量为 G_{a2}，此时空气质量增加了 ΔG_{a1}，则按同步喷射持续时间 T_A喷入第 1 缸的油量就显得不足，混合气偏稀。按工作顺序，假定在进气行程 B 实际吸入第 3 缸的空气质量为 G_{a3}，这时空气质量增加了 G_{a2}，则按同步喷射持续时间 T_A喷入第 3 缸的汽油量也显得不足，混合气也偏稀。为了补充与空气增量 ΔG_{a1}，和 ΔG_{a2}二相对应的汽油喷射量，就必须进行异步喷射。

ECU 根据节气门开度的变化，对异步喷射及喷油量进行控制。在一定时间间隔（如 10～20 ms），节气门开度变化量越大，吸入空气的增量就越大，异步喷射的喷油量也越多。

三、喷油量计算

喷油量的控制其实就是喷油器通电时间的控制。喷油量的控制方式有起动喷油控制、正常运转喷油控制、反馈控制、断油控制和混合比学习控制等。

在电控汽油喷射发动机上，ECU 根据各传感器送来的信号，判断是哪种工况，来控制喷油量。ECU 根据起动开关信号可确定发动机起动工况；根据节气门位置传感器的怠速开关信号、全负荷开关信号及节气门开闭速率，可确定发动机的怠速工况、大负荷工况以及加减速工况。

1. 起动喷油量控制

（1）预设起动程序喷油

在发动机起动时，由于吸入气缸的空气量较少，空气流量计的检测精度低，因此起动时不把空气流量计的信号作为喷油控制的依据，而是用来自发动机冷却液温度传感器的信号来计算，根据图 4—3—7 所示找出相应的基本喷油持续时间，ECU 再根据进气温度和蓄电池电压对基本喷油时间进行修正，得到起动过程实际的喷油持续时间，作为起动工况的主喷油量，其喷油量和喷油时刻与发动机曲轴转角有固定的关系，这部分喷油为同步喷射。

在起动过程中，有些电控汽油机中的 ECU 还能根据发动机水温，同时进行一定量的异步喷射，或控制冷起动阀进行异步喷射，以补充冷起动过程对燃油量的额外要求。

发动机起动时，由于转速很低（低于 300 r/min），且波动很大，无论是由进气歧管绝对压力或空气流量计都不能准确地测出实际的进气量。因此，发动机起动时，ECU 不能用进气量来计算喷油量。ECU 根据起动开关接通，转速传感器信号，判定发动机处于起动工况，从而按预定的起动程序控制喷油。

（2）起动供油量，视发动机热状态而异，高温起动时修正喷油量

在起动喷油控制程序中，ECU 按发动机水温、进气温度、起动转速计算出一个固定的喷油量，供给极浓而少的混合气（其过量空气系数 $\alpha=0.2\sim0.6$），如图 4—3—8 所示。发动机水温或进气温度越低，喷油量就越大，加浓的持续时间也越长。旧款车型另设有冷起动喷油器和冷起动温度时间开关。

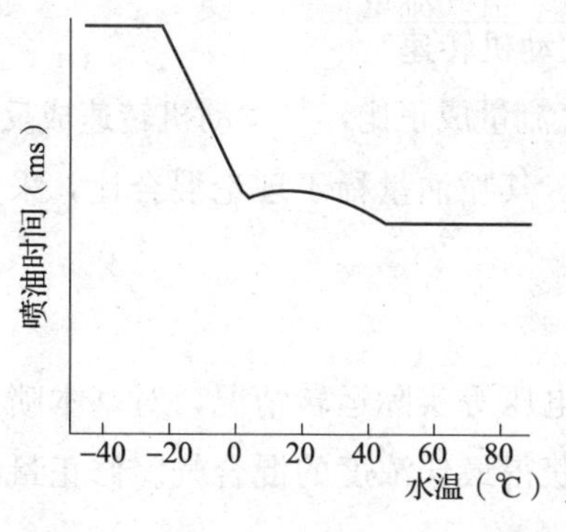

图 4—3—7 冷却液温度与起动喷油时间的关系

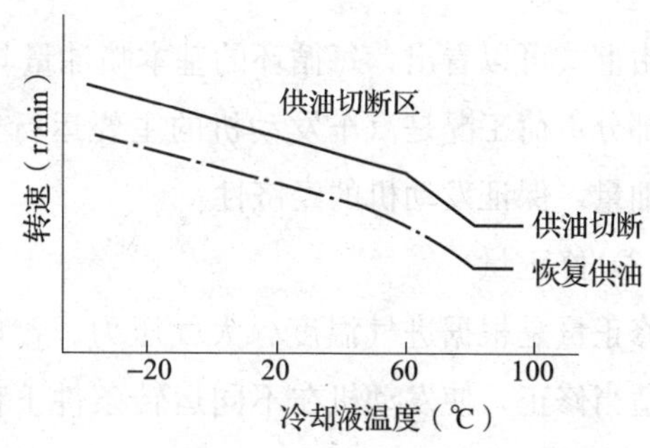

图 4—3—8 供油切断特性曲线

当发动机高温熄火时，高温的发动机就会成为加热汽油的热源，并且有可能使汽油温度上升到80～100℃，这时喷油器内的汽油就会沸腾，产生汽油蒸气。若此时起动发动机，则喷油器的喷油量就会因汽油中含有汽油蒸气而减小，从而使混合气变稀。因此，高温起动应增大喷油量，以解决因汽油蒸气存在而引起的混合气变稀的问题。一般是当冷却水温度上升到设定值（如100℃）以上时，增大喷油量。汽车在高温行驶时，由于行驶中风力的强冷却作用，汽油温度不会太高，充其量不过50℃，因此在高温行驶时不用对喷油量进行修正。

当发动机的转速超过设定值后，燃油喷射量以同步燃油喷射方式确定。

(3) 溢油消除功能

发动机起动时，向发动机提供很浓的混合气，若多次起动未成功，将会造成混合气过浓，火花塞潮湿，不能正常点火，使起动更加困难，这种情况称为溢油或淹缸。为此，ECU设置了溢油消除功能。在起动时踩下油门踏板，使节气门全开时，发动机ECU使喷油器停止喷油，以排除气缸中多余的燃油，使火花塞干燥。在这种情况下，若点火开关处于起动位置、发动机转速低于500 r/min、节气门全开时，进入溢油消除状态。因此，在电控汽油喷射发动机起动时，不必踩下油门踏板发动机就可起动；反之，若踏下油门开关，则有可能进入溢油消除状态而无法起动。

2. 正常运转喷油量

在正常运转工况，由于ECU要考虑的运转参数很多，为了简化程序，通常将喷油量分成基本喷油量、修正量、增量三个部分，并分别计算出结果。然后再将三个部分叠加在一起，作为总喷油量来控制喷油器喷油。

(1) 基本喷油量

基本喷油量是根据发动机每个工作循环的进气量，按理想空燃比14.7计算出的喷油量，即：

$$\text{每循环基本喷油量}=\frac{\text{系数}\times\text{空气流量}}{\text{发动机转速}}$$

由上式可以看出，每循环的基本喷油量与空气流量成正比，与发动机转速成反比。

部分负荷工况是汽车发动机的主要运行工况，其喷油量稀于理论混合比，采用基本喷油量，保证发动机的经济性。

(2) 修正量

修正量是根据进气温度、大气压力、蓄电池电压等实际运转情况，对基本喷油量进行适当修正，使发动机在不同运转条件下都能获得最佳浓度的混合气。修正量的大小用修正系数表示：

$$\text{修正系数}=\frac{\text{修正后的喷油量}}{\text{基本喷油量}}$$

1）进气温度修正。由于温度与进气的密度成反比。当进气温度升高时，空气密度减小。进气量的体积相同，但质量会随着温度的升高而降低，若不对喷油量进行修正，则混合气会变浓。所以在体积式空气流量计（如翼板式空气流量计）内部装有进气温度传感器，以便对喷油量进行修正。

2）大气压力修正。大气压力也会影响到进气的密度。当汽车行驶到高原地区时，海拔高度增加 1 000 m，大气压力降低 10 kPa，空气密度也随着降低。对于同样体积的空气流量，其质量海拔升高就会降低。为避免混合气过浓以及油耗过高，应根据大气压力对喷油器的喷油时间进行修正。

3）蓄电池电压修正。在实际运行条件下，针阀开启滞后时间受蓄电池电压影响较大，针阀关闭滞后时间受蓄电池电压的影响较小，ECU 根据蓄电池电压对喷油持续时间进行修正，蓄电池电压低，修正时间长；蓄电池电压高，修正时间短，如图 4—3—4 所示。

（3）增量

增量是当发动机工况变化时，如暖机、加速等，为加浓混合气而增加的喷油量，以使发动机获得良好的动力性、加速性、平顺性等使用性能。

一般在低温起动后、暖机过程、加速过程、大负荷等工况下，需要加浓混合气。增量的大小用增量比表示：

$$增量比=\frac{基本喷油量+增量}{基本喷油量}$$

1）起动后增量：发动起动后，由于温度较低，汽油与空气混合不均匀，有部分燃油沉积在进气管上，使混合气变稀。因此，发动机低温起动后，应额外增加喷油量，以保证发动机运转稳定、不熄火。起动后增量比的大小取决于起动时发动机的温度，并随发动机运转时间的增长而逐渐减小为 1。

2）暖机过程增量：在发动机低温起动后，发动机温度仍很低，燃油不易立即汽化，较大的燃油滴容易凝结在冷的进气管道及气缸壁面上，混合仍然不均匀且偏稀。因此在暖机过程中仍需额外增加喷油量以加浓混合气。暖机增量比的大小取决于发动机冷却水温度传感器测得的发动机温度。当发动机温度达到 80℃时，暖机过程结束，增量比变化为 1。

3）大负荷工况增量：在节气门开度很大时，需要较浓的混合气（a =0.8～0.9），使发动机输出最大功率。发动机 ECU 会根据节气门位置传感器的全负荷开关信号或节气门位置传感器测得节气门大开度信号（大于 70°），ECU 按大负荷增量计算喷油量，延长喷油器的通电时间，以增大喷油量，使空燃比保持在 12.5∶1（喷油量增加10%～30%）。发动机在高速工况运行时的喷油量修正与大负荷修正相同。

4）加速工况增量：为改善加速性能，在汽车加速这一小段时间内，也需要较浓混合气，使发动机能发出最大扭矩，改善加速性能。此时，发动机ECU根据节气门打开速率判断发动机是否处在加速工况，则ECU除了根据空气流量增加同步喷射的喷油量外，还立即进行异步喷射，以满足加速工况对喷油量的特殊要求，供给浓混合气。加速喷油增量比的大小及作用时间与发动机水温相关，水温越低，加速增量比越大，持续时间也越长。

四、喷油持续时间的计算与控制

发动机各种工况最终喷油量，是ECU通过对喷油器的通电时间的控制获得的。

1. 起动后发动机喷油持续时间

起动后喷油持续时间由根据进气量确定的基本喷油持续时间和发动机运行状态参数决定的修正喷油持续时间构成。其计算公式表示如下：

$$T = k \cdot T_p + T_v$$

式中 T——喷油持续时间，ms；

T_p——基本喷油持续时间，ms；

k——与发动机运行状态有关的综合修正系数，即增量比；

T_v——喷油器无效喷射持续时间，ms。

在电控汽油喷射系统中，ECU发出喷油信号，喷油器电磁线圈通电，但喷油器针阀实际的开启时刻（开始喷油）相对喷油信号有滞后。同样，喷油器电磁线圈断电，但针阀实际的关闭时刻（喷油停止）也有滞后，且针阀开启的滞后时间比关闭的滞后时间长。通常把开启滞后与关闭滞后的差值称为无效喷射时间 T_v。由于在无效喷油时间内，事实上没有进行喷射，因此需要进行补偿修正。

（1）基本喷油持续时间 T_p

基本喷油持续时间 T_p 是ECU为了达到目标空燃比，计算求得的喷油持续时间。目标空燃比（A/F）一般取14.7。

在目标空燃比已确定的情况下，ECU首先根据空气流量计、曲轴位置传感器的转速信号，求出在一个工作循环进入发动机气缸的空气质量，具体计算方法因空气流量计形式而异。然后，由目标空燃比和循环空气质量，算出达到目标空燃比所需的喷油量 G_f。最后，在供油压力与进气歧管压力差值一定的情况下，ECU根据喷油持续时间与每次的喷油量成正比，计算出达到目标空燃比所需的基本喷油持续时间 T_p。

（2）基本喷油持续时间综合修正系数 k

基本喷油持续时间综合修正系数 k 包括暖机过程的喷油量修正、怠速稳定性修正、大负荷工况时的喷油量修正、加速工况时的喷油量修正、目标空燃比反馈修正系数 k_0

和学习空燃比控制产生的修正系数 k_L。

起动后修正、暖机过程修正、大负荷工况修正、加速工况修正在前面已经介绍过了。

1）怠速稳定性修正。在采用 D－Jetronic 系统的汽油机中，决定基本喷油持续时间的进气歧管压力，在怠速工况时相对发动机机的转速有一个滞后，节气门后进气歧管的体积越大，怠速转速越低，滞后时间越长，导致怠速转速周期性的波动。为了提高发动机怠速运转的稳定性，ECU 根据进气歧管压力和发动机转速的变化，采取与转矩变动相反的反向修正，以提高发动机的怠速稳定性。

2）空燃比反馈修正。三元催化转换装置降低了发动机有害气体的排放量。但三元催化转换装置只有在混合气浓度处于理想空燃比附近时，才能使 CO、HC 的氧化反应和 NO 的还原反应同时进行，三元催化转换效率最高。用氧传感器对排气中氧含量进行检测，ECU 根据检测结果对空燃比进行修正，将空燃比控制在理论空燃比（14.7∶1）附近。

在实际运行中，当修正值大于设定值时，为进一步提高空燃比的控制精度，ECU 根据计算出的实际空燃比与理论空燃比的偏差，对喷油时间进行总修正，并把学习修正系数储存在 EPROM 或 RAM 中作为以后的预置值。

汽油喷射系统使用氧传感器进行反馈控制（闭环控制），必须使用无铅汽油，将混合气控制在理论空燃比附近很窄的范围内，如图 4—3—9 所示。对起动、暖机、怠速、加速、满负荷等特殊运行工况，仍需采用开环控制。

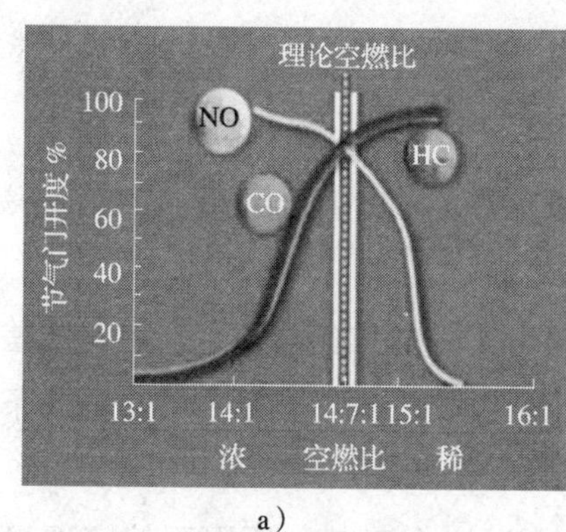

a）

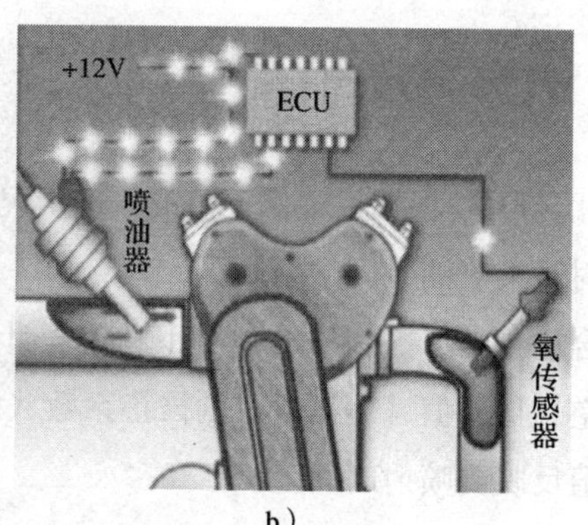

b）

图 4—3—9　氧传感器进行反馈控制（闭环控制）

a）三元催化器的净化率　b）用氧传感器实现空燃比闭环控制

3）学习空燃比修正。学习空燃比控制通常称为自学习控制，可以消除因制造因素和使用因素造成的误差，提高混合气空燃比的控制精度。发动机在使用过程中，电控燃油喷射系统的各部件性能会有所改变，从而使空燃比控制发生偏差，且这种偏差随着使用时间的推移，会不断加大。

对于特定型号的发动机而言，各种工况下的基本喷油时间是经过反复试验得到的，并被存储在 ECU 的 ROM 中，是固定不变的。但是，在发动机的实际运转过程中，由于制造误差或使用中零部件性能的变化，实际空燃比会严重偏离理想空燃比。比如，空气供给系统堵塞会造成混合气过浓，喷油器堵塞会造成混合气过稀。虽然借助于氧传感器可以实现空燃比的反馈控制，将混合气浓度修正到理想空燃比附近，但是反馈控制修正的范围是有限的，一般在 0.8～1.2，如图 4—3—10a 中 C 所示。一旦修正值超过修正范围，就会造成控制困难。图中的“反馈修正值的中心位置”就是“空燃比偏移量”。

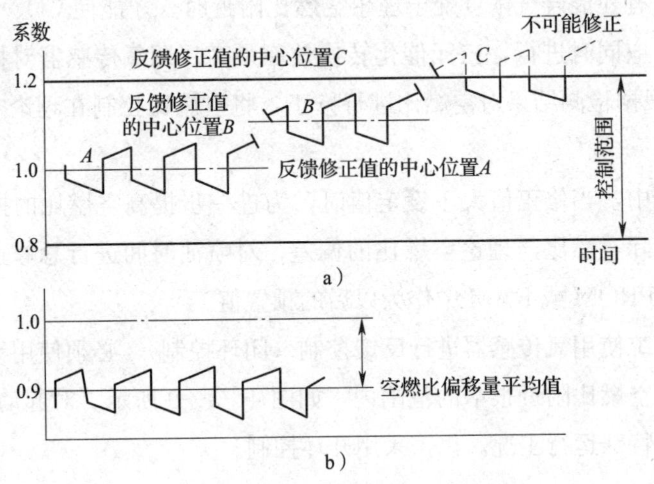

图 4—3—10　空燃比反馈修正范围

a）反馈修正值的中心位置　b）空燃比偏移量

为此，ECU 根据反馈修正值的偏离情况设定一个学习修正值（学习修正系数），从而实现对基本喷油时间的总修正。

混合比自学习控制的过程如下：首先计算出实际空燃比与理想空燃比的差值，再计算出空燃比差值（偏离量）的修正系数（即学习修正值），然后将符合当前条件的学习修正值反映到喷射时间上。

如图 4—3—10b 所示，假设混合气实际空燃比由于某种原因而偏离理想空燃比 10%时，则进行反馈控制时反馈修正的中心位置为 0.9（即减少了 10%）。如果要使反馈修正值的中心回到理想空燃比 14.7（$\alpha=1.0$）的位置上，则学习控制修正值应为 0.9。

ECU 计算出学习修正值后，将该值存入存储器中，在以后的使用过程中，把符合当前条件的学习修正值都反映到喷射时间上，做到持续修正。

在发动机运转中，ECU 主要根据进气量和发动机转速来计算喷油量。此外，ECU 还要参考节气门开度、发动机水温、进气温度、海拔高度及怠速工况、加速工况、全负荷工况等运转参数来修正喷油量，以提高控制精度。

2．断油控制

断油控制主要有超速断油控制、减速断油控制以及减扭矩断油控制三种。

（1）超速断油控制

过去常采用停止点火或延迟点火的办法，防止发动机超速。这样，排放污染严重，燃油经济性很差。

现在都采用切断燃油供给的电子限速装置，如图 4—3—11 所示，是德国博世公司 Motronic 电子控制系统的超速断油控制过程，发动机工作在最高转速 $n_0 \pm 80$ r/min 转速范围内，一般为 6 000～7 000 r/min。发动机运行时，ECU 将发动机的实际转速与储存在 ROM 中的最高转速进行比较，当转速超过设定转速时，ECU 停止输出喷油信号，转速下降至设定转速时再恢复喷油，如此反复循环，防止发动机转速继续上升。

（2）减速断油控制

汽车高速行驶中，若突然松开油门踏板减速，惯性会使发动机继续高速旋转。由于节气门已关闭，进入气缸的混合气数量很少，这时燃烧很不完全，使废气中的有害排放物增多。因此，ECU 采取减速断油控制，自动中断燃油喷射，发动机转速下降，直到设定的较低转速时，再恢复喷油。这样减少了有害物的排放和燃油消耗量，促使发动机转速尽快下降，有利于汽车减速。

断油转速和恢复喷油转速与冷却水温度、空调是否工作、用电负荷等因素有关。发动机水温越低，断油转速越高，其特性如图 4—3—12 所示。

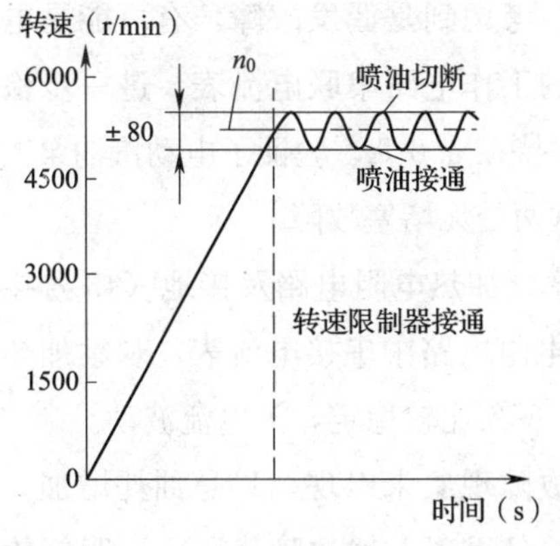

图 4—3—11　Motronic 超速断油控制过程

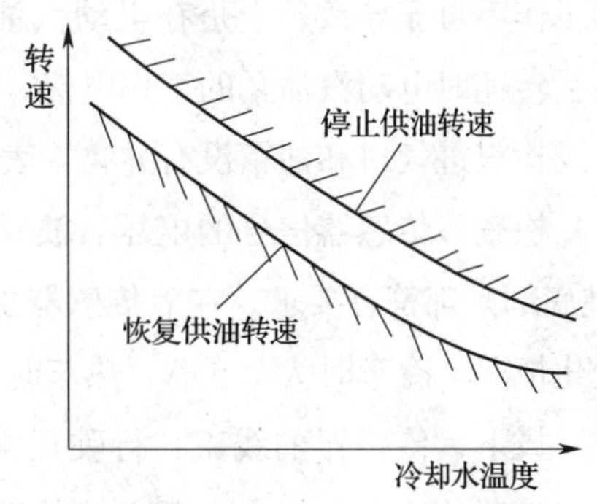

图 4—3—12　断油控制

以下条件只要有一个不满足，ECU 就立即停止执行减速断油，恢复喷油。

1）节气门位置传感器中的怠速开关接通。

2）发动机水温已达正常温度。

3）发动机转速高于减速断油转速。减速断油转速由 ECU 根据发动机水温、负荷等参数确定。

（3）减扭矩断油控制

当自动变速器自动升挡时，ECU 会暂时中断个别气缸喷油，减小发动机输出扭矩，以降低发动机转速，减轻换挡冲击，称为减扭矩断油控制。

五、燃油喷射控制故障检修

以大众高尔发动机为例。

1. 发动机丢转速故障现象

一辆高尔汽车，行驶里程 15 200 km，在中速（车速 80 km/h，发动机转速为 2 000 r/min）行驶时，出现发动机丢转速现象（转速下降 200 r/min 左右）。有时是瞬间几秒，有时时间稍长一些，然后发动机又恢复正常工作。丢转速故障的时间间隔没有规律性。

2. 故障诊断与排除

首先用检测仪检测故障码。只有在发生发动机丢转速的时候，才会读出 00537 和 00561 两个偶发故障码，如图 4—3—13 所示，但故障码可以清除。分析故障信息“00537—Lambda 控制和 00561—混合匹配数值超出上、下匹配极限”，此故障与发动机的燃油系统、进气系统、点火系统以及机械因素有关。而又属于偶发故障现象，针对汽车出现故障的现象和故障代码，采取如下步骤。

（1）检查发动机汽油泵供电电路，先更换了燃油泵继电器 J17，故障未能排除。随后检查燃油压力，说明电动汽油泵工作正常。考虑到是偶发故障，有可能是电动汽油泵瞬间工作不可靠导致。于是在电动汽油泵的工作电路串联电流表，进一步检查当发动机在丢转速时电动汽油泵的工作电流，都保持在 3.6 A，验证了电动汽油泵工作是良好的。经检查进气口和油箱没有异物，表明这两处无堵塞故障。

（2）检查氧传感器信号的电压、波动频率、加热电阻电路及接地（43 号接地点在右 A 柱底部）都符合要求。在氧传感器加热电阻电路中串接电流表，观察加热电阻的电流变化情况，冷车时为 2.4 A，热车时为 1.3 A 比较稳定，无电流波动。

（3）拔下氧传感器的线束，行驶正常，故障现象未出现，只是油耗增加。但只要插上氧传感器的插头，就会出现上述故障，并且重现上述故障代码。说明氧传感器只是在闭环控制上起作用，但氧传感器无故障。

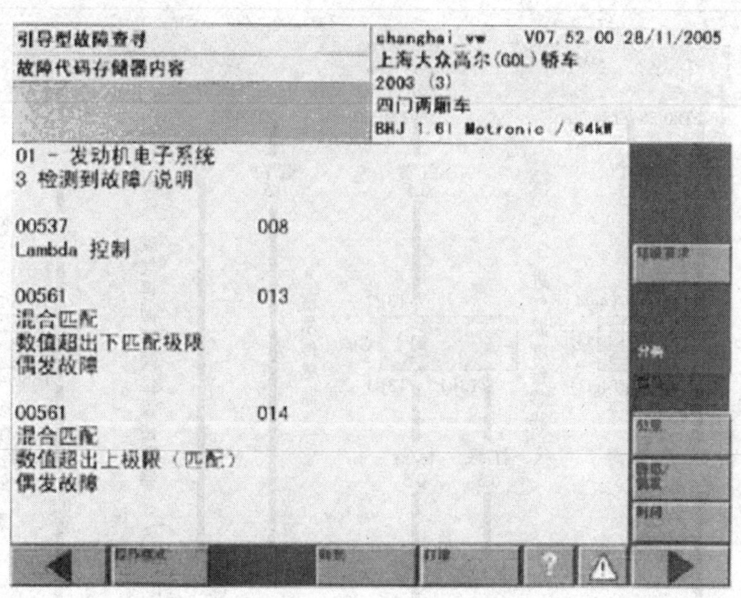

图 4—3—13　检测仪显示两个偶发故障码

（4）分别替代试验检查节气门位置传感器、喷油器、进气压力传感器、冷却液温度传感器、分电器及 ECU 等部件，也都正常，由此排除了电控系统元件故障的原因。

（5）因高压点火偶然不良也会造成混合气燃烧不良，出现混合气匹配故障信息。故检查点火线圈、各缸高压线、分电器盖，但均为良好。又对分火头的触点进行清洁，故障依旧。

（6）更换发动机电控线束，故障仍未排除。

（7）读取发动机在丢转速时发动机电控系统的数据。连接 VAG1552 进行动态观察和读取测试：首先进入 01—08—02、09、12、16、17 分别观察发动机的转速与进气量、喷油的时间、氧传感器电压的变化和显示的数据流。又连接电控系统连接插头 VAGl598－5/20，分别检测 ECU 各脚的电压。另外在喷油器的电路并联 SVW1527B，观察是否有停喷现象。在试车测试过程中，读取的数据流基本正常，都在标准范围内。当出现故障时，数据流未有异常变化；发光二极管闪烁也未见明显变化。

（8）故障代码，都是偶发故障，并能清除。依据经验，故障可能出在电控系统线路上。从检查线束的各连接电阻值、电压，重点检查线束的搭铁线上。当检查到发动机的电控单元 T55a/2、T55a/4、T55a/24 的插脚汇集总接地点 49 与蓄电池的负极桩头连接电阻时，发现阻值为 5 Ω，显然过大，经过清洁处理恢复正常。再仔细检查各处线束连接情况，确属正常后进行试车。由此可见，该故障是由发动机电控单元搭铁线接触不良造成，如图 4—3—14 所示传感器接地 220。

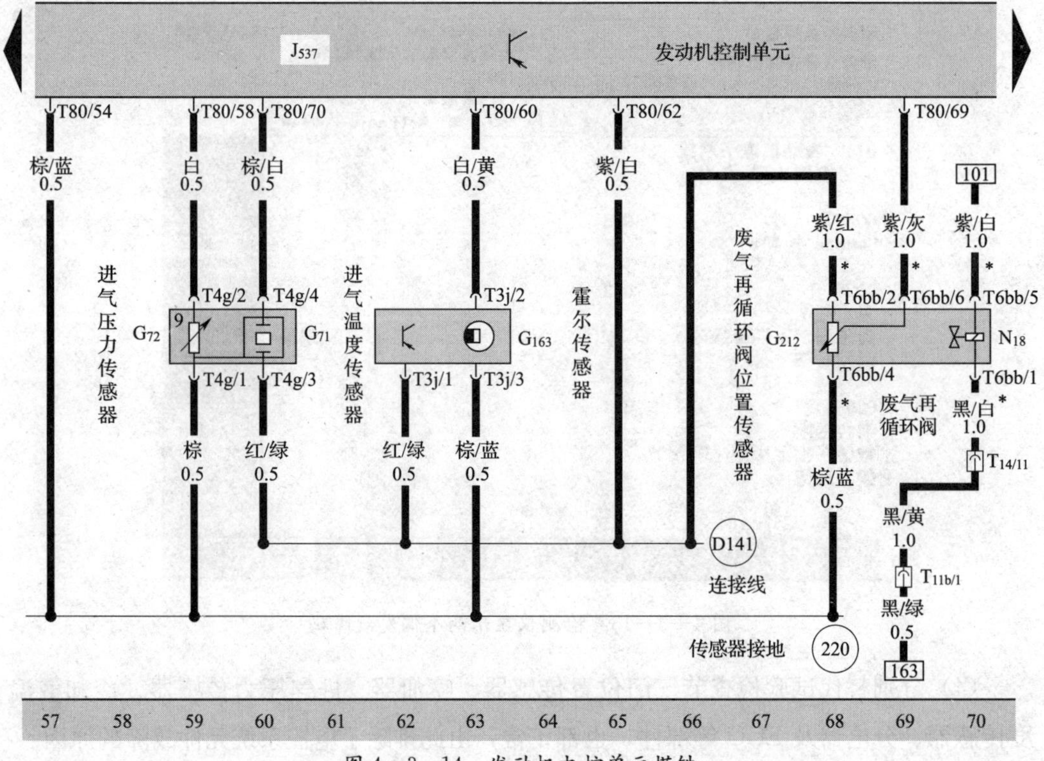

图 4—3—14　发动机电控单元搭铁

(9) 再进一步检查电源供电，用电压表测量发电机及蓄电池的工作电压，黑表笔搭铁，红表笔测量发电机的正极接线柱输出为 14 V；蓄电池的正极桩头为 13.6 V，而测量 15 号线（点火开关）为 12.8 V，又查出发动机机体与车身的连接线接触不良，经清洁电压达到 13.9 V。

3. 维修小结

该车故障检测出现的两个故障代码（00537 和 00561）都是与混合浓度和燃油修正控制有关的故障码。确实是有很多因素会引起这两个故障代码的存储，但是这两个故障码均属于非常态的偶发性故障代码，排除这样的故障的确是比较烦琐，需要检查和监控的参数比较多。

该故障是由发动机电控单元的接地线与蓄电池负极搭铁不良，造成发动机 ECU 出现瞬间控制失常。所以，发动机 ECU 在中速时因电源故障出现瞬间喷油控制失常，使混合气的浓度不符合要求，造成动力下降，而氧传感器检测到了此信号，作为偶发故障代码存储在 ECU 的 RAM 读写存储器中。故障诊断时，应注意以下几个方面：

(1) 当遇到电控系统存储有偶发故障代码时，不要只局限于故障代码的信息。首先检查蓄电池的电压和 ECU 的工作电压是否一致，并符合要求。其次对照电路检查线束的连接电阻值要小于 0.4 Ω。重点检查线束的搭铁点。最后再进行其他部件的常规检查。

(2) 故障出现时，用 VAG1552 故障阅读仪读取数据流时，没有明显的变化，其原因是故障出现时间太短，电子仪器有一定的反应时间，所以动态显示没有明显的变化。

(3) 故障为何只在汽车发动机中速时，才出现入控制混合气匹配超出上、下极限故障代码。原因是发动机 ECU 只有在发动机水温正常后，汽车处于在中速时，通过氧传感器的信号修正喷油量，保持空燃比在 14.7 左右。当发动机在怠速及低温时，发动机加速及大负荷时，发动机 ECU 不进行空燃比的修正。

(4) 发动机电控单元搭铁不良，使接地电阻增大。如图 4—3—15 所示，R2 由正常值 0.4 Ω 增大到故障状态下的 0.5 Ω，等于在喷油器控制电路中串联上附加接地电阻 R3。流经喷油器线圈的电流明显减小，从而使喷油器的开阀时间增大，从而导致喷油器的实际喷油量小于正常喷油量。因此，在车辆运转时，混合气浓度偏稀。当氧传感器检测到混合气偏稀时，向 ECU 发出增加喷油量的信息，ECU 增加喷油量，如此循环，ECU 认为入控制和混合气调节不正常，从而记录故障代码 00537 和 00561。在记录上述故障代码后，ECU 根据氧传感器进行混合气加浓的控制停止，从而导致喷油量不足，出现发动机转速下降的故障现象。

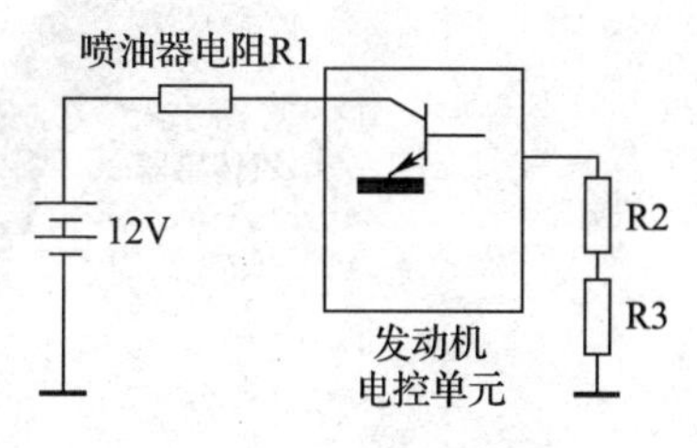

图 4—3—15 喷油器控制电路搭铁不良

思考与练习

1. 简述喷油器的工作特性。
2. 喷油正时是怎么控制的?
3. 喷油量是怎么计算的?
4. 简述燃油喷射控制的故障检修步骤。

课题四 氧传感器

学习目标

◆ 了解氧传感器的类型和结构原理。

◆ 会利用氧传感器的波形和故障码诊断故障。

◆ 能检修氧传感器的故障。

如图 4—4—1 所示排气消声器，分析上面安装的氧传感器的作用。

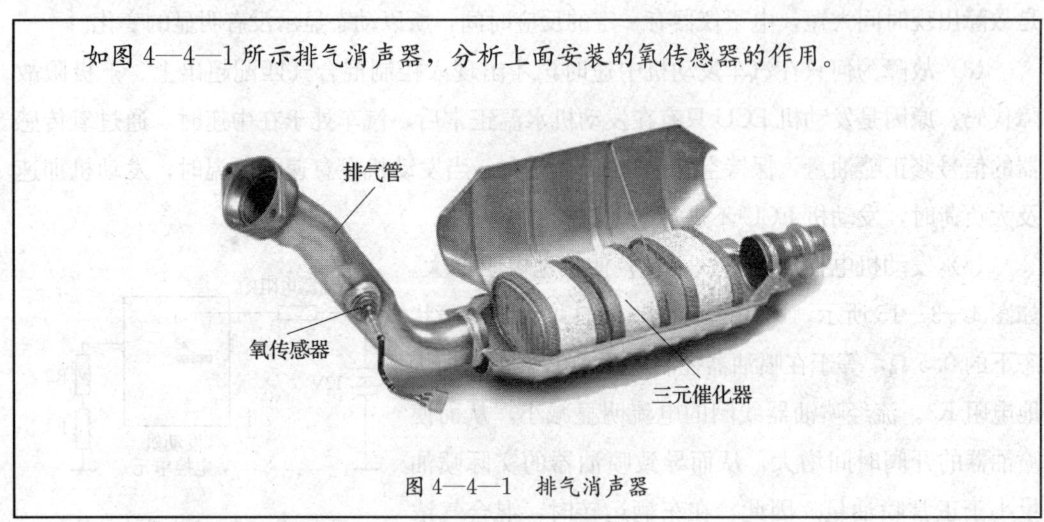

图 4—4—1　排气消声器

一、氧传感器的安装位置和类型

1. 氧传感器的安装位置

氧传感器安装在三元催化器之前的排气管上（见图 4—4—2），用来检测排气中的氧气浓度，以此间接推算混合气的空燃比。也有的车型在三元催化器前后各安装一只氧传感器（见图 4—4—3），后面的副氧传感器用于检测三元催化器的净化效率。

图 4—4—2　氧传感器在排气管上的安装位置

2. 氧传感器的类型

按材料分为二氧化锆（ZrO_2）氧传感器和二氧化钛（TiO_2）氧传感器。氧化锆氧传感器一般在 350～400℃才能正常工作，因此有加热型和非热型氧化锆氧传感器。

按安装位置分为主氧传感器和副氧传感器（见图 4—4—3）。

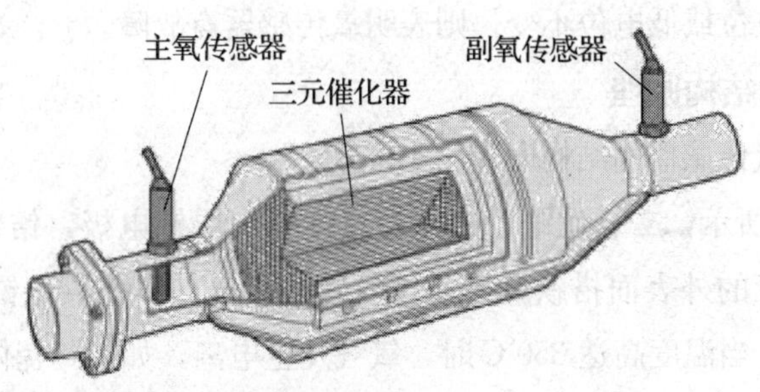

图 4—4—3　主、副氧传感器的安装位置

按检测精度分为窄域氧传感器和宽域氧传感器。宽域氧传感器可以检测稀薄混合气状态下的燃烧情况。

二、氧传感器的应用及结构原理

1. 氧传感器的应用

用氧传感器进行空燃比闭环控制，如图 4—4—4 所示，在理论空燃比 14.7 附近，氧气和汽油完全燃烧，同时，三元催化器的净化率最高。

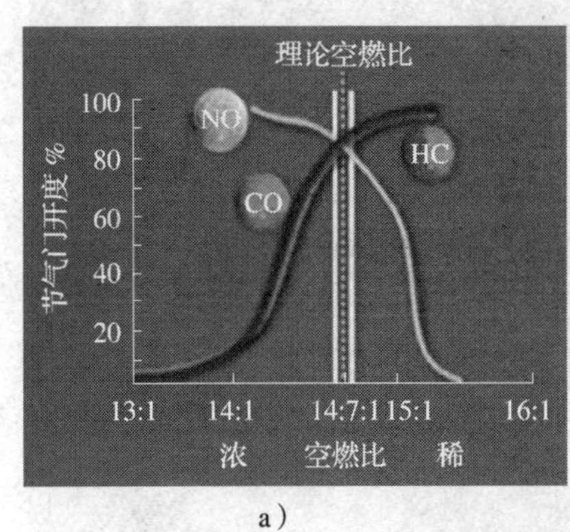

a）

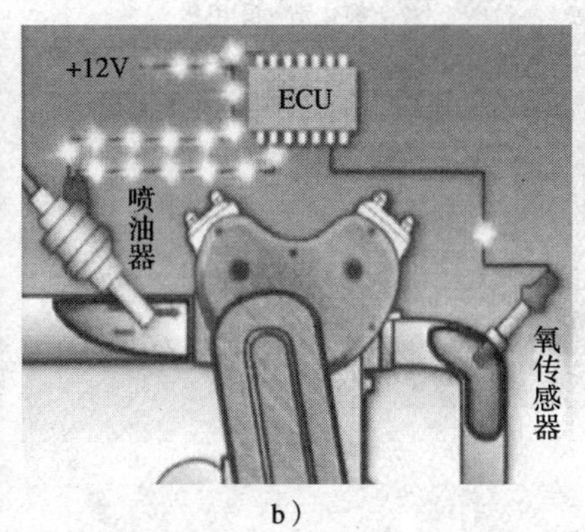

b）

图 4—4—4　空燃比闭环控制

a）三元催化器的净化率　b）用氧传感器实现空燃比闭环控制

当混合气浓（即空燃比小于 14.7：1）时，在燃烧过程中氧分子被全部耗尽，排气中没有氧气分子；当混合气稀（即空燃比大于 14.7：1）时，在燃烧过程中氧分子未能全部燃烧，排气中含有氧分子。混合气越稀，排气中的氧分子浓度就越大。因此，氧传感器发出的信号间接地反映了混合气空燃比的高低。ECU 按氧传感器的反馈信号，对喷油量的计算结果进行修正，使混合气的空燃比更接近于理论空燃比。实现空燃比的闭环控制，降低了有害气体排放、节约燃油，保证了三元催化器的正常工作。

实际上只能使混合气在理论空燃比附近一个狭小的范围内波动，故氧传感器的输出

电压在 0.1～0.8 V 不断变化（通常每 10 s 内变化 8 次以上）。如果氧传感器输出电压变化过缓，电压保持高电位或低电位不变，则表明氧传感器有故障。

2．氧传感器的结构原理

（1）二氧化锆氧传感器的结构原理

如图 4—4—5a 所示，二氧化锆管的内外表面有一层铂电极，锆管的内表面通大气，并用导线引出。锆管的外表面搭铁，并通排气管的废气。多孔氧化锆陶瓷体，允许氧渗入其固体电解质内，当温度高达 350℃时，氧气发生电离，如果陶瓷体内侧大气中含氧量与陶瓷体外侧的含氧量不同时，即存在浓度差时，在固体电解质内氧离子从大气侧向排气侧扩散，在氧化锆内、外两侧极间就产生一个电压，在氧化锆内形成微电池。当混合气稀时，有部分氧没有燃烧，排气中氧的含量高，锆管内外表面氧离子浓度差小，输出的电位差较低，约 0.1 V。反之，当混合气较浓时，燃烧后的废气中氧离子少，锆管内外表面氧离子浓度差大，输出的电位差较高，约为 0.9 V。当混合气接近理想空燃比 14.7 时，氧离子浓度差急剧变化，输出的电位差从 0.9 V 急剧变化至 0.1 V，如图 4—4—6b 所示，氧传感器起到一个浓、稀开关的作用。

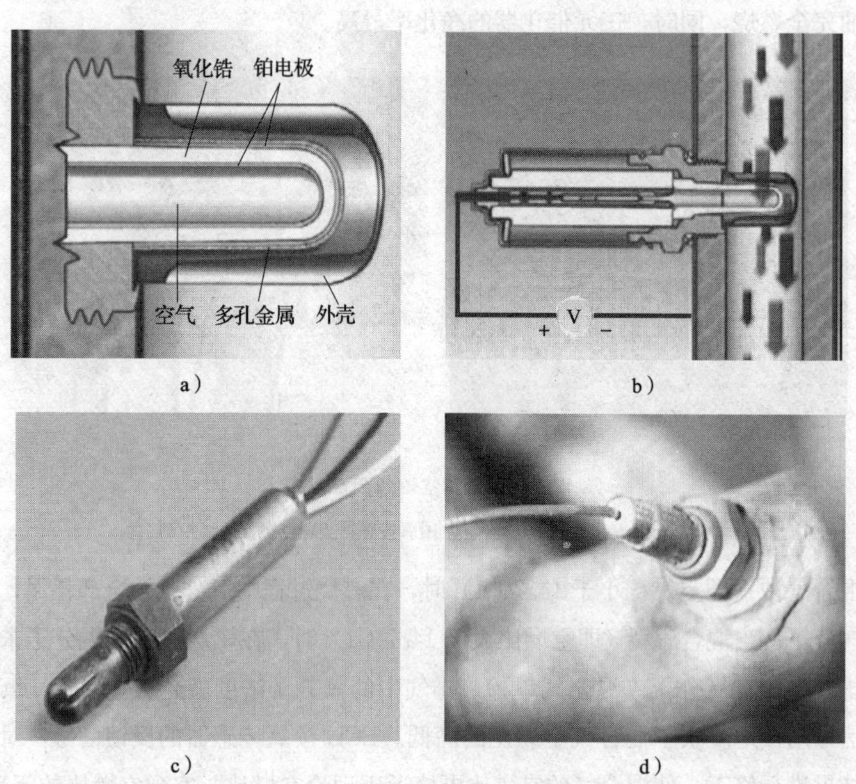

图 4—4—5　氧传感器的工作原理

a）氧传感器的结构　b）氧传感器的工作原理　c）三线氧传感器　d）单线氧传感器

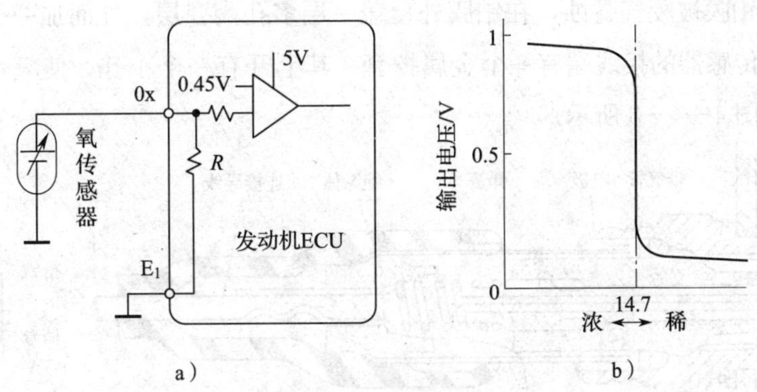

图 4—4—6　非加热型氧传感器

a）电路　b）信号

如图 4—4—5c、d 所示，氧化锆式氧传感器有非加热型（见图 4—4—6，有 1 线或 2 线）和加热型（2 线、3 线、4 线）。加热型氧传感器（见图 4—4—7）可以安装在离发动机较远的排气管上，当发动机负荷小、排气温度低时，加热器通电，保证氧传感器正常的工作温度（300℃以上，电阻小，信号强）。

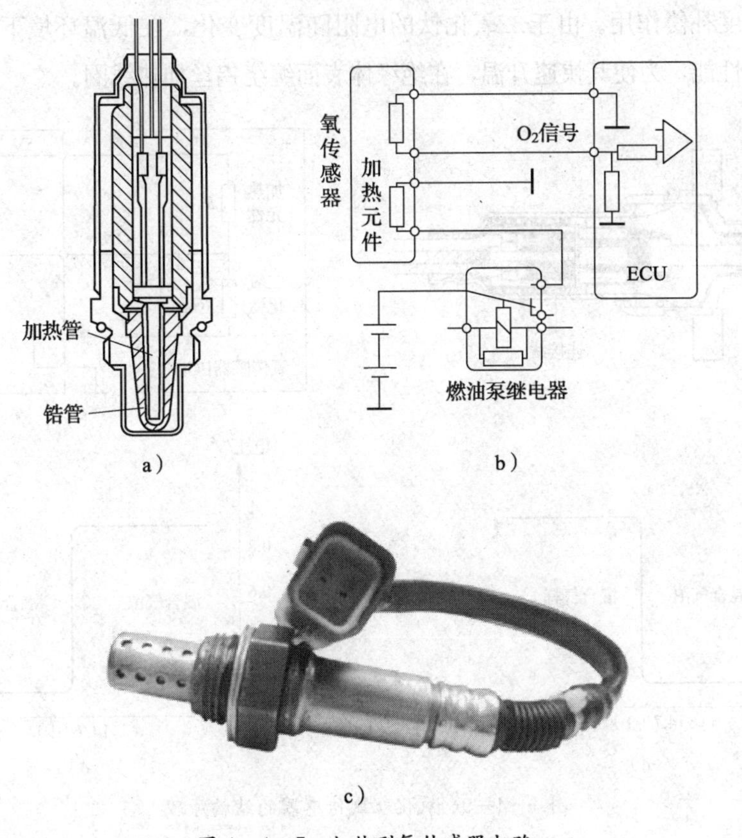

图 4—4—7　加热型氧传感器电路

a）加热型氧传感器　b）电路　c）实物

为了防止铂膜被废气腐蚀，在铂膜外覆盖一层多孔陶瓷层，外面加一个开有槽或孔金属护套。氧传感器的接线端有一个金属护套，其上开有一个小孔，使氧化锆传感器内侧通大气，如图 4—4—8 所示。

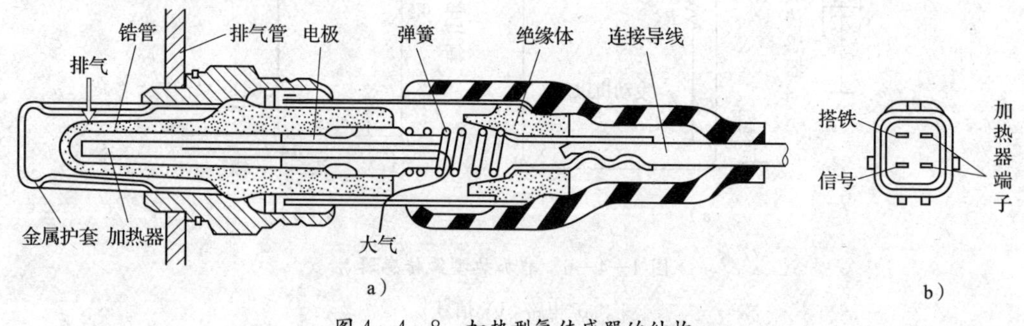

图 4—4—8 加热型氧传感器的结构

a）加热型氧传感器的结构 b）加热型氧传感器的插头

（2）二氧化钛氧传感器的结构原理

二氧化钛氧传感器采用 TiO_2 N 型半导体元件制成。主要由二氧化钛传感元件、钢质壳体、加热元件和电极引线等组成。如图 4—4—9b 所示，TiO_2 热敏电阻元件与 TiO_2 元件串联，起温度补偿作用。由于二氧化钛的电阻随温度变化，在低温环境下其电阻值大，影响其工作性能，为使其快速升温，在绝缘体表面缠绕钨丝加热线圈。

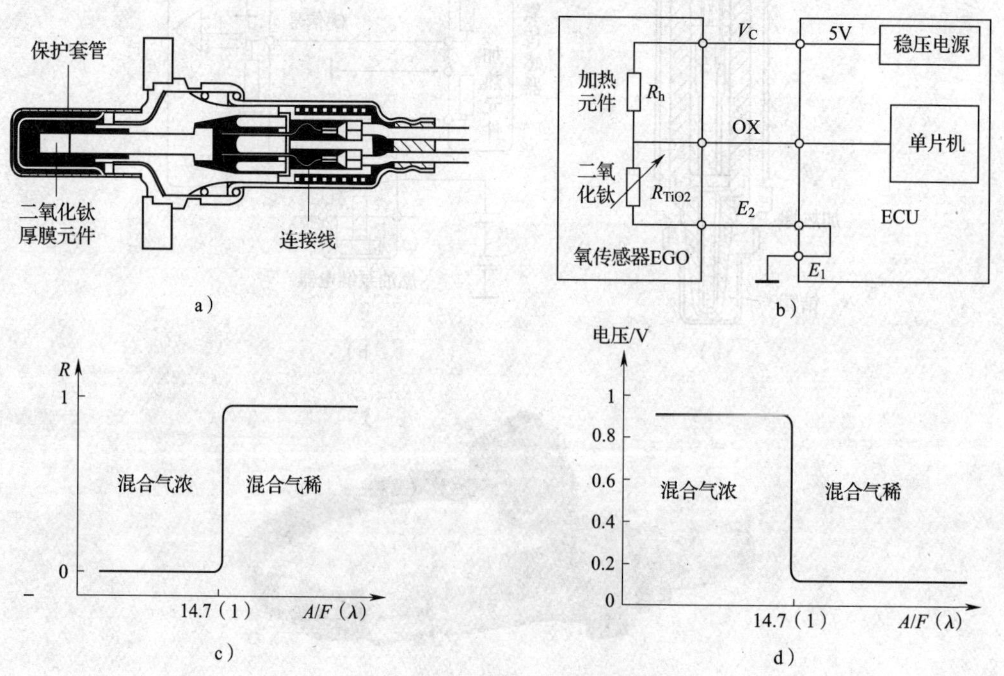

图 4—4—9 氧化钛氧传感器的结构原理

a）氧化钛氧传感器的结构 b）氧化钛氧传感器的电路

c）混合气浓度与氧传感器电阻的关系 d）混合气浓度与氧传感器电压的关系

二氧化钛氧传感器的工作原理与氧化锆式氧传感器有很大不同，它是利用氧气与半导体 TiO_2 元件进行氧化反应，使电阻发生变化，不需要排气管内外气体比较，同时需要外接电源。

如图 4—4—9c、图 4—4—9d 所示，当混合气较浓时，排气中氧离子少，在催化剂铂的作用下，使剩余的氧离子与排气中的一氧化碳产生化学反应，生成二氧化碳，将排气中的氧离子进一步消耗掉，二氧化钛呈现高阻状态，从而大大提高了传感器的灵敏度。二氧化钛式氧传感器的电阻增大，Ox 端子上的电压也高。

当混合气较稀时，燃烧后的废气中氧离子多，二氧化钛呈低电阻状态，Ox 端子上的电压也低。在理想空燃比附近，由于电阻急剧变化，Ox 端子的电压也在 0.1～0.9 V 不断变化，也有的车型工作在 0.4（稀）～5 V（浓）。

氧化钛式氧传感器的电阻将在混合气的过量空气系数为 1（空燃比为 14.7）时产生突变。当给氧传感器施加稳定的电压时，在其输出端便可得到一个交替变化的信号。该稳定电压一般由 ECU 内部的稳压电路提供。

二氧化钛氧传感器有结构简单、体积小、便宜、抗腐蚀性好、可靠性高等优点。但由于 TiO_2 热敏电阻与 TiO_2 元件的电阻受温度影响很大，一定要内装加热器，提高低温下检测的稳定性。当发动机冷却液温度大于 60℃，二氧化钛氧传感器自身温度 600℃以上，才能正常工作。在温度低于 300℃时不工作。

(3) 稀混合比传感器（Lean Air Fuel Sensor）

二氧化锆及二氧化钛氧传感器的工作范围都是在过量空气系数 $\lambda=1$ 附近（空燃比为 14.7∶1），一旦超出此范围，测量误差极大。而缸内直喷发动机能在空燃比可达 20∶1 以上，超稀薄混合气情况下燃烧。因此上述氧传感器便无法胜任了。

如图 4—4—10 所示是稀混合比传感器的外形，是在二氧化锆型氧传感器的基础上扩充功能形成的。当氧离子在二氧化锆组件内移动时，会产生电动势。反之，若将电压施加于二氧化锆组件上，即会造成氧离子移动。因此，利用这一原理，计算机可将氧离子控制在希望的数值。

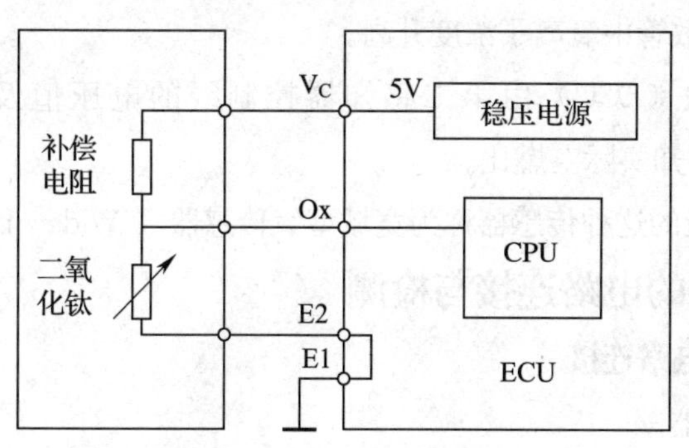

图 4—4—10　稀混合比传感器的外形

如图 4—4—11 所示，传感器的感应组件分为两部分，与排气管废气接触的第一感知器及与大气接触的第二感知器。其电路如图 4—4—12 所示，第一感知器不是比较废气与大气之间的含氧量，而是比较废气与扩散管之间的含氧量，结构与二氧化锆型传感器一样，它会将电压信号传送给计算机。而扩散管内氧离子含量，是 ECU 通过控制氧化锆组件上的电压，改变氧离子移动制造出来。即 ECU 只要改变电压的大小即可改变含氧量。目的就是要让第一感知器持续维持 0.45 V 的电压，也就是说第一感知器一直在 λ=1（空燃比为 14.7：1）附近变化。

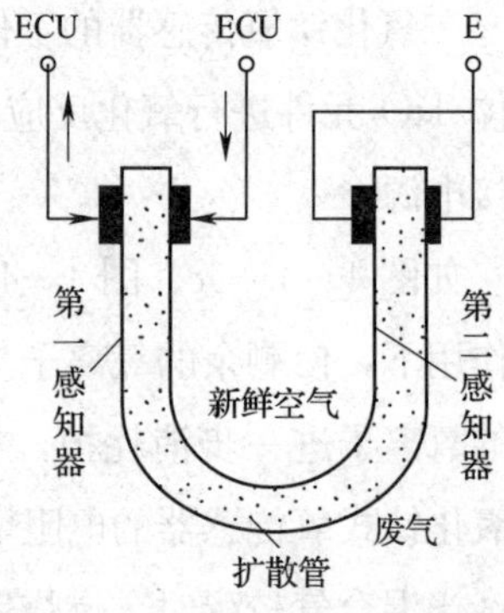

图 4—4—11 稀混合比传感器结构示意图

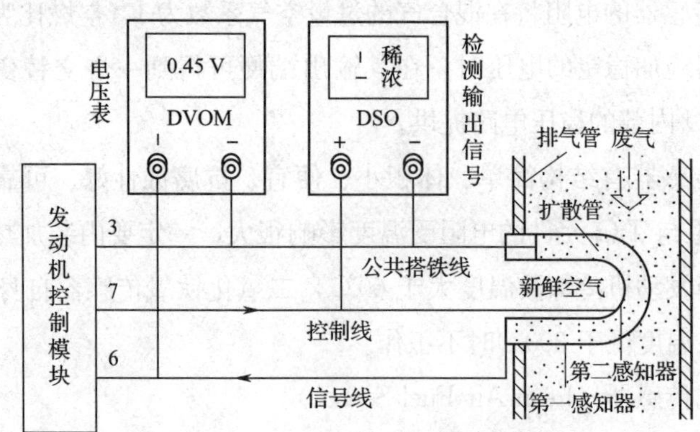

图 4—4—12 稀混合比传感器的电路

当混合气渐渐变浓时，排气管废气中的含氧量少，废气与扩散管之间氧离子浓度差大，第一感知器电压信号持续增加，ECU 为了保持第一感知器 0.45 V 的电压信号，降低第二感知器的电压，必要时甚至送出负电压，使扩散管中氧离子浓度降低。

当混合气变稀时，排气管废气中的含氧量加，废气与扩散管之间氧离子浓度差小，第一感知器电压信号持续降低，ECU 为了保持第一感知器 0.45 V 的电压信号，升高第二感知器的电压，使扩散管中氧离子浓度升高。

计算机控制模块（ECU）由第二感知器控制线的电压值及第一感知器电压值（0.45 V）计算即可得知实际空燃比。

BOSCH 公司制造的这种传感器称为宽域型氧传感器（ Wide—band Oxygen Sensor）。

三、氧传感器的电路连接与检测

1. 氧传感器的电路连接

（1）四线氧传感器

氧传感器典型线路如图 4—4—13 所示，4 条线分别是氧传感器产生信号的两条线、加热器两条线。有的车型氧传感器产生信号接地线和加热器电源线不经过发动机 ECU（ECM、PCM）。

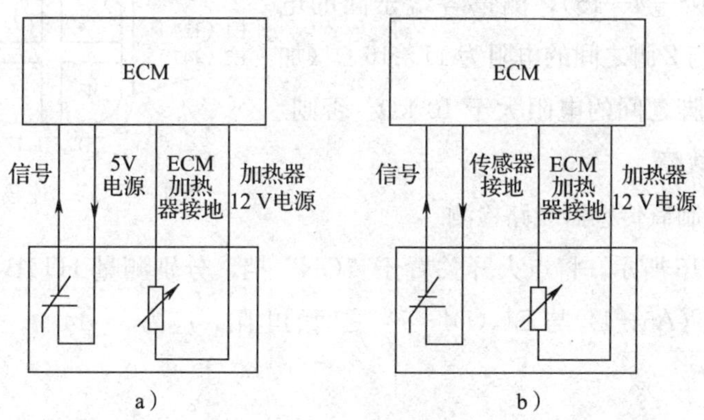

图 4—4—13 氧传感器典型线路

a）钛氧传感器 b）锆氧传感器

（2）三线氧传感器

三线氧传感器取消了接地线，利用氧传感器外壳搭铁。

（3）两线氧传感器

非加热型氧传感器，只有产生信号的两条线。加热型锆氧传感器取消了接地线。

（4）单线氧传感器

非加热型氧传感器只有信号线，取消了接地线。

2. 氧传感器的电路检测

以丰田锐志 5GR－FE 发动机氧传感器为例。丰田锐志 5GR－FE 发动机氧传感器有主、副两个氧化锆氧传感器，电路如图 4—4—14 所示。检测方法如下。

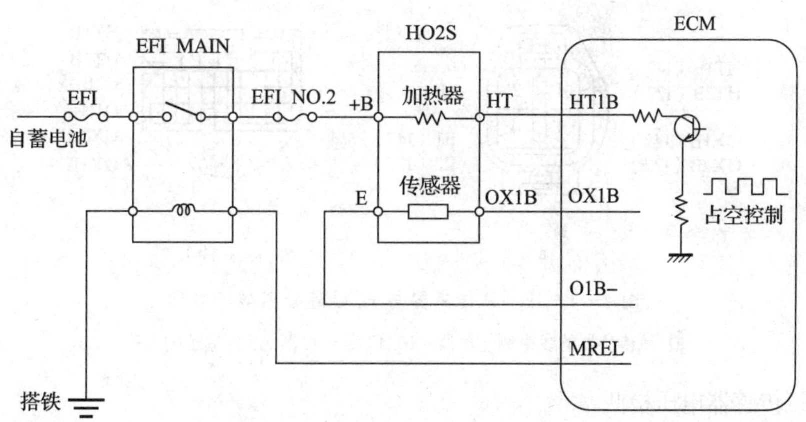

图 4—4—14 锐志氧传感器电路

(1) 氧传感器电阻检测

分别断开前、后氧传感器（HO2S）的连接器I47和I27（见图4—4—15），测量各端子间的电阻。20℃时1脚与2脚之间的电阻为11～16 Ω（加热器）。1脚与4脚之间的电阻大于10 kΩ。否则，说明氧传感器有故障。

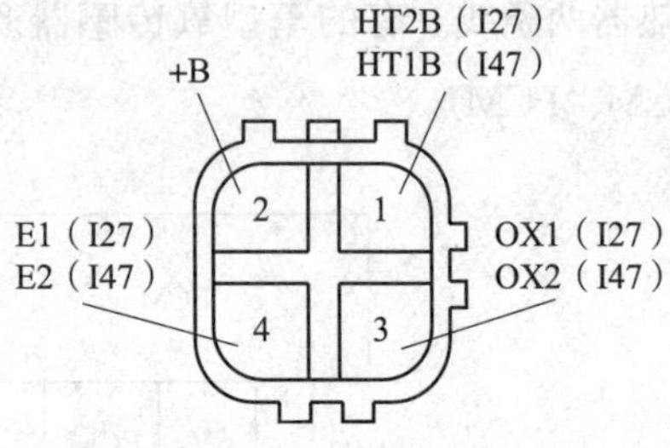

图4—4—15　连接器I47和I27

(2) ECU控制氧传感器线路检测

如图4—4—16所示，将点火开关置于“ON”挡，分别测量HT1B（A5－2）与E1（D4－7）、HT2B（A5－1）与E1（D4－7）之间的电阻，应为9～14 Ω。否则，说明ECU有故障。

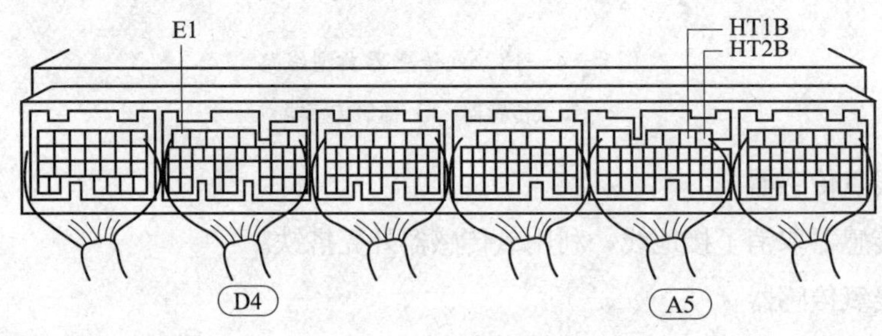

图4—4—16　ECU的连接器

(3) 氧传感器线路检测

分别断开前、后氧传感器（HO2S）的连接器I47和I27。断开ECU的连接器A5。测量I47和I27与A5之间对应端子间的导通性（见图4—4—17），电阻应该小于1 Ω。测量I47、I27、A5各端子与车身搭铁之间的绝缘性，电阻应该大于10 kΩ。否则，说明线束有断路或短路故障。

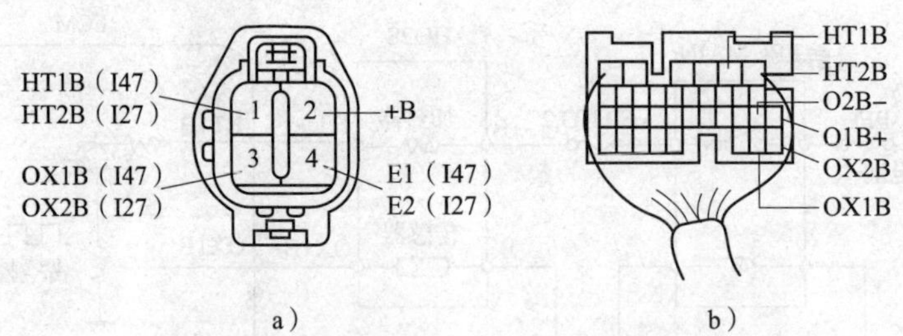

图4—4—17　氧传感器与ECU连接器端子名称

a) 氧传感器的线束侧连接器　b) ECU连接器A5各端子的名称

(4) 氧传感器电压检测

将氧传感器连接器导线引出，在发动机运转时，从引出线上测量电压。丰田车型也可以从故障诊断座的OX1和OX2孔，测氧传感器输出电压。

最好使用指针型低量程（2 V)、高阻抗的电压表，以便直观地反映输出电压的变化情况。喷油量在－12.5％～25％变化时，氧传感器的电压及故障可能部位见表 4—4—1。

表 4—4—1　　**氧传感器的电压与故障部位**

序号	前氧传感器电压	前氧传感器的电压波形	后氧传感器电压	后氧传感器的电压波形	故障可能部位
1	输出电压高于 3.35 V，低于 3.0 V	OK	输出电压高于 0.55 V，低于 0.4 V	OK	正常
2	输出电压几乎无响应	NG	输出电压高于 0.55 V，低于 0.4 V	OK	氧传感器或其电路 氧传感器加热器
3	输出电压高于 3.35 V，低于 3.0 V	OK	输出电压几乎无响应	NG	氧传感器或其电路 氧传感器加热器
4	输出电压几乎无响应	NG	输出电压几乎无响应	NG	喷油器、燃油压力、排气系统漏气、混合气过浓或过稀

丰田 V6 发动机氧传感器电压检测程序如图 4—4—18 所示。

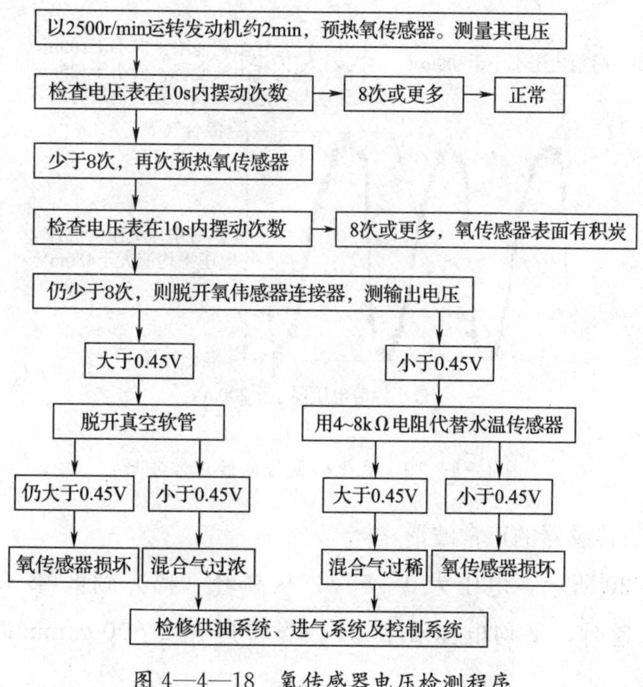

图 4—4—18　氧传感器电压检测程序

四、利用氧传感器波形诊断故障

1. 氧传感器波形与发动机工作状况的关系

氧传感器随时测定发动机排气管中含氧量，以监测发动机燃烧状况。当发动机燃烧不正常时，必然引起氧传感器电压信号的变化，通过观察氧传感器的信号波形，便可以判断发动机某些故障。因此，有人把氧传感器看作发动机控制系统的“看门狗”，可以快速、准确地判断整个空气燃油反馈控制系统的运行性能。在氧传感器本身工作正常时，所输出的信号反映了发动机点火、燃油喷射、进气、废气再循环（EGR）等系统的传感器、执行件、发动机控制计算机（PCM）和电路的工作情况，把氧传感器波形和喷油脉冲宽度结合起来分析，可以确定废气排放故障的原因。通过用汽车示波器对氧传感器波形进行分析、评定，可以帮助诊断分析汽车的怠速不稳、加速迟缓、功率低下、耗油量大、废气排放超标等故障及其原因。告诉用户着手修理的部位，修理后通过对氧传感器波形的测试可验证修理是否有效，汽车是否真正修好。

2. 氧传感器的正常波形

（1）氧化锆氧传感器的正常波形

如图 4—4—19 所示。发动机怠速时，10 s 内有 3～6 个浓－稀振幅，用发光二极管检测，闪亮 3～6 次。当转速在 2 500 r/min 时，有 10～40 个浓－稀振幅。最高电压要大于 0.85 V，最低电压 0.075～0.175 V。响应时间从高峰（浓）到低峰（稀）波形应该垂直下降，少于 100 ms。

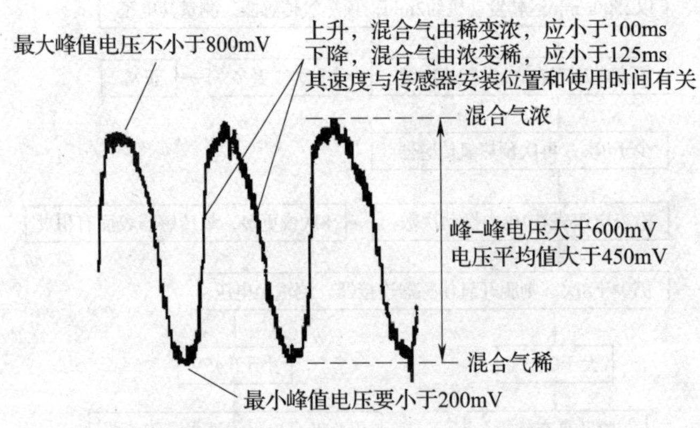

图 4—4—19　氧化锆氧传感器正常波形

（2）氧化钛氧传感器的正常波形

如图 4—4—20 所示，电压为 0～5 V，从高峰（稀）到低峰（浓）变化陡峭，对称无杂波。怠速时，平均电压 2.25 V。当转速在 2 500 r/min 时，平均电压为 2.92 V。

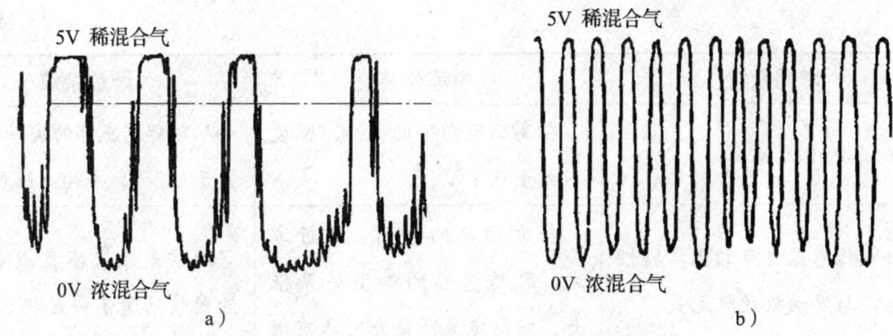

图 4—4—20　氧化钛氧传感器正常的波形

a）怠速　b）2 500 r/min

加减速时，正常波形如图 4—4—21 所示。

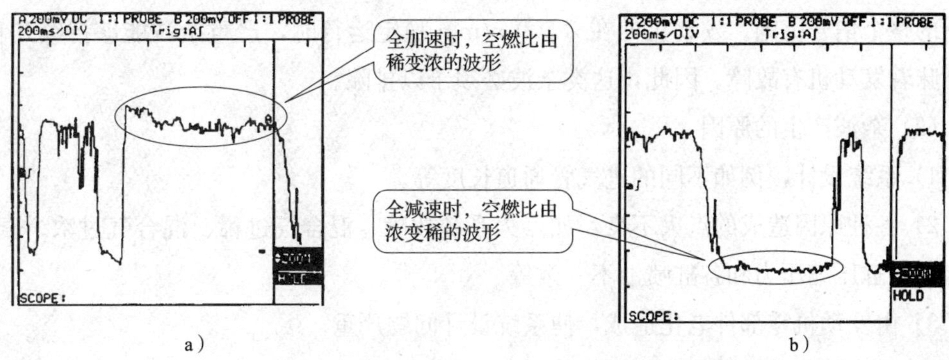

图 4—4—21　加减速时氧化钛氧传感器的正常波形

a）全加速　b）全减速

3．氧传感器的杂波

（1）杂波的类型

增幅杂波是指经常出现在 0.3～0.6 V 的不重要的杂波，又称为无关型杂波。明显杂波分为中等杂波和严重杂波，指高于 0.6 V 和低于 0.3 V 的杂波，可能是由发动机故障引起的。氧化锆氧传感器杂波的类型见表 4—4—2。

表 4—4—2　　　　氧化锆氧传感器杂波的类型

类型	增幅杂波	中等杂波	严重杂波
波形	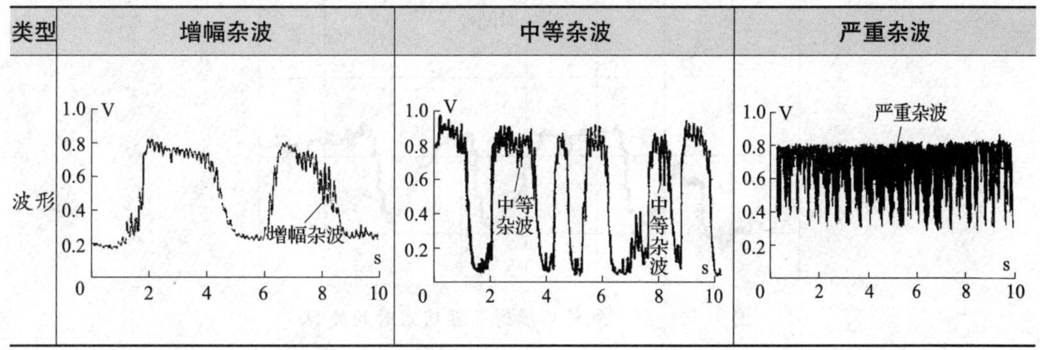		

续表

类型	增幅杂波	中等杂波	严重杂波
位置	在0.3～0.6 V	在高压段向下的尖峰。幅度不大于0.2 V	从顶部到底部的尖峰。幅度大于0.2 V，平均电压627 mV
原因	由氧传感器自身的化学特性引起，与发动机故障无关	与发动机的系列、运行方式、氧传感器的类型关系很大。对特定故障诊断可能有用	通常是点火不良或各缸喷油器喷油量不一致

严重杂波的振幅大于0.2 V，在示波器上表现为从氧传感器信号电压波形顶部向下冲过0.2 V，或达到信号电压波形的底部尖峰。在发动机持续运转期间，它会覆盖氧传感器的整个信号范围。发动机处在2 500 r/min稳定运行时，严重杂波能够持续几秒，则意味着发动机有故障。因此，这类杂波必须予以排除。

(2) 杂波产生的原因

1) 系统设计，例如不同的进气管通道长度等。

2) 各种原因造成的点火不良，如点火系统故障、混合气过稀、混合气过浓、真空泄漏、气缸压缩压力和各缸喷油不一致等。

3) 由发动机零部件老化造成，使系统设计问题严重。

4) 系统的各种机械故障（进气管堵塞、气门卡滞或漏气）。

4. 有故障时单氧传感器波形

(1) 氧传感器通气孔堵塞时的波形

发动机转速在2 000～2 500 r/min，用发光二极管检测，10 s内闪亮5次。锆氧传感器外部通气孔直径为0.5 mm。如图4—4—5a和图4—4—7c所示，如果部分堵塞，进入氧传感器内部的空气和氧含量将减少，氧传感器内外氧浓度差也减少，输出电压将降低，计算机将增加喷油量，使氧传感器输出电压升高。这样实际混合气会很浓，严重时发动机将难以起动，其波形如图4—4—22所示。

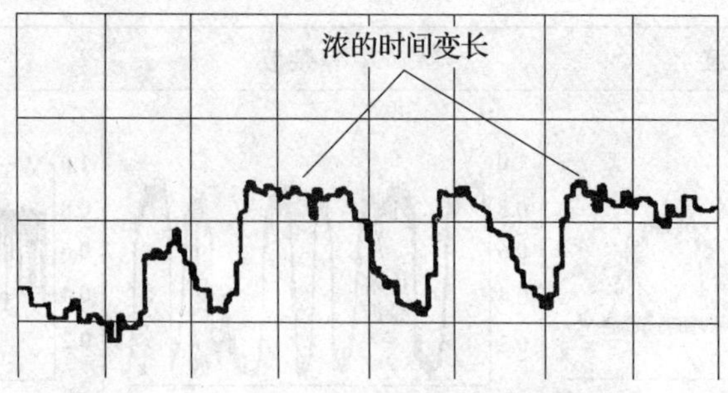

图4—4—22　氧传感器通气孔堵塞时的波形

(2) 氧传感器质量不合格或老化失效的波形

如图 4—4—23 所示，电压在 0～1 V 正常范围内，但空燃比由浓变稀的响应时间过长，超过 360 ms。如果由浓变稀穿越次数降低、响应时间大于 100 ms，则表明因脏污或使用年限太长造成氧传感器老化失效。

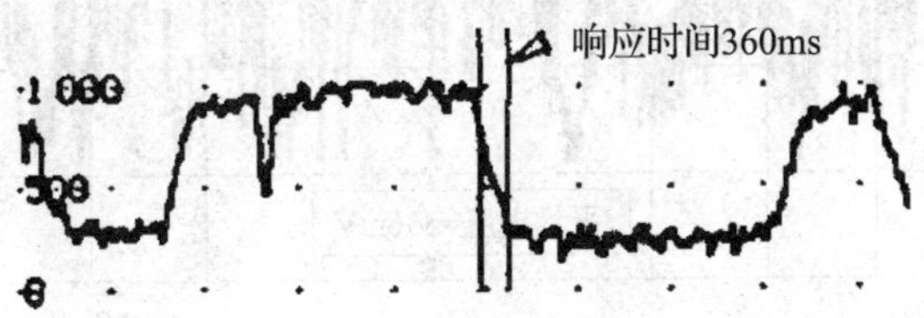

图 4—4—23　氧传感器不合格或老化失效的波形

(3) 混合气过稀时氧传感器的波形

如图 4—4—24 所示波形可以看到，最大电压 0.427 V，最小电压小于 0.13 V，响应时间 237 ms。其电压范围、最大值、最小值、响应时间均与标准值不符。持续低压，表明空燃比过大，混合气过稀。其原因有喷油控制和进气系统泄漏两方面。

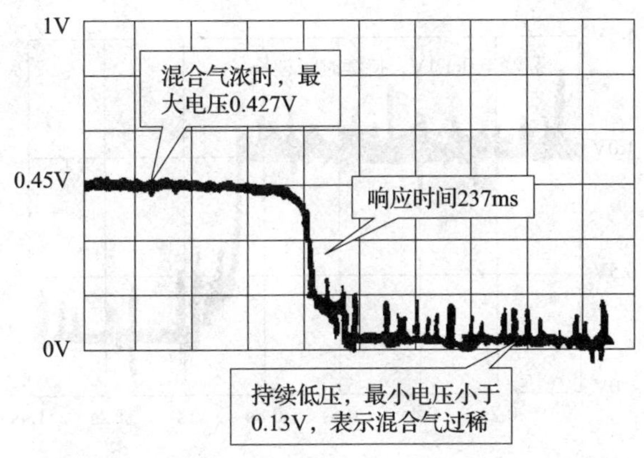

图 4—4—24　混合气过稀的波形

如果喷油器脉冲宽度高于指定值，则表明有进气系统泄漏。例如进气道、进气管上的真空软管等处存在泄漏。如果进气系统泄漏使混合气空燃比达到 17 以上时，就可引起因混合气过稀而发生的缺火，造成排气中氧含量增大。

如图 4—4—25 所示，当转速在 2 500 r/min 时，个别气缸的进气歧管泄漏氧传感器波形。每当进气管泄漏的气缸排气时，氧传感器就产生一个低电压尖峰，一系列的低电压尖峰在波形中形成了严重的杂波。而平均电压高达 536 mV，说明燃料反馈控制系统的反应是正确的。因为当氧传感器向 ECU 控制系统反馈低电压信号时，ECU 立即增加喷油，使混合气加浓，排气时氧传感器对此反馈为高电压信号。

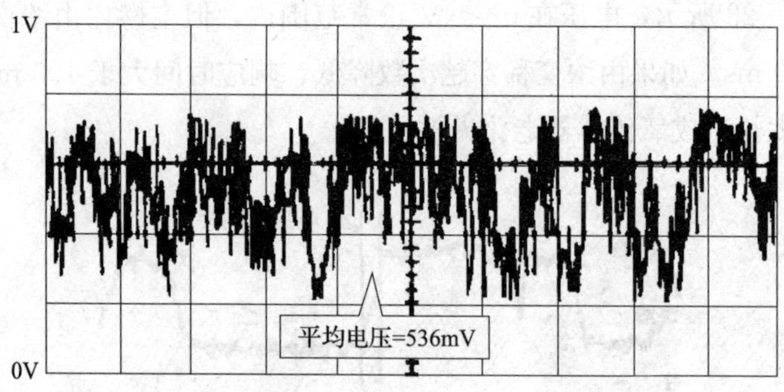

图 4—4—25 进气歧管泄漏氧传感器波形

（4）混合气过浓时氧传感器的波形

如图 4—4—26 所示，氧传感器信号持续高压，表明空燃比过小，混合气过浓。若脉冲宽度正常或小于标准，则检查发动机是否有机械故障或油压过高。若喷油器脉冲宽度高于规定值，则混合气过浓的故障是由氧传感器输入信号线或 ECU 故障引起。

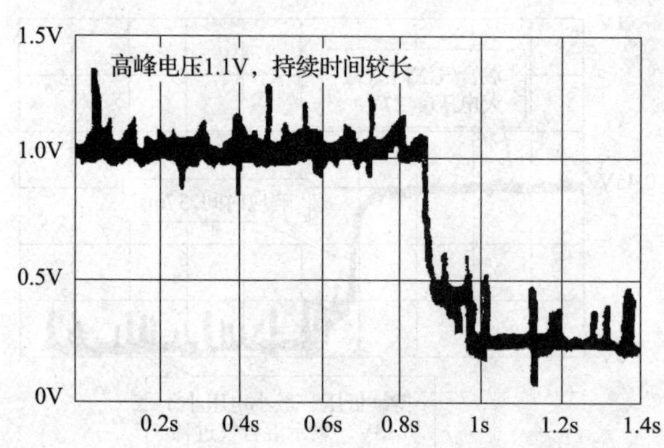

图 4—4—26 混合气过浓的波形

（5）点火系统有故障时氧传感器的波形

试验车辆为 Honda Odyssey3. 5LV6 发动机，由于一个点火线圈失效而连续缺火，氧传感器波形出现异常，在大多数时间里都处于小读数状态，但有很多瞬时是高读数，如图 4—4—27 所示。理论上讲，当点火失误缺火时，存在大量未燃烧的氧气，尾气中氧含量较高，一般氧传感器波形应处在低电压的状态。瞬时高读数是由于未燃烧燃油在氧传感器表面燃烧引起氧含量大大降低，以及 CO、HC、NO_X 共同作用所致。也就是说，氧传感器测量的是其表面的氧气浓度，而非排气管中的平均浓度。在正常情况下两者是基本一致的。

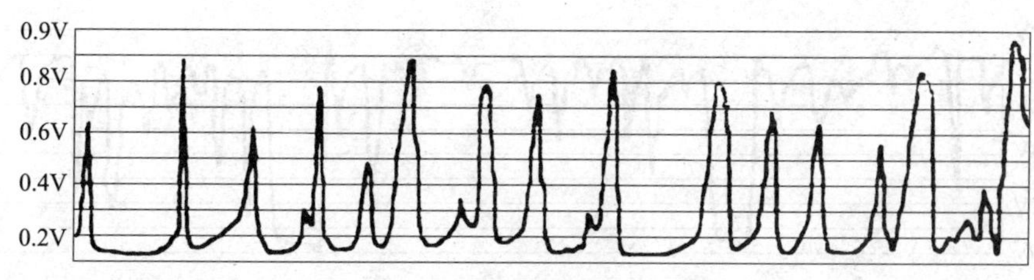

图 4—4—27　缺火时氧传感器的异常波形

某缸火花塞、高压线损坏，或分电器、分电器转子、点火线圈等损坏引起缺火，这些故障可使部分氧没有完全燃烧即排出缸外，从而使排气中的氧含量升高，氧传感器的波形出现稀/浓过度，信号很密集。

由机械原因引起的压缩泄漏，如气门烧损、活塞环断裂或磨损过度等造成的压缩泄漏，使点火之前的压缩温度、压缩压力不够，也会造成燃烧不完全，甚至缺火。氧传感器也会出现类似的波形。

发动机在 2 500 r/min、间歇性缺火时，氧传感器波形如图 4—4—28 所示。波形中段有严重杂波，出现一系列低压尖峰，表明燃烧极不正常，甚至缺火；两边部分显示正常，说明氧传感器反馈控制正常。数秒的间歇性杂波表明压缩泄漏或进气管泄漏的可能性较小，应对点火系统做进一步检查，以确定具体故障原因。

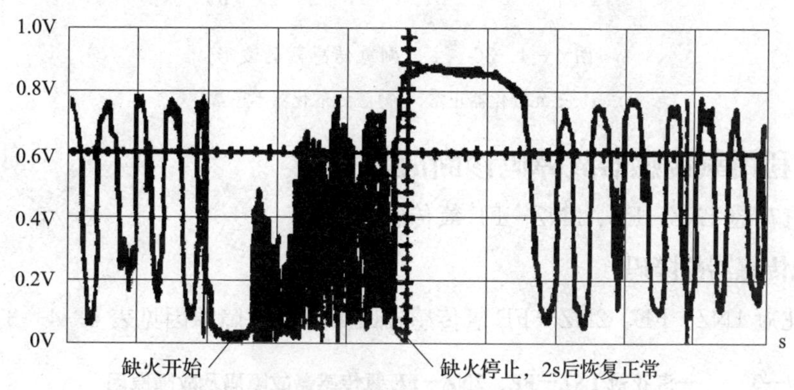

图 4—4—28　间歇性缺火时氧传感器的波形

（6）喷油系统有故障时氧传感器的波形

当个别缸的混合气空燃比达到 13 以下或 17 以上时，将可能引起缺火，也可造成排气管内氧含量异常。其原因是个别缸的喷油器卡在常开位置或堵塞，使喷油量过多或过少，造成混合气过浓或过稀。

如图 4—4—29 所示与图 4—4—27 刚好相反，波形长时间停留在高读数状态。理论上，氧传感器波形处于高电压状态，一般是由于混合气过浓、排气中氧含量减少所致。而瞬时低读数是因为各缸喷油不均匀及 CO、HC、NO_X 的共同作用所致。

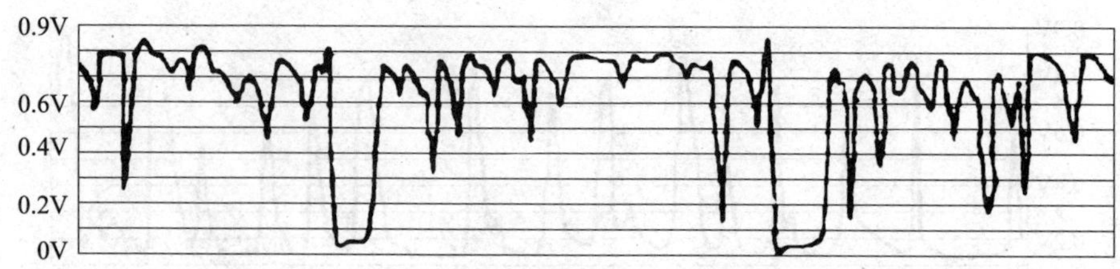

图 4—4—29 喷油系统有故障使混合气过浓时氧传感器的波形

5．主、副氧传感器的波形

主氧传感器信号用作混合控制的反馈信号，副氧传感器信号用来测试三元催化器的净化效率，如图 4—4—30 所示。当三元催化器净化效率降低时，副氧传感器信号的幅度就会增大，如图 4—4—30b 所示。

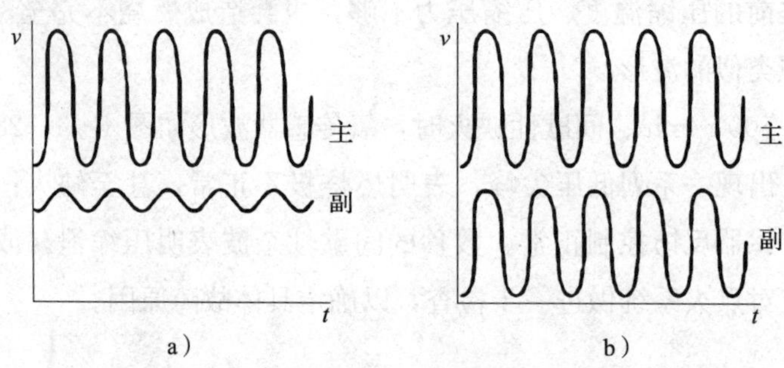

图 4—4—30 主、副氧传感器的波形

a）三元催化器正常 b）三元催化器不正常

五、利用氧传感器故障码诊断故障

以一汽花冠 1NZ-FE、2NZ-FE 氧传感器为例。

1．氧传感器故障码

一汽花冠 1NZ-FE、2NZ-FE 氧传感器故障码及故障原因见表 4—4—3。

表 4—4—3 一汽花冠 1NZ-FE、2NZ-FE 氧传感器故障码及故障原因

OBDⅡ故障码	MIL故障码	故障说明	故障原因
P0130	21	氧传感器电路故障（1 列 1 号传感器）	1. 燃油系统有故障 2. 燃油压力异常 3. 喷油器有故障 4. 加热型氧传感器电路断路或短路 5. 加热型氧传感器有故障
P0136	27	氧传感器电路故障（1 列 2 号传感器）	

续表

<table>
<tr><th>OBDⅡ
故障码</th><th>MIL
故障码</th><th>故障说明</th><th>故障原因</th></tr>
<tr><td>P0135</td><td>21</td><td>氧传感器加热器电路故障（1 列 1 号传感器）</td><td rowspan="2">1. 氧传感器加热器电路断路或短路
2. 氧传感器加热器有故障
3. 发动机和冷却液温度传感器有故障</td></tr>
<tr><td>P0141</td><td>27</td><td>氧传感器加热器电路故障（1 列 2 号传感器）</td></tr>
<tr><td>P0171</td><td>25</td><td>系统内空燃比过稀</td><td rowspan="2">1. 空气进入（软管松动）
2. 燃油管路压力异常
3. 喷油器堵塞
4. 氧传感器有故障
5. 空气流量计有故障
6. 水温传感器有故障</td></tr>
<tr><td>P0172</td><td>26</td><td>系统内空燃比过浓</td></tr>
</table>

2. 氧传感器的电路

一汽花冠 1NZ－FE、2NZ－FE 氧传感器的电路如图 4—4—31 所示。在排气管三元催化器前后各安装一个 4 线氧化锆氧传感器。

3. 氧传感器故障码的检修

（1）故障码 P0130 和 P0136 的检修步骤

1）读取故障码。若只有故障码 P0130 或 P0136，则进行下一步检查；若故障码 P0130 或 P0136 与其他故障码同时存在，则先进行其他故障码的检查。

2）读取氧传感器的输出电压。发动机转速为 2 500 r/min，预热氧传感器约 90 s，用故障测试仪读取怠速时氧传感器的输出电压，应在小于 0.4 V 和大于 0.55 V 反复交替变化。若正常，则进行第 9 步检查；若不正常，则进行下一步检查。

3）检查 ECU 与氧传感器间的配线和连接器。断开氧传感器连接器（见图 4－99a）和发动机 ECU 连接器 E12，检测发动机 ECU 连接器 E12 端子 6（OX1A）与氧传感器连接器端子 4（OX1A）间的电阻，应为 1 Ω 或更小。检测发动机和 ECT ECU 连接器 E12 端子 6 与端子 9 的电阻，应为 1 MΩ 或更大。

若正常，则进行下一步检查；若不正常，则检修或更换配线和连接器。

4）检查是否发生失火现象。若正常，则进行下一步检查；若不正常，则检查火花塞跳火情况和点火系统。

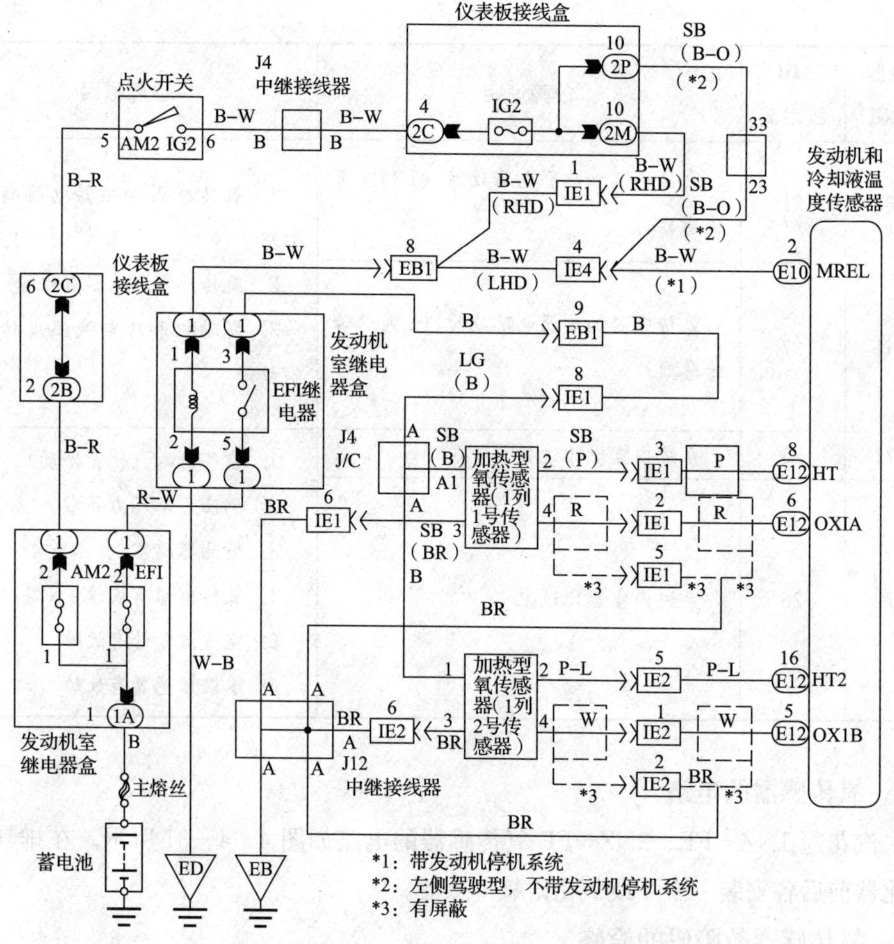

图 4—4—31　一汽花冠氧传感器的电路

5）检查排放控制系统。若正常，则进行下一步检查；若不正常，则检修排放控制系统。

6）检查燃油压力。若正常，则进行下一步检查；若不正常，则检查燃油系统。

7）检查喷油器。若正常，则进行下一步检查；若不正常，则更换喷油器。

8）检查排气系统是否泄漏。若正常，则更换氧传感器；若不正常，则检修漏气点。

9）清除故障码，给氧传感器加热，读取故障码。若有故障码 P0130、P0136 输出，则进行下一步检查；若没有故障码 P0130、P0136 输出，则检查或更换 ECU。

10）检查车辆燃油是否耗尽。若正常，则系统正常；若不正常，则检查是否是间歇性故障。

（2）故障码 P0135 和 P0141 的检修步骤

1）检查发动机 ECU。将点火开关转至“ON”位置，检测发动机 ECU 连接器 E12 端子 8（HT）与端子 9（E2）的电压，应为 9～14 V。若正常，则检查并更换发动机

ECU；若不正常，则进行下一步检查。

2）检查氧传感器。脱开氧传感器连接器，检测氧传感器连接器（见图4—4—31）端子2（HT）与端子1（+B）的电阻，20℃时应为11～16 Ω。若正常，则进行下一步检查；若不正常，则更换氧传感器。

3）检查发动机ECU与氧传感器间的配线和连接器。脱开氧传感器连接器，脱开发动机ECU连接器E12。检测氧传感器（1列1号传感器）端子2与发动机ECU连接器E12端子8的电阻，应为1 Ω或更小。检测发动机ECU连接器E12端子9与端子8的电阻，应为1 MΩ或更大。若正常，则进行下一步检查；若不正常，则修理或更换配线和连接器。

4）检查ECU电源电路。若正常，则进行下一步检查；若不正常，则修理或更换ECU电源电路。

5）检查配线和连接器。脱开蓄电池负极电缆，脱开氧传感器连接器，检查断路继电器插座连接器端子3与氧传感器连接器端子1间的电阻，应为1 Ω或更小（见图4—4—31）。若正常，则检查并更换发动机ECU；若不正常，则修理或更换配线和连接器。

（3）故障码P0171和P0172的检修步骤

1）检查排放控制系统。若正常，则进行下一步检查；若不正常，则修理或更换排放控制系统。

2）检查燃油压力。若正常，则进行下一步检查；若不正常，则修理或更换燃油系统。

3）检查喷油器。若正常，则进行下一步检查；若不正常，则更换喷油器。

4）检查水温传感器。若正常，则进行下一步检查；若不正常，则更换水温传感器。

5）检查火花塞跳火情况和点火系统。若正常，则进行下一步检查；若不正常，则修理或更换点火系统。

6）更换一个好的氧传感器，检查故障是否消失。若故障消失，则更换氧传感器；若故障不消失，则检查并更换ECU。

思考与练习

1. 氧传感器安装在发动机的什么位置？
2. 氧传感器的类型有哪些？
3. 氧传感器的作用和原理是什么？
4. 氧传感器为什么会中毒失效？

课题五　温度传感器

学习目标

◆ 了解进气温度传感器与冷却液温度传感器原理。

◆ 熟悉进气温度传感器与冷却液温度传感器的位置及功用。

◆ 能分析和检修进气温度传感器与冷却液温度传感器的故障。

如图 4—5—1 所示传感器，分析其类型。

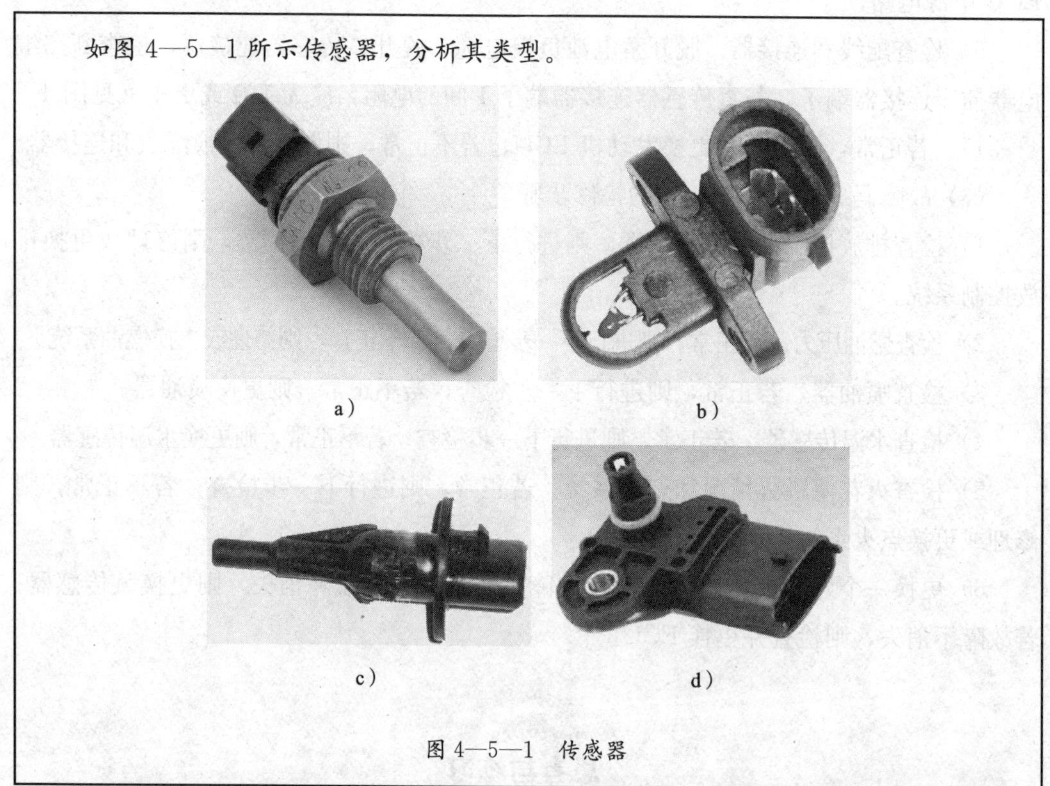

a)　b)　c)　d)

图 4—5—1　传感器

一、进气温度传感器（IAT）

进气温度传感器用来检测发动机吸入空气的温度。由于吸入空气温度的变化会引起空气密度变化，因此要用空气温度修正进气量和喷油量。其安装位置有进气软管上、进气管动力腔上、空气滤清器内、空气流量计内、进气压力传感器内等。

进气温度传感器是负温度系数的热敏电阻，ECU 将 5 V 的标准电压通过补偿电阻

R 加在进气温度传感器上，当进气温度变化时，进气温度传感器与 R 之间的电压也相应变化，并将信号进行 A/D（模/数）转换，送给 CPU 处理。当进气温度低（低于 40℃），进气空气密度大，其阻值增大，ECU 检测到的信号电压高，ECU 据此相应增加喷油量。反之，当进气温度高（高于 40℃），进气空气密度小，ECU 检测到的信号电压低，ECU 控制喷油量相应减少。

检修时，测量传感器 THA 和 E2 之间的电阻（见表 4—5—1）和电压。

表 4—5—1　　不同温度时传感器 THA 和 E2 之间的电阻

温度/℃	−20	0	20	40	60
电阻/kΩ	10～20	4～7	2～3	0.9～1.3	0.4～0.7

二、冷却液温度传感器

发动机冷却液温度传感器（ECT）也称为水温传感器，主要是用来检测发动机冷却液的温度，并将温度信号转变成电信号输送给 ECU，作为汽油喷射、点火正时、怠速和尾气排放控制的主要修正信号。

冷却液温度传感器安装在发动机节温器处，其电路和工作原理与进气温度传感器相同，都是负温度系数的热敏电阻，温度越低，阻值越大。冷却液温度传感器将冷却液温度的高低转变成电信号，ECU 据此控制供油加浓量（冷车起动时和暖机过程中）、点火正时和怠速转速。

放入 40℃热水中，电阻为 0.70 kΩ。从热水中拿出，电阻逐渐上升到 1.38 kΩ（20℃）。

思考与练习

1. 温度传感器系统的组成是怎样的？
2. 温度传感器工作原理是什么？
3. 温度传感器的功能有哪些？
4. 温度传感器有哪些控制功能？

模块五 点火控制系统

课题一 有分电器计算机控制点火系统

学习目标

◆ 了解有分电器计算机控制点火系统类型和工作原理。

◆ 能分析和检修有分电器计算机控制点火系统的故障。

如图 5—1—1 所示，试分析该点火系统的类型。

图 5—1—1 点火控制系统

一、有分电器计算机控制点火系统的结构

1．发动机点火系统电路

以本田雅阁 F22B2 为例。本田雅阁 F22B2 发动机点火系统电路如图 5—1—2 所示。其控制框图如图 5—1—3 所示。分电器除有进行高压配电的配电器外，还有产生发动机转速和计数信号的曲轴位置传感器和产生判断气缸的凸轮轴位置传感器。

2．分电器组成

分电器的分解如图 5—1—4 所示。其内部安装有曲轴位置传感器（Ne)、凸轮轴位置传感器（G1、G2)、点火器、点火线圈和配电器。分电器的结构如图 5—1—5 所示。

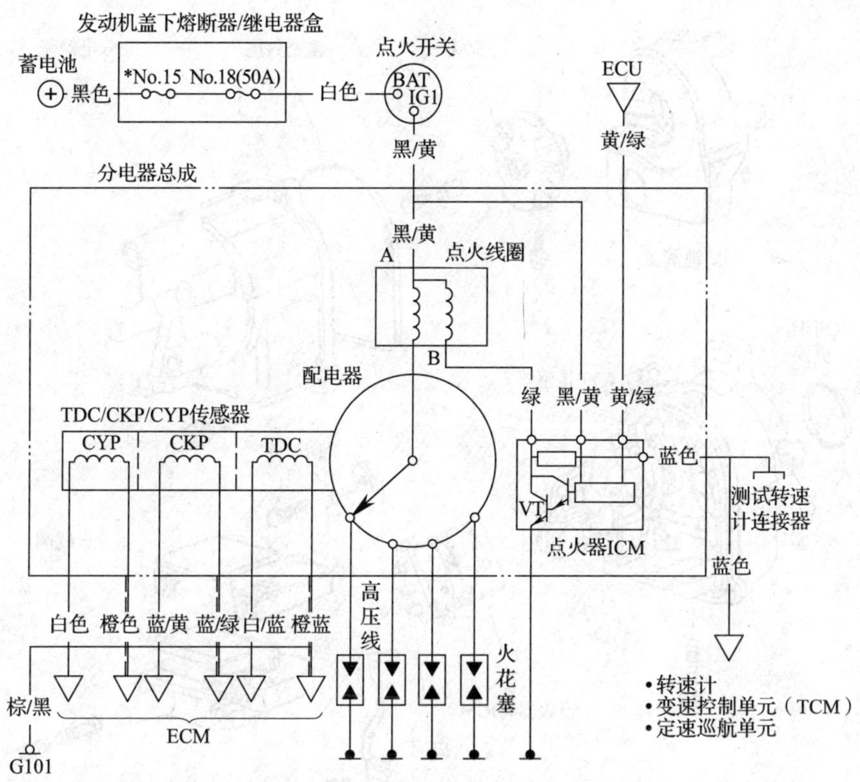

图 5—1—2　本田雅阁 F22B2 发动机点火系统电路

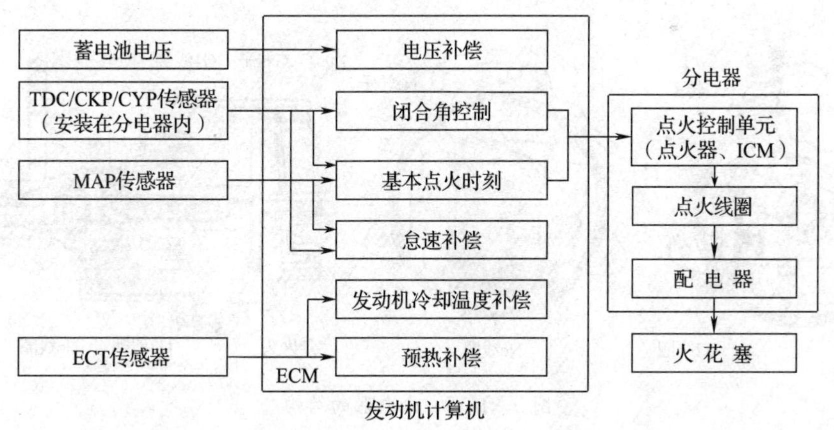

图 5—1—3　本田雅阁 F22B2 发动机点火系统控制框图

（1）曲轴位置传感器（Ne）

Ne 信号（CKP）的作用是计算曲轴位置和转速。如图 5—1—6 所示，当 Ne 转子旋转时，Ne 转子齿与 Ne 线圈的凸缘部（磁头）的间隙不断变化，导致通过 Ne 线圈的磁通变化，产生感应电动势。轮齿靠近及远离磁头时，磁通将产生 1 次增减变化，所以每个轮齿通过磁头时，都将在 Ne 线圈中产生 1 个完整的交流电压信号。

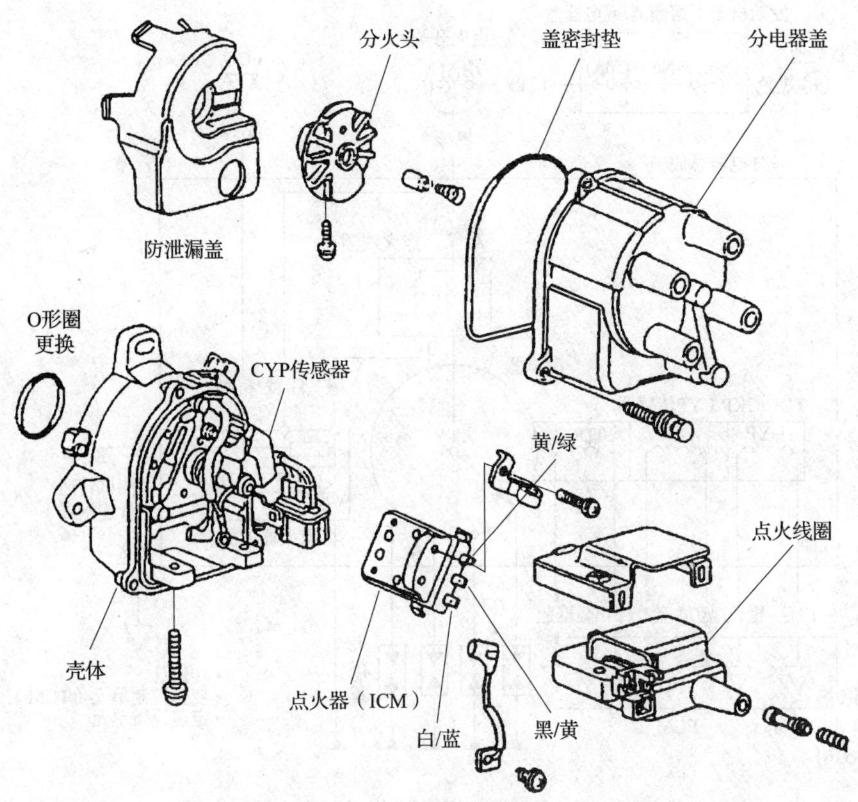

图 5—1—4　分电器的分解

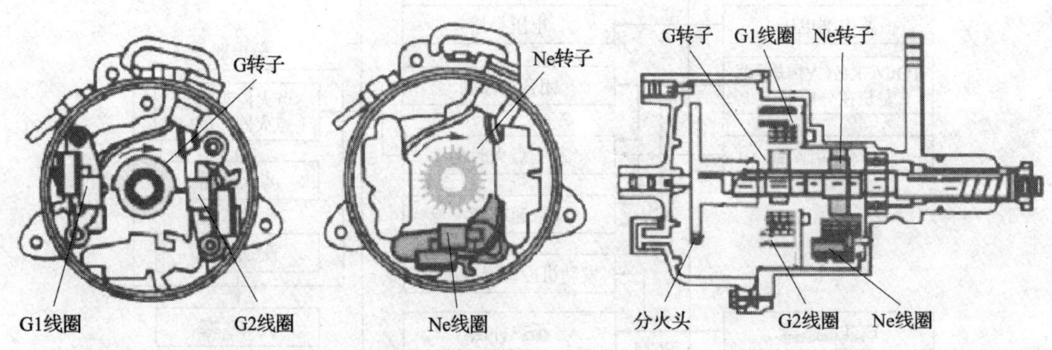

图 5—1—5　分电器的结构

Ne 转子有 24 个齿，故分电器旋转 1 圈，即曲轴旋转 2 圈，感应线圈产生 24 个交流信号，如图 5—1—6b 所示，每个脉冲相当于曲轴转过 30°角（720°÷24＝30°），再由发动机微型计算机 ECM 均分为 30 等份，即产生曲轴 1°信号，用于计算曲轴位置。

(2) 凸轮轴位置传感器（G1、G2）

G 信号在 1、4 缸活塞上止点前（BTDC）10°产生，用于辨别给哪个气缸喷油和点火，也用来替代 Ne 信号，作为计算曲轴转角的基准信号。G 转子位于 Ne 转子上方，G1 线圈与 G2 线圈对称，G1（TDP）线圈用于判断 4 缸活塞上止点，G2（CYP）线圈用于判断 1 缸活塞上止点，其结构如图 5—1—7 所示，原理与 Ne 信号相同。

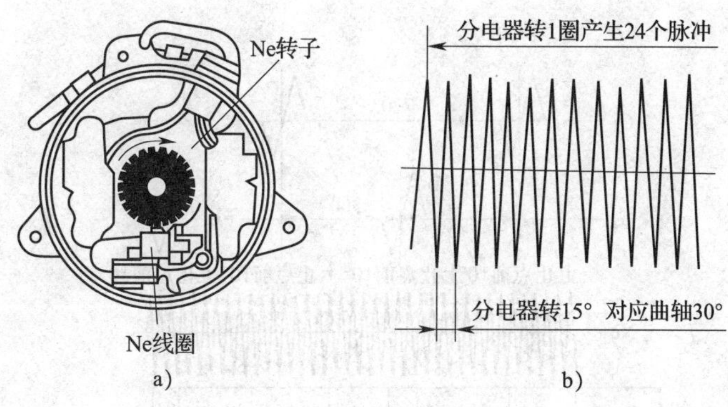

图 5—1—6　Ne 转子及信号波形（CKP）

a）曲轴位置传感器结构　b）信号波形

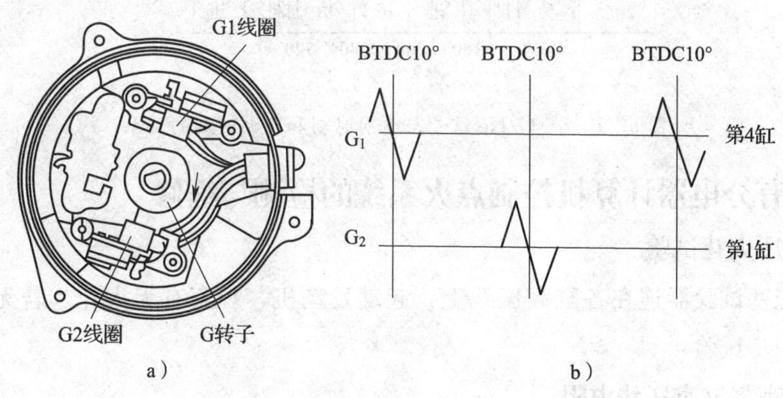

图 5—1—7　凸轮轴位置传感器的结构原理

a）凸轮轴位置传感器的结构　b）信号波形

（3）点火器和点火线

点火线圈和点火器的连接电路如图 5—1—2 所示。点火线圈是一个自耦变压器，用来将低压电转化为 20 000 V 以上的高压电。点火器用来控制点火线圈初级电流通断，并使点火线圈次级产生 20 000 V 互感电动势。

二、有分电器计算机控制点火系统的工作原理

ECU 根据 G 信号确定哪个气缸将到上止点，利用 Ne 信号测定曲轴转角，以便准确控制该气缸的喷射时刻和点火时刻，如图 5—1—8 所示。ECU 以 G 信号为基准信号，在存储器 ROM 中选择最佳点火时刻数值，并根据其他传感器信号计算最佳点火提

前角 Z。同时 ECU 利用 Ne 信号，以 1°为单位，开始计数曲轴转角。当计数值等于 Z 时，ECU 通过黄/绿线向点火器晶体管 VT 的基极发出指令，使 VT 截止，并切断点火线圈一次线圈的电流，同时在二次线圈中感应产生高压，通过分火头和高压线，送到火花塞跳火。

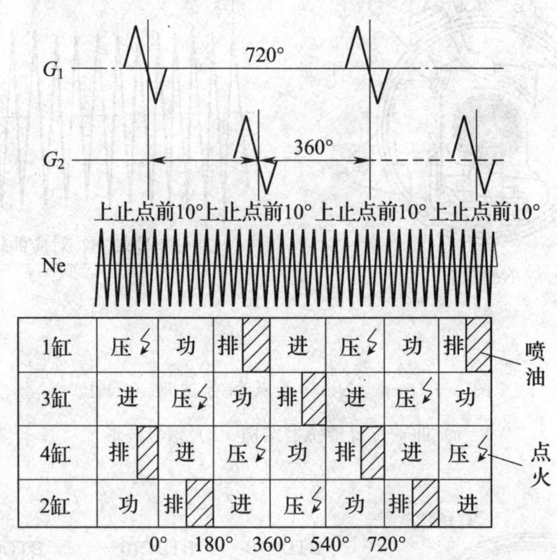

图 5—1—8　G/Ne 信号与喷射时刻和点火时刻的关系

三、有分电器计算机控制点火系统的检测与维修

1．高压火花试验

用火花塞试验器连在各缸高压线上，起动发动机，观察有无火花。若无火花，则应继续下一步试验。

2．检查各缸高压线电阻

各缸高压线电阻要小于 25 kΩ。

3．检查点火线圈有无电源供应

接通点火开关，用电压表检查点火线圈（黑/黄线）与搭铁之间的电压。若有蓄电池电压，则表明点火线圈的电源电路良好；若无蓄电池电压，则应检查点火线圈与点火开关之间黑/黄线有无断路（见图 5—1—2 和图 5—1—9）。

4．检查点火器的电源电路

接通点火开关，检测点火器黑/黄线与搭铁间的电压，应为蓄电池电压。若无蓄电池电压，则应检查点火线圈与分电器线束插头之间是否断路。若线路良好，则应检查点火线圈的电阻，初级为 0.6～0.8 Ω；次级为 14～22 kΩ。检查点火线圈内部是否有对地短路等。

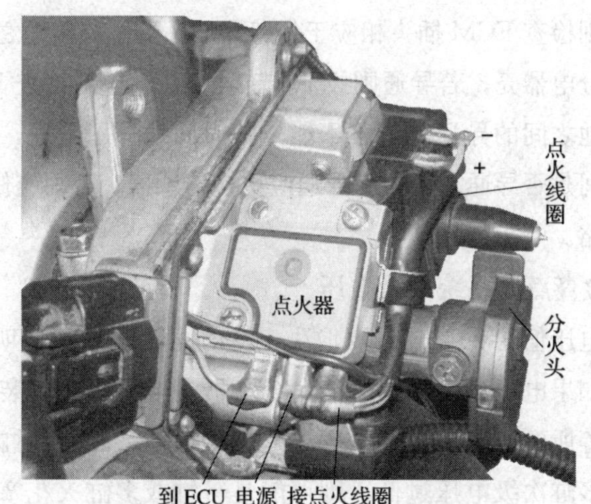

图 5—1—9 本田分电器的内部结构

5. 检查传感器

(1) 检查传感器信号。如图 5—1—10 所示，发动机起动时，分别测量 ECM 线束插头 B 的端子 11－12（CYP）、端子 13－14（TDC）和端子 15－16（CKP）的电压信号，如果显示电压脉冲，则表明系统良好；若无脉冲信号，则应检查传感器和连接线束是否断路或短路。传感器电路端子编号与导线颜色见表 5—1—1。

A B C D

1 3 5 7 9 11 13 15

2 4 6 8 10 12 14 16

图 5—1—10 ECM 线束插头

表 5—1—1 传感器电路端子编号与导线颜色

传感器	端子代号	传感器端子	ECM 端子	导线颜色
CKP	4	2	B15	蓝/绿
		6	B16	蓝/黄
TDC	8	3	B13	橘/蓝
		7	B14	白/蓝
CYP	9	4	B11	橘
		8	B12	白

(2) 检查传感器和线路导通性。切断点火开关，拔下 ECM 插头，用欧姆表检查 ECM 插头相应传感器插头端子（F22B1 为 B15 与 B16、B11 与 B12、B13 和 B14），CYP 传感器的电阻应为 800～1 500 Ω，CKP/TDC 传感器的电阻应为 1 850～2 459 Ω。

若电阻符合规定，则检查 ECM 插头相应于传感器插头端子与接地之间的导通性。若显示不导通，应更换分电器壳；若导通则拔下传感器插头，重新检查 ECM 插头相应于传感器插头端子与接地之间的导通性。若不能较长时间地显示导通，则应检查每个传感器插头端子与接地间是否导通，若显示导通应更换传感器。否则应修理 ECM 与传感器之间连线的对地短路。

6．用示波器检查点火系统次级电压

波形稳定，且电压值在 8～15 kV（取决于发动机负荷），则表明点火系统正常；若波形不符合要求，如果电压过高，则可能是分电器盖或分火头安装不当、火花塞间隙过大或高压线脱落等所致；如果各缸电压相差较大，则可能是各缸火花塞间隙不一致所致；如果一缸或多缸次级电压过低，则可能是一缸或多缸火花塞积炭或脏污、火花塞间隙过小、高压线与发动机接地或分电器盖上有积炭等。检查点火线圈初级电源线极性是否接反等。

7．点火次序和正时标记

本田直列 4 缸发动机的点火次序为 1—3—4—2；直列 6 缸发动机的点火次序为 1—5—3—6—2—4。初始点火提前角，雅阁 F22B1 型轿车在转速为 650～750 r/min 时，为上止点前 13°～17°。

检查时，使发动机以 3 000 r/min 运转，并将换挡手柄置于空挡，当发动机冷却水温度达正常温度时（冷却风扇运转），将位于杂物箱下的维修检查连接器拉出，如图 5—1—11 所示。用跨接线将绿/蓝线及红线相连的端子跨接，检查怠速转速，若转速正确，用正时灯检查初始点火提前角，如图 5—1—12 所示，若不符合，可松开分电器固定螺栓，转动分电器壳（逆时针转提前，顺时针转延迟）。调整好后，将分电器固定螺栓拧紧，再次检查点火正时角，最后将跨接线取下。

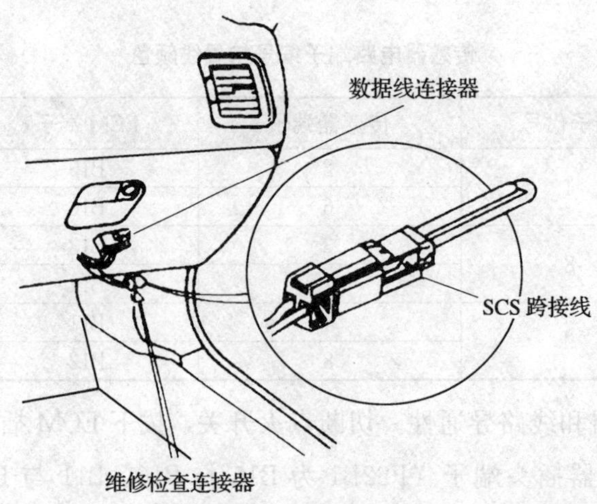

图 5—1—11　在杂物箱下拉出维修检查连接器

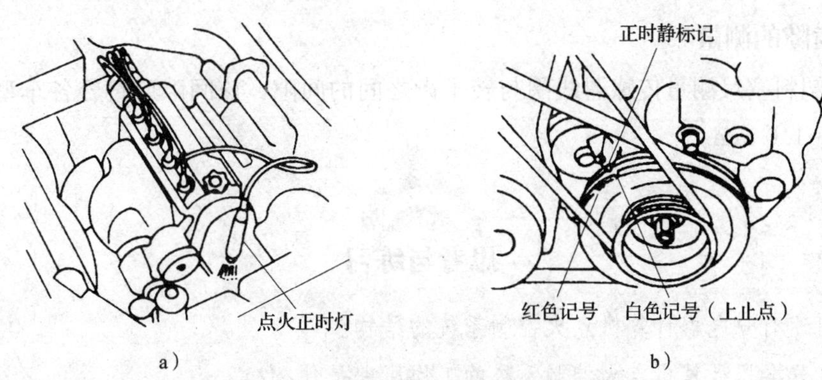

图 5—1—12　用正时灯检查点火正时

a）连接正时灯　b）正时标记

8．故障码诊断

故障码 4、8、9、54 和 59 为 TDC/CKP/CYP 传感器电路故障。故障码 4 表示 CKP 传感器电路故障；故障码 8 表示 TDC 传感器电路故障；故障码 9 表示 CYP 传感器电路故障；对里程（LEGEND）轿车，故障码 54 表示 2 号 CKP 传感器电路故障；故障码 59 表示 2 号 CYP 传感器电路故障。

对雅阁 F22B 系列和思域轿车，其 TDC/CKP/CYP 传感器的诊断步骤如图 5—1—13 所示。

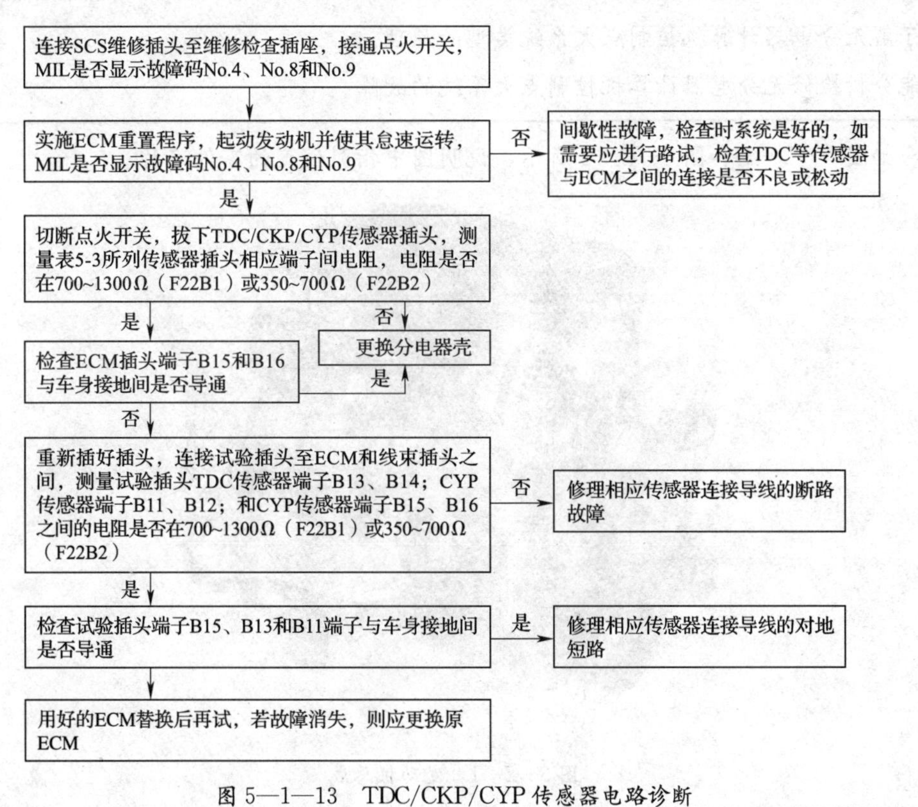

图 5—1—13　TDC/CKP/CYP 传感器电路诊断

9．齿隙的测量

使用塑料塞尺测量传感器线圈与转子齿之间的间隙，该间隙应符合各车型的规定值为 0.5～1.0 mm。

思考与练习

1. 简述有分电器计算机点火控制系统的结构。
2. 有分电器计算机点火控制系统的工作原理是什么？
3. 有分电器计算机点火控制系统如何检修？

课题二　无分电器计算机控制点火系统

学习目标

◆ 了解无分电器计算机控制点火系统类型的原理。

◆ 能分析检修无分电器计算机控制点火系统的故障。

如图 5—2—1 和图 5—2—2 所示，说明图中指引位置的零件名称。

图 5—2—1　发动机总成

图 5—2—2　发动机舱

如图 5—2—3 和图 5—2—4 所示，试比较其异同。

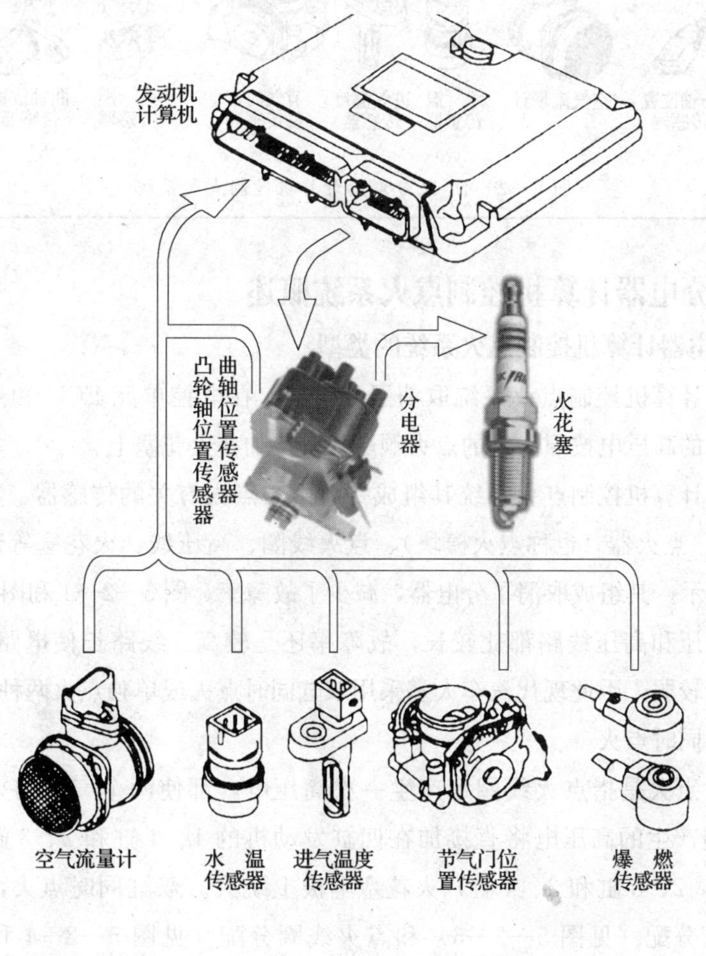

图 5—2—3　有分电器计算机控制点火系统

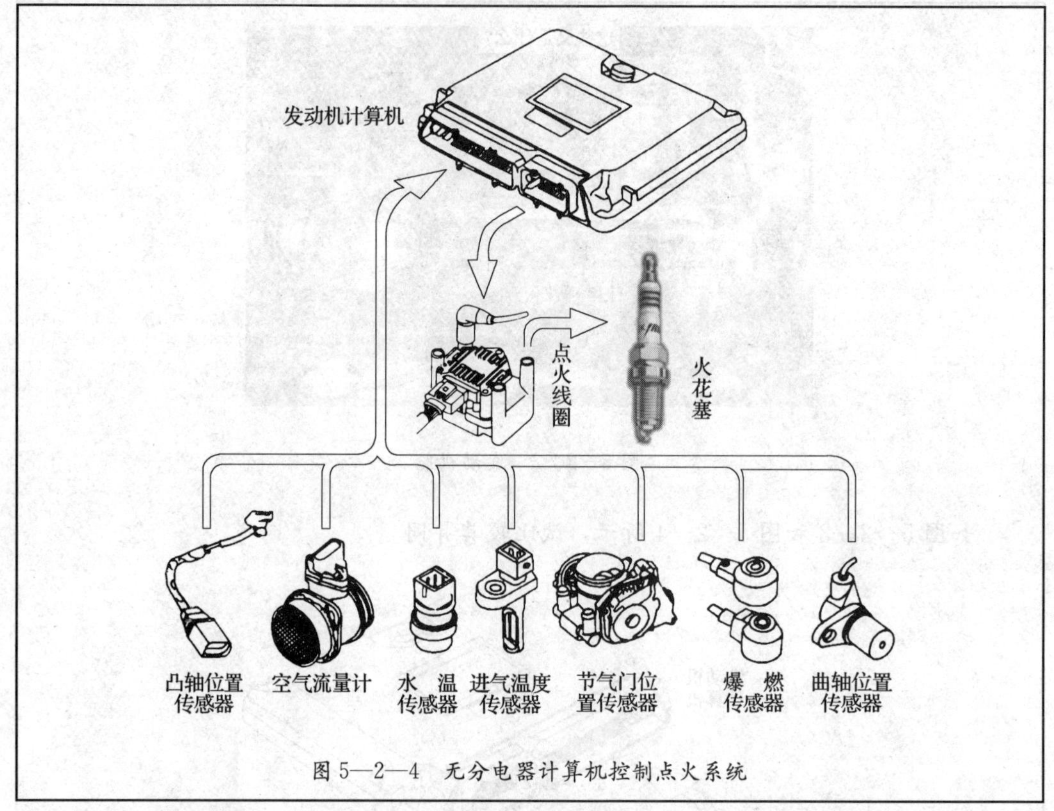

图 5—2—4　无分电器计算机控制点火系统

一、无分电器计算机控制点火系统概述

1. 无分电器计算机控制点火系统的类型

无分电器计算机控制点火系统取消了分电器，在电控单元 ECU 和点火器的控制下，点火线圈的高压电按照一定的点火顺序，直接加在火花塞上。

无分电器计算机控制点火系统其组成一般由与点火有关的传感器、发动机微型计算机（ECU）、点火器（也称点火模块）、点火线圈、高压线、火花塞等部件构成，如图 5—2—1 所示。其组成取消了分电器，减少了故障率。图 5—2—1 和图 5—2—5 中各元件分立，低压和高压线路都比较长，故障率还是较高。线路长使电路中的电容大，高压火花能量较弱。因此现代汽车大多采用双缸同时点火或单独点火两种。

（1）双缸同时点火

双缸同时点火是指点火线圈每产生一次高压电，都使两个气缸的火花塞同时跳火。次级绕组产生的高压电将直接加在四缸发动机的 1、4 缸和 2、3 缸（六缸发动机的 1、6 缸，2、5 缸和 3、4 缸）火花塞电极上跳火。双缸同时点火，其高压电的分配有二极管分配（见图 5—2—6）和点火线圈分配（见图 5—2—4 和图 5—2—7）两种形式。

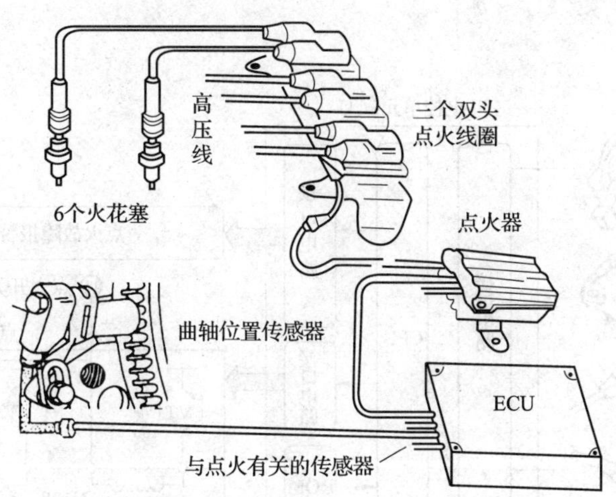

图 5—2—5　无分电器计算机点火控制系统的组成

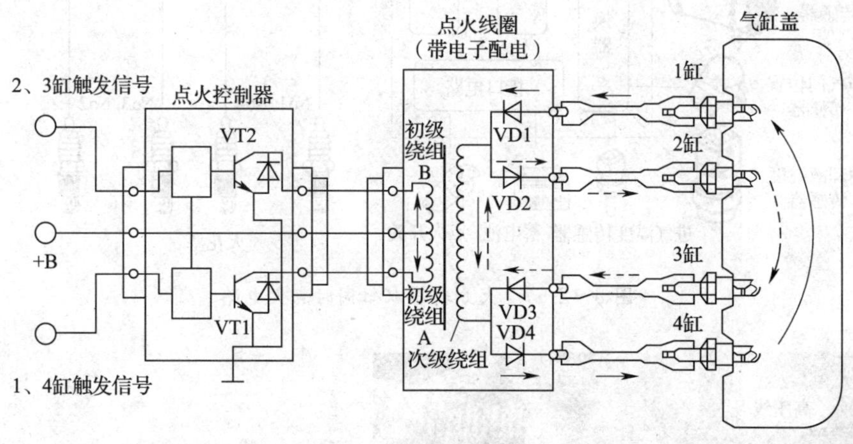

图 5—2—6　二极管高配压

如图 5—2—7 所示为桑塔纳 2000GSi、捷达 AT、GTX 和奥迪 200 型轿车采用的双缸同时点火电路。双缸同时点火电路将点火器和点火线圈组合在一起，缩短了低压电线，如图 5—2—8 所示。当电控单元发出指令使电子控制组件 N152 的驱动晶体管 VT1 截止时，点火线圈 N128 初级电流切断，高压电直接加在发动机第 1 缸和第 4 缸火花塞电极上；当驱动晶体管 VT2 截止时，点火线圈 N 初级电流切断，高压电直接加在第 3 缸和第 2 缸火花塞电极上，使两个气缸同时跳火，故称为双缸同时点火。一个气缸处于压缩行程末期，是有效点火；另一个气缸处于排气行程末期，是无效点火，其缸内温度较高而压力很低，击穿火花塞电极间隙需要的电压很低，消耗能量很小。曲轴旋转一周后，两缸所处行程恰好相反。

有的在点火线圈次级回路中连接有一只高压二极管，防止次级绕组在初级电流接通时产生的电压（约为 1 000 V）加到火花塞电极上而导致误跳火，如图 5—2—9 所示。

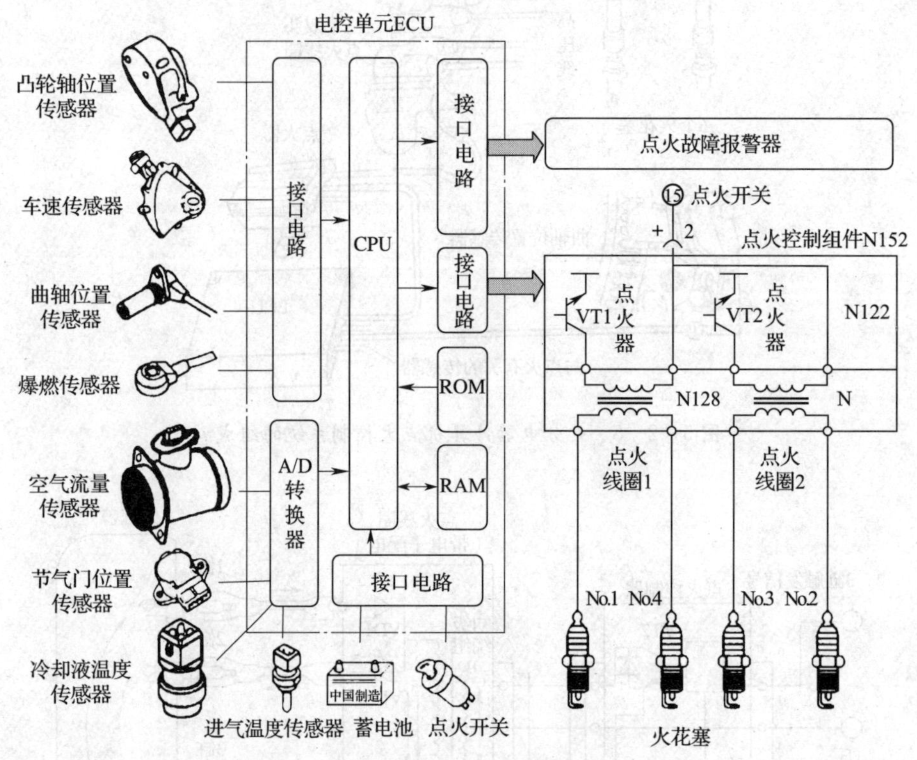

图 5—2—7 大众轿车双缸同时点火电路

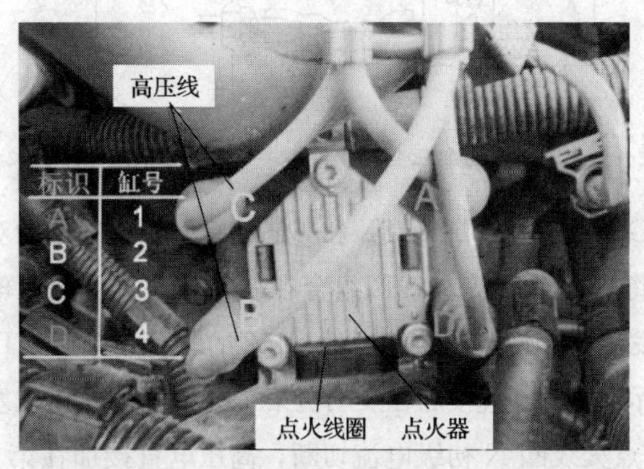

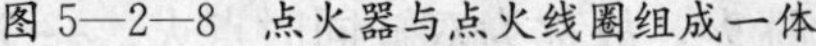

图 5—2—8 点火器与点火线圈组成一体

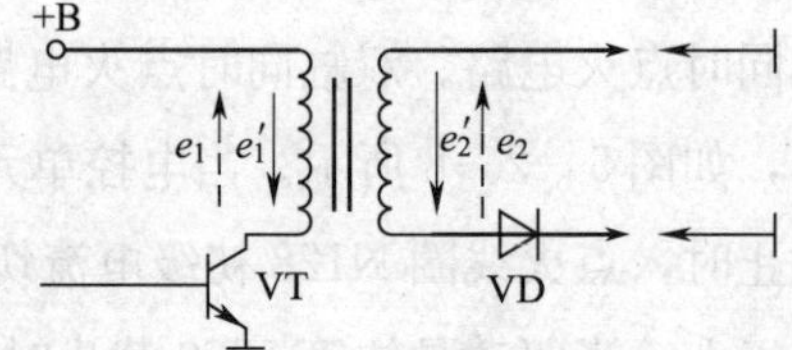

图 5—2—9 高压二极管的作用

在初级绕组电流接通瞬间，次级绕组可产生 1 000 V 左右的感应电动势。在分电器配电方式中，分火头与旁电极之间的间隙阻碍了这一电压直接加在火花塞电极两端，因此，无论发动机是在哪个行程工作，火花塞都不会跳火。

在点火线圈分配高压直接点火系统中，除了火花塞电极间隙之外，没有其他附加间隙，因此，当初级电流接通时，次级绕组产生的 1 000 V 左右的电压就会直接加在火花塞电极间隙上。如果此时气缸处于进气行程接近终了或压缩行程刚刚开始状态，由于缸内压力低，又有可燃混合气体，那么1 000 V左右的电压就有可能击穿火花塞电极间隙而产生火花跳火，称为误跳火，会影响发动机正常工作。为了避免这种误跳火，在点火线圈次级绕组回路中串接一只反向击穿电压较高的二极管，利用二极管的反向截止功能，使初级电流接通时次级产生的感应电动势不能形成放电回路，火花塞电极之间就不会有火花放电电流，因此也就不可能引起误跳火。有的直接点火系统在点火线圈与火花塞之间的高压回路中保留 3～4 mm 间隙，其作用与高压二极管相同。

（2）单独点火的控制（DLI）

如图 5—2—10 所示，本田飞度的 i－DSI 发动机点火控制系统，将点火器、点火线圈、高压部分都集成在一起，共 8 套，每个气缸有两套，其外形如图 5—2—11 所示。称为独立点火。智能化双火花塞顺序点火系统，每个气缸有两套点火系统、两个火花塞。火花塞与点火线圈组装在一起，取消了高压线，减小了线路长度和故障率，增强了高压火花能量。两个火花塞分别设在进气侧和排气侧，缩短了燃烧室内火焰传播的距离和时间，实现了气缸范围内的急速燃烧，同时降低了爆燃倾向，使压缩比尽可能提高，实现了高输出功率、高输出转矩及低油耗的统一。

ECU 根据发动机转速及进气歧管压力来控制进、排气侧火花塞的点火相位。

怠速时：两个火花塞同时点火，通过加快燃烧速度来降低油耗。

低速、低负荷时：燃烧室内温度较低的进气侧先点火，以促进燃烧，降低油耗。

低速、高负荷时：进气侧提前点火、排气侧延迟点火，以增大转矩，防止爆燃。

高速时：两个火花塞同时点火，通过加快燃烧速度提高功率。

2．无分电器计算机控制点火系统原理

（1）点火系统中各传感器的作用

曲轴位置传感器 CPS 向 ECU 提供发动机转速、曲轴转角信号，转速信号用于计算确定点火提前角，转角信号用于计算曲轴转过的角度，以控制点火时刻。空气流量计 AFS 和节气门位置传感器 TPS 向 ECU 提供发动机负荷信号，用于计算点火提前角。冷却液温度信号 CTS、进气温度信号 IATS、车速信号 VSS、空调开关信号 A/C 以及爆震传感器 DS 信号等，用于修正点火提前角。

（2）点火系统基本原理

发动机工作时，CPU 通过上述传感器把发动机的工况信息采集到随机存储器 RAM 中，并不断检测凸轮轴位置传感器信号（即标志位信号），判定哪一缸即将到达压缩上止点。当接收到标志信号后，CPU 立即开始对曲轴转角信号进行计数，以便控制点火提前角。与此同时，CPU 根据反映发动机工况的转速信号、负荷信号以及与点

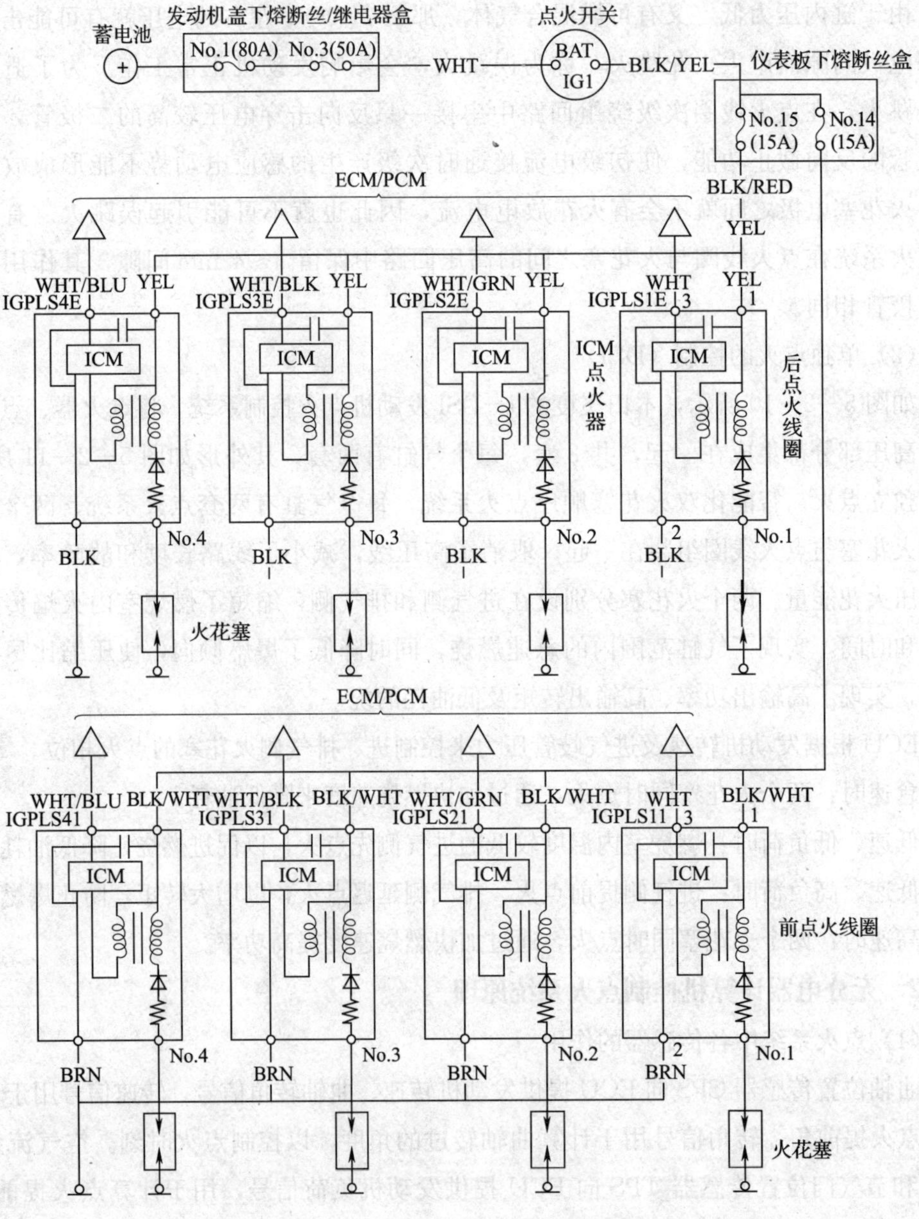

图 5—2—10　本田飞度发动机点火控制系统

火提前角有关的传感器信号，从只读存储器中查询出相应工况下的最佳点火提前角。在此期间，CPU 一直在对曲轴转角信号进行计数，判断点火时刻是否到来。当曲轴转角等于最佳点火提前角时，CPU 立即向点火控制器发出控制指令，使点火器中功率晶体管 VT 截止，切断点火线圈初级电流，次级绕组产生高压，配电器按发动机点火顺序分配到各缸火花塞跳火，点着可燃混合气。

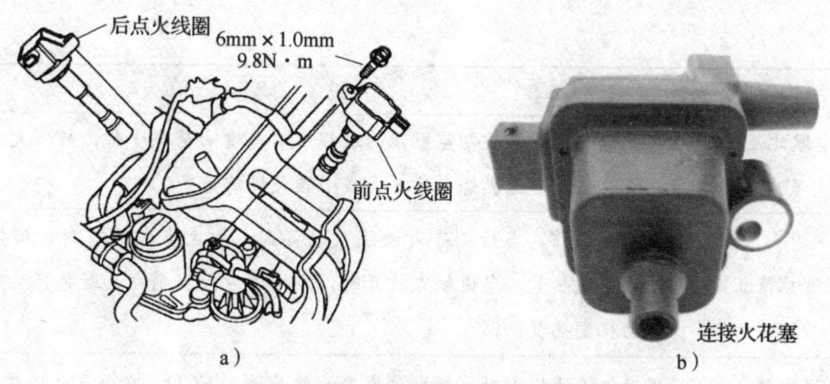

图 5—2—11　本田飞度发动机点火线圈的外形

a）点火线圈安装位置　b）点火器、点火线圈、高压线一体

当发动机在起动、怠速或汽车滑行工况时，设有专门的控制程序和控制方式。

点火提前角是指火花塞电极间跳火开始到活塞运行至上止点时这段时间内曲轴所转过的角度。闭合角沿用了传统点火系统的概念。在电子控制的点火系统中是指初级电路接通的时间。

（3）点火系统控制内容

最佳点火提前角＝基本点火提前角＋点火提前角修正值。点火系统控制内容见表 5—2—1。

表 5—2—1　　　　点火系统控制内容

项目	内容	说　明
初始点火提前角		一般固定在压缩行程上止点前 10°
基本点火提前角	发动机转速	基本点火提前角随发动机转速的升高而增大
	发动机负荷	发动机负荷通过节气门位置传感器和进气压力传感器（或空气流量计）检测。当发动机负荷为 25%～50%时，基本点火提前角随发动机负荷的增大而迅速增大；当发动机负荷在 25%以下和 50%～75%时，基本点火提前角基本保持不变；当发动机负荷在 75%以上时，基本点火提前角随发动机负荷的增大而迅速减小
点火提前角修正值	暖机修正	由水温传感器送入信号，当冷却液温度低于 0℃时，点火提前角增大 15°，使发动机迅速升温。当冷却液温度在 0～70℃逐渐上升时，点火提前角增大 15°并逐渐减小，发动机温度也逐渐升高。当冷却液温度大于 70℃时，暖机修正点火提前角不需要增大
	怠速稳定修正	当发动机怠速运转时，开启空调、动力转向工作，使发动机负荷发生变化，需推迟点火提前角，以提高发动机转速

续表

项目	内容	说　明
点火提前角修正值	空燃比反馈修正	在氧传感器反馈控制空燃比的过程中，当喷油量减少时，应增大点火提前角，使混合气迅速燃烧；反之，减小点火提前角
	过热修正	发动机工作，当检测冷却液温度过高时，增大点火提前角，缩短燃烧时间，减少发热量。怠速触点打开时，应减小点火提前角，避免产生爆燃，减少发动机发热量
	爆燃修正	发动机产生爆燃时，爆燃传感器的信号送入 ECU，减小点火提前角
	大气压力修正	大气压力越低时，大气压力传感器将信号送入 ECU，增大点火提前角
闭合角控制	发动机转速	当发动机转速低于 1 500 r/min 时，闭合角随发动机转速的上升而迅速增大。当发动机转速高于 1 500 r/min 时，闭合角随发动机转速的上升而缓慢加大
	蓄电池电压	闭合角随蓄电池电压的升高而缓慢减小

二、丰田 TCCS 点火系统

TCCS 是丰田汽车公司发动机微型计算机集中控制系统的英文缩写。其点火提前角按如下公式控制：

实际点火提前角＝初始点火提前角＋基本点火提前角＋修正点火提前角

丰田 TCCS 点火系统主要控制初始点火提前角、基本点火提前角、点火提前角的修正。

1. 初始点火提前角

初始点火提前角是原始设定的，又称为固定点火提前角。对于丰田汽车的 1G－GEL 发动机来讲，其值为上止点前 10°曲轴转角。出现下列情况之一时，实际点火提前角等于初始点火提前角：

（1）当发动机起动或发动机起动转速在 400 r/min 以下时。

（2）当 T 端头短路或节气门位置传感器怠速触点闭合，车速在 2 km/h 时。

（3）当发动机 ECU 的后备系统工作（当某个重要传感器损坏，发动机以固定喷油量和固定点火时刻工作）时。

2. 基本点火提前角

基本点火提前角通常以二维表格的形式储存在 CPU 的 ROM 存储器中，又分为怠速和正常行驶两种情况。

（1）怠速时的基本点火提前角是指节气门位置传感器的怠速触点闭合时所对应的基本点火提前角，如图 5—2—12 所示，其值还根据发动机的怠速转速及空调是否工作而略有不同。当空调不工作时，怠速基本点火提前角则定为4°；当空调工作时，随着发动机怠速的目标转速的提高，应适当增加点火提前角，以利于发动机转速的稳定，此时怠速基本点火提前角定为8°，同时增加喷油量。由此可见，两种情况所对应的实际点火提前角应分别为14°和18°。

（2）正常行驶时的基本点火提前角是指节气门位置传感器怠速触点打开时所对应的基本点火提前角。该值主要依据发动机的转速和用进气量表示的发动机负荷而定。ECU根据传感器的输出信号，利用查表法从CPU的ROM存储器中找出基本点火提前角的最佳值即可。

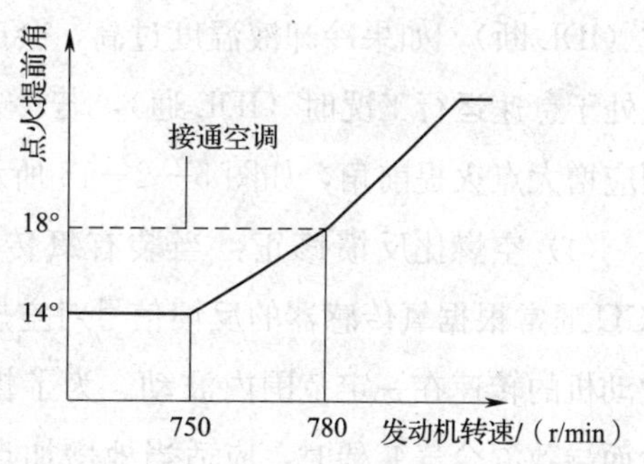

图5—2—12　开启空调前后点火提前角与转速的关系

3．点火提前角的修正

通过上述方法获得点火系统初始点火提前角与基本点火提前角后，再通过修正才可得到最终用来进行实际控制的最佳点火提前角。点火提前角修正一般分为暖机修正、怠速稳定修正、过热修正及空燃比反馈修正四种。

（1）暖机修正：如图5—2—13所示是点火提前角暖机修正特性曲线。当节气门位置传感器怠速触点闭合时，计算机根据发动机冷却液温度对点火提前角进行修正。当冷却液温度较低时，由于混合气的燃烧速度较慢，应适当增大点火提前角，以促使发动机尽快暖机；随着冷却液温度的升高，点火提前角修正值应逐渐减小。

（2）怠速稳定修正：发动机怠速时，如空调、动力转向等动作而引起负载变化时，会引起转速不稳定。所以ECU根据实际转速与目标转速的转速差，动态地修正点火提前角。若发动机的怠速转速低于目标转速时，控制系统将相应地增加点火提前角，以利于怠速的稳定；反之，则相应减小点火提前角，如图5—2—14所示。

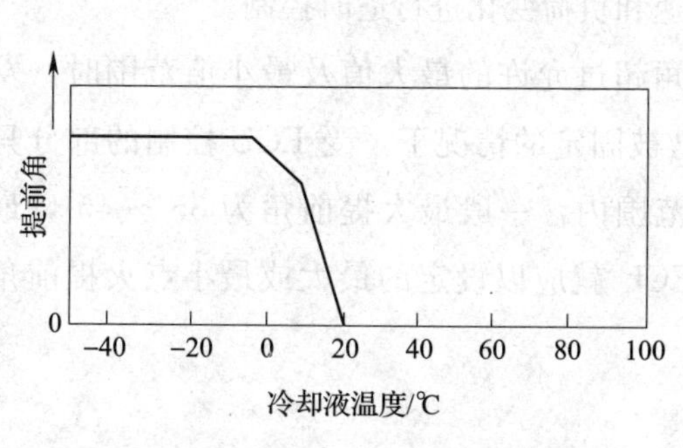

图5—2—13　点火提前角暖机修正特性曲线

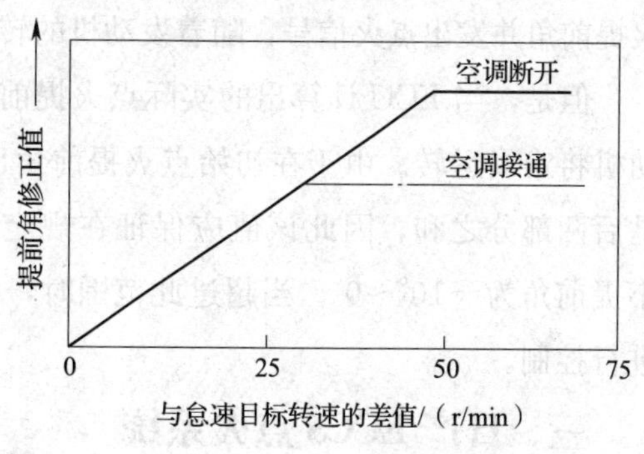

图5—2—14　怠速稳定修正

此外，为使发动机怠速转速能稳定在目标转速上，点火提前角的怠速稳定修正与怠速控制系统中的怠速调整同步进行，这样有助于提高怠速转速的控制精度及怠速稳定性，有效地防止发动机怠速熄火的现象产生。

（3）过热修正：当发动机处于正常行驶工况，节气门位置传感器无怠速信号输出时（IDL断），如果冷却液温度过高，会产生爆燃，应适当减小点火提前角。但当发动机处于怠速运行工况时（IDL通），若冷却液温度过高，为了避免发动机长时间过热，则应增大点火提前角，如图5—2—15所示。

（4）空燃比反馈修正：当装有氧传感器的电控燃油喷射系统进入闭环控制时，ECU通常根据氧传感器的反馈信号对空燃比进行修正。随着修正喷油量的增加或减少，发动机的转速在一定范围内波动。为了提高发动机转速的稳定性，当反馈修正油量减少而导致混合气变稀时，应适当地增加点火提前角；反之，则减小点火提前角，如图5—2—16所示。

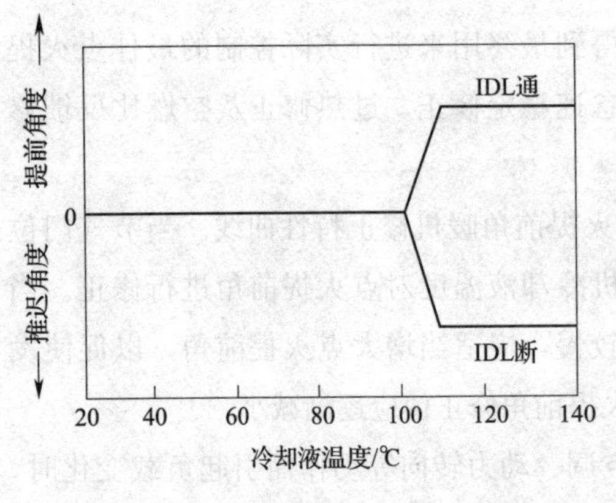

图5—2—15　过热修正

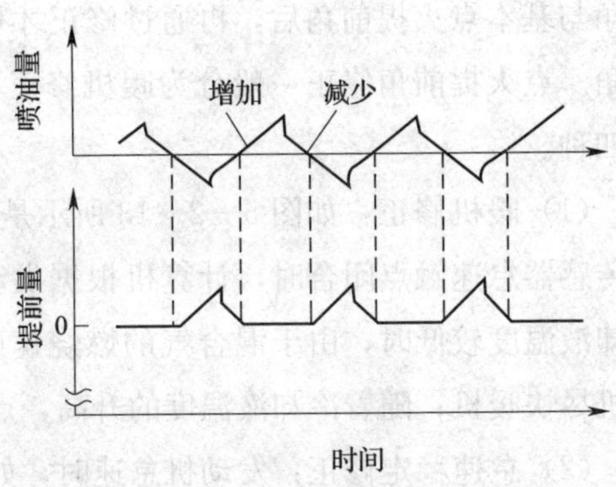

图5—2—16　空燃比反馈修正点火提前角

发动机实际的点火提前角就是固定点火提前角、基本点火提前角及修正点火提前角三项之和。当发动机工作时，曲轴每旋转一圈，ECU就会根据所测的参数值确定点火提前角并发出点火信号，随着发动机的转速和负荷变化进行适时控制。

但是，当ECU计算出的实际点火提前角超过允许的最大值及最小值范围时，发动机将难以运转。由于在初始点火提前角已被固定的情况下，受ECU控制的部分只是后两部分之和，因此该值应保证在规定范围内，一般最大提前角为35°～45°，最小提前角为－10°～0°。当超过此范围时，ECU就应以设定的最大或最小点火提前角进行控制。

三、日产ECCS点火系统

ECCS是日产公司发动机集中控制系统的简称。主要由传感器、电子控制装置

(ECM)、点火控制模块、点火线圈、火花塞等组成。电子控制装置的输入信号主要来自于曲轴传感器及空气流量计。曲轴传感器可提供点火所需的发动机转速信号及点火基准信号（即各缸上止点的120°信号和曲轴转角1°信号），而空气流量计则可提供发动机空气进气量的信号，如图5—2—17所示。

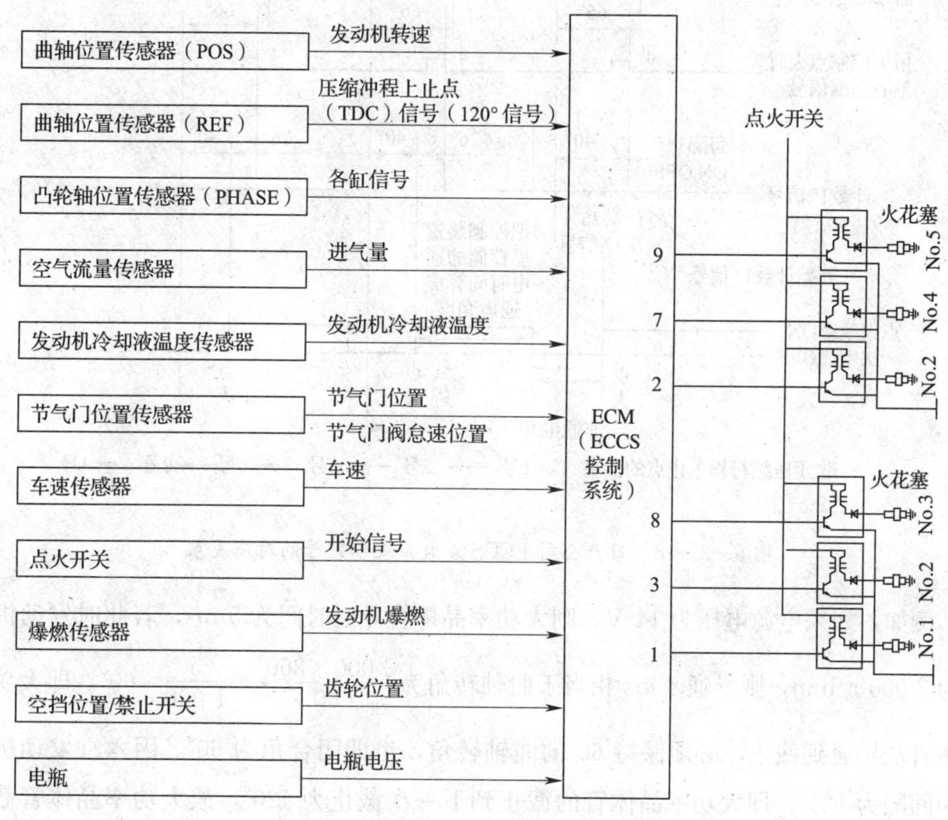

图5—2—17　日产公司ECCS发动机点火系统

当ECU读到120°信号时，即表示此时某缸活塞处于压缩上止点前70°的位置，如图5—2—18b所示。用于控制点火时刻的基准信号为120°信号输入后4°，如图5—2—18c所示，ECU开始计数，当ECU计数到26个1°信号后，在第27个1°信号时（见图5—2—18d），截止大功率晶体管（此时为上止点前40°）点火线圈次级线圈产生高压而点火，如图5—2—18e所示。

故实际的点火时刻基准设定在各缸压缩行程上止点前66°处，如图5—2—18c所示。

大功率晶体管的导通与截止主要由曲轴闭合角决定。导通时间的控制方法，一般是由微机根据电源电压查表得到的，再根据发动机的转速换算成曲轴的转角，以决定闭合角的大小。

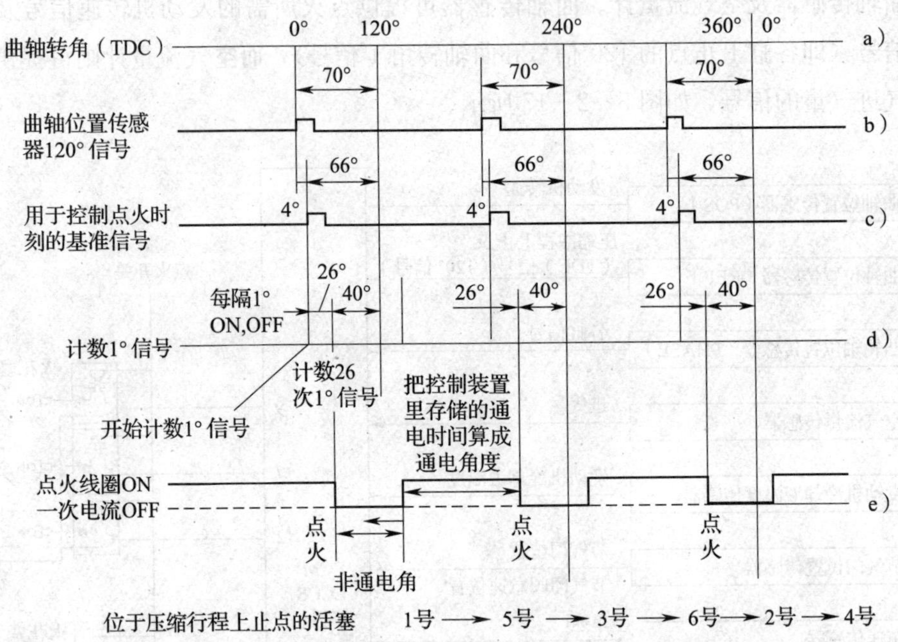

图 5—2—18　日产公司 ECCS 点火系统各信号的对应关系

例如，如果电源电压为 14 V，则大功率晶体管导通时间为 5 ms，若此时发动机转速为 2 000 r/min，则导通 5 ms 相当于曲轴转角为$\frac{2\ 000\times360^\circ}{60}\times\frac{5}{1\ 000}=60^\circ$。即大功率晶体管从导通到截止，必须保持 60°的曲轴转角，也即闭合角为 60°。因六缸发动机的做功间隔为 120°，即大功率晶体管的截止到下一次截止为 120°，故大功率晶体管截止的曲轴转角为：120°－60°（闭合角）＝60°。这样，微机从大功率晶体管截止（OFF）时开始计数 60 个 1°信号，到第 61 个 1°信号时，大功率晶体管开始导通（ON），如图 5—2—18e 所示。

四、桑塔纳 2000GSi 型轿车四缸发动机点火系统

1. 点火时刻控制

桑塔纳 2000GSi 型轿车四缸发动机点火系统如图 5—2—7 所示。曲轴转速在 2 000 r/min 时的最佳点火提前角为上止点前 30°曲轴转角。凸轮轴位置传感器产生的判缸信号下降沿输入 ECU 时，表明第 1 缸活塞处于压缩上止点前 88°，如图 5—2—19a 所示。当 ECU 接收到判缸信号下降沿后，将对曲轴位置传感器（CPS）输入的转速与转角信号进行计数。计数开始时的信号称为基准信号，由 ECU 内部电路控制，曲轴每旋转 180°产生一个基准信号。因为曲轴位置传感器第一个凸齿信号在判缸信号下降沿

后 7°时产生，所以基准信号对应于第 1 缸活塞压缩上止点前 81°位置，如图 5—2—19b 所示。

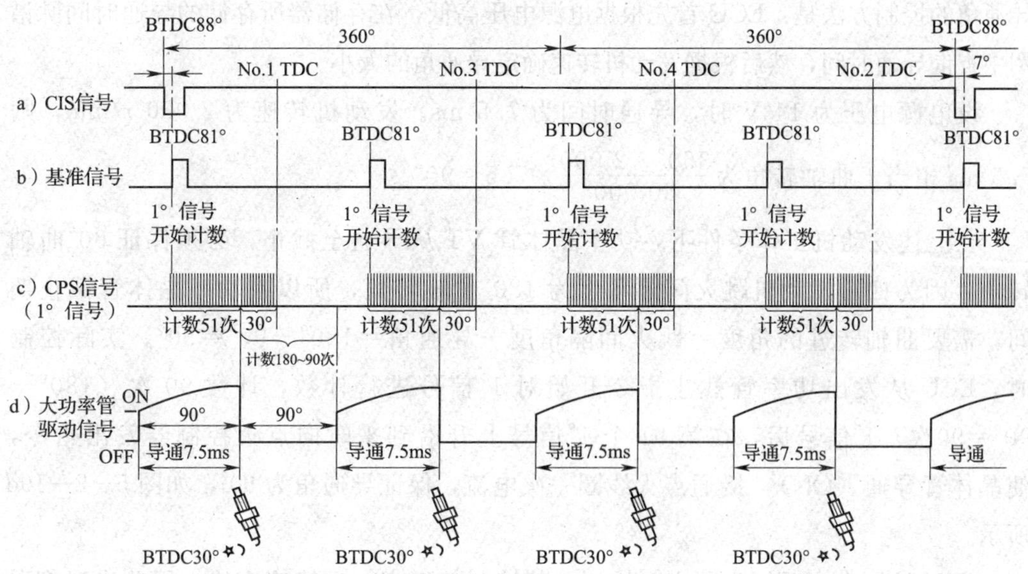

图 5—2—19　桑塔纳 2000GSi 型轿车四缸发动机点火控制信号的对应关系

点火提前角大小直接影响点火性能，提前角过大会导致发动机产生爆燃，提前角过小又会导致发动机过热，所以必须精确控制，一般精确到 1°。由于桑塔纳 2000GSi 型轿车凸轮轴位置传感器齿和齿槽信号均占 3°曲轴转角，因此需要将曲轴位置传感器信号转换为 1°信号。

目前 ECU 内部晶振频率一般设定为 $f=6$ MHz，周期为 $T=1/f=0.000\ 16$ ms。当发动机以 2 000 r/min 旋转时，曲轴转过 3°，所经历的时间为 0.25 ms$\left(\frac{60\ 000\times 3°}{2\ 000\times 360°}=0.25\ \text{ms}\right)$。所以每 0.083 ms 曲轴转过 1°，相当于 518.75 个晶振周期$\left(\frac{0.083}{0.000\ 16}=518.75\right)$，即 ECU 内部晶振每产生 518.75 个时钟脉冲信号，相当于曲轴转角 1°，如图 5—2—19c 所示。因为点火提前角为上止点前 30°，所以 ECU 计数到第 51 个 1°信号（即从接收到 CIS 信号 7°＋51°＝58°）后，在第 52 个 1°信号时，向点火控制器发出指令，使功率晶体管截止，如图 5—2—19d 所示，切断点火线圈一次电流，次级绕组产生高压电并送到火花塞电极上跳火，从而将点火提前角控制在第 1 缸压缩上止点前 30°。因为基准信号每 180°产生一个，所以同理按发动机气缸 1—3—4—2 的工作顺序将各缸点火提前角控制在压缩上止点前 30°。

2. 导通角控制

导通角是指点火线圈一次侧电路的功率三极管导通期间，发动机曲轴转过的角度。导通角的控制方法是：ECU 首先根据电源电压高低，在存储器所存储的导通时间脉谱图中查询导通时间，然后根据发动机转速确定导通角的大小。

设电源电压为 14 V 时，导通时间为 7.5 ms。发动机转速为 2 000 r/min，则 7.5 ms 相当于曲轴转角为 $\frac{360°\times 2\ 000}{60\ 000}\times 7.5=90°$。

在上述发动机工作条件下，功率晶体管 VT 从导通至截止，必须保证 90°曲轴转角。因为四缸发动机跳火间隔角度为 180°曲轴转角，所以在功率晶体管截止期间，需要曲轴转过的角度＝跳火间隔角度－导通角＝180°－90°＝90°。实际控制时，ECU 从发出功率管截止指令开始对 1°信号进行计数，计数 90 次（180°－90°＝90次）1°信号后，在第 91 个 1°信号上升沿到来时向点火控制器发出指令，使晶体管导通（ON），接通点火线圈一次电流，保证导通角为 90°，如图 5—2—19d 所示。

ECU 控制点火系统采用实时控制，其控制精度高、运算速度快，因此一般都采用汇编语言编程。为了便于程序编制与调试，一般采用模块化结构，将程序分成若干个子程序进行编制与调试。点火控制软件的流程简图如图 5—2—20 所示，主要由主程序、自检程序、故障报警子程序、起动子程序、滑行子程序和怠速子程序等组成。主程序的主要功用是监测判定发动机工作状态，计算或从点火脉谱图中查询确定点火时间、点火提前时间（提前角），并发出点火指令、控制点火线圈一次电流接通与切断。

五、故障诊断与排除举例

1. 故障现象

一辆上海别克轿车，行驶里程 80 000 km 后，在高速公路上行驶时突然出现加速间歇停顿、怠速不稳的现象。原地空荷急加速，有时能听到排气管“放炮”和空气滤清器处回火声。

2. 故障诊断与排除

此车曾做过许多项目的修理与检查，但用户反映问题总是时好时坏，故障不能彻底排除。于是又对故障现象进行了重新认证，发现除了上述的故障现象外，还有一个特殊的现象就是：如果起动顺利的话，则加速、怠速工况均非常正常；如果起动困难的话，则加速、怠速等工况也均不好。

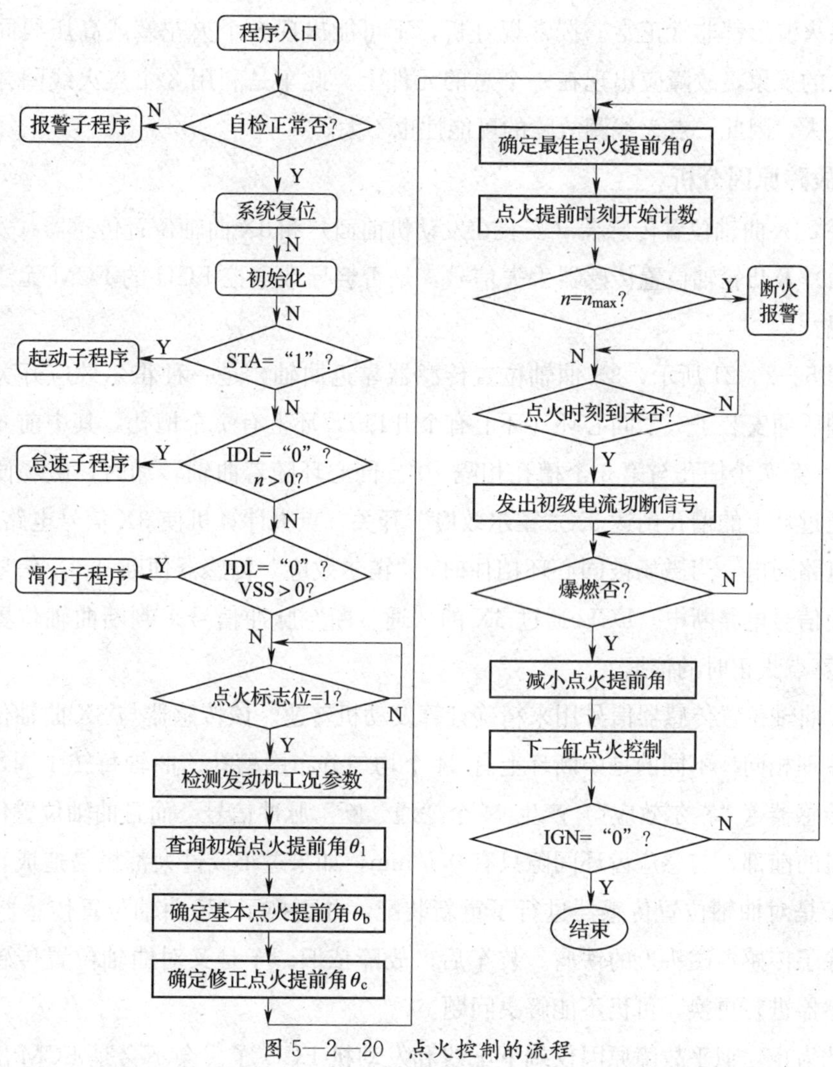

图 5—2—20　点火控制的流程

依据这些现象，认为原因有可能在点火线路上，但为预防是油路故障，先针对油压系统进行快速检查。方法是：模拟出故障状态，挂上前进挡，踩住制动，此时，另一脚轻踩节气门，类似于做失速试验，因为这样做就加大了发动机负荷，所以间隔停顿现象就很容易表现出来。从油压测试口接上机油压力表，在发动机出现间隔停顿的时候测量油压是 290～320 kPa，完全符合技术要求。通过试验，基本可以排除汽油泵和油压调节器的原因。其检修重点应针对点火系统。

据用户反映，此车为二手车，曾发生过交通事故，钣金整形时发动机曾拆下，但购车时没有此故障，行驶 10 000 km 后才开始出现怠速不稳、加油间隔停顿的现象。曾换过火花塞、高压线，问题还是没有解决。火花塞和高压线只是点火线路的执行元件，它们并不是点火系统的全部，于是又利用示波器对点火次级绕组电压和波形做了检查，检查结果发现，无论是哪一个缸，在出现故障时均有断火现象。但没故障时，则每一个缸的点火波形都非常正常。按常规分析，不可能出现 6 个火花塞或高压线同时不能击穿发火的现象，故障应出现在一个总的元件上。此车是利用 3 个点火线圈并联的方式直接点火，因此，点火线圈故障的可能性也不大。

3. 故障原因分析

如果 24X 曲轴位置传感器（安装在发动机前面）和 3X 曲轴位置传感器（安装在发动机右面）及凸轮轴位置传感器丢失信号，是否会导致电控 ECU 的 ECM 无法驱动点火线圈呢?

如图 5—2—21 所示，3X 曲轴位置传感器靠近曲轴，是一种霍尔效应开关，在曲轴平衡轴后面安装了一个同心环（环上有个开口），环上有 7 个槽孔，其中前 6 个槽孔相隔 60°，第 7 个槽孔与第 6 个槽孔相隔 10°。同心环随着曲轴转动时，磁场便以一定的间隙通过环上的槽孔到达 3X“霍尔效应”开关。点火计算机使 3X 信号电路的搭铁，使信号电路通电。当磁场被同心环挡住时，“霍尔效应”传感器便断开 3X 信号电路的搭铁，使信号电路断电。ECU 通过 3X 的“通、断”脉冲信号来判断曲轴位置，作为 ECM 计算点火正时的依据。

24X 曲轴位置传感器信号用来精确计算发动机转速。该传感器与 3X 曲轴位置传感器工作原理相同。不同的是中断环上有 24 个均匀分布的槽孔。曲轴每转 1 周，24X 曲轴位置传感器（“霍尔效应”）产生 24 个“通、断”脉冲信号。而且曲轴位置传感器装在发动机的前部，与感应齿环间隙只有 0.5 mm，如果过小或过大都极易造成转速信号丢失。于是对曲轴位置传感器进行了重新装配，并更换了 3X 曲轴位置传感器和 O 形环，清除了传感器磁头上的铁屑。装车后，故障依旧。于是又对曲轴位置传感器和凸轮轴传感器进行更换，可仍不能解决问题。

到此为止，似乎故障原因仅剩下配线和发动机 ECU 了。会不会是 ECM 出现错误不能正确指令而导致点火错乱呢？因为以前修理过的同类车型中曾发现过这种情况，于是利用示波器进行检测（如果没有示波器也可以利用一个小试灯替代，方法是试灯一端接蓄电池火线，另一端接入要测试的点火线圈的负极线，在起动发动机或发动机运转后，试灯应有一个频率闪动）。如果出现波形较大的脉宽或试灯闪烁时间不同，则说明此线路或 ECU 指令有故障。通过检测，发现点火线圈负极 3 条线均有不规律的间隔频闪，更换 ECM 替代试验，故障依旧。

在维修无进展的情况下，再次对曲轴和凸轮轴位置传感器进行更换，但这次却发现了极有价值的线索，24X 曲轴位置传感器的磁头上吸了一块铁屑。另外在做故障听诊时还发现发动机前部有异响，类似金属敲击声，而且出现敲击声时，发动机工作不稳，加速无力。铁屑与敲击声均出现在发动机的前部，可能是曲轴带轮上的中断环损坏。

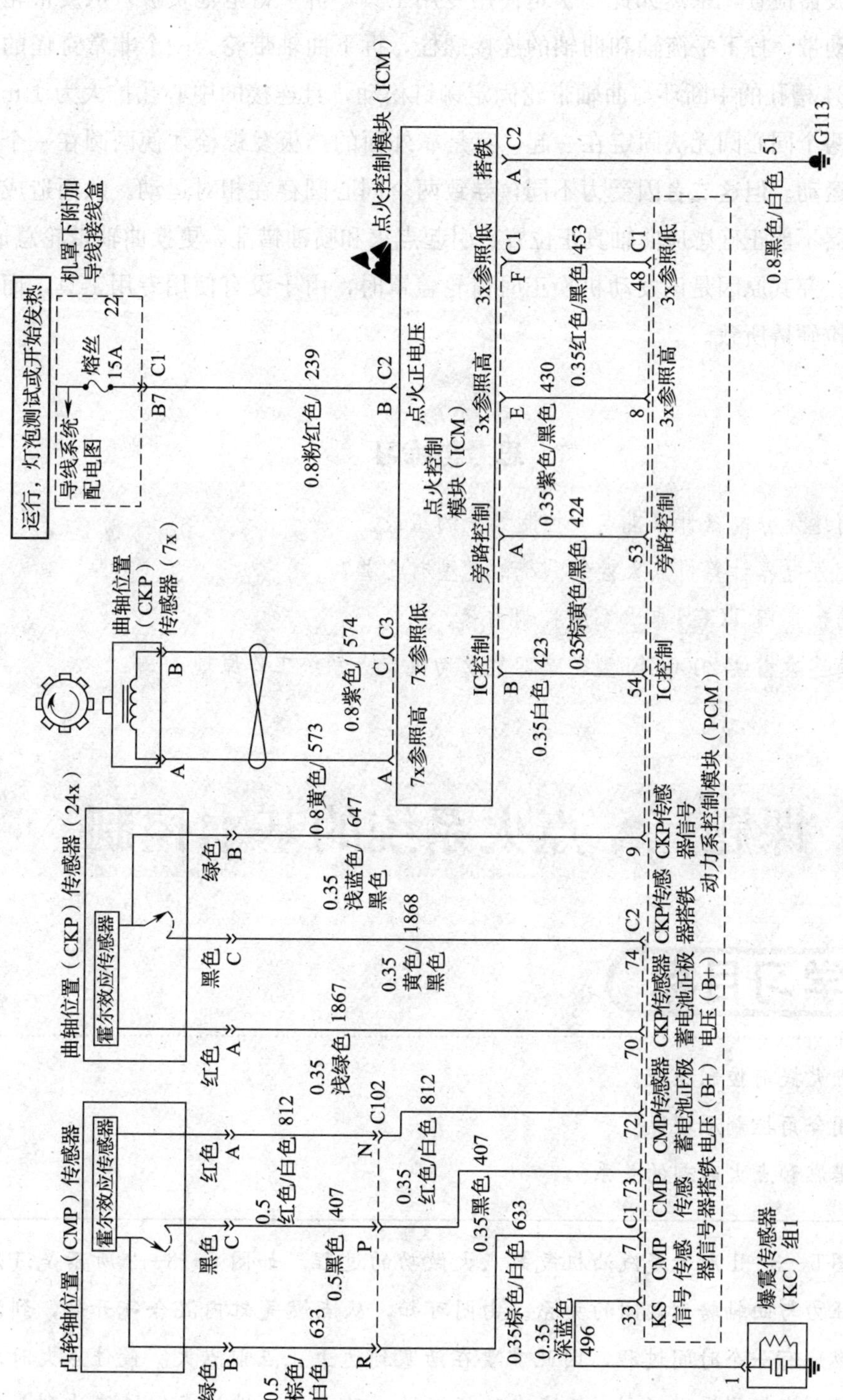

图5—2—21 上海别克轿车的点火电路

如果真是曲轴带轮总成损坏，那必定导致喷油不良，也因此导致喷油控制信号不准。用示波器检查，果然如此。于是使用专用工具，拆下蓄电池负极，从皮带轮上拆下蛇形传动带，拧下平衡轴和曲轴的连接螺栓，拆下曲轴带轮。一个非常奇怪的现象出现了，24 槽孔的中断环与曲轴带轮固定铆钉松动，且连接的中心孔扩大为 1 mm 左右，所以两个同心圆无法固定在一起，只是靠外面的挡板及螺栓才使两圆在一个平面内做圆周运动。但这二者因受力不同，导致两个同心圆存在相对运动。从而造成曲轴位置传感器不能正确感应曲轴真正位置，引起点火和喷油错乱。更换曲轴带轮总成后，故障排除。究其原因是该发动机换正时齿轮盖罩时，由于没有使用专用工具，而对曲轴带轮硬拉硬撬所致。

思考与练习

1. 简述无分电器计算机点火控制系统的组成。
2. 无分电器计算机点火控制系统的类型有哪些？
3. 简述丰田 TCCS 点火系统控制内容。
4. 简述桑塔纳 2000GSi 型轿车四缸发动机点火系统工作原理。

课题三　点火系统的基本控制

学习目标

- 了解点火提前控制原理。
- 了解闭合角控制原理。
- 掌握爆燃和点火时刻的关系。

如图 5—3—1 所示是汽油机气缸点火做功的过程。如图 5—3—2 所示是汽油机气缸内压力与曲轴转角之间的关系。由图可知，从点燃气缸内混合气开始，到混合气猛烈燃烧有一个时间过程，因此需要在活塞到达上止点前点火。最佳点火时刻是将燃烧控制在轻微爆燃时刻，使汽车的经济性、动力性、排放净化性能达到最佳状态。分析最佳点火时刻与哪些因素有关？

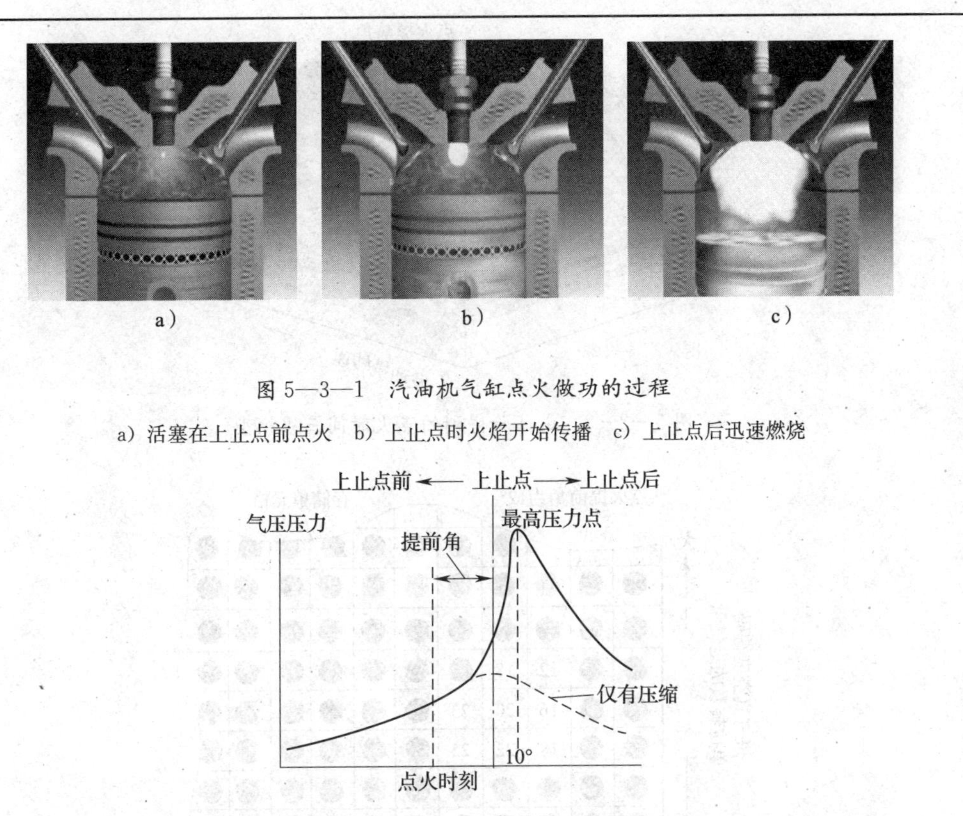

图 5—3—1　汽油机气缸点火做功的过程

a）活塞在上止点前点火　b）上止点时火焰开始传播　c）上止点后迅速燃烧

图 5—3—2　气缸压力与曲轴转角之间的关系

一、点火提前控制

1．点火提前角控制的基本模式

由于发动机点火提前角对发动机的动力输出、燃油消耗、排气净化等性能产生直接影响，因此必须予以严格控制，才能满足日益提高的发动机动力性、经济性、环保性的要求。

点火提前角的控制本身属于相当复杂的多变量求解问题，国外实践证明很难找到进行控制的精确数学模型，而且也没有这个必要。考虑到影响发动机点火提前角的主要因素是发动机转速和负荷，因此目前普遍通过试验方法来获得发动机在不同转速、不同负荷时所对应的最佳点火提前角，以此确定三维控制模型图（见图 5—3—3），再将该模型图转换成二维表格，将这些数据储存在计算机的存储器中，如图 5—3—4 所示，以控制实际的点火提前角。

在发动机实际运行中，ECU 通常根据发动机转速传感器、节气门位置传感器输入的信息，从对应的二维表中找出所对应的点火提前角的数值，再根据其他传感器信息进行校正，就可以对点火系进行适时精确控制。

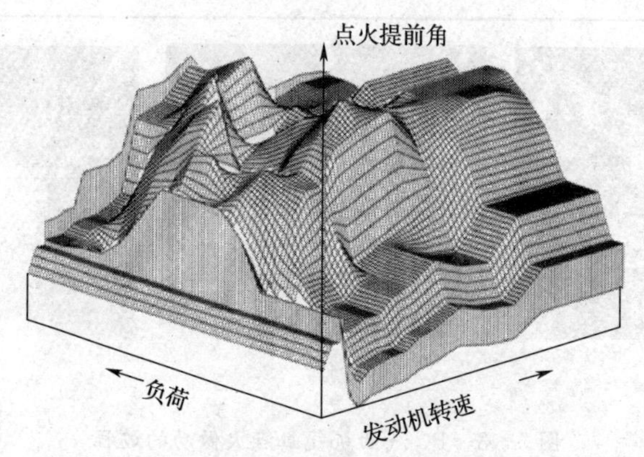

图 5—3—3　由试验得到的点火时间三维模型

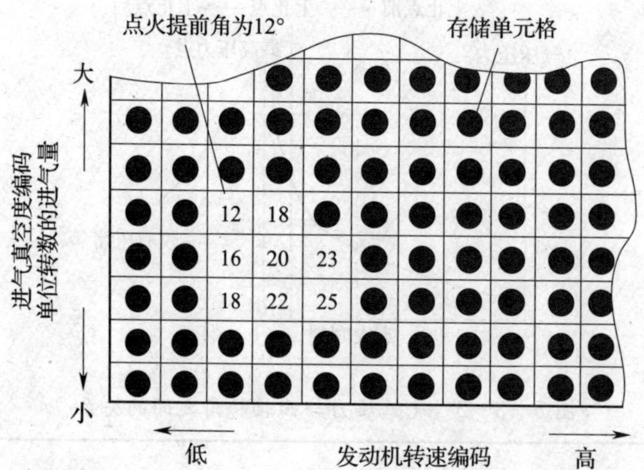

图 5—3—4　计算机存储器中点火提前角的二维表格

2. 点火提前角及其影响因素

发动机工作时，火花塞产生电火花点燃混合气后，火焰需要一定的时间才能传播至整个燃烧室，也就是说从开始点火到混合气燃烧产生最大压力，有一定的时间延迟，如图 5—3—1 所示。实践证明，混合气燃烧产生的最大压力出现在活塞位于上止点以后的曲轴转角 10°左右，发动机可以发出最大的功率，油耗最低。因此，点火的时刻应考虑上述的时间延迟，要求点火的时刻要适当提前，如图 5—3—2 所示。

点火提前是以上止点为基准，用曲轴的转角来衡量，称为点火提前角，其范围在上止点前 5°～40°。点火提前角是指从火花塞开始跳火到活塞行至上止点为止这一段时间曲轴转过的角度。能使发动机发出最大功率、油耗最低、排放污染最小的点火提前角称为最佳点火提前角。最佳点火提前角与发动机转速、负荷、水温、进气温度等因素有关。

（1）发动机转速对点火提前角的影响

当节气门开度即发动机的负荷不变时，发动机每个工作循环进入气缸的混合气量是基本相同的，从点火开始到燃烧产生最大压力所需的时间也基本相同。在这段相同的时间内，发动机转速高时，活塞走过的距离长，相应的曲轴转角也大，对应点火提前角就大；反之，发动机转速低时，活塞走过的距离短，相应的曲轴转角小，对应的点火提前角就小。最佳点火提前角随着发动机转速提高而加大。由于高速时发动机气缸内的混合气的压力、温度有所提高，进气扰流增强，使燃烧的速度有所加快，所以高速时随发动机的转速增加，点火提前角增加的幅度减小，如图 5—3—5 和图 5—3—6 所示。

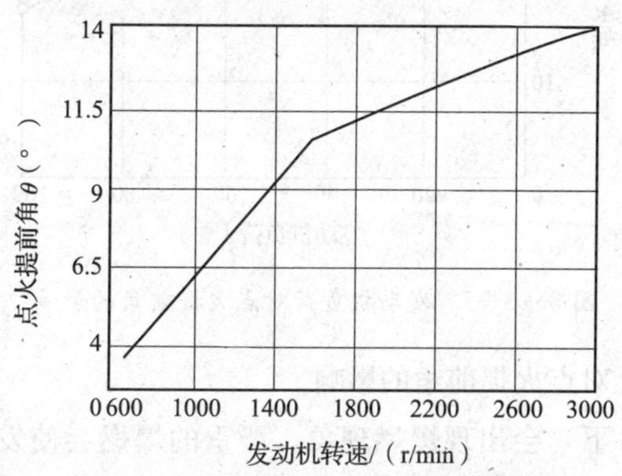

图 5—3—5　发动机转速与点火提前角的关系

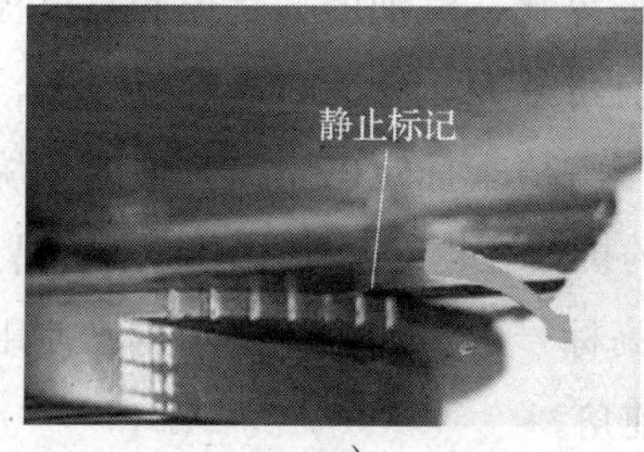

a）

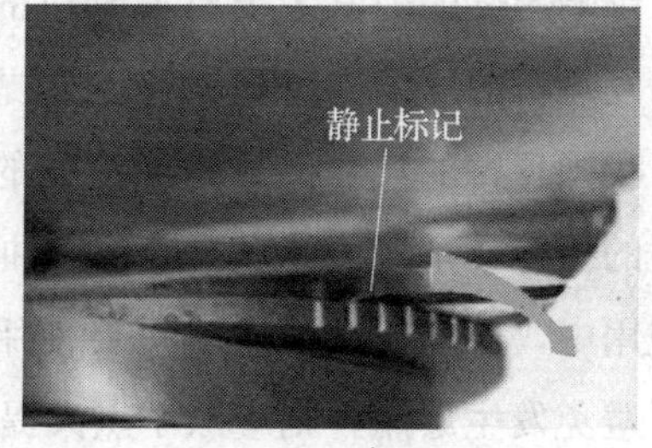

b）

图 5—3—6　用点火正时灯检查的情形

a）转速快点火提前角大　b）转速慢点火提前角小

（2）发动机负荷对点火提前角的影响

节气门的开度与发动机负荷成正比。当发动机的转速一定时，节气门开度增大，进入气缸的混合气量增多，混合气的质量提高，燃烧速度加快，点火提前角应相应减小，如图 5—3—7 所示。

（3）发动机在起动或怠速时对点火提前角的影响

发动机在起动或怠速时，虽然混合气的燃烧速度较慢，但发动机的转速很低，燃烧所对应的曲轴转角很小，如果点火提前角过大，有可能造成起动时发动机反转，而使起动困难，因此要求起动或怠速时的点火提前角较小或不提前。

（4）汽油品质对点火提前角的影响

发动机使用的汽油标号和混合气的浓度不同，要求的点火提前角也不相同。汽油标号越高，燃烧速度慢，点火提前角越大。

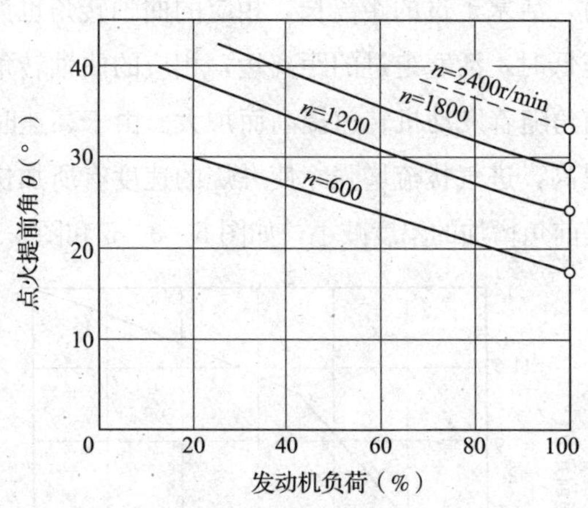

图 5—3—7　发动机负荷对点火提前角的影响

（5）压缩比、爆燃对点火提前角的影响

发动机在一定条件下，会出现爆燃现象，严重的爆燃会使发动机气缸内产生极高的压力冲击波，发出敲击气缸的响声，同时还会引起气缸内的局部过热，冲坏气缸垫、节气门等。影响爆燃的因素主要有发动机的压缩比、汽油的辛烷值和点火提前角。一般情况下，发动机的压缩比越高，若点火提前角越大，汽油的辛烷值过低，就越容易产生爆燃。我国现行的汽油标号是用汽油的辛烷值来标定的，而汽油的辛烷值是衡量汽油抗爆性的指标，辛烷值越高，表示汽油的抗爆性越好，使用中越不容易发生爆燃。在汽车的使用中，压缩比高的发动机要使用高标号的汽油，如果不得已使用了低标号汽油，为了避免发生爆燃，则应减小点火提前角。

（6）进气温度和发动机温度对点火提前角的影响

进气温度和发动机温度升高，混合气的质量提高，燃烧的速度加快，点火提前角应相应减小。

设置点火提前装置，使点火提前角随着发动机的负荷和转速的变化而相应地变化，与发动机的工作情况相适应。

二、闭合角控制

闭合角是点火线圈通电期间（通电时间）曲轴所转过的角度。对于电感储能式电子点火系，当点火线圈的一次侧电路被接通后，其一次电流是按指数规律增长的。一次侧电路被断开的瞬间一次电流所能达到的值称断开电流，与一次侧电路接通的时间长短有关。只有通电时间达到一定值，一次电流才可能达到最大。二次电压最大值 U_2 与断开电流成正比。因此，必须保证通电时间能使一次电流达到最大。为此，必须增加通电时间，但如果通电时间过长，点火线圈又会发热并使电能消耗增大，反而不利于点火系统的正常工作。因此要控制一个最佳通电时间，必须兼顾上述两方面的要求，显然在电控单元

ROM 中存放的一次线圈导通时间（即通电时间）并不是常数。同时，当蓄电池的电压变化时，也将影响一次电流，如蓄电池电压下降，在相同的通电时间里一次电流所达到的值将会减小，因此必须对通电时间进行修正，如图 5—3—8 所示。

为了减小转速对二次电压的影响，提高点火能量，有些车型采用点火线圈，一次电阻很小，其饱和电流可达 30 A 以上，这一技术称为高能点火技术（HEI）。为了防止一次电流过大烧坏点火线圈，在点火控制电路中增加了恒流控制电路，从而保证在任何转速下一次侧平均电流都能达到规定值 7 A，一方面改善了点火性能，另一方面又能防止一次电流过大，避免通电时间过长而烧坏点火线圈，如图 5—3—9 所示。

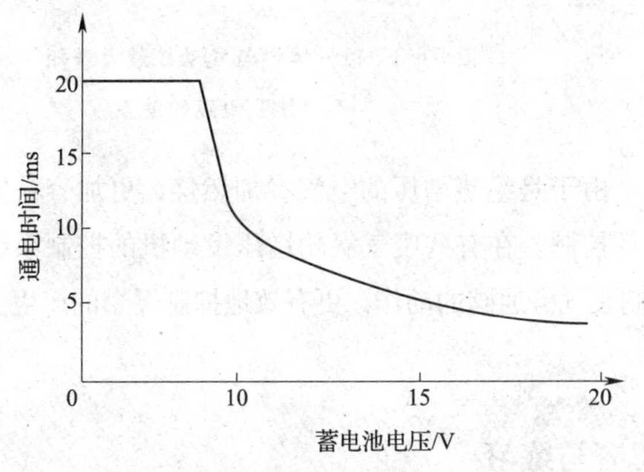

图 5—3—8　蓄电池电压与通电时间的关系

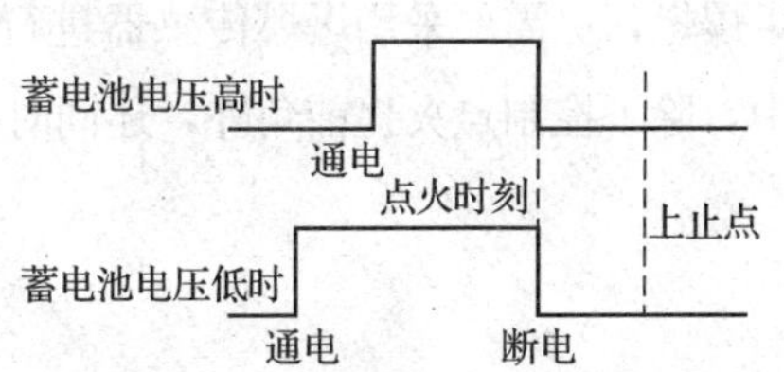

图 5—3—9　点火线圈通电时间控制

三、爆燃和点火时间的关系

汽油机在接近压缩上止点时，火花塞跳火，点燃气缸内的混合气。以火花塞为中心，火焰向四周传播，可燃气体在气缸内膨胀做功。在此期间，如果气缸内压力和温度异常升高，部分混合气在火焰尚未传播到达时就自行着火燃烧。整个燃烧室内会在瞬时形成多火源燃烧，这种现象称为爆燃。爆燃还伴随产生高温和强大的压力波，称为爆燃。如果持续产生爆燃，会引起气缸体、气缸盖和进气歧管等薄壁构件的高频振动，运动件就产生冲击载荷，导致很大的噪声和损坏，这种现象称为敲缸。爆燃还会使火花塞电极或活塞过热、熔损，发动机将造成严重机械故障。在计算机点火控制系统中，若采用带有爆燃传感器的闭环控制，则可以有效地防止爆燃的产生。

如图 5—3—10 所示，爆燃与点火时刻有密切的关系。曲线 A 是气缸内不燃烧时的压力波形，曲线 B、C、D 分别表示点火时刻为 B'、C'、D' 气缸内的燃烧压力波形。显然，点火提前角越大，燃烧压力越高，则越容易产生爆燃，如曲线 B 所示。

当发动机工作在临近爆燃范围时，发动机发出最大转矩，如图 5—3—11MBT 曲线所示。因此，在有爆燃传感器闭环控制的点火系统中，利用爆燃传感器检测爆燃界限，进行反馈控制，把点火时刻控制在临近爆燃时，有利于提高发动机的动力性。

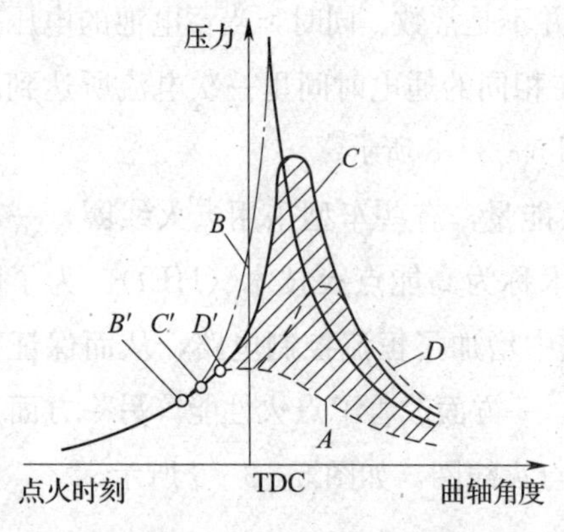

图 5—3—10 爆燃与点火时刻的关系

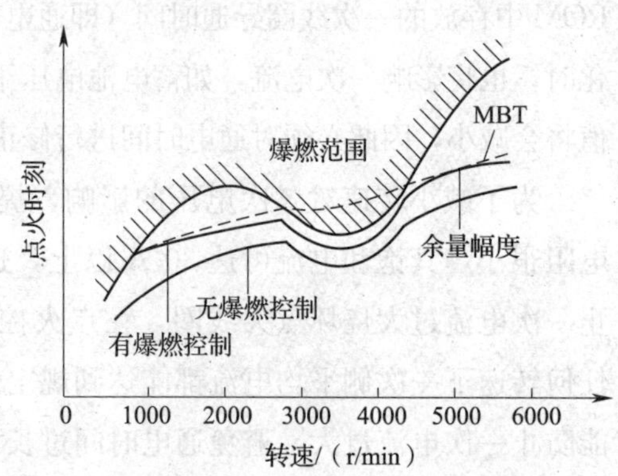

图 5—3—11 爆燃与发动机最大转矩 MBT 曲线的关系

尤其是装有废气涡轮增压的发动机，由于是绝热增压的空气参加燃烧，更加容易发生爆燃，更需要采用爆燃传感器进行闭环控制。在有些废气涡轮增压发动机的控制系统中，除了控制点火提前角外，还同时控制废气旁通阀的动作，更有效地抑制爆燃的产生。

思考与练习

1. 简述点火系统的基本控制有哪些情况。
2. 点火提前角控制的原理是什么？
3. 闭合角控制的原理是什么？
4. 爆燃和点火时间有什么关系？

课题四　曲轴、凸轮轴位置传感器

学习目标

◆ 了解曲轴、凸轮轴位置传感器的类型和结构原理。

观察如图 5—4—1 和图 5—4—2 所示的发动机点火系统，试标出曲轴（凸轮轴）位置传感器的安装位置。

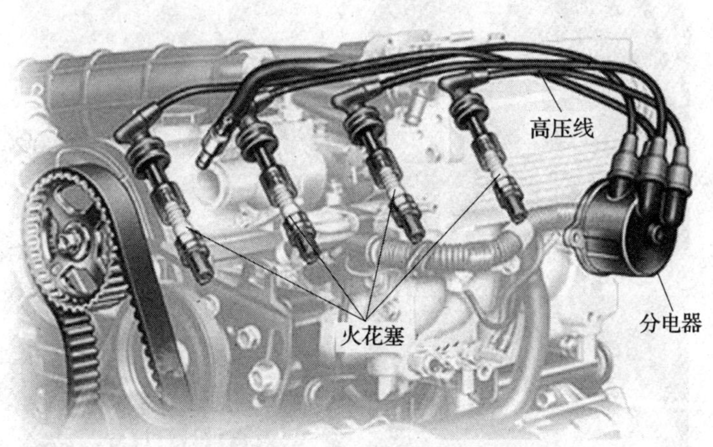

图 5—4—1　有分电器的点火系统

图 5—4—2　无分电器的点火系统

曲轴位置传感器（CKP）是用来确认曲轴转角位置和发动机转速的信息，ECU 用此信号控制燃油喷射量、喷油正时、点火时刻（点火提前角）、点火线圈通电时间（闭合角）、怠速转速和电动汽油泵的运行。

有分电器的车型，曲轴位置传感器和凸轮轴位置传感器都安装在分电器内，其结构有电磁式、霍尔式和光电式，如图 5—4—3 所示。

无分电器的车型，曲轴位置传感器安装在曲轴的前端或后端（见图 5—4—4、图 5—4—5）。凸轮轴位置传感器安装在凸轮轴的前端。

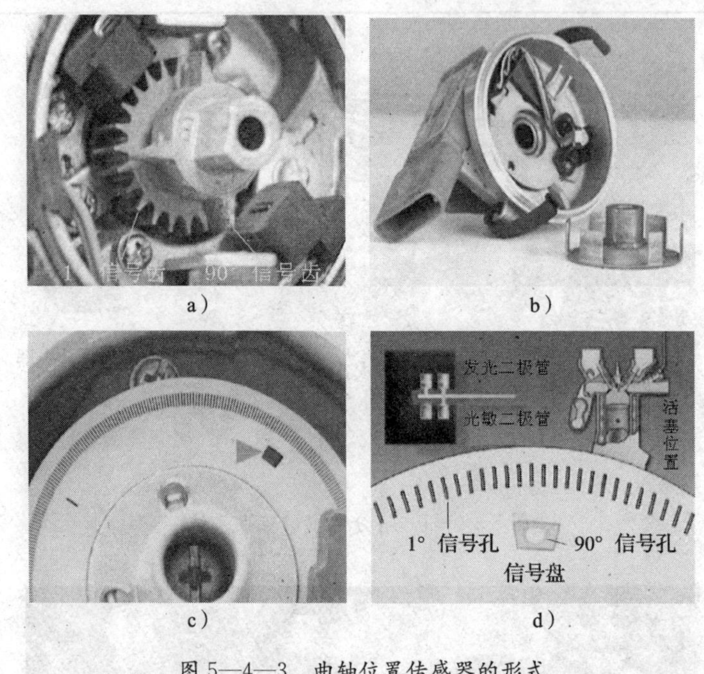

a）　b）　c）　d）

图 5—4—3　曲轴位置传感器的形式

a）电磁式　b）霍尔式　c）光电式　d）光电式曲轴位置传感器的工作原理

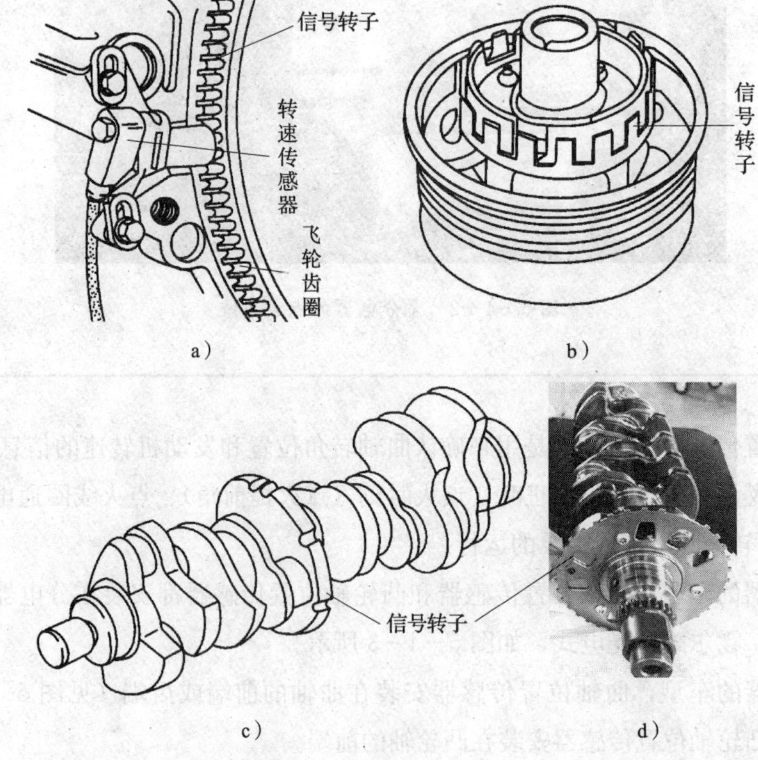

a）　b）　c）　d）

图 5—4—4　信号转子在曲轴上的位置

a）信号转子用飞轮齿圈　b）在曲轴前端带轮上　c）在曲轴中间　d）安装在曲轴前端

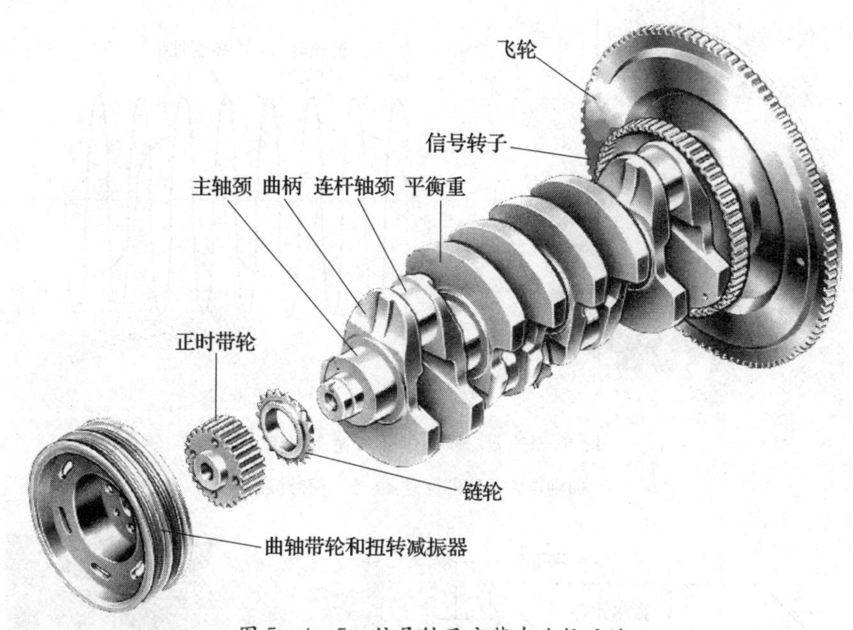

图 5—4—5　信号转子安装在曲轴后端

一、曲轴位置传感器

1. 电磁式曲轴位置传感器

如图 5—4—6 所示是电磁式曲轴位置传感器的外形。电磁式曲轴位置传感器由转子和线圈组成，如图 5—4—7a 所示。转子固定在分电器轴或曲轴上，线圈固定在分电器壳体或气缸体上。永久磁铁的磁力线经过转子、线圈、拖架构成封闭回路。转子旋转时，由于转子齿与线圈铁芯、拖架间的间隙不断发生变化，通过线圈的磁通也不断变化，线圈两端便产生感应电压，并以交流信号输出。交流信号的频率能反映曲轴的转速和位置。当转速低时，其振幅较小，信号较弱，如图 5—4—7b 所示。

图 5—4—6　电磁式曲轴位置传感器的外形

2. 霍尔式曲轴位置传感器

（1）工作原理

如图 5—4—8a 所示，将六面体霍尔元件放在磁场中，在前后两个面上接上电源，在上下两个面上有磁场 B 通过，那么在左右两个面上就会产生霍尔电压。当叶片转到霍尔元件与永久磁铁之间时，霍尔元件上没有磁场作用，不能产生霍尔电压，不输出信号，如图 5—4—8c 所示。当触发叶片离开空气间隙，霍尔元件受到磁场作用，在磁场和电流同时存在的情况下，霍尔元件就产生了霍尔电压。其叶片如图 5—4—4b 所示。

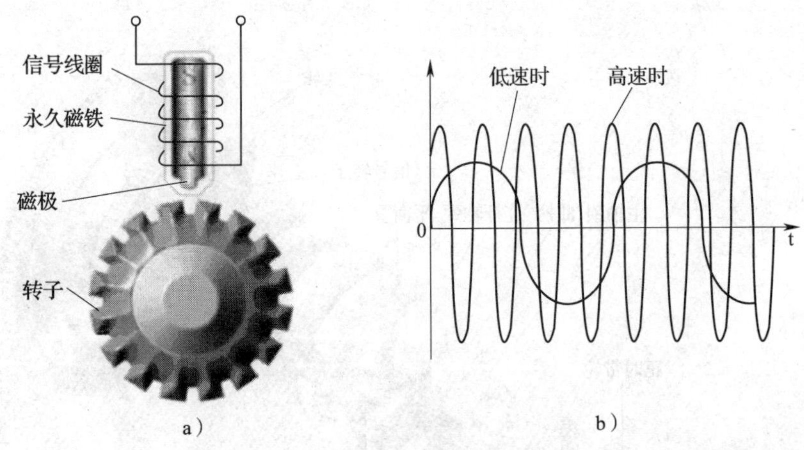

图 5—4—7　曲轴位置传感器原理

a）曲轴位置传感器原理图　b）信号波形

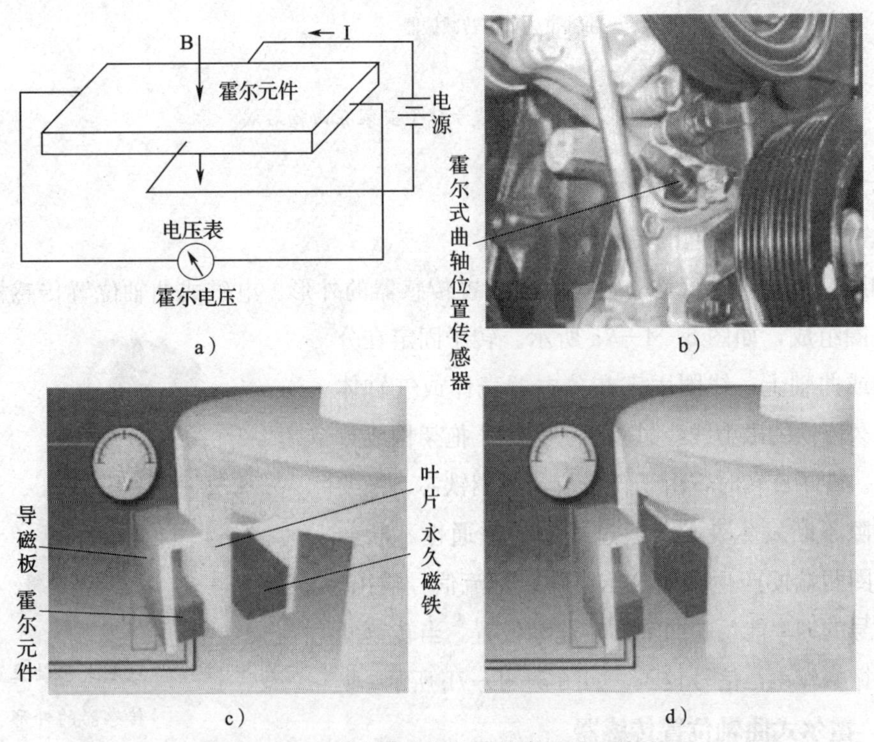

图 5—4—8　霍尔式曲轴位置传感器的工作原理

a）霍尔传感器的原理　b）霍尔传感器安装位置　c）叶片遮挡磁感应线，无霍尔电压

d）叶片没遮挡磁感应线，产生霍尔电压

（2）控制电路

由于霍尔元件产生的霍尔电压非常微弱，只有几微伏，所以要经过放大和整形才能被利用。如图 5—4—9 所示，当有霍尔电压产生时，晶体管 V 导通，传感器产生低电压；当没有霍尔电压产生时，晶体管 V 截止，传感器产生的是高电压。霍尔元件产

生的霍尔电压U_H信号经过放大、整形，最后以整齐的矩形脉冲（方波）信号U_G输出，其框图如图 5—4—9 所示。

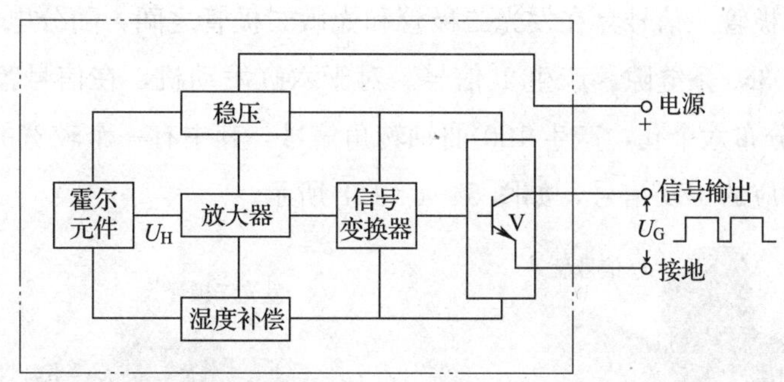

图 5—4—9　霍尔整形电路框图

霍尔式曲轴位置传感器（CKP）的信号特点是：随着发动机转速的提高，信号的频率越来越快，但传感器的输出信号的振幅是恒定的。

霍尔传感器一般有下列 3 条线：电源线、搭铁线和信号线。车型不同，电源线电压也不同，有 8 V、5 V 和 12 V 三种。

（3）检修

桑塔纳轿车的霍尔传感器：红黑线是电源线、绿白线是信号线、棕白线是搭铁线。在点火开关接通时红黑线与棕白线之间的电压应为 11～12 V。叶片在空气间隙中时，绿白线与棕白线之间的电压为 11～12 V；叶片不在空气间隙中时，绿白线与棕白线之间的电压为 0.3～0.4 V。否则，说明传感器已经损坏。由于不同车型的霍尔传感器的结构和电路的参数可能不同，所以在进行检查时，要掌握所检查车型传感器的标准电路参数，并以此作为检查的依据。

用示波器检测时，负极探针连接到传感器的搭铁线、发动机缸体或蓄电池的负极接线柱上，正极探针连接到传感器通往 ECU 的信号输出线上。起动发动机，在不同的转速条件下运行发动机，其输出波形为方波，如图 5—4—10 所示。

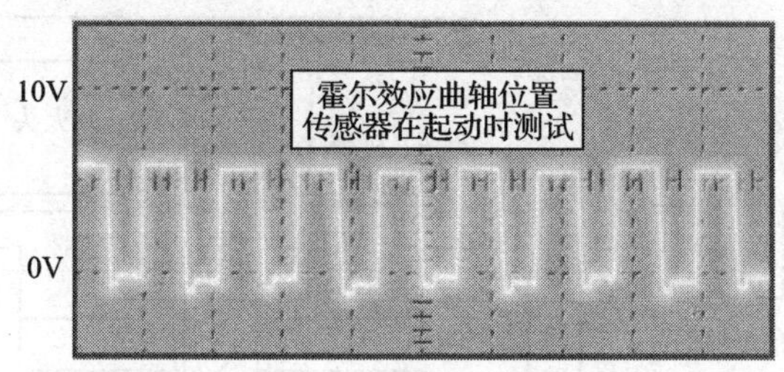

图 5—4—10　霍尔式曲轴位置传感器的波形图

3. 光电式曲轴位置传感器

光电式曲轴位置传感器与霍尔式一样，都需要外加电源。光电式曲轴位置传感器的外形如图 5—4—11 所示，由信号发生器和信号盘组成。信号发生器安装在分电器壳体上，由两只发光二极管、两只光敏二极管和电子电路组成，两只发光二极管分别正对着两只光敏二极管。信号盘在发光二极管和光敏二极管之间，随分电器轴一起转动，它的外围均布有 360 条缝隙，产生 1°信号。对于六缸发动机，在信号盘外围稍靠内的圆上，间隔 60°分布六个孔，产生 120°曲轴转角信号，其中有一个较宽的孔，用于产生第一缸上止点对应的 120°信号，如图 5—4—12b 所示。

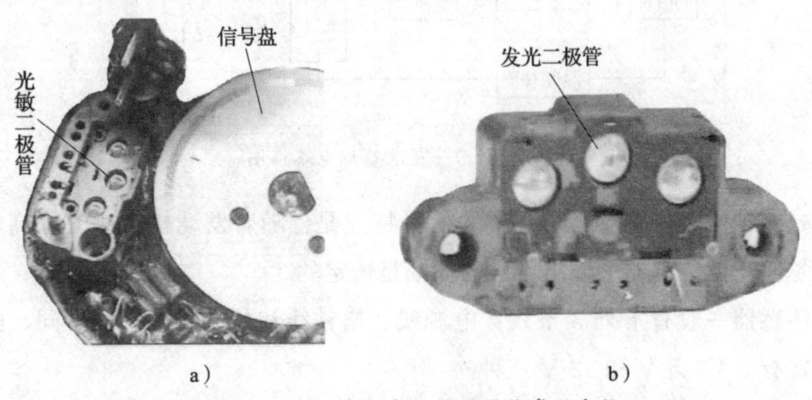

图 5—4—11　光电式曲轴位置传感器实物

a）发光二极管电路　b）光敏二极管电路

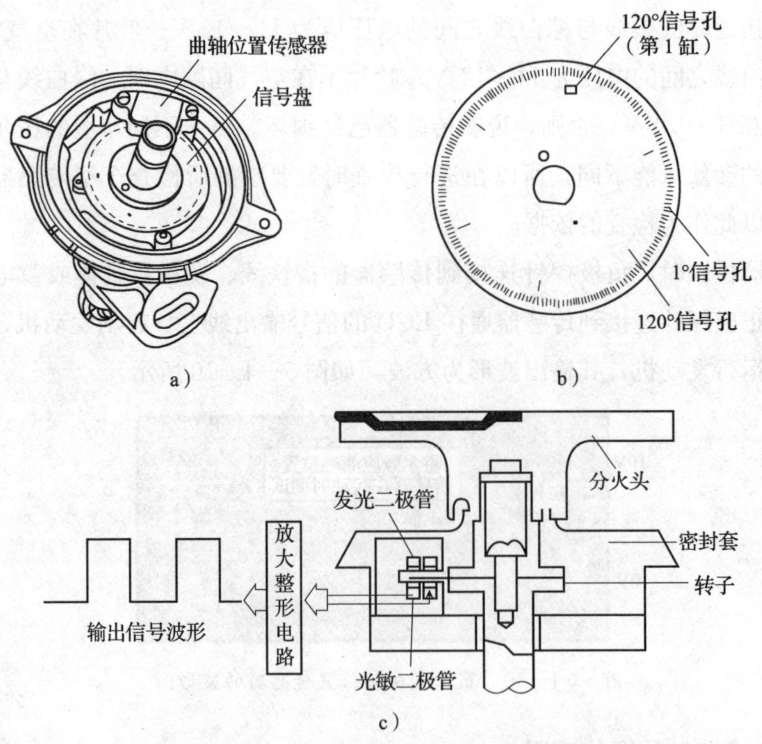

图 5—4—12　光电式曲轴位置传感器的结构原理

a）分电器　b）信号盘　c）原理图

当发光二极管的光束通过信号盘上的孔照射到光敏二极管上时，光敏二极管感光产生电压；当发光二极管的光束被遮挡时，光敏二极管产生的电压为零。将光敏二极管产生的脉冲电压输入电子电路经放大整形后，向 ECU 输入曲轴转角的 1°信号和 120°信号。由于信号发生器安装位置的关系，120°信号在活塞上止点前 70°输出。发动机曲轴转两圈，分电器轴转一圈，1°信号发生器输出 360 个脉冲，每个脉冲周期高电位对应 1°，低电位也对应 1°，表征曲轴转角 720°。与此同时，120°信号发生在各缸压缩行程上止点前 70°产生一个脉冲，6 个缸共产生 6 个脉冲信号。输出表征曲轴位置和曲轴转角的脉冲信号。工作原理如图 5—4—12c 所示。

二、凸轮轴位置传感器

凸轮轴位置传感器用来确认凸轮轴的位置，ECU 用此信号判断给哪一个气缸点火和喷油顺序。其结构原理与曲轴位置传感器基本相同，有电磁式、霍尔式、光电式三种形式。分电器内的 120°信号属于凸轮轴位置传感器信号。霍尔式凸轮轴位置传感器如图 5—4—13 所示。

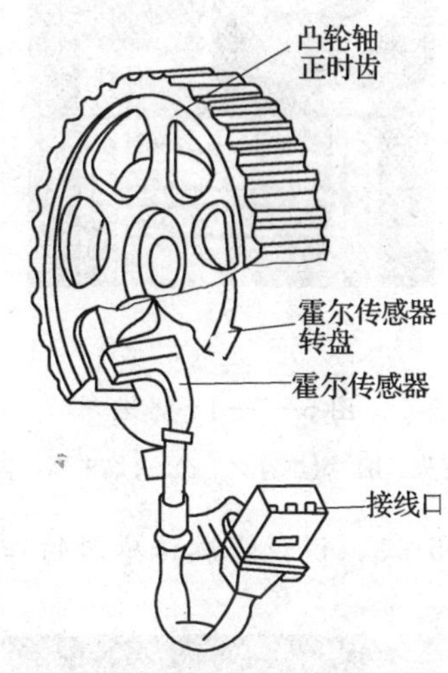

图 5—4—13　霍尔式凸轮轴位置传感器的安装位置

思考与练习

1. 简述曲轴位置传感器和凸轮轴位置传感器的安装位置。
2. 曲轴位置传感器和凸轮轴位置传感器有哪些类型？
3. 霍尔式凸轮轴位置传感器工作原理是什么？
4. 简述曲轴位置传感器和凸轮轴位置传感器的作用。

课题五　点火系统爆燃控制

学习目标

◆ 了解爆燃控制系统的组成。

◆ 能识别、控制爆燃。

图 5—5—1 所示为发动机气缸内几种不正常燃烧现象，试比较其异同。

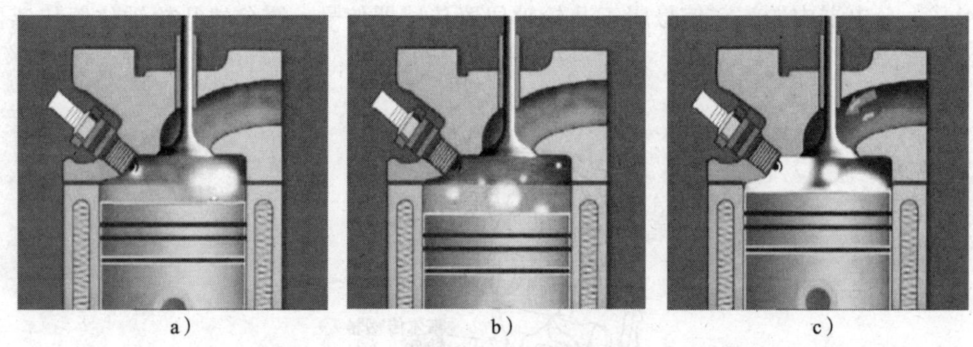

a)　　b)　　c)

图 5—5—1　爆燃

a) 多点着火　b) 炽热着火　c) 火焰未到，自行着火

观察图 5—5—2 和图 5—5—3，说说爆燃传感器的作用。

图 5—5—2　爆燃传感器的安装位置

图 5—5—3 爆燃传感器

一、爆燃与发动机的性能

适当增大点火提前角，汽油发动机可获得最大功率和最佳燃油经济性。但是点火提前角过大又会引起发动机爆燃。汽油机在接近压缩上止点时，火花塞跳火，点燃气缸内的混合气。以火花塞为中心，火焰向四周传播，可燃气体在气缸内膨胀做功。在此期间，如果气缸内压力和温度异常升高，部分混合气在火焰尚未传播到达时就自行着火燃烧。整个燃烧室内瞬时形成多火源燃烧，这种现象称为爆燃，如图 5—5—1 所示。严重的爆燃还产生高温和强大的压力波。如果持续产生爆燃，会引起气缸体、气缸盖和进气歧管等薄壁构件的高频振动，运动件产生冲击载荷，导致很大的噪声、缩短发动机使用寿命，甚至损坏发动机。爆燃还会使火花塞电极或活塞过热、熔损，发动机将造成严重机械故障。

在电控点火系统中，用爆燃传感器进行闭环控制，有效地控制点火提前角，则可以防止爆燃，从而使发动机工作在爆燃的临界状态。

二、爆燃控制系统的组成

点火提前角的闭环控制如图 5—5—4 所示，由爆燃传感器、带通滤波电路、信号放大电路、整形滤波电路、比较基准电压形成电路、积分电路、提前角控制电路和点火控制器等组成。

爆燃传感器用来检测发动机的燃烧过程中是否发生爆燃，发动机发生爆燃时，ECU 根据该信号延迟点火正时，以防止爆燃。通过测量该信号电压的峰值是否超过某一定值，ECU 判断发动机是否发生爆燃。若 ECU 判断发动机发生爆燃，就会推迟点火时间；若爆燃停止，经过一段时间后，点火正时再次提前。

在发动机缸体上安装 1～2 只爆燃传感器，如图 5—5—2 所示。对于四缸发动机，一般安装在中间两个缸的缸体之间，在 V 型发动机中，两列气缸缸体各安装一个爆燃传感器，用以检测两列气缸的爆燃情况。

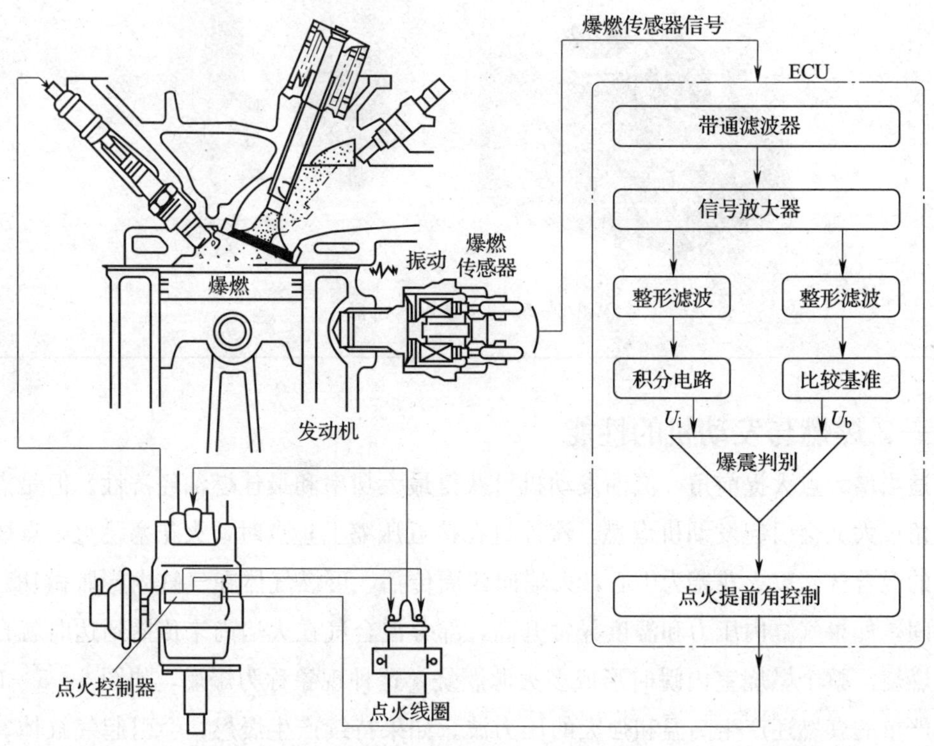

图 5—5—4 点火提前角的闭环控制

爆燃传感器有压电型（共振、非共振）和磁致伸缩型两种类型，如图 5—5—5 所示。现在广泛采用的是宽幅压电非共振型爆燃传感器。该类传感器虽输出电压的峰值较低，但可以在较大振动频率范围内检测出共振电压信号。

带通滤波器只允许频率为 6～9 kHz 的爆燃信号或接近爆燃的信号输入 ECU 进行处理，其他频率的信号则被衰减。信号放大器的作用是将信号放大，以便整形滤波电路进行处理。接近爆燃的信号经过整形滤波和比较基准电路处理后，形成判定是否发生爆燃的基准电压 U_b。爆燃信号经过整形滤波和积分电路处理后，形成的积分信号用于判定爆燃强度。

三、爆燃识别与控制

发动机爆燃一般仅在高负荷、中低转速（小于 3 000 r/min）时产生，由于爆燃传感器输出电压的振幅随发动机转速高低不同而有很大的变化，因此判定发动机是否发生爆燃不能根据爆燃传感器输出电压的绝对值进行判别。常用的方法是，将发动机无爆燃时爆燃传感器输出电压，与产生爆燃时爆燃传感器的输出电压进行比较，从而做出判定结论。

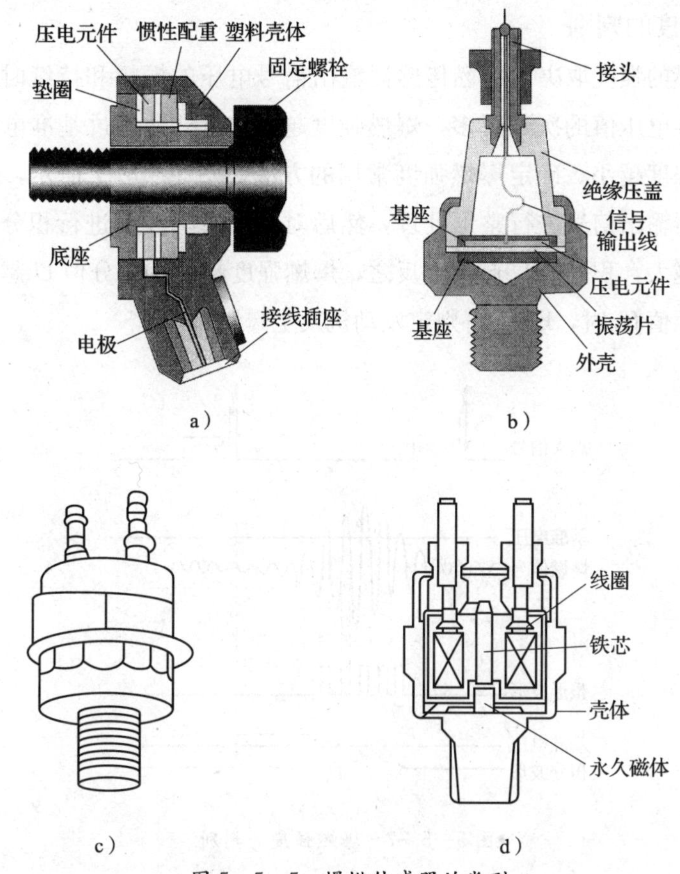

图 5—5—5　爆燃传感器的类型

a）非共振型　b）共振型　c）磁致伸缩型外形　d）磁致伸缩型内部结构

1．基准电压的确定

判定爆燃的基准电压通常利用发动机即将爆燃时的传感器输出信号电压来确定。最简单的方法如图 5—5—6 所示，首先对传感器输出信号进行滤波和半波整流，利用平均电路求得信号电压的平均值，然后再乘以常数倍即可形成基准电压 U_b，平均值的倍数由设计制造时试验确定。因为发动机转速升高时，爆燃传感器输出电压的幅值增大，所以基准电压不是一个固定值，其值将随发动机转速升高而增大。

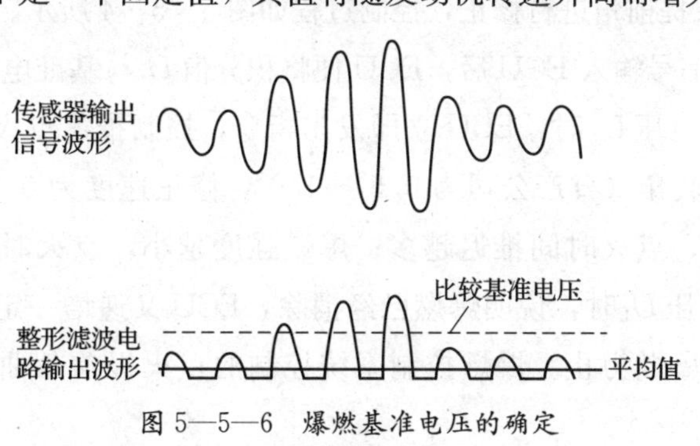

图 5—5—6　爆燃基准电压的确定

2．爆燃强度的判别

发动机爆燃的强度取决于爆燃传感器输出信号电压的振幅和持续时间。爆燃信号电压值超过基准电压值的次数越多，爆燃强度越大；反之，超过基准电压值的次数越少，说明爆燃强度越小。确定爆燃强度常用的方法如图 5—5—7 所示，首先利用基准电压值对传感器输出信号进行整形处理，然后对整形后的波形进行积分，求得积分值 U_i，爆燃强度越大，积分值 U_i越大；反之，爆燃强度越小，积分值 U_i越小。当积分值 U_i超过基准电压值 U_b时，ECU 将判定发动机发生爆燃。

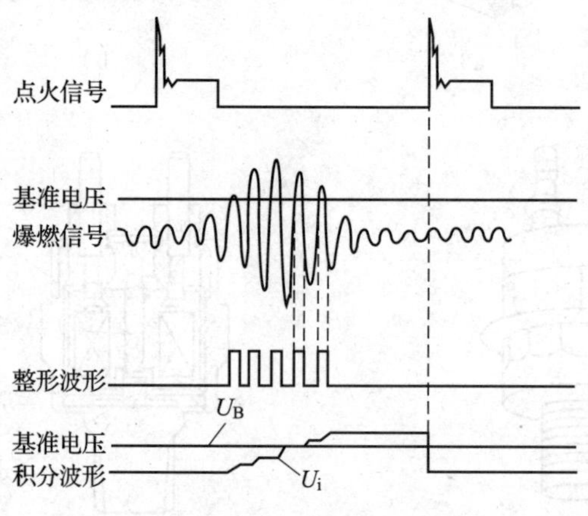

图 5—5—7　爆燃强度的判别

3．爆燃控制

发动机工作时，并非随时都在进行爆燃监测，而是在发出点火信号后一定曲轴转角范围内，控制系统才允许对爆燃信号进行识别，以提高控制可靠性。这是因为点火后，气缸内混合气燃烧需要一段时间，当气缸内的压力和温度达到最大值时，才可能产生爆燃。

爆燃控制是一个闭环控制系统。发动机工作时，ECU 根据各传感器信号，从存储器中查出相应的点火提前角，控制点火时刻，控制结果由爆燃传感器反馈到 ECU 输入端，由 ECU 对点火提前角进行修正，控制过程如图 5—5—4 所示。

爆燃传感器的信号输入 ECU 后，ECU 便将积分值 U_i与基准电压 U_b进行比较。当积分值 U_i高于基准电压 U_b时，ECU 立即发出指令，控制推迟点火时刻，一般每次推迟 0.5°～1.5°曲轴转角（日产公司为 0.5°～1.0°，修正速度为 0.7°/s），直到消除爆燃。爆燃强度越大，点火时间推迟越多；爆燃强度越小，点火时间推迟越少。当积分值 U_i低于基准电压 U_b时，说明爆燃已经消除，ECU 又递增一定量的提前角控制点火，直到再次产生爆燃为止。爆燃控制系统控制的点火提前角曲线如图 5—5—8 所示。

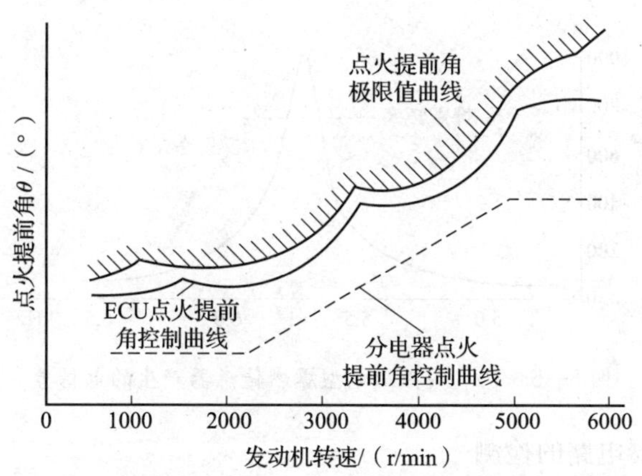

图 5—5—8　爆燃控制的点火提前角曲线

当发动机的负荷低于某一值时，一般不会出现爆燃。此时，点火控制系统采用开环控制。

为防止传感器失灵、检测电路发生故障、线路断路等意外情况，系统内设置了一个安全电路，将点火时刻推迟，并且点亮仪表板上的故障警告灯。

4. 压电型爆燃传感器

(1) 压电型爆燃传感器的结构形式

压电型爆燃传感器的结构形式有共振型（见图 5—5—5a）、非共振型（见图 5—5—5b）和火花塞垫型（见图 5—5—9）三种。共振压电型爆燃传感器，在压电元件的一侧加装有振荡片。当发生爆燃时，振荡片固有频率与爆燃频率相同，振荡片产生共振，此时，压电元件将产生的电信号最大，如图 5—5—10 所示。这种爆燃传感器在发动机爆燃时输出的电压比较高，因此无须使用滤波器即可判别有无爆燃产生。

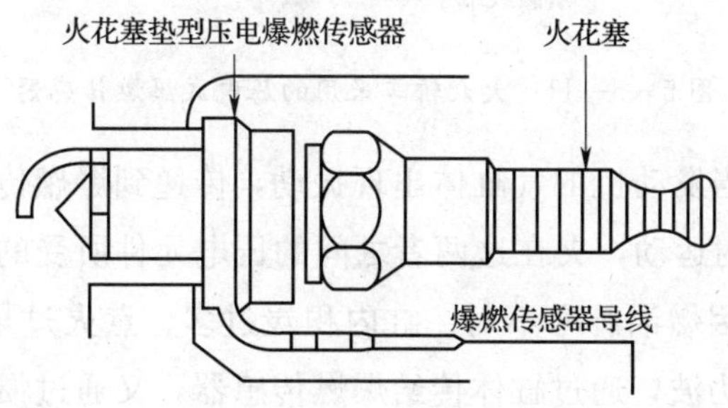

图 5—5—9　火花塞垫型压电爆燃传感器

压电元件有电压效应和电阻效应两种。电压效应是指压电元件的输出电压与受到的压力成正比。电阻效应是指压电元件的电阻与受到的压力成正比。

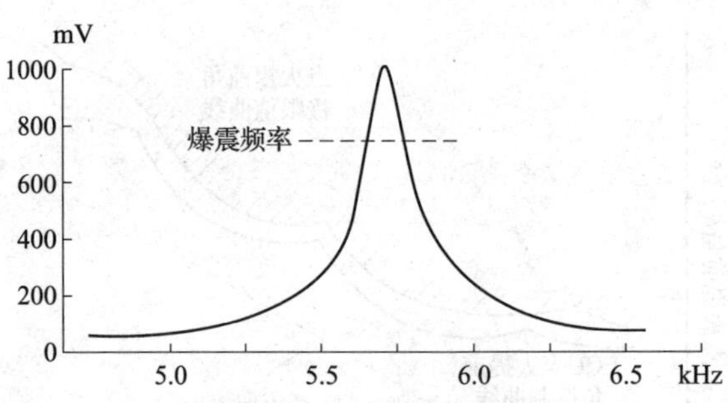

图 5—5—10　共振压电型爆燃传感器产生的电信号

（2）爆燃传感器电路的检测

1）大众轿车爆燃传感器电路的检测。大众轿车采用非共振型压电式爆燃传感器，如图 5—5—11 所示。其结构如图 5—5—5a 所示，主要由底座、压电元件、惯性配重、壳体和接线插座等组成。捷达和桑塔纳轿车使用两只爆燃传感器 G61、G66，安装在进气道一侧缸体侧面。必须保证爆燃传感器拧紧力矩为 20 N·m。两只爆燃传感器与 ECU 的连接如图5—5—12a所示。

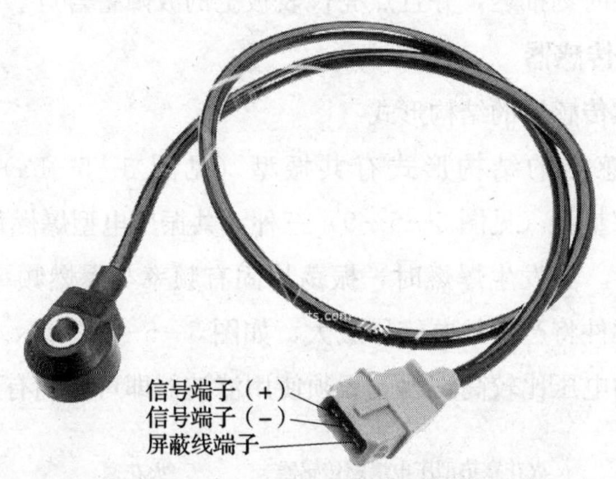

图 5—5—11　大众轿车采用的压电式爆燃传感器

其工作原理是：当发动机的气缸体出现振动，传递到爆燃传感器外壳上时，外壳与配重块之间产生相对运动，夹在这两者之间的压电元件所受的压力发生变化，从而产生电压。当发动机因燃油牌号不对、缸内积炭过多、点火过早等原因出现爆燃时，产生 1～10 kHz 的压力波，通过缸体传给爆燃传感器，又通过惯性配重，使作用在压电陶瓷片上的压力发生较大变化，产生约 20 mV/g 的电动势，压力越大，电压就越大。在 7 kHz 附近，爆燃传感器的输出电压最高。这一信号传输给 ECU，经滤波后，再转换成指示爆燃的数字信号。ECU 根据这一信号调整点火提前角，减弱爆燃，使发动机工作在爆燃的边缘。ECU 检测出该电压，并根据其值的大小判断爆燃强度。

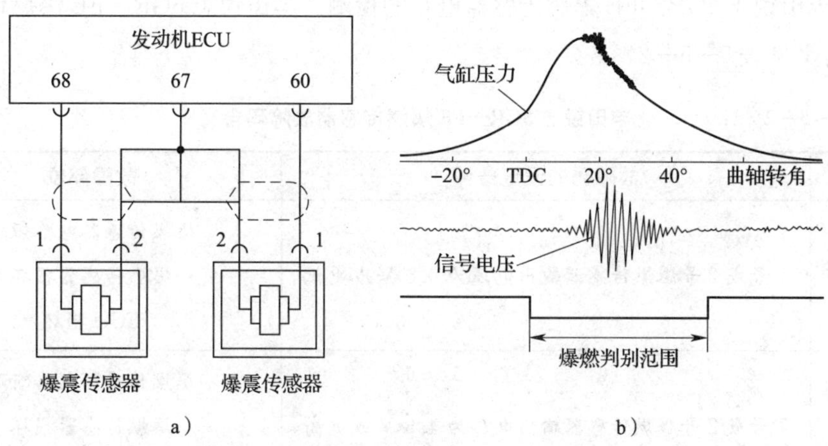

图 5—5—12　大众轿车压电式爆燃传感器的特性和电路

a）电路图　b）特性曲线

连接器插头与插座上端子位置如图 5—5—11 所示。

检测爆燃传感器电阻时，应关闭点火开关，拔下爆燃传感器的连接器插头，用万用表电阻挡测量爆燃传感器接线端子与外壳间电阻，应为∞（不导通）；否则，应更换爆燃传感器。检查传感器端子间电阻，其值应符合表 5—5—1 规定值。如果电阻过大或过小，线束与端子可能接触不良或存在断路，应及时排除。

表 5—5—1　　　捷达 GT、GTX、桑塔纳 2000651 型轿车爆燃传感器检测标准值

检查项目	检查条件	检查部位	标准值
传感器电阻	断开点火开关，拔下传感器插头	1—2 端子间	＞1 mΩ
		1—3 端子间	＞1 mΩ
		2—3 端子间	＞1 mΩ
传感器信号＋	拔下传感器与 ECU 插头	ECU 的 60 与传感器 1 端子间	＜0.5 Ω
		ECU 的 68 与传感器 1 端子间	＜0.5 Ω
传感器信号－		ECU 的 67 与传感器 2 端子间	＜0.5 Ω
传感器屏蔽线		传感器 3 端子与搭铁间	＜0.5 Ω

检查爆燃传感器输出信号时，应关闭点火开关，拔下传感器连接器插头，再打开点火开关，起动发动机使之怠速运转，用万用表电压挡检查爆燃传感器端子 1 与端子 2 应有脉冲电压输出。否则，应更换爆燃传感器。

爆燃传感器的检查项目有：爆燃传感器两信号端子间的电阻、电压及 ECU 导线的导通性和绝缘性。

2）丰田锐志 5GR－FE 爆燃传感器电路的检测。丰田锐志 5GR－FE 爆燃传感器的故障码含义见表 5—5—2。

表 5—5—2　　丰田锐志 5GR－FE 爆燃传感器故障码含义

故障码	故障码的设定条件	故障部位
P0327 P0332	1 号或 2 号爆燃传感器输出电压为 0.5 V 或更低	爆燃传感器电路短路 爆燃传感器损坏 ECU 损坏
P0328 P0333	1 号或 2 号爆燃传感器输出电压为 4.5 V 或更高	爆燃传感器电路断路 爆燃传感器损坏 ECU 损坏

1 号或 2 号爆震传感器的电阻为 120～280 kΩ。检测位置可在 DF1 连接器的 1－2 与 4－5 脚之间，如图 5—5—13 所示。检测时要断开 DF1 连接器。不断开 DF1 连接器，在 1－2 与 4－5 脚之间，检测 1 号或 2 号爆燃传感器的输出电压应为 4.5～5.5 V。

导线的导通性检测：从爆燃传感器到 ECU 间的各条导线，如 H1 端子 2 至 D4 的 28 端子的电阻应小于 1 Ω。

导线的绝缘性检测：各导线与车身搭铁间的电阻应大于 10 kΩ。

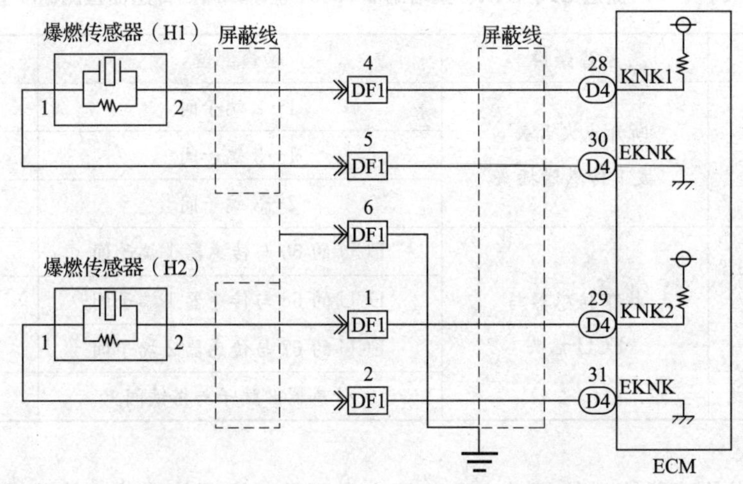

图 5—5—13　丰田锐志 5GR－FE 爆燃传感器电路

5．磁致伸缩型爆燃传感器

如图 5—5—5c、图 5—5—5d 所示磁致伸缩式爆燃传感器，其内部有壳体、永久磁铁、铁心和线圈。其结构图如图 5—5—14 所示。工作原理是：当发动机爆燃时会产生振动，其频率范围为 1～10 kHz。频率在 7 kHz 左右，爆燃传感器将发生共振，铁心发生压缩变形，使其内磁通量发生变化。这样，永久磁铁通过铁心的磁场变化，使铁心周围的感应电动势发生变化，传感器将产生感应电压信号，电压信号与发动机的振动频率成正比，并将这一电信号输入 ECU。

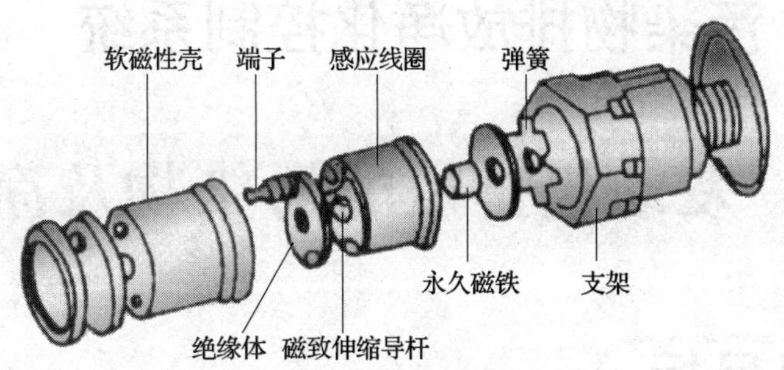

图 5—5—14　磁致伸缩型爆燃传感器的结构

思考与练习

1. 简述爆燃与发动机性能的关系。
2. 简述爆燃控制系统的组成。
3. 简述爆燃是如何识别和控制的。

模块六

污染物排放净化控制系统

课题一　发动机排放的污染物及净化方法

学习目标

◆ 了解汽车产生排放污染物的部位。

◆ 熟悉汽油机排放污染物净化方法。

如图 6—1—1 所示为汽车排放的烟雾，试说出它的主要成分及对人的危害。

图 6—1—1　汽车排放的烟

一、汽车排放污染物的部位和种类

汽车排放污染物的部位主要有 3 个：排气管、油箱和曲轴箱。

汽油机排气管排放的废气成分主要有一氧化碳（CO）、碳氢化合物（HC）、氮氧化合物（NO_x）、二氧化碳（CO_2）四种。其中 CO_2 为汽油燃烧的必然产物，是不能避免的，危害性较小。而 CO、HC、NO_x 是有害物，需严格控制其排放量。排气管排放的污染物如图 6—1—2 所示。

图 6—1—2　排气管排放的污染物

如果汽油倒入盆内，很快就能闻到很浓的汽油味。汽车油箱内的汽油很容易蒸发，产生大量的碳氢化合物（HC）排到大气，是极大的浪费，同时对环境产生严重的污染。因此，油箱内的汽油蒸气需要回收。

发动机工作时，气缸内的燃气（碳氢化合物）产生很高压力，通过气缸与活塞之间的间隙进入曲轴箱，这部分气体称为曲轴箱窜气。曲轴箱窜气会加快机油变质，使润滑效果变差，且浪费燃料。同时，污染物排到大气中对环境产生严重的影响。因此，需要对曲轴箱进行强制通风，并回收曲轴箱窜气。

二、汽车排放污染物及其危害分析

汽车排放的废气中含有数百种不同的物质，其中有害物除 CO、SO_2 外，目前特别引起人们关注的是：产生温室效应的 CO_2 及 CH_4 等；形成光化学烟雾的氮氧化物（NO_x）及未燃烃（HC）等以及会致癌的附在炭烟微粒上面的多环芳香烃（PAN）等物质。

1. CO 与人体中毒

CO 是在不完全燃烧的情况下产生的，是一种无色、无味的有毒气体。CO 一旦进入人体的血液和大脑，会降低红细胞的供氧能力，即使 CO 的浓度很低，也能伤害神经系统功能和视力。在驻车期间，发动机在怠速工况下带动空调机运行时，如果发动机排气系统漏出 CO，会进入乘座舱内，引起人体中毒，严重时会致命。

2. 二氧化碳等与温室效应

产生温室效应的气体有 CO_2、CH_4、NO_2、O_3 及氟氯碳烷（Chlorofluorocarbons－CFCS）。汽车排气中含有 CO_2、CO、CH_4、NO_2，或者经过化学反应后生成。在汽车空调、制冷装置及某些去污剂、清洁剂中含有氟氯碳烷，在汽车维修及损坏时，则往往排放到大气中。氟利昂除了产生温室效应外，还会破坏高空的臭氧层。这样，太阳光的紫外线没有臭氧层阻挡，人们会受到较多紫外线射，则可能引起白内障、皮肤癌及免疫系统受损等问题。因此国际上已停止使用氟利昂 CFC－12，而用 HFC－134a 代替。在一些国家或地区尚未彻底更换前，必须采取有效措施防止 CFC－12 泄漏到大气中。

CO_2 等温室气体，在上空形成气层，吸收地球表面的红外辐射，将其能量反射到地球表面。就像将地球罩在温室里，对地面起了保温作用，故称为温室效应。

假如没有温室效应，地球上温度将相当低，从这个角度来看温室效应对地球是有利的。但是大气层中CO_2等温室气体过多，会使地球表面平均温度每年以较快的速度上升，使冰雪融化，海平面上升，气候失调，带来水灾及风灾等。因此，1997 年 12 月联合国在日本东京召开了讨论气候变化框架公约的国际会议，通过了《京都议定书》，各个国家都应承担减少向大气排放CO_2的义务。

（1）不同气体对温室效应的不同作用

上述产生温室效应的 5 种物质不仅是由汽车排放物产生，在其他领域中也会产生。CO_2也是煤炭、生物质等燃烧产物。大气中 40%的甲烷来自于湖泊、沼泽、冻土地带以及动物排泄物、生物废料分解产生。动物排泄物经细菌分解后也会产生NO_2。

（2）不同燃料燃烧时生成的CO_2排放量比较

根据化学研究分析，以含甲烷、丙烷为主的液化石油气及天然气燃烧时生成的CO_2排放，都比汽油及柴油低。

3．炭烟微粒与人类健康

汽车柴油发动机排出的炭烟微粒主要由碳粒子、未燃的碳氢化合物、硫化物、氧化物及含金属成分的灰分等构成。通常将颗粒直径大于 0.002 μm 的任何固体或液体粒子称为微粒。汽车排放的炭烟微粒是由燃油、润滑油以及其中的添加剂未完全燃烧的产物，再加上运动零件磨损下来的金属屑、未过滤掉的空气中杂质以及它们的燃烧产物所构成。

炭烟微粒是指燃料燃烧不完全所产生的固态粒子、金属磨屑及灰分等。硫化物等是燃油中含的硫燃烧形成的硫化物、氧化物、硫酸盐等。可溶有机成分是指未燃的碳氢化合物可用有机溶剂如二氯甲烷溶液萃取出来的物质，因此称为可溶有机成分。达到欧Ⅱ法规的具有代表性的柴油机，所占比例分别为：炭烟微粒占 57.5%、可溶有机成分占 35.8%及硫化物占 6.7%。可溶有机物中，由润滑油产生的占 24.6%，由燃油产生的占 11.2%。

由于燃烧不完全，产生的炭粒子及气相物统称为炭烟。柴油组成中含碳原子多，燃烧不好，排气呈灰色甚至黑色。排气烟度大小也是衡量燃烧是否完善及排放物多少的指标之一。在排气烟度与炭烟微粒之间没有明确的数量上的关系。排气中的炭烟粒子在从缸内流出时将会继续氧化燃烧。

汽车在冷起动或低温环境下工作时，排气管内会凝聚未燃燃油、润滑油及水蒸气的液相颗粒，排气因而呈白色或蓝色。汽车使用甲醇作燃料时，因为燃料产物中含水量大，在低温环境下，汽车后面常拖着一条白色的“尾巴”。柴油机排气的臭味大时，则表示排气中多环芳香烃及醛类成分多。

柴油机微粒排放中的一些物质多环芳烃（PAH）具有形成肿瘤及致癌的潜在危险。

将老鼠暴露在柴油机排气中，形成肺癌的比例增加。国际上及我国一些大城市呼吸系统疾病及肺癌发病率上升与汽车有毒排放物有密切的关系。

4．氮氧化合物、未燃烃与光化学烟雾

汽车发动机未燃烃（HC）中的一些物质除有致癌危险外，未燃烃及氮氧化物（NO_x）在太阳光作用下，经过一系列的化学反应，产生浅蓝色的刺激性烟雾，即光化学烟雾，它含有臭氧、过氧酰基硝酸盐（PAN）以及各种自由基、醛、酮等物质。科学试验表明，HC、NO_x、太阳光是形成光化学烟雾的必要条件。

臭氧是强的氧化剂。臭氧、过氧化酰基酸盐和醛类对人的眼睛、咽喉、鼻子有刺激作用，能使哮喘病发作，使慢性呼吸系统疾病恶化。二氧化碳及臭氧均难溶于水，也不易被呼吸道黏膜所阻挡，会渗入肺部，浓度大时可引起中毒性肺气肿。光化学烟雾产生过程及危害如图 6—1—3 所示。

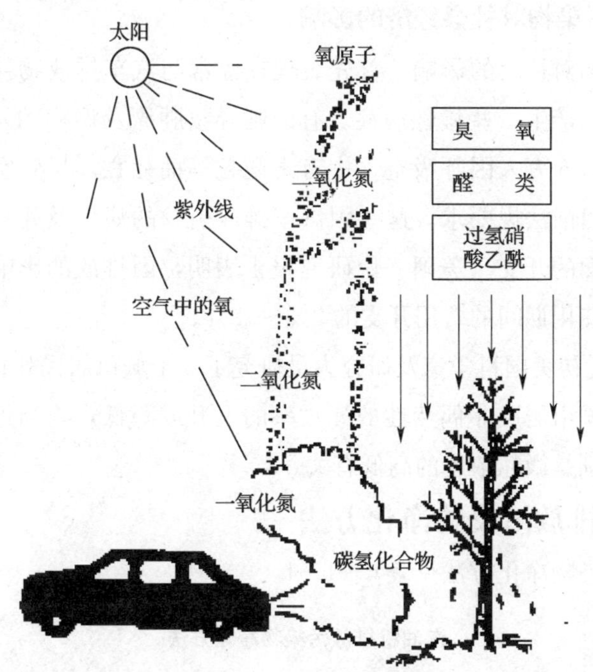

图 6—1—3　光化学烟雾产生过程及危害

洛杉矶、伦敦等城市形成的烟雾事件，对人的生命安全及健康危害极大。1943 年美国洛杉矶被光化学烟雾笼罩一天，使几千人受害，400 多人死亡。1970 年，东京发生的光化学烟雾持续了一个夏季。有的地方同时兼有光化学烟雾和硫酸烟雾，危害更重。我国甘肃兰州在 20 世纪 70 年代中期也曾出现过光化学烟雾，汽车在白天行驶还需要开灯。

1997 年 3 月 7 日，法国首都巴黎上空就蒙上了一层灰色的雾。到 10 日，空气中二氧化氮含量超过了 300 μg/m³，巴黎市政府要求汽车按紧急状况下单双号行驶规定，限制汽车拥进巴黎城。

1997 年 7 月 22 日开始，智利首都圣地亚哥的空气中氮氧化物含量严重超标。市政府发出紧急通知，规定 20 万辆汽车停止行驶，中小学校停止上课，劝阻居民外出。当居民不得不外出时，要戴防毒面具，直至 29 日。

图 6—1—4　光化学烟雾

我国广州等城市已有发生光化学烟雾先兆的迹象（见图 6—1—4），一些地区的酸雨、大城市上空时常烟雾弥漫等现象，都是汽车排放及工业废气等污染大气的结果。

5．汽车排放污染物对社会经济的影响

汽车排放污染物对社会的影响，首先表现在经常与汽车排放物接触的人的健康受到不同程度的伤害，产生一些慢性病症。有的则导致肿瘤及癌症的发生。据美国资料统计，美国每年约有 6 万人因呼吸空气中有害微粒等而死亡，尽管空气中有害排放物已经达到甚至低于目前法规要求。这些因汽车排放引发的病症及死亡必然会增加个人及社会在医药等方面的开支。美国一份研究报告表明，因排放的影响所造成的费用开支，约占整个汽车使用期间的费用开支的 2%～12%。

20 世纪 90 年代初美国科学家及研究人员研究了 6 个城市居民死亡率与空气污染程度的关系后，发现城市居民非偶然性的死亡率的上升或降低，与当地空气中汽车有害排放物的浓度，特别是微粒浓度的高低有关。

三、汽油机排放污染物净化方法

汽油机排放污染物净化方法见表 6—1—1。

表 6—1—1　　汽油机排放污染物净化方法

污染部位	污染物	净化方法
曲轴箱	汽油燃烧的中间产物	曲轴箱强制通风（PCV）
排气管	CO、HC、NO_x	三元催化转换（TWC）
		空燃比闭环控制
		导入二次空气
		废气再循环（EGR）
油箱	汽油蒸气	炭罐吸附，导入进气管（EVAP）

思考与练习

1. 汽车发动机有哪些部位排放污染物？
2. 汽车发动机排放污染物及其危害有哪些？
3. 汽油机排放污染物的净化方法有哪些？

课题二　排气管废气污染物控制

◆ 了解三元催化器的结构和工作原理。
◆ 了解导入二次空气的电子控制系统。
◆ 熟悉废气再循环系统。

如图 6—2—1 所示反映出了发动机排气管中有害气体与气缸内混合气浓度有怎样的关系？

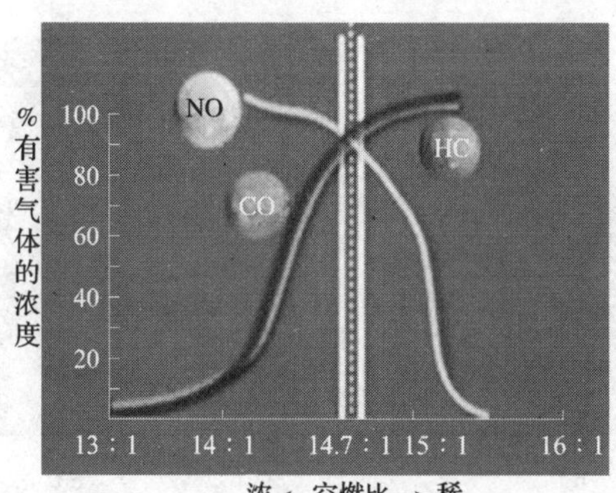

图 6—2—1　有害气体与混合气浓度的关系

一、三元催化转换（TWC）

1．三元催化器的安装位置和结构

如图 6—2—2 所示，三元催化器安装在排气消声器前。三元催化器由钢外壳、陶瓷载体（氧化镁、氧化铝、硅酸盐）和催化剂（铂、钯、铑）组成，如图 6—2—3 所示。

图 6—2—2　三元催化器的安装位置

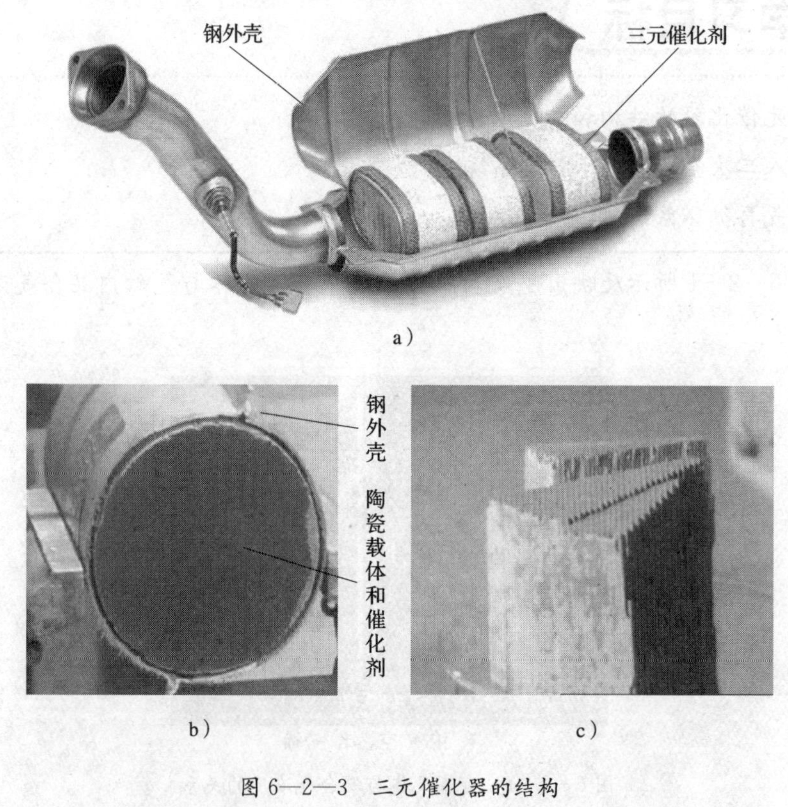

a）

b）　　c）

图 6—2—3　三元催化器的结构

a）三元催化器解剖　b）三元催化器横向解剖　c）蜂窝状的催化剂

2．三元催化器的工作原理

当高温的汽车尾气通过净化装置时，三元催化器中的净化剂将增强 CO、HC 和 NO_x 三种气体的活性，促使其进行一定的氧化—还原化学反应，其中 CO 在高温下氧化成为无色、无毒的二氧化碳气体；HC 化合物在高温下氧化成水（H_2O）和二氧化碳；NO_x还原成氮气和氧气。这样，CO、HC 和 NO_x通过三元催化器孔道时，转化为无毒无害的水（H_2O）、氧气（O_2）和氮气（N_2），净化了汽车尾气，如图 6—2—4 所示。由于这种催化器可同时将废气中的三种主要有害物质转化为无害物质，故称三元。

a）

b）

图 6—2—4　三元催化器的工作原理

a）HC、CO、NO_x 经过孔隙　b）转化为 H_2O、O_2、N_2

3．三元催化转化器失效的原因

（1）高温烧结。催化剂的温度为 400～800℃时，净化率和使用寿命最高。如果温度过高，催化剂过热，会加速老化，丧失催化功能。

（2）催化剂孔道堵塞，如图 6—2—5 所示。

（3）铅、硫、磷中毒。为预防三元催化器铅中毒，应使用 93 号及以上优质无铅汽油。

（4）催化器中出现未完全燃烧的燃油。在 800℃高温下，未完全燃烧的燃油只要 30 s 就可使催化器损坏。因此，在发动机工作时，绝对不允许拔下点火线圈的高压线。

图 6—2—5　催化剂孔道堵塞

二、导入二次空气

1. 向排气管导入二次空气的作用

如图 6—2—6 所示，利用排气脉动和单向阀，或用气泵向排气管导入新鲜空气，使 HC 和 CO 继续燃烧，生成无害的 H_2O 和 CO_2 以减少排放污染物。特别是在发动机冷车起动时和暖机阶段，供给的混合气较浓，在低温下发动机燃烧往往不是很好，大量的 HC 和 CO 会排到大气中。

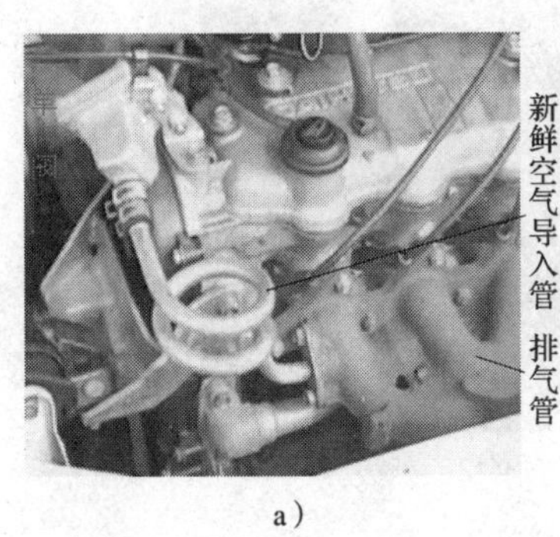

a）

b）

c）

图 6—2—6　导入二次空气

a）单向阀控制新鲜空气　b）向排气管泵新鲜空气　c）打气泵

2. 导入二次空气的电子控制系统

排气管中有害气体与喷入的新鲜空气发生氧化反应，同时未完全燃烧的 HC 和 CO 继续燃烧，可以快速预热三元催化器。在三元催化器达到工作温度后，应停止二次空气喷射，避免造成三元催化器过热而毁坏。因此，在发动机冷起动后，二次空气喷射装置工作 80～120 s 便停止，其控制电路如图 6—2—7 所示。

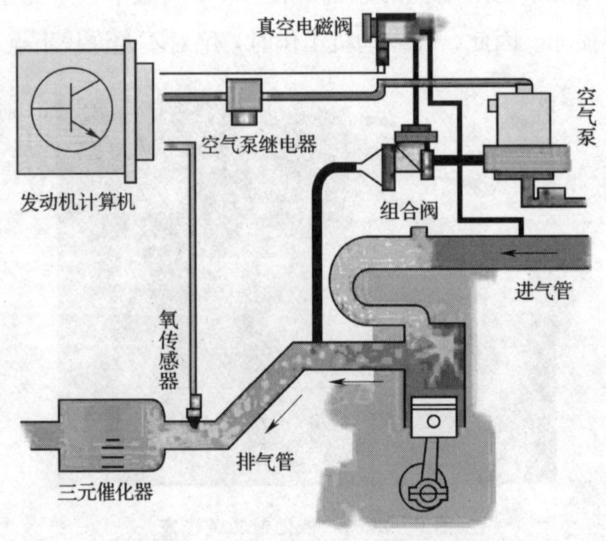

图 6—2—7　二次空气喷射控制电路

丰田陆地巡洋舰 3F—E 发动机二次空气喷射系统如图 6—2—8 所示。空气泵将新鲜空气从空气滤清器、ABV 阀、ASV 阀、止回阀排入排气管。发动机微型计算机发动机转速、发动机水温和真空开关等传感器的信号，通过 VSV 阀控制 ABV 阀、ASV 阀的真空度打开或关闭 VSV 阀控制 ABV 阀，以此控制泵入的新鲜空气。

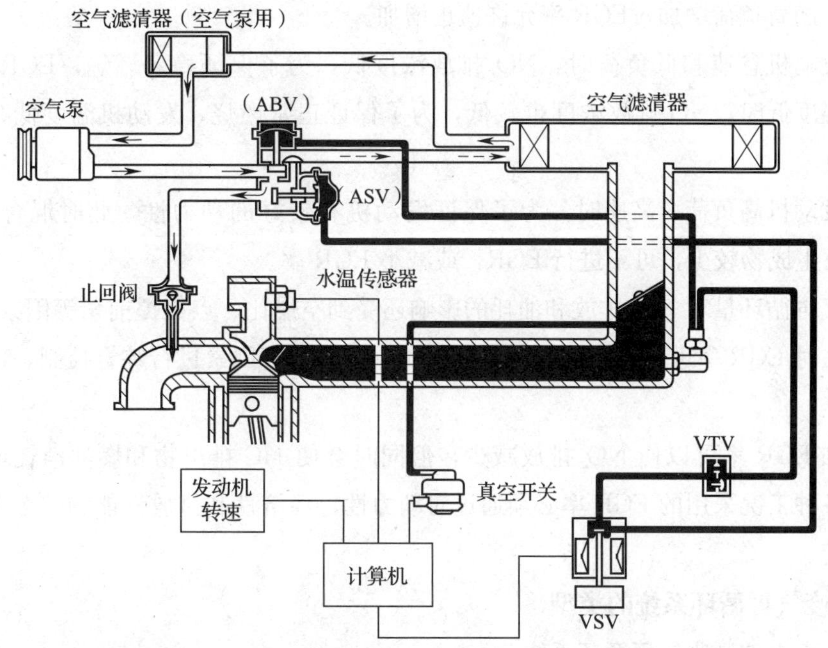

图 6—2—8　丰田陆地巡洋舰 3F—E 发动机二次空气喷射系统

三、废气再循环系统（EGR）

1．废气再循环系统的作用

废气再循环系统（见图 6—2—9）将排气管中 6%～20%的废气引入进气管，和新鲜混合气一起进入气缸进行燃烧，以降低气缸内和排气管的最高温度，减少 NO_x 的排放。

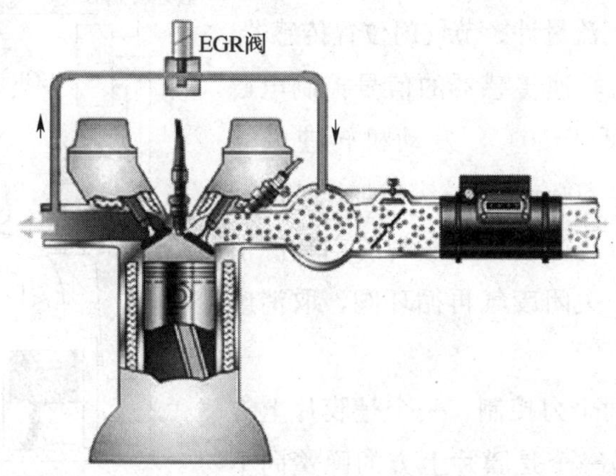

图 6—2—9　废气再循环

通常用EGR率表示EGR的控制量，它用进入气缸的混合气中废气的比例表示。EGR率与发动机动力性、经济性和排放性能有关。EGR率增加过大时，燃烧速度太慢，燃烧变得不稳定，失火率增加，使HC排放增加；EGR率过小时，NO_x排放达不到法规要求，易产生爆燃、发动机过热等现象。因此，EGR率必须根据发动机工况进行调整。随着负荷增加，EGR率允许值也增加。

在发动机怠速和低负荷时，NO_x排放浓度低，为了保证稳定燃烧，EGR率为0。发动机温度低时，NO排放浓度也较低，为了保证正常燃烧，发动机温度低时，EGR率也为0。

在发动机高负荷、高速时，为了保证发动机有较好的动力性，此时混合气较浓，NO_x排放生成物较少，可不进行EGR，或减小EGR率。

废气再循环量对NO_x排放和油耗的影响还受到空燃比、点火提前角等因素的影响。因此，在对EGR率进行控制的同时，还要对点火时间等因素进行综合控制，以提高发动机性能。

增加EGR率可以使NO_x排放减少，但同时会使HC排出物和燃油消耗增加。因此，在各种工况采用的EGR率必须通过对动力性、经济性和排放性能的综合考虑和权衡后确定。

2．废气再循环系统的类型

（1）真空控制废气再循环系统

如图6—2—10所示，真空控制废气再循环系统由EGR阀、EGR电磁阀、ECU和各种传感器等组成。ECU根据各传感器信号，控制EGR电磁阀，接通或断开来自进气管的真空。真空加在EGR阀膜片上使EGR阀打开，废气经过管路、EGR阀，进入进气歧管到气缸。节气门开度越大，作用在废气再循环阀上方的真空度及开度越大，废气循环量也大。ECU根据空气流量计、节气门位置传感器、水温传感器和发动机转速传感器的信号控制电磁阀，当冷却水温度低于50℃，发动机转速低于1 000 r/min或高于4 500 r/min，突然加速或减速时，切断真空管路，让空气从电磁阀的空气滤清器进入废气调整阀，关闭废气再循环阀，取消废气再循环。

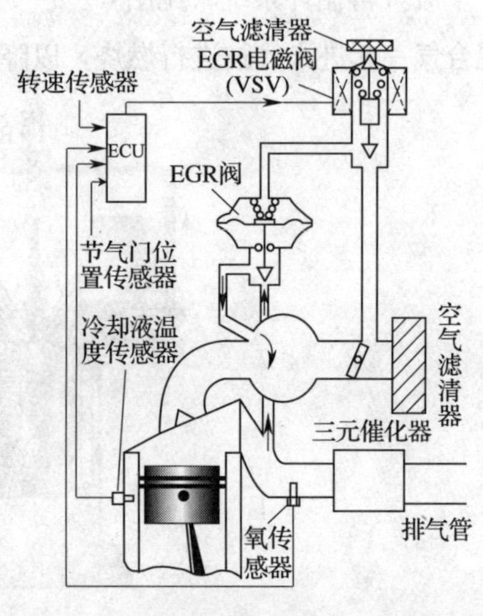

图6—2—10　真空控制废气再循环系统

EGR阀主要受两个力控制，一个是膜片上方向上的真空吸力，另一个是膜片上方的弹簧向下的推力。当膜片上方有强的吸力作用时，克服弹簧弹力，把膜片吸上去，EGR 阀打开，废气通过 EGR 阀进入进气管，进行循环。当大气进入膜片上方时，会推动膜片下移，EGR 阀关闭，废气停止循环。

EGR 阀和 EGR 电磁阀的结构如图 6—2—11 所示。

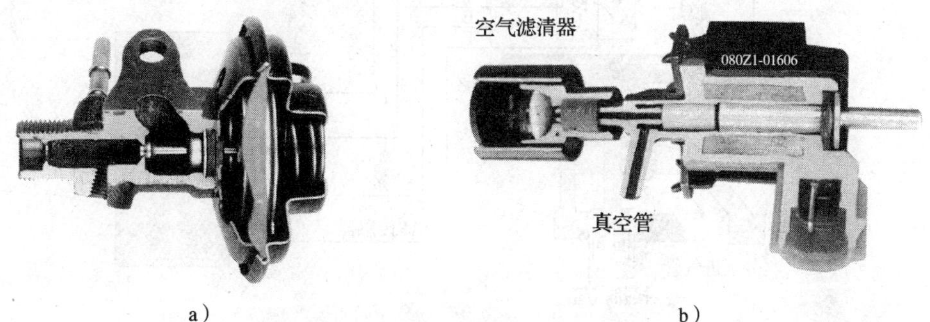

图 6—2—11　EGR 阀和 EGR 电磁阀的结构

a) EGR 阀剖视图　b) EGR 电磁阀剖视图

如图 6—2—12 所示，增加了 EGR 真空阀和 EGR 阀位置传感器。EGR 真空阀的作用是消除进气管的压力波动。EGR 阀位置传感器向发动机 ECU 传送 EGR 阀开度信号，发动机 ECU 根据该信号，改变加在 EGR 电磁阀的电压，增加或降低加在 EGR 阀上的真空力，以控制进入燃烧室的废气量。

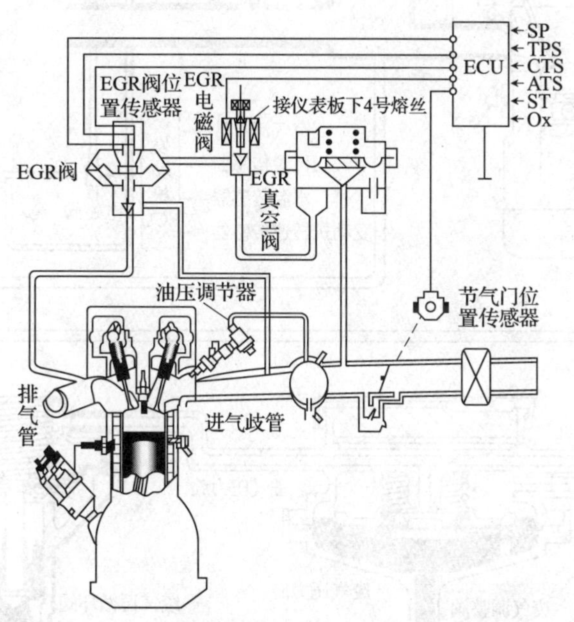

图 6—2—12　EGR 真空阀和 EGR 阀位置传感器

福特汽车将 EGR 电磁阀、EGR 阀和 EGR 阀位置传感器制成一体，如图 6—2—13 所示。ECU 可根据 EGR 阀位置传感器的信号检测 EGR 阀的开度及工作是否正常。若调整无效，点亮故障灯。

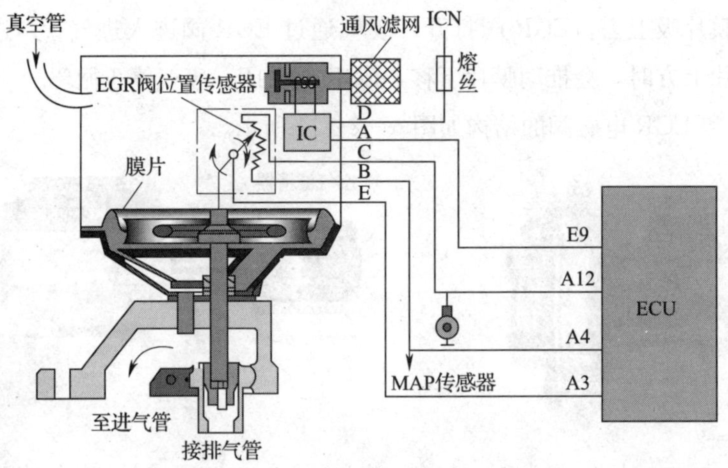

图 6—2—13　EGR 电磁阀与 EGR 阀制成一体

（2）带废气压力修正的废气再循环系统

丰田陆地巡洋舰采用带废气压力修正的废气再循环系统，如图 6—2—14 所示。EGR 阀的真空管道受电磁阀控制，当冷却液温度达 60℃、气温达 20℃、节气门开度达

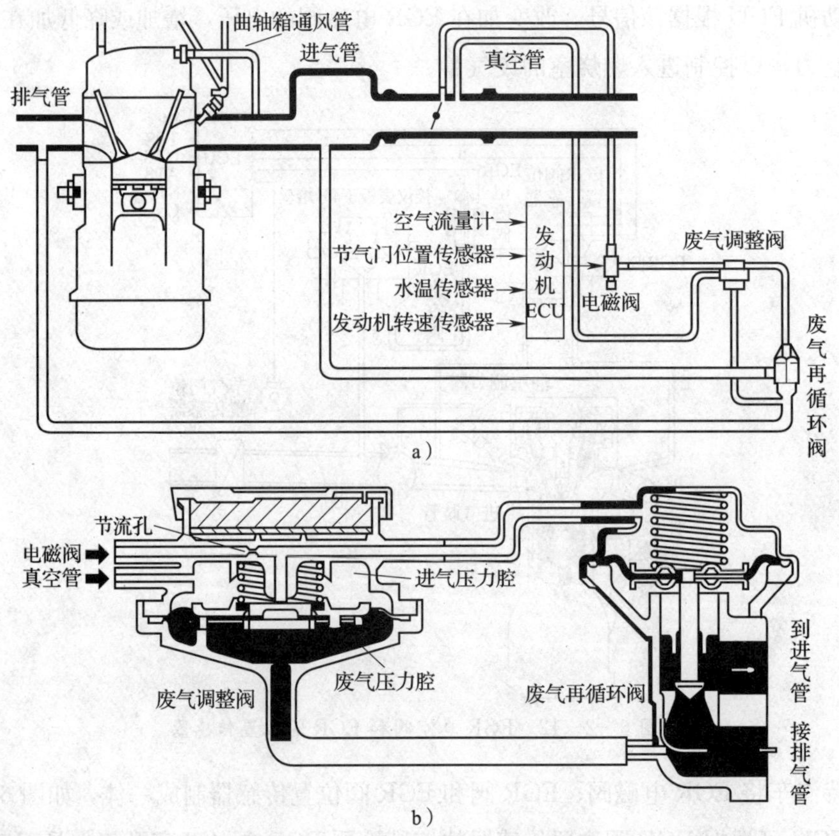

图 6—2—14　废气调整阀的控制

a）带废气调整阀的废气再循环控制　b）废气调整阀和废气再循环阀的连接

25%以上、转速达 2 000 r/min 时，ECU 指令电磁阀产生电磁吸力而开启，进气管真空度使 EGR 打开而投入工作。

发动机怠速和急减速时，节气门接近关闭，两软管口处于节气门的前方，软管内充满大气压力，使废气再循环阀关闭，不进行废气再循环。

如图 6—2—14b 所示，废气调整阀的作用是消除进气管和排气管内压力波动对废气再循环量的影响。当进气管和排气管内压力较大时，进气压力腔和废气压力腔内压力也大，膜片上移，节流孔将减小，电磁阀所在管路内压力也增大，减小废气再循环阀的开度，以减少废气再循环量。相反，当进气管和排气管内压力较小时，以增加废气再循环量。发动机高负荷时，进气管和排气管内气流速度快，压力低，废气再循环量较大。

废气调整阀及其安装位置如图 6—2—15 所示。

图 6—2—15　废气调整阀的安装位置

(3) 带废气压力传感器的废气再循环系统

为了精确地控制废气再循环，采用如图 6—2—16 所示的控制模式。当废气经过计量孔时，会产生压力差。废气循环量越大，压力差也越大。因此，利用废气压力传感器检测计量孔前后的压力差，并将该信号送给 ECU，ECU 根据此信号精确控制 EGR 电磁阀的开度。

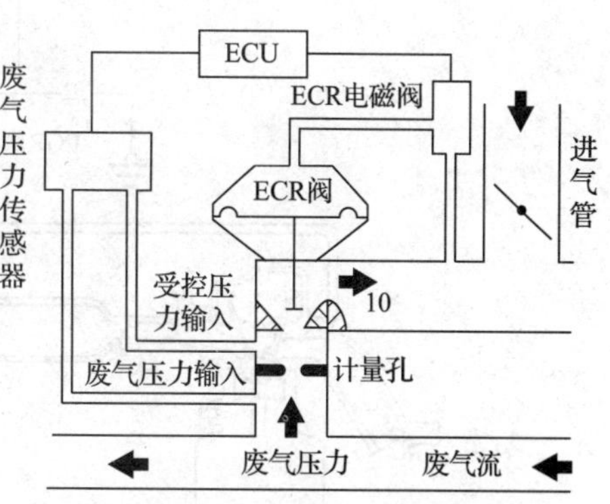

图 6—2—16　带废气压力传感器的废气再循环系统

(4) 冷却水温度控制的废气再循环系统

如图 6—2—17 所示，当冷却水温度低于 60℃，节气门在怠速位置时，大气压力管和真空管都位于节气门的前方，压力较高，使 EGR 阀关闭。当冷却水温度大于 60℃，石蜡温控阀（见图 6—2—18）关闭大气压力管。节气门开度大于 25%时，真空管位于节气门后方，真空度较高，使 EGR 阀打开，废气进入进气管。

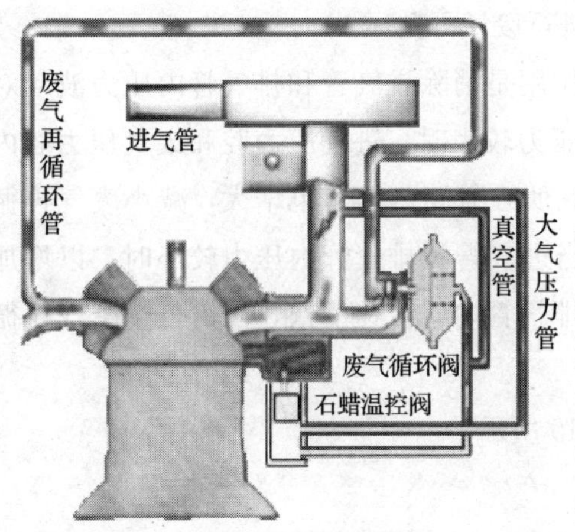

图 6—2—17　冷却水温度控制的废气再循环

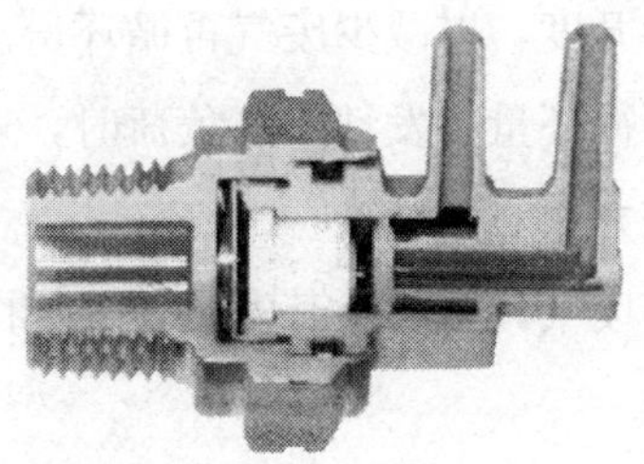
图 6—2—18　石蜡温控阀的结构

（5）电磁控制废气再循环系统

如图 6—2—19 所示为本田汽车发动机废气再循环系统。废气再循环量过少，不能有效地降低 NO_x 的排放量；废气再循环量过大，发动机性能恶化，工作不稳定，因此废气再循环对发动机的工作性能影响很大。为了精确控制废气再循环量，根据冷却水温、空气温度、发动机转速及节气门开度等相关传感器的信号，ECU 通过控制 EGR 阀的升程量来控制的。EGR 阀位置传感器检测 EGR 阀的升程量，并将该信息传给 ECU，将这些信息与理想的 EGR 阀升程量（取决于其他传感器发送的信号）进行比较，如果二者之间有所不同，ECU 则通过改变送往 EGR 阀的电流来调节 EGR 阀的升程。

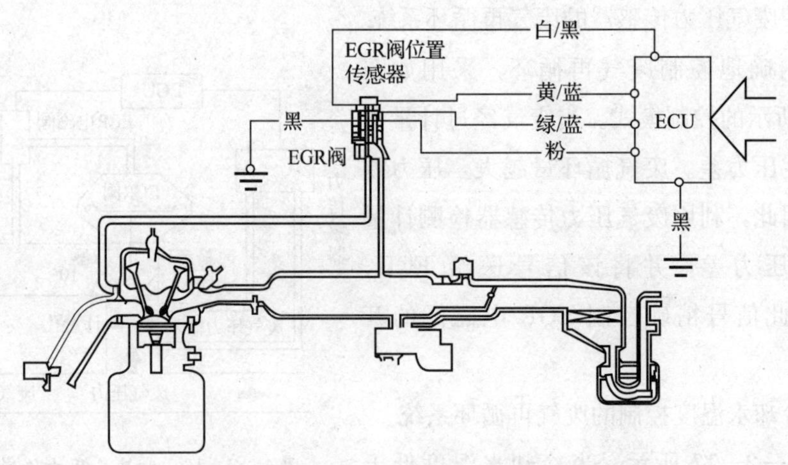

图 6—2—19　本田汽车电磁控制废气再循环系统

3. 废气再循环系统的检修

（1）故障分析

如果EGR阀打不开，使NO_x升高。如果EGR阀常开，废气循环过量，会影响发动机的正常运行，特别是发动机在怠速、低转速、低负荷及发动机处于冷态运行时，明显降低发动机性能，如怠速时发动机抖动、输出功率减小、发动机熄火等。

废气循环过量产生的故障现象，与很多元件或零件损坏有关，如怠速马达、节气门体及其传感器、MAP传感器、进气门、排气门、配气正时、三元催化器、氧传感器等，会引起进气量和喷油量减少，产生的故障现象非常相似。区分的办法是，加速到2 000～2 500 r/min，如果EGR阀工作，废气循环量增加，相应减少了进气量，发动机转速应下降100 r/min左右。如果发动机转速不下降，则EGR系统有故障。

（2）故障分析举例

一辆本田雅阁车，起动困难、怠速不稳、加速发抖，冷车时故障现象较为严重。其发动机故障指示灯有时常亮。

经检查发现，在不踩加速踏板的时候起动较为困难，踩下一点节气门后比较容易起动，但是起动后一抬脚发动机就熄火。如果起动后一直踏住加速踏板，过一段时间后再慢松加速踏板，发动机还可以运转，但怠速不稳定，在450～650 r/min来回游动，真空度在47～55 kPa变动，加速到2 500 r/min以上才正常。

节气门体过脏或者怠速控制阀积炭严重会造成这类故障，但很少会导致故障灯常亮。故障原因是进气量受到限制，因为冷车起动时，进气量相对较多，尽管ECU会控制怠速控制阀进行修正，但需要一个过程。

首先检查和清洗进气系统。检查结果为进气系统各管路连接完好，无泄漏、堵塞现象，节气门位置传感器和怠速控制阀工作良好。

用故障诊断仪检查发动机电控系统。读取故障码为P0131，含义为“氧传感器电路电压过低”。拆下氧传感器，表面并无积炭，各导线连接可靠，说明氧传感器正常。但氧传感器反馈电压始终小于0.45 V，说明混合气过稀。拔下水温传感器线束接头，接上一个变阻器调到4～8 kΩ（因水温传感器是修正喷油量的信号，温度高喷油量减少，温度低喷油量增多，相当于0℃时增加喷油量），再一次测试发现氧传感器反馈电压接近0.9 V，进一步说明氧传感器正常，只是混合气过稀。

检测燃油压力为285 kPa，正常。拆下喷油器清洗后故障依旧。拔下其他传感器测试，能够读取到相应故障码，说明ECU没有问题，可以肯定故障是由漏气引起的。对进气系统及相连接的真空管逐一检查未发现异常。

检查EVAP、EGR系统。当拔下EGR阀上的真空管后，发动机怠速上升到

1 000 r/min，真空度也上升并稳定在 68 kPa。

起动发动机后，拔下 EGR 阀上的真空管，用手堵住该管，有真空吸力，导致废气在冷车、怠速工况下循环，使混合气太稀，怠速不稳，如图 6—2—20 所示。正常情况下，冷车不进行废气循环，此时该管没有真空。说明 EGR 控制电磁阀有故障。进一步检查发现该阀比较脏，于是用化油器清洗剂清洗并滴入两滴干净的机油，装复后故障排除。

图 6—2—20　拔下并堵住 EGR 阀上的真空管

思考与练习

1. 简述排气管中有害气体治理方法。
2. 向排气管导入二次空气有什么作用？
3. 简述废气再循环系统的类型和结构原理。
4. 简述废气再循环系统的故障。

课题三　汽油蒸发物回收系统

学习目标

◆ 掌握发动机汽油蒸发物回收系统的工作原理。

◆ 能检修发动机汽油蒸发物回收系统的故障。

阅读图 6—3—1，试分析其工作原理。

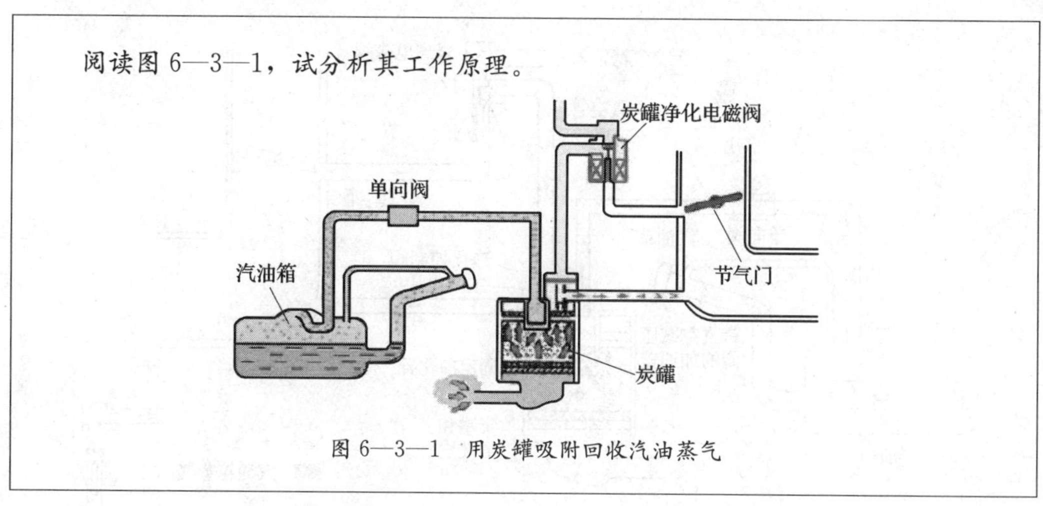

图 6—3—1　用炭罐吸附回收汽油蒸气

一、汽油蒸发物控制的功用

油箱和化油器内的汽油受热蒸发后，可利用炭罐吸附，以防止挥发到大气中污染环境。发动机工作时，节气门打开，负压通过真空管吸开控制阀，将炭罐内的汽油蒸气吸入进气管，使汽油进入气缸燃烧，如图 6—3—2 所示。

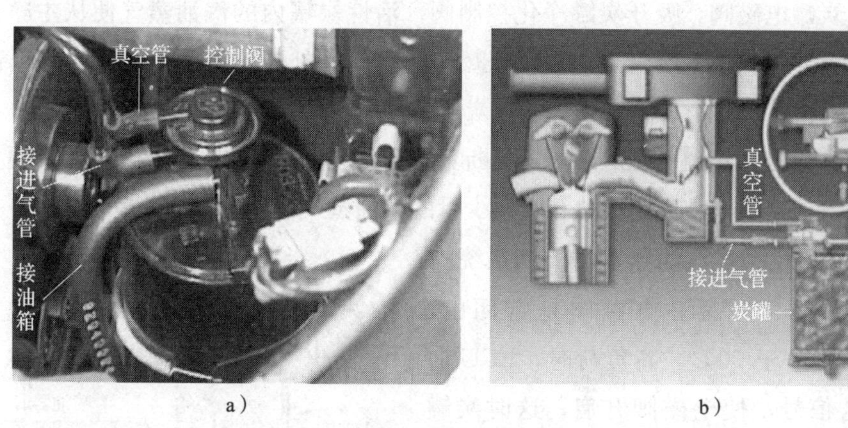

a)　　b)

图 6—3—2　利用炭罐吸附汽油蒸气

a) 炭罐　b) 控制过程

二、汽油蒸发物控制系统（EVAP）的工作原理

1. 真空控制式汽油蒸发物控制系统

汽油蒸发物控制系统如图 6—3—3 所示。其控制原理是：当油箱中的汽油蒸气压力过高时，单向阀打开（有的是双通阀），使汽油蒸气流入炭罐，将燃油蒸汽吸附在活性炭上，直至汽油蒸气饱和，避免油箱压力上升，防止燃油蒸汽排放到大气中。汽油蒸气被炭罐中活性炭吸附，空气则可通过炭罐下部排入大气。

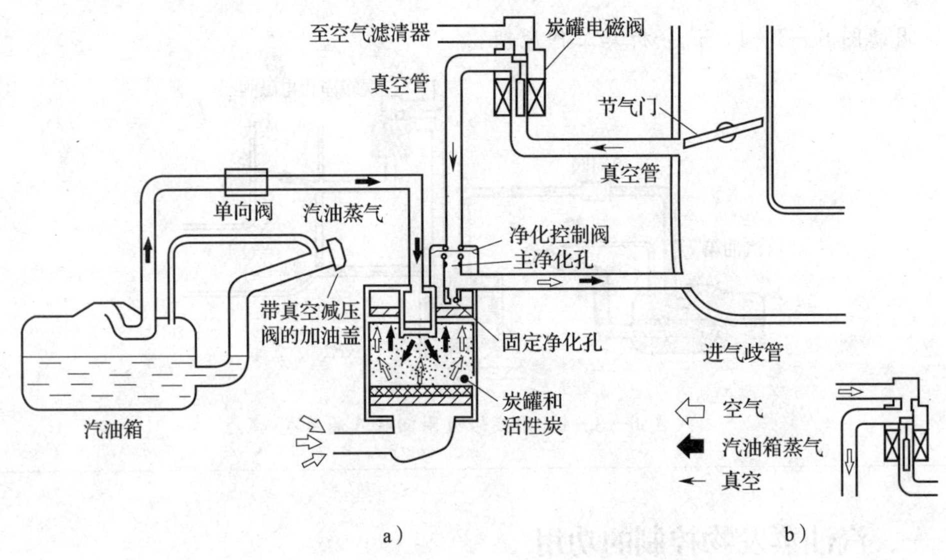

图 6—3—3　真空控制汽油蒸发物控制系统

a）进气管吸入汽油蒸气　b）炭罐电磁阀关断真空

当发动机工作且转速较高时，计算机打开炭罐电磁阀（见图 6—3—3a），节气门处的真空通过炭罐电磁阀，吸开炭罐净化控制阀，活性炭罐内的汽油蒸气便从主净化孔和固定净化孔，吸入进气歧管进入发动机燃烧。同时，外面的新鲜空气从炭罐下部进气孔进入，对活性炭进行冲刷，以使活性炭再生。

发动机怠速时，炭罐电磁阀断电，关断真空（见图 6—3—3b），炭罐净化阀便关闭主净化孔，汽油蒸气只从固定净化孔吸入少量的汽油蒸气。

2．电磁阀控制式汽油蒸发物控制系统

如图 6—3—4 所示，电磁阀是常闭的，当冷却液温度大于 70℃、高负荷时，ECU 向电磁阀发送信号，使电磁阀开启，这时炭罐内的汽油蒸气经电磁阀进入进气管，至气缸燃烧。

在起动过程中，怠速工况、减速和发动机温度、转速、进气总管压力低于预定值时，炭罐电磁阀关闭。炭罐和电磁阀如图 6—3—5 所示。

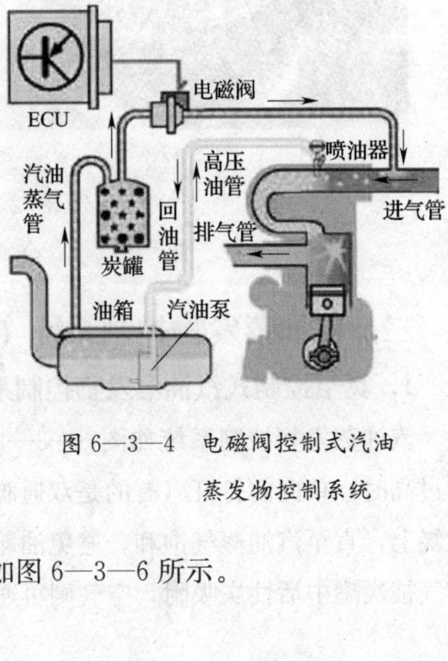

图 6—3—4　电磁阀控制式汽油蒸发物控制系统

三、汽油蒸发物控制系统的检修

本田 CRV 汽车发动机汽油蒸发物控制系统如图 6—3—6 所示。

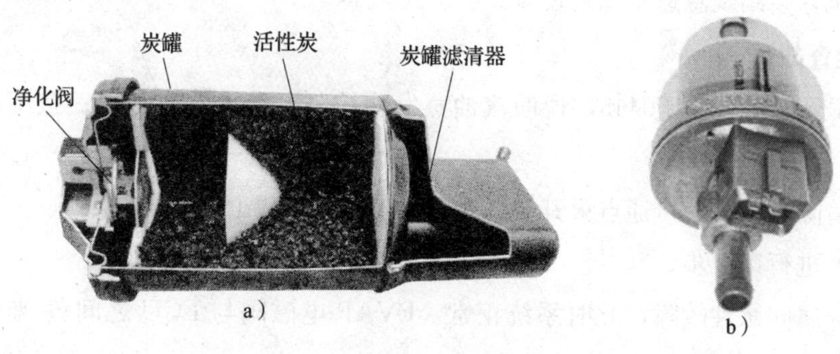

图 6—3—5　炭罐和电磁阀

a）炭罐　b）电磁阀

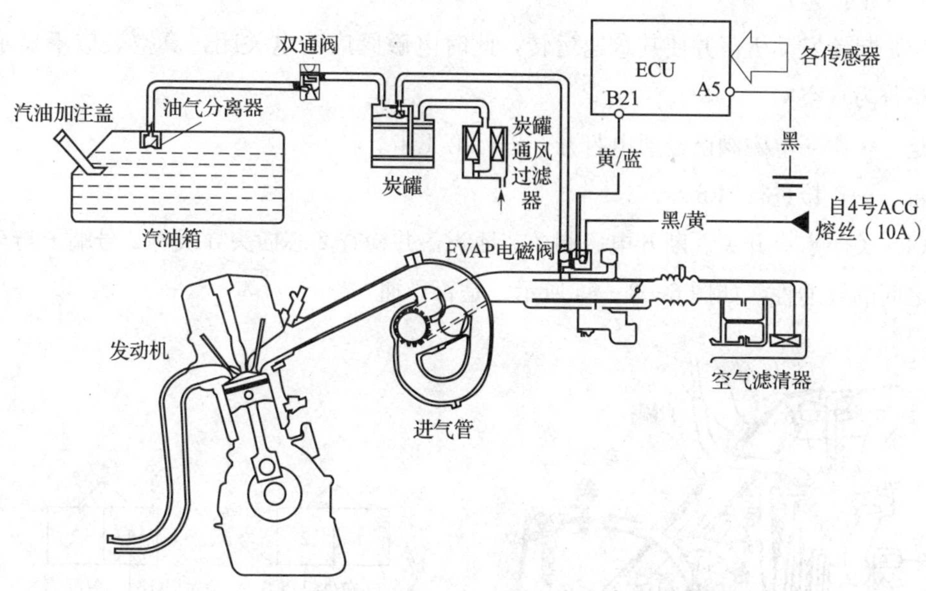

图 6—3—6　本田 CRV 汽车发动机汽油蒸发物控制系统

1．汽油蒸发物控制系统常见故障

（1）炭罐滤清器堵塞，可能会导致燃油箱内压力偏高，使燃油箱出现“砰砰”异响，严重时可能导致油箱出现裂纹而漏油。

（2）加油过满导致燃油管路中进入液态燃油，容易造成“淹缸”，发动机无法起动或起动困难。所以在加油时不要加得太满，在油枪跳枪后最好不要再加。

（3）EVAP 电磁阀处于常开状态，炭罐内的汽油蒸气进入，也容易引起混合气偏浓，使发动机起动困难或怠速不稳等多种故障。

（4）如果汽油蒸发物控制系统（EVAP）泄漏或不能工作，会使大量的汽油蒸气挥发至大气中而造成环境污染；汽油蒸气的大量挥发又会造成油耗升高。如果在怠速时进入发动机，会出现怠速不稳的现象。

2. 检查故障码

如果显示故障码为P0443，说明汽油蒸发物控制系统电路有故障。按下列步骤检查。

(1) 清除故障码，接通点火开关。是否仍显示故障码P0443?

是——进行第2步。

否——属间歇性故障，此时系统正常。EVAP电磁阀与ECU之间黄/蓝线（见图6—3—6）连接不良或松动。

(2) 关闭点火开关。断开炭罐的真空软管，并将真空表连接在软管上，如图6—3—7所示。

(3) 起动发动机，并使其怠速运转，此时电磁阀应断电关闭，真空表应不显示真空。是否为真空?

是——说明电磁阀已经通电打开，进行第4步。

否——直接进行第6步。

(4) 关闭点火开关。断开电磁阀2芯插头，并检查2芯插头导线侧2号端子与车体地线之间的导通性，如图6—3—8a所示。是否导通?

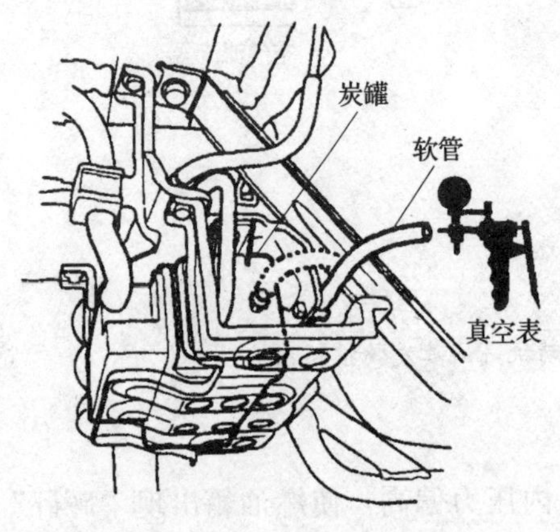

图6—3—7 将真空表连接在软管上

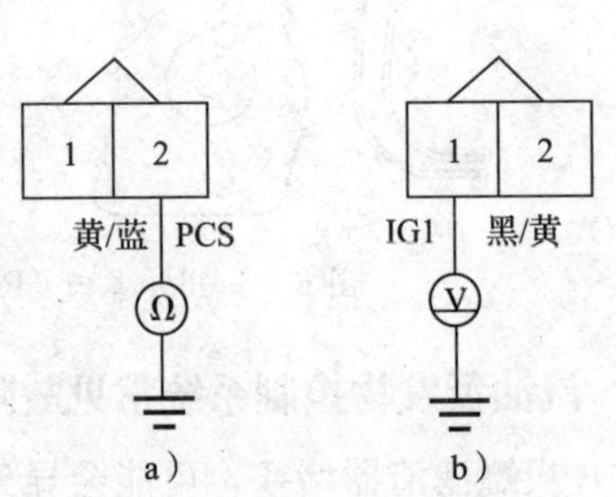

图6—3—8 电磁阀插头导线侧

a) 2号端子对地的电阻 b) 1号端子对地的电压

是——说明电磁阀线路有不正常搭铁故障，进行第5步。

否——说明电磁阀常开，或内部搭铁，更换EVAP电磁阀。

(5) 断开电瓶负极导线。断开ECU插头B（24芯）。

(6) 再次检查电磁阀2芯插头导线侧2号端子与车体地线之间的导通性。是否导通?

是——说明 EVAP 电磁阀与 ECU（B21）之间导线的短路搭铁。

否——更换 ECU，如果故障症状消失，说明 ECU 损坏。

(7) 关闭点火开关。断开 EVAP 电磁阀 2 芯插头。接通点火开关“ON”，在线束侧测量 EVAP 电磁阀 2 芯插头 1 号端子与车体地线之间的电压，如图 6—3—8b 所示。是否为蓄电池电压？

是——进行第 8 步。

否——排除仪表板下熔丝/继电器盒内 4 号 ACG 熔丝（10A）与 EVAP 电磁阀之间导线的断路故障，如图 6—3—9 所示。

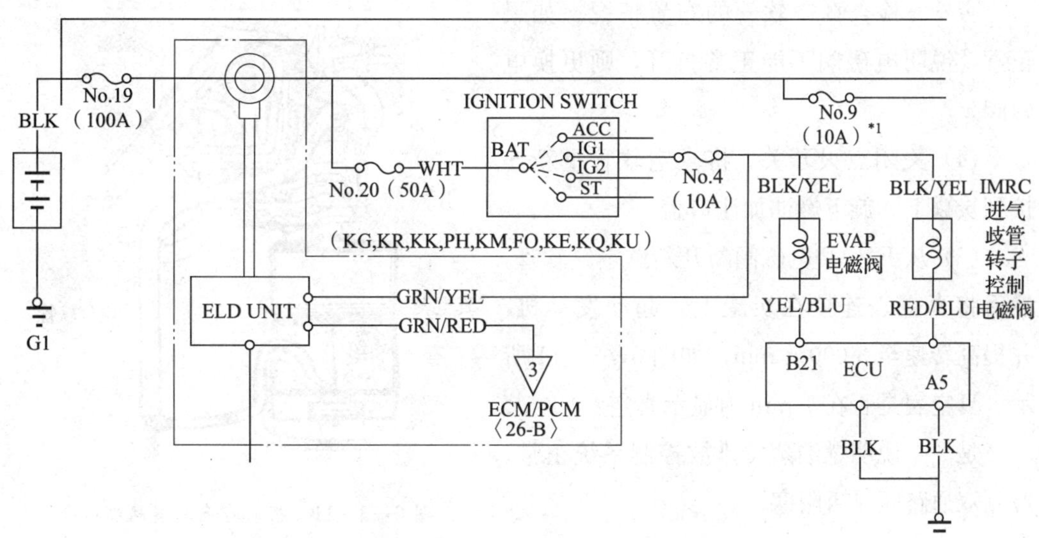

图 6—3—9　EVAP 电磁阀的电路

(8) 关闭点火开关。重新连接 EVAP 电磁阀 2 芯插头。接通点火开关。测量 ECM/PCM（ECU）插头端子 A5 与 B21 之间的电压，如图 6—3—10 所示。

是否为蓄电池电压？

是——使用一个确定无故障的 ECM/PCM 进行替换。如果故障症状消失，则更换原来的 ECM/PCM。

否——排除 EVAP 电磁阀与 ECM/PCM（B21）之间导线的断路故障。如果导线正常，则更换 EVAP 电磁阀。

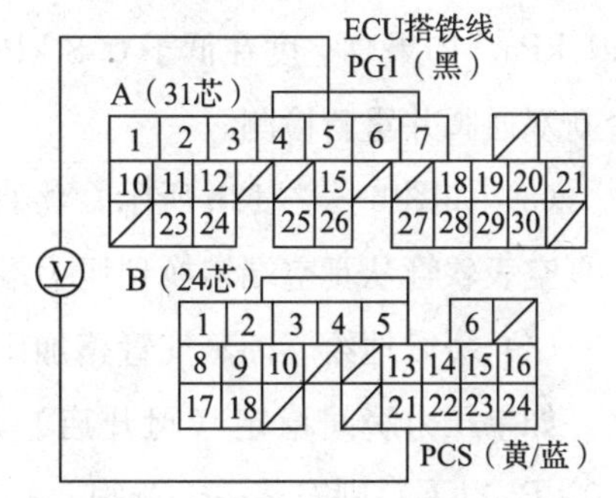

图 6—3—10　ECM/PCM 插头

3. 检查管路

(1) 断开炭罐去双通阀（见图 6—3—6）的真空软管，并将真空表连接在软管上，如图 6—3—7 所示。

(2) 起动发动机，并使其怠速运转。在发动机冷却液温度低于 65℃时，是否有真空？

是——检查真空软管的布置情况。如果正常，说明电磁阀不能关闭，则更换电磁阀。

否——说明电磁阀在低温时关闭正常，进行第 3 步。

(3) 在无负荷条件下（变速箱在驻车挡或空挡位置）使发动机转速保持在 3 000 r/min，直到散热器风扇起动，然后提高发动机转速至 3 000 r/min。是否有真空？

是——说明发动机冷却液温度大于 65℃时，电磁阀能正常打开。进行第 4 步。

否——检查真空软管的布置情况。如果正常，说明电磁阀不能正常打开，则更换电磁阀。

(4) 关闭点火开关。将真空软管重新连接到炭罐上。旋下燃油加注口盖。

(5) 从 EVAP 电磁阀断开新鲜空气软管，然后将真空表连接在炭罐上。起动发动机，并提高转速至 3 000 r/min，如图 6—3—11 所示。真空表是否在 1 min 内显示真空？

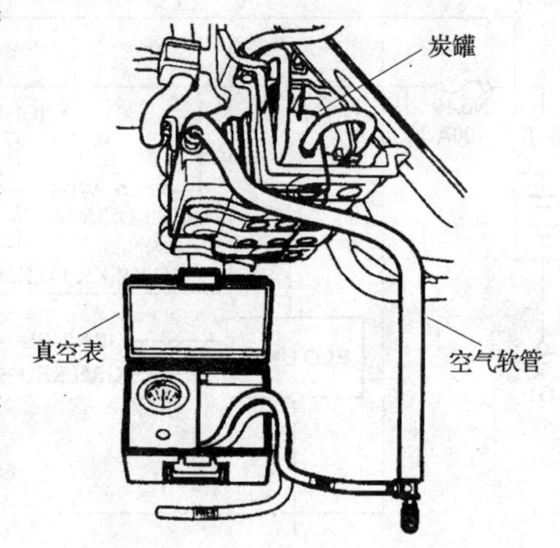

图 6—3—11　将真空表与炭罐新鲜空气软管连接

是——说明燃油蒸发排放控制系统正常。检测双通路阀是否阻塞。

否——没有显示真空，说明炭罐阻塞，需更换。

4. 检查双通阀

(1) 旋下燃油加注口盖。断开双通阀（A）的燃油蒸气管路。如图 6—3—12a 所示，将其连接到真空表和真空枪的 T 形接头上。

(2) 用真空枪持续缓慢地施加真空，同时观察真空表。压力应稳定在 0.8～2.1 kPa。如果真空度在低于 0.8 kPa 或高于 2.1 kPa 时保持稳定（阀开启），则安装一个新双通阀并重新检测。

(3) 如图 6—3—12b 所示，将真空枪软管从真空管接头转换到压力管接头，并且将真空表软管从真空端转换到压力端。

(4) 缓慢地给燃油蒸气管路加压，同时观察真空表。压力应瞬间稳定在 1.0 kPa 以上。如果压力瞬间稳定（阀开启）在 1.0 kPa 以上，则阀门正常。如果压力稳定在 1.0 kPa 以下，则安装一个新阀，并重新检测。

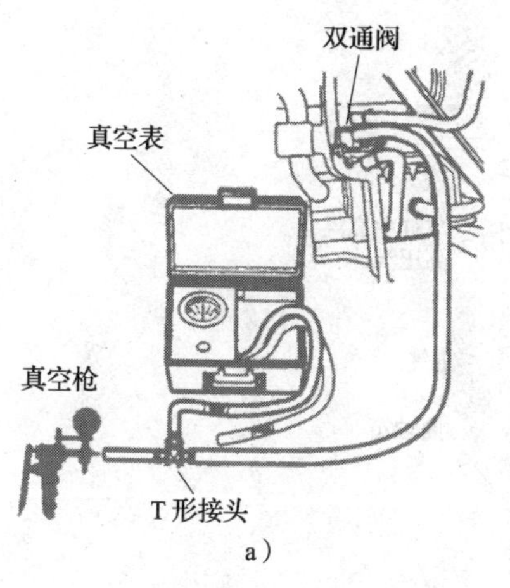

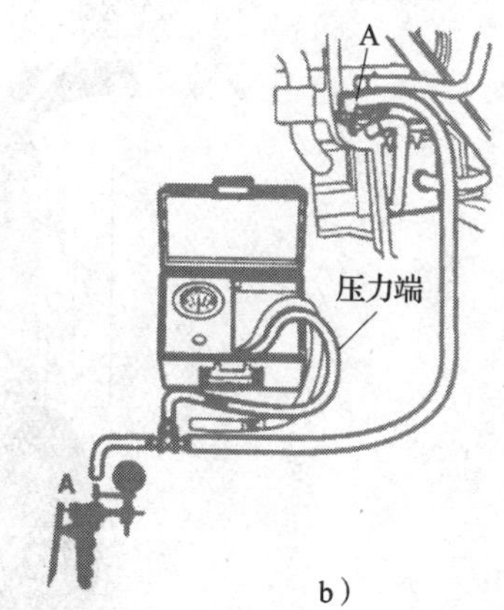

图 6—3—12　连接 T 形接头

思考与练习

1. 简述发动机汽油蒸发物回收系统的工作原理。
2. 分析和检修发动机汽油蒸发回收系统的故障。

课题四　曲轴箱强制通风系统（PCV）

学习目标

◆ 了解曲轴箱强制通风系统的工作过程。
◆ 能检修曲轴箱强制通风系统的故障。

如图 6—4—1 所示，发动机做功时气缸内高温高压气体会从活塞与气缸之间的间隙，窜入曲轴箱。如果这部分废气进入大气，也会造成极大的污染。想一想此部分废气应该如何治理？

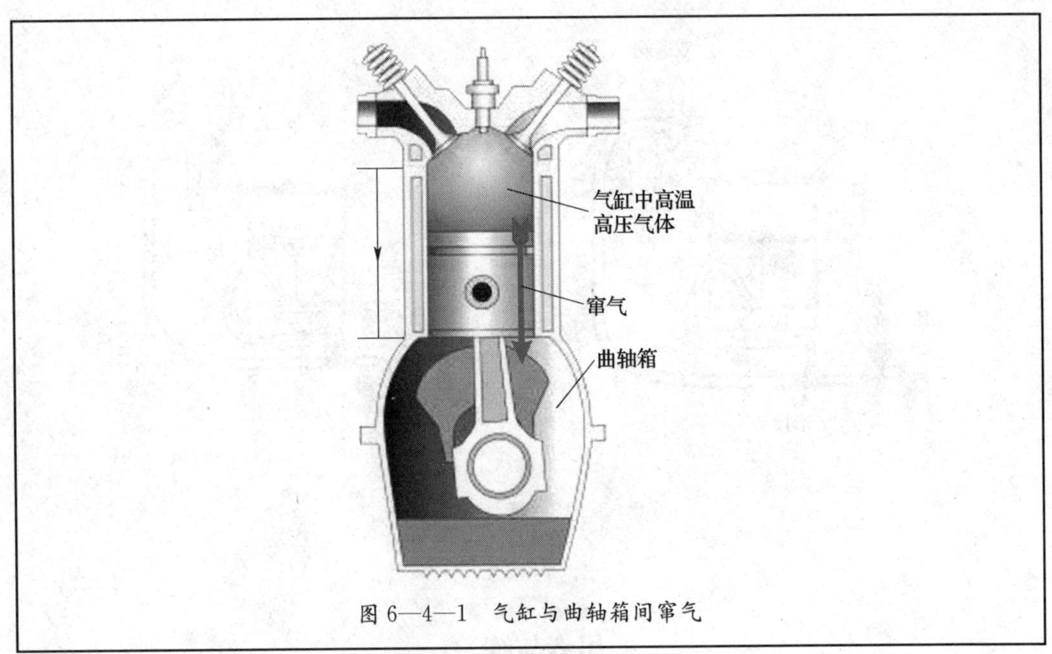

图 6—4—1　气缸与曲轴箱间窜气

一、工作过程

发动机做功时，燃气从活塞与气缸间窜入曲轴箱。窜气经过管路和 PCV 阀进入进气管，到气缸燃烧，以免造成空气污染，同时新鲜空气从进气管补充进入曲轴箱，称为曲轴箱通风，如图 6—4—2 所示。

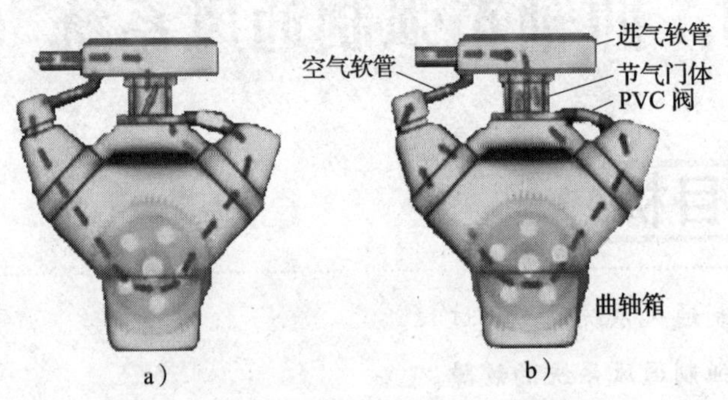

图 6—4—2　曲轴箱强制通风系统

a）节气门开度较小时的循环　b）节气门全开时的循环

发动机不工作时，PCV 阀在弹簧的作用下，处于关闭状态，如图 6—4—3a 所示。

当发动机部分负荷时，阀的上方受到真空吸力作用，使阀上移，与弹簧力平衡，PCV 阀半开，如图 6—4—3b 所示，通风量较少。

当发动机高速时，阀的上方受到强真空吸力作用，使阀移到最上面位置，PCV 阀完全打开（见图 6—4—3c）。发动机工作，吸引新鲜空气流动，通风流量很大，如图

6—4—2b 所示。新鲜空气流经进气软管→空气软管→左气缸盖空腔→左气缸体空腔→曲轴箱→右气缸盖空腔→右气缸体空腔→PCV 阀→节气门体→进气歧管→气缸。

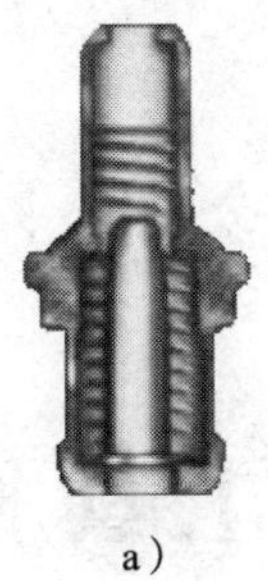
a）

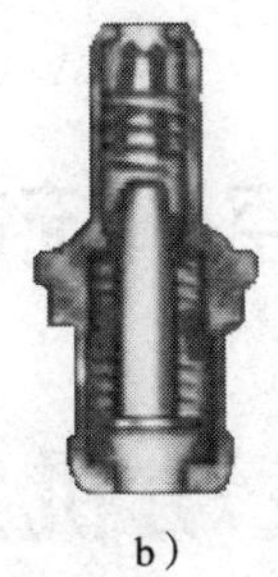
b）

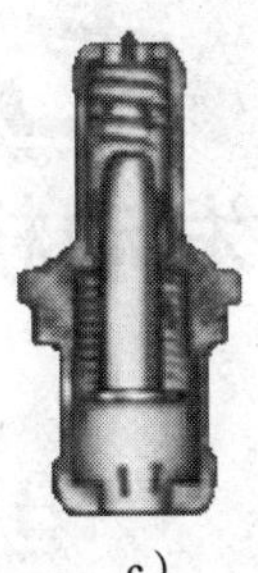
c）

图 6—4—3　PCV 阀

a）PCV 阀关　b）PCV 阀半开　c）PCV 阀全开

怠速或减速时，阀的上方受到强真空作用，使阀移到最上面位置，PCV 阀完全打开，但通风流量很小，这是因为怠速或减速时节气门关闭，进气管内空气流量小。

二、PVC 检修

1. 检查 PCV 阀是否堵塞

使发动机怠速运转，从气缸盖罩拆下 PCV 阀连接软管，若把手放在 PCV 阀接口处，如图 6—4—4 所示，手指应能感到强烈的真空吸力。否则，说明 PCV 阀堵塞。

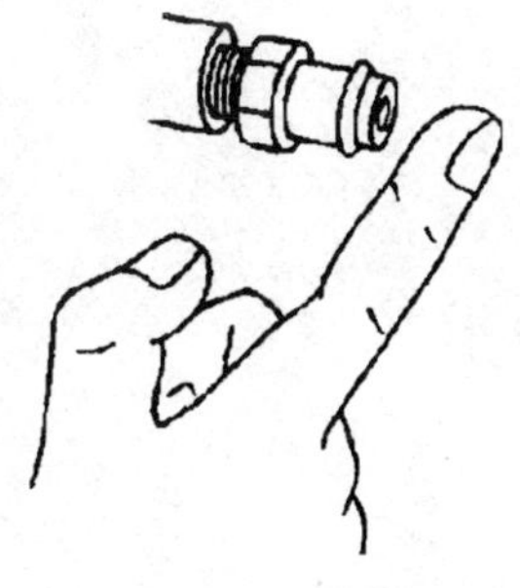

图 6—4—4　检查 PCV 阀是否堵塞

2. 检查 PCV 阀是否灵活

卸下 PCV 阀，用手摇动，若听到有“咔嗒”声，说明 PCV 阀灵活可用。

3. 检查 PCV 阀是否能阻止空气流动

拆下 PCV 阀，从气缸盖侧吹气，空气能通过 PCV 阀；从进气歧管侧吹气，PCV 阀必须能阻止空气流动。否则，必须更换 PCV 阀。

思考与练习

1. 简述 PVC 系统的工作过程。
2. 简述 PVC 阀的故障检修。

模块七 发动机电控系统故障诊断

课题一　电控发动机维修工具和设备

学习目标

◆ 会使用常见汽车万用表和示波器。

◆ 会使用大众汽车专用诊断仪、元征 X431GX3 等汽车解码器。

试分析如图 7—1—1 所示汽车综合检测仪的用途。

图 7—1—1　汽车发动机综合检测仪

一、汽车万用表

1. 指针式万用表

万用表是一种携带方便、测量范围广、种类多、用途广泛的电工测量仪表。它广泛应用于电力工程、电动机电器、电子通信、实验室等，是汽车维修电工不可缺少的工具之一。

一般的指针式万用表可以测量直流电流、电压、交流电压、电阻和音频电平等量，如图7—1—2所示。

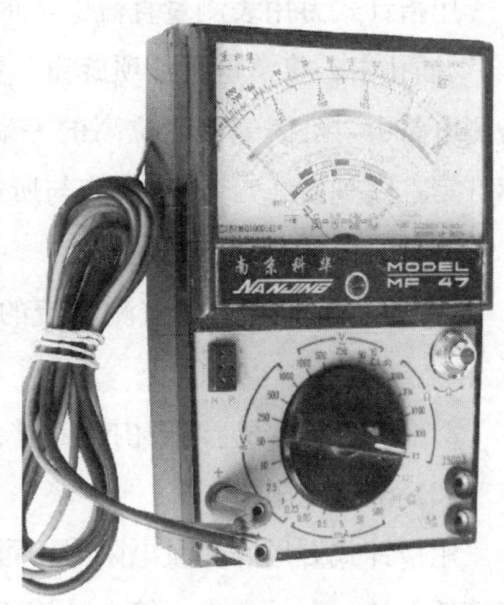

图7—1—2　指针式万用表

万用表精度有高有低，选用时应根据实际要求，选用合适的精度，以保证测量结果的精确。仪表的准确度越高，价格也越贵，维修也较难，因此，在能用精度较低的仪表就能满足要求的情况下，就不要选用高精度的仪表。通常精度为0.1～0.2级的仪表用作标准表，用作精密测量；0.5～1.5级的仪表用于实验室的一般测量；1.0～5.0级的仪表用于一般工业生产。

MF14为低内阻多量程万用表，仪表设置一个转换开关，共有33个分挡，适合测量低内阻电源的参数，供电力工程、电动机电器和电工维修测量用。MF30为高灵敏度多量程袖珍万用表，有18个分挡，通过分接电路也可以测量音频电容、电容、电感和晶体管直流放大系数，供电子、电信单位、电工器材厂等使用。MF35为高精度、多量程万用表，具有量程广、标尺宽、灵敏度高的特点，是实验室和电工、电子工程必备的测量仪表。MF40为较高灵敏度的电磁式整流系万用表，仪表有17个测量分挡，有交、直流1 000 V量程，能满足测量较高电压的需要。袖珍式仪表，适于无线电、电信、电工单位作一般测量用。

指针式万用表只要将中部“量程量项旋钮”置于测量挡位，仪表便可使用，使用结束后，则可将“量程量项旋钮”调到“交流电压最高挡”位置。数字式仪表的开、关均直接受“ON/OFF”按钮的控制。

（1）测量直流电压

用指针式万用表测量直流电压时，可先将红表笔插入“＋”插孔中，黑表笔插入“－”插孔中；将“量程量项旋钮”置于直流电压（DCV）估测挡位上；将表笔并接在被测负载或信号源上，红表笔接电位低的一端，黑表笔接电位低的一端；读取指针指示的刻度值（第三圈刻度线），刻度线应与所选挡位相对应。

测量时应注意以下问题：

1）在测量前若不知被测电流的范围，应将万用表先置于高量程挡，然后逐步调低。

2）测量高电压时应避免人体与高压电相接触。

3）尽量不要测量高于 1 000 V 的电压。

（2）测量直流电流

用指针式万用表测量直流电流时，可先将红表笔插入“+”插孔中，黑表笔插入“—”插孔中；将“量程量项旋钮”置于直流电流（DCA）估测挡位上；将表笔串接在被测电路中，红表笔接电位高的一端，黑表笔接电位低的一端；读取指针指示的刻度值（第三圈刻度线），刻度线应与所选挡位相对应。

测量时应注意以下问题：

1）在测量前若不知被测电流的范围，应将万用表先置于高量程挡，然后逐步调低。

2）电流挡过载时，表内熔断丝会熔断起过载保护。

（3）测量电阻

用指针式万用表测量电阻时，可先将红表笔插入“+”插孔中（接电池负极），黑表笔插入“—”插孔中（接电池正极）；将“量程量项旋钮”置于电阻（Ω 挡）估测挡位上；将两表笔短接，使指针向满刻度方向偏转，然后调节电位器旋钮（如图 7—1—2 所示的左中部双箭头旋钮），使指针指示在 Ω 刻线的零位置上。再用表笔去测量未知电阻的阻值。为了确保测量精度，指针应尽可能指示在刻度中间区域；读取指针指示的刻度值（第一圈刻度线），刻度线应与所选挡位相对应。

测量时应注意以下问题：

1）将指针式万用表两表笔短接时，若调节电位器不能使指针指示到欧姆零位，表明表内电池电压不足。

2）测量在路电阻时，须确认被测量的电路已切断电源，同时电容已放电完毕。

2. 数字万用表

随着电子技术的发展，数字万用表的应用也越来越广，数字万用表的功能较多，除具有一般指针万用表的功能外，还能用来测量频率、周期、时间间隔、晶体管参数和温度等。

（1）面板识别

如图 7—1—3 所示为 DY2201A 型汽车数字式万用表，主要由显示屏（显示 4 位数字及模拟物理量）、功能旋钮、测试项目选择开关、温度测量插座、公用插孔（测量电压、电阻、频率、闭合角、占空比、转速用）、搭铁插孔、电流测量插座等构成。面板各部分识别如图 7—1—4 所示。

（2）电压测量

1）黑色表笔插入负极测试笔插座 COM，红色表笔插入正极测试笔插座（见图 7—1—4d）。

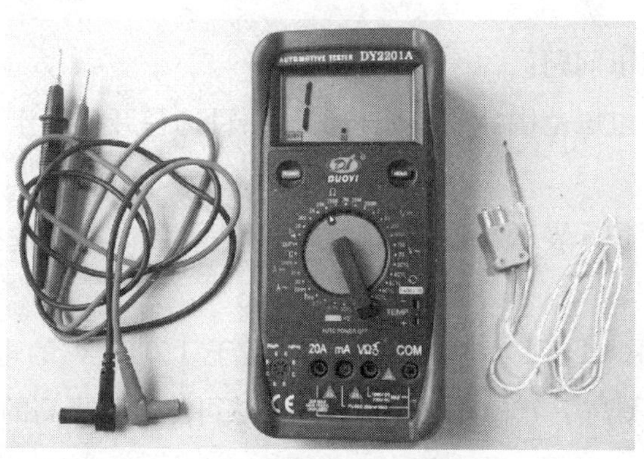

图 7—1—3　汽车数字式万用表

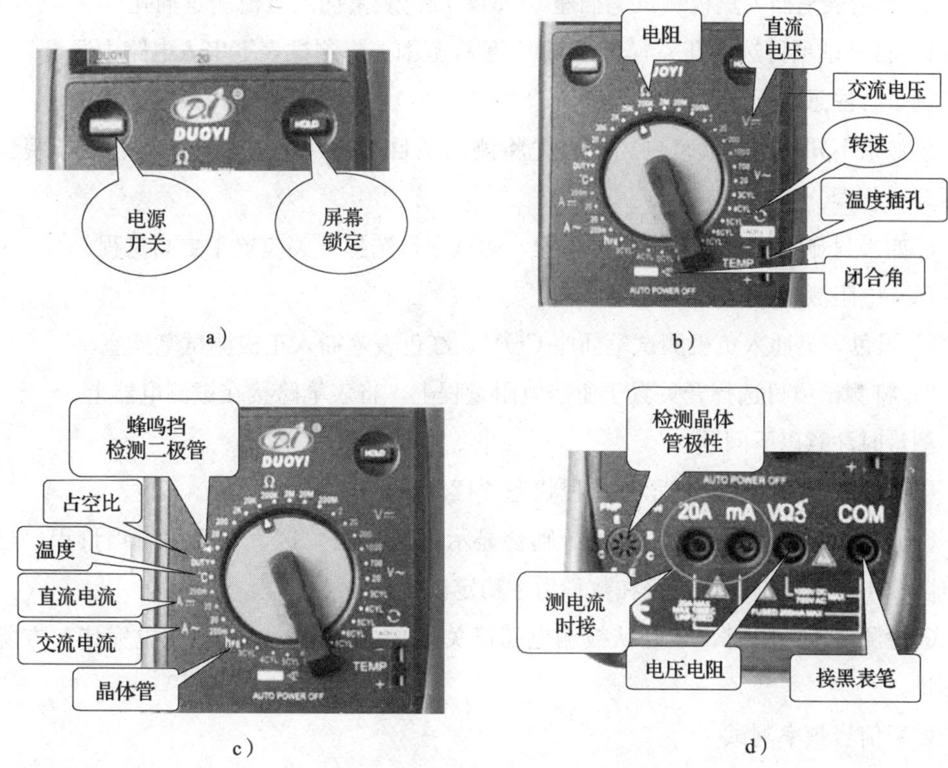

图 7—1—4　数字万用表各部分识别

a）按钮开关　b）功能旋钮右侧　c）功能旋钮左侧　d）插孔

2）将测试项目选择开关旋至 Volts 量程范围，测量直流电压（DCV）时，按下 DC/AC 按钮。测量交流电压（ACV）时，再按一下 DC/AC 按钮，在液晶显示屏会显示 DC 或 AC 字样。

3）将测试表笔连接到被测负载或信号源上，在显示电压读数时，同时会指示出红表笔的极性。

测试时要注意以下问题：

①如果不知被测电压范围，则首先将测试项目选择开关置于最大量程后，视情况降至合适量程。

②如果只显示“1”，表示超过了所选择的量程，测试项目选择开关应置于更高量程。

③检测直流电压（DCV）时，不要检测高于 1 000 V 的电压。检测交流电压（ACV）时，不要检测高于 750 V 电压，否则虽然可能显示更高的电压值，但有损坏内部线路的危险。

（3）电流测量

1）黑色表笔插入负极测试笔插座 COM，红色表笔插入电流测量插孔。

2）将测试项目选择开关置于“mA”量程范围，将测试表笔串入电路中测量。

测量时注意以下问题：

①如果不知被测电流范围，则首先将测试项目选择开关置于最大量程后，视情况降至合适量程。

②如果只显示“1”，表示超过量程，测试项目选择开关应置于更高量程。

（4）电阻测量

1）黑色表笔插入负极测试笔插座 COM，红色表笔插入正极测试笔插座。

2）将测试项目选择开关置于所需电阻量程上，将表笔跨接在被测电器上。

测量时注意以下问题：

①当输入开路时，会显示过量程状态“1”。

②如果被测电阻超过所用量程，则会显示出过量程“1”，须换用高挡量程。当被测电阻在 1 MΩ 以上时，电表在数秒后才稳定读数。

③检测在线电阻时，须确认被测电路已关闭电源，同时电容已放电完毕，方能进行测量。

（5）信号频率测试

开关在频率（Freq）挡，“COM”线（黑色线）搭铁，“Hz”孔红线接被测信号线，屏显被测频率，灵敏度为 200 mV～5V。

（6）温度检测

开关在温度（Temp）挡，功能键℃/°F 按下，探针线插入温度插座，探针接触被测物体，屏显所测温度。

（7）闭合角检测

开关在闭合角（Dwell）挡，黑线搭铁，V－Ω－Hz 红线接点火线圈负极，发动机工作时，屏显一次电流导通角。

（8）占空比测量

开关置在占空比（Duty Cycle）挡，红线接电路信号，黑线搭铁，屏显一个循环中，脉冲信号保持时间相对百分比。

（9）转速测量

开关在转速挡（RPM），转速测量专用插头插在“COM”与“V－Ω－Hz”插孔中，感应式转速传感器夹在某一缸高压线上，发动机工作即屏显其转速。

（10）起动机起动电流测量

测试项目选择开关在 400 mV 挡，1 mV 相当于 1 A，即用测量传感器电压的方法来测量起动电流，霍尔效应电流传感器夹钳夹在电瓶线上，按下最大值或最小值显示钮，拆下点火系统高压线，用起动机转动曲轴 2～3 s，屏显起动电流。

（11）氧传感器测试

拆下氧传感器电缆，用一根临时电线连接上述传感器与氧传感器，开关放在“4 V”挡，功能键 DC 显示“DC”，按下 MIN/MAX 键，黑线搭铁，红线与传感器跨接线相连。快怠速（2 000 r/min）运转发动机，使氧传感器工作温度在 360℃以上，排气浓时传感器输出电压为 0.8 V（max），排气稀时输出电压为 0.1～0.2 V（min）。当传感器工作温度低于 360℃，呈开路状态，无电压输出。

（12）喷油器喷油脉冲宽度测量

开关置于占空比挡（Duty Cycle,%）测出喷油器工作循环占空比之后，再把仪表开关置于频率（Freq）挡，测出喷油器工作频率（Hz）后，按式（7—1—1）计算喷油器喷油脉冲宽，即

$$S_p=\frac{\text{脉冲宽度}(\%)}{\text{喷油频率}(\text{Hz})} \tag{7—1—1}$$

二、汽车示波器

1．汽车示波器的结构

以金德 KT600 汽车专用示波器为例。金德 KT600 汽车专用示波器是博世汽车检测设备（深圳）有限公司独立开发完成的一款汽车专用示波器，它可以实时采集点火、喷油、电控系统传感器的波形，通过对传感器波形的分析，可以准确地诊断传感器故障。通过对点火波形的分析，不仅可以诊断点火系统的火花塞、高压线、点火线圈等各元器件故障，还可以分析出进气系统和燃油系统可能故障点，为汽车的运行技术状况和故障诊断提供科学的依据。

（1）主机

主机正反面按键和装置的名称如图 7—1—5 所示。

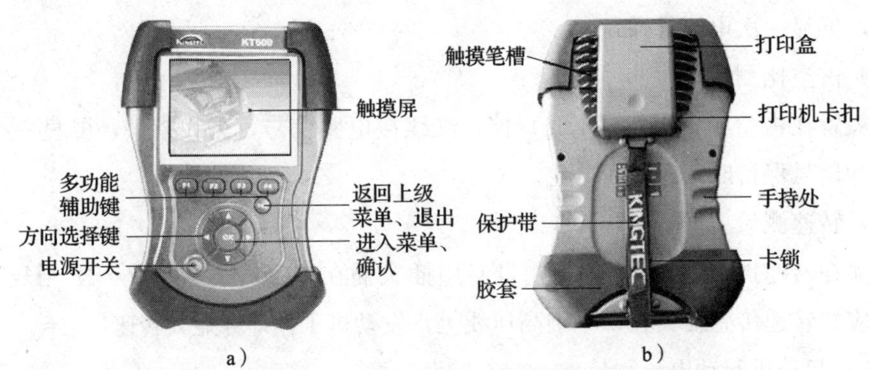

图 7—1—5　主机正反面各部分名称

a）正面　b）反面

上接口如图 7—1—6 所示。其功用见表 7—1—1。

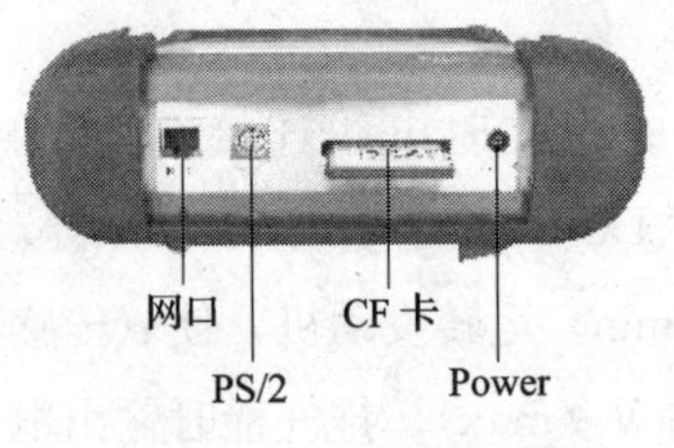

图 7—1—6　上接口

表 7—1—1　　　　上接口的功用

编号	项目	说　明
1	网口	直插网线可实现在线升级
2	PS/2	可外接键盘和鼠标，也可通过转接线转成串口和 USB 口
3	CF 卡	CF 卡插口
4	Power	接这个端口给主机供电

下接口如图 7—1—7 所示。其功用见表 7—1—2。

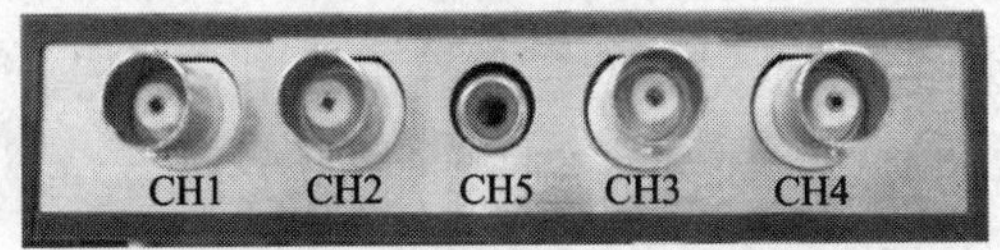

图 7—1—7　下接口

（2）随机附件

KT600 汽车专用示波器的随机附件包括示波测试连接线、电源线、自诊断接头等，其功用见表 7—1—3。

表 7—1—2　　下接口的功用

编号	项目	说明
1	CH1	示波通道 1
2	CH2	示波通道 2
3	CH3	示波通道 3/触发通道
4	CH4	示波通道 4
5	CH5	触发通道

表 7—1—3　　随机附件及功用

编号	图片	名称	功　能
1		电源延长线	给主机提供电源，可以连接汽车点烟器接头或者汽车鳄鱼夹
2		汽车点烟器接头	连接电源延长线和汽车点烟器给主机供电
3		汽车鳄鱼夹	连接电源延长线和汽车电瓶给主机供电
4		串行通信线	连接主机 RS—232 串口和 PC 机的串口实现联机或软件升级
5		测试探针	连接到通道 1、2、4、5 输入，带接地线，可以×1 或者×10 衰减
6		示波延长线	可以连接 CH1、CH2、CH4、CH5 通道，主要功能是延长输入信号线

续表

编号	图片	名称	功　能
7		感性感应夹	连接 CH3（CH5）通道，可以检测发动机转速，并认为被夹高压线为第一缸高压线
8		容性感应夹	可以接 CH1、CH2 通道，感应次级点火信号
9		示波连接线	可以对接地线或者信号线进行延长，方便连接

2．基本功能与操作

（1）主菜单

在主界面上选择示波器分析仪，确认进入如图 7—1—8 所示的主菜单。只要在 KT600 的菜单里按上下方向键选择需要检测项目，按［ENTER］键可以进入下一级菜单，直到选择需要的测试项目，按［EXIT］键可以返回上级菜单。

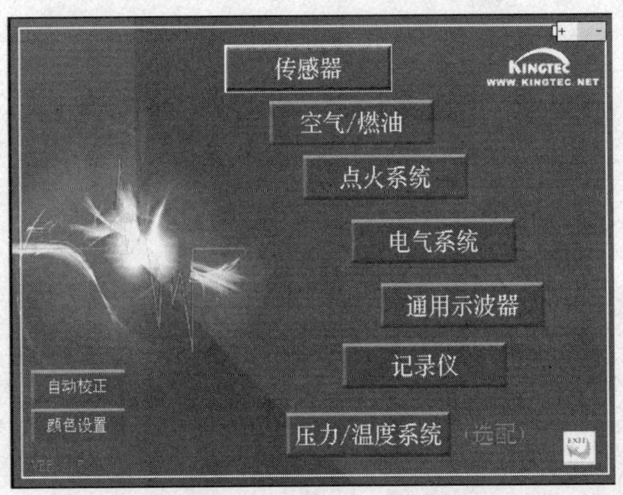

图 7—1—8　主菜单

（2）通用型示波器的调整方法

一般情况下，汽车专用示波器的波形显示不需要调整，当要做超出汽车专用示波器标准菜单以外的测试内容时，可以选择通用示波器功能，也需要掌握一定的调整方法，在汽车专用示波器测试过程中如果有相似菜单，调整方法也相同。

选择通用示波器，按［ENTER］键确认，如图 7—1—9 所示，在屏幕上有 12 个选项，分别为通道、周期、电平、幅值、位置、停止、存储、载入、光标、触发、打印、退出，另外有 3 个功能选项，分别为通道设置、自动设置、配置取存，按左右方向键可以对选择项目进行调整。

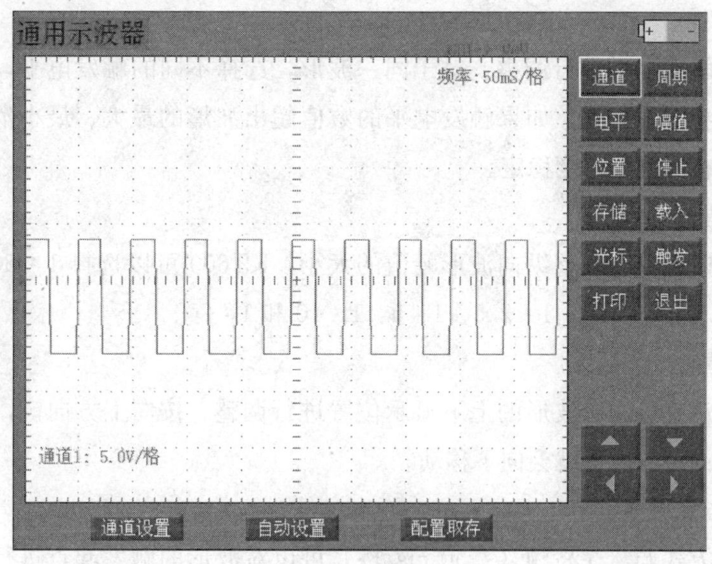

图 7—1—9　通用示波器的选项

1）通道调整

按功能键可以选择通道 1（CH1）、通道 2（CH2）、通道 3（CH3）、通道 4（CH4）任意组合方式，如图 7—1—10 所示。

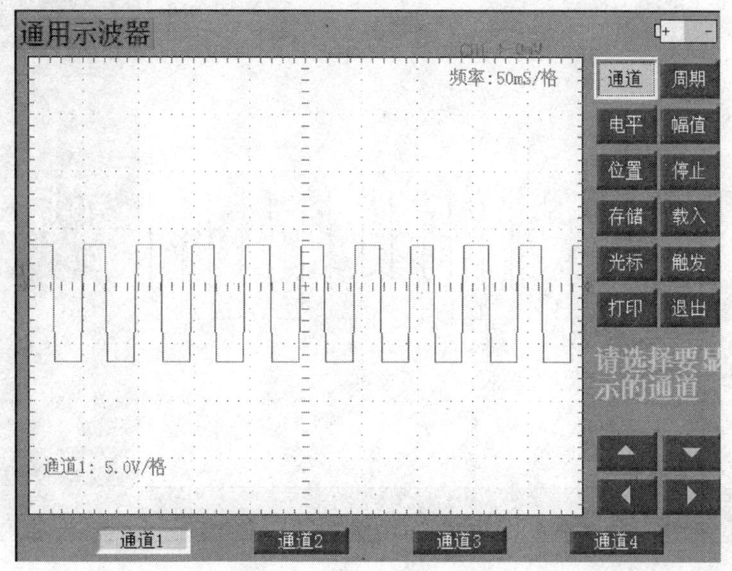

图 7—1—10　通道调整

2）周期调整

选择周期调整，按上下键可以改变每单格时间的长短，如果开机时设定的是10 ms/格，按向下键则会变为5 ms/格，波形就会变稀，按向上键则会变为20 ms/格，波形会变密。

3）电平调整

对纵轴的触发电平进行调整，对于同一波形，选择不同的触发电平，波形在显示屏上的位置就会跟着变化，如果触发电平的数值超出波形的最大、最小范围时，波形将产生游动，在屏幕上不能稳定。

4）幅值调整

按上下方向键可以调整纵向波形幅值的大小，KT600可以选择1∶500、1∶200、1∶100、1∶0.5、1∶1.0、1∶2.5、1∶5、1∶10和1∶20。

5）位置调整

选择位置调整可以对波形的上下显示位置进行调整。按向上方向键，波形就会上移；按向下方向键，波形就会向下移动。

6）触发方式调整

选择触发方式调整在高频（<50 ms/格）可以对波形的触发起点进行调整，使用功能键可以选择触发的方式：上升沿触发、下降沿触发、电平触发，如图7—1—11所示。

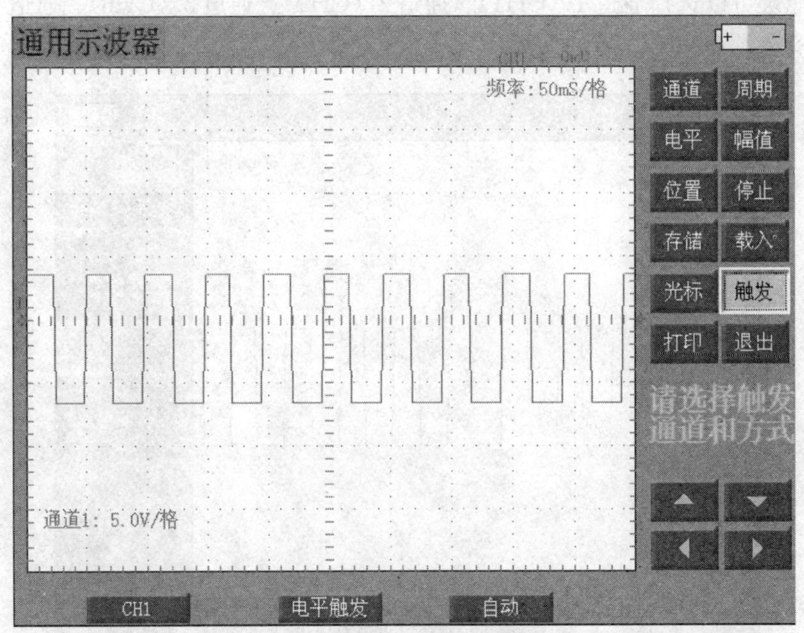

图7—1—11 触发方式调整

7）波形的存储和载入

在选择通用示波器时，如果要存储当前波形，选择存储。如果刷新频率大于或等于 50 Hz/格，系统会等待采集完当前屏的波形后，自动冻结波形，弹出文件存储界面，用户可以设定存储波形的名字，然后保存波形数据（最多支持保存 64 个文件），保存完以后系统会自动退出存储界面。

如果要载入已储存的波形，选择载入。如果波形文件存在，系统将会自动浏览到系统已保存的文件，用户可以根据自己的需要调出波形。单击“退出”或按“ESC”可以退出载入界面，如图 7—1—12 所示。

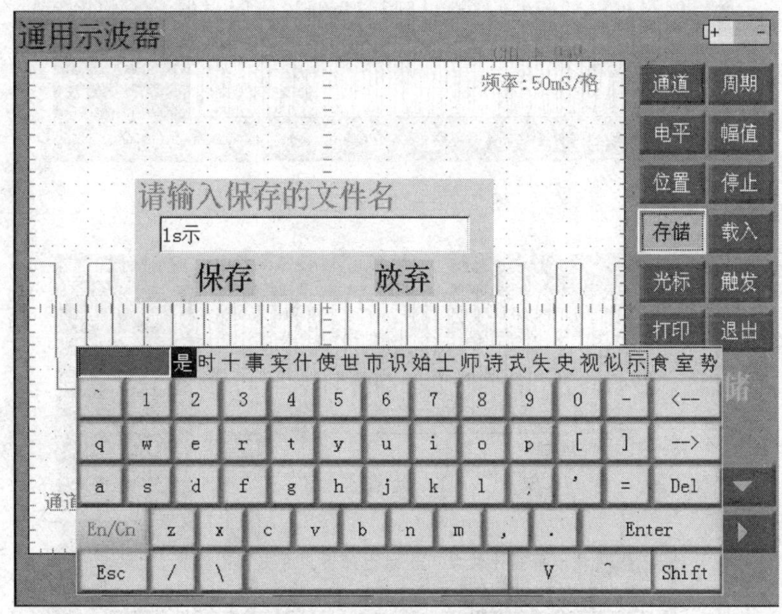

图 7—1—12　波形的存储和载入

8）配置取存

该功能主要是方便用户快捷地调整好波形的参数。例如，用户同时测试了 4 个传感器的波形，使用了 4 个通道：ch1—200 mV/div；ch2—1 V/div；ch3—0.5 V/div；ch4—5 V/div。频率 20 ms/格。调整好各个通道的位置，使波形清晰地显示到界面。然后选择配置取存，可以保存当前配置到文件“4 通道传感器测试”；若下次再测试 4 个通道的传感器的波形，用户就不需要再调节这些烦琐的参数，只需单击“配置取存”→“载入配置”，波形就可以快速、清晰地显示出来。任意有“配置取存”的界面都可以达到这一功能。这样的配置每个界面最多可以存储 64 个配置文件。具体的操作流程如图 7—1—13 所示。

选择“保存”配置，可以保存当前的配置参数，其文件名可以是字母、数字、中文字符，如图 7—1—14 所示。

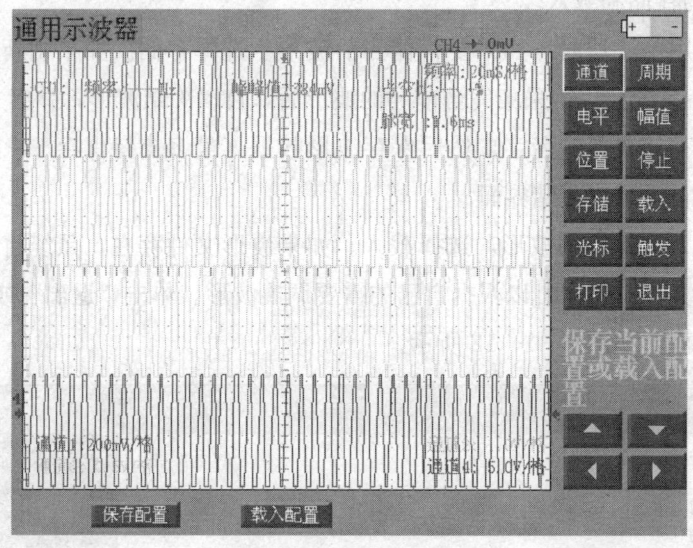

图 7—1—13　配置取存

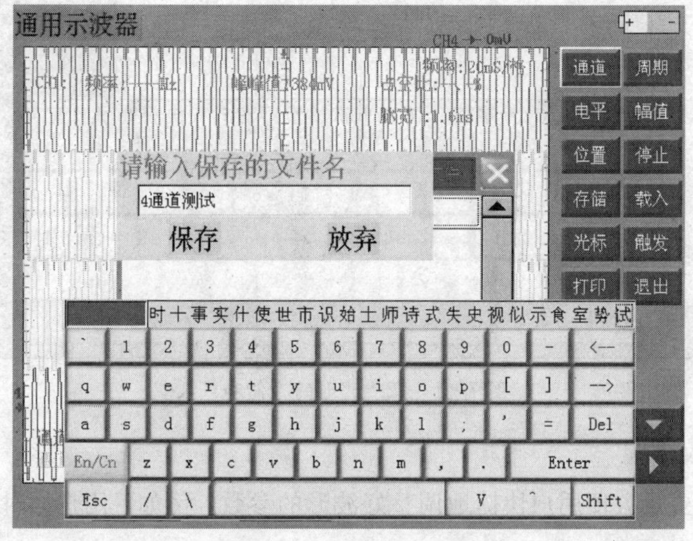

图 7—1—14　保存配置

选择“载入”配置，可将保存的配置参数载入到当前界面，如图 7—1—15 所示。

（3）传感器信源参数选择调整

在传感器菜单中，可以通过选择信源参数，调整所需要观察的通道的参数，如图 7—1—16 所示。

（4）传感器波形参考功能

该功能方便用户在测试传感器波形的时候，可以把标准的传感器波形和当前测试的传感器波形做比较，用户可以直观地看出当前传感器的好坏。为实现该功能，用户

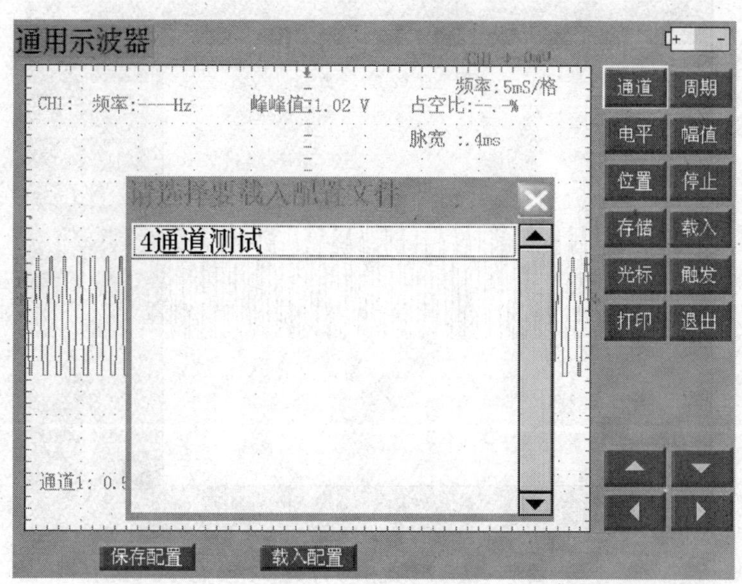

图 7—1—15　保存配置参数

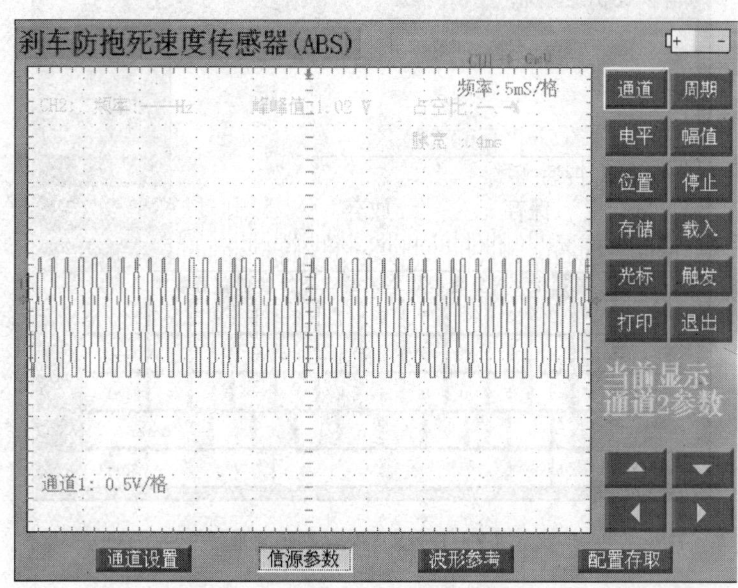

图 7—1—16　传感器信源参数选择调整

先要采集标准的传感器波形，存储到系统中，然后才可以做回放波形，波形比较。系统最多可以存储 64 个波形文件。

波形参考有三种功能：采集波形、回放波形、波形比较，如图 7—1—17 所示。

选择采集波形，可将当前波形保存，其文件名可以是字母、数字、中文字符，如图 7—1—18 所示。

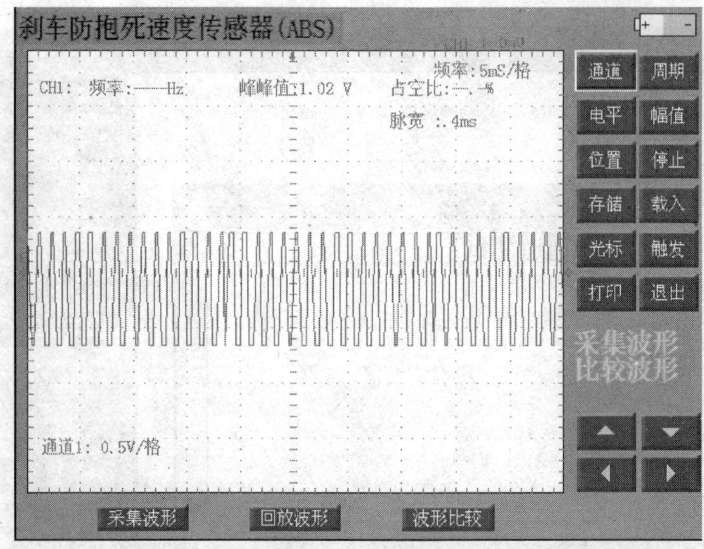

图 7—1—17 波形参考的三种功能

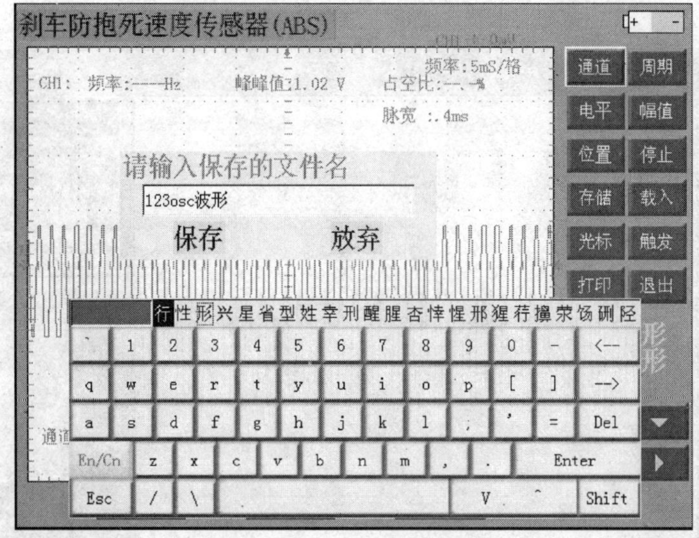

图 7—1—18 保存采集波形

（5）压力/温度系统选择调整（选配）

在压力/温度系统菜单中可以直接观察到转速和当前的波形，如图 7—1—19 所示。

在压力/温度系统菜单中可以选择数字显示，直接观察到当前数值的显示，如图 7—1—20 所示。

3．传感器测试及应用

为了帮助学习仪器的使用方法，下面介绍汽车电控系统中常见传感器的波形测试和分析方法。此方法并不适用所有车型，具体需要参照原厂维修手册。

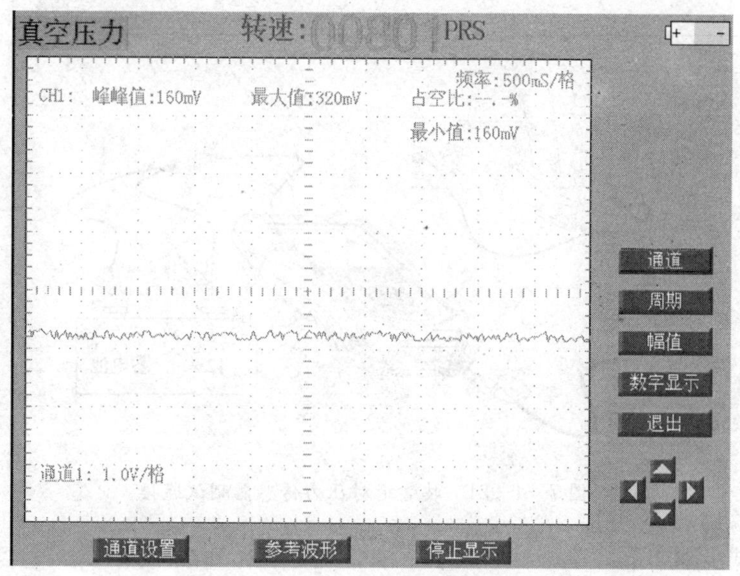

图 7—1—19　压力/温度系统选择调整

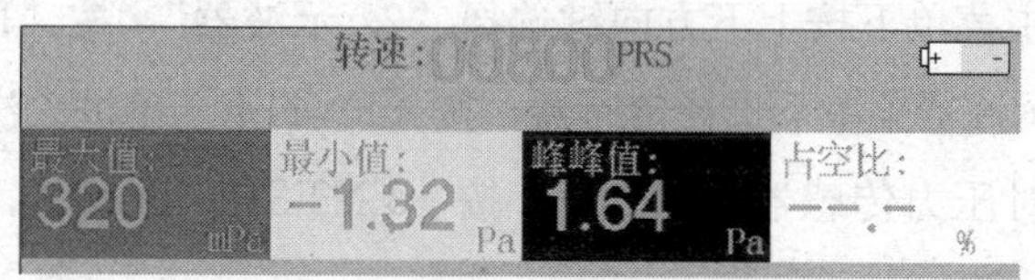

图 7—1—20　压力/温度显示

(1) 歧管绝对压力传感器 (MAP)

歧管绝对压力传感器提供发动机负荷信号给发动机控制单元 (ECU)，一般为频率调制的方波信号或电压电平信号，经过 ECU 处理后，用以改变燃油的混合比及其他的输出值。

当发动机负荷增加时，歧管压力增大，反之歧管压力降低，已损坏的 MAP 传感器在发动机加速及减速时会影响空燃比，同时也对点火正时及其他的 ECU 输出值产生一定影响。

1) 连接设备

连接 KT600 和电源延长线，根据被测试车型的蓄电池位置，选择蓄电池供电或者点烟器供电，本书连接图都是以电瓶供电为例。将测试探头接入通道 1 (CH1 端口)，然后将测试探头上的小鳄鱼夹接蓄电池负极或搭铁，用测试探针刺入歧管绝对压力传感器 (MAP) 传感器触发信号线，连接图如图 7—1—21 所示。

2) 测试条件

打开汽车点火开关，不起动发动机，使用手动真空泵模拟真空，将其接至歧管绝对压力传感器的真空输入端。发动机运转，监测由怠速渐渐加速的信号。

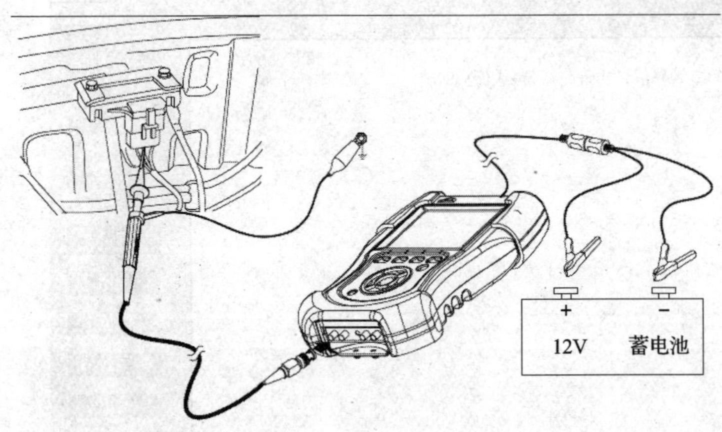

图 7—1—21 歧管绝对压力传感器测试连接

3）测试步骤如下：

①按照图 7—1—21 连接好设备，打开 KT600 电源开关。

②在金德仪器主菜单下按上下方向键选择“2. 示波器”，按［ENTER］键确认。

③在汽车专用示波器菜单下选择传感器，按［ENTER］键进入汽车传感器选择菜单。

④选择歧管绝对压力传感器（MAP），按［ENTER］键确认，根据测试条件，屏幕将会显示波形。

⑤必要时可以通过选择周期、幅值、电平等参数，然后按方向键改变波形。也可以选择停止键，按停止键冻结波形后，选择存储，波形保存在 CF 卡中，供以后修车参考，选择参考波形键，还可以保存为参考波形同时与测试波形比较。

4）波形分析。歧管绝对压力传感器的输出信号，除了福特为数字信号外，一般都输出模拟量。模拟量的歧管压力传感器在真空度高时，产生对地电压信号接近 0 V，真空度低时（接近大气压力）产生的对地电压信号高，接近 5 V，不同厂家指标可能不同，请参考维修手册。

许多福特和林肯车上安装的是数字式歧管绝对压力传感器，数字量的输出波形应该是幅值满 5 V 的脉冲，同时形状正确、波形稳定、矩形方角正确、上升沿垂直。频率与对应真空度应符合维修资料给定的值。

一般数字式、模拟式歧管绝对压力传感器的波形如图 7—1—22、图 7—1—23 所示。

（2）温度传感器

主要是检测水温传感器及进气温度传感器，大部分的温度传感器是负温度系数（NTC）热敏电阻，它是用半导体材料做成的电阻。当温度上升时电阻会明显下降，反之则相反。

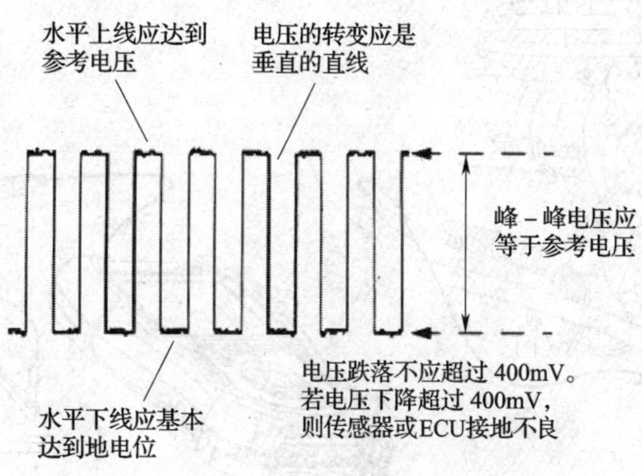

图 7—1—22　歧管绝对压力传感器数字波形

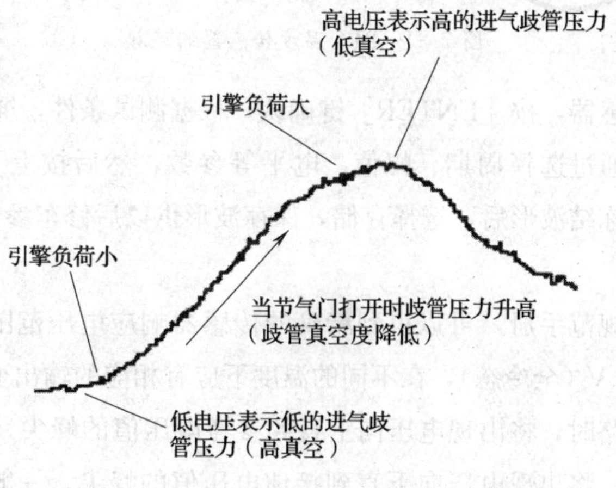

图 7—1—23　歧管绝对压力传感器模拟波形

1）连接设备

将测试探头接入通道 1（CH1 端口），然后将测试探头上的小鳄鱼夹接蓄电池负极或搭铁，用测试探针刺入温度传感器触发信号线，连接方法如图 7—1—24 所示。

2）测试条件如下：

①打开点火开关，发动机不起动，温度传感器的连接线可靠，冷车测量温度传感器输出电压。

②起动发动机，观察温度传感器在暖机过程中电压下降的情况。

③也可以断开传感器连接线，用万用表测量电阻值变化情况。

3）测试步骤如下：

①按照图 7—1—24 连接好设备，打开 KT600 电源开关。

②在金德仪器主菜单下按上下方向键选择“2. 示波器”，按［ENTER］键确认。

③在汽车专用示波器菜单下选择传感器，按［ENTER］键进入汽车传感器选择菜单。

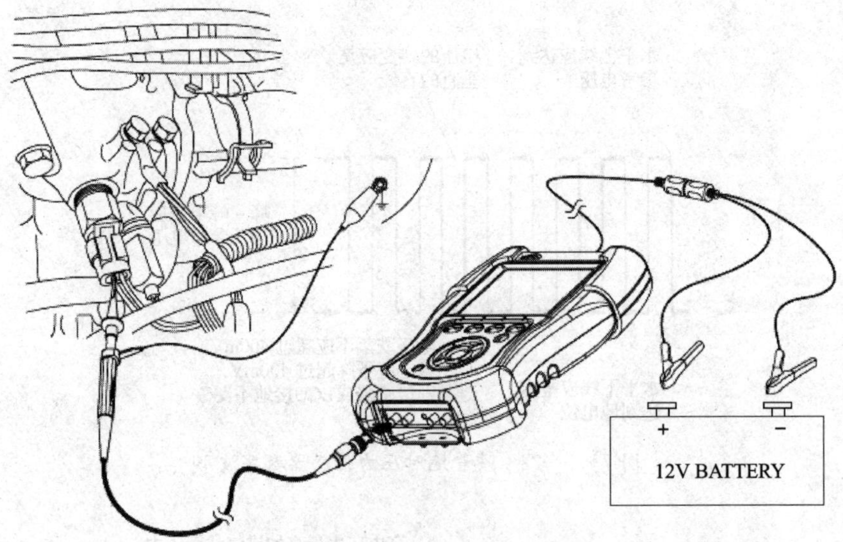

图 7—1—24 温度传感器的连接

④选择温度传感器，按［ENTER］键确认，根据测试条件，屏幕将会显示波形。

⑤必要时可以通过选择周期、幅值、电平等参数，然后按上下方向键改变波形，也可以选择停止，冻结波形后，选择存储，保存波形供以后修车参考。

4）波形分析

参照制造商的规范手册，可以得到精确的传感器响应电压范围。通常冷车时传感器的电压应在 3～5 V（全冷态），在不同的温度下应有相应的输出变化的电压信号，当温度传感器电路断路时，将出现电压向上直到参考电压值的峰尖（5 V)；当温度传感器电路对地短路时，将出现电压向下直到接地电压值的峰尖。一般热敏电阻型冷却液及进气温度传感器的温度特性如图 7—1—25 所示，读数时间比较长。

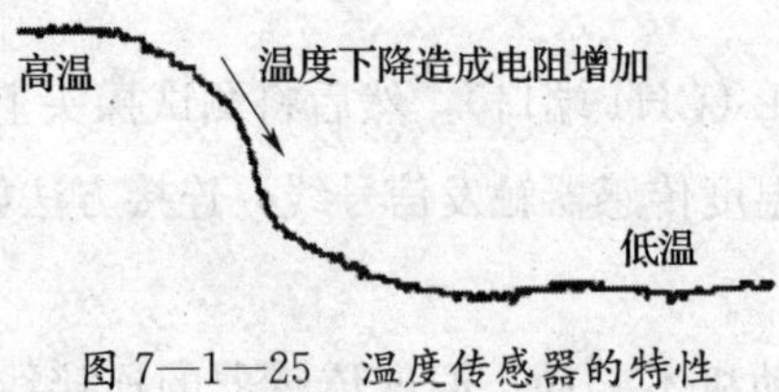

图 7—1—25 温度传感器的特性

(3) 节气门位置传感器

1）连接设备

将测试探头接入通道 1（CH1 端口），然后将测试探头上的小鳄鱼夹接蓄电池负极或搭铁，用测试探针刺入节气门位置传感器信号线，连接方法如图 7—1—26 所示。

2）测试条件

打开点火开关，发动机不起动，将节气门转到全开位置，然后转到全关位置，或是相反。

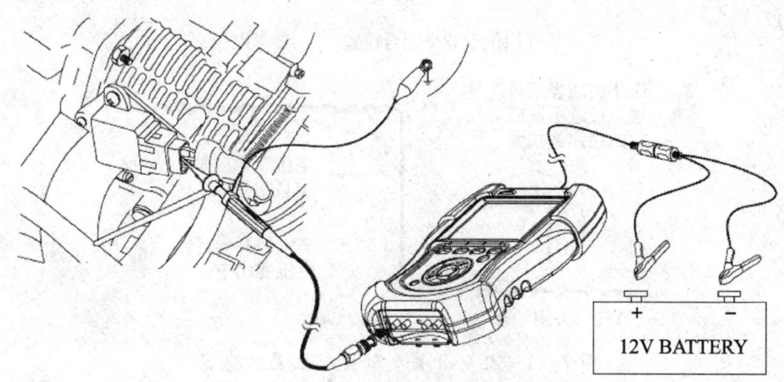

图 7—1—26　节气门位置传感器连接

3）测试步骤如下：

①按照图 7—1—26 连接好设备，打开 KT600 电源开关。

②在金德仪器主菜单下按上下方向键选择“2. 示波器”，按“ENTER”键确认。

③在汽车专用示波器菜单下选择传感器，按“ENTER”键进入汽车传感器选择菜单。

④选择节气门位置传感器，按“ENTER”键确认，根据测试条件，屏幕将会显示波形。

⑤必要时可以通过选择周期、幅值、电平等参数，然后按上下方向键改变波形，也可以选择停止，冻结波形后，选择存储，保存波形供以后修车参考。

4）波形分析

线性节气门位置传感器通常是一个可变电位计，可以得到精确的节气门位置传感器的电压范围，波形上不应该有任何断点、对地尖峰或大的波折。开关型的节气门位置传感器的常闭触点构成怠速开关，当节气门处于怠速位置时，常闭触点位于关闭状态；常开触点表示节气门开度达到全负荷。线性和开关型节气门位置传感器的波形特征分别如图 7—1—27 和图 7—1—28 所示。

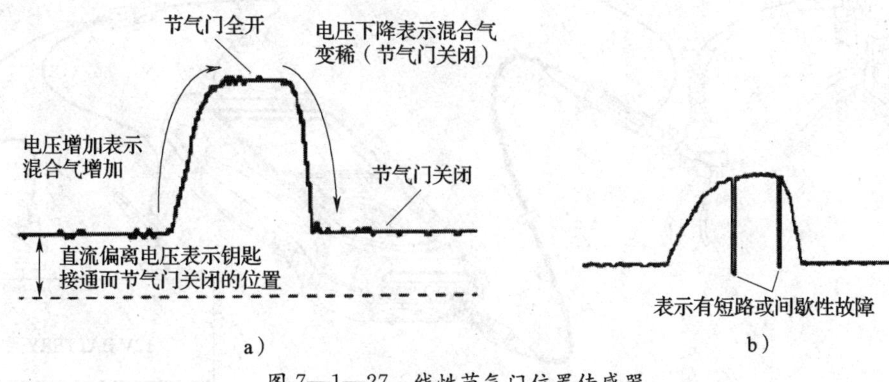

图 7—1—27　线性节气门位置传感器

a）正常波形　b）故障波形

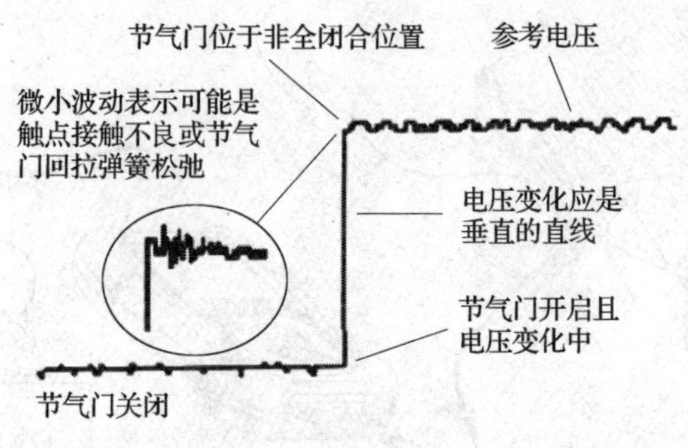

图 7—1—28　开关型节气门位置传感器

(4) 曲轴\凸轮轴位置传感器

曲轴\凸轮轴位置传感器有电磁式、霍尔式和光电式。

电磁感应式传感器不需外部电源，它有两条屏蔽线连接在静磁线圈上，当触发轮通过线圈和静磁铁的磁场时就会有小电压信号产生。输出的电压和频率随转速变化而改变。

霍尔式传感器需要外部电源，用在曲轴位置传感器和分电器中，其输出电压的幅度是不变的，其频率随转速变化而改变。

旋转光电式传感器轮盘的小孔可以使拾取器收到 LED 光源发出的光。轮盘旋转后，每当遇到小孔，拾取器收到一次光就发出一个脉冲。电压变化的结果可以作为其他系统的参考信号，输出电压的幅度是不变的，而频率随转速变化而变化。

1) 连接设备

将测试探头接入通道 1（CH1 端口），然后将测试探头上的小鳄鱼夹接蓄电池负极或搭铁，用测试探针刺入曲轴位置传感器信号线，连接方法如图 7—1—29 所示。

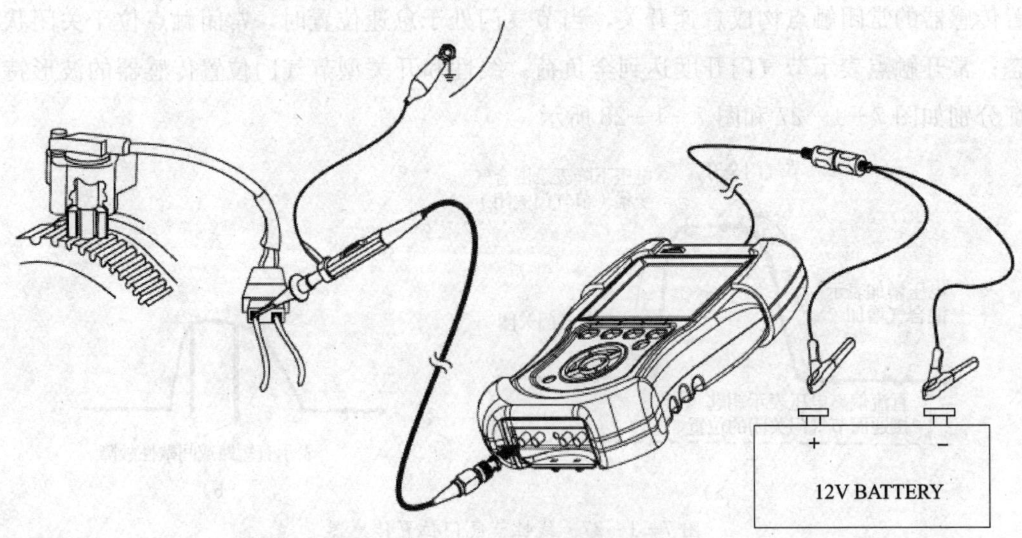

图 7—1—29　曲轴位置传感器连接

2）测试条件如下：

①查看传感器是否有信号输出，若无信号输出，则可能是传感器损坏或者接线不良。

②如果是诊断无法起动故障，则按仪器的接线提示连接，然后起动发动机。

③如果发动机可以起动，则按仪器的接线提示连接，起动发动机，在怠速和较高转速下进行测试。

3）测试步骤如下：

①按照图 7—1—29 连接好设备，打开 KT600 电源开关。

②在金德仪器主菜单下按上下方向键选择“2. 示波器”，按［ENTER］键确认。

③在汽车专用示波器菜单下选择传感器，按［ENTER］键进入汽车传感器选择菜单。

④选择曲轴凸轮轴位置传感器，按［ENTER］键确认，根据测试条件，屏幕将会显示波形。

⑤必要时可以通过选择周期、幅值、电平等参数，然后按上下方向键改变波形，也可以选择停止，冻结波形后，选择存储，保存波形供以后修车参考。

4）波形分析

三种曲轴位置传感器波形特征如图 7—1—30、图 7—1—31、图 7—1—32 所示。

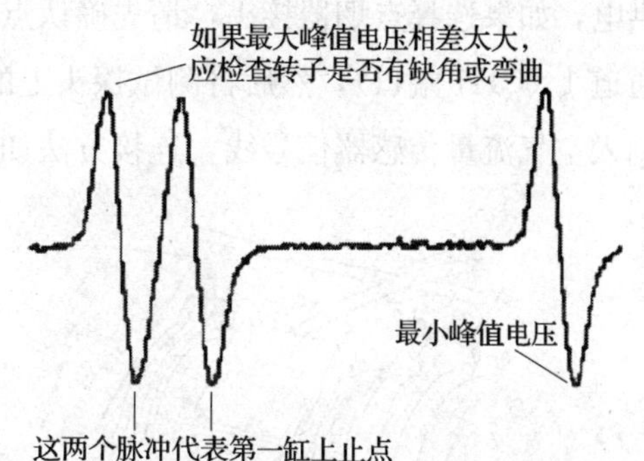

图 7—1—30　电磁式曲轴位置传感器波形

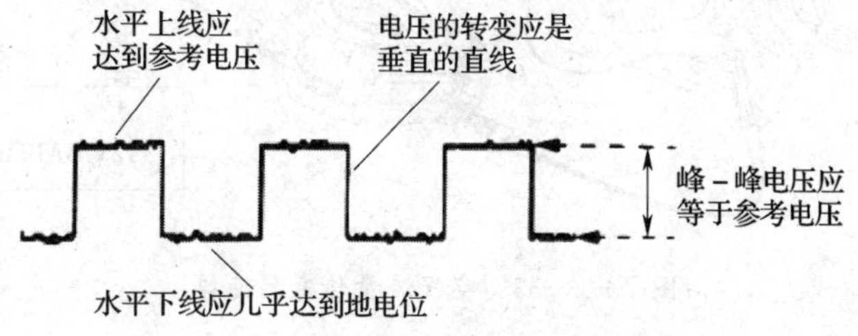

图 7—1—31　霍尔式曲轴位置传感器波形

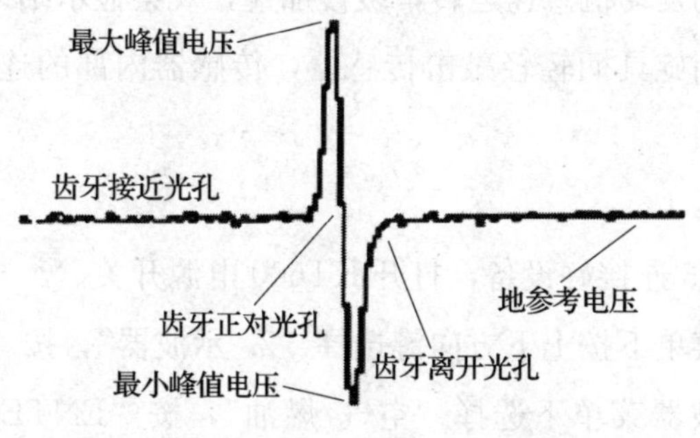

图 7—1—32　光电式曲轴位置传感器波形

(5) 空气流量传感器

模拟型空气流量传感器（MAF）使用一片预热过的金属薄元件来测量进入进气歧管的空气流量，这种感测元件被加热至 77℃，当空气流经感测元件时会降低其温度，使电阻值降低，由此造成流过的电流增加，而电压下降。该信号被 ECU 视为电压下降的改变（空气流量的增加造成电压下降），并且被当成是空气流量的指示。

数字型空气流量传感器（MAF），以 ECU 送来的 5 V 电压为参考，并传回相当于进入发动机空气量的频率信号。输出信号是一个方波，其振幅固定在 0～5 V，信号频率的改变从 30～150 Hz。低频代表少量的空气流量，高频代表大量空气流量。

1）连接设备

连接 KT600 和电源延长线，根据被测试车型的电瓶位置选择电瓶供电或者点烟器供电，如果选择点烟器接头，请先确认点烟器是否有 12 V 电瓶电压。将测试探头接入通道 1（CH1 端口），然后将测试探头上的小鳄鱼夹接蓄电池负极或搭铁，用测试探针刺入空气流量传感器信号线，连接方法如图 7—1—33 所示。

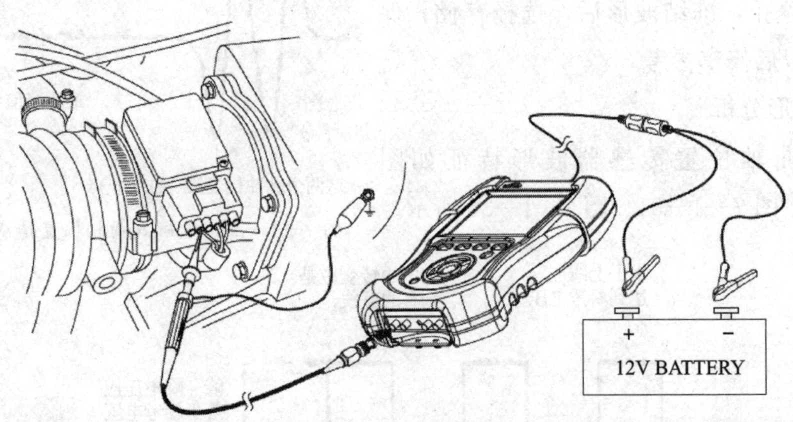

图 7—1—33　空气流量传感器连接

2）测试条件如下：

①连接设备，起动发动机怠速运转，缓慢加速，观察显示结果。

②测试的时候利用旋具柄轻轻敲击传感器，传感器内部的连线如果有松动会造成短暂的迟滞及提速不顺。

3）测试步骤如下：

①按照图 7—1—33 连接好设备，打开 KT600 电源开关。

②在金德仪器主菜单下按上下方向键选择“2. 示波器”，按“ENTER”键确认。

③在汽车专用示波器菜单下选择“空气/燃油”，按“ENTER”键进入空气/燃油选择菜单。

④选择“空气流量传感器”，按“ENTER”键确认，根据被测试空气流量传感器的形式，选择模拟量或者数字型，按照测试条件，屏幕将会显示波形。

⑤必要时可以通过选择周期、幅值、电平等参数，然后按上下方向键改变波形，也可以选择停止，冻结波形后，选择存储，保存波形供以后修车参考。

4）波形分析

数字型空气流量传感器的波形如图 7—1—34 所示，最低电压不应高于 400 mV；模拟型空气流量传感器的波形如图 7—1—35 所示，空气流量增加时，输出电压也增加。

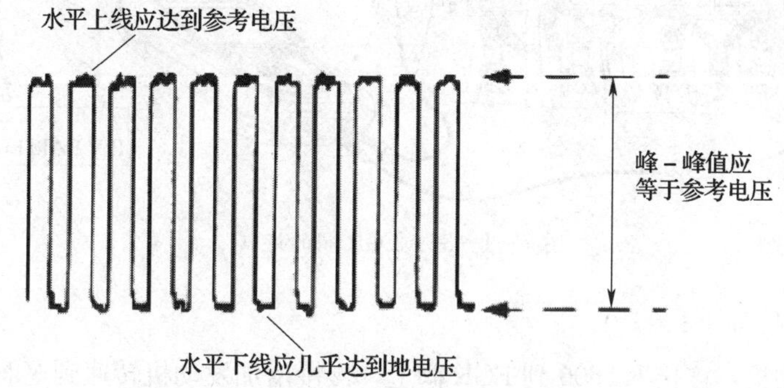

图 7—1—34　数字型空气流量传感器的波形

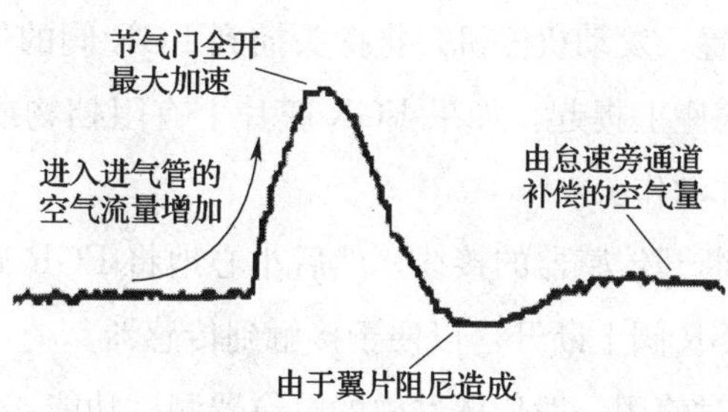

图 7—1—35　模拟型空气流量传感器的波形

（6）废气再循环系统（EGR）

EGR 阀的位置传感器就是一个连接在 EGR 阀上的可变电阻，EGR 阀位置传感器提供一个直流电压，其大小会随着可变电阻（电位器）上旋钮的移动而改变，变化的直流电压作为 ECU 的输入信号以表示 EGR 的工作情形。

当发动机燃烧温度过高以及空燃比稀时，EGR 系统会冲淡空燃比并限制 NO_x 的形成，对汽油机 EGR 应该在加速度及巡航速度 50～120 km/h 时工作。ECU 利用提供电源或切断电磁线圈的方法，或使用脉宽调制的电磁阀，接通或中断电磁线圈的电流，而达到控制真空的目的。

1）连接设备

连接 KT600 和电源延长线，根据被测试车型的电瓶位置选择电瓶供电或者点烟器供电，如果选择点烟器接头，请先确认点烟器是否有 12 V 电瓶电压。将测试探头接入通道 1（CH1 端口），然后将测试探头上的小鳄鱼夹接蓄电池负极或搭铁，用测试探针刺入 EGR 阀信号线，连接方法如图 7—1—36 所示。

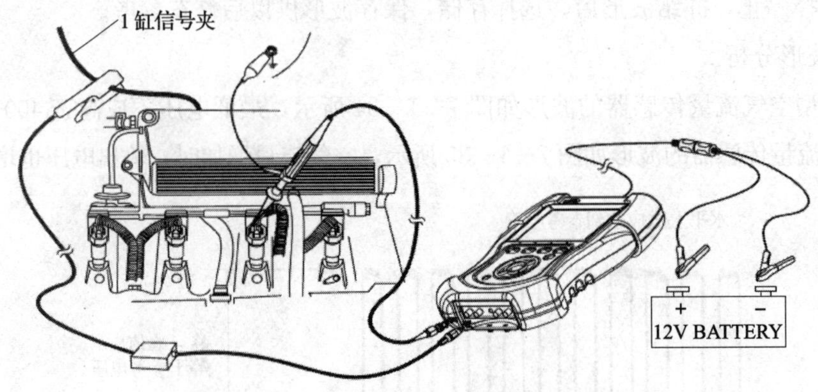

图 7—1—36　EGR 阀的连接

2）测试条件如下：

①起动发动机，连接 KT600 到 EGR 阀上，慢慢增加发动机转速到巡航速度。大部分 EGR 阀必须在发动机有负荷下才会开启。因此，可能需要路试或利用测功机来辅助测试。

②点火开关打开位置，发动机停机，将探头插到 EGR 阀的位置传感器上，并小心地（冷车）将 EGR 从底座上提起。如果 EGR 膜片上有阻挡物或不易接触时，需要使车辆在负荷下 EGR 阀才动作。

③关闭点火开关，断开传感器的接线，然后小心地将 EGR 阀从底座提起。某些车型的位置感器可以从 EGR 阀上断开，以便于接触到传感器。

④测试位置传感器时使用一般传感器中的电位器测试功能。

3）测试步骤如下：

①按照图 7—1—36 连接好设备，打开 KT600 电源开关。

②在金德仪器主菜单下按上下方向键选择“2. 示波器”，按［ENTER］键确认。

③在汽车专用示波器菜单下选择“空气/燃油”，按［ENTER］键进入空气/燃油选择菜单。

④选择“废气再循环系统（EGR）”，按［ENTER］键确认，按照测试条件，屏幕将会显示波形。

⑤必要时可以通过选择周期、幅值、电平等参数，然后按上下方向键改变波形，也可以选择停止，冻结波形后，选择存储，保存波形供以后修车参考。

4）波形分析

大多数汽车在行驶或者加速过程中才能进入废气再循环控制，在怠速和减速时切断了控制信号，废气再循环系统不工作。出现故障时波形尖峰高度降低，说明废气再循环真空电磁阀线圈短路；如果没有发现控制信号，则说明 ECU 故障、ECU 的废气再循环控制条件没有满足，废气再循环系统电路连接有问题。

（7）燃油喷射波形

1）连接设备

将感应夹连接到 CH5/（CH3）通道并夹住一缸高压线，将测试探头前部的衰减开关拨到×10 位置，然后接入通道 1（CH1 端口），将测试探头上的小鳄鱼夹接蓄电池负极或搭铁，用测试探针刺入喷油器的信号线，多点燃油喷射连接方法如图 7—1—37 所示。

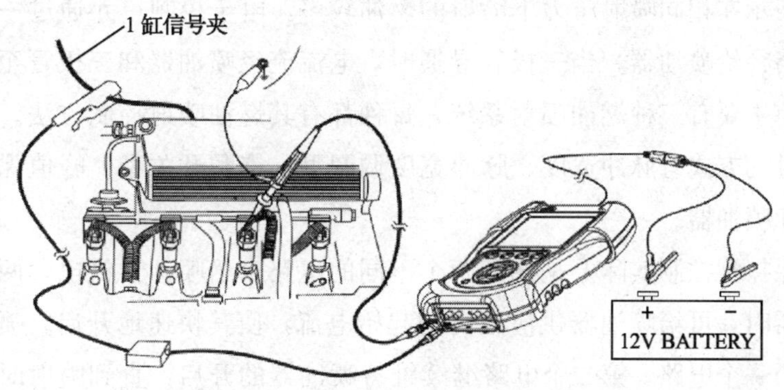

图 7—1—37　多点燃油喷射连接方法

感应夹取发动机转速信号，如果 KT600 不显示发动机转速，将转速夹翻转 180℃ 重新夹住高压线。

2）测试条件如下：

①连接设备后起动发动机，从怠速开始测试，慢慢地提升发动机转速，同时观察喷油器的信号。

②改变歧管绝对压力传感器或氧传感器的输出信号以增加发动机的负荷。

③另外一个方法是断开氧传感器的接线，这会造成送往控制单元的电压信号减小，控制单元会增加喷射脉冲宽度，但这种方法可能会造成故障码的出现。

④将氧传感器的信号端接到蓄电池的正极（+），则会增加送往电子控制单元的电压信号，电子控制单元会做出减少喷射脉冲宽度的反应。

3）测试步骤如下：

①按照图 7—1—37 连接好设备，打开 KT600 电源开关。

②在金德仪器主菜单下按上下方向键选择“2 示波器”，按［ENTER］键确认。

③在汽车专用示波器菜单下选择“空气/燃油”，按［ENTER］键进入空气/燃油选择菜单。

④选择“燃油喷射（FI）”，按［ENTER］键确认，按照测试条件，屏幕将会显示波形。

⑤必要时可以通过选择周期、幅值、电平等参数，然后按上下方向键改变波形，也可以选择停止，冻结波形后，选择存储，保存波形供以后修车参考。

4）燃油喷射控制类型及波形特征

电控燃油喷射由 ECU 控制，并且受许多工作因素的影响，包括水温、发动机负荷以及氧传感器闭环控制信号等。

燃油喷射的时间可以表示为毫秒（ms）级的脉冲宽度，代表着喷入气缸燃油的多少。脉冲宽表示在相同喷射压力下喷射的燃油较多。电子控制单元通过一个驱动三极管提供一个路径给喷油器。当三极管导通时，电流流经喷油器和三极管至地，使喷油器打开。目前主要有三种燃油喷射系统，每种都有其燃油喷射控制方法。限制喷油器最大电流通过的方式有脉冲宽度、脉冲宽度调制型、饱和开关型、峰值保持型，过大的电流会损坏喷油器。

①峰值保持型控制实际上是使用两个不同的电路来给喷油器供电，两个电路同时作用于喷油器时，可给喷油器供应较高的起始电流，使其快速地开启。喷油器开启之后，切断其中一个电路，第二个电路继续维持喷油器的开启，直到喷射时间结束。在第二个电路中串联一个电阻，以减少通过喷油器电流。当第二个电路也切断后，喷油器关闭，结束喷油，测量开启时间的方法是寻找开启脉冲的下降沿以及表示第二个电路切断的上升沿，如图 7—1—38 所示。

②传统型（饱和开关型）喷油控制的三极管给喷油器提供固定电流。低阻型喷油器使用电阻限制电流的大小，其他喷油器有较高的内部阻抗，这些喷油器的脉冲只有一个，如图 7—1—39 所示。

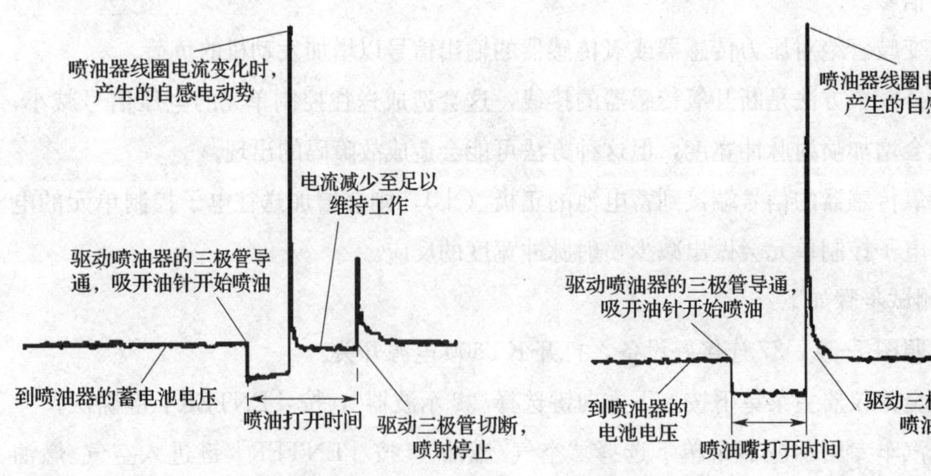

图 7—1—38　峰值保持型的波形　　图 7—1—39　传统型喷油控制的波形

③脉冲宽度调制型喷油控制有较高的起动电流以快速地打开喷油器，当喷油器开启后，接地端开始脉冲式地接通、切断电流，以延长喷油器开启时间，同时限制流经喷油器的电流，如图 7—1—40 所示。

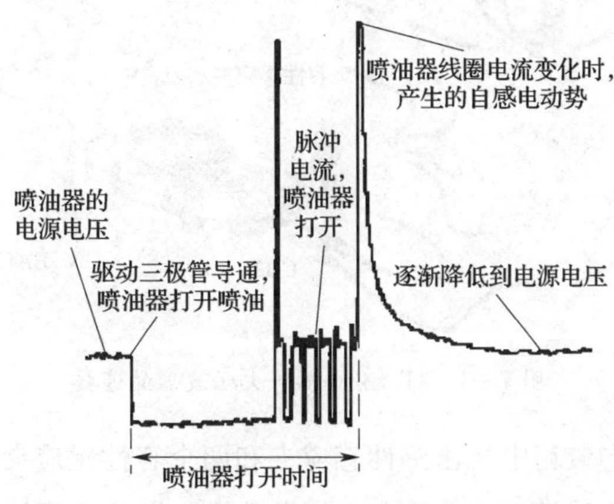

图 7—1—40　脉冲宽度调制型喷油控制的波形

（8）点火次级波形

通过对点火次级波形的分析可以有效地检查车辆行驶性能及排放问题产生的原因，一般情况下，该波形主要用来检查火花塞高压线是否有短路、开路现象，火花塞是否由于积炭而引起点火不良。点火的次级波形还受到不同发动机、燃油供给系统、进气系统和点火条件的影响，所以还能根据点火次级波形有效地检测出发动机机械部件和燃油供给系统部件以及点火系统部件的故障。

在检测时，一般根据点火系统的不同分成三类：分电器点火、直接点火和双头点火。一般老款车型采用分电器点火方式；直接点火一般是指一个气缸对应一个点火线圈的点火方式，高档轿车采用较多；双头点火是指一个点火线圈对两个气缸同时点火，这种点火方式目前比较常见，如时代超人、捷达王、富康、奥迪的 V6 发动机等。

1）连接设备方法如下：

①分电器点火的连接：在包装箱中找出感性感应夹和一个容性感应夹。感性感应夹一端接 KT600 的 CH5/(CH3）端口，信号夹夹住发动机 1 缸的高压线，信号夹上有“此面朝向火花塞”，注意不要夹反；容性感应夹一端接 CH1 端口，然后用其中的一个夹子夹住高压总线，如图 7—1—41 所示。

②直接点火的连接：在包装箱中找出感性感应夹和一个容性感应夹，感性感应夹一端接 KT600 的 CH5/(CH3）端口，信号夹夹住发动机 1 缸的高压线，信号夹上有“此面朝向火花塞”，注意不要夹反；容性感应夹一端接 CH1 端口，然后将容性夹分别夹到各气缸高压线上。

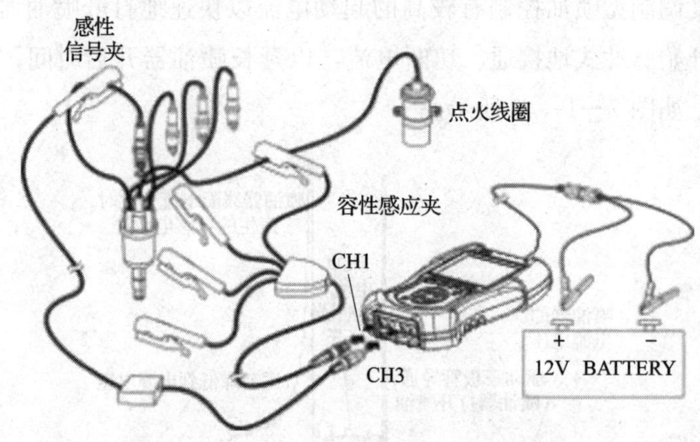

图 7—1—41　分电器点火示波器的连接

③双头点火：在包装箱中找出感性感应夹和两个容性感应夹。感性感应夹一端接 KT600 的 CH5/（CH3）端口，信号夹夹住发动机 1 缸的高压线，信号夹上有“此面朝向火花塞”，注意不要夹反；查看点火线圈的极性，假设一侧是正，那么另一侧肯定为负。相同侧的极性相同，共用同一个容性夹，如图 7—1—42 所示。

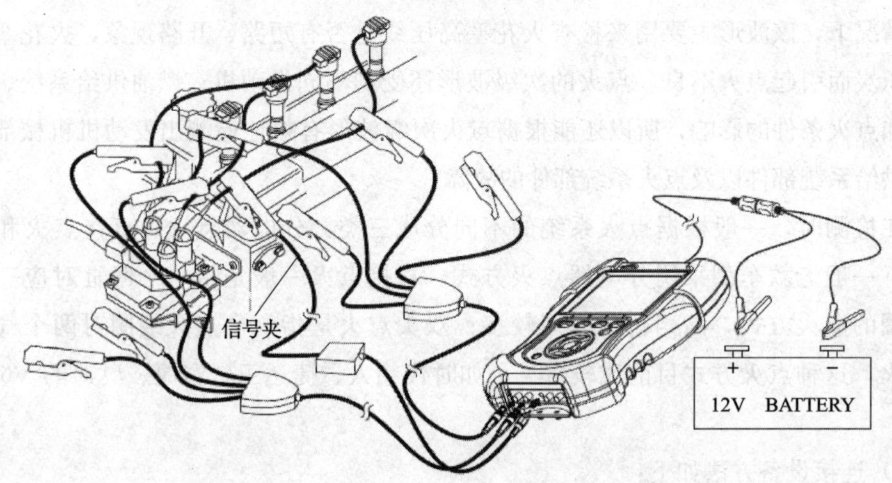

图 7—1—42　双头点火示波器的连接

2）测试条件

起动发动机，在不同负荷及速度下测试检验元件的性能，火花塞、点火连线头及其他次级电路的元件在高负荷时可能会功能不正常，在负荷状态下进行这些测试（在功率试验机上或路试），以精确地确定系统上的故障位置。

3）测试步骤如下：

①连接好设备，打开 KT600 电源开关。

②在金德仪器主菜单下按上下方向键选择“2 示波器”，按［ENTER］键确认。

③在汽车专用示波器菜单下选择“点火系统”，按［ENTER］键进入点火系统选择菜单。

④选择“次级点火”，按［ENTER］键确认。

⑤选择发动机参数设定，按［ENTER］键，屏幕显示如图 7—1—43 所示。

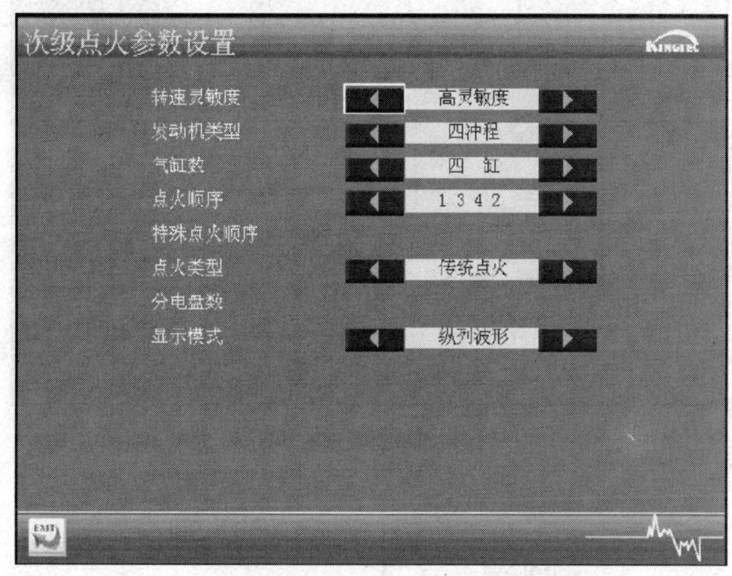

图 7—1—43 设定参数

⑥根据被测试发动机可以更改参数，按上、下方向键选择需要更改项目，按左、右方向键可以更改参数，更改完毕，按［EXIT］键返回上级菜单。

⑦按向下方向键选择次级点火测试，按［ENTER］键确认，按照测试条件，屏幕显示波形。

⑧必要时可以通过选择周期、幅值、电平等参数，然后按上下方向键改变波形，也可以选择停止，冻结波形后，选择存储，保存波形供以后修车参考，如图 7—1—44 所示。

⑨选择模式，按左、右方向键可以更改次级点火波形的显示模式，如三维波形、并列波形、纵列波形和单缸显示。

⑩按向右方向键选择参数，按［ENTER］键确认，可以返回发动机参数设定界面，重新更改。

4）波形分析。点火次级波形分为三个部分：闭合部分、点火部分、中间部分。传统次级点火的特征波形如图 7—1—45 所示。

①闭合部分：此段时间是三极管导通或者白金触点结合时间，应保持波形下降沿一致，表示各缸闭合角相同以及点火正时正确。

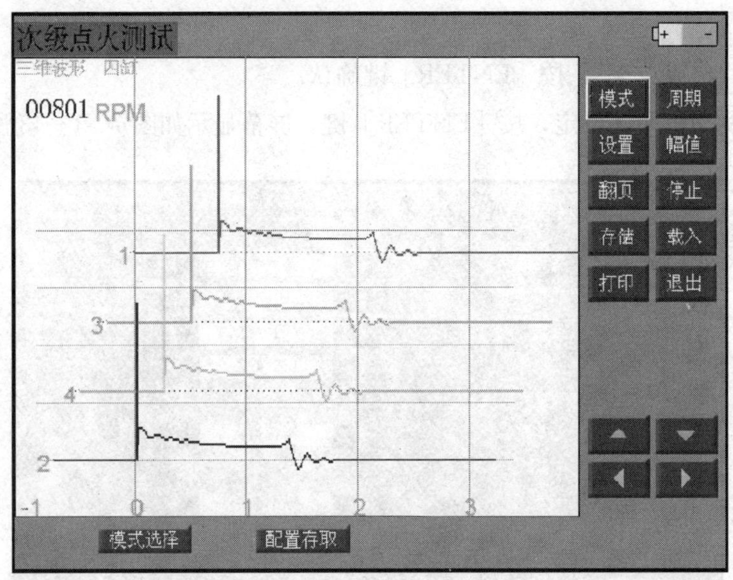

图 7—1—44 保存波形

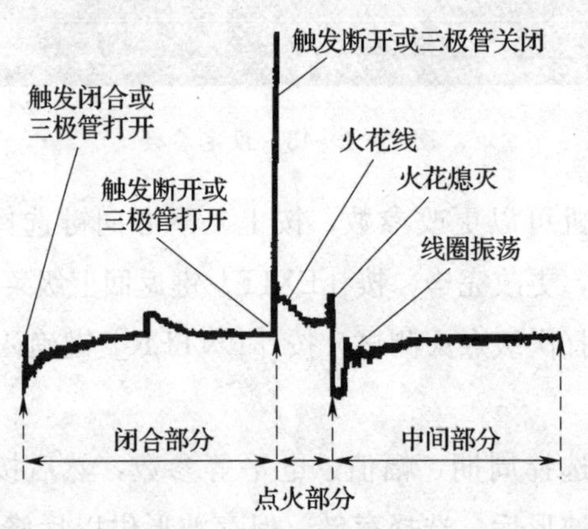

图 7—1—45 分电器式次级点火的波形

②点火部分：由一条点火线和一条火花线（燃烧线），点火显示一条垂直线，代表的是击穿电压，火花线则是一条近似水平的线，代表维持电流通过火花塞间隙所需的电压。

③中间部分：显示点火线圈中通过初级和次级的振荡来耗散剩余的能量，一般最少有 2 个振荡波。

三、发动机分析仪

如图 7—1—46 所示，金德 K100B 发动机分析仪可以实时采集点火、喷油、电控系统传感器的波形，通过对传感器波形的分析，可以准确地诊断传感器是否有故障。通过对点火波形的分析，不仅可以诊断点火系统的火花塞、高压线、点火线圈等各元器件故障，还可以分析进气系统和燃油系统可能的故障点，为汽车的运行技术状况和故障诊断提供科学的依据。其使用方法与前面讲的汽车示波器类似。

图 7—1—46　金德 K100B 发动机分析仪

四、汽车解码器

汽车解码器又称汽车故障诊断仪，是专业的汽车维修、检测工具。它一般可分为两种，一种针对车门中控，主要运用于汽车遥控器的匹配与测试检修；另一种针对汽车发动机或电路故障等。此处所讲的汽车解码器指的是后一种。以大众汽车专用诊断仪和元征 X431GX3 为例。

1. 大众汽车专用诊断仪

大众汽车专用诊断仪有 V. A. G1551（汽车故障阅读器）和 V. A. G1552（汽车系统测试仪），如图 7—1—47、图 7—1—48 所示。

·图 7—1—47　汽车故障阅读器

图 7—1—48　汽车系统测试仪

（1）进入自我诊断程序

1）选择控制系统——发动机控制单元。如图 7—1—49 所示，连接仪器并选择所测试的系统，VAG1552 显示如下：

Vehicle system test HELP（车辆系统测试　帮助）

Enter address word ××（输入地址字 ××）

控制系统地址字清单见表 7—1—4。

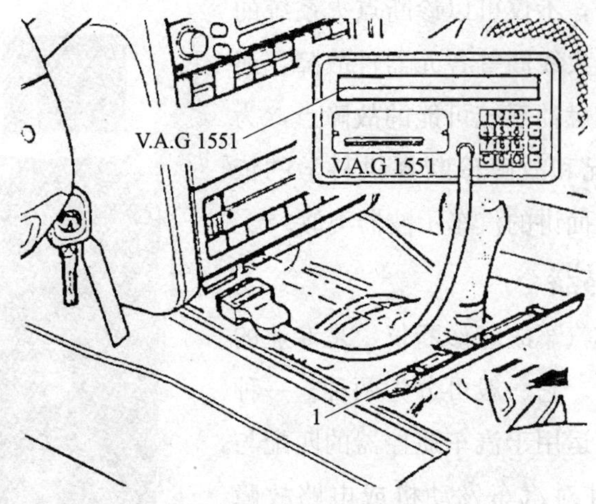

图 7—1—49　连接仪器并选择所测试的系统

表 7—1—4　　控制系统地址字清单

地址字	意义	地址字	意义	地址字	意义
01	发动机控制单元	02	变速箱控制单元	03	制动器控制单元
08	空调/暖气电器	14	车轮阻尼电器	15	安全气囊
12	离合器电器	17	仪表盘插件	24	侧滑控制
25	防盗系统（时代超人）	41	柴油泵电器	26	电子车顶控制
46	舒适系统	00	自动测试步骤（查询并显示所有系统的故障储存内容）		

2）选择功能码。进入功能选择后，仪器显示如下：

Vehicle System Test HELP（车辆系统测试　帮助）

Select funtion ××（选择功能××）

可以根据要求输入功能码，见表 7—1—5。

表 7—1—5　　VAG1552 的功能码

功能码	功能	备注
01	查询控制单元版本	KOEO 或 KOER
02	查询故障存储器	KOEO
03	执行元件诊断	KOEO
04	基本设定	KOEO

续表

功能码	功能	备注
05	清除故障存储器	KOEO
06	结束输出	KOEO
07	控制单元编码 Coding	KOEO
08	读取测量数据块	KOEO 或 KOER
09	单个数据块	KOEO 或 KOER
10	自适应	KOEO
11	登录	KOEO，防盗系统

(2) 01 功能一查询控制单元版本信息

输入“01”，进入如图 7—1—50 所示的画面，下面的文字表示各部分的意义。

LFVBB11J033202199	VWZ7Z0C7065968
17位车辆底盘号-VIN	防盗控制单元的 14位识别码

图 7—1—50　查询控制单元版本信息

对于第三代电子防盗系统的车辆，在发动机电控系统中的显示如图 7—1—51 所示。根据上述两个信息可查询防盗系统的 7 位 PIN 码。

LFVBB11J033202199	VWZ7Z0C7065968
17位车辆底盘号-VIN	防盗控制单元的 14位识别码

图 7—1—51　第三代电子防盗系统的车辆显示内容

输入 01 后，显示如下：　　　　BORA

06A 906 018 1. L R4/5V MOTR HS V01 →

Coding 04000　WSC 01234

其中，06A 906 018 为控制单元零件号；1. 8 L 为发动机排量；R4/5V 为发动机型式，直列 4 缸 5 气门；MOTR 为系统名称 Motronic；HS 为手动变速器，AT 为自动变速器；V01 为程序编号；Coding 04000 为控制单元编码；AUM 05500；WSC 01234 为服务站代码。

如果显示内容与实车不符，应更换控制单元。发动机控制单元编码错误，会导致行驶问题（如换挡冲击、负荷冲击等）、油耗上升、排放值增高、存储器中记忆不存在的故障码、功能动作无法执行等。

(3) 02 功能一查询故障存储器

故障记忆有永久性故障和偶发性故障两种。偶发性故障用 05 功能可删除，永久性故障记忆必须在排除故障后才可删除。

(4) 03 功能一执行元件诊断

在进行“执行元件诊断”时，按➝键执行下一项。分别对 1 缸喷油器－N30、2 缸喷油器－N31、3 缸喷油器－N32、4 缸喷油器－N33、二次空气供给阀－N112、二次空气供给继电器－J299 进行诊断。

(5) 04 功能一基本设定

利用通道 060 或 098 可完成基本设定。图 7—1—52 显示区 4 中“ADP OK/ADP Running/ADP ERROR”，分别表示“设定成功/正在执行/设定错误”。

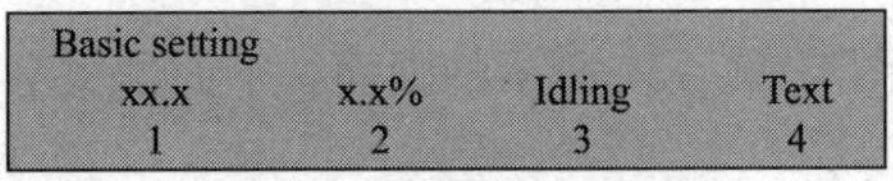

Basic setting			
xx.x	x.x%	Idling	Text
1	2	3	4

图 7—1—52　基本设定

(6) 07 功能一控制单元编码

控制单元编码见表 7—1—6。

表 7—1—6　控制单元编码

车型		控制单元零件号	编码
1.6 L 发动机	手动变速器	06A 906 032 EQ	00031
	自动变速器	06A 906 032 JB	00033
1.8 L 发动机	手动变速器	06A 906 032 LE	04500
	自动变速器	06A 906 032 LF	04530
2.0 L 发动机	手动变速器	06A 906 032 EN	00031
	自动变速器	06A 906 032 LD	04530

(7) 08 功能一阅读测量数据组

08 功能显示如图 7—1—53 所示。

显示区 1：发动机怠速转速（740～820 r/min）。

显示区 2：冷却液温度（80～110℃）。

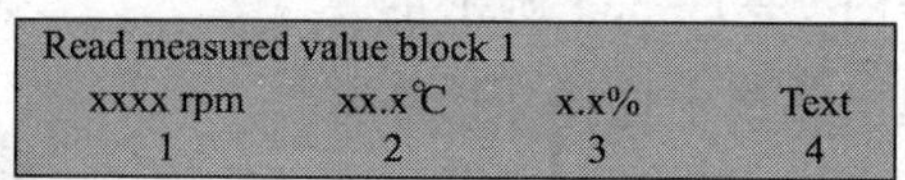
Read measured value block 1
xxxx rpm　xx.x℃　x.x%　Text
1　2　3　4

图 7—1—53　08 功能显示

显示区 3：催化器前氧传感器自适应值（−10.0%～10.0%）。

显示区 4：111111。表示空调压缩机关闭、怠速开关闭合、氧调节 0K、节气门关闭、发动机转速低于 2 000 r/min、发动机温度达 80℃ 。

（8）10 功能—自适应调整功能

如果拔下发动机控制单元的插头或断开蓄电池，控制单元内所有自学习值将丢失。这时如果起动发动机会出现怠速不稳，应使发动机怠速运行几分钟或试车跑一会，以便完成自学习过程。如果仍有故障应进行自适应。

1）怠速控制系统

检查时系统无泄漏；水温不低于 85℃；关闭空调及其他用电器；挡位 P、N；节气门拉索调整正确。

用仪器检查怠速如下：01（发动机）—04（基本设定）—003（数据组）检查显示区 3 的水温是否高于 85℃—退出—001（数据组）发动机至少运转 2 min，显示区 1 中的转速应为 760—880RPM—06（退出）。

在怠速检查过程中，系统关闭炭罐电磁阀及空调，同时进行 λ 调节自适应过程。如果怠速不正确，则进行发动机控制单元与节气门控制单元自适应（04—098）后，试车检查是否有故障码及重新检查怠速。如仍未达到规定值，检查节气门控制单元。

2）怠速转速自适应

如怠速时有振动，在无故障码及热车时，允许采用 VAG1551 或 VAG1552 稍微调整怠速转速。程序如下：

01（发动机）—10（自适应）—01（通道号）—显示：

XXX/min　XXX/min　X. X%　X. Xg/s

按仪器的↑↓改变显示区 2 的规定转速（每次 10 r/min）—确认后显示“是否存储新值”，确认后按“→”键—06（结束）—关闭点火开关。

2．元征 X431GX3

X—431 GX3 由打印机、主机和 SMARTBOX（诊断盒）三大部分构成，如图 7—1—54 所示。

（1）进入诊断程序

连接完毕后，按“POWER”键，起动 X—431 GX。按 HOTKEY 热键直接进入汽车诊断主界面。或单击图 7—1—55a 所示的［开始］按键，并在其弹出菜单中选择［诊断程序］→［汽车解码程序］进入。

图 7—1—54　元征 X—431 GX3

图 7—1—55a 所示的按钮［开始］表示继续执行下一步操作。［退出］表示退出诊断程序。［BOX 信息］显示 SMARTBOX 版本信息。［帮助］可以查看帮助信息。

单击［开始］按钮，屏幕显示车系选择菜单，如图 7—1—55b 所示。按钮［后退］返回上一界面。［上翻页］显示同级菜单的上一页，如果所显示的内容只有一页或当前页为第一页，则该按钮为灰色且不可用。［下翻页］显示同级菜单的下一页，如果所显示的内容只有一页或当前页为最后一页，则该按钮为灰色且不可用。［帮助］查看帮助信息，帮助信息的内容与当前界面的内容相关。

a）

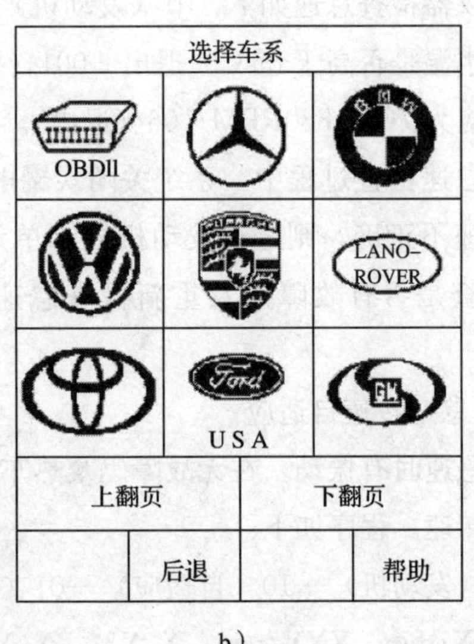

b）

图 7—1—55　元征 X—431 GX 的界面

a）开始页面　b）车系选择菜单

单击大众车图标，屏幕显示大众车系诊断程序版本选择菜单，单击需要的或者最高版本。各软件的最高版本对已有的版本是兼容的。

其他车型、车系及系统与大众各系统操作类似，具体操作可参照相关系统操作页面提示进行操作，这里仅以大众车系为例予以说明。

单击［大众 V13.01 全系统］，屏幕显示如图 7—1—56a 所示。单击［确定］按钮，显示如图 7—1—56b 所示功能选择菜单。

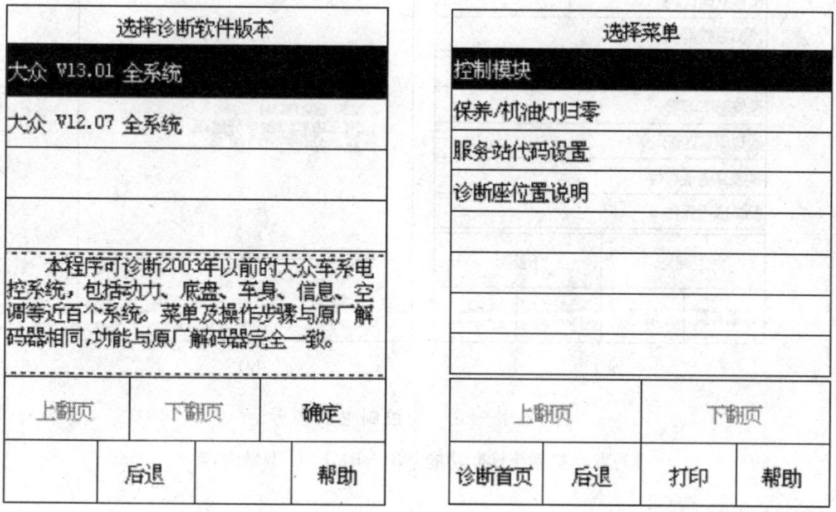

图 7—1—56　大众 V13.01 全系统及功能选择菜单

a）大众 V13.01 全系统　b）功能选择菜单

（2）控制模块

不同车系的诊断界面与各车系所能测试车型、系统、不同年度的款式、诊断接头及诊断座位置等选项有关，操作方法基本相似。

单击图 7—1—56b 中［控制模块］，屏幕显示测试系统菜单。测试系统菜单内容有多页，可点击［下翻页］查看下一页。单击［发动机系统］，如果通信成功，屏幕显示所测系统控制 ECU 相关信息，如图 7—1—57 所示。单击［打印］按钮后可打印查询的结果。

1）查控制 ECU 型号

单击图 7—1—57 中［01 发动机系统］，屏幕显示诊断系统的功能菜单。单击［下翻页］显示下一页的内容。

在功能菜单中，单击如图 7—1—58a 中［查控制电脑型号］，屏幕显示所测系统控制 ECU 相关信息，如 ECU 型号、系统类型、发动机类型、适用配置的设定号等，如图 7—1—58b 所示。单击［确定］按钮，返回功能菜单。

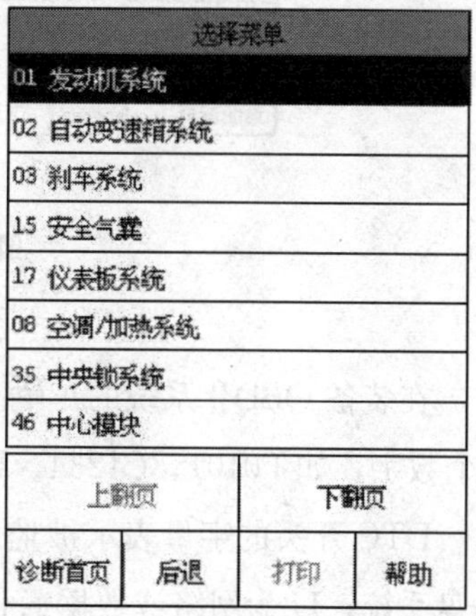

图 7—1—57　控制模块菜单内容

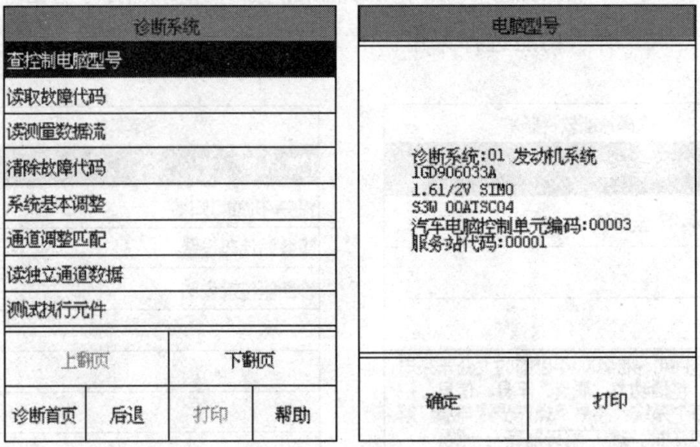

诊断系统
查控制电脑型号
读取故障代码
读测量数据流
清除故障代码
系统基本调整
通道调整匹配
读独立通道数据
测试执行元件
上翻页 下翻页
诊断首页 后退 打印 帮助

a）

电脑型号
诊断系统:01 发动机系统
1GD906033A
1.61/2V SIMO
S3W 00ATSC04
汽车电脑控制单元编码:00003
服务站代码:00001
确定 打印

b）

图 7—1—58　查控制电脑型号

a）发动机系统诊断功能菜单　b）ECU 型号内容

2）读取故障码

单击如图 7—1—58a 中［读取故障码］，X－431GX3 开始读取 ECU 确认的故障码及故障内容等。测试完毕，屏幕显示测试结果，如图 7—1—59a 所示。

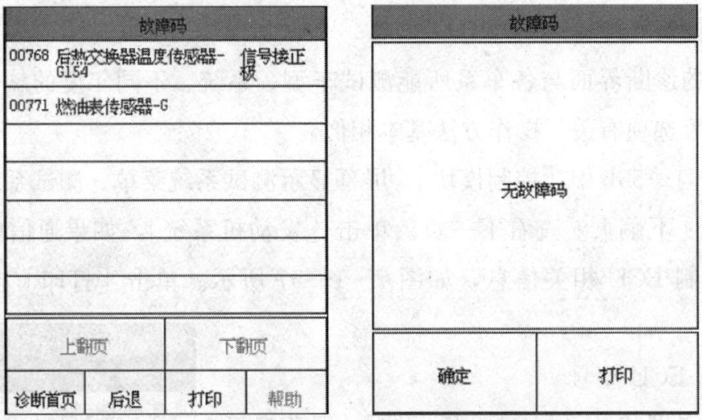

故障码
00768 后热交换器温度传感器-G154 信号接正极
00771 燃油表传感器-G
上翻页 下翻页
诊断首页 后退 打印 帮助

a）

故障码
无故障码
确定 打印

b）

图 7—1—59　显示测试的故障码

a）显示故障码　b）显示无故障码

在装备 OBDⅡ系统的车辆上，所有的故障码（DTC）都以英文字母开头，后面有 4 个数字，如 P0101、C1234、B2236 等。

DTC 开头的字母表示被监测到故障的系统：P 为动力系统；B 为车身系统；C 为底盘系统；U 为网络或数据通信传输系统。字母后的第一个数字是通用码（对所有的车辆制造商），或是制造商专用码，如“0”指一般码，“1”指制造商专用码。美国通用汽车公司有帮助诊断车辆技术状况所特定的数字类型编码。第二个数字指出了受影响的故障系统类型，数字为1～7即1为燃油及空气计量系统；2为燃油及空气计量系统（特指喷射系统回路功能不良）；3为点火系统或缺缸监测系统；4为辅助排放系统；5为车速控制和怠速控制系统；6为计算机输出线路系统；7为变速箱。

如果所测试系统无故障码，屏幕显示如图7—1—59b所示的信息。

3）读测量数据流

单击如图7—1—58a中［读测量数据流］，大众/奥迪车系以数据组形式显示，单击相应的数字即可输入通道号，如图7—1—60a所示。输入通道号01后，屏幕显示该通道的数据流即时值如图7—1—60b所示。

单击图7—1—60b中［图形1］，屏幕显示所选数据流项的单项波形。再单击［图形2］，屏幕显示两个数据流项的波形。这样便于用户对相关联的数据流项进行实时对比。

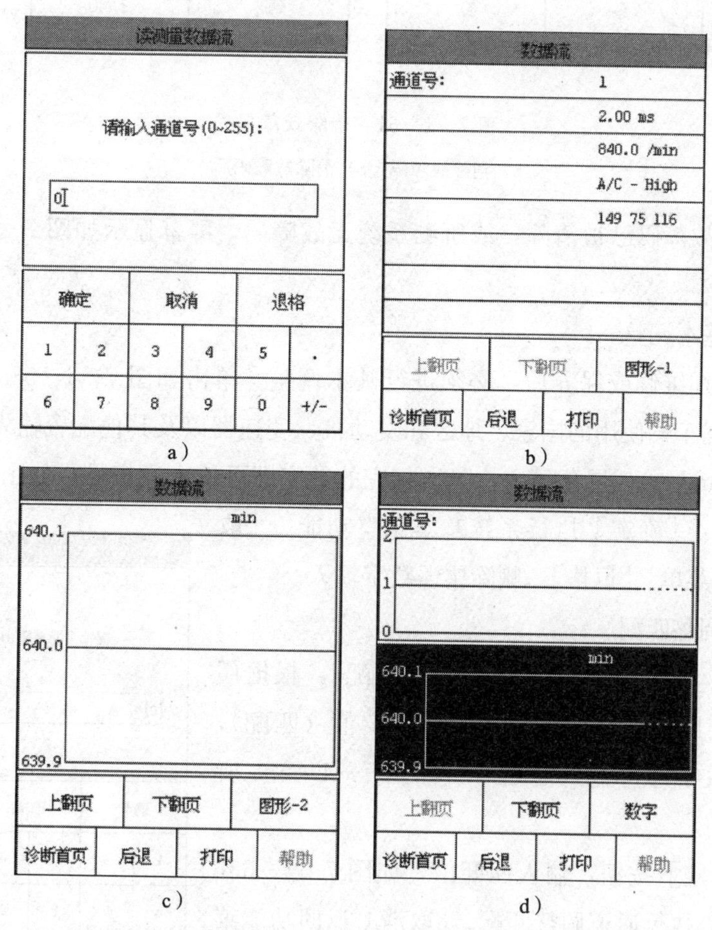

图7—1—60 图形1和图形2

a）输入通道号01 b）数据流即时值 c）图形1 d）图形2

4）清除故障码

单击如图 7—1—58a 中［清除故障代码］，清除被设定的故障码，屏幕显示如图 7—1—61a 所示的信息。单击［是］，执行读取并清除故障码。单击［否］，返回功能菜单。

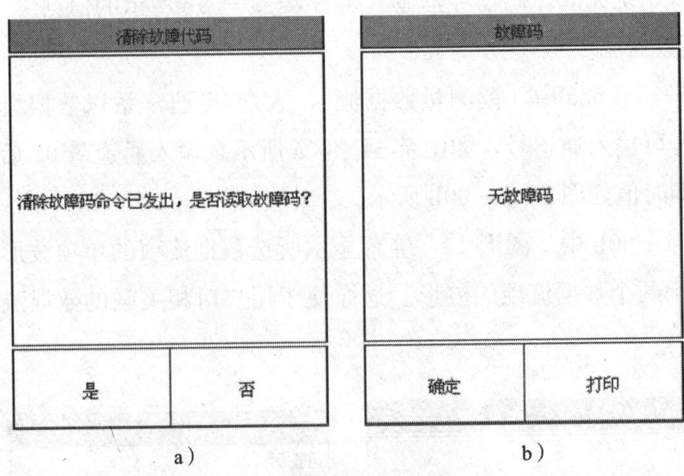

图 7—1—61　清除故障码

a）消除故障码　b）消除故障码后

如果所有故障码已被清除，或所测系统无故障码，屏幕显示如图 7—1—61b 所示的信息。

5）系统基本调整

某些系统在维修或保养后，必须进行基本调整。单击如图 7—1—58a 中［系统基本调整］，根据车辆使用的国家、地区和发动机、变速器以及其他配置输入适当的设定号（coding number），屏幕显示，单击相应的数字即可输入通道号。如图 7—1—62 所示，按钮说明：［确定］执行系统基本调整功能。［取消］返回功能菜单。［退格］：删除错误数字输入。

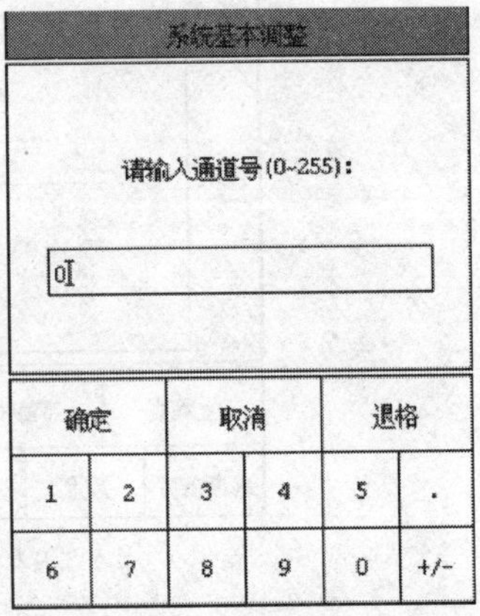

图 7—1—62　系统基本调整

6）通道调整匹配

单击如图 7—1—58a 中［通道调整匹配］，根据厂方的要求和实际需要修改和输入某些设定值（匹配），单击相应的数字即可输入通道号，如图 7—1—63a 所示。

单击［确定］按钮，输入匹配值，如图 7—1—63b 所示。［确定］执行通道调整匹配。［取消］返回功能菜单。［退格］删除错误数字输入。

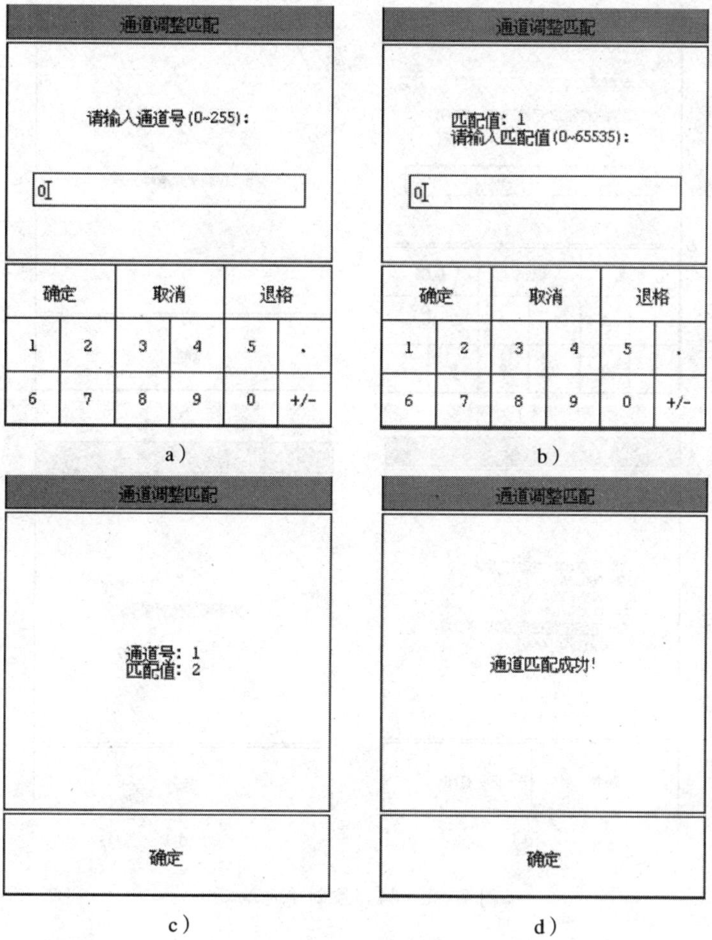

a)　b)　c)　d)

图 7—1—63　通道调整匹配

输入正确的匹配值后，单击［确定］按钮执行通道调整匹配功能，屏幕显示如图 7—1—63c 所示的信息。

单击［确定］按钮，如果匹配成功，屏幕显示如图 7—1—63d 所示的信息。

7）控制单元编码

一个控制单元有时能够适应多种车型，这由控制单元内部所存储的不同程序来决定，控制单元的一个编码代表了其中的一个程序。所以，在更换控制单元时，一般要先查看一下原车所用的控制单元编码，给换上的控制单元编上同样的编码。错误的编码会导致车辆的性能不良，严重的则会给车辆带来严重的故障。如果车辆的代码没有显示或主 ECU 已经更换，则必须给控制单元编码。

单击如图 7—1—58a 中［控制单元编码］，屏幕显示如图 7—1—64a 所示，单击相应的数字即可输入控制单元编码。单击［确定］按钮，屏幕显示如图 7—1—64b 所示的信息。

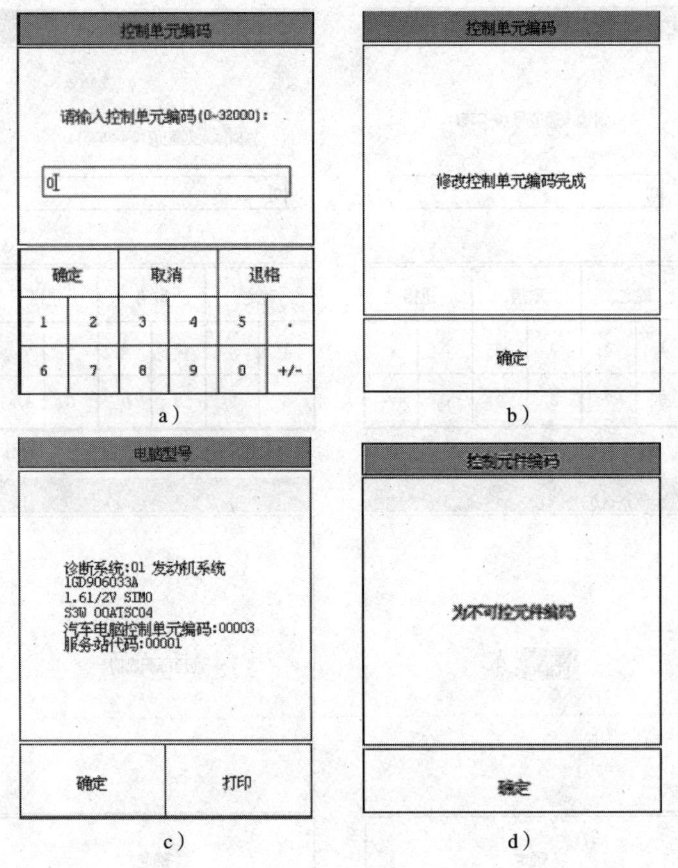

图 7—1—64 控制单元编码

单击［确定］按钮，屏幕显示所测系统控制 ECU 相关信息，如图 7—1—64c 所示。该信息来自于ECU，如果测试中遇到任何问题，在描述问题时，要同时将该信息及汽 VIN 码反馈给元征公司。

如果控制单元不可编码，屏幕显示如图 7—1—64d 所示的信息。单击［确定］按钮返回功能菜单。

(3) 保养/机油灯归零

在如图 7—1—56b 所示诊断界面单击保养/机油灯归零，进行保养或机油灯的归零。

对于 1993～1996 款 Cabriolet、Golf、GTi 及 Jetta 汽车，在车辆需要进行某一项保养操作时，相应的保养提示灯就会点亮。上述系统采用了永久性存储器，即使断开蓄电池电缆，有关信息也不会被清除。

保养提示灯在里程表的显示窗内，在点火开关置于“ON”位置后，将会亮 3 s 左右。OIL 提示灯 12 068 km/6 个月更换发动机机油；IN1 提示灯 24 139 km/12 个月检查与维修；IN2 提示灯 48 278 km/24 个月检查与维修。

（4）服务站代码设置

在大众、奥迪等电喷车的维修过程中，有的功能必须进行服务站代码设定之后才能进行，例如某些系统的“匹配”功能和“控制单元编码”功能。若没有进行服务站代码设定，这些功能将无法实现。单击如图 7—1—56b 所示［服务站代码设置］来设置服务站代码。

（5）OBDⅡ诊断功能

1）冻结帧数据

当与汽车发动机排放相关的故障产生时，OBDⅡ系统不仅设置一个故障码，而且还记录下此故障发生瞬间与此故障相关的系统运行参数，这一组数据称作冻结帧数据。它可能包括发动机转速、车速、空气流量、发动机负荷、燃油压力、燃油修正值、发动机冷却液温度、进气歧管压力以及开环或闭环状态等。对于符合 OBDⅡ标准的汽车可用 OBDⅡ诊断程序进行冻结帧测试。

单击如图 7—1—58a 中［OBDⅡ］诊断程序进入功能菜单，选择［冻结帧数据］选项，即可进入冻结帧数据测试，如图 7—1—65 所示。单击想要查看的冻结帧项，单击［确认］按钮屏幕将显示冻结帧数据。单击“后退”按钮即可返回功能菜单。

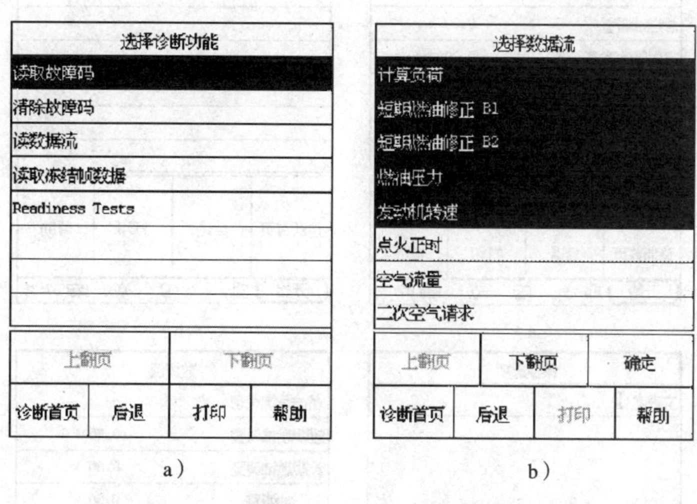

图 7—1—65　冻结帧数据测试

a）选择［冻结帧数据］　b）点击想要查看的冻结帧项

2）准备检测

OBDⅡ系统监测发动机操作系统的很多区域，其中三个区域被连续监测而其他区域只是在特定条件出现时才被监测。激活这些不连续监测器，需要汽车在一定车速行驶一定距离和时间或者特殊的发动机温度条件、加减速交替循环的工况下才进行监测，称为准备检测（Readiness Tests），不是所有的汽车都适用于这种测试。对于符合 OBDⅡ

标准的汽车可用 OBDⅡ诊断程序进行准备检测。

在 OBDⅡ诊断程序的功能菜单中选择［准备检测］选项，即可进入准备检测测试，屏幕显示所测试车型监测项菜单，单击想要查看的被监测项并单击［确定］按钮，可查看监测结果；单击［后退］返回功能菜单。［诊断首页］返回 OBDⅡ与诊断座位置说明界面。

（6）数据流的记录功能介绍

数据流的记录、保存、回放功能在向公司寻求技术支持及解决间歇性故障时非常重要，下面就此功能的使用条件、操作方法和技巧等做介绍。要使用本功能，必须到 www. x431. com 网站下载升级 14. 10 或以上版本的显示程序。

按照操作规范连接 X－431 GX3 和汽车控制 ECU 正常通信后，进入读取数据流功能界面，如图 7—1—66a 所示。需记录，则单击“记录”按钮，出现图 7—1—66b 所显示界面，共有三个功能选项：［保存］、［显示］、［清空］，单击［保存］。

数据流	
燃油系统状态	-
短期燃油调整	0.00 %
长期燃油调整	0.00 %
总燃油调整	0.00 %
喷射脉冲宽度	0.000 msec
点火提前角	5.0 ° BTDC
计算的负载值	0 %
发动机转速	64 rpm

上翻页 | 下翻页 | 记录 | 图形-1
诊断首页 | 后退 | 打印 | 帮助
开始 07:30

a）

数据流保存
保存
显示
清空

诊断首页 | 后退 | 打印 | 帮助
开始 07:38

b）

保存选项
文件名:I

确定 | 取消
开始 07:38

c）

数据流	
燃油系统状态	-
短期燃油调整	0.00 %
长期燃油调整	0.00 %
总燃油调整	0.00 %
喷射脉冲宽度	0.000 msec
点火提前角	5.0 ° BTDC
计算的负载值	0 %
发动机转速	64 rpm

上翻页 | 下翻页 | 停止 | 图形-1
诊断首页 | 后退 | 打印 | 帮助
开始 07:40

d）

图 7—1—66　读取数据流功能界面

单击左图 7—1—66b 右下角“小键盘”。输入文件名。按“确定”，开始对数据流进行记录，如图 7—1—66c 所示。单击［停止］，则记录过程结束。

思考与练习

1. 简述汽车数字万用表的用途。
2. 简述汽车示波器的结构。
3. 简述大众汽车专用诊断仪的使用。

课题二　电控发动机故障诊断的一般方法

学习目标

◆ 了解电控发动机故障诊断系统。
◆ 了解人工读码、OBDⅡ故障诊断系统。
◆ 了解发动机失火检测系统。

试分析如图 7—2—1 所示的设备的用途。

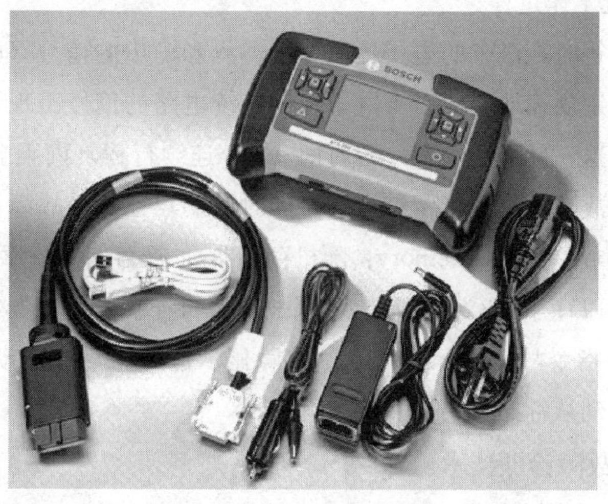

图 7—2—1　汽车解码器

一、电控发动机诊断系统

1．车载自诊断系统

随着全球汽车保有量的逐年增加和人类环保意识的增强，汽车排放物的污染也越来越受到世人的关注，世界各国制定的排放法规也越来越严格。车载自诊断系统 OBD（On—Board Diagnostic 车载诊断）应运而生。

（1）OBDⅡ系统的功能

1）检测废气控制系统相关元件是否出现“老化”或“损坏”。

2）必须有警示装置，以提醒驾驶员进行废气控制系统的保养与检修。

3）监控传感器和执行器的功能。

4）使用标准化的故障码，用通用的仪器读取。

5）包括以下标准化的硬件和软件：标准化的数据诊断接口（SAE—J1962）、标准化的解码器（SAE－J1978）、标准化的电子通信协议（kW2000、CAN、CLASSⅡ、ISO9141 等）、标准化的诊断故障码（DTC、SAE－J2012）、标准化的维修服务情报（SAE—J2000）。

（2）OBD 系统的组成

OBD 系统在功能上由软件和硬件共同实现。OBD 的软件包括故障诊断控制策略代码和标定，与发动机控制部分一起构成整个发动机控制系统的软件包。在一个典型的发动机控制系统软件包中，OBD 部分的代码占整个软件内容的一半，有超过 150 个可能的故障码。OBD 的硬件主要由各传感器、ECU（Electronic Control Unit 电子控制单元）、OBD 连接器插口、故障显示灯、执行器及线路等与发动机废气控制相关的子系统组成。

（3）OBD 系统工作过程

汽车在正常运行时，汽车的电子控制系统输入和输出的信号（电压或电流）会在一定的范围内有一定规律地变化；当电子控制系统电路的信号出现异常且超出了正常的变化范围，并且这一异常现象在一定时间（3 个连续行程）内不会消失，ECU 则判断为这一部分出现故障，故障指示灯点亮，同时监测器把这一故障以代码的形式存入内部 RAM（Random Access Memory：随机存储器），被存储的故障码在检修时可以通过故障指示灯或 OBDⅡ扫描仪来读取。如果故障不再存在，监控器在连续 3 次未接收到相关信号后，将指令故障指示灯熄灭。故障显示灯熄灭后，发动机暖机循环约 40 次，则故障码会自动从存储器中被清除。

2．现代汽车故障诊断技术

（1）利用故障码诊断故障

现代汽车电控系统的计算机（ECU）具备故障自诊断功能（OBD），汽车出现的持续性故障以故障码的形式存储在ECU内，提取故障码的方法有人工读码和专业检测仪读码两种。

1）人工读码

将发动机熄火，把故障检测插座内特定的两个插座用一根导线短接后，通过观察仪表板上的故障指示灯的闪烁频率和次数来读取故障码。准确率受人为因素影响较大。

2）专业检测仪读码

将专用检测仪器与汽车上的故障诊断插座相连接，根据检测仪器提供的操作规程进行操作，从而读取故障码。

(2) 汽车故障诊断专家系统

专家系统EP（Expert System）是依据具备某一专业领域特长的人类专家的知识与经验，在ECU内建立的、基于这些知识的信息系统，它能以人类专家的知识水平完成专门领域的任务。一般由发动机故障诊断数据库、底盘机械传动故障诊断数据库、电路电气故障诊断数据库组成。每个数据库中又包含若干相互关联的数据表，在数据表中存储每种汽车故障表现症状、故障发生机理、故障发生原因、故障发生部位、故障排除与维修处理方法等字段，在数据表与数据表之间，数据字段与数据字段之间建立一对一或一对多的层次树结构，使整个维修知识库成为有机整体。

1）基于规则的诊断专家系统

基于规则的诊断方法是根据以往专家诊断的经验，将其归纳成规则，通过启发式经验知识进行故障诊断，适合于具有丰富经验的专业领域故障诊断。基于规则的诊断具有知识表述直观、形式统一、易理解和解释方便等优点，诊断知识的获取依赖于领域专家。但复杂系统所观测到的症状与所对应诊断之间的联系是相当复杂的，通过归纳专家经验来获取规则，有相当难度，且一致性难以保证。

2）基于实例的诊断专家系统

基于实例推理（Case—based reasoning）是近几年人工智能领域兴起的一种诊断推理技术，是类比推理的一个独立子类，符合人类的认知心理。简单地说，依据是相似的问题有相似的解。基于实例的诊断专家系统具有诸多优点：无须领域知识；无须规则提取，降低知识获取难度；开放体系，增量式学习。

实例库的覆盖度随系统的不断使用而组建增加。基于案例的诊断方法适用于领域定理，难以表示成规则形式，容易表示成案例形式并且已积累丰富案例的领域（如医学诊断）。

3）基于模糊理论的诊断专家系统

模糊诊断的实质是引入隶属函数概念，模糊逻辑以其较强的结构性知识表达能力，适合处理诊断中的不确定信息和不完整信息。

模糊故障诊断有两种基本方法，一种是先建立征兆与故障类型之间的因果关系矩阵$\boldsymbol{R}$，再建立故障与征兆模糊关系方程，即$\boldsymbol{F}=\boldsymbol{S}\times\boldsymbol{R}$，这里$\boldsymbol{F}$为模糊故障矢量：$\boldsymbol{S}$为模糊征兆矢量；×为模糊合成算子。另一种方法是先建立故障和征兆的模糊规则库，再进行模糊逻辑推理的诊断过程。

模糊诊断知识获取困难，尤其是故障与征兆的模糊关系较难确定，且系统的诊断能力依赖模糊知识库，学习能力差，容易发生漏诊或误诊。由于模糊语言变量是用隶属函数表示的，实现语言变量与隶属函数之间的转换是一个难点。

4）基于人工神经网络的诊断专家系统

随着人工智能的发展，出现了各种故障诊断的专家系统，是一种基于知识和规划的推理系统，但它存在着知识获取困难等问题，使其应用有时也达不到预期的效果。

人工神经网络（Artificial Neural Network，ANN）具有较好的容错性、响应快、强大的学习能力、自适应能力和非线性逼近能力等，被广泛应用于故障诊断领域。基于神经网络的故障诊断专家系统有两种形式：一种是使用神经网络来构造专家系统，变基于符号的推理为基于数字运算的推理，提高系统效率，解决自学习问题；另一种是把神经网络作为知识源的表示和处理模式，并与其他推理机制相融合，实现多模式推理。

基于神经网络的诊断专家系统是一类新的知识表达体系，不同于传统诊断专家系统的高层逻辑模型，是一种低层数值模型其分布式联结机制，实现知识表示、存储和推理三者融为一体，在知识获取、并行推理和自适应学习等方面显示出明显的优越性，一定程度上克服了传统诊断专家系统存在的知识获取困难、推理速度慢、知识存储容量与系统运行速度的矛盾及知识的窄台阶效应等问题。

人工神经网络（Artificial Neural Network）的自学习能力、非线性映射能力、并行计算能力和容错能力，可以克服基于逻辑与符号处理的专家系统的某些局限性，为专家系统的研究开辟了新途径。

二、人工读码

以丰田汽车为例讲述人工读码的过程。

1. 故障警告灯的检查

(1) 点火开关置于“ON”，发动机尚未运转时，发动机故障警告灯会发光。

(2) 当发动机起动后，发动机故障警告灯应熄灭。如此灯仍亮，表明诊断装置检测出了发动机系统故障或异常。

2．正常状态故障码输出

要获得故障码输出，按如下步骤进行。

（1）初始条件

蓄电池电压在 11 V 或以上。节气门完全关闭（节气门位置传感器 IDL 触点闭合）。变速箱置于空挡。附件开关均位于“OFF”（断开）。发动机处于正常运行温度。

（2）将点火开关拧至“ON”，但不要起动发动机。

（3）用维修专用工具（导线）连接检查连接器端子 TE1 及 E1，如图 7—1—67a 所示。图 7—2—3 所示为检查连接器（又称诊断座）的几种形式。

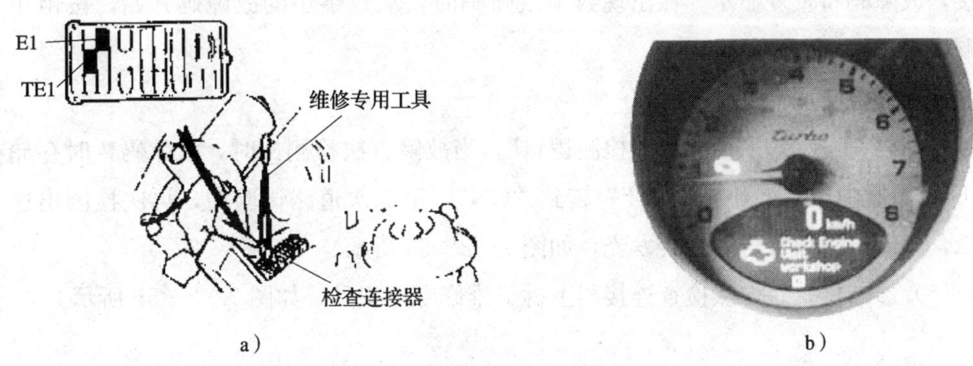

图 7—2—2　检查连接器及故障警告灯

a）短接连接器端子　b）故障警告灯

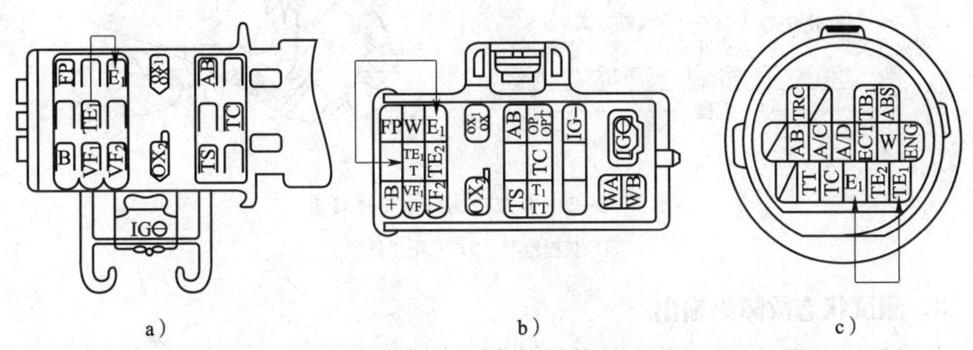

图 7—2—3　检查连接器的几种形式

（4）如图 7—2—2b 所示，根据发动机故障警告灯闪烁次数，识别故障码。

1）发动机电控系统运行正常（无故障）警告灯每秒交替亮灭闪烁两次。

2）故障码显示法如下：

①出现故障时，警告灯每 0.5 s 闪烁一次。第一次闪烁数等于 2 位数故障码的十位数；间歇 1.5 s 以后闪烁次数等于个位数。如出现 2 个或 2 个以上的故障码，期间有 2.5 s 的间歇，如图 7—2—4 所示。

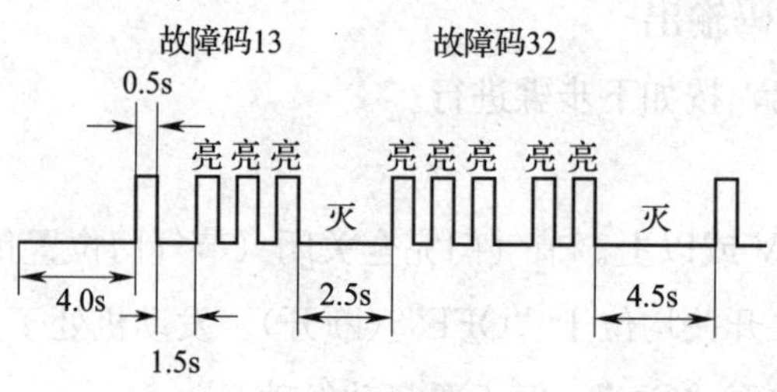

图 7—2—4　故障码显示法

②所有故障码显示后，有 4.5 s 的间歇。其后只要检查连接器的端子 TE1 及 E1 相连接，故障码将重复显示。在出现数个故障码时，从数字小的故障码开始，按由小至大顺序显示。

③双程检测逻辑电路

故障码 21 及 25 采用“双程检测逻辑”。当故障首次检测出时，故障码暂时存储在 ECU 存储器中。点火开关“OFF”转到“ON”，第二次道路试验中，再次检测出这一故障，发动机故障警告灯就会发光，如图 7—2—5a 所示。

(5) 诊断检查后，从检查连接器上拆下维修专用工具，如图 7—2—5b 所示。

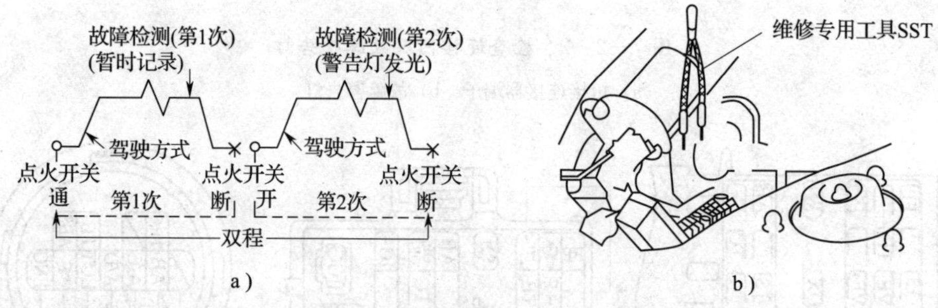

图 7—2—5　双程检测和专用连接器

a) 双程检测　b) 专用工具

3. 测试状态故障码输出

与正常状态相比，测试状态的故障检测灵敏度较高。还能检测出来自节气门位置传感器的 IDL（节气门开关）接触信号、空调器信号及空挡起动开关信号的失灵。要获得故障码输出，须按以下步骤进行。

(1) 初始条件

初始条件与上述正常状态故障码输出相同。

(2) 将点火开关拧至“OFF”。

(3) 用维修专用工具将检查连接器端子 TE2 与 E1 连接。

(4) 将点火开关拧至“ON”，开始测试状态诊断。这时检查确认发动机故障警告灯应间隔 0.13 s 连续闪烁。

(5) 起动发动机，并以 10 km/h 或更高的车速行驶。

(6) 模拟客户所述的故障情况。

(7) 用 SST 将检查连接器端子 TE1 与 E1 连接，如图 7—2—2 所示。

(8) 从发动机故障警告灯的闪烁次数，识别故障码。

(9) 完成后，从检查连接器上拆下维修专用工具。

提示：点火开关拧至“ON”后，如检查连接器端子 TE1 与 El 连接，测试状态就不会起动。A/T（自动变速箱）变速杆在“D”“2”“L”“R”挡位，或空调器打开、加速踏板踩住时，会输出故障码 51，这并不表示异常。

4. 清除故障码

(1) 在修理后，ECU 存储器所储存的故障码必须清除。其方法是断开点火开关，拆下“EFI15A”熔丝 10 s 以上，如图 7—2—6 所示。环境温度越低，熔丝取出时间要越长。

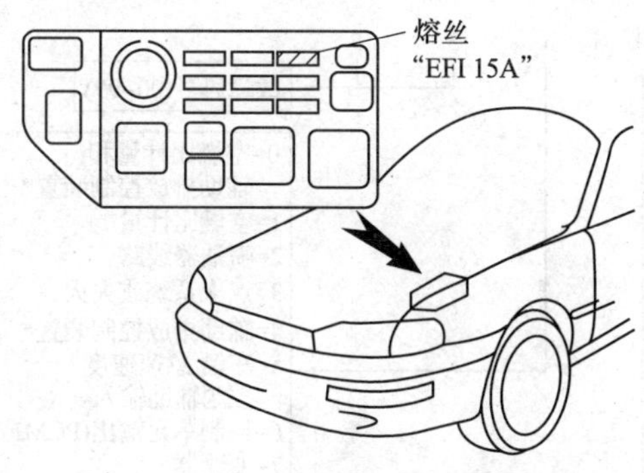

图 7—2—6　“EFI15A”熔丝

断开蓄电池负极（一）端子，也会清除故障码。但其他存储系统的内容（如防盗、时钟等）也被清除。

故障码如不清除，就会存储在 ECU 存储器中。在出现其他故障时，该故障码会与新故障码一起显示。

如在检修发动机部件时，需要断开蓄电池端子，必须首先检查是否有故障码记录。

(2) 清除故障码后，进行车辆道路试验时，发动机故障警告灯应闪烁正常故障码。如显示的仍是同一故障码，表明故障未被排除。

5. 诊断显示

(1) 显示 2 个或更多的故障码时，首先显示数字小的。

(2) 从检测至清除这段时间，除了故障码 16 和 51 外，所有检测到的故障码都存储在 ECU 存储器中。

(3) 故障被排除，仪表板上发动机故障警告灯就会熄灭，但故障码却被存储于ECU存储器中（除故障码16及51外）。

三、OBDⅡ故障诊断系统及读码

采用OBDⅡ车载故障诊断系统的车型，常用专业检测仪读码，如前面讲述的大众V. A. G1551、V. A. G1552和元征X431GX3汽车解码器。

1. OBDⅡ故障码

OBDⅡ采用了4位数码制，通过专业检测仪读码或是在仪表板上的发动机故障警告（MIL）灯闪烁时间长短，读出它对应的故障码。OBDⅡ通用故障码的设计使用非常容易理解的5位字母数字结构。OBDⅡ故障码规定非常详细，可以区别EGR流量太小和断开的EGR软管之间的差别。为了保证区分故障微小差别的能力，仅给动力系统就分配了4 000多个故障码。

OBDⅡ故障码由5个字组合而成，第1个字为英文代码，第2到第5个码为数字码，如图7—2—7所示。

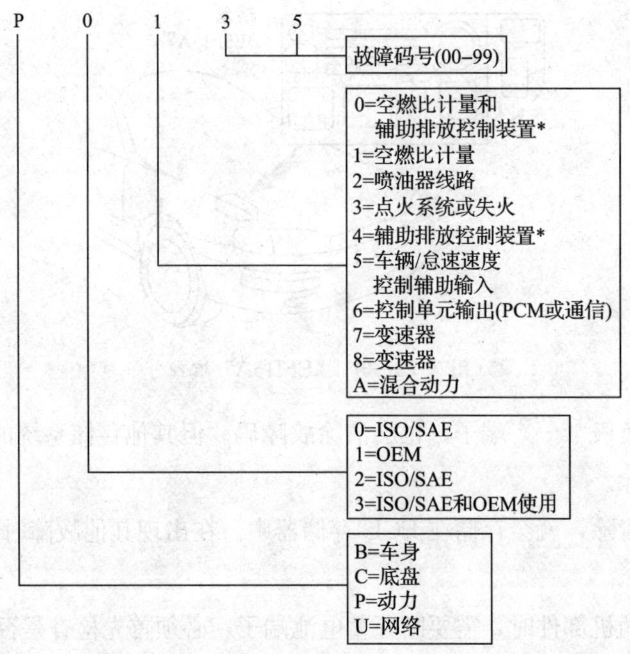

图7—2—7 OBDⅡ故障码各部分的意义

(1) 故障码前2个字定义如下：

第1个字确认故障发生在哪个车载系统：动力系、车身、底盘或网络通信。动力系统，OBDⅡ上只使用P代码。第2个字0、2、3是OBDⅡ通用故障码（ISO/SAE）；1是制造厂商给定故障码（OEM）。即P0XXX是由SAE统一制定的故障码，P1XXX

是由厂家制定的与废气排放有关的故障码，这些代码必须报送给立法者。

P0：发动机变速器控制系统由 SAE 统一制定的故障码。

P1：发动机变速器控制系统由厂家各自制定的故障码。

P2：发动机变速器控制系统预留故障码。

P3：发动机变速器控制系统预留故障码。

C0：底盘控制系统，由 SAE 统一制定的故障码。

C1：底盘控制系统，由各厂家各自制定的故障码。

C2：底盘控制系统，预留故障码。

C3：底盘控制系统，预留故障码。

B0：车身控制系统，由 SAE 统一制定的故障码。

B1：车身控制系统，由各厂家各自制定的故障码。

B2：车身控制系统，预留故障码。

B3：车身控制系统，预留故障码。

U0：网络连接相关故障码。

U1：网络连接相关故障码。

U2：网络连接相关故障码。

U3：网络连接相关故障码。

(2) 第三个字符 X3 确认故障码发生的系统或子系统。每个故障码的范围按照它们有关的通用功能组织。SAE 将发动机和变速器的故障码大致分为 10 大类，细分如下：

P01XX：燃料和进气系统。

P02XX：燃料和进气系统。

P03XX：点火系统。

P04XX：废气控制相关系统。

P05XX：车速感知，怠速控制相关系统。

P06XX：控制相关系统。

P07XX：变速器故障码。

P08XX：变速器故障码。

P09XX：SAE 预留部分。

P00XX：SAE 预留部分。

(3) 第四和第五个字符是在第三个字符指示系统内对特定故障的分配号。

2. 故障的触发

(1) 两种故障快照

当设定一个故障码的时候，动力控制模块可以捕捉和储存故障正好发生时的异常

数据，称为故障快照。这些异常数据在诊断间歇性故障时很有用。

1）冻结数据帧是一般排放信息的故障快照，设定故障码的时候，显示不同工况的读数。

2）故障记录是故障最后发生时的关键数据工况的故障快照。每次发生故障都更新故障记录。

（2）触发故障码

触发故障码可能有多种方法，在故障码定义表中，可以看出故障码之间有一些区别，但是当执行常规诊断步骤的时候，才会显示故障码的设定理由。有下列三个基本类型的故障将会触发故障码。

1）机械故障。

2）电气/电子故障。

3）合理性故障。

当动力控制模块指令 EGR 阀打开时，排气系统压力没有改变，可能是执行器或压力传感器发生故障，也有可能是机械故障，例如执行器电磁阀卡住；还可能是排气系统泄漏或到压力传感器的软管断开，因为排气压力读数将会是零或接近零，OBDⅡ系统通常能够确认软管断开。

如果传感器或执行器电路断路或短路，或者信号读数超出正常参数，在同一个 EGR 系统内将会记录发生了电气故障。OBDⅡ系统能够告诉用户这 3 个电气故障工况之间的区别。

OBDⅡ系统比较多个传感器输入信号，以确定信息是否符合逻辑，这样就可以发现合理性故障。读数一定要在规定范围内，而且它们互相比较时应该存在一定的规律。如果任何输入不符合逻辑，动力控制模块将会以故障码的形式保存一次故障。

3．故障码分类

OBDⅡ自诊断程序包括四类基本故障码，其中 A、B 两类故障码与排放有关。这种分类便于理解不同类型故障的紧急程度。

（1）A 类故障码与排放有关，而且是最严重的一类故障。它们可能损坏三元催化器，在多数情况下，发现此类故障，就会点亮 MIL 灯，并且储存故障码。不过也有些时候，直到第二个连续行程产生相同故障，这些 A 类故障码才点亮 MIL 灯。此外，A 类故障码将会引起动力控制模块捕捉冻结数据帧数据，而且每次发生故障时，都可能储存和更新故障记录。

（2）B 类故障码也与排放相关，但是实际上不是很严重。第一个行程发生故障时，记录故障码，但是不报告故障。如果下一个连续行程的测试通过，将会清除故障码。如果在第二个连续行程再次发生这个故障，MIL 灯将会点亮，而且将会储存故障码。

也是在第二行程发生这个故障时，才会捕捉冻结数据帧数据，而且每次发生故障时，可能储存和更新故障记录。

(3) C类故障码与排放无关，MIL灯将不点亮，但是第一个行程发生故障之后，将会储存故障码。可能出现除MIL灯以外的警告灯或驾驶员显示信息。动力控制模块不捕捉冻结数据帧数据。然而，每次发生故障时，可能储存和更新故障记录。

(4) D类故障码与排放无关，MIL灯将不点亮，将会储存故障码。可能出现警告灯或驾驶员显示信息。动力控制模块不捕捉冻结数据帧数据。每次发生故障时，可能储存和更新故障记录。

4. OBDⅡ诊断座

OBDⅡ诊断座有16针，如图7—2—8所示。各针脚的用途见表7—2—1。

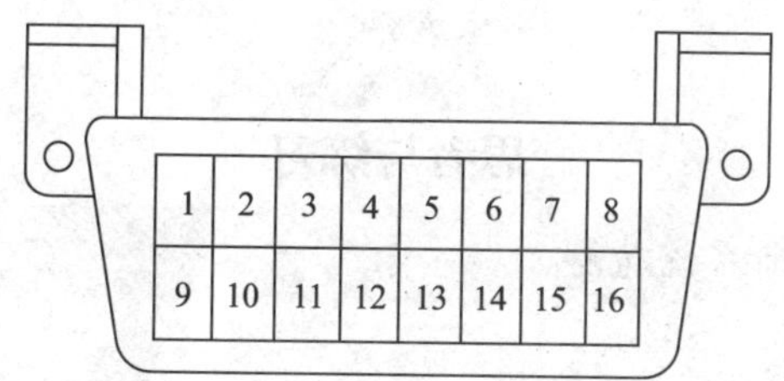

图7—2—8　OBDⅡ的16针诊断座

表7—2—1　**OBDⅡ诊断座各针脚的用途**

代号	用途	代号	用途
1	制造商用	9	制造商用
2	SAEJ1850规定的信息传输线	10	制造商规定的信息传输
3	制造商用	11	制造商用
4	接地	12	制造商用
5	信号反馈接地	13	制造商用
6	制造商用	14	制造商用
7	ISO9141—2规定的信息传输	15	ISO9141—2规定的信息传输
8	制造商用	16	蓄电池正极

四、发动机失火检测系统

当发动机点火系统发生损坏时，吸入缸内的混合气不能及时被点燃，大量的HC便直接排出气缸。一部分HC在排气管中发生燃烧，导致三元催化器损坏；另一部分

HC没有完全燃烧便直接排向大气中。

OBDⅡ在发动机运行过程中监控发动机的失火率，每次检测周期为1 000转曲轴转数。HC超出正常的1.5倍时相当于发动机的失火率达2%。

发动机失火会导致发动机曲轴转速不稳。根据这一特性，发动机ECU根据发动机的曲轴转速传感器来监控发动机曲轴旋转平稳情况。发动机失火会改变曲轴的圆周旋转速度。通常发动机的转动不是匀速的，每缸在做功时都有一个加速，不做功就没有加速。四缸机每转动720°应有4个加速。

正常情况下，发动机压缩、做功，先减速后加速，属于正常现象。当发动机失火时，除了发动机压缩期间转速瞬时有所减缓外，由于发动机失火，缺乏做功时的加速，因此，发动机缺火时的转速波动极大。发动机ECU可以通过安装在曲轴上的转速/位置传感器来感知瞬时的角速度变化情况，从而确定哪一缸出现失火。

思考与练习

简述OBDⅡ故障诊断系统功能。

课题三　电控发动机综合故障诊断

学习目标

- 了解电控发动机故障诊断流程。
- 能利用故障码检测和诊断故障。
- 能利用故障症状表和诊断表诊断故障。
- 会检测ECU端子电压和电阻。

说说汽车发生故障的一般诊断程序。

一、电控发动机故障诊断流程

1．发动机故障诊断的基本流程

发动机故障诊断基本流程如图7—3—1所示。

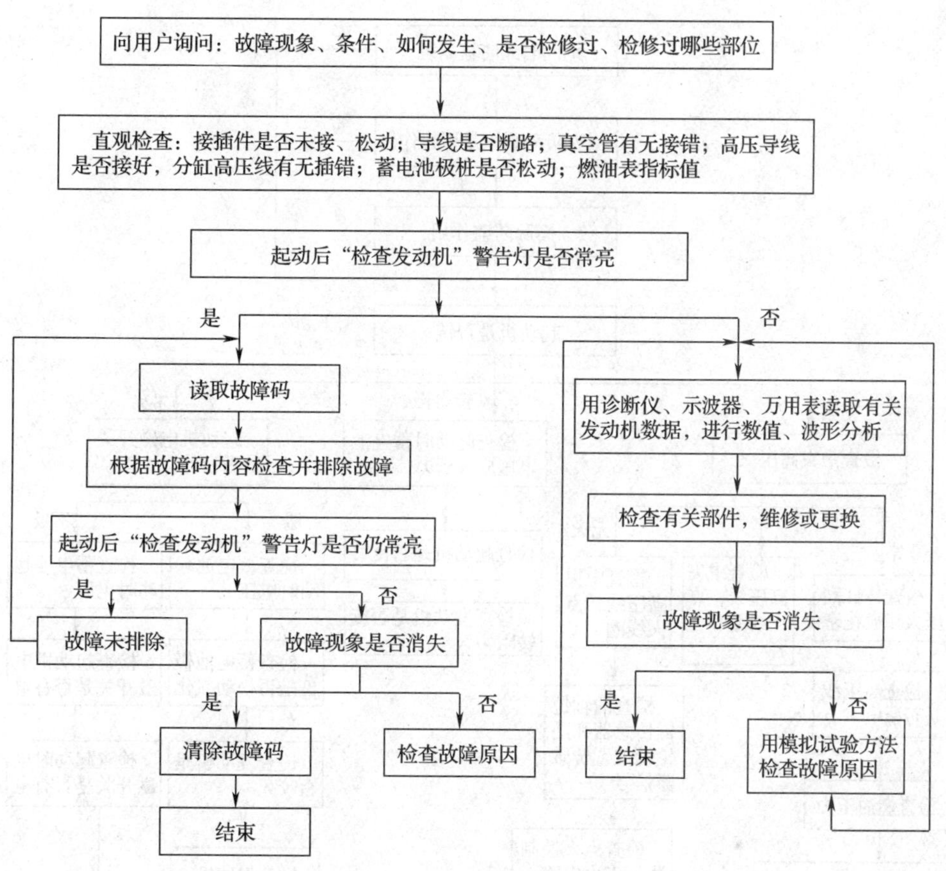

图 7—3—1　发动机故障诊断基本流程

2．发动机不能起动的故障诊断流程

发动机不能起动的故障诊断流程如图 7—3—2 所示。

3．冷车难起动的故障诊断流程

冷车难起动指冷车起动时要起动几次才能着车，而在热车时起动立即能着车。其根本原因是混合气过稀或过浓。导致冷车难起动的原因有冷起动喷油器不喷油、水温传感器故障、进气温度传感器故障、喷油器雾化不良、进气管积炭、点火能量不够、火花塞故障、怠速控制阀故障等，其检测步骤如图 7—3—3 所示。

4．热车难起动的故障诊断流程

热车难起动指冷起动正常，热起动困难，甚至不能起动。热车难起动的根本原因是混合气过浓。导致冷车难起动的原因有水温传感器故障、进气温度传感器故障、几个喷油器漏油或严重雾化不良、冷起动喷油器故障、油压过高、怠速阀、点火故障等。其检测步骤如图 7—3—4 所示。

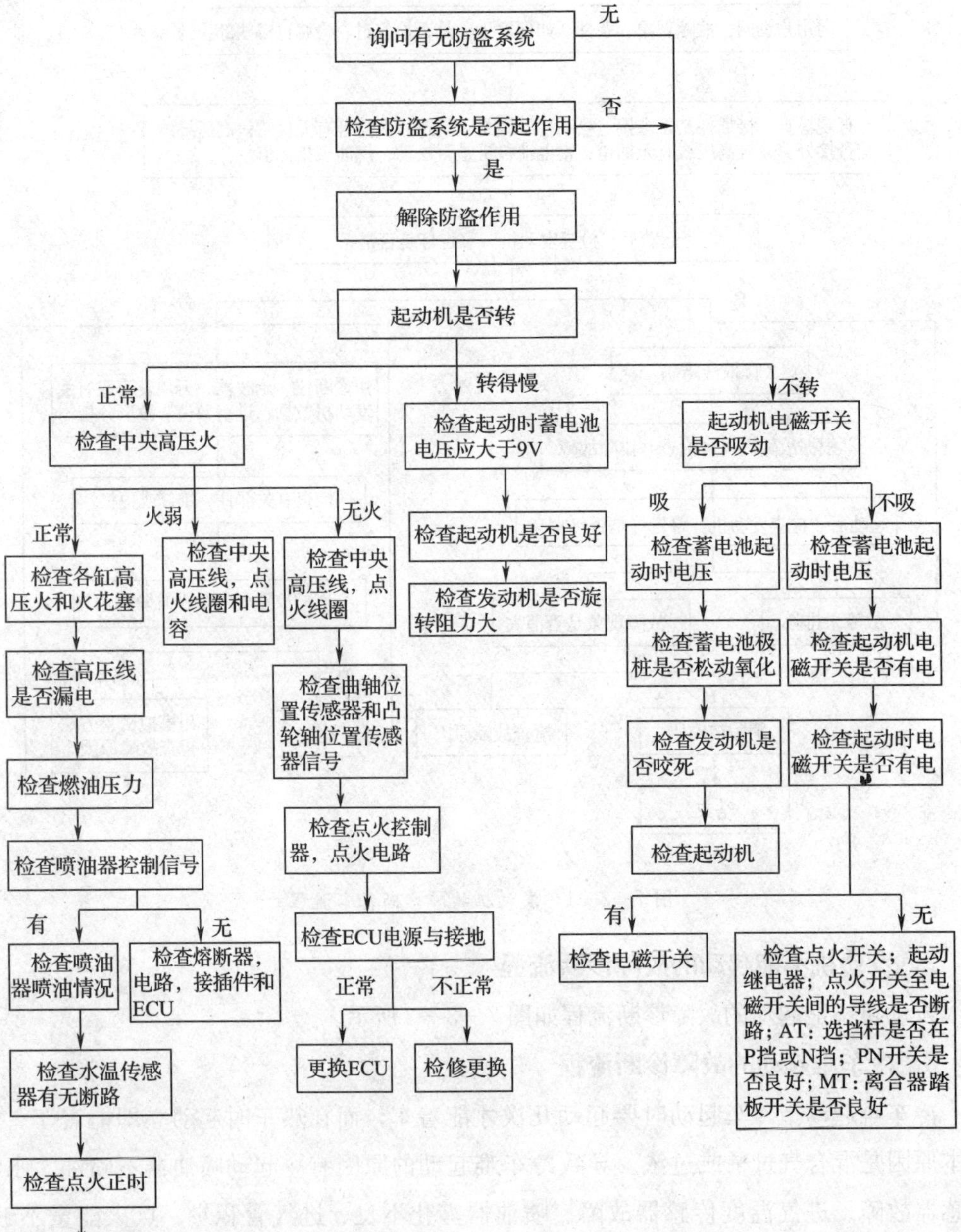

询问有无防盗系统 →(无)→ 起动机是否转
询问有无防盗系统 → 检查防盗系统是否起作用
检查防盗系统是否起作用 →(否)→ 起动机是否转
检查防盗系统是否起作用 →(是)→ 解除防盗作用 → 起动机是否转

起动机是否转 →(正常)→ 检查中央高压火
- 检查中央高压火 →(正常)→ 检查各缸高压火和火花塞 → 检查高压线是否漏电 → 检查燃油压力 → 检查喷油器控制信号
  - 检查喷油器控制信号 →(有)→ 检查喷油器喷油情况 → 检查水温传感器有无断路 → 检查点火正时 → 检查气缸压缩压力 → 检查进气系统漏气
  - 检查喷油器控制信号 →(无)→ 检查熔断器，电路，接插件和ECU
- 检查中央高压火 →(火弱)→ 检查中央高压线，点火线圈和电容
- 检查中央高压火 →(无火)→ 检查中央高压线，点火线圈 → 检查曲轴位置传感器和凸轮轴位置传感器信号 → 检查点火控制器，点火电路 → 检查ECU电源与接地
  - 检查ECU电源与接地 →(正常)→ 更换ECU
  - 检查ECU电源与接地 →(不正常)→ 检修更换

起动机是否转 →(转得慢)→ 检查起动时蓄电池电压应大于9V → 检查起动机是否良好 → 检查发动机是否旋转阻力大

起动机是否转 →(不转)→ 起动机电磁开关是否吸动
- 起动机电磁开关是否吸动 →(吸)→ 检查蓄电池起动时电压 → 检查蓄电池极桩是否松动氧化 → 检查发动机是否咬死 → 检查起动机
- 起动机电磁开关是否吸动 →(不吸)→ 检查蓄电池起动时电压 → 检查起动机电磁开关是否有电 → 检查起动时电磁开关是否有电
  - 检查起动时电磁开关是否有电 →(有)→ 检查电磁开关
  - 检查起动时电磁开关是否有电 →(无)→ 检查点火开关；起动继电器；点火开关至电磁开关间的导线是否断路；AT：选挡杆是否在P挡或N挡；PN开关是否良好；MT：离合器踏板开关是否良好

图 7—3—2　发动机不能起动的故障诊断流程

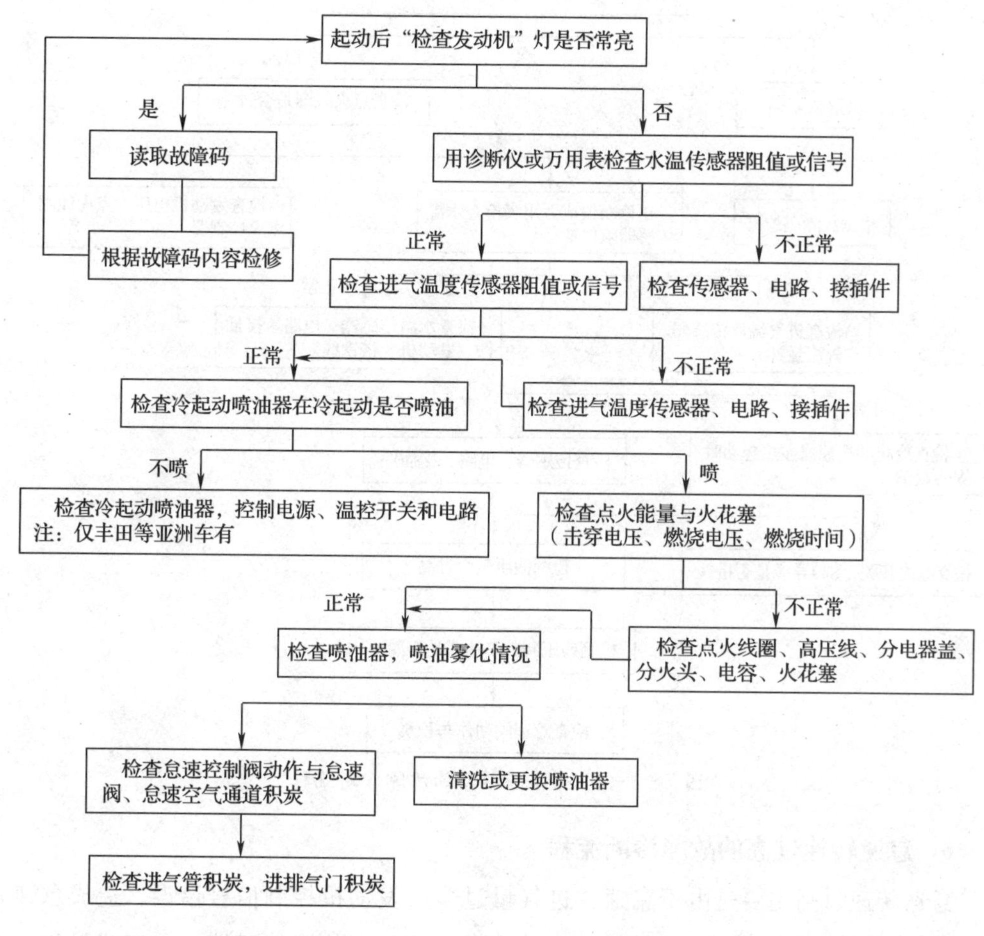

图 7—3—3　冷车难起动的故障诊断流程

5．怠速转速过低的故障诊断流程

怠速转速与发动机温度、负荷有关。冷车时怠速高，热车时怠速低，怠速时接通空调开关，打转向（动力转向开关接通），换挡杆从 P 挡或 N 挡挂入 D 挡，怠速必须提速。如果怠速太低或上述开关接通时怠速下降，造成怠速不稳甚至熄火，说明怠速控制系统有故障。

怠速转速太低的原因有：怠速控制阀故障、怠速空气通道堵塞、节气门位置传感器信号不正确、空气流量计或进气压力传感器信号不良、氧传感器信号错误、油压过低、喷油器故障、点火正时不正确、真空管插错、点火系故障、开关信号不良、废气再循环阀、ECU 故障和发动机机械部分故障等。其检测步骤如图 7—3—5 所示。

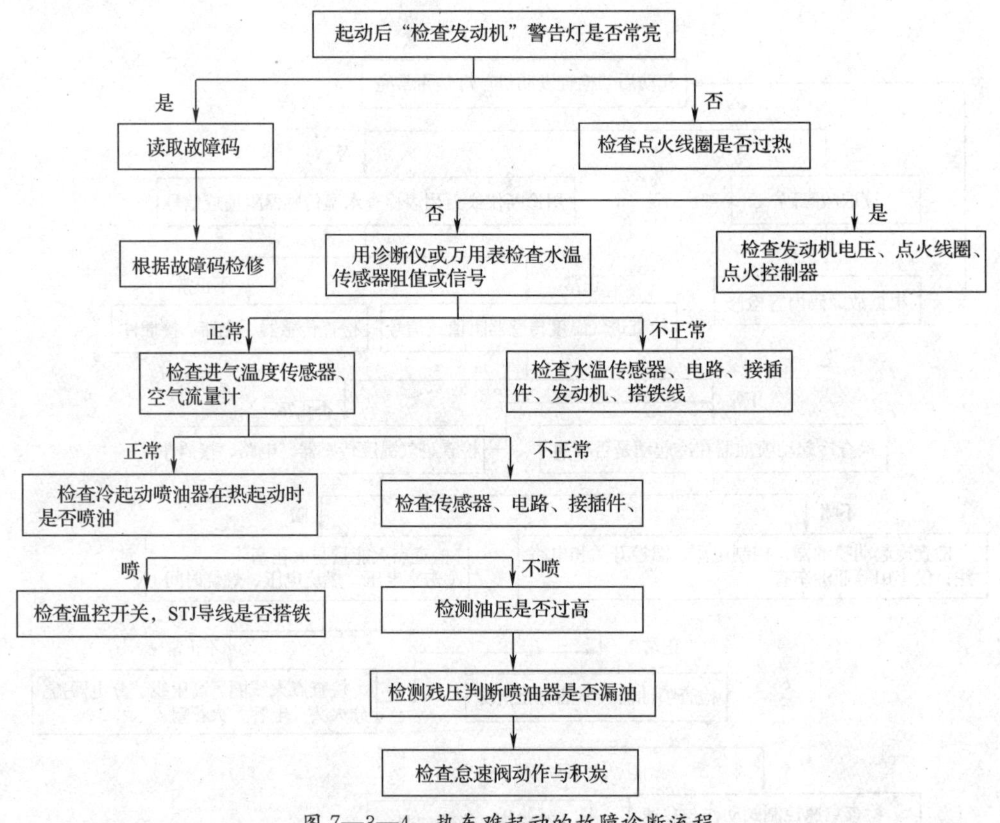

图 7—3—4　热车难起动的故障诊断流程

6. 怠速转速过高的故障诊断流程

怠速转速过高主要是由于怠速时进气量过多或发动机控制信号错误。造成怠速转速过高的原因有进气温度传感器、水温传感器、节气门位置传感器、空气流量计（或进气歧管绝对压力传感器）、开关信号、怠速控制阀、节气门体、喷油器故障以及真空漏气、发动机控制单元故障或匹配设定等。其检测步骤如图 7—3—6 所示。

7. 怠速抖动不稳与喘车的故障诊断流程

怠速不稳是指怠速时发动机抖动及发动机转速表上下快速抖动；怠速喘车是指怠速时发动机转速忽高忽低。造成怠速不稳和怠速喘车的原因很多，怠速不稳的原因主要有：混合气过浓或过稀，喷油器不喷油，雾化不良，某缸无高压火，点火高压与能量小，某缸压缩压力过低等造成发动机缺缸、燃烧不完全，以及高压线漏电、燃油系统油压过低、喷油器喷油不良、各缸喷油器喷油量不均衡、传感器信号不正确使发动机 ECU 控制喷油信号与实际工况不匹配、废气排放控制系统故障、发动机机械部分和真空漏气等。造成怠速喘车的故障原因基本与怠速抖动不稳相同，但怠速控制阀故障、真空漏气、点火正时不正确和废气再循环阀在怠速时不能关闭是发生怠速喘车的主要原因。其检测步骤如图 7—3—7 所示。

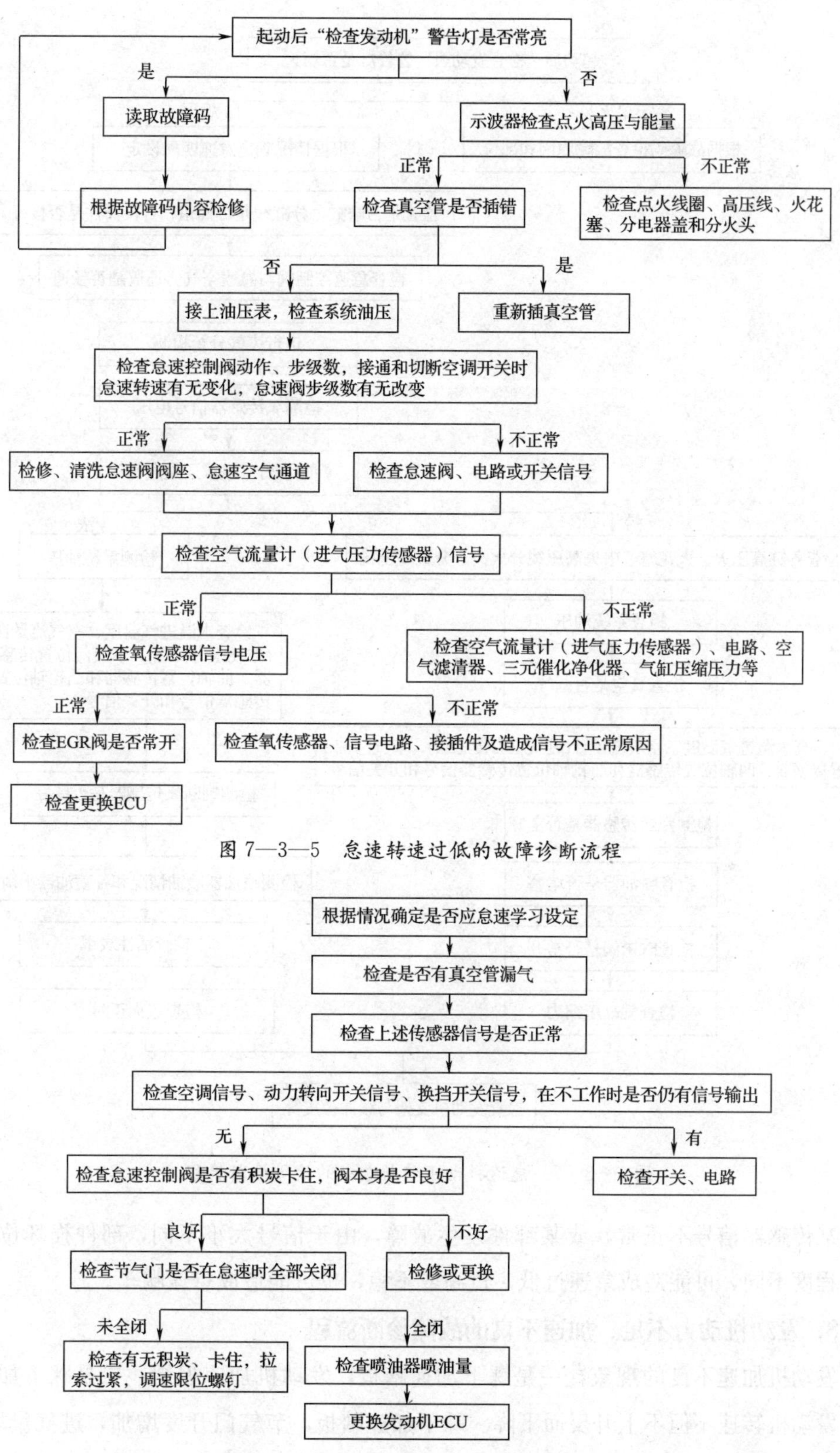

图 7—3—5　怠速转速过低的故障诊断流程

图 7—3—6　怠速转速过高的故障诊断流程

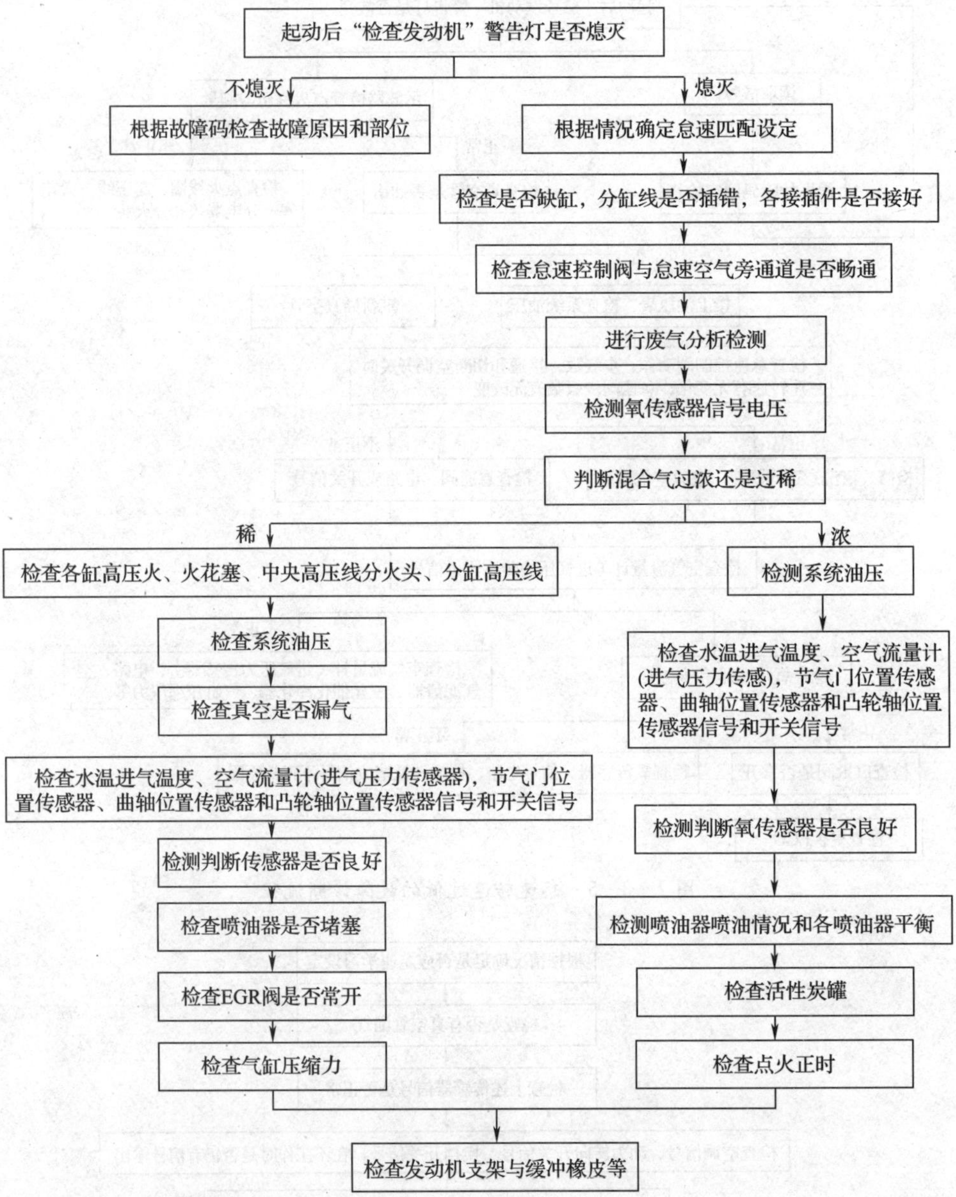

起动后“检查发动机”警告灯是否熄灭

不熄灭 → 根据故障码检查故障原因和部位

熄灭 → 根据情况确定怠速匹配设定 → 检查是否缺缸，分缸线是否插错，各接插件是否接好 → 检查怠速控制阀与怠速空气旁通道是否畅通 → 进行废气分析检测 → 检测氧传感器信号电压 → 判断混合气过浓还是过稀

稀 → 检查各缸高压火、火花塞、中央高压线分火头、分缸高压线 → 检查系统油压 → 检查真空是否漏气 → 检查水温进气温度、空气流量计(进气压力传感器)，节气门位置传感器、曲轴位置传感器和凸轮轴位置传感器信号和开关信号 → 检测判断传感器是否良好 → 检查喷油器是否堵塞 → 检查EGR阀是否常开 → 检查气缸压缩力 → 检查发动机支架与缓冲橡皮等

浓 → 检测系统油压 → 检查水温进气温度、空气流量计(进气压力传感)，节气门位置传感器、曲轴位置传感器和凸轮轴位置传感器信号和开关信号 → 检测判断氧传感器是否良好 → 检测喷油器喷油情况和各喷油器平衡 → 检查活性炭罐 → 检查点火正时 → 检查发动机支架与缓冲橡皮等

图 7—3—7　怠速抖动不稳与喘车的故障诊断流程

某传感器信号不正常，或某部件发生故障，由于信号大小不同，部件损坏位置或损坏程度不同，可能造成怠速过低、过高或不稳，也可能造成怠速喘车。

8．发动机动力不足、加速不良的故障诊断流程

发动机加速不良的现象：一是踩下加速踏板，发动机加速迟缓；二是踩下加速踏板，发动机转速不但不上升反而下降。踩下加速踏板，节气门开度增加，进气量增加，发动机 ECU 根据进气量和节气门位置传感器信号和信号变化率，修正增加喷油量。如

果踩下加速踏板，进气量增加少，喷油量也少，或喷油器喷油量增加迟缓，加速就迟缓；如果踩下加速踏板，进气量急剧增加，但由于传感器信号出错，喷油器喷油量不增加或增加量少，或点火高压火花弱，使发动机转速下降。

发动机动力不足、加速迟缓通常是由于混合气过稀或过浓、点火系统故障、发动机机械系统故障等原因引起的。具体原因有：燃油系统油压过高或过低、喷油器喷油不良、传感器信号错误、点火高压侧电压低能量小、点火正时不正确、气缸压缩压力低、排气管堵塞等。故障诊断流程如图 7—3—8 所示。

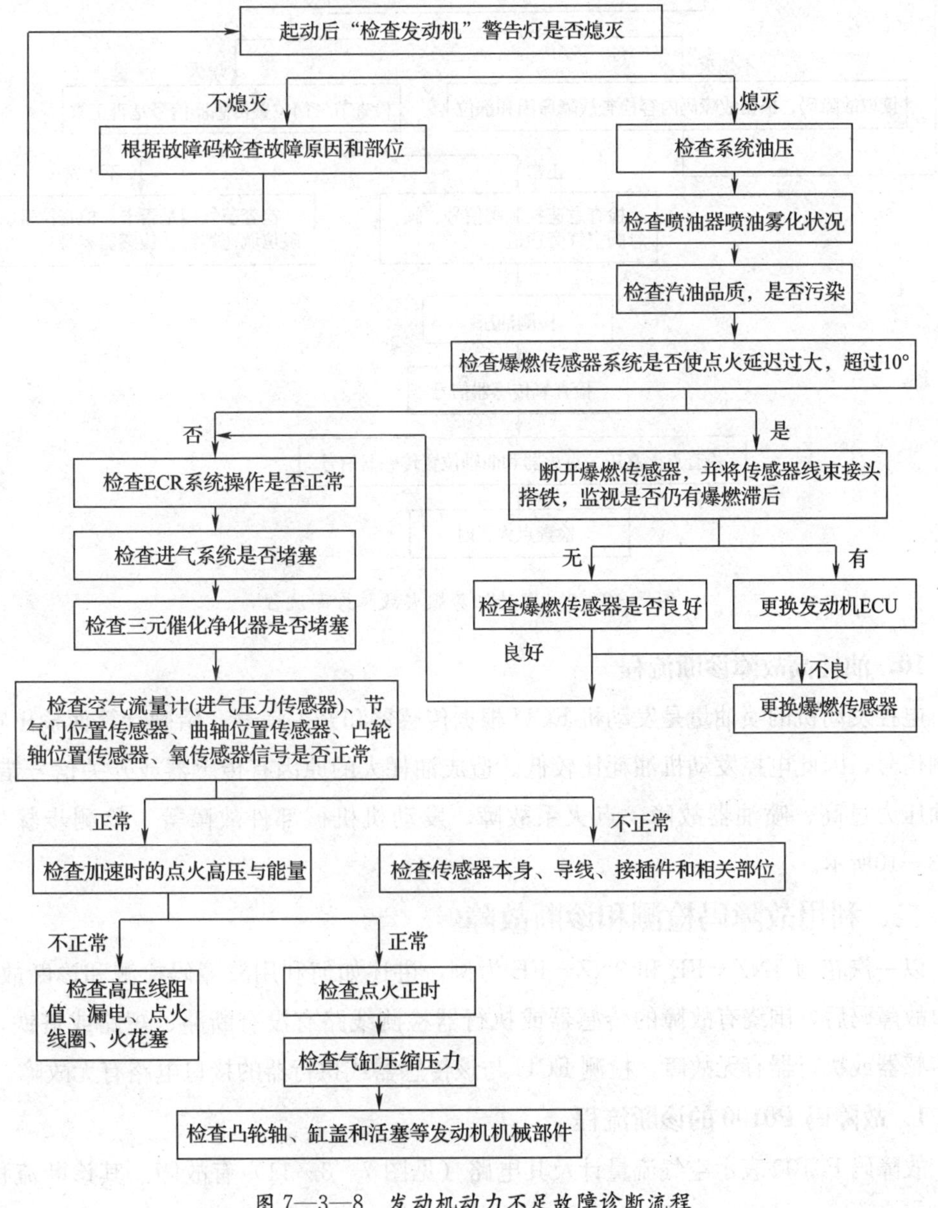

图 7—3—8　发动机动力不足故障诊断流程

9．发动机减速或停车后立即熄火故障诊断流程

发动机运行时放开加速踏板，或踩制动踏板，汽车停驶后立即熄火，其根本原因是发动机从非怠速至怠速时，怠速不稳，所以立即熄火。具体原因有怠速控制阀故障、节气门位置传感器怠速信号错误、油压故障、氧传感器信号错误、点火系统故障和点火正时不正确等。应重点检查从非怠速至怠速时的数值变化情况，故障诊断流程如图7—3—9所示。

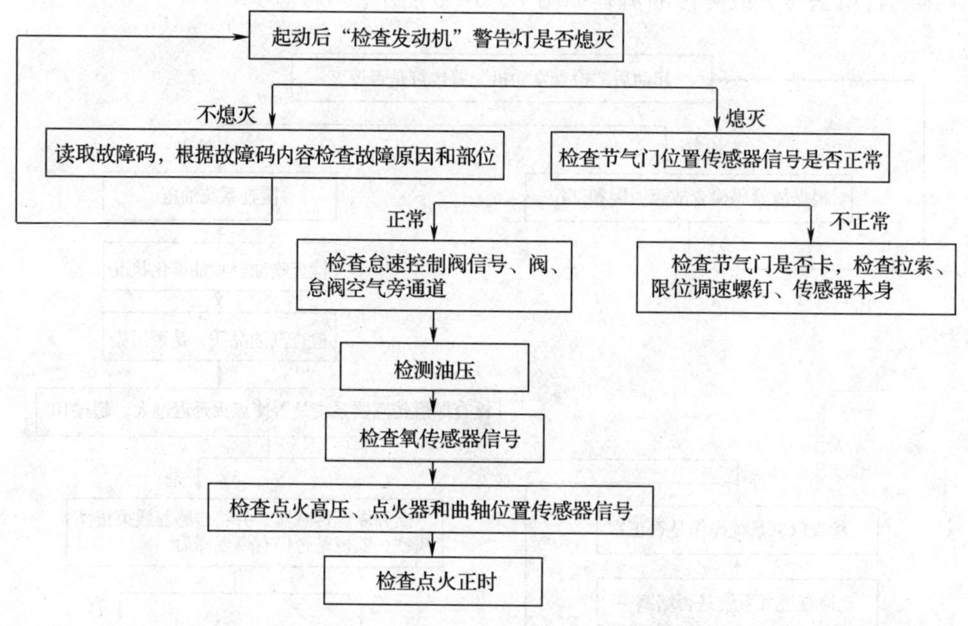

图7—3—9　发动机易熄火故障诊断流程

10．油耗高故障诊断流程

电控发动机的喷油量是发动机ECU根据传感器和开关信号，精确计算而输出喷油控制信号，因此电控发动机油耗比较低。造成油耗大的原因有传感器或开关信号错误、燃油压力过高、喷油器故障、点火系故障、发动机机械部件故障等。检测步骤如图7—3—10所示。

二、利用故障码检测和诊断故障

以一汽花冠1NZ－FE和2NZ－FE为例，讲述如何利用故障码检测和诊断故障。读取故障码后，围绕有故障的传感器或执行器检测线路有没有断路、短路或搭铁，检测传感器或执行器有无故障，检测ECU与该传感器或执行器的接口电路有无故障。

1．故障码P0100的诊断流程

故障码P0100表示空气流量计及其电路（见图7—3—11）有故障。其诊断流程如下。

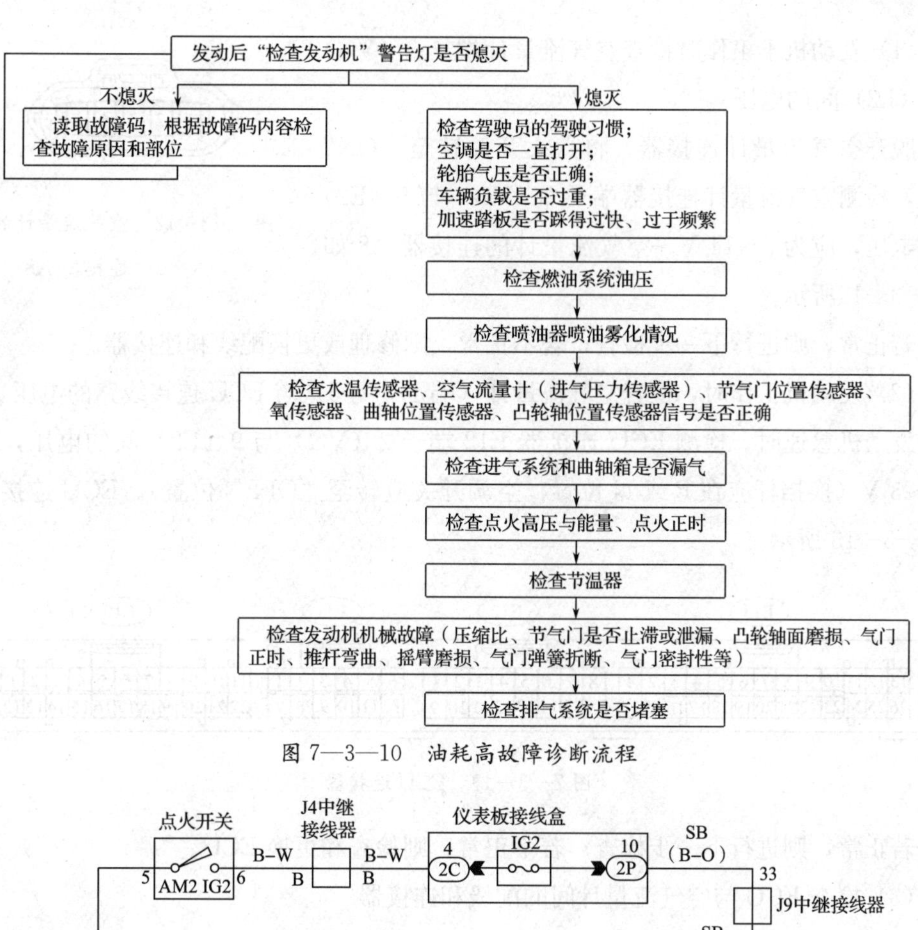

图 7—3—10　油耗高故障诊断流程

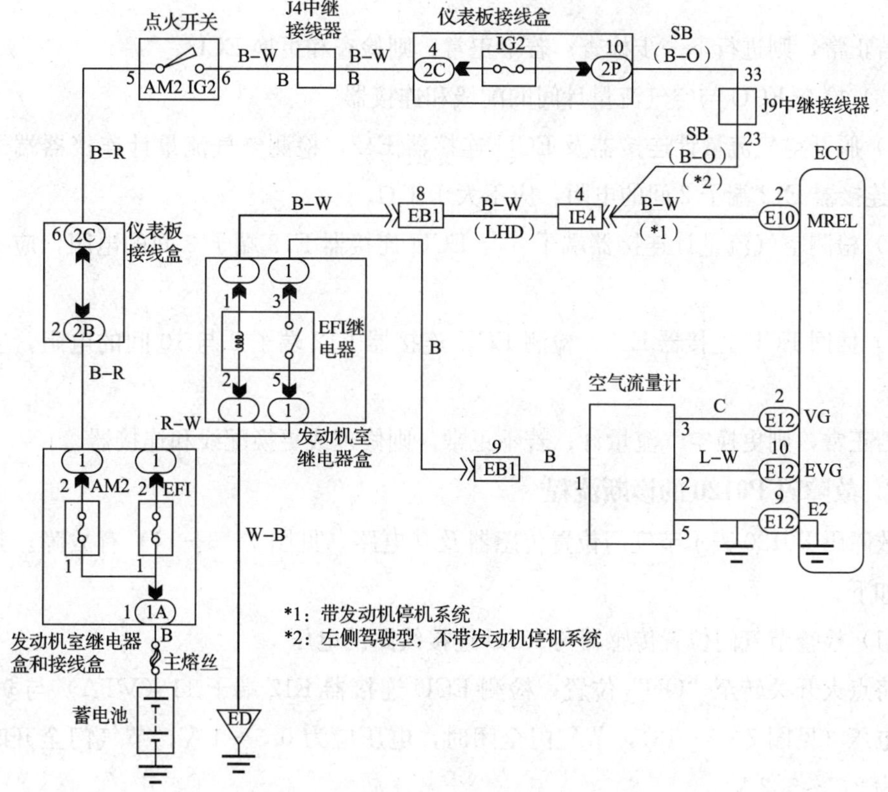

图 7—3—11　空气流量计电路

(1) 发动机不工作时检查空气流量计端子 3（VG）与 5（E2）间的电压

脱开空气流量计连接器，将点火开关转至“ON”位置，检测空气流量计连接器端子 3（VG）与 5（E2）间的电压，应为 9～14 V。空气流量计的连接器 A8 如图7—3—12所示。

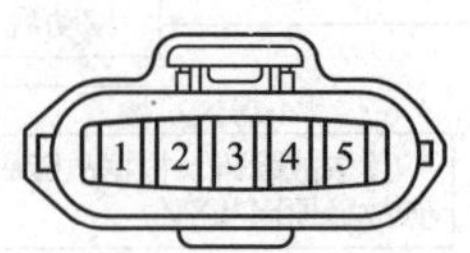

图 7—3—12　空气流量计的连接器 A8

若正常，则进行下一步检查；若不正常，则修理或更换配线和连接器。

(2) 发动机工作时，检查空气流量计（端子 3 与 5）与 ECU 连接线路的电压

发动机怠速时，检测 ECU 连接器 E12 端子 2（VG）与 9（E2）间的电压，应为 0.5～3 V（换挡杆应在 P 或 N 位置，空调开关应转至“OFF”位置）。ECU 连接器如图 7—3—13 所示。

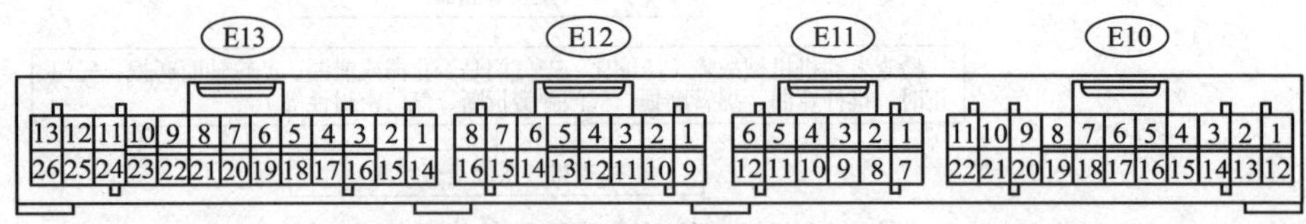

图 7—3—13　ECU 连接器

若正常，则进行下一步检查；若不正常，则检查和更换 ECU。

(3) 检查 ECU 与空气流量计间的配线和连接器

1）脱开空气流量计连接器及 ECU 连接器 E12，检测空气流量计连接器端子 3 与 ECU 连接器 E12 端子 2 间的电阻，应不大于 1 Ω。

2）检测空气流量计连接器端子 5 与 ECU 连接器 E12 端子 9 间的电阻，应不大于 1 Ω。

3）插回 ECU 连接器 E12，检测 ECU 连接器 E12 端子 2 与 10 间的电阻，应大于 1 MΩ。

若正常，则更换空气流量计；若不正常，则修理或更换配线和连接器。

2. 故障码 P0120 的诊断流程

故障码 P0120 表示节气门位置传感器及其电路（见图 7—3—14）有故障。其诊断流程如下。

(1) 检查节气门位置传感器与 ECU 连接线路的电压

将点火开关转至“ON”位置，检测 ECU 连接器 E12 端子 11（VTA）与 9（E2）间的电压（见图 7—3—13），节气门全闭时，电压应为 0.3～1 V；节气门全开时，电压应为 2.7～5.2 V。

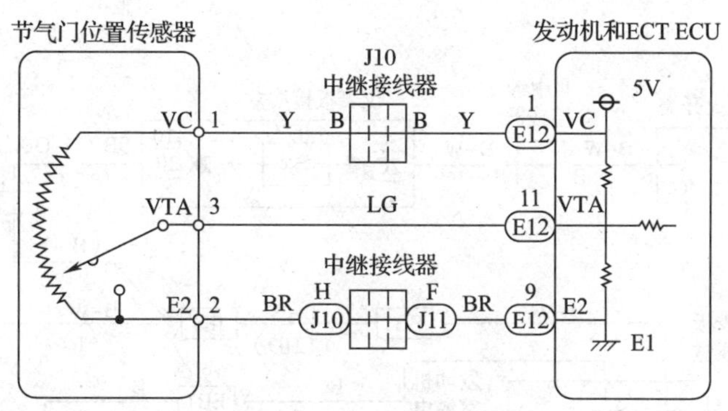

图 7—3—14　气门位置传感器电路

若正常，则检查是否是间歇性故障；若不正常，则进行下一步检查。

(2) 检查节气门位置传感器

脱开节气位置传感器连接器，检测节气门位置传感器端子 1（VC）与 2（E2）间电阻应为 2.5～5.9 Ω；检测端子 2 与 3（VTA）间的电阻，节气门全闭时应为0.2～5.7 Ω，节气门全开时应为 2～10.2 Ω。节气门位置传感器连接器 T1 为黑色，如图 7—3—15 所示。

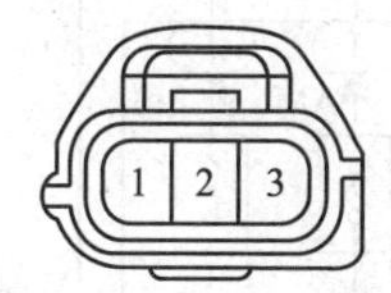

图 7—3—15　节气门位置传感器连接器

若正常，则进行下一步检查；若不正常，则更换节气门位置传感器。

(3) 检查 ECU 与节气门位置传感器间的配线和连接器导通性和绝缘性

1）脱开节气门位置传感器连接器，脱开 ECU 连接器 E12，检测 ECU 连接器 E12 端子 11 与节气门位置传感器连接器端子 3 间的电阻，应为不大于 1 Ω。

2）检测 ECU 连接器 E12 端子 11 与 9 间的电阻，应为不小于 1 MΩ。

若正常，则检查和更换 ECU；若不正常，则修理或更换配线和连接器。

3．故障码 P0130、P0136 的诊断流程

故障码 P0130、P0136 表示 1、2 号氧传感器及其电路（见图 7—3—16）有故障。其诊断流程如下。

(1) 读取故障码

如果只有故障码 P0130 或 P0136，则进行下一步检查；如果还有其他故障码，则进行相关故障码检查。

(2) 读取氧传感器的输出电压

发动机转速为 2 500 r/min，预热氧传感器约 90 s，用故障测试仪读取怠速时氧传感器的输出电压，应在小于 0.4 V 和大于 0.55 V 间反复交替变化。若正常，则进行第 9 步检查；若不正常，则进行下一步检查。

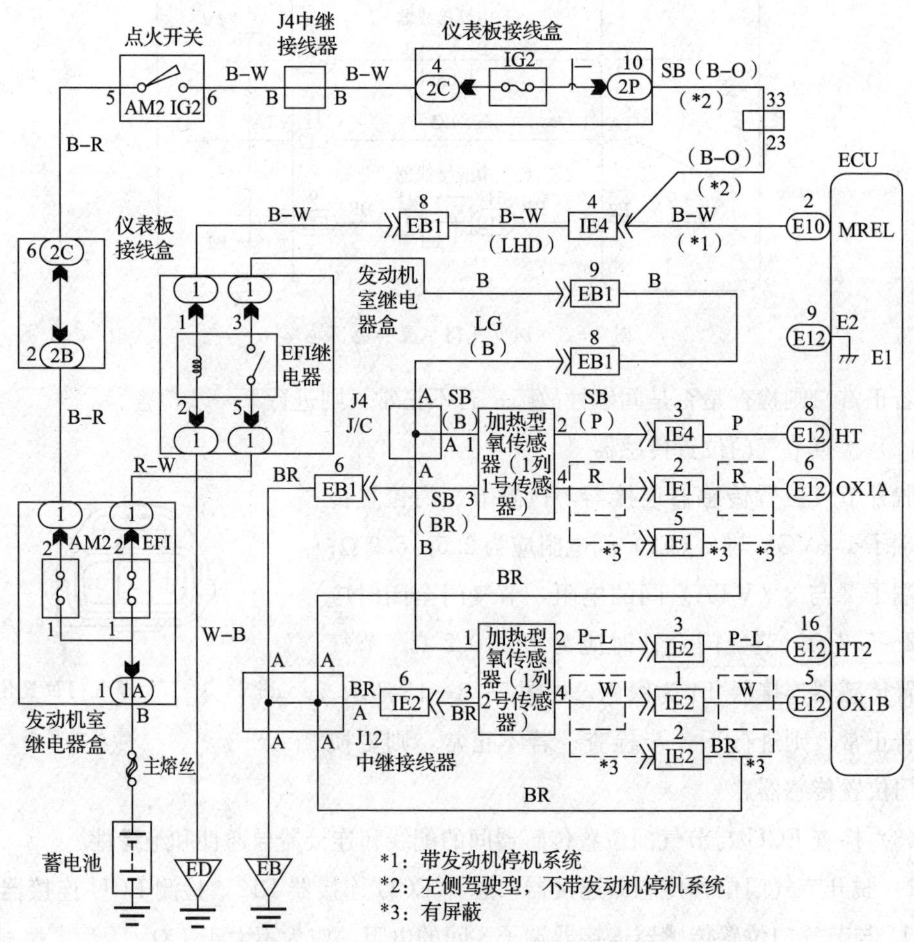

图 7—3—16　氧传感器及其电路

(3) 检查 ECU 与氧传感器间的配线和连接器

1）脱开氧传感器连接器和 ECU 连接器 E12，检测 ECU 连接器（见图 7—3—13）E12 端子 6（OX1A）与氧传感器连接器端子 4（OX1A）间的电阻，应不大于 1 Ω。氧传感器连接器 H6 如图 7—3—17 所示。

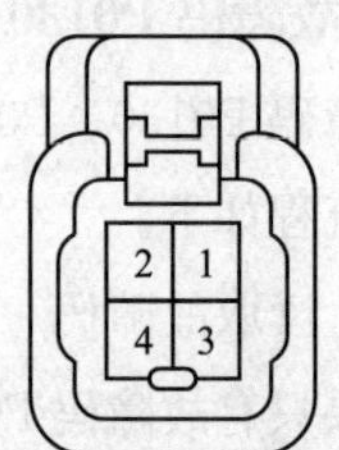

图 7—3—17　氧传感器连接器

2）检测 ECU 连接器 E12 端子 6 与 9 间的电阻，应不小于 1 MΩ。

若正常，则进行下一步检查；若不正常，则检修或更换配线和连接器。

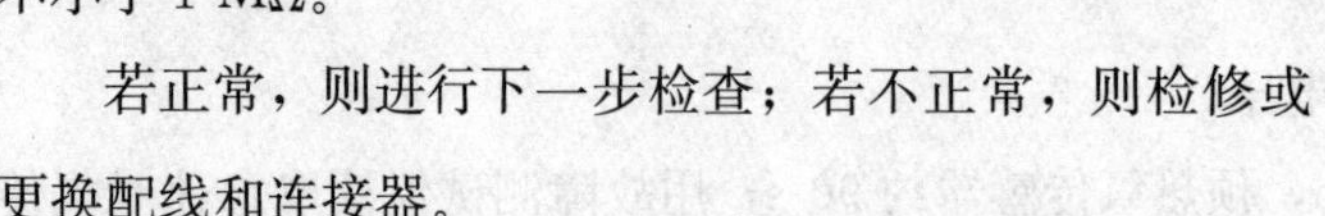

(4) 检查是否发生失火现象

若正常，则进行下一步检查；若不正常，则检查火花塞跳火情况和点火系统。

(5) 检查排放控制系统

若正常，则进行下一步检查；若不正常，则检修排放控制系统。

(6) 检查燃油压力

若正常，则进行下一步检查；若不正常，则检查燃油系统。

(7) 检查喷油器

若正常，则进行下一步检查；若不正常，则更换喷油器。

(8) 检查排气系统是否泄漏

若正常，则更换氧传感器；若不正常，则检修漏气点。

(9) 清除故障码，给氧传感器加热，读取故障码

若有故障码 P0130 或 P0136 输出，则进行下一步检查；若不输出该故障码，则检查更换 ECU。

(10) 检查车辆燃油是否耗尽

若正常，则系统正常；若不正常，则检查是否是间歇性故障。

4．故障码 P0135、P0141 的诊断流程

故障码 P0135、P0141 表示 1、2 号氧传感器加热器及其电路（见图 7—3—16）有故障。其诊断流程如下。

(1) 检查 ECU

将点火开关转至“ON”位置，检测 ECU 连接器 E12 端子 8（HT）与 9（E2）间的电压，应为 9～14 V。若正常，则检查并更换 ECU；若不正常，则进行下一步检查。

(2) 检查氧传感器

脱开氧传感器连接器，检测氧传感器连接器（见图 7—3—17）端子 2（HT）与 1（＋B）间的电阻，20℃时应为 11～16 Ω。若正常，则进行下一步检查；若不正常，则更换氧传感器。

(3) 检查 ECU 与氧传感器间的配线和连接器

1）脱开氧传感器连接器，脱开发动机和 ECT ECU 连接器 E12，检测氧传感器（1 列 1 号传感器）端子 2 与 ECU 连接器 E12 端子 8 间的电阻，应不大于 1 Ω。

2）检测 ECU 连接器 E12 端子 9 与 8 间的电阻，应不小于 1 MΩ。

若正常，则进行下一步检查；若不正常，则修理或更换配线和连接器。

(4) 检查 ECU 电源电路

若正常，则进行下一步检查；若不正常，则修理或更换 ECU 电源电路。

(5) 检查配线和连接器

脱开蓄电池负极电缆，脱开氧传感器连接器，检查断路继电器插座连接器端子 5 与氧传感器连接器端子 1 间的电阻，应不大于 1 Ω。若正常，则检查并更换 ECU；若

不正常，则修理或更换配线和连接器。

5．故障码 P0325 的诊断流程

故障码 P0325 表示爆燃传感器及其电路（见图 7—3—18）有故障。其诊断流程如下。

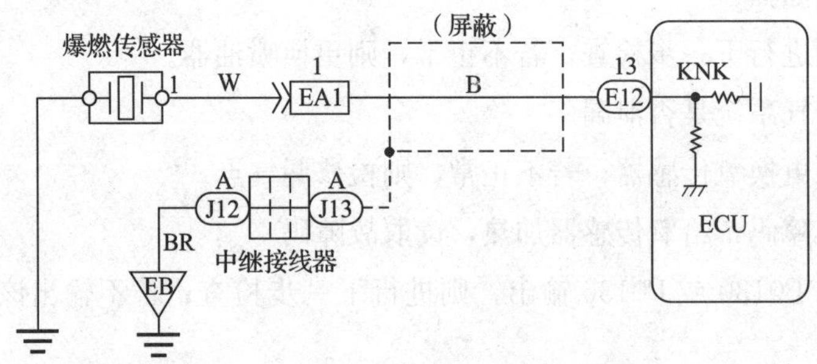

图 7—3—18　爆燃传感器及其电路

(1) 检查配线和连接器

脱开 ECU 连接器 E12，检测 ECU 连接器 E12 端子 13（KNK）与 9（E2）间的电阻，应不小于 1 MΩ。若正常，则进行第 3 步检查；若不正常，则进行下一步检查。

(2) 检查爆燃传感器

若正常，则进行下一步检查；若不正常，则更换爆燃传感器。

(3) 检查 ECU 与爆燃传感器间的配线和连接器

1）脱开爆燃传感器连接器，脱开 ECU 连接器 E12，检测 ECU 连接器 E12 端子 13 与爆燃传感器端子 1 间的导通性，应导通。

2）检测 ECU 连接器 E12 端子 13 与 9 间的电阻，应不小于 1 MΩ。

若正常，则进行下一步检查；若不正常，则修理或更换配线和连接器。

(4) 更换爆燃传感器

拆下爆燃传感器，安装一个好的爆燃传感器并进行行驶试验，读取故障码。

若有故障码 P0325，则检查并更换 ECU；若没有故障码 P0325，则更换原爆燃传感器。

6．故障码 P0505 的诊断流程

故障码 P0505 表示怠速控制系统（见图 7—3—19）有故障。其诊断流程如下。

(1) 检查 ECU

脱开 ECU 连接器 E10（见图 7—3—13），检测 ECU 连接器 E10 端子 12（+B）与 E12 端子 9 间的电压，应为 9～14 V。若正常，则进行第 4 步检查；若不正常，则进行下一步检查。

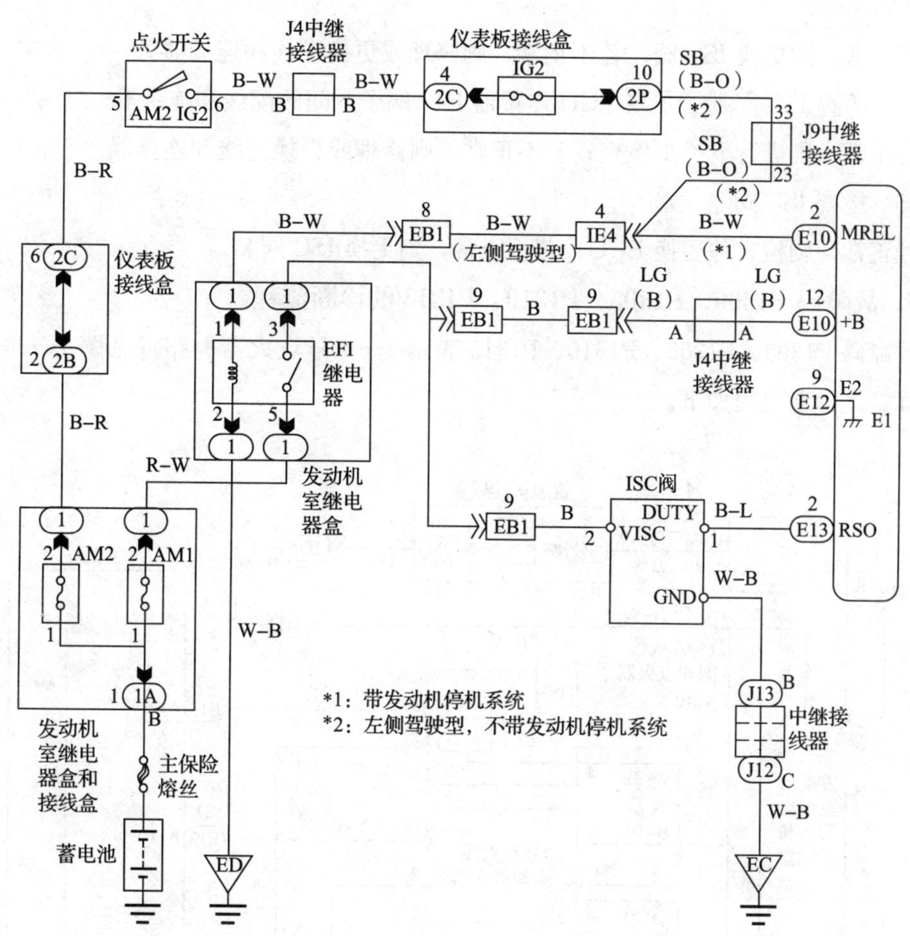

图 7—3—19　怠速控制系统电路

（2）检查怠速控制阀

脱开怠速控制阀（ISC 阀）连接器，将点火开关转至“ON”位置，检测 ISC 阀连接器端子 1（+B）与 3（E01）间的电压，应为 9～14 V。ISC 阀连接器 I9 如图7—3—20所示。若正常，则进行下一步检查；若不正常，则修理或更换配线和连接器。

图 7—3—20　怠速控制（ISC）阀连接器

（3）检查 ISC 阀与发动机和 ECT ECU 间的配线和连接器

1）脱开 ECU 连接器 E13，脱开 ISC 阀连接器，检测 ECU 连接器 E13 端子 2（RSO）与 ISC 阀连接器端子 2（RSO）间的电阻，应不大于 1 Ω。

2）检测 ECU 连接器 E13 端子 2 与 ISC 阀连接器端子 3 间的电阻，应不小于 1 MΩ。

3）将点火开关转至“ON”位置，检测 ISC 阀连接器端子 1 与 3 间的电压，应为

9～14 V。

若正常，则更换 ISC 阀；若不正常，则修理或更换配线和连接器。

（4）检查 ISC 阀端子 3 与 ECU 连接器 E12 端子 9 间的配线和连接器。

若正常，则进行下一步检查；若不正常，则修理或更换配线和连接器。

（5）检查 ISC 阀

若正常，则检查并更换 ECU；若不正常，则更换 ISC 阀。

7. 故障码 P1300、P1305、P1310、P1315 的诊断流程

故障码 P1300、P1305、P1310、P1315 表示 1－4 号点火器电路（见图 7—3—21）有故障。其诊断流程如下。

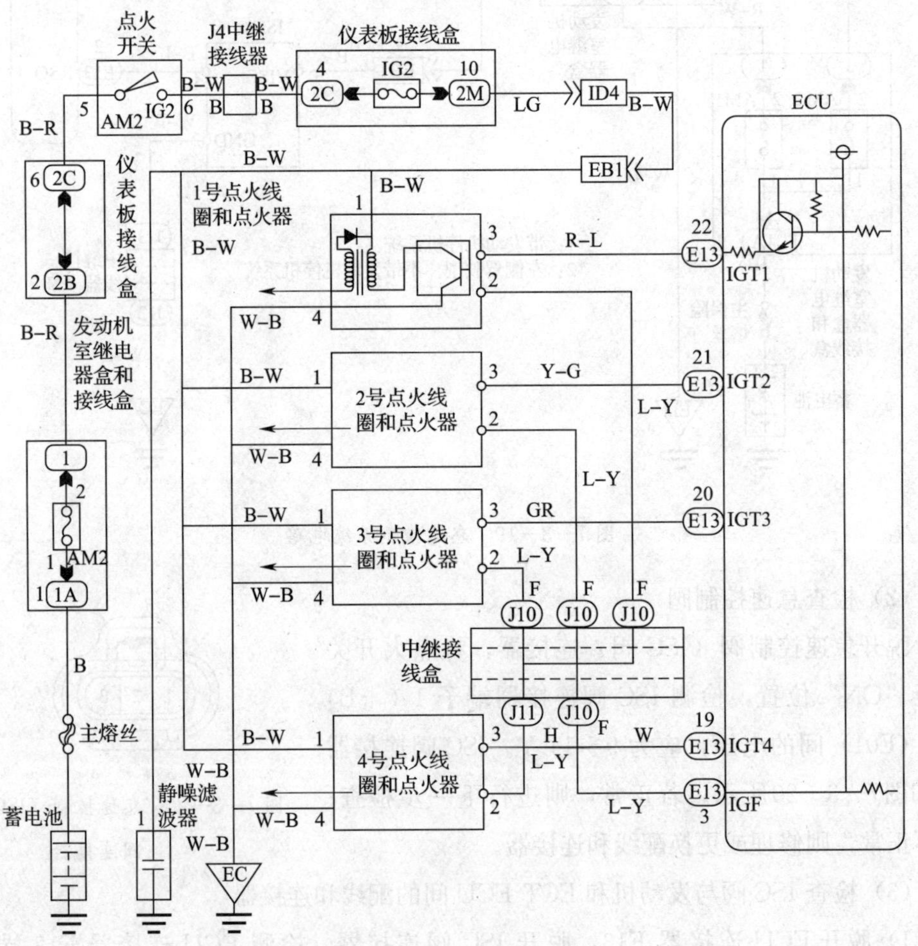

图 7—3—21　点火电路

（1）检查火花塞及其火花

若正常，则进行下一步检查；若不正常，则进行第 4 步检查。

（2）检查 ECU 与点火线圈间的配线和连接器

1）脱开点火线圈连接器，脱开 ECU 连接器 E13，检查 ECU 连接器 E13 端子 3（IGF 为点火确认信号）与点火线圈连接器端子 2（IGF）间的电阻，应不大于 1 Ω。点火线圈连接器如图 7—3—22 所示。

图 7—3—22　点火线圈连接器

2）检测 ECU 连接器 E13 端子 3 与 E12 端子 9 间的绝缘性，应不小于 1 MΩ。

若正常，则进行下一步检查；若不正常，则修理或更换配线和连接器。

（3）检查 ECU

脱开点火线圈连接器，将点火开关转至“ON”位置，检测 ECU 连接器 E13 端子 3 与 E12 端子 9（E2）间的电压，应为 4.5～5.5 V。若正常，则更换点火线圈；若不正常，则检查并更换 ECU。

（4）检查 ECU 与点火线圈间的配线和连接器

1）脱开点火线圈连接器和 ECU 连接器 E13，检测 E13 端子、端子 19（IGT4）、20（IGT3）、21（IGT2）、22（IGT1）与点火线圈连接器端子 3（IGT）间的电阻，均应不大于 1 Ω。

2）分别检测 ECU 连接器 E13 端子 19、20、21、22 与 E12 端子 9 间的电阻，均应不小于 1 MΩ。

若正常，则进行下一步检查；若不正常，则修理或更换配线和连接器。

（5）检查 ECU

脱开点火线圈连接器，分别检测 ECU 连接器 E13 端子 19、20、21、22 与 ECU 连接器 E12 端子 9 间的电压，均应为 0.1～2.5 V。若正常，则进行下一步检查；若不正常，则检查并更换 ECU。

（6）检查配线和连接器

脱开点火线圈（带点火器）连接器，将点火开关转至“ON”位置，检测点火线圈连接器端子 1（+B）与 4（GND）间的电压，应为 9～14 V。若正常，则检查是否是间歇性故障；若不正常，则修理或更换配线和连接器。

8．故障码 P0171、P0172 的诊断流程

故障码 P0171 表示系统内混合气过稀，故障码 P0172 表示系统内混合气过浓。其原因有：由于软管松动空气进入、燃油管路压力异常、喷油器堵塞、氧传感器有故障、空气流量计有故障、水温传感器有故障等。其诊断流程如下。

（1）检查排放控制系统

若正常，则进行下一步检查；若不正常，则修理或更换排放系统。

（2）检查燃油压力

若正常，则进行下一步检查；若不正常，则修理或更换燃油系统。

（3）检查喷油器

若正常，则进行下一步检查；若不正常，则更换喷油器。

（4）检查水温传感器

若正常，则进行下一步检查；若不正常，则更换水温传感器。

（5）检查火花塞跳火情况和点火系统

若正常，则进行下一步检查；若不正常，则修理或更换点火系统。

（6）更换一个好的氧传感器，检查故障是否消失

若故障消失，则更换氧传感器；若故障不消失，则检查并更换 ECU。

9．故障码 P1349 的诊断流程

故障码 P1349 表示 VVT－i 系统故障，凸轮轴正时机油控制阀电路（见图 7—3—23）有故障。其诊断流程如下。

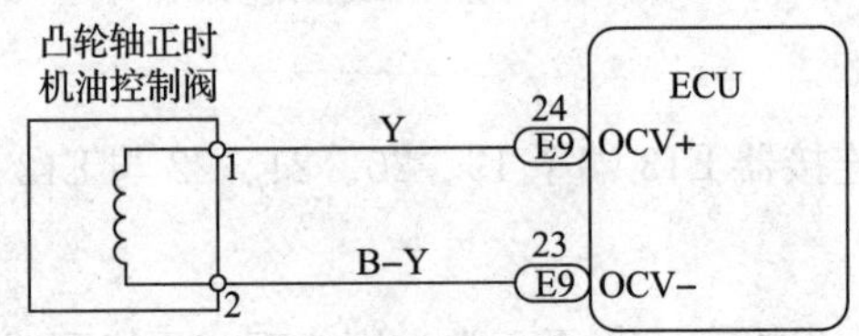

图 7—3—23　凸轮轴正时机油控制阀电路

（1）检查气门正时

若正常，则进行下一步检查；若不正常，则调整气门正时。

（2）检查凸轮轴正时机油控制阀（OCV）工作状况

1）起动发动机，脱开 OCV 连接器并检查发动机转速，发动机转速应正常。

2）将蓄电池电压施加在 OCV 端子间并检查发动机转速，发动机应怠速不稳或失速。

若正常，则进行下一步检查；若不正常，则进行第 4 步检查。

（3）检查发动机和 ECT ECU

将点火开关转至“ON”位置，用示波器检测发动机和 ECT ECU 连接器 E9 端子 24（OCV＋）与 23（OCV－）间的波形。若正常，则 VVT－i 系统正常；若不正常，则检查并更换 ECU。

（4）检查凸轮轴正时齿轮

若正常，则更换 VVT－i 控制器总成；若不正常，则更换凸轮轴正时齿轮。

（5）检查凸轮轴正时机油控制阀

若正常，则进行下一步检查；若不正常，则更换凸轮轴正时机油控制阀。

（6）检查凸轮轴正时机油控制阀滤清器

若正常，则进行下一步检查；若不正常，则修理或更换凸轮轴正时机油控制阀滤清器。

（7）清除故障码，进行模拟检查，读取故障码，应没有故障码 P1349

若正常，则 VVT—i 系统正常；若不正常，则检查并更换 ECU。

三、利用故障症状表和诊断表检测和诊断故障

1．故障症状表

以一汽花冠为例，根据故障症状表（见表 7—3—1）来检测和诊断故障，是一个有效的途径。

表 7—3—1　　一汽花冠故障症状表

故障症状	故障部件	故障症状	故障部件
发动机不能转动	1．起动机和起动机继电器有故障 2．空挡起动开关电路有故障	怠速不正常（怠速差）	ISC 阀电路有故障
没有完全燃烧（不能起动）	1．燃油泵控制电路有故障 2．点火线圈（带点火器）电路有故障 3．喷油器有故障	无初始燃烧（不能起动）	1．ECU 电源电路有故障 2．点火线圈及带点火器电路有故障 3．燃油泵控制电路有故障 4．喷油器有故障
冷机起动困难	1．起动机信号电路有故障 2．ISC 阀电路有故障 3．燃油泵控制电路有故障 4．喷油器有故障 5．点火线圈（带点火器）有故障 6．火花塞有故障	热机起动困难	1．起动机信号电路有故障 2．ISC 阀电路有故障 3．燃油泵控制电路有故障 4．喷油器有故障 5．点火线圈（带点火器）有故障 6．火花塞有故障
发动机怠速转速高（怠速差）	1．ISC 阀电路有故障 2．ECU 电源电路有故障 3．空挡起动开关电路有故障 4．备用电源电路有故障	发动机怠速转速低（怠速差）	1．ISC 阀电路有故障 2．空挡起动开关电路有故障 3．燃油泵控制电路有故障 4．备用电源电路有故障

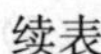

续表

故障症状	故障部件	故障症状	故障部件
发动机难以起动	1. 起动机信号电路有故障 2. ISC阀电路有故障 3. 油泵控制电路有故障 4. 点火线圈（带点火器）有故障 5. 火花塞有故障 6. 压缩压力不正常 7. 喷油器有故障	怠速不稳（怠速差）	1. ISC阀电路有故障 2. 喷油器有故障 3. 点火线圈（带点火器）有故障 4. 压缩压力有故障 5. 燃油泵控制电路有故障 6. 备用电源电路有故障
调速不匀（怠速差）	1. ISC阀电路有故障 2. ECU电源电路有故障 3. 燃油泵控制电路有故障	喘振（驾驶性能差）	1. 燃油泵控制电路有故障 2. 火花塞有故障 3. 喷油器有故障
着火后消声器爆燃（性能差）	1. 点火线圈（带点火器）有故障 2. 火花塞有故障 3. 喷油器有故障	发动机失速（松开加速踏板后）	1. 喷油器有故障 2. ISC阀电路有故障 3. 发动机和ECT ECU有故障
发动机失速（起动后不久产生）	1. 燃油泵控制电路有故障 2. ISC阀电路有故障	发动机失速（由N挡换入D挡时）	1. 空挡起动开关电路有故障 2. ISC阀电路有故障
喘振/加速性能差（驾驶性能差）	1. 喷油器有故障 2. 燃油泵控制电路有故障 3. 点火线圈及点火器电路有故障 4. A/T有故障		

2. 故障诊断表

以丰田2JZ—GE为例，根据发动机故障诊断表（见表7—3—2）规定的故障可能的部件的顺序，能迅速准确地检测和诊断故障。

表 7—3—2

丰田 2JZ—GE 发动机故障诊断表

检测顺序 症状	怀疑部位	开关状态信号电路	点火信号电路（火花试验）	水温传感器电路	进气温度传感器电路	真空度传感器电路	节气门位置传感器电路	起动机信号电路	爆燃传感器电路	空挡起动开关电路	A/C信号（电路）空调	汽油泵电路	油压调节器	油管	喷油器	ISC阀电路	EFI主继电器电源	节气门减速缓冲器	燃油切断系统	发动机和变速器ECU	燃油质量	漏燃油	漏冷却液	漏机油	起动机继电器	空挡起动开关	起动机	火花器	分电器	加速器踏板拉杆	松开后制动器仍抱死	冷却风扇系统	离合器	气缸压缩不良
不能起动	发动机转不动																								1	3	2							
	起动机转不动发动机																										1							
	无初始燃烧	12	2			5						6				8	3			13	7								1					9
	燃烧不完全			4		1							3		9	2				10														5
起动困难	发动机转动缓慢										2																1							
	常温起动困难	11	12	4	13							6	5	7	15	3				16	1							2	14					8
	冷态起动困难			1	5			2				7	6	8	9	4				10	3													
	热态起动困难			1	4							6	5	7	8	3				9	2													
怠速运转不好	开始怠速不正确			2												3		4		5										1				
	怠慢转速太高			2	5		6			8	7				9	3		4		10										1				
	怠慢运速太低			1		3									4	2				5														
	怠慢转速不柔和		16	2		11						6	5	7	15	8				17	1							3	4					9
	缺火（怠慢不稳）		3	5		7									8					9	1							2	4					6
驾驶性能不良	加速时发抖/加速性差			9	10	8	7					12	11	13	16					17	3							4	5		2		1	6
	回火			2	5	4	3					7	6	8	9					10														
	消声器放炮			3	7	5	6					4		8					1	9														
	发动机喘振											1		4						5								2	3					
	爆燃								1											9	2							3				6		

续表

症状	检测顺序 \ 怀疑部位	开关状态信号电路	点火信号电路（火花试验）	水温传感器电路	进气温度传感器电路	真空度传感器电路	节气门位置传感器电路	起动机信号电路	爆燃传感器电路	空挡起动开关电路	A/C信号（电路）空调	汽油泵电路	油压调节器	油管	喷油器	ISC阀电路	EFI主继电器电源	节气门减速缓冲器	燃油切断系统	发动机和变速器ECU	燃油质量	漏燃油	漏冷却液	漏机油	起动机继电器	空挡起动开关	起动机	火花器	分电器	加速器踏板拉杆	松开后制动器仍抱死	冷却风扇系统	离合器	气缸压缩不良
发动机失速	起动后不久就失速			7		6						3	2	4	8	5				9	1													
	在踩下节气门踏板后					1	2						4	5	6					7								3						
	在松开节气门踏板后					2										1				3														
	在 A/C 工作时										1					2				3														
	从 N 挡位换到 D 挡位时									1						2				3														
其他故障	燃油消耗过大			13	18	15	14			16	17				12				6		2	1						7	8	3	5		4	9
	发动机过热								9														1					8				2		
	发动机过冷																															1		
	机油消耗过高																							1										3
	机油压力太高																							1										
	机油压力太低																							1										
	起动机运转不停																								1		2							

四、检测 ECU 端子电压和电阻

1. 按规定的发动机工作状态，检测 ECU 各端子的电压

按规定的发动机工作状态，检测 ECU 和端子电压。如果电压值与规定值不符，说明这部分电路有故障，见表 4—1—1。

2. 根据发动机电控系统维修数据表检测和诊断故障

发动机电控系统维修数据见表 7—3—3。

表 7—3—3　　发动机电控系统维修数据

维修项目	检测条件	维修数据
动力转向油压传感器电压（PSP—E2）	发动机怠速时，不转转向盘	0.5～2.5 V
	发动机怠速时，转动转向盘	2.5～4.5 V
可变电阻器电压	VC—E2	4.5～5.5 V
怠速控制阀移动	点火开关打开	半开→全关→全开→半开
空气流量计电阻	−20℃	13.6～18.4 kΩ
	20℃	2.21～2.69 kΩ
	60℃	0.49～0.67 kΩ
凸轮轴正时机油控制阀电阻	20℃	6.9～7.9 Ω
节气门位置传感器电阻	VC—E2	2.5～6 kΩ
水温传感器电阻	约 20℃	2.32～2.59 kΩ
	约 80℃	310～326 Ω
可变电阻器电阻	VC—E2	3.5～6.5 kΩ
燃油压力调节器燃油压力		304～343 kPa
喷油器	电阻（21℃）	13.45～14.45 Ω
	喷射量	47～58 cm^3（每隔 15 s）
	各喷油嘴间喷油量的误差	11 cm^3
	滴油量	每 12 min 不多于 1 滴
燃油泵电阻	20℃	0.2～3 Ω
氧传感器电阻	22℃	11～16 Ω
炭罐总成检查方法：关闭 B 和 C 端口，然后对 A 端口施加真空	标准	不泄漏

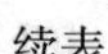

续表

维修项目	检测条件	维修数据
炭罐总成检查方法：关闭C端口，然后对A端口施加真空	标准	空气从B端口流出
炭罐总成检查方法：关闭C端口，然后将空气吹入A端口	标准	空气从B端口流出
炭罐总成检查方法：将空气吹入A端口	标准	B端口和C端口都有空气流出
真空开关阀	20℃时的电阻	30～34 Ω
	空气从E端口流入F端口	空气从F端口流出

思考与练习

1. 简述发动机故障诊断的基本流程。
2. 故障码可用于发动机哪些情况的故障诊断？

模块八

发动机电控系统新技术

课题一　车载网络系统

学习目标

◆ 熟悉汽车车载网络系统的类型。

◆ 了解 CAN 的工作原理。

◆ 会检修车载网络系统（CAN 总线）故障。

如图 8—1—1 所示为汽车电缆布置，线路异常复杂。据统计，一辆采用传统布线方法的高档汽车中，其导线长度可达 2 000 m，电气节点达 1 500个。随着汽车电器的增多，该数字约每 10 年增长 1 倍，从而加剧了粗大的线束与汽车有限的空间之间的矛盾，布线越来越困难，限制了功能的扩展。同时导线质量每增加 50 kg，油耗增加0.2 L/100 km。传统的电气系统大多采用点对点的单一通信方式，相互之间少有联系。

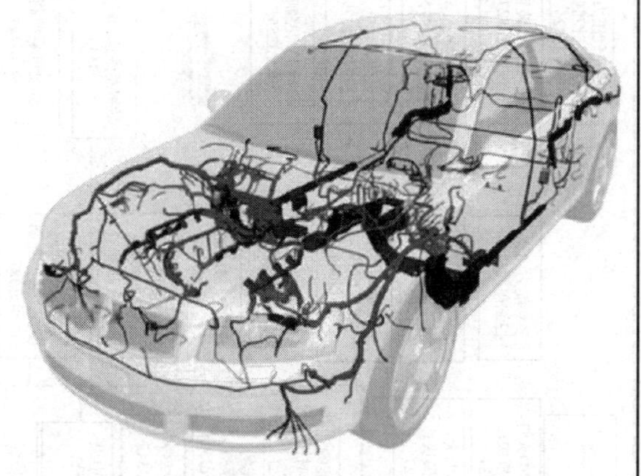

图 8—1—1　汽车电缆

现代汽车采用多个电子控制系统，如图 8—1—2 所示。每一个子系统都由电子控制单元、传感器、执行器、数据传输线路组成。各子系统的电控单元要进行信息交流，并经过复杂的控制运算、发出控制指令，如果通过简单地连接，会导致电控单元针脚增加、电气系统线路复杂、故障率高、维修难度大。同一个信号，需要多个传感器送到不同的系统，这样必然需要庞大的布线。这个问题是如何解决的呢？

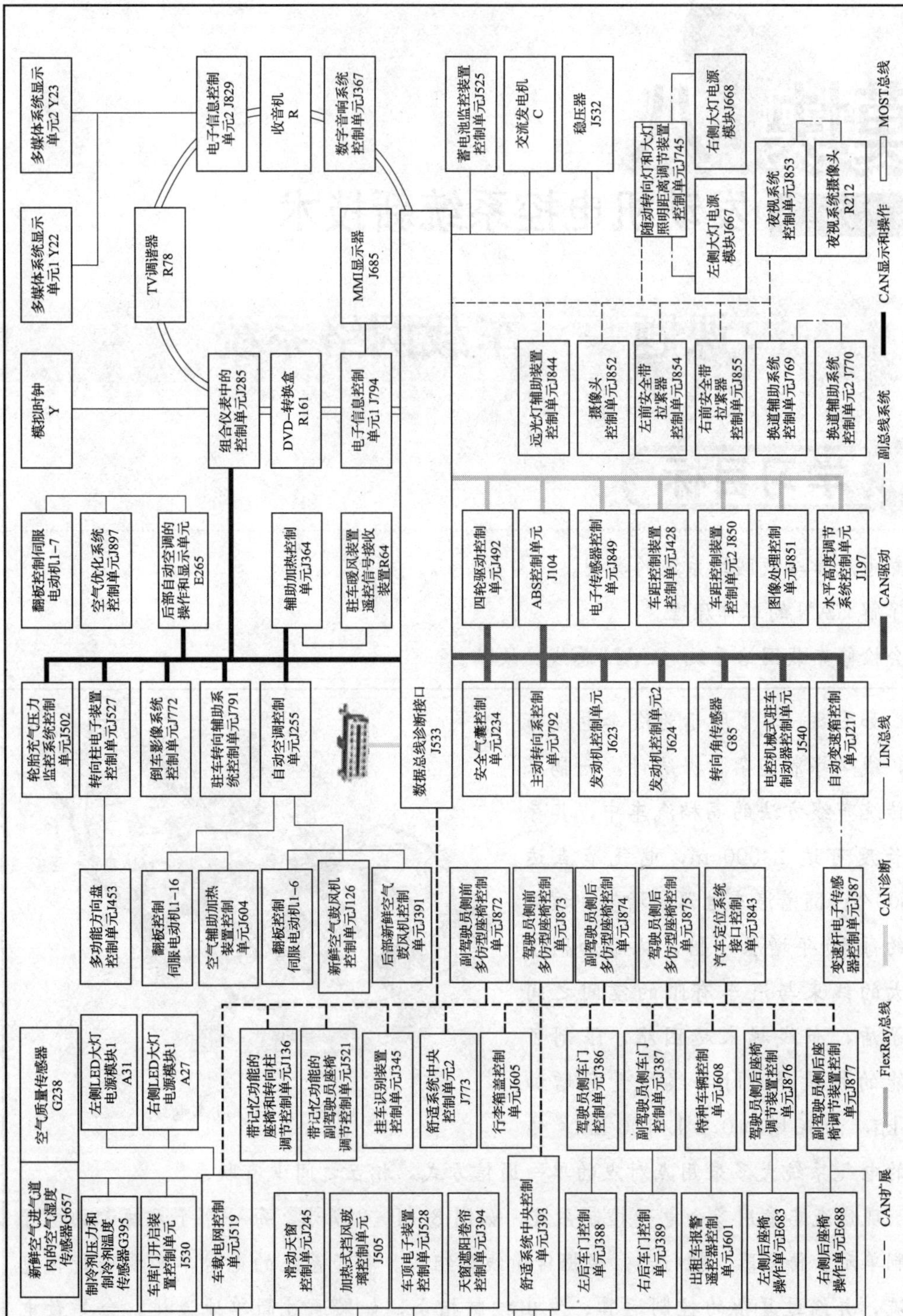

雨刮器电动机控制单元J400
雨量和光照传感器G397
车灯开关E1
电动调节转向柱控制单元J866
车库门开启操作单元E284
防盗报警装置传感器G578
空气湿度传感器G355
报警喇叭H12
电子转向柱锁控制单元J764
进入及起动许可开关E415
靠背后倾遥控E662

新鲜空气进气道内的空气湿度传感器G657
空气质量传感器G238
制冷剂压力和制冷剂温度传感器G395
左侧LED大灯电源模块1 A31
车库门开启装置控制单元J530
右侧LED大灯电源模块1 A27
车载电网控制单元J519
滑动天窗控制单元J245
加热式挡风玻璃控制单元J505
车顶电子装置控制单元J528
天窗遮阳卷帘控制单元J394
舒适系统中央控制单元J393
左后车门控制单元J388
右后车门控制单元J389
出租车报警遥控器控制单元J601
左侧后座椅操作单元E683
右侧后座椅操作单元E688

带记忆功能的座椅和转向柱调节控制单元J136
带记忆功能的副驾驶员座椅调节控制单元J521
挂车识别装置控制单元J345
舒适系统中央控制单元2 J773
行李箱盖控制单元J605
驾驶员侧车门控制单元J386
副驾驶员侧车门控制单元J387
特种车辆控制单元J608
驾驶员侧后座椅调节装置控制单元J876
副驾驶员侧后座椅调节装置控制单元J877

多功能方向盘控制单元J453
翻板控制伺服电动机1-16
空气辅助加热装置控制单元J604
翻板控制伺服电动机1-6
新鲜空气鼓风机控制单元J126
后部新鲜空气鼓风机控制单元J391
副驾驶员侧前多仿型座椅控制单元J872
驾驶员侧前多仿型座椅控制单元J873
副驾驶员侧后多仿型座椅控制单元J874
驾驶员侧后多仿型座椅控制单元J875
汽车定位系统接口控制单元J843
变速杆电子传感器控制单元J587

轮胎充气压力监控系统控制单元J502
转向柱电子装置控制单元J527
倒车影像系统控制单元J772
驻车转向辅助系统控制单元J791
自动空调控制单元J255
数据总线诊断接口J533
安全气囊控制单元J234
主动转向系控制单元J792
发动机控制单元J623
发动机控制单元2 J624
转向角传感器G85
电控机械式驻车制动器控制单元J540
自动变速箱控制单元J217

翻板控制伺服电动机1-7
空气优化系统控制单元J897
后部自动空调的操作和显示单元E265
辅助加热控制单元J364
驻车暖风装置遥控信号接收装置R64
四轮驱动控制单元J492
ABS控制单元J104
电子传感器控制单元J849
车距控制装置控制单元J428
车距控制装置控制单元2 J850
图像处理控制单元J851
水平高度调节系统控制单元J197

模拟时钟Y
组合仪表中的控制单元J285
DVD-转换盒R161
电子信息控制单元1 J794
远光灯辅助装置控制单元J844
摄像头控制单元J852
左前安全带拉紧器控制单元J854
右前安全带拉紧器控制单元J855
换道辅助系统控制单元J769
换道辅助系统控制单元2 J770

多媒体系统显示单元1 Y22
TV调谐器R78
MMI显示器J685
左侧大灯电源模块J667
夜视系统控制单元J853
夜视系统摄像头R212

多媒体系统显示单元2 Y23
电子信息控制单元2 J829
收音机R
数字音响系统控制单元J367
蓄电池监控装置控制单元J525
交流发电机C
稳压器J532
随动转向灯和大灯照明距离调节装置控制单元J745
右侧大灯电源模块J668

CAN舒适　CAN扩展　FlexRay总线　CAN诊断　LIN总线　CAN驱动　副总线系统　CAN显示和操作　MOST总线

图 8—1—2　电子控制系统(奥迪 A6)

汽车车载网络系统（见图 8—1—3）已经将网际网络、无线连接、个人通信电子装置、娱乐设备等整合到汽车上，与动力系统相结合，为乘客提供了前所未有的便利。

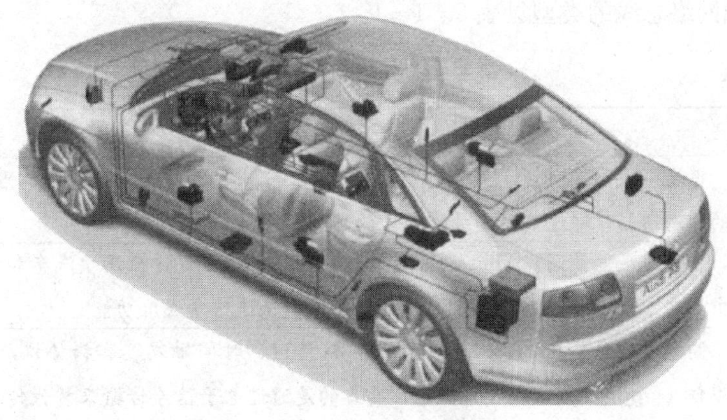

图 8—1—3　汽车车载网络系统

一、汽车车载网络系统概述

1. 汽车车载网络系统专用名词

（1）多路传输：同一通道或线路上同时传输多条信息，数据依次传输，但速度非常快，几乎是同时传输的，称为分时多路传输。

（2）局域网：是在一个有限区域内连接的计算机网络，通过这个网络实现系统内的资源共享和信息通信，简称局域网。汽车车载网络系统就是局域网。

（3）数据总线：电子控制单元之间运行数据的通道，即所谓的信息高速公路；为了抗电子干扰，CAN 数据总线制成双绞线形式。汽车的数据总线传输的信号可以被多个系统共享，从而最大限度地提高系统整体效率，充分利用有限的车内布置空间和电器线路资源，提升了汽车的智能化程度。

（4）模块与节点：模块是一种电子装置，在计算机多路传输系统中的控制单元模块被称为节点。

（5）局域网拓扑结构：所谓拓扑结构就是网络的物理连接方式。

（6）链路：指网络信息传输的媒体，分为有线和无线两种类型，目前车上使用的大多数都是有线网络，通常用于局域网的传输媒体有双绞线、同轴电缆、光纤。

（7）数据帧：为了可靠地传输数据，通常将原始数据分割成一定长度的数据单元，这个数据单元即称为数据帧。一帧数据内包括同步信号、错误控制、流量控制、控制信息、数据信息、寻址信息等。

（8）传输协议：也称通信协议，是控制通信实体间有效完成信息交换的一组约定和规则。

(9) 传输仲裁：就是为了避免数据传输冲突，保证信息按其重要程度来发送。

2．汽车车载网络总线的类型

汽车车载网络总线的类型见表 8—1—1。

表 8—1—1　　汽车车载网络总线的类型

总线	特　点
LIN	低速（最高 20 kbit/s），单线低成本协议，用于终端节点。用于传感器/执行器间的低速通信，即速度不是关键因素的场合
CAN	中等速度（最高 1 Mbit/s），单信道、双线容错协议，应用于汽车和许多工业控制中。在车辆上应用为电控 4ECU 通信和车内低速信息娱乐功能
FlexRay	高速度（每信道高达 10 Mbit/s），双信道、时间触发、容错协议，用作骨干网。用作 x—by—wire（线控）概念，其目的是通过电子信号传输来替代传统的制动踏板与制动器或转向盘与车轮之间的机械传动
D2B MOST	环路光缆总线（最高 25.6 Mbit/s），车内高速媒体通信网络数字信号传输总线。在美国 Ford 公司生产的 JAGUAR 系列高端产品中已有应用，用来从卫星网络接收大流量的音频和视频文件，供车内娱乐系统使用

3．车载网络的类型

车载网络按应用分为动力传动系统、车身舒适系统、安全系统、信息娱乐系统 4 个子网。

(1) 动力传动系统网络

动力 CAN 一般连接发动机、ABS/EDL 及自动变速器 3 个控制单元。总线可以同时传递 10 组数据，发动机控制单元 5 组、ABS/EDL 控制单元 3 组和自动变速器控制单元 2 组。数据总线以 500 kbit/s 的速率传递数据，每一数据组传递需要约 0.25 ms，每一控制单元 7～20 ms 发送一次数据。优先级为 ABS/EDL 控制单元、发动机控制单元、自动变速器控制单元。

(2) 车身舒适系统网络

车身舒适 CAN 数据总线一般连接中央控制单元、车前后各一个受控单元及 4 个车门控制单元共 7 个。舒适 CAN 数据传递中控门锁、电动窗、照明开关、空调、组合仪表、后视镜加热、驾驶员座椅记忆及自诊断功能的数据。该系统使经过车门的导线数量减少，线路变得简单。如果线路中某处出现对地短路，对正极短路或线路间短路，CAN 系统会立即转为应急模式运行或转为单线模式运行。

如图 8—1—4 所示，新型车门控制单元主要由输入外设、控制模块、执行机构三个部分组成。CAN 网络的车门控制单元集成功率芯片由 12 V 电源、CAN 网络接口、车窗驱动电路、车门锁驱动电路、车门照明驱动电路、反光镜驱动电路、中央处理器

(CPU) 7 个部分组成。与传统车门控制系统相比，CAN 网络车门控制单元与车身控制单元之间的电路连接要简单很多，只有两根电源线和舒适系统 CAN 通信线。

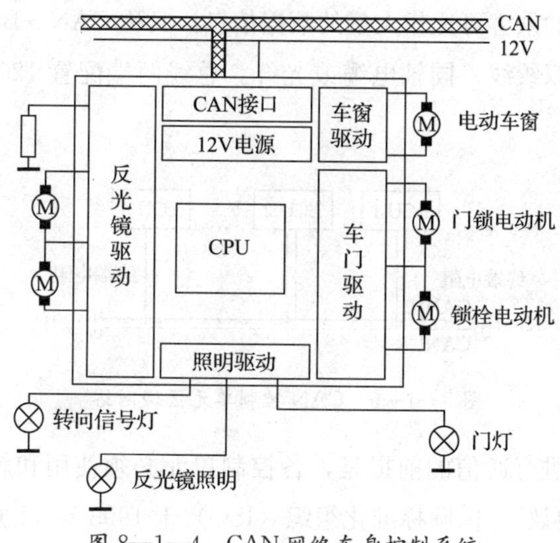

图 8—1—4　CAN 网络车身控制系统

(3) 安全系统网络

安全系统网络含有多个安全气囊和多个碰撞传感器，必须具备通信速度快，通信可靠性高等特点。

安全气囊系统工作，必须要有车速信号与碰撞信号。碰撞信号是由碰撞传感器检测的，而车速信号是由车速传感器传输到车载网络中的共享信号，其中安全气囊系统根据需要会获取该信号。

大众波罗车载安全系统，当发生碰撞时，使中控门锁解除联锁、车内灯被打开、闪烁报警装置被接通、切断燃油输入。

如果在碰撞时安全气囊被触发，安全气囊控制单元同时向 CAN 总线发出一个“碰撞信号”，由于此信号，发动机控制单元通过燃油泵继电器切断燃油输入。碰撞信号还通过数据总线的诊断接口，被继续向 CAN 舒适总线传送，舒适系统的中央控制单元将所有车门解除连锁。此外，车载网络系统控制单元接通车内灯和闪烁报警装置。

(4) 信息娱乐系统网络

高端车系信息系统如车载电话、音响等系统，目前多采用光导纤维或铜线网络进行数据传输。要求通信总线容量大、通信速度非常高。

二、CAN

1. CAN 的概念及其类型

(1) CAN 的概念

CAN 是 Controller Area Network（控制单元区域网络）的缩写，是控制单元通过

网络进行数据交换的系统，是一种串行通信、现场总线。用于智能化现场设备和自动化系统的开放式、数字化、双向串行、多节点的通信总线。CAN 数据总线可比作公共汽车，公共汽车运输的乘客可比作大量的数据信息，又称 CAN－BUS。

通信介质可以是双绞线、同轴电缆或光纤。总线两端配置 120 Ω 终端电阻，如图 8—1—5 所示。

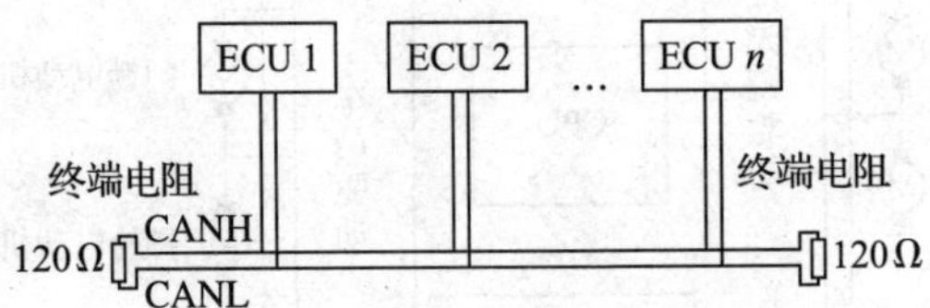

图 8—1—5　CAN 控制单元区域网络

使用计算机网络进行通信的前提是，各控制单元必须使用和解读相同的“电子语言”，这种语言称“协议”。国际标准化组织（ISO）于 1993 年 11 月颁布了道路交通运输工具数据信息交换高速通信局域网国际标准 ISO11898，为控制局域网的标准化和规范化铺平了道路。美国的汽车工程学会 SAE 在 2000 年提出的 J1939，成为货车和客车中控制器局域网的通用标准。

（2）CAN 的类型

根据信号的重复率、数据量和可用性（准备状态），CAN 数据总线系统分为 CAN－Antrieb、CAN－Komfort 和 CAN－infotainment 总线三类。

CAN－Antrieb 为驱动数据总线（高速），速率为 500 kbit/s。用于将驱动线束上的控制单元联成网。

CAN－Komfort 为舒适数据总线（低速），速率为 100 kbit/s。用于将舒适系统中的控制单元联成网。

CAN－infotainment 为信息娱乐总线（低速），速率为 100 kbit/s。用于将收音机、电话和导航系统联成网。

2．CAN 的结构

以丰田凯美瑞为例。

（1）CAN 的结构组成

现代汽车上使用了大量的电子控制装置，许多中高档轿车上采用了十几个甚至二十几个电子控制单元，而每一个电子控制单元都需要与相关的多个传感器和执行器进行通信，并且各控制单元间也需要进行信息交换，如果每项信息都通过各自独立的数据线进行传输，这样会导致控制单元针脚数增加，整个电控系统的线束和插接件也会增加，故障率也会增加等诸多问题。如图 8—1—6 所示是丰田凯美瑞的车载网络系统。

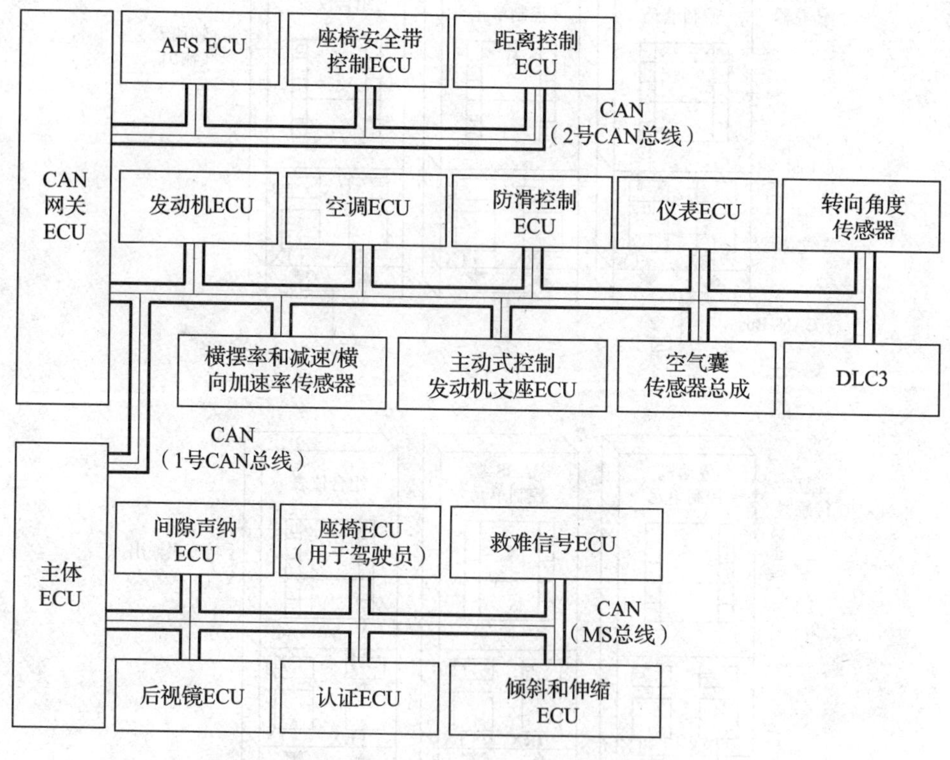

图 8—1—6　丰田凯美瑞的车载网络系统

CAN 系统主要由 CAN 控制器（ECU）、CAN 收发器、CAN－BUS 数据总线和终端电阻组成，如图 8—1—5 所示。

（2）CAN 控制器和收发器

CAN 上的每个控制单元（ECU）中均设有一个 CAN 控制器和一个 CAN 收发器。CAN 控制器主要用来接收微处理器传来的信息，对这些信息进行处理并传给 CAN 收发器，同时 CAN 控制器也接收来自 CAN 收发器传来的数据，对这些数据进行处理，并传给控制单元的微处理器，如图 8—1—7 所示。CAN 收发器用来接收 CAN 控制器送来的数据，并将其发送到 CAN 数据总线上，同时 CAN 收发器也接收 CAN 数据总线上的数据，并将其传给 CAN 控制器。

控制单元是通过收发器连接到 CAN 驱动总线上的，在这个收发器内有一个接收器，该接收器是安装在接收一侧的差动信号放大器上。

（3）差动信号放大器和 CAN－H 线、CAN－L 线

差动信号放大器用于处理来自 CAN－H（High）线和 CAN－L（Low）线的信号，除此以外还负责将转换后的信号传至控制单元的 CAN 接收区。这个转换后的信号称为差动信号放大器的输出电压。

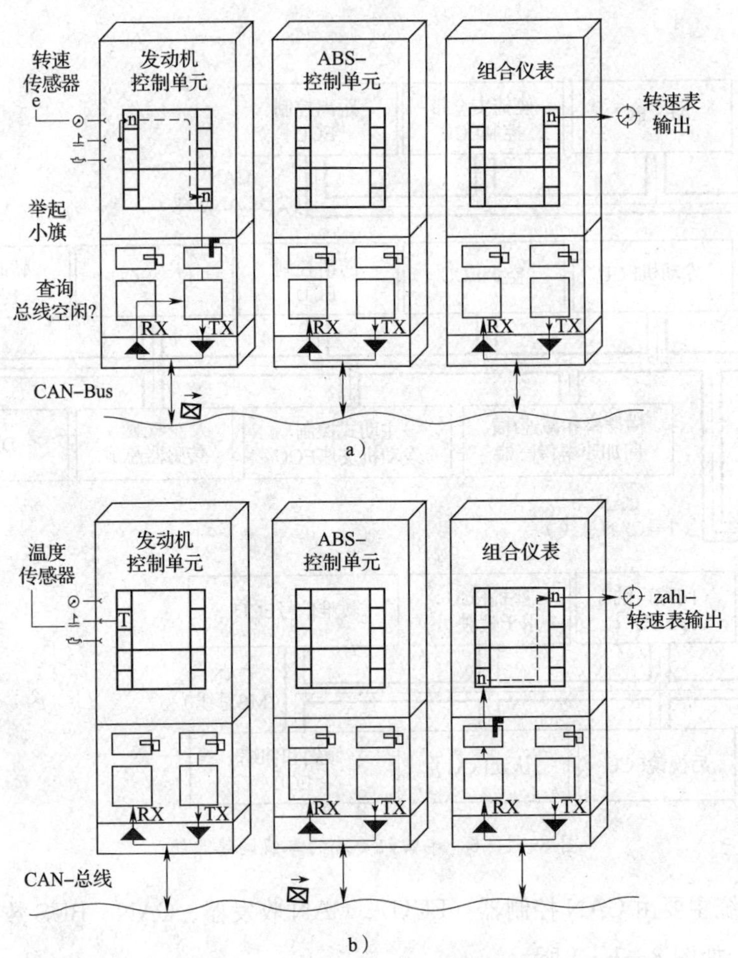

图 8—1—7　CAN－BUS 数据传输

a）发送信息　b）接收信息

差动信号放大器用 CAN－H 线上的电压（U_H）减去 CAN－Low 线上的电压（U_L），就得出了输出电压 2 V，如图 8—1—8 所示。这种方法可以清除静电平（CAN 驱动数据总线为 2.5 V）或其他任何重叠的电压。

（4）CAN 数据线及终端电阻

终端电阻在控制单元内，接在 CAN 数据总线两端，用来防止数据在到达线路终端后像回声一样返回、防止干扰原始数据使传输信息失真，保证了数据的正确传送。

CAN－High 线和 CAN－Low 线之间的总电阻为 50～70 Ω。将 15 号线断开，可以用电阻表测量双绞线之间的电阻。

舒适系统和信息系统 CAN 总线的特点：控制单元的负载电阻不是在 CAN－High 线和 CAN－Low 线之间，而是在导线与地线之间；电源电压断开时，CAN－Low 线（舒适/信息系统）上的电阻也断开，因此不能用电阻表进行测量。大众车型中设置有两种终端电阻，包括 66 Ω（发动机控制单元）和 2.6 kΩ（自动变速器和 ABS 控制单元）。

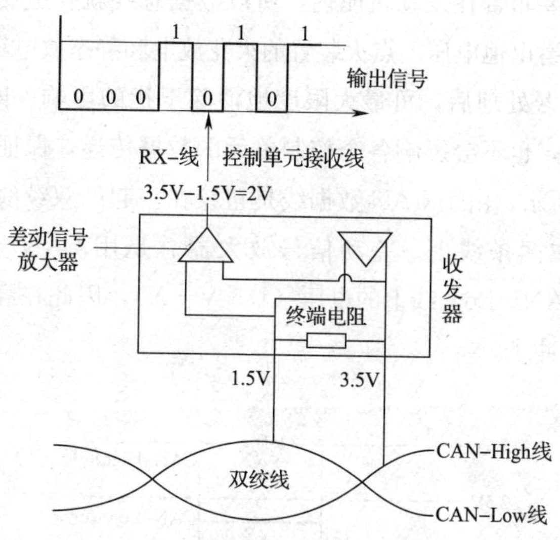

图 8—1—8　CAN 驱动数据总线工作原理

CAN 总线数据传输大部分车型采用高位（CAN－H）和低位（CAN－L）两条双向数据线。为了防止外界电磁波干扰和向外辐射电磁波，两条数据线要求至少每 2.5 cm 就要扭绞一次，两条线上的电位是相反的，电压总和等于常值。

为了提高数据传递的可靠性，CAN 数据总线系统的两条导线分别用于不同的数据传递。

在静止状态时，这两条导线上作用有相同预先设定值，该值称为静电平。对于 CAN 驱动数据总线来说，这个值大约为 2.5 V。静电平也称隐性状态，因为连接的所有控制单元均可修改它。

在显性状态时，CAN－High 线上的电压值会升高一个预定值（对 CAN 驱动数据总线来说，这个值至少为 1 V），而 CAN－Low 线上的电压值会降低一个同样值，于是在 CAN 驱动数据总线上，CAN－High 线就处于激活状态，其电压不低于 3.5 V，而 CAN－Low 线上的电压值最多可降至 1.5 V，如图 8—1—9 所示。因此在隐性状态时，CAN－High 线与 CAN－Low 线上的电压差为 2.5 V。

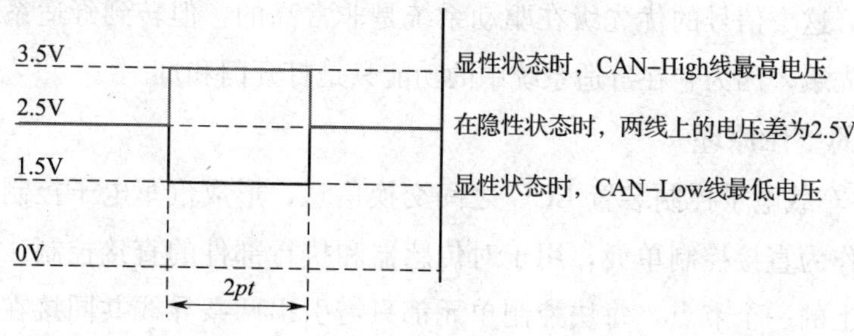

图 8—1—9　CAN 显性和隐性状态

由于数据总线也要布置在发动机舱内，所以数据总线就要遭受各种干扰。在保养时要考虑对地短路和蓄电池电压、点火装置的火花放电和静态放电等。

经差动信号放大器处理后，可最大限度地消除干扰的影响。即使发动机起动时，供电电压有波动很大，也不会影响各个控制单元的数据传递，保证了数据传递的可靠性，如图 8—1—10 所示。由于 CAN 数据线是扭绞在一起的双绞线，所以干扰脉冲就总是有规律地作用在两条线上。差动信号放大器总是用 CAN－High 线上的电压（3.5 V－X）减去 CAN－Low 线上的电压（1.5 V－X），因此在经过处理后，差动信号中就不再有干扰脉冲了。

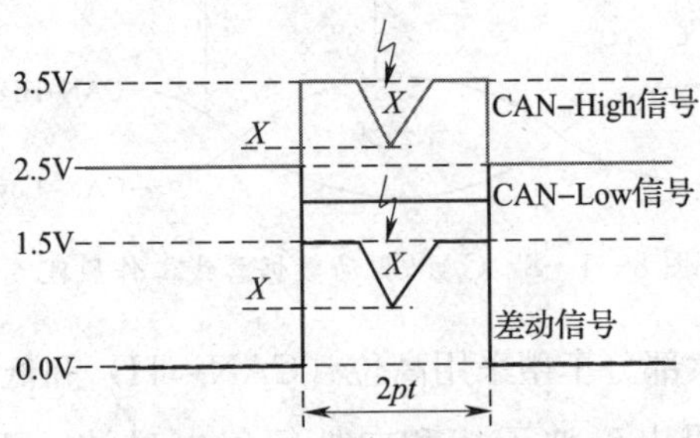

图 8—1—10　CAN 数据线抗干扰原理

CAN 舒适系统总线如果因断路、短路或与蓄电池电压相连而导致两条 CAN 导线中的一条不工作了，那么就会切换到单线工作模式。在单线工作模式下，只使用完好的 CAN 导线中的信号，这样就使得 CAN 舒适数据总线系统仍可以继续工作。

控制单元使用 CAN 不受单线工作模式影响，一个专用的故障输出用于通知控制单元，现在收发器是工作在正常模式还是单线模式下。

（5）CAN 网关

图 8—1—6 中 CAN 网关的作用是：由于不同区域 CAN 总线的速率和识别代号不同，因此一个信号要从一个总线进入到另一个总线区域，必须把它的识别信号和速率进行改变，能够让另一个系统接受，这个任务由网关（Gateway）来完成。另外，网关还具有改变信息优先级的功能。如车辆发生相撞事故，气囊控制单元会发出负加速度传感器的信号，这个信号的优先级在驱动系统是非常高的，但转到舒适系统后，网关调低了它的优先级，因为它在舒适系统中的功能只是打开门和灯。

3．CAN 的工作原理

CAN 在各车载电子控制装置 ECU 之间交换信息，形成汽车电子控制网络。其工作采用单片机作为直接控制单元，用于对传感器和执行部件的直接控制。每个单片机都是控制网络上的一个节点，每块控制单元都只需引出两条导线共同接在节点上，这两条导线就称作数据总线（BUS）。CAN 数据总线中数据传递就像一个电话会议，一个电话用户就相当于控制单元，它将数据“讲入”网络中，其他用户通过网络“接听”数据。对这组数据感兴趣的用户就会利用该数据，不感兴趣的用户可以忽略该数据。

在点火开关关闭情况下为了降低耗电，连接在CAN数据总线上的控制单元被置于睡眠模式（Sleep－Modus）。

当打开点火开关、激活闪烁报警装置、车门、后备厢盖、车前盖和点火钥匙的状态发生变化、接通车外照明等信号产生时，一个控制单元据此识别唤醒命令，并将其继续传送给其他控制单元，从而将这些控制单元也激活唤醒（Wake－Up－Modus），如图8—1—11所示。

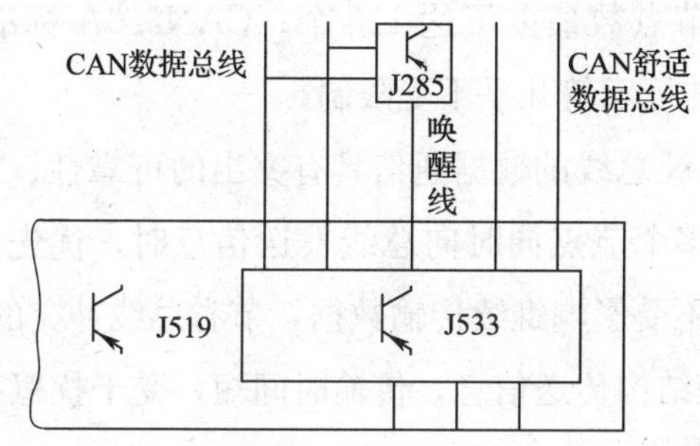

图8—1—11　唤醒CAN数据总线上的控制单元

CAN系统总线内部故障管理功能非常强大，每辆车在使用寿命内仅出现4次数据传递故障。任何一个使用网络的控制单元，如果发现一个信号传递错误，那么其他所有使用网络的控制单元都会立即收到一个信息通知，这个通知称为“错误帧”，于是所有网络使用者就会拒收当前的信息。随后该信息会自动再发送一次，这样的过程其实是完全正常的，其原因可能是由于车上电压波动较大，例如车在起动时和来自外部的强干扰。

每个使用网络的控制单元，都配有一个内部故障计数器，当计数超过某一规定的界限值时，相应的控制单元会得到通知并被CAN总线关闭。两次Bus－off状态后（在此期间无通信），故障存储器就会记录一条故障。经过一段固定的等待时间（约0.2 s）后，控制单元会自动再接到总线上。

信息的传递是按规定的时间循环进行的。如果出现延迟，至少有10条信息未收到，那么所谓的时间监控功能（信息超时）就会起动。于是正在接收的控制单元故障存储器内也记录一个故障，用于服务故障诊断，这是故障管理中的第二套机构。这些故障包括数据总线损坏、相应的控制单元有严重故障、该控制单元至少两次与总线断开（Bus－Off）、无相关控制单元信息或无法与相关控制单元取得联系。

4．CAN总线的应用

车载网络的具体实施方案采用CAN/LIN总线混合控制的网络架构。高速CAN能满足面向高速实时闭环控制的多路传输，而LIN开发成本低。

LIN 总线作是 CAN 节点的下层拓扑结构，辅助完成信息传输，即将 LIN 拓扑结构作为 CAN 节点的功能扩展来实现局部控制。速度为 20 kbit/s，扩展舒适模式、数据总线节点功能，连接电动机、开关、传感器和车灯、各车门电控车窗、左右后视镜、后备厢锁、仪表板指示灯及转向柱局部控制开关等。

5. CAN 总线的特点

(1) 多主机：CAN 为多主方式工作，网络上任一节点均可在任意时刻主动地向网络上其他节点发送信息，而不分主从，通信方式灵活，且无须站地址等节点信息。利用这一点可方便地构成多机备份系统。通过定义 CAN 的节点优先级高低，可满足不同的实时要求。目前，其节点数最多可达 110 个；CAN2.0A 标准标示符可达 2 032 种，而扩展标准 CAN2.0B 的标示符几乎不受限制。

(2) 仲裁机制：CAN 总线的数据通信具有突出的可靠性、实时性和灵活性。CAN 采用无损仲裁技术，当多个节点同时向总线发送信息时，优先级低的节点主动退出发送，最高优先级的节点不受影响继续传输数据，节省总线冲突的仲裁时间。

(3) CAN 采用短帧结构传送信息，传输时间短，受干扰概率低，且每帧都有 CRC 校验，具有极强的检错能力。

(4) 通过帧滤波即可实现点对点、一点对多点及全局广播等几种方式传送接收数据，无须专门的“调度”。

三、车载网络系统（CAN 总线）故障类型及诊断方法

1. 故障类型

装有 CAN－BUS 多路信息传输系统的车辆出现故障，维修人员应首先检测汽车多路信息传输系统是否正常。因为如果多路信息传输系统有故障，则整个汽车多路信息传输系统中的有些信息将无法传输，接收这些信息的电控单元将无法正常工作，从而为故障诊断带来困难。对于汽车多路信息传输系统故障的维修，应根据多路信息传输系统的具体结构和控制回路具体分析。引起汽车多路信息传输系统故障的原因有三种。

(1) 汽车电源系统引起的故障

汽车多路信息传输系统的核心部分是含有通信 IC 芯片的电控模块 ECM，电控模块 ECM 的正常工作电压为 10.5～15.0 V。如果汽车电源系统提供的工作电压低于该值，就会使对工作电压要求高的电控模块 ECM 出现短暂的停止工作，从而使整个汽车多路信息传输系统出现短暂的无法通信。

(2) 汽车多路信息传输系统的链路故障

当汽车多路信息传输系统的链路（或通信线路）出现故障时，如通信线路的短路、断路以及线路物理性质引起的通信信号衰减或失真，都会引起多个电控单元无法工作

或电控系统错误动作。判断是否为链路故障时，一般采用示波器或汽车专用光纤诊断仪来观察通信数据信号是否与标准通信数据信号相符。

（3）汽车多路信息传输系统的节点故障

节点是汽车多路信息传输系统中的电控模块，因此节点故障就是电控模块ECM的故障。它包括软件故障即传输协议或软件程序有缺陷或冲突，从而使汽车多路信息传输系统通信出现混乱或无法工作，这种故障一般成批出现，且无法维修。硬件故障一般由于通信芯片或集成电路故障，造成汽车多路信息传输系统无法正常工作。对于采用低版本信息传输协议和点到点信息传输协议的汽车多路信息传输系统，如果有节点故障，将出现整个汽车多路信息传输系统无法工作。

2. 故障一般诊断步骤

（1）了解该车型的汽车多路传输系统特点。包括传输介质、几种子网及汽车多路信息传输系统的结构形式等。

（2）了解汽车多路信息传输系统的功能，如有无唤醒功能和休眠功能等。

（3）检查汽车电源系统是否存在故障，如交流发电机的输出波形不正常，将导致信号干扰等故障。

（4）检查汽车多路信息传输系统的链路是否存在故障，采用替换法或采用跨线法进行检测。如果是节点故障，只能采用替换法进行检测。

3. CAN系统总线的检测方法

（1）排除功能故障

在检查数据总线系统前，须保证所有与数据总线相连的控制单元无功能故障。功能故障是指不会直接影响数据总线系统，但会影响某一系统的功能流程的故障。例如传感器损坏，其结果就是传感器信号不能通过数据总线传递。这种功能故障对数据总线系统有间接影响。这会影响需要该传感器信号的控制单元的通信。如存在功能故障，先排除该故障。记下该故障并消除所有控制单元的故障码。

排除所有功能故障后，如果控制单元间数据传递仍不正常，检查数据总线系统。检查数据总线系统故障时，须区分两种可能的情况。

两个控制单元组成的双线式数据总线系统的检测时，关闭点火开关，断开两个控制单元。检查数据总线是否断路、短路或对正极/地短路。如果数据总线无故障，更换较易拆下（或较便宜）的一个控制单元试一下。如果数据总线系统仍不能正常工作，更换另一个控制单元。

三个或更多控制单元组成的双线式数据总线系统的检测时，先读出控制单元内的故障码。如果控制单元1、2与控制单元3之间无通信，关闭点火开关，断开与总线相连的控制单元，检查数据总线是否断路。如果总线无故障，更换控制单元1。如果所有控制单元均不能发送和接收信号（故障存储器存储“硬件故障”），则关闭点火开关，断开与数据总线相连的控制单元，检测数据总线是否短路，是否对正极/地短路。

如果数据总线上查不出引起硬件损坏的原因，检查是否某一控制单元引起该故障。断开所有通过 CAN 数据总线传递数据的控制单元，关闭点火开关，接上其中一个控制单元，如大众系统车型连接 V. A. G1551 或 V. A. G1552，打开点火开关，清除刚接上的控制单元的故障码。用功能 06 来结束输出，关闭并再打开点火开关，10 s 后用故障阅读仪读出刚接上的控制单元故障存储器内的内容。如显示“硬件损坏”，则更换刚接上的控制单元；如未显示“硬件损坏”，接上下一个控制单元，重复上述过程。

（2）万用表检测 CAN 数据总线

CAN 数据总线可以采用数字万用表进行电压信号测试，大致判断数据总线的信号传输是否存在故障。

用数字万用表在测量频率信号时，万用表具有分段采集和有效值运算的工作特性，因此，数字万用表的显示值只能反映被测信号的主体信号电压值，不能显示被测信号的每个细节。由此可见，采用数字万用表测量 CAN 总线的信号电压时，万用表的显示值和 CAN 总线的主体信号电压值具有对应关系。

用万用表测量动力 CAN 总线：CAN－H 信号在总线空闲时的电压约为 2.5 V，总线上有信号传输时总线上的电压值在 2.5～3.5 V 高频波动，因此，CAN－H 的主体电压应是 2.5 V，所以万用表的测量值为 2.5～3.5 V，大于 2.5 V 但靠近 2.5 V。同理，CAN－L 信号在总线空闲时的电压约为 2.5 V，总线上有信号传输时总线上的电压值在 1.5～2.5 V 高频波动，因此，CAN－H 的主体电压应是 2.5 V，所以万用表的测量值为 1.5～2.5 V，小于 2.5 V 但靠近 2.5 V。

用万用表测量舒适 CAN 总线：CAN－H 信号在总线空闲时的电压约为 0 V，总线上有信号传输时总线上的电压值在 0～5 V 高频波动，因此，CAN－H 的主体电压应是 0 V，所以万用表的测量为 0.35 V。同理，CAN－L 信号在总线空闲时的电压约为 5 V，总线上有信号传输时总线上的电压值在 5～0 V 高频波动，因此 CAN－H 的主体电压应是 5 V，所以万用表的测量值为 4.65 V 左右。

思考与练习

1. 汽车车载网络应用类型有哪些？
2. 简述 CAN 的工作原理。
3. 简述车载网络系统（CAN 总线）故障类型及诊断。

课题二　电控节气门系统

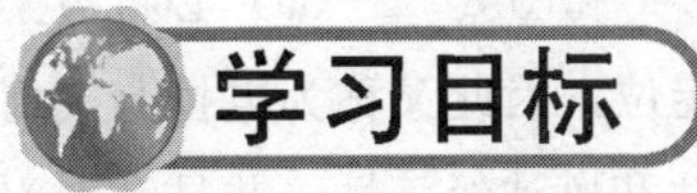

- 了解电控节气门系统的工作原理和功能。
- 熟悉典型电控节气门系统。
- 会检修电控节气门系统故障。

观察如图 8—2—1 和图 8—2—2 所示的汽车发动机舱，试比较其异同。

图 8—2—1　传统汽车发动机

图 8—2—2　汽车发动机舱无节气门拉索

传统节气门采用机械连接方式，用拉杆或拉索连接油门踏板和节气门，节气门开度完全取决于驾驶员操作油门踏板的位置，从动力性和经济性角度来看，发动机并不总是完全处于最佳运行工况，而且驾驶员的误操作也给安全性带来隐患。在混合动力汽车中，由于发动机和电池组成多动力源系统，刚性连接方式不能实现各动力源之间的能量分配管理。因此，刚性连接的节气门（见图 8—2—1 和图 8—2—3a）必将被柔性连接方式所取代，通过电控单元控制节气门快速精确定位，因此又称为电控节气门（见图 8—2—2 和图 8—2—3b）。能保证车辆的最佳动力性和燃油经济性，并具有牵引力控制、巡航控制等控制功能，提高安全性和乘坐舒适性。

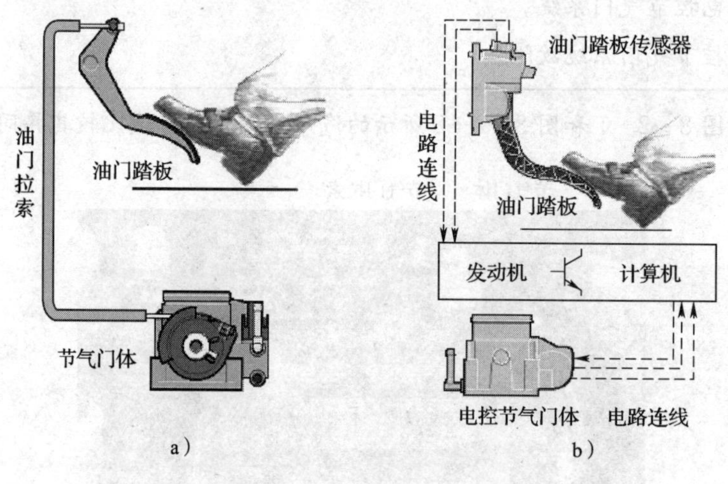

图 8—2—3　节气门控制的演变

a）传统节气的控制　b）电控节气的控制

一、电控节气门系统的工作原理

驾驶员操纵油门踏板，油门踏板位置传感器产生相应的电压信号输入节气门控制单元，控制单元首先对输入的信号进行滤波，以消除环境噪声的影响，然后根据当前的工作模式、踏板移动量和变化率解析驾驶员意图，计算出对发动机扭矩的基本需求，得到相应的节气门转角的基本期望值。然后再经过 CAN 总线和整车控制单元进行通信，获取其他工况信息以及各种传感器信号如发动机转速、挡位、节气门位置、空调能耗等，由此计算出整车所需求的全部扭矩，通过对节气门转角期望值进行补偿，得到节气门的最佳开度，并把相应的电压信号发送到驱动电路模块，驱动控制电动机使节气门达到最佳的开度位置。节气门位置传感器则把节气门的开度信号反馈给节气门控制单元，形成闭环的位置控制。

节气门驱动电动机一般为步进电动机或直流电动机，两者的控制方式也有所不同。驱动步进电动机常采用 H 桥电路结构，控制单元通过发出的脉冲个数、频率和方向控制电平，对步进电动机进行控制。电平的高低控制步进电动机转动的方向，脉冲个数控制电动机转动的角度，即发出一个脉冲信号，步进电动机就转动一个步进角，脉冲频率控制电动机转速，转速与脉冲频率成正比。因此，通过对上述三个参数的调节可以实现电动机精确定位与调速。

控制直流电动机采用脉冲宽度调制（PWM）技术，其特点是频率高、效率高、功率密度高、可靠性高。控制单元通过调节脉宽调制信号的占空比来控制直流电动机转角的大小，电动机方向则是由和节气门相连的复位弹簧控制的。电动机输出转矩和脉宽调制信号的占空比成正比。当占空比一定，电动机输出转矩与回位弹簧阻力矩保持平衡时，节气门开度不变；当占空比增大时，电动机驱动力矩克服回位弹簧阻力矩，节气门开度增大；反之，当占空比减小时，电机输出转矩和节气门开度也随之减小。

ECU 对系统的功能进行监控，如果发现故障，将点亮系统故障指示灯，提示驾驶员系统有故障。同时节气门不再受电动机控制。节气门在回位弹簧的作用下返回到一个小开度的位置，使车辆慢速开到维修地点。

二、电控节气门系统的功能

1. 基于发动机扭矩需求的节气门控制

传统节气门开度完全取决于驾驶员的操作意图。电控节气门开度并不完全由油门踏板位置决定，而是控制单元根据当前行驶状况下，整车对发动机的全部扭矩需求，计算出节气门的最佳开度，从而控制电动机驱动节气门到达相应的开度。因此，节气门的实际开度并不完全与驾驶员的操作意图一致。

控制单元根据整车扭矩需求获得所需的理论扭矩，而实际扭矩通过发动机转速、点火提前角和发动机负荷信号求得。在发动机扭矩调节过程中，控制单元首先将实际扭矩与理论扭矩进行对比，如果两者有偏差，发动机电控系统将通过适当的调节作用，使实际扭矩值和理论扭矩值一致。

2. 传感器冗余设计

电控节气门系统采用 2 个踏板位置传感器（见图 8—2—4）和 2 个节气门位置传感器（见图 8—2—5），传感器两两反接，实现阻值的反向变化，即两个传感器阻值变化量之和为零。对两个传感器施加相同的电压，两者输出的电压信号也相应反向变化，且其和始终等于供电电压。

从控制角度讲，使用一个传感器就可使系统正常运转，但冗余设计可使两个传感器相互检测，当一个传感器发生故障时，能及时被识别，在很大程度上增加了系统的可靠性，保证行车的安全性。

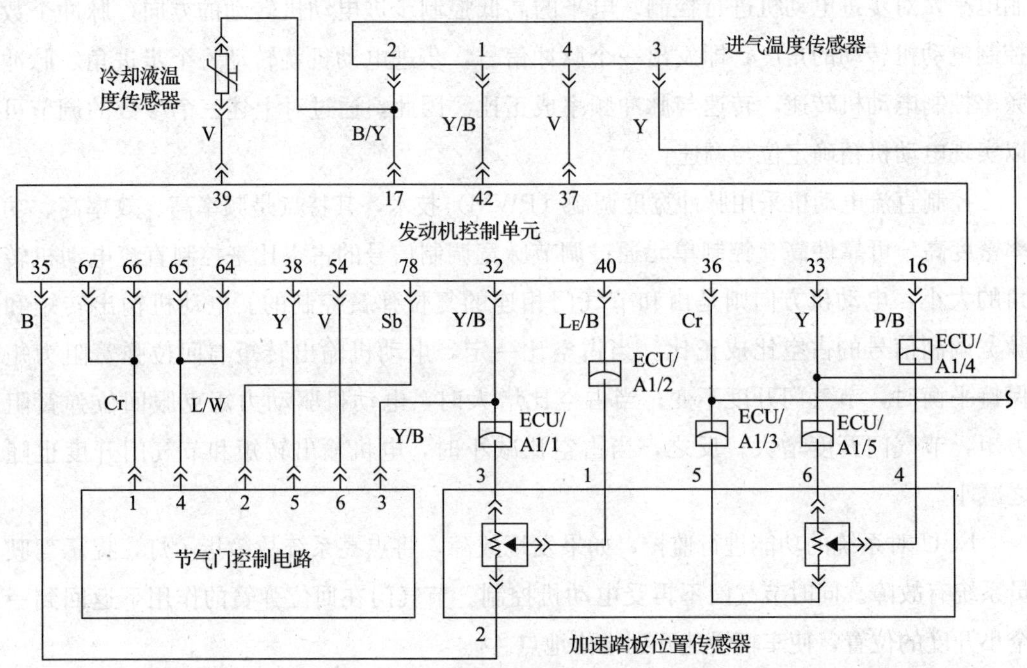

图 8—2—4 奇瑞加速踏板位置传感器

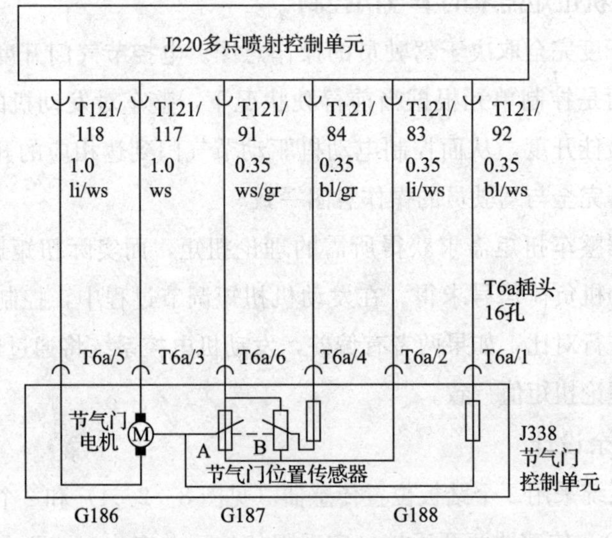

图 8—2—5 大众宝来节气门控制电路

3. 可选的工作模式

驾驶员可根据不同的行车需要，通过模式开关选择不同的工作模式，通常有正常模式、动力模式和雪地模式三种，区别在于节气门对油门踏板的响应速度不同。在正常模式下，节气门对油门踏板的响应速度适合于大多数行驶工况。在动力模式下，节气门加快对油门踏板的响应速度，发动机能提供额外的动力。在雪地、雨天附着较差的工况下，驾驶员可选择雪地模式驾驶车辆，此时节气门对油门踏板的响应降低，发动机输出的功率比正常情况下小，使车轮不易打滑，保持车辆稳定行驶。

4．海拔高度补偿

在海拔较高的地区，大气压下降，空气稀薄，氧气含量下降，导致发动机输出动力下降。此时电控节气门系统可按照大气压与海拔高度的函数关系，对节气门开度进行补偿，使发动机输出的动力和油门踏板位置的关系保持稳定。

5．控制功能扩展及其原理

早期的电控节气门功能比较简单，在形式上采用一个机械式的主节气门串联一个电控的辅助节气门，往往只能实现某单一的功能。现代电控节气门则独立成一个系统，可实现多种控制功能，既提高行驶可靠性，又使结构简化，成本降低。电控节气门主要有如下控制功能：

（1）牵引力控制（ASR）

牵引力控制系统又称驱动防滑系统。当汽车加速时，将滑移率控制在一定的范围内，从而防止驱动轮快速滑动。一是提高牵引力；二是保持汽车的行驶稳定性。它通过减少节气门开度来降低发动机功率从而达到控制目的。原理如下：控制单元采集油门踏板的位置、车轮速度和转向盘转向角度等信号，通过计算求得滑移率，并产生相应的控制电压信号，通过数据总线把信号传送至控制单元，依据此信号，控制单元将减少节气门开度来调整混合气流量，以降低发动机功率。此时控制单元对节气门发出的控制信号将不受驾驶员驾驶意图的影响，这样就可以避免驾车者的误操作。

（2）巡航控制（CCS）

巡航系统又称为恒速控制系统，它是一种减轻驾车者疲劳的装置。当驾驶员开启该系统时，车速将被固定下来，驾驶员不必长时间踩踏油门踏板。原理如下：车速传感器将车速信号输入控制单元，控制单元根据行驶阻力的变化，自动调节节气门开度，当汽车阻力增大（上坡）和车速降低时，控制节气门开度增大。反之减小，使行驶车速保持稳定。

（3）怠速控制（ISC）

电控节气门系统取消了怠速调节阀，而是直接由控制单元调节节气门开度，来实现车辆的怠速控制。

（4）减少换挡冲击控制

根据当前车速、节气门开度，以及发动机转速等信号，控制单元选择合适的传动比，实现自动换挡。

三、典型电控节气门系统

1．奥迪 A6 发动机电控节气门系统

新丰田凯美瑞、国产大众奥迪 A6 AWL、APS 与 ATX 发动机、宝来 AUM 发动机及波罗 BCC 发动机都采用了电控节气门系统。电控节气门系统由油门踏板位置传感器、节气门位置传感器、节气门控制电动机、控制单元（ECU）组成，如图 8—2—3b 所示。

（1）工作原理

如图 8—2—6 所示是奥迪 A6 APS 与 ATX 发动机电控节气门系统的电路图。

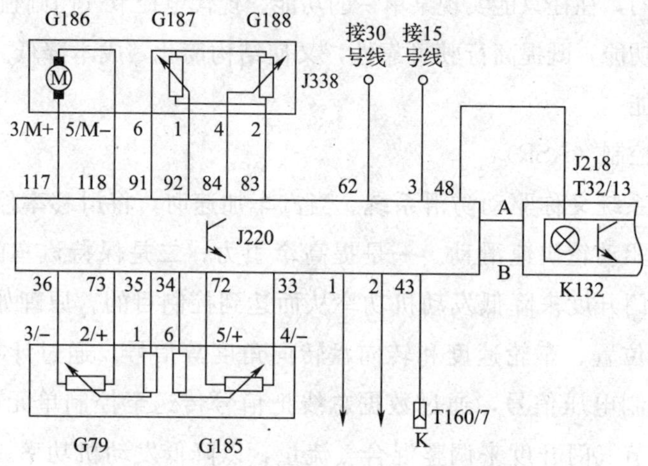

图 8—2—6　奥迪 A6 电控节气门系统的电路图

J338—节气门控制部件　G186—节气门驱动装置　G187—节气门位置传感器 1

G188—节气门位置传感器 2　J220—发动机控制单元　G79—油门踏板位置传感器 1

G185—油门踏板位置传感器 2　J218—组合仪表　K132—EPC 指示灯

电控节气门系统主要由油门踏板、油门踏板位置传感器、发动机控制单元、数据总线、EPC 指示灯和节气门控制部件（执行机构）等组成，作用是确定、调整及监控节气门位置。

油门踏板位置传感器由两个相同的线性可变电阻 G79 和 G185 组成。作用是将驾驶员意图输送给发动机控制单元。由此产生反映油门踏板下踏量和变化速率的电压信号输入 ECU，反映汽车的工作状况，如图 8—2—7 所示。

节气门控制部件由节气门驱动装置 G186、节气门位置传感器 G187 和 G188 组成。节气门驱动装置 G186 是一个伺服电动机，由发动机控制单元控制。G187 和 G188 是两个线性可变电阻式节气门位置传感器，它将节气门的位置信号传送给发动机控制单元，这两个角度传感器是相互独立的。

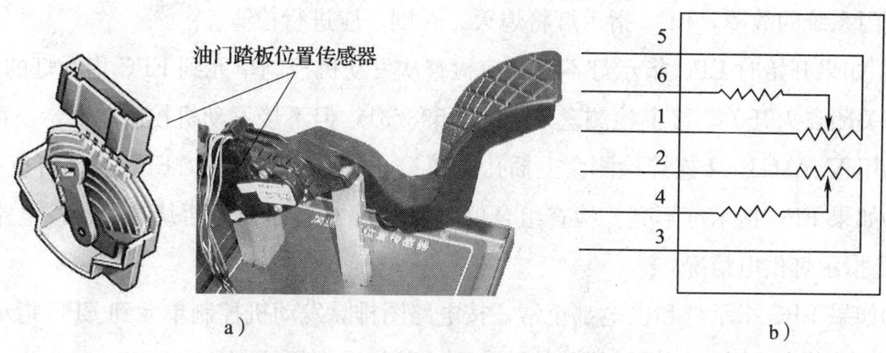

图 8—2—7　油门踏板位置传感器

a）油门踏板和油门踏板位置传感器　b）电路

节气门由节气门驱动装置（电动机）根据发动机控制单元的指令来控制的。当发动机不转，且点火开关打开时，发动机控制单元根据油门踏板位置传感器的信息来控制节气门控制器，也就是说，当油门踏板踏下一半时，节气门驱动装置以同样的尺度打开节气门，则节气门也打开一半。当发动机运转时（有负荷），发动机控制单元可独立于油门踏板位置传感器来打开或关闭节气门；这样，即使油门踏板只踏下一半，但节气门可能完全打开了。其优点是避免节气门上节流损失，明显改善了有害物质的排放，降低了油耗。

组合仪表上的 EPC 指示灯，是 Electronic Power Control 的缩写，意为“电子功率控制”，也就是电控节气门系统（E—Gas）警报灯，安装位置如图 8—2—8 所示。在发动机运转时，如电控节气门系统发生故障，EPC 指示灯点亮，同时发动机控制单元的故障存储器会记录该故障。

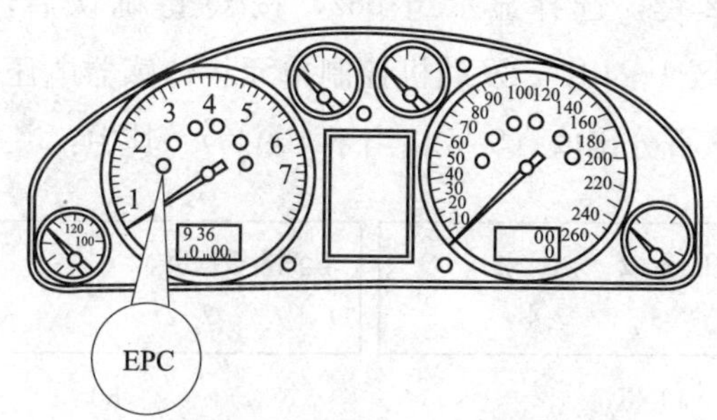

图 8—2—8　组合仪表 EPC 指示灯

由于电控节气门系统是通过控制单元来调整节气门的，因此电控节气门系统可以设置各种功能来改善驾驶的安全性和舒适性，其中最常见的就是 ASR（牵引力控制系统）和速度控制系统（巡航控制）。

（2）EPC 指示灯功能检查

打开点火开关，EPC 指示灯应亮；起动发动机后，如果故障存储器中没有关于电

控节气门系统的故障，EPC 指示灯将熄灭。否则，应进行检查。

1）如果开始时 EPC 指示灯不亮，应检查从发动机控制单元到 EPC 指示灯的导线。

①关闭点火开关，接上检测盒 V. A. G1598/31，但不接发动机控制单元。

②用 V. A. G1594 连接检测盒上插孔 1 和 48。打开点火开关，EPC 指示灯应亮。

③如果 EPC 指示灯不亮，检查组合仪表板内 EPC 指示灯是否烧坏，或按电路图检查 EPC 指示灯供电情况。

④如果 EPC 指示灯和供电都正常，按电路图排除发动机控制单元到 EPC 指示灯之间导线短路或断路处。如果导线无故障，则应更换发动机控制单元。

2）如果 EPC 指示灯亮的时间超过 3 s，或 EPC 指示灯一直亮，则应检查导线是否对搭铁短路。

①起动发动机并怠速运转，如果 EPC 指示灯不熄灭，读取故障码。

②如果无故障码，关闭点火开关，接上检测盒 V. A. G1598/31，但不接发动机控制单元。

③检查检测盒 V. A. G1598/31 第 48 号插脚，与组合仪表板端子间的导线连接是否对搭铁短路。规定值应为无穷大。

④如果未达到规定值，按电路图排除发动机控制单元到 EPC 指示灯之间导线对搭铁短路处。如果导线无故障，则应更换发动机控制单元。

（3）检查节气门位置传感器 G187 和 G188

1）将 V. A. G1551 或 V. A. G1552 连接到诊断座上，起动发动机，输入地址码 01，选择发动机电控系统。按 0 和 8 键，选择功能“读测量数据块”，按 Q 键确认。

2）输入 0、6 和 2 键，选择显示组 062，按 Q 键确认后，屏幕上显示：如图 8—2—9 所示，在显示区 1～4 中，发动机控制单元将传感器电压值换算成百分比（以 5 V 为基数），并显示该百分比值（5 V 相当于 100%）。其中：

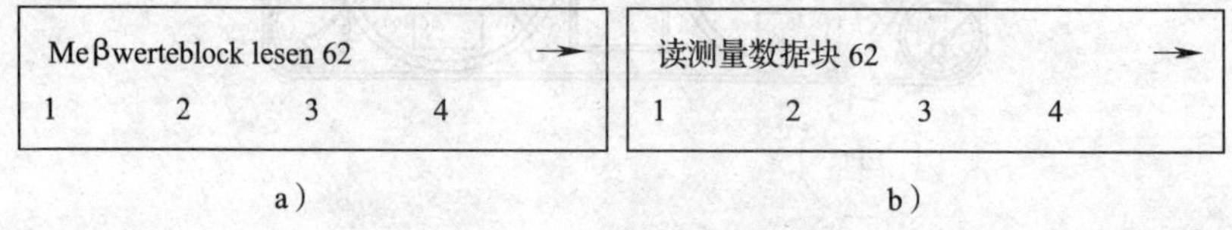

图 8—2—9　显示组 062 屏幕显示

a）德文　b）中文

显示区 1 显示节气门位置传感器 1－G187 的开度百分比，规定值为 3%～93%。

显示区 2 显示节气门位置传感器 2－G188 的开度百分比，规定值为 97%～3%。

显示区 3 显示油门踏板位置传感器 1－G79 的开度百分比，规定值为 12%～97%。

显示区 4 显示油门踏板位置传感器 2－G185 的开度百分比，规定值为 4%～49%。

在怠速时显示区 1 至显示区 3 的值为 8%～18%，显示区 4 为 3%～13%。

3）慢慢将油门踏板踩到底，显示区 1 节气门位置传感器 G187 的百分比值应均匀升高，公差范围为 3%～93%，而显示区 2 节气门位置传感器 G188 的百分比值应均匀降低。

这种显示的原因在于节气门控制部件内位置传感器的可逆转性。也就是说，位置传感器 1－G187 的分电压向 5 V 靠拢（节气门开得越大，电压越高，百分比值升高）；而位置传感器 2－G188 的分电压是向 0 V 靠拢（节气门开得越大，电压越低，百分比值降低）。

4）如果显示达不到上述要求，则检查节气门控制部件的供电及导线，尤其要注意插头是否松动或锈蚀。如果供电及导线正常，则更换节气门控制部件。

（4）节气门控制部件供电和导线的检查

1）拔下节气门控制部件插头，打开点火开关，用万用表测量插头端子 2 和搭铁之间、端子 2 和端子 6 之间的电压值，应约为 5 V，如图 8—2—10 所示。

2）若达不到上述要求，按照电路图检查节气门控制部件插头 6 个端子至发动机控制单元相应端子之间的导线是否断路，然后检查导线相互之间是否导通。

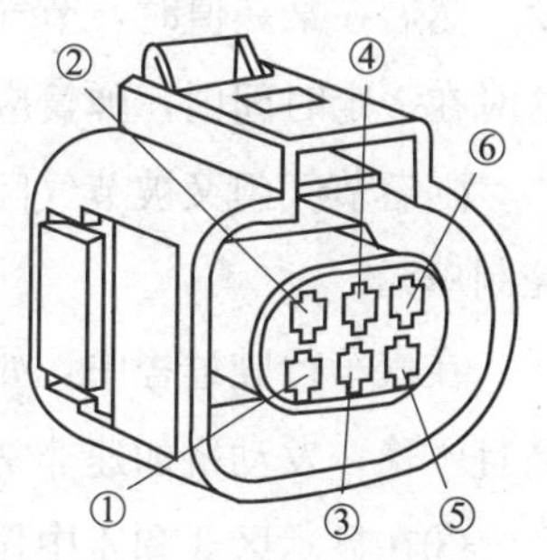

图 8—2—10　节气门控制部件插头

（5）发动机控制单元同节气门控制部件 J338 匹配

当电源供应中断、更换了节气门控制部件或更换了发动机控制单元时，发动机控制单元必须与节气门控制部件进行匹配（即自适应或自学习）。

通过匹配，发动机控制单元知道了（“学习”）节气门在不同位置时的特性参数，并将这些参数存入发动机控制单元。节气门位置由 2 个节气门位置传感器来反馈。

1）匹配的条件：故障存储器中没有故障存储。蓄电池电压至少应为 12.7 V。冷却液温度在 10～95℃。进气温度在 10～90℃。发动机不转，点火开关打开。不踩油门踏板。

2）匹配过程

①将 V. A. G1551 或 V. A. G1552 连接到诊断座上，打开点火开关 6 s 以上，用地址码 01 选择发动机电控系统。按 0 和 4 键，选择功能“基本设置”，按 Q 键确认。不要操纵起动机和油门踏板，且发动机控制单元识别出“学习需要”时，匹配过程会自动完成（匹配过程是否完成是看不出来的）。当存储节气门位置传感器电压值与实际测得值在某一公差范围内不一致时，才能识别出“学习需要”。

②输入 0、6 和 0 键，选择显示组 060，按 Q 键确认后，屏幕上显示如图 8—2—11 所示。

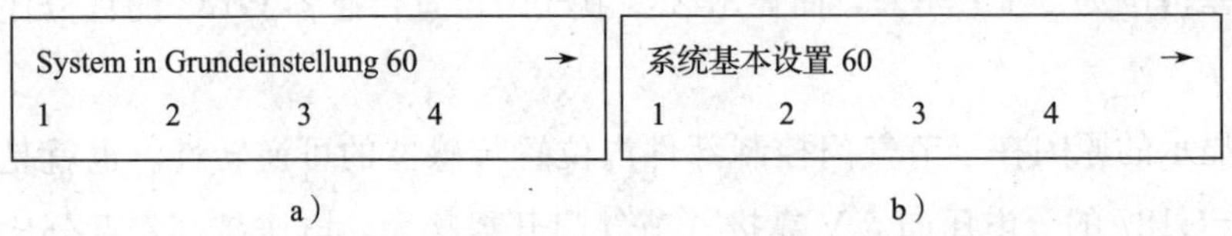

图 8—2—11 显示组 060 的屏幕显示

a）德文 b）中文

按 Q 键后，节气门驱动装置先无电流。节气门通过一位于节气门控制部件内的弹簧进入应急运行位置。两个节气门位置传感器的应急运行位置值被存入发动机控制单元。

然后在某一值时，节气门被打开。如果达到该值，节气门驱动装置又不通电流，这时在一定时间内，弹簧应将节气门关闭到先前匹配应急运行位置（弹簧检测）。

随后节气门又被节气门驱动装置关闭，节气门位置传感器传送的值被存入发动机控制单元。

在汽车行驶过程中，如果发动机控制单元不给节气门驱动装置通电流，则怠速升高且不稳，发动机加速非常缓慢。

③在显示区 3 和 4 中显示节气门控制部件的规定值。

显示区 1 显示节气门位置传感器 1－G187 的开度百分比，规定值为 3%～93%。

显示区 2 显示节气门位置传感器 2－G188 的开度百分比，规定值为 97%～3%。

显示区 3 显示匹配步进计数值，规定值为 0～8。匹配完成后，显示值应为 8（也可能超过这个数字）。

显示区 4 显示匹配状态。可能显示："ADP i. o."，"ERROR"，"ADP lauft"。匹配完成应显示"ADP i. o."。

④如果屏幕显示"功能未知或当前功能不能执行"，表示节气门控制部件匹配中断。下一次打开点火开关时，自动进行节气门控制部件匹配。

节气门控制部件匹配中断的可能原因有：节气门不能完全关闭（如油泥）；蓄电池电压太低；节气门控制部件或导线连接损坏；在匹配过程中，起动了发动机或踩了油门踏板；节气门壳体卡得过紧（检查螺栓连接）。

⑤按→键，结束基本设置。

（6）检查油门踏板位置传感器 G79 和 G185

1）将 V. A. G1551 或 V. A. G1552 连接到诊断座上，起动发动机，用地址码 01 选择发动机电控系统。按 0 和 8 键，选择功能"读测量数据块"，按 Q 键确认。

2）输入0、6和2键，选择显示组062，按Q键确认后，屏幕上显示如图8—2—9所示。

3）慢慢将油门踏板踩到底，同时注意显示区3和4的百分比值，应均匀升高，并且显示区3中的显示值总应是显示区4的2倍。如果显示值没有达到此要求，则继续进行下一步检查。

4）拆下驾驶员侧杂物箱。拔下油门踏板位置传感器插头，如图8—2—12所示。打开点火开关，测量插头端子1和搭铁之间、端子1和5之间、端子2和搭铁之间、端子2和3之间的电压值，均应约为5 V。

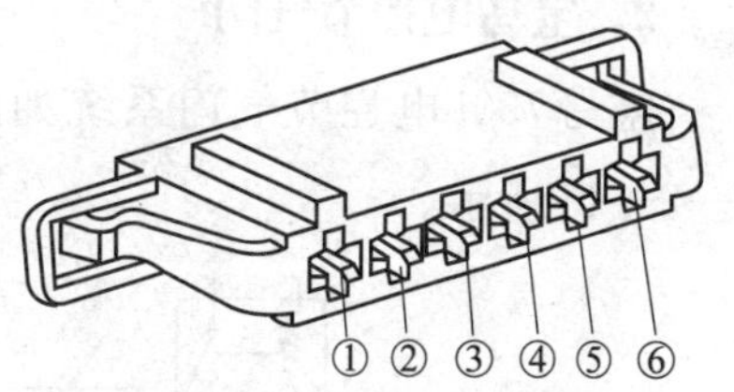

图8—2—12 油门踏板位置传感器插头

5）按电路图检查油门踏板位置传感器插头各端子至发动机控制单元线束端子之间的导线是否断路，然后检查导线相互之间是否导通。如果导线无故障，则更换油门踏板位置传感器。

（7）强制降挡自适应

如果更换了油门踏板位置传感器或发动机控制单元，对于自动变速器的车，必须进行强制降挡功能自适应。

1）将V. A. G1551或V. A. G1552连接到诊断座上，起动发动机，用地址码01选择发动机电控系统。按0和4键，选择功能“基本设置”，按Q键确认。

2）输入0、6和3键，选择显示组063，按Q键确认后，屏幕上显示如图8—2—13所示。

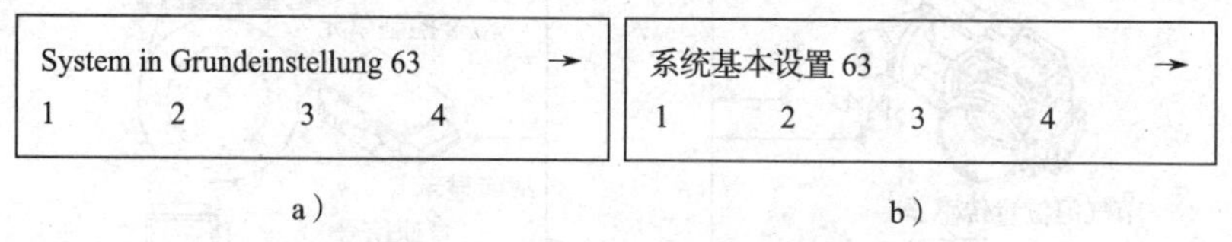

图8—2—13 强制降挡自适应设置

a）德文 b）中文

显示区1显示油门踏板位置传感器1－G79的开度百分比，规定值为79％～94％。

显示区2显示油门踏板位置传感器2－G185的开度百分比，规定值为79％～94％。

显示区3显示油门踏板位置，应显示Kick down。

显示区4显示自适应状态。可能显示“ADP i. o.”，“ERROR”，“ADPlauft”等。自适应完成应显示“ADP i. o.”。

3）此时表示要求“操纵强制降挡功能”。应立即踩下油门踏板，一直踩过强制降挡作用点，并保持该状态至少2 s。

注意在强制降挡作用点自适应过程中，V. A. G1551 或 V. A. G1552 屏幕上会显示“kickdown ADP lauft”，完成自适应后会显示“kickdown ADP i. o.”。

4）检查显示区 4 的值，应为“ADP i. o.”。若为“ERROR”，则可能出现以下两种情况：测试仪准备好时，没有立即踩下油门踏板；或自适应正在进行但未完成时，松开了油门踏板。这两种情况均需结束“基本设置”，并重新进行自适应。

2. 宝马电控节气门

宝马 750i 电控节气门系统如图 8—2—14 所示，宝马节气门体外形和电路如图 8—2—15 所示。

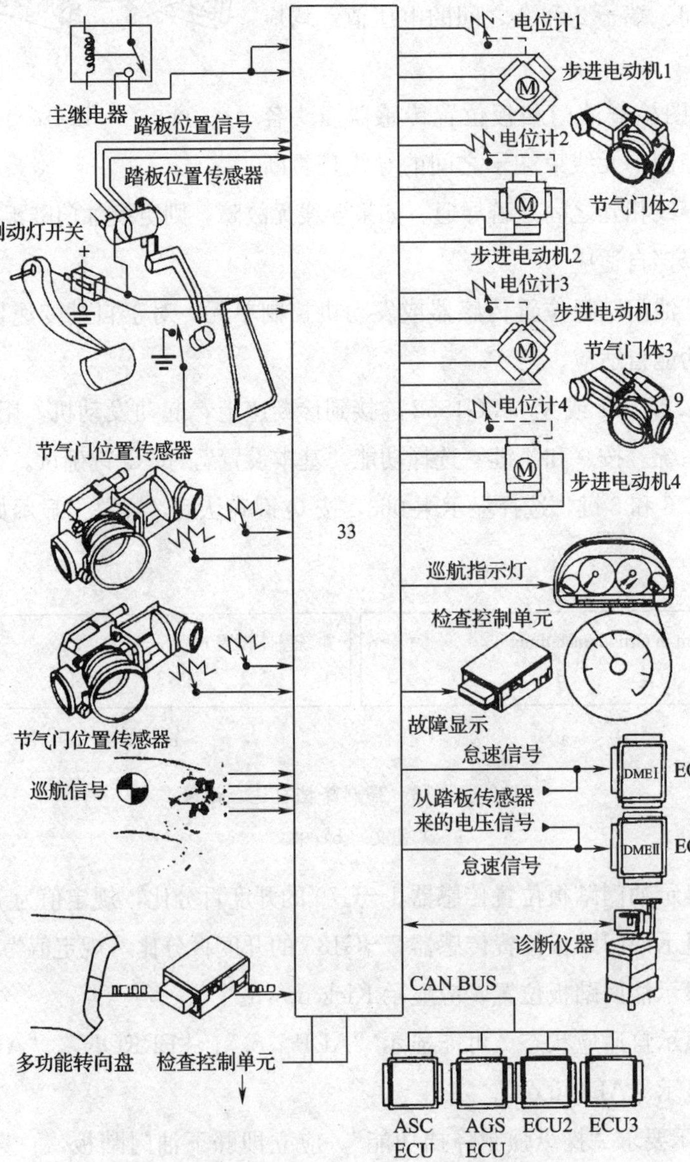

图 8—2—14　宝马 750i 电控节气门系统

a）

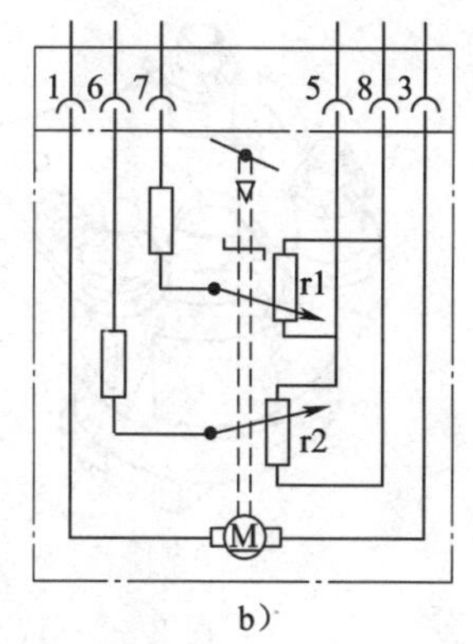

b）

图 8—2—15　宝马节气门体和电路

a）结构　b）电路

宝马车型采用步进电动机驱动式节气门，如图 8—2—16 所示，以精确控制节气门打开的程度，节气门体内同样包括两个电位计，来监控节气门的动作情况。

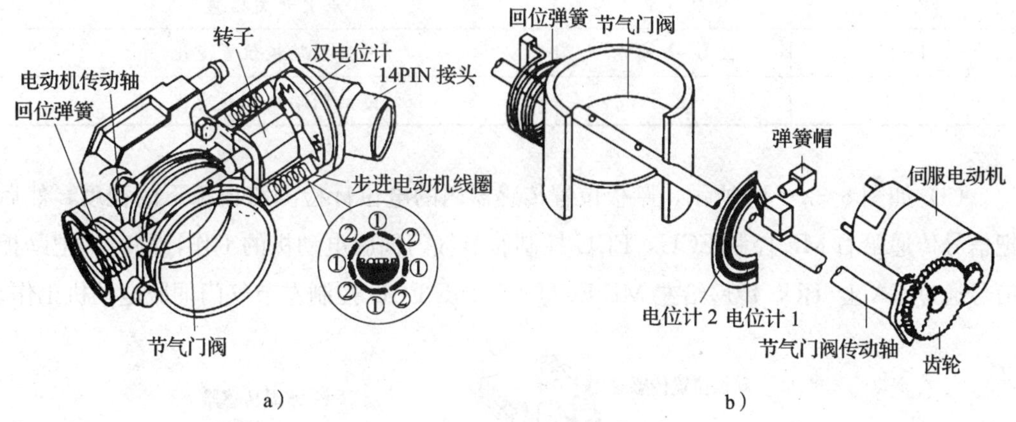

a）　　　　b）

图 8—2—16　宝马电控节气门体

a）内部结构　b）分解图

3．奔驰 SL600 电控节气门系统

（1）奔驰 SL600 电控节气门系统包括油门踏板位置传感器、左节气门体、右节气门体、ECU 等元件，ECU 控制发动机系统的同时还控制电控节气门系统的工作。

在奔驰车型中，踩下油门踏板时拉动油门拉线，拉动传感器内的 2 个电位计进行滑动，这样把驾驶员的想法通过拉线带动电位计的旋转改变为电信号，并传送给 ECU。油门踏板位置传感器原理如图 8—2—17 所示。

（2）在油门踏板开度变化时，检测油门踏板位置传感器的电压变化应符合表 8—2—1 规定的数据。

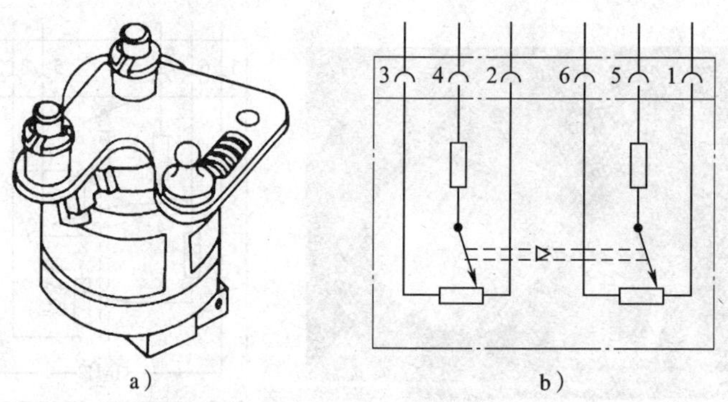

图 8—2—17　油门踏板位置传感器原理图

a）外形　b）电路

表 8—2—1　　油门踏板位置传感器的电压数据

端子	电压标准	条　件
1—6	5 V	点火开关接通
2—3	2.5 V	点火开关接通
1—5	0～5 V	随油门踏板位置变化
2—4	0～2.5 V	随油门踏板位置变化

（3）如图 8—2—18 所示，踏板位置传感器内的电位计检测踏板踩下的程度，然后把信号传递给右 ME 控制 ECU，ECU 控制右节气门伺服电动机的工作，同时，把踏板信号通过 CAN－BUS 传递给左 ME ECU，左 ME ECU 控制左节气门伺服电动机工作。

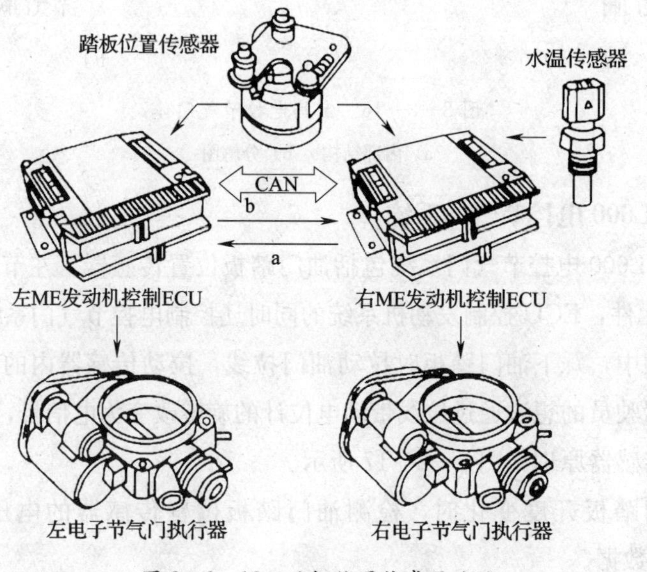

图 8—2—18　踏板位置传感器功用

同时右执行器内的电位计把实际节气门的开度反馈给 ME ECU，左执行器内的电位计把左节气门的实际开度传递给左 ME ECU，再通过系统数据总线（CAN－BUS）传递给右 ME ECU。每个节气门执行器内和踏板位置传感器内都有另外一个电位计，它一般起参考信号作用，当一个电位计损坏时，由另一个做替代信号。

（4）系统具体功能包括：怠速转速控制、巡航控制模式、30 km/h 车速限制、ESP 系统工作时配合降低发动机的扭矩、电子油门踏板应急运行模式、控制 EPC 故障灯工作、通过 CAN－BUS 进行数据传输。

1）系统对怠速的控制。在开空调、挂前进挡、转动动力转向等负荷下，控制发动机的怠速。该系统对怠速的控制与传统车型对怠速的控制有着很大的差别，传统车型中一般通过怠速电动机来控制旁通气道的进气量。而此车型是 ECU 通过控制节气门执行器里的伺服电动机来改变节气门阀的开度，来调节怠速时的进气量，从而改变怠速的转速的。

点火时间的调节能够明显改变怠速的转速，同时利用奔驰的原厂仪器 HHT 也能够改变怠速的转速。为了使三元催化器迅速地到达正常工作温度，在每次发动机起动时，ECU 首先检测发动机水温，如果起动时发动机水温低于 40℃，在发动机刚起动的 1 min 左右，ECU 会把怠速提高到 110～1 500 r/min。如果发动机水温高于 40℃，则说明是热车起动，怠速则保持在 600～800 r/min。为了怠速转速的稳定，ECU 可以调节点火提前角最多推迟 36°曲轴转角，最多提前 20°曲轴转角。

怠速情况下，如果开空调，压缩机投入工作之前，为了确保怠速转速的稳定，空调开关信号会通过 CAN－BUS 线路发送到 ME ECU，ME ECU 会增大节气门阀的打开角度，保持稳定的怠速。

2）油门踏板位置传感器故障工作模式。如果一个电位计失效，则系统自动使用另一个电位计进行替代，但是节气门打开最大限度不超过 60%，另外节气门打开的时间会有延迟，EPC 故障灯不会亮。如果两个电位计都损坏，EPC 故障灯会点亮，发动机只能怠速运转。

3）电控节气门执行器故障工作模式。如果一个电位计失效，则系统自动使用另一个电位计进行替代，同时 ECU 接收空气流量信号与之对比，节气门阀打开角度会根据发动机的转速和负荷被限制在 60%左右，EPC 故障灯不会点亮。如果 ECU 检测到两个电位计都坏掉，则根据执行器内的回位弹簧控制节气门阀停留在一个固定位置进行工作，同时 EPC 故障灯点亮。如果节气门伺服电动机故障，两个伺服电动机被断电，节气门阀会克服回位弹簧的作用，保持在 10°～12°的常量不变。如果发动机处在怠速，转速会控制在 900 r/min 左右；如果在驾驶中，发动机的转速最多到 1 800 r/min 左右，同时 EPC 故障灯点亮。

4）安全断油模式。如果一个执行器有故障，则同一侧的喷油器将进入安全断油工作模式，如果两个执行器均有故障，则所有的喷油器都将进入安全断油模式。当发动机转速超过 1 400 r/min 时，喷油器停止喷油；当发动机转速低于 1 200 r/min 时，喷油器又开始喷油。

四、电控节气门系统的故障诊断举例

以奥迪 A6 1.8T 为例。

（1）故障现象：奥迪 A6 1.8T 轿车行驶中 EPC 故障警报灯点亮，发动机抖动严重，油门踏板控制失效。

（2）故障诊断与排除

1）正常情况下，将点火开关置于 ON 位时，发动机电控单元将其连接器端子 48 搭铁，使 EPC 故障警报灯点亮；在发动机起动后，电控单元将该端子与搭铁断开，使 EPC 故障警报灯熄灭。

若将点火开关置于 ON 位时，EPC 故障警报灯不亮，则说明 EPC 故障警报灯电路存在故障，或 EPC 故障警报灯损坏，再就是对该灯的供电电压不正常，发动机电控单元不能将其连接器端子 48 搭铁。

EPC 系统线路断路或短路，一般很难确认断路或短路的具体部位，因此只能更换发动机控制线束。

2）若在发动机起动后 EPC 故障警报灯一直不熄灭，则说明 EPC 系统有故障代码，发动机电控系统损坏或导线一直搭铁。

3）用检测仪 VAS5051 或 VAG1551 读取故障代码，可读取多个故障码，其含义多为节气门位置传感器断路、油门踏板位置传感器断路和节气门控制单元损坏等。

节气门控制单元损坏（步进电动机损坏或节气门位置传感器脏污）。通常可先清洁节气门位置传感器，如故障现象不能消除，则再更换节气门控制单元。

连接器因锈蚀而断路或短路。发动机电控单元连接器产生锈蚀的现象较多，一般只要予以清洁处理即可排除故障。

思考与练习

1. 简述发动机电控节气门系统工作原理。
2. 发动机电控节气门系统的功能有哪些？

课题三　巡航系统

学习目标

◆ 了解巡航系统的作用、组成和类型。

◆ 熟悉电动机驱动型和电控节气门型巡航系统。

如图 8—3—1 所示，试判断：汽车采用“加速滑行，再加速再滑行”方式行驶省油，还是匀速行驶省油？

图 8—3—1　汽车自动驾驶

主动巡航控制系统（Adaptive Cruise Control，ACC），由雷达传感器、数字信号处理器和控制模块组成。驾驶员设定所希望的车速，系统利用低功率雷达或红外线光束得到前车的确切位置，如果发现前车减速或监测到新目标，系统就会发送执行信号给发动机或制动系统来降低车速，使车辆和前车保持一个安全的行驶距离。当前方道路没车时，又会加速恢复到设定的车速，雷达系统会自动监测下一个目标。主动巡航控制系统代替驾驶员控制车速，避免了频繁的取消和设定巡航控制，使巡航系统适合于更多的路况，为驾驶者提供了一种更轻松的驾驶模式。

一、巡航系统概述

1. 巡航系统作用

巡航系统（CRUISE CONTROL SYSTEM）缩写为 CCS，又称为定速巡航系统、速度控制系统、自动驾驶系统等。当设定好车速后，无论是上坡、下坡、平路上行驶，或是在风速变化等情况下，只要在发动机功率允许的范围内，巡航系统会根据行驶阻力，自动控制节气门的开度，使汽车保持在设定车速，匀速行驶。当车辆的速度超出人为设定的范围及其他情况，以及驾驶人员出现踩制动踏板等操作，巡航系统便自动地停止工作，以确保车辆行驶安全。

巡航系统主要有以下优点：

(1) 节省燃料，提高了汽车燃料经济性和环保性能。在同样的行驶条件下，对于一个有经验的驾驶员来说，可节省燃料15%。这是因为汽车燃料的供给与发动机功率之间处于最佳的配合状态，并减少了废气的排放。

(2) 无须驾驶员踩加速（油门）踏板，汽车自动保持匀速行驶，减轻了驾驶员的疲劳强度。

(3) 提高汽车行驶时的舒适性。特别是在郊外或高速公路上行驶，这种优越性更为显著。

2. 巡航系统基本组成

汽车巡航系统主要由电控单元、操作开关、传感器、执行器等部分组成，如图8—3—2所示。

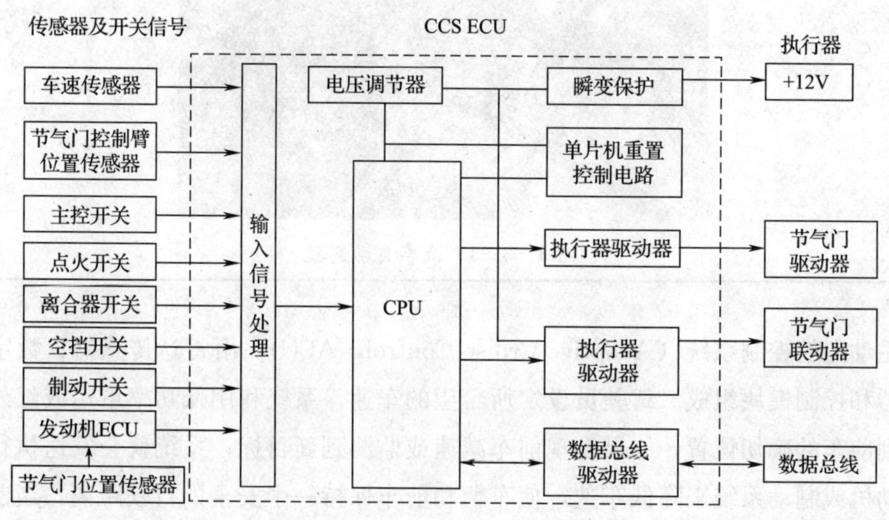

图8—3—2 汽车巡航系统组成

(1) 电控单元（CCS ECU）

电控单元又称巡航计算机板，封装在金属薄板壳体内，有屏蔽电磁和机械保护作用。丰田CAMRY巡航系统电控单元实物如图8—3—3所示，其内部电路如图8—3—4所示。

1）CPU（EIM8005R）

CPU是巡航系统的核心，从数字缓冲器和随机存储器TC3509P提取信息，进行分析和处理，将计算结果寄存在RAM中，并向执行器发出指令，并控制其工作。

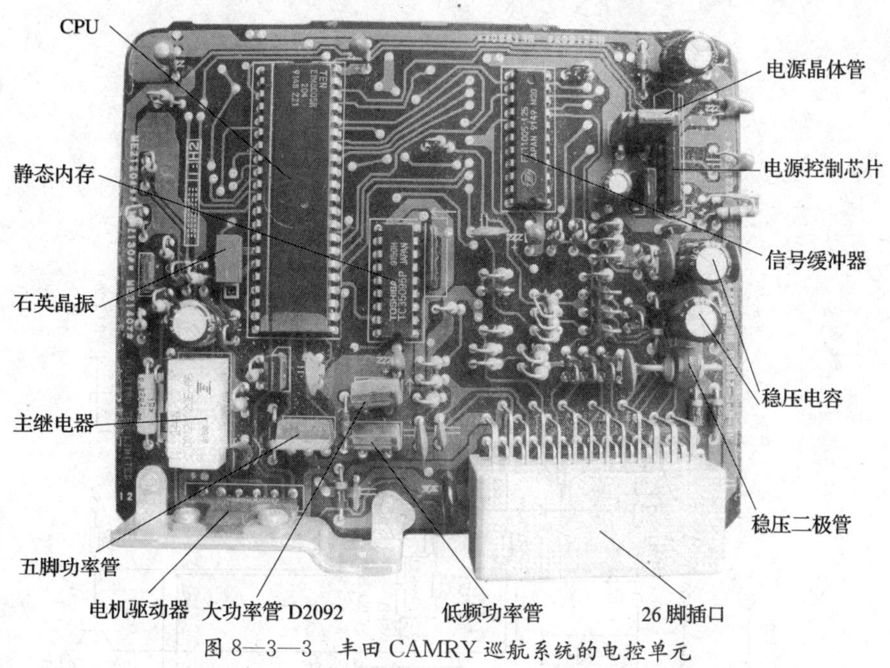

图 8—3—3　丰田 CAMRY 巡航系统的电控单元

2）静态内存（TC3509P）

静态内存采用的是东芝公司，8 位 8 通道多路输入、带兼有 A/D 转换、串行 I/O 接口。转换的模拟信号有执行器位置传感器信号、巡航开关信号。该内存起暂存数据的作用。

3）石英晶振采用塑料外壳包装，其时钟频率为 12 MHz，引出 3 个脚，中间脚搭铁，另两个脚分别接 CPU 的 XTAL1、XTAL2。

4）主继电器

巡航主开关接通时，主继电器线圈通过一个二极搭铁，同时，在满足条件时，CPU 向线圈的正极发出供电指令，使继电器工作，电磁离合器、巡航电动机得电工作。

5）五脚功率管

1 脚为控制线，接收来自 CPU12 脚的指令，2 脚为电源输入、3 脚搭铁、4 脚向电磁离合器输出并使其接合、5 脚 12 V 电源输入。

6）电动机驱动器（TA8051P）

电动机驱动器采用的是东芝公司双向直流驱动器，其输入脚 DI1 和 DI2 有四种不同电位组合，CPU 发出指令，通过输出脚 M＋和 M－使电动机正转、反转、停止和制动。驱动器背面有一个大面积散热片。

7）大功率管（D2092）

大功率管是 NPN 型低频功率管，用于驱动巡航系统指示灯。基极经一个电阻与 CPU27 脚相连，集电极接指示灯。当巡航主开关接通时，指示灯亮。在自诊断状态下，CPU 发出脉冲指令，使指示灯有规律地亮灭，闪烁故障码。

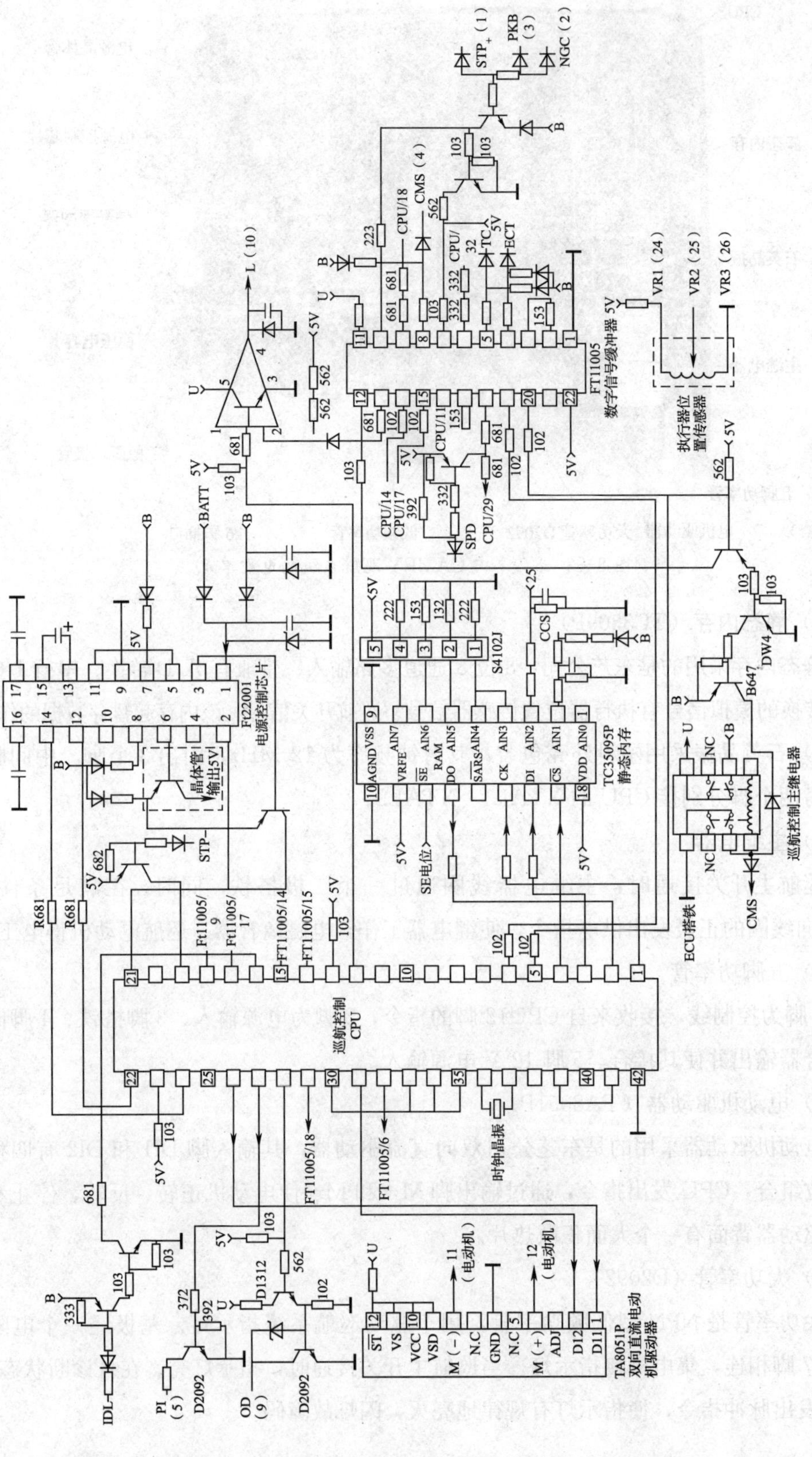

图 8—3—4 丰田 CAMRY 巡航系统电控单元的内部电路

8）低频功率管

其用于驱动O/D超速信号。当汽车上坡速度难以维持设定车速时，停止向变速器ECU提供超速信号，使自动变速器不在超速挡工作。

9）26脚插口

该插口有两排针脚，右上角为1号脚，左下角为26号脚。

10）稳压二极管

稳压二极管使输入电压保持在12 V。

11）稳压电容

稳压电容吸收电路中的脉冲，给ECU提供平稳的5 V电压。

12）信号缓冲器（FT11005）

其与CPU的时钟频率同步，稳定和暂存数字开关信号，并向CPU提供运行状况的基本数据。

13）电源控制芯片（FT22001）

其工作受巡航ECU的监视，点火开关IG和蓄电池BATT电源转换为5 V电压，供巡航ECU使用。第6脚控制PNP型晶体管B1015基极正向偏置，使晶体管导通。发射极接B电源，集电极输出5 V电压。

14）电源晶体管（B1015）

该晶体管属PNP型三极管，在电源控制芯片FT22001的控制下，将12 V电压转换为5 V电压。

电控单元的作用是将所有的信号（传感器的车速、节气门位置、节气门控制摇臂位置、操作指令、执行机构的反馈信号）进行处理，在车速偏离设定的巡航车速时，给执行器一个电信号，控制执行器的动作，使实际车速与设定车速相一致。

汽车在巡航控制状态时，一般当车速低于40 km/h时，电控单元自动取消巡航控制，这样汽车在制动、转弯时，巡航控制将不起作用；车速超出设定巡航车速6～8 km/h时，电控单元也将自动取消巡航控制；在汽车的减速度大于2 m/s^2及汽车的制动灯开关动作等情况下，电控单元也会自动取消巡航控制状态，确保汽车的行驶安全。

（2）操作开关

操作开关包括主控开关、离合器开关、变速器空挡开关、制动开关（包括驻车制动）和电源开关（点火开关）等。

1）主控开关

其用于控制巡航系统的起动、关闭和控制调节巡航工作状态，有杆式和按键式两种。杆式巡航主控开关安装在转向盘下方，如图8—3—5所示，图示操作是在巡航状态下。按键式巡航主控开关安装在转向盘上面，如图8—3—6所示。

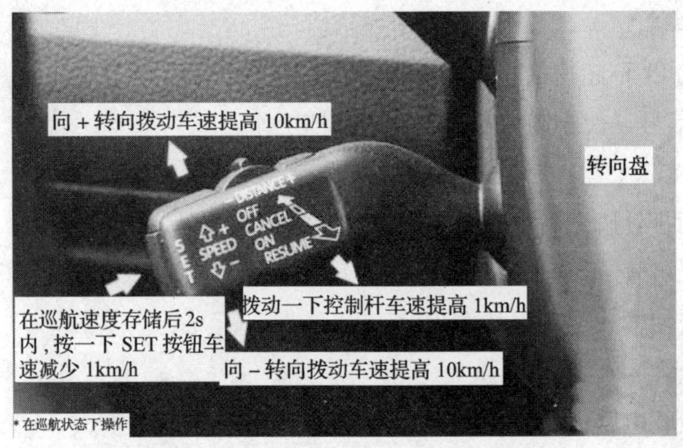

图 8—3—5　大众 CC 巡航主控开关

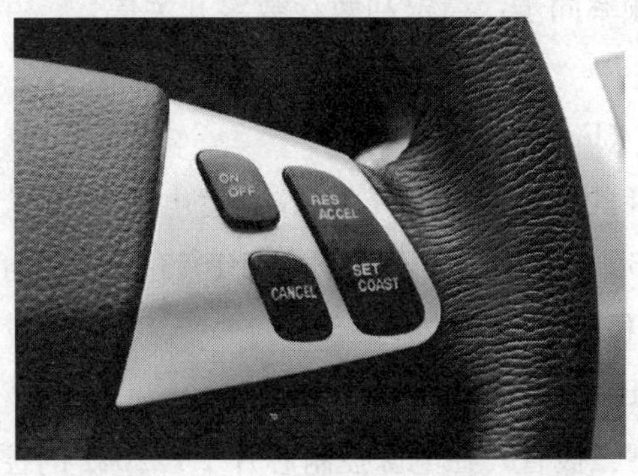

图 8—3—6　一汽奔腾 B50 巡航主控开关

2）离合器开关（手动变速器车型）

当汽车在巡航状态下行驶，出现驾驶员干预，如变换变速器挡位、制动等情况，当驾驶员踩离合器踏板，离合器开关闭合，使电控单元立即自动关闭巡航工作状态。离合器开关装在驾驶室离合器踏板的上部，靠驾驶员踩踏离合器踏板的机械动作，使其闭合。

3）变速器空挡起动开关（自动变速器车型）

其作用与离合器开关类似。空挡起动开关的安装位置紧靠变速器操纵杆，并与变速器操纵杆联动，当变速器操纵杆置于空挡时，空挡起动开关由断开变成闭合。

4）制动开关

制动开关内常开触点控制制动灯，与之联动的常闭触点控制电磁离合器。当驾驶员踩制动踏板时，在接通制动灯的同时，断开电磁离合器，控制节气门控制摇臂动作，迅速退出巡航状态。

5）驻车制动开关

其与离合器开关、空挡起动开关的作用类似。安装位置紧靠驻车操纵杆，并与驻车操纵杆联动，当拉驻车操纵杆时，此开关由断开变为闭合。

6）点火开关

其作用是通断取自蓄电池和发电机到巡航系统的工作电源。

(3) 传感器

传感器主要有车速传感器、节气门传感器和节气门控制摇臂位置传感器等。

1）车速传感器

车速传感器有磁脉冲式、霍尔式、光电式、磁阻式等类型。车速信号取自发动机电控系统的车速传感器，作用是提供一个与汽车实际车速成比例的信号，电控单元将此信号进行处理。车速传感器输送给电控单元的电信号是一个交变脉冲信号。

2）节气门传感器

其作用是对电控单元提供一个与节气门位置成比例变化的电信号。节气门传感器与发动机电控的传感器共用。

3）节气门控制摇臂传感器

该传感器是巡航系统专用的传感器。作用是对电控单元提供节气门控制摇臂位置信号，多采用滑线电位计。当节气门控制摇臂转动时，电位计与之随动，输出信号与控制摇臂位置成正比。

(4) 执行器

其作用是将电控单元输出的电流或电压信号转变为机械运动，进而控制节气门的开度，最终达到控制车速的目的。执行器有气动式和电动机式两种类型。

1）气动式

气动式多采用由进气歧管真空度控制的气动活塞，如图 8—3—7 所示。

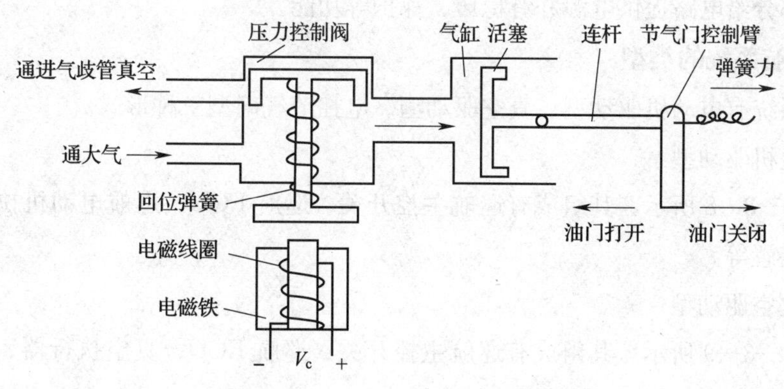

图 8—3—7　气动式执行器

执行器活塞连杆与节气门拉杆相连，当活塞连杆对节气门拉杆无作用用时，弹簧力使节气门关闭。当电磁阀线圈通电压 V_C 时，压力控制阀芯克服弹簧力下移，执行器气缸与进气歧管连通。由于进气歧管内为真空，气缸内压力迅速下降，活塞带动节气门拉杆向左移动，从而使节气门逐渐打开。活塞上的作用力随气缸中平均压力变化而变化，而气缸中的平均压力则通过快速通断压力控制阀来控制，这样使节气门稳定在一定开度。因此V_C是一个脉冲信号，当V_C电位高时，电磁铁通电；当V_C电位低时，电磁铁断电。因此气缸中的平均压力、节气门开度与压力控制阀控制信号V_C的占空比成正比。

选择节气门执行器时，应使节气门执行器的频率响应与车速传感器的频率响应基本一致，以保证整个巡航控制协调运行。

2）电动机式

电动机式的节气门执行器，是利用电动机带动控制摇臂摆动，使节气门开度变化。其组成主要有直流电动机或步进电机、电磁离合器等。

直流电动机是连续转动的，其转速与电控单元供给的平均电压有关；其运转方向是由电控单元输出的电压方向决定的。

步进电动机的转动不是连续的，每通电一次，步进电动机轴就转过一定的角度。

电磁离合器的作用是，当电磁离合器通电时，电动机的轴与节气门控制摇臂结合在一起，当电磁离合器断电时，电动机轴与节气门控制摇臂分离，使节气门受到电动机和电磁离合器的双重控制，工作更可靠。

（5）指示及检测装置

指示及检测装置包括巡航控制指示灯、检测连接器等。

（6）通信联络部分

该部分指与发动机电子控制器的通信联络部分。

（7）电源部分

电源部分给电路提供电源并有稳压、保护等功能。

3. 巡航系统的类型

巡航系统有电动机驱动型、真空驱动型、电控节气门型三种形式。

（1）电机驱动型

如图 8—3—8 所示，其组成有巡航主控开关、巡航 ECU、巡航电动机拉索节气拉索和联动装置等。

（2）真空驱动型

如图 8—3—9 所示，其组成有巡航主控开关、巡航 ECU、真空执行器、节气拉索和联动装置等。

（3）电控节气门型

电控节气门型巡航系统没有节气门拉索，如图 8—3—10 所示。有的车型具有自适应功能，能很好地适应复杂的城市路况。

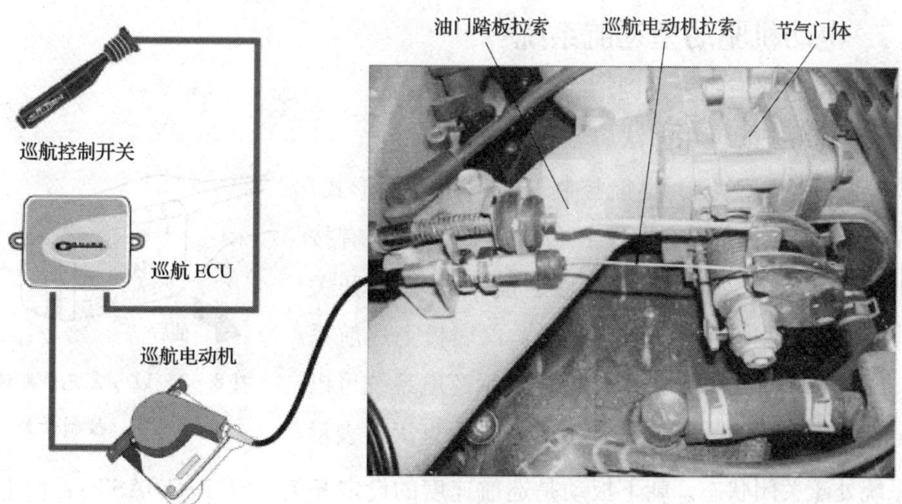

图 8—3—8　电动机驱动型巡航系统

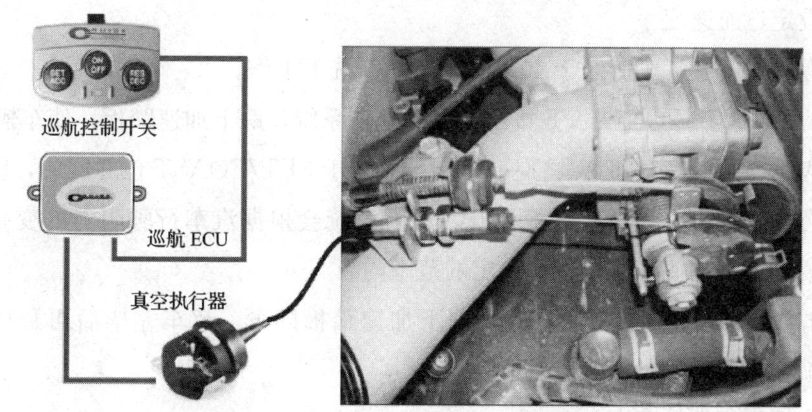

图 8—3—9　真空驱动型巡航系统

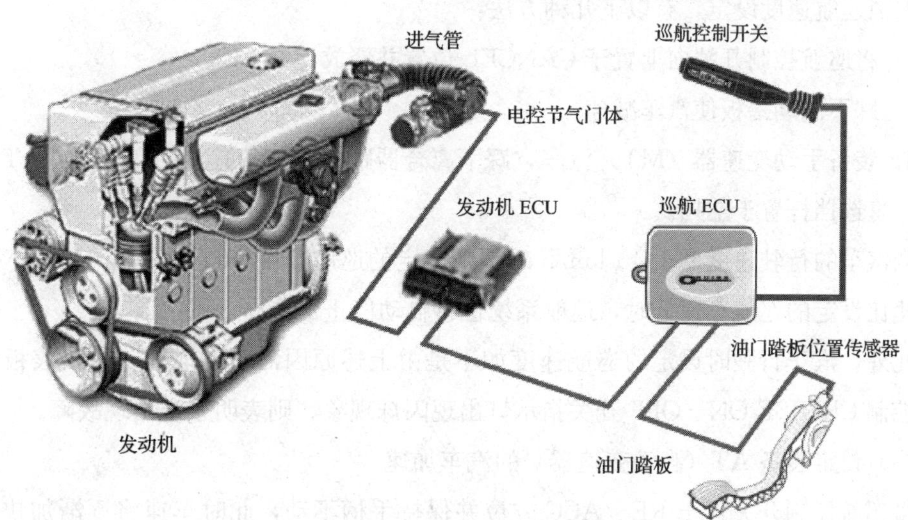

图 8—3—10　电控节气门型巡航系统

二、电动机驱动型巡航系统

以雷克萨斯巡航系统为例。

1. 巡航系统的使用方法

雷克萨斯（LEXUS）巡航控制开关采用手柄形式，安装在转向盘的下方，有四个挡位，手柄的端部有按钮，如图 8—3—11 所示。按钮是巡航系统的总开关（CRUISE ON－OFF），按下按钮时，仪表板上巡航系统的 CRUISE ON－OFF 指示灯亮，表示巡航系统可以转入运行状态；再按一下，按钮弹起、指示灯灭，表示巡航系统处于关闭状态。朝下扳动是巡航速度的设定开关（SET/COAST）；向上推则巡航速度取消开关（CANCEL）；朝转向盘方向扳起是恢复/加速开关（RES/ACC）。

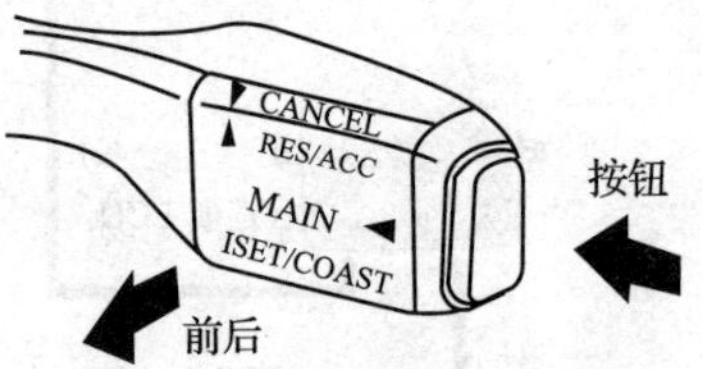

图 8—3—11　雷克萨斯巡航控制开关

（1）设定巡航速度

为确保行车安全，车速低于 40 km/h 巡航系统不工作。

1）按下 CRUISE ON－OFF 按钮，开启巡航系统，踩下加速踏板，使车辆加速。

2）当车速达到设定值时，将巡航控制开关置于 SET/COAST 位并释放，就进入自动行驶状态，驾驶员可将加速踏板松开，巡航系统会根据汽车行驶阻力的变化，自动控制节气门的开度，使车速保持在设定的范围内。

3）如需加速超越前方车辆，只要踩下加速踏板即可。超车完毕后再释放加速踏板，汽车就会恢复到已设定的巡航速度行驶。

（2）取消设定巡航速度

取消巡航速度设定，有以下几种方法：

1）将巡航控制开关向上置于 CANCEL 位置并释放。

2）踩下制动踏板使汽车减速。

3）装备手动变速器（MT）汽车，踩下离合器踏板；装备有自动变速器（AT）的汽车，将选挡杆置于空挡。

当汽车的行驶速度低于 40 km/h 时，则设定的巡航速度将自动取消；当汽车减速后车速比设定的巡航车速低时，巡航系统也将自动停止工作。

此外，汽车行驶时设定的巡航速度如不是由上述原因而自动取消，或仪表板上的巡航控制 CRUISE ON－OFF 开关指示灯出现闪烁现象，则表明系统出现故障。

（3）设定装备 AT（自动变速器）的汽车加速

将巡航控制开关置于 RES/ACC 方位并保持手柄不动，此时车速将逐渐加快，当车速达到要重新设定的巡航速度时释放手柄。这种加速的方法与前面所述设定巡航速度的操作方法相比，所用的时间较长。

(4) 设定装备 AT（自动变速器）的汽车减速

将巡航控制开关置于 SET/COAST 的方位并保持手柄不动，此时车速将逐渐减慢，当车速降至所要求的设定速度时释放操纵手柄。这种减速方法与踩制动踏板减速相比，减速度要小。

(5) 恢复到原来设定的巡航速度

将巡航控制开关置于 RES/ACC 位置，汽车可恢复到原来设定的速度做巡航行驶。除非车速已降至 40 km/h 以下，或低于设定速度的差值 16 km/h 以上时，巡航系统自动停止工作。

2. 巡航系统的电路及工作过程

(1) 巡航系统元件位置

雷克萨斯巡航系统元件位置如图 8—3—12 所示。

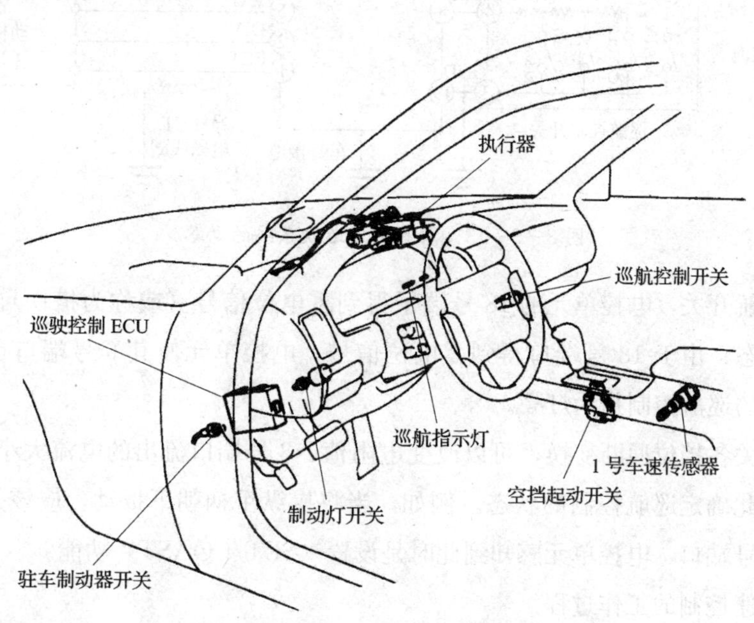

图 8—3—12 雷克萨斯巡航系统元件位置

(2) 巡航系统的电路图

雷克萨斯 UCF10 巡航系统的电路如图 8—3—13 所示。

汽车巡航系统是一个闭环控制系统，采用比例积分（Proportion and Integral calculus）调节控制（又称 PI 调节控制）方式，可实现实际车速与设定车速之间的误差为零。但由于行驶阻力的微小变化都将引起节气门开度的变化，产生游车（瞬时车速不断地变化，而平均车速不变）。为避免调节控制的振荡，控制系统的误差应是一个大于零的实数。

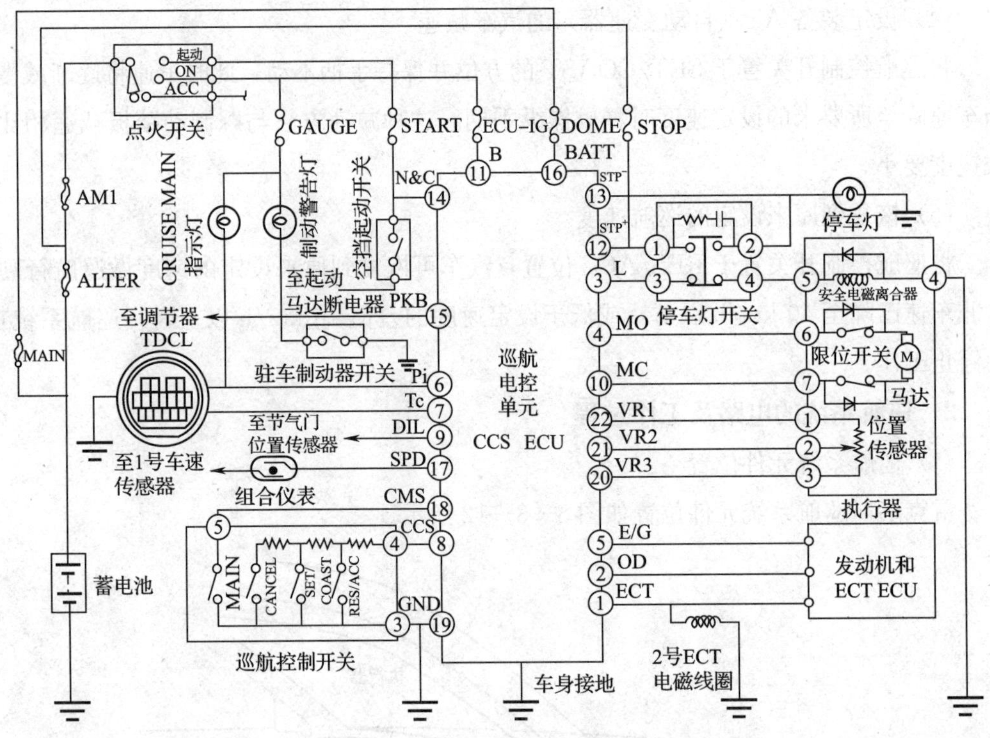

图 8—3—13　雷克萨斯巡航系统的电路

按下巡航开关，电控单元的 18 号端子得到零电位信号（或称为搭铁），电控单元处于预备状态；由于 18 号端口得到零电位信号，电控单元使其 6 号端口也变为零电位，仪表板的巡航控制指示灯亮。

巡航开关各挡位通断变换，可以改变电阻值，8 号端口流出的电流大小发生变化，电控单元据此确定巡航控制的状态。例如，当将操纵手柄朝下扳动，应该是对应一个电流流出 8 号端口，电控单元感知到此时是设置（SET/COAST）功能。

(3) 车速控制的工作过程

当扳设置/巡航（SET/CONST）开关设置车速后，首先，电控单元的 3 号端口发出高电位，经制动灯开关使电磁离合器通电，使驱动电动机和节气门控制臂结合；其次，电控单元从控制臂的位置传感器（电控单元的 20 号、21 号、22 号端口）感知控制臂的初始位置，并将此初始位置作为控制的依据；电控单元还将此时的车速信号经 17 号端口记录，作为控制的依据。

平时控制臂的两个限位开关应均闭合，只有控制臂到达最大加速或最大减速时才分别对应断开，与限位开关并联的二极管是为了在最大的加速或减速位置，限位开关断开时，保证驱动电动机能够通电退出。

当实际车速低于设定的巡航车速时，电控单元能够使10号端口输出较4号端口高的电位，驱动电动机转动，使控制臂向沿节气门开度增大的方向摇转，从而提高车速；当控制臂达到控制单元计算（或储存）的摇动角度时，电控单元将4号、10号两端口之间的电位差取消，驱动电动机停转。如果电控单元发现车速仍未上升，它将继续使驱动电动机转动，控制臂再增加一次摇转的角度。

当实际车速高于设定的巡航车速时，电控单元能够使4号端口输出较10号端口的电位高，驱动电动机转动方向与上述相反，从而降低车速，并重复以上过程。

（4）人为取消巡航控制过程

巡航控制的工作状态在下列人为干预的情况下，将取消巡航工作状态。

1）向上推巡航开关操纵杆使取消（CANCEL）开关接通。

2）拉动驻车制动杆，与之联动的驻车制动开关闭合。

3）对自动变速器的汽车，变速器杆移至空挡位置，与之联动的空挡起动开关闭合。

4）对手动变速器的汽车，踏下离合器踏板，与之联动的离合器开关闭合。

5）踏下制动踏板，制动灯亮（先切断电磁离合器的电源），电控单元的13号端口得到了电源电压。

（5）巡航控制的自行取消

当发生如下情况时，巡航控制便由系统自行取消。

1）车速低于40 km/h。

2）实际车速低于设定的巡航车速，其差值大于16 km/h。

（6）巡航控制中设定车速的恢复

如果在巡航控制时，扳动操纵手柄、踩制动踏板等使设定的车速消失，需恢复巡航控制及车速，则将操纵杆向上扳动，置恢复/加速（RES/ACC）位，即可恢复。但若车速低于40km/h，则不可能恢复。

3. 巡航系统的检修

（1）巡航ECU针脚

雷克萨斯UCF10巡航ECU插座如图8—3—14所示。各针脚的意义见表8—3—1。

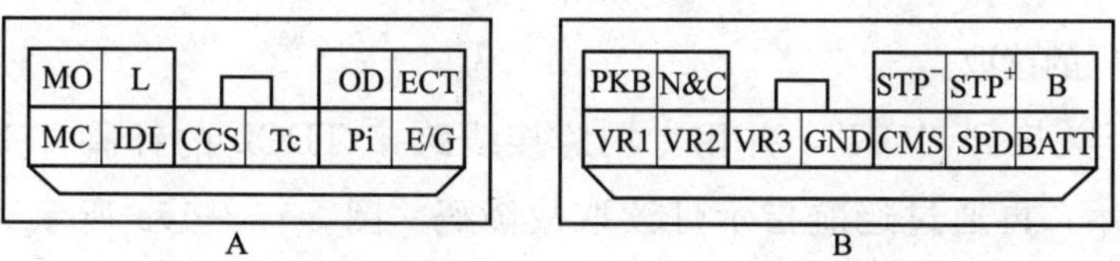

图8—3—14　雷克萨斯UCF10巡航ECU插座

表 8—3—1　雷克萨斯 UCF10 巡航 ECU 插座针脚的意义

针脚号	针脚符号	用途	针脚号	针脚符号	用途
A1	ECT	发动机和 ECT ECU	B2	STP＋	驻车开关
A2	OD	发动机和 ECT ECU	B3	STP－	驻车开关
A3	L	安全电磁离合器	B4	N&C	空挡起动开关
A4	MO	电动机	B5	PKB	驻车制动开关
A5	E/G	发动机和 ECT ECU	B6	BATT	备用电源
A6	Pi	巡航指示灯	B7	SPD	转速传感器
A7	Tc	TDCL	B8	CMS	巡航开关
A8	CCS	巡航控制开关	B9	CND	接地
A9	IDL	节气门位置传感器	B10	VR3	位置传感器
A10	MC	电动机	B11	VR2	位置传感器
B1	B	电源	B12	VR1	位置传感器

（2）自诊断系统

1）指示灯检查

将点火开关旋到“ON”，当巡航控制开关接通时，仪表板上的巡航主指示灯应亮起；断开巡航控制开关时，指示灯应熄灭。否则，检修组合仪表故障。

2）故障码校验

在巡航状态行驶时，若车速传感器或执行器发生故障，ECU 便会使巡航控制的“AUTO CANCEL（自动取消）”起动，并且巡航指示灯会以图 8—3—15 所示闪烁 5 次，以告知驾驶员发生了故障。与此同时，存储器也会存储此故障码。

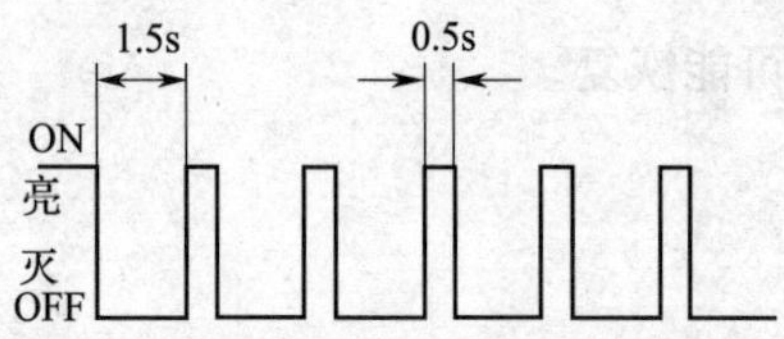

图 8—3—15　巡航指示灯闪烁 5 次以告知有故障

3）故障码的读取

将点火开关旋到“ON”，并用专用跨接线跨接 TDCL 的针脚 TC 和 El，如图 8—3—16a所示，再通过巡航指示灯读取故障码。图 8—3—17a 所示为正常码，图 8—3—17b 所示为故障码 11 号和 21 号。若不输出故障码，则应检查诊断电路。故障码读取结束后，拆开针脚 TC 和 El 的跨接线，并关掉显示器。

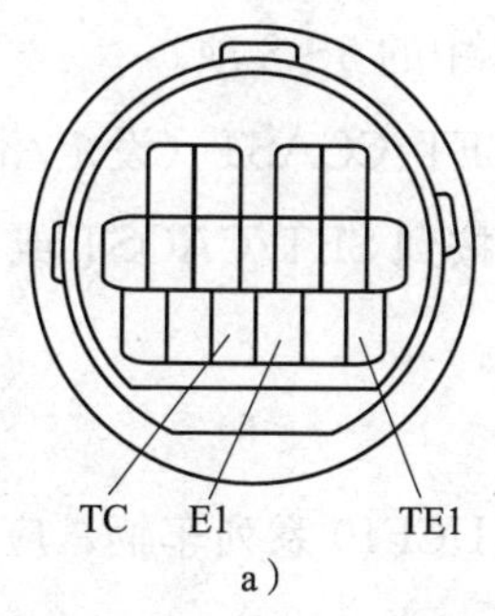

a）

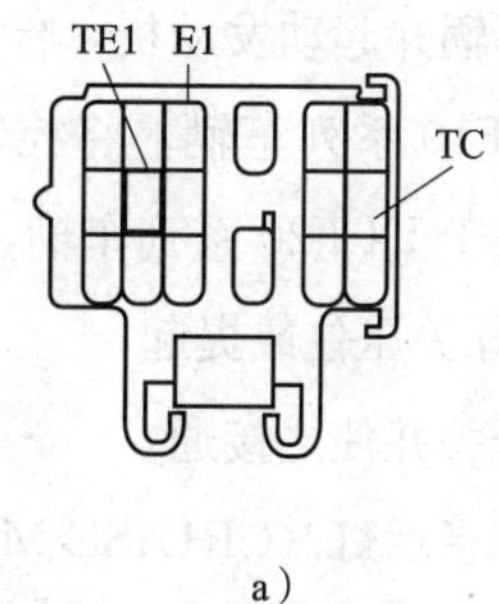

a）

图 8—3—16　检查座的针脚

a）TDCL　b）检查连接器

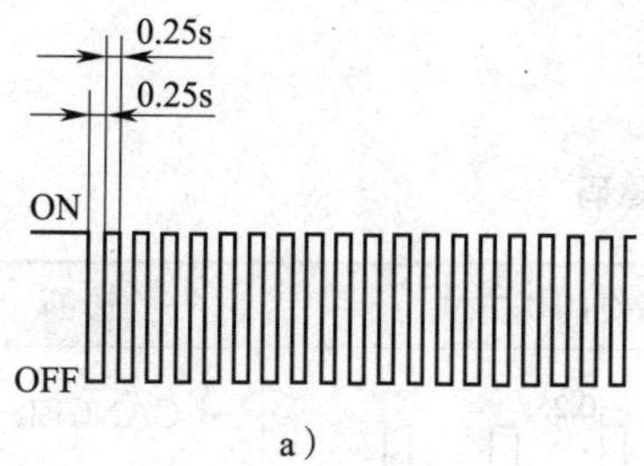

a）

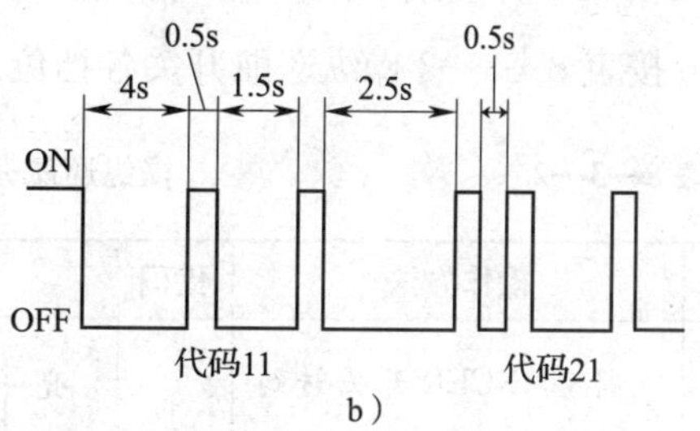

b）

图 8—3—17　故障码

a）无故障码　b）显示故障码

4）故障码的清除

故障排除以后，断开点火开关，对于 UCF10 系列汽车，拔下图 8—3—18a 所示的 DOME 熔丝，对于 UCF20 系列汽车，拔下图 8—3—18b 所示的 ECU－B 熔丝，在此 10 s 以后便可清除存储在储存器中的故障码。插好熔丝，并检查是否显示正常码。

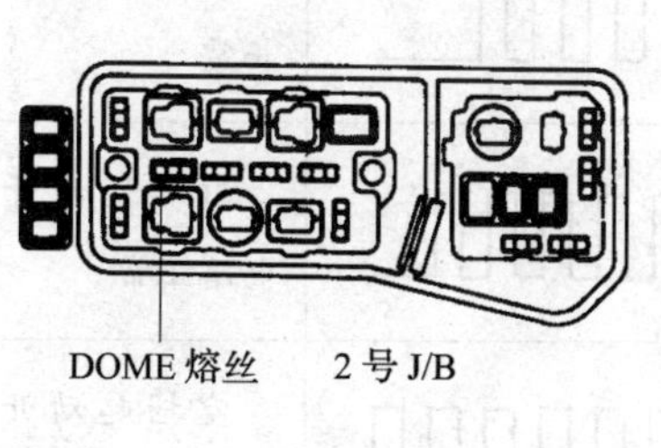

a）

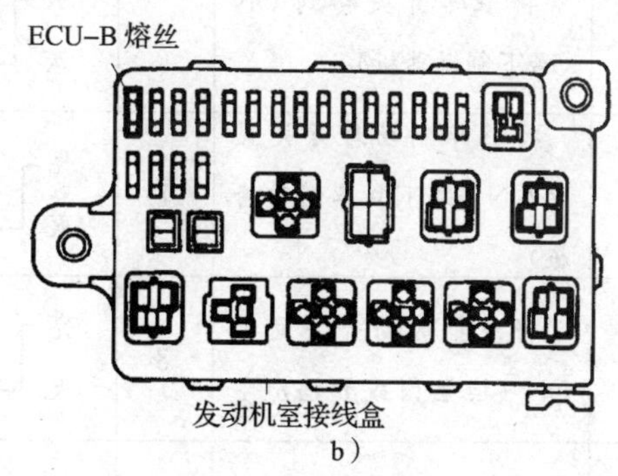

b）

图 8—3—18　DOME 和 ECU－B 熔丝的位置

a）UCF10　b）UCF20

5）输入信号检查

①将点火开关旋到“ON”，对于 UCF10 系列车辆，检查表 8—3—1 中的 1～4 项。

用千斤顶顶起车辆并起动发动机，检查表 8—3—1 中的 5～8 项。

②对于 UCF10 系列车辆，将控制开关转到 SET/COAST（设定/滑行）位置，并握住向下压；对于 UCF20 系列车辆，将控制开关按到 SET/CAOST 或 RES/ACC（恢复/加速）并将开关压住或提起。

③推动主开关并使之接通。

④检查巡航指示灯（CRUISE MAIN）。对于 UCF10 系列车辆，应重复闪烁两次；对于 UCF20 系列车辆，应在 3 s 后反复闪烁 2 次、3 次。

⑤对于 UCF10 系列车辆，关断 SET/COAST 开关；对于 UCF20 系列车辆，关断 SET/COAST 开关或 RES/ACC 开关。

⑥按表 8—3—2 操纵巡航开关各挡位。

表 8—3—2　　　　操纵巡航开关观察故障码

编号	操作方法	代码	巡航指示灯闪烁方式	诊断
1	将 CANCEL 开关转到 ON	1	亮 灭 1s 0.25s	CANCEL（消除）电路正常
2	将 SET/COAST 开关转到 ON	2	亮 灭 0.25s 0.25s	SET/COAS7，电路正常
3	将 RES/ACC 开关转到 ON	3	亮 灭	ES/ACC 电路正常
4	将驻车开关转到 ON（踏下制动踏板）	6	亮 灭	驻车开关电路正常
5	将驻车制动灯开关置于 ON（踏下驻车制动踏板）	7	亮 灭	驻车制动开关电路正常
6	将空挡起动开关置于 ON（换至 N 或 P 挡）	8	亮 灭	空挡起动开关电路正常
7	以 40 km/h 或更高车速行驶	闪烁	亮 灭	车速传感器正常
8	以 40 km/h 或以下车速行驶	常亮	亮 灭	车速传感器正常

续表

编号	操作方法	代码	巡航指示灯闪烁方式	诊断
9	将CANCEL开关置于ON		亮 开关接通 灭 开关断开	CANCEL开关电路正常
	将驻车开关置于ON			驻车开关电路正常
	将空挡开关置于OFF（D以外的任何挡位）		亮 开关接通 灭 开关断开	空挡开关电路正常

⑦由巡航控制主指示灯读取故障码。检查结束后，关断巡航开关。

6）故障码

巡航系统故障码，见表8—3—3所示。

表8—3—3　　巡航系统故障码

故障码	诊断	检查电路
正常码	系统正常	
11	电动机电路不正常 磁性离合器电路不正常	执行器电动机电路；磁性离合器电路；巡航控制ECU
12	磁性离合器电路不正常 磁性离合器电路开路达0.85	执行器电磁离合器电路 巡航控制ECU
13	电动机电路不正常 位置传感器电路不正常	电动机电路；巡航控制ECU；执行器位置传感器电路
14	执行器电动机电路开路 电动机工作时，位置传感器信号不变化	执行器电动机电路 执行器位置传感器电路
21	转速传感器电路不正常 设定巡航控制时，车速信号未传到ECU	车速传感器电路 巡航控制ECU
23	实际行驶车速低于设定速度16 km/h或更低 车辆实际行驶车速低于设定车速20%或以上车速传感器脉冲不正常	执行器电动机电路；巡航控制ECU 执行器控制拉线车速传感器电路
31	控制开关电路不正常（短路）	控制开关电路；巡航控制ECU
32	控制开关电路不正常	巡航控制开关电路；巡航控制ECU
34	控制开关电路不正常（电压不正常）	巡航控制开关电路；巡航控制ECU
41	100%的负载比输入到电动机加速端	巡航控制ECU
42	电源电压下降	

(3) 巡航系统故障排除顺序

在完成读出系统的诊断代码、读出信号输出和输入部分的代码后，经过综合对比分析、初步判断，就可进入到故障排除的实施检修阶段。表 8—3—4 所示的故障表是检修的优先顺序表，数字小的优先程度高。更换巡航控制的电控单元步骤，应放在最后。

(4) 巡航系统各部分电路的检查

1) 电动机电路检查

图 8—3—19 所示，其检查步骤及要求如下：

拆下巡航控制执行器并拔开其导线连接器。把蓄电池正极接执行器的针脚 5，负极接其针脚 4，电磁离合器接通；当蓄电池正极接其针脚 6，负极接其针脚 7 时，控制板应平稳地向加速侧转动，在转到半开或全开位置时，限位开关应能使其停止转动；当蓄电池正极接其针脚 7，负极接其针脚 6，控制板应向减速侧转动，并且在碰到限位开关时，应停止转动。经上述检查，若不符合要求，则应更换执行器；若符合要求，则检查巡航控制 ECU 与执行器之间的配线连接器。若配线和/或连接器不良，则修理或更换配线和/或连接器；若配线和连接器良好，则进行下一电路检查；若输出故障码 11 和 14，则应检查或更换巡航控制 ECU。

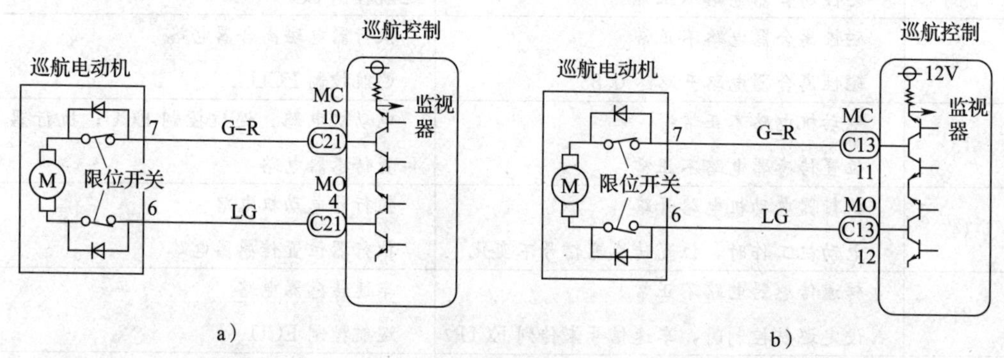

图 8—3—19　电动机电路检查

a) UCF10 系列汽车巡航电动机电路　b) UCF20 系列汽车巡航电动机电路

2) 电磁离合器电路检查

图 8—3—20 所示为 UCF10 系列车辆电磁离合器电路。其检查步骤和要求如下：

①检查巡航控制 ECU 配线侧的导线连接器针脚 3 与车身接地间的导通情况：拔开巡航控制 ECU 的导线连接器，将欧姆表的负笔接已拔开的导线连接器针脚 2 与 3，正笔接车身接地。若表的读数约为 40 Ω，则进行下一电路检查；若表的读数为 0 Ω 或无限大，则应检查执行器磁性离合器。

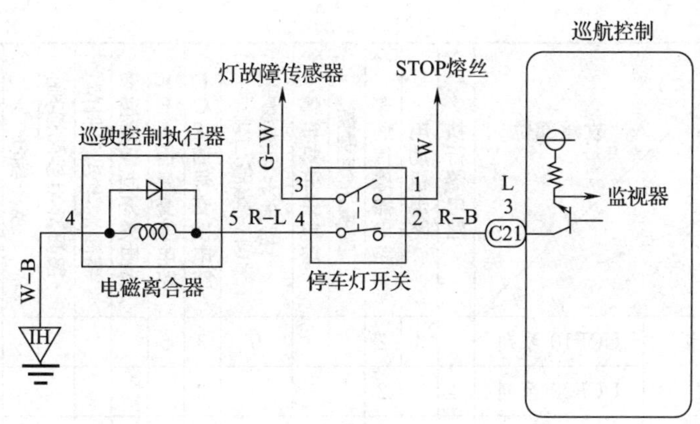

图 8—3—20　UCF10 系列车辆电磁离合器电路

②执行器电磁离合器检查：拔开执行器的导线连接器，并用手转动控制板，控制板应能转动（磁性离合器断开）。将蓄电池正极接执行器的针脚 5，负极接其针脚 4，并用手转动控制板，控制板应转不动（磁性离合器接通）。经上述检查，若不符合要求，则应更换执行器；若符合要求，则拔开驻车开关的导线连接器，并用欧姆表检测驻车开关各针脚间的导通情况。对于 UCF10 系列的车辆，当踏下制动踏板时，其针脚 1 与 3 间应导通；当释放制动踏板时，其针脚 2 与 4 间应导通。对于 UCF20 系列的车辆，当踏下制动踏板时，针脚 1 与 2 间应导通；当释放制动踏板时，其针脚 3 与 4 间应导通。

若导通情况不符合要求，则更换驻车开关；若导通情况符合要求，则检查和修理巡航 ECU 与驻车开关、驻车开关与执行器及执行器与车身接地之间的配线和连接器。巡航系统故障检修优先顺序，见表 8—3—4。

表 8—3—4　　巡航系统故障检修优先顺序表

检查顺序 / 故障部位 / 故障现象		执行器电路	电动机电路	车速传感器电路	控制开关电路	停车灯开关电路	怠速开关电路（主节气门位置传感器）	ECT信号交换电路	EFI信息交换电路	变速器控制开关电路	驻车制动开关电路	空挡起动开关电路	电源电路	备用电源电路	主开关电路	诊断电路	执行器控制拉线	巡航控制ECU
不出现 SET 或出现 CANCEL（正常码）	UCF10 系列		8	3	4	5					7	6	1		2		9	10
	UCF20 系列	6		2	3	4				5					1			7
不出现 SET 或出现 CANCEL（不输出故障码）	UCF20 系列												1					2

续表

故障现象 \ 故障部位 \ 检查顺序		执行器电路	电动机电路	车速传感器电路	控制开关电路	停车灯开关电路	怠速开关电路（主节气门位置传感器）	ECT信号交换电路	EFI信息交换电路	变速器控制开关电路	驻车制动开关电路	空挡起动开关电路	电源电路	备用电源电路	主开关电路	诊断电路	执行器控制拉线	巡航控制ECU
实际车速高于或低于设定车速	UCF10 系列		4	2			5	3	6								1	7
	UCF20 系列	4		2			5	3									1	6
上坡行驶时在3挡和超速挡之间换挡频繁	UCF10 系列							1										2
	UCF20 系列							1	2									3
即使踏下制动踏板，巡航控制也不取消	UCF10 系列		3			2											1	4
	UCF20 系列	3				2											1	4
即使踏下驻制动踏板，巡航控制也不取消	UCF10 系列		3								2						1	4
即使变速器已换到N挡 巡航控制也不取消	UCF10 系列		3									2					1	4
即使变速器换到D挡位以外其他挡位 巡航控制也不取消	UCF20 系列	3															1	4
控制开关不工作（不能进行SET/COAST，ACC/RES，CANCEL）	UCF10 系列		3		2												1	4
	UCF20 系列	3			2												1	4
车速不高于40 km/h时可以SET，或不执行CANST	UCF10 系列		3	2													1	4
	UCF20 系列	3		2													1	4
在ACC和RES模式时反应不灵敏	UCF10 系列		3					2									1	4
	UCF20 系列	3						2									1	4
即使在上坡道路行驶，超使挡也不能恢复	UCF10 系列							1										2
故障码存储被抹掉	UCF20 系列							1										2
	UCF10 系列													1				2

续表

检查顺序 故障部位 故障现象		执行器电路	电动机电路	车速传感器电路	控制开关电路	停车灯开关电路	怠速开关电路（主节气门位置传感器）	ECT信号交换电路	EFI信息交换电路	变速器控制开关电路	驻车制动开关电路	空挡起动开关电路	电源电路	备用电源电路	主开关电路	诊断电路	执行器控制拉线	巡航控制ECU
故障码不输出，不该输出时输出	UCF20 系列													1				2
	UCF10 系列															1		2
	UCF20 系列															1		2
巡航指示灯一直亮或不亮（UCF10 和 UCF20）系列		检查巡航指示灯电路																

对于 UCF20 系列的车辆，若输出故障码 12，则应检查配线与连接器结合是否松动。若连接良好，则应检查和更换巡航控制 ECU。

3）位置传感器电路检查

图 8—3—21 所示为位置传感器电路。其检查步骤及要求如下：

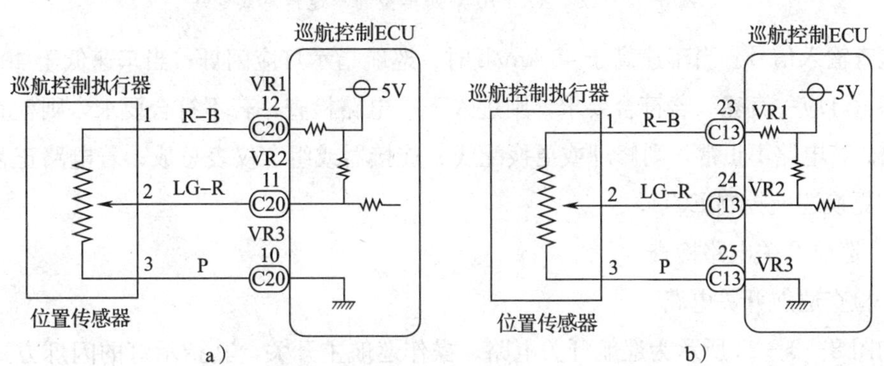

图 8—3—21　位置传感器电路

a）UCF10 系列车型位置传感器电路　b）UCF20 系列车型位置传感器电路

不拔开巡航控制 ECU 的导线连接器。将点火开关旋到 ON，把电压表的正笔接巡航控制 ECU 的针脚 VR2，负笔接其针脚 VR3。用手把执行器控制板缓慢地从减速侧拨到加速侧。当控制板全关时，表的读数应约为 1.1 V（UCF10）或 1.3 V（UCF20）。当控制板全开时，表的读数应约为 4.2 V（UCF10）或 4.6 V（UCF20）。

若表的读数符合要求，则进行下一电路检查；若表的读数不符合要求，则拔开执行器的导线连接器，并用欧姆表检测执行器针脚 1 与 3 间的电阻值。表的读数应约为 2 kΩ（UCF10）或 2.2 kΩ（UCF20）。再把欧姆表的两笔分别接执行器的针脚 2 和 3，并用手将控制板从减速侧缓慢地拨到加速侧。当控制板全关时，表的读数应约为530 Ω；当控制板全开时，约1.8 kΩ（UCF10）或2.0 kΩ（UCF20）。

注意，当转动控制板时，电阻值应逐渐增加，而且不中断。若表的读数不符合要求，则应更换执行器；若表的读数符合要求，则检查巡航控制ECU与执行器之间的配线和连接器。

若配线或连接器不良，则修理或更换配线或连接器；若配线和连接器良好，则检查和更换巡航控制ECU。

4）车速传感器电路检查

图8—3—22所示为UCF10系列车型的车速传感器电路。其检查步骤及要求如下：

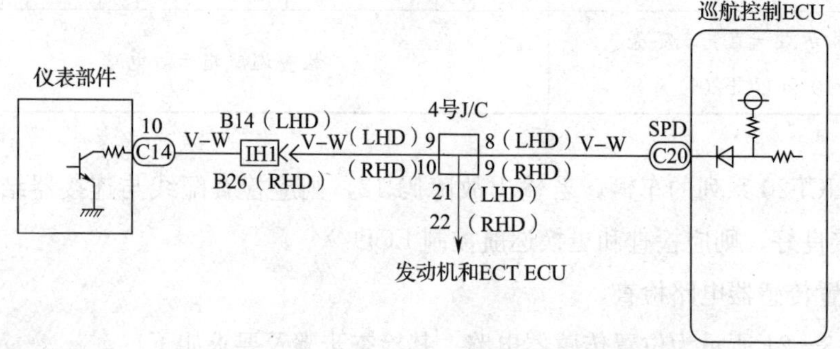

图8—3—22 UCF10系列车型的车速传感器电路

检查输入信号。当车速高于40 km/h时，巡航指示灯应闪烁；当车速低于40 km/h时，指示灯应一直亮。若符合要求，则进入下一电路检查；若不符合要求，则检查车速表电路。若电路不正常，则修理或更换配线、连接器或组合仪表总成；若电路正常，则检查和更换巡航控制ECU。

5）巡航开关电路检查

①检查巡航开关电路

如图8—3—23所示为巡航开关电路。操作巡航主开关，其指示灯的闪烁方式应符合表8—3—2所示波形。若检查结果符合要求，则进行下一电路检查；若检查结果不符合要求，将点火开关旋到ON，并且电压表的正笔接ECU的针脚CCS，负笔接车身接地。当开关处于断开状态时，表的读数应为10～14V；当开关位于RES/ACC时，表的读数应为0.75～2.5 V；当开关位于SET/COAST时，表的读数应为2.3～4.6 V；当开关位于CANCEL时，表的读数应为4.1～7.2 V。若表的读数符合要求，则进行下一电路检查；若表的读数不符合要求，则检查巡航控制开关。

②检查巡航开关

拆下转向盘中心衬垫，并拔开控制开关的导线连接器，再用欧姆表检测控制开关针脚3与4间的电阻值。当开关处于断开状态时，表的读数应为无穷大；当开关位于

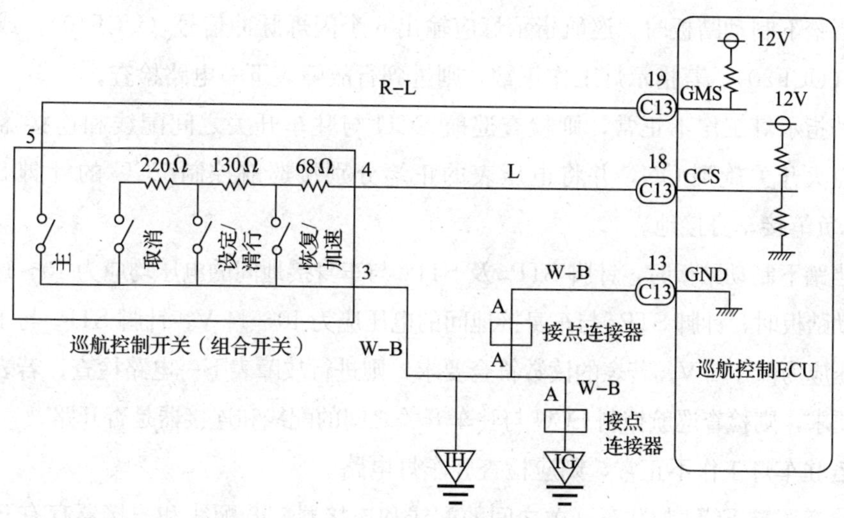

图 8—3—23　巡航开关电路

RES/ACC 时，读数应为 60～80 Ω；当开关位于 SET/COAST 时，读数应为 180～220 Ω；当开关位于 CANCEL 时，表的读数应为 400～440 Ω。当显示出故障码 34 时，应仔细检查开关在空挡位置，特别是在 RES/ACC 和 SET/COAST 之间变换时。经检查，若表的读数不符合要求，则应更换控制开关；若表的读数符合要求，则检查巡航控制 ECU 与控制开关之间的配线和连接器。若配线和连接器不正常，则应修理或更换配线和连接器；若配线和连接器良好，则检查和更换巡航控制 ECU。

6）驻车开关电路检查

图 8—3—24 所示为驻车开关电路。当踏下制动踏板时，驻车灯应亮；当释放制动踏板时，驻车灯应熄灭。若驻车灯工作正常，则应检查输入信号。

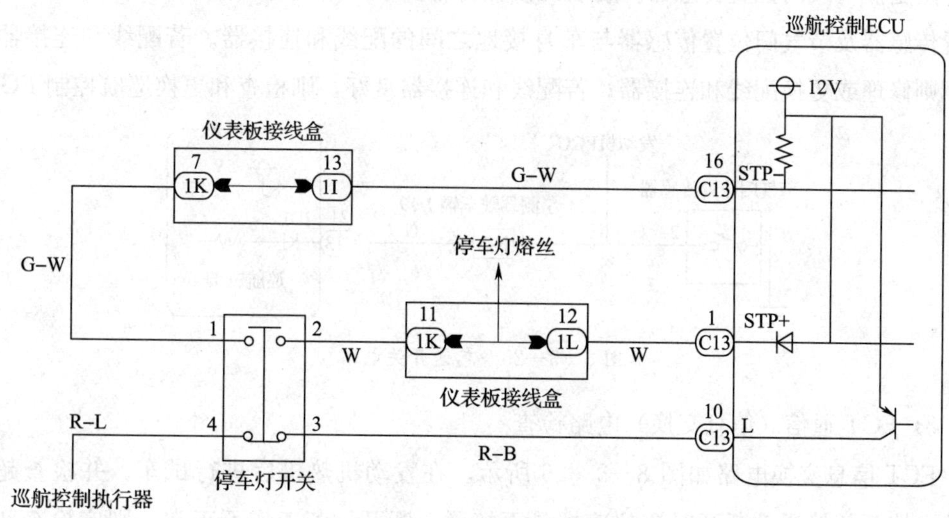

图 8—3—24　驻车开关电路

①当踏下制动踏板时，巡航指示灯应输出 6 个闪烁脉冲信号（UCF10），或指示灯应熄灭（UCF20）。若指示灯工作正常，则进到行故障表下一电路检查。

②若指示灯工作不正常，则检查巡航 ECU 与驻车开关之间配线和连接器是否开路。将点火开关旋到 ON，并将电压表的正笔分别接巡航控制 ECU 的针脚 STP_+ 和 STP_-，负笔接车身接地。

③当踏下制动踏板时，针脚 STP_- 及 STP_- 与车身接地间的电压均应为 10～14 V；当释放制动踏板时，针脚 STP_+ 与车身接地间的电压应为 10～14 V，针脚 STP_- 与车身接地之间电压应为低于 1 V。若表的读数符合要求，则进行故障表下一电路检查；若表的读数不符合要求，则检查巡航控制 ECU 与驻车开关之间的配线和连接器是否开路。

④若驻车灯工作不正常，则应检查驻车灯电路。

⑤检查巡航 ECU 与驻车开关之间的配线和连接器。若配线和连接器存有开路；则应修理或更换配线和连接器；若配线和连接器良好，则检查和更换巡航 ECU。

7）怠速开关电路检查

怠速开关电路如图 8—3—25 所示。拆出带有导线连接器的巡航控制 ECU。将点火开关旋到 ON，再把电压表的正笔接巡航 ECU 的针脚 IDL，负笔接车身接地。当节气门全开时，读数约为 5 V（UCF10）或 6～9 V（UCF20）；当节气门全关时，应为 0 V（UCF10）或应低于 1 V（UCF20）。若表的读数符合要求，则进行故障表下一电路检查；若表的读数不符合要求，则拔开节气门位置传感器的导线连接器，并用欧姆表检测节气门位置传感器针脚 1 与 2 间的电阻值，当节气门全开时，表的读数应为无穷大；当节气门全关时，应为 0 Ω（UCF10）或应低于 1 Ω（UCF20）。若表的读数不符合要求，则更换节气门位置传感器；若表的读数符合要求，则检查巡航控制 ECU 与节气门位置传感器及节气门位置传感器与车身接地之间的配线和连接器。若配线和连接器不良，则修理或更换配线和连接器；若配线和连接器良好，则检查和更换巡航控制 ECU。

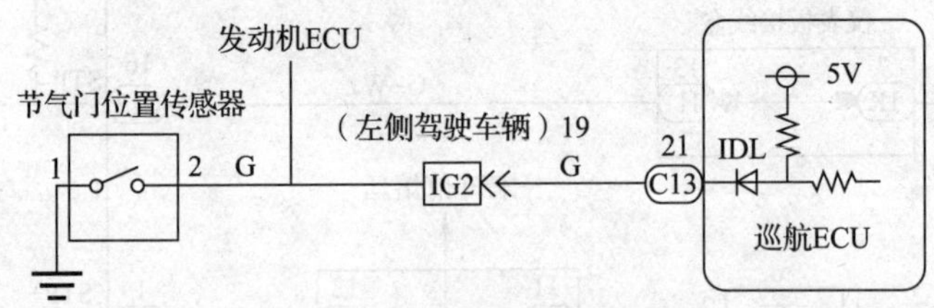

图 8—3—25　怠速开关电路

8）ECT 通信（信息交换）电路检查

ECT 信息交换电路如图 8—3—26 所示。在发动机热机后进行试车，并检查超速（OD）挡开关接通、断开时，超速挡是否接通、断开。若工作不正常，则应检查和修理变速器 ECU；若工作正常，则拆下带有导线连接器的巡航控制 ECU，然后拆开巡航控制 ECU 的导线连接器，并将点火开关旋到 ON。把电压表的正笔接导线连接器的针脚 OD，负笔接车身接地。读数应约为 4 V（UCF10）或 10～14 V（UCF20）。若表的读数不符合要求，则检查巡航控制 ECU 针脚 OD 与变速器 ECU 的针脚 OD1 之间的配线和连接器；若表的读数符合要求，则插好各 ECU 的导线连接器，起动发动机，并在热机后进行试车。将电压表的正笔接巡航控制 ECU 的针脚 ECT，负笔接车身接地。当 OD 开关接通时，读数应低于 1 V。当 OD 开关关断时，表的读数应为蓄电池电压。若表的读数符合要求，则进行故障表的下一电路检查；若表的读数不符合要求，则检查巡航控制 ECU 的针脚 ECT 与变速器（ECT）电磁线圈之间的配线和连接器。若配线和连接器不良，则修理或更换配线和连接器；若配线和连接器良好，则检查和更换巡航控制 ECU。

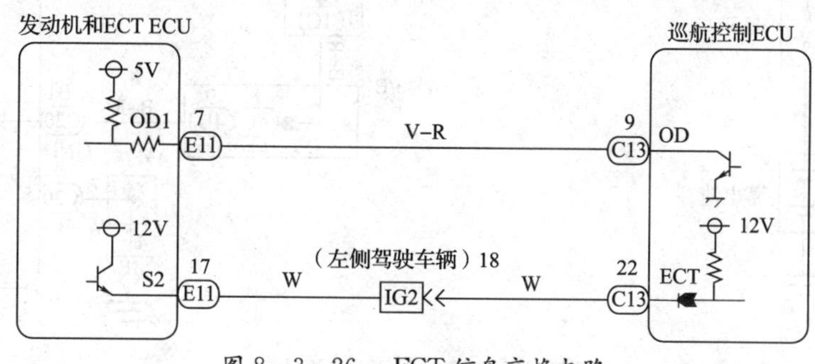

图 8—3—26 ECT 信息交换电路

检查巡航控制 ECU 针脚 OD 与发动机和 ECT ECU 针脚 ODl 之间的配线和连接器。若配线和连接器不良，则修理或更换配线和连接器；若配线和连接器良好，则检查和更换发动机 ECU。

9）EFI 通信（信息交换）电路检查

EFI 信息交换电路如图 8—3—27 所示。拆下巡航 ECU，并以巡航控制进行试车。在行车中，把电压表的正笔接巡航 ECU 的针脚 E/G，负笔接车身接地。当车辆下坡时，应为 0 V（UCF10）或应低于 1 V（UCF20）；当车辆上坡时，读数应约为 5 V（UCF10）或 10～14 V（UCF20）。若表的读数符合要求，则进行故障表下一电路检查；若表的读数不符合要求，则检查巡航控制 ECU 与发动机 ECU 之间的配线和连接器。若配线和连接器不良，则修理或更换配线和连接器；若配线和连接器良好，则检查和更换发动机 ECU。

图 8—3—27 EFI 信息交换电路

10）ECU 电源电路检查

ECU 电源电路如图 8—3—28 所示。首先要从仪表板接线盒中拆下 ECU－IG 熔丝，并检查 ECU－IG 熔丝的导通情况。若不导通，则应检查与 ECU－IG 熔丝相连接的配线和部件是否存在短路；若导通情况良好，进行下面检查。

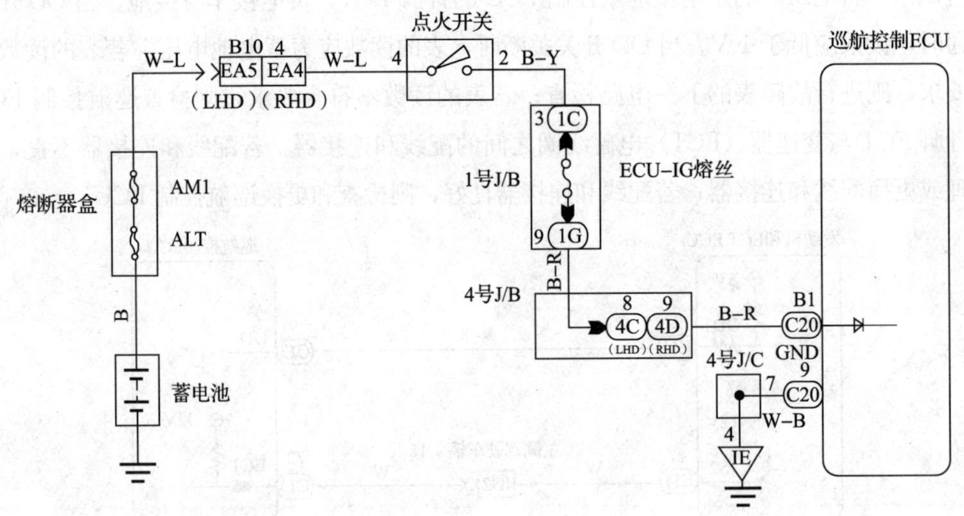

图 8—3—28　ECU 电源电路

拆下带有导线连接器的巡航控制 ECU，将点火开关旋到 ON，再将电压表的正笔接巡航控制 ECU 的针脚 B，负笔接其针脚 GND。若表的读数为蓄电池电压，则进行故障表下一电路检查；若表的读数不为蓄电池电压，则用欧姆表测量其针脚 GND 与车身接地之间的电阻值，应为 0 Ω（UCF10）或应低于 1 Ω（UCF20）。若表的读数不符合要求，则修理或更换配线和连接器；若表的读数符合要求，对于 UCF20 系列车辆，则检查和修理蓄电池与巡航控制 ECU 之间的配线和连接器；对于 UCF10 系列与车辆，则拆下 1 号 J/B 接线盒的 ECU－IG 熔丝，并用欧姆表检测熔丝的导通情况。若不导通，则检查全部与 ECU－B 熔丝相连接的配线和部件是否短路；若导通，则检查和修理蓄电池与巡航控制 ECU 之间的配线和连接器。

11）备用电源电路检查

①UCF10 系列车型备用电源电路检查

如图 8—3—29a 所示，拆下巡航 ECU。把电压表的正笔接巡航控制 ECU 的针脚 BATT，负笔接车身接地。若表的读数为蓄电池电压，则进行故障表下一电路检查；若表的读数不为蓄电池电压，则拆下 2 号接线盒 DOME 熔丝，并用欧姆表检测熔丝的导通情况。若不导通，则检查与 DOME 熔丝相接的配线和连接器有无短路；若导通，则检查和修理蓄电池与巡航控制 ECU 之间的配线和连接器。

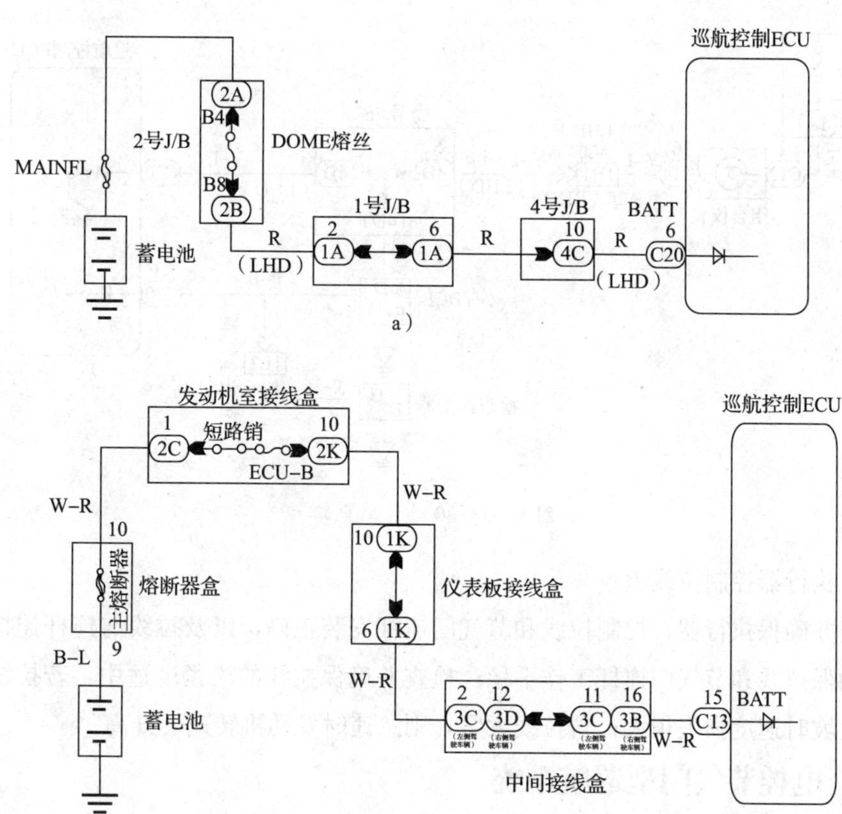

图 8—3—29　备用电源电路检查

a）UCF10 车型　b）UCF20 车型

②UCF20 系列车型的备用电源电路检查

如图 8—3—29b 所示，拆下发动机室内接线盒中的 ECU－B 熔丝，并检查熔丝的导通情况。若不导通，则检查与 ECU－B 熔丝相接的全部配线和部件是否短路；若导通，则拆下巡航 ECU，将电压表的正笔接 ECU 的针脚 BATT，负笔接车身接地。若表的读数为 10～14 V，则进行故障表下一电路检查；若表的读数不为 10～14 V，则检查和修理蓄电池与巡航 ECU 之间的配线和连接器。

12）诊断电路检查

诊断电路如图 8—3—30 所示。将点火开关旋到 ON，用电压表检测 TDCL 的针脚 TC 与 E1 之间的电压。若表的读数为蓄电池电压，则进行故障表下一电路检查；若表的读数不为蓄电池电压，则检查巡航控制 ECU 与 TDCL 以及 TDCL 与车身接地之间的配线和连接器。若配线或连接器不良，则修理或更换配线和连接器；若配线和连接器良好，则检查和更换巡航控制 ECU。

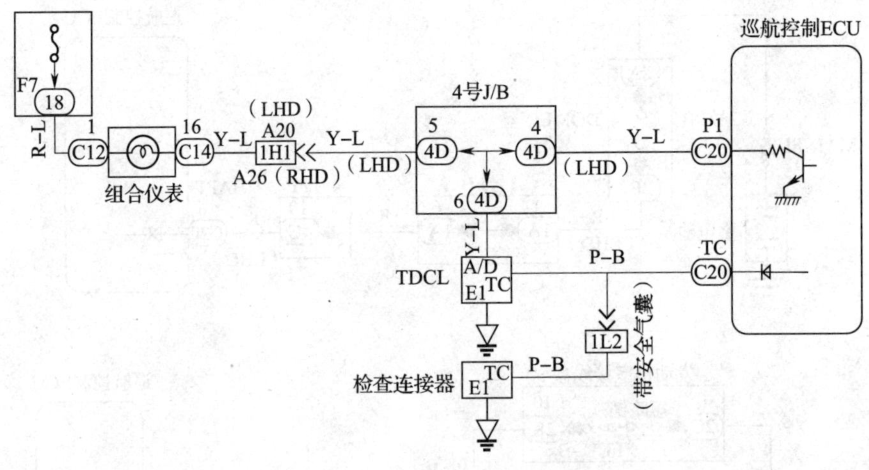

图 8—3—30　诊断电路

13）执行器控制拉线检查

检查并确保执行器、控制拉线和节气门连杆安装正确，以及拉线与连杆连接正确；检查并确保拉线和节气门连杆工作平稳；检查并确保拉线的松紧度适中，若拉线太松，则车辆上坡时速度损失很大；若拉线太紧，则怠速时发动机转速会升高。

三、电控节气门型巡航系统

1. 丰田凯美瑞巡航系统

(1) 巡航系统的电路

丰田凯美瑞巡航系统的电路如图 8—3—31 所示。

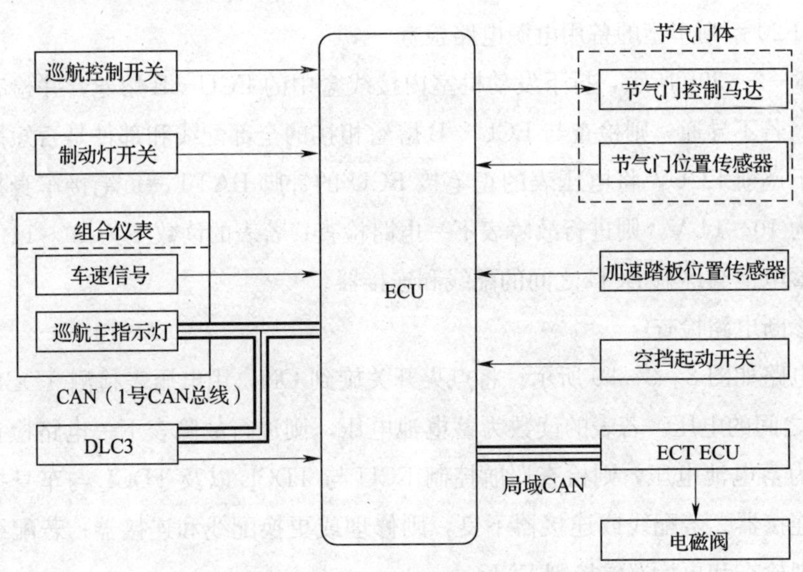

图 8—3—31　丰田凯美瑞巡航系统的电路框图

(2) 巡航系统元件的位置

丰田凯美瑞巡航系统如图 8—3—32 和图 8—3—33 所示

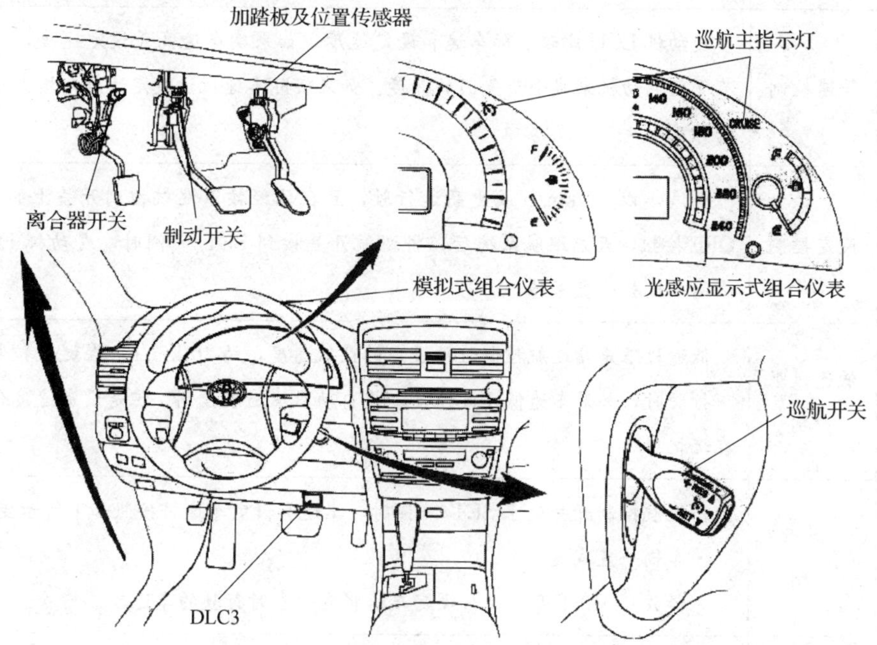

图 8—3—32 丰田凯美瑞巡航系统元件的位置（仪表台）

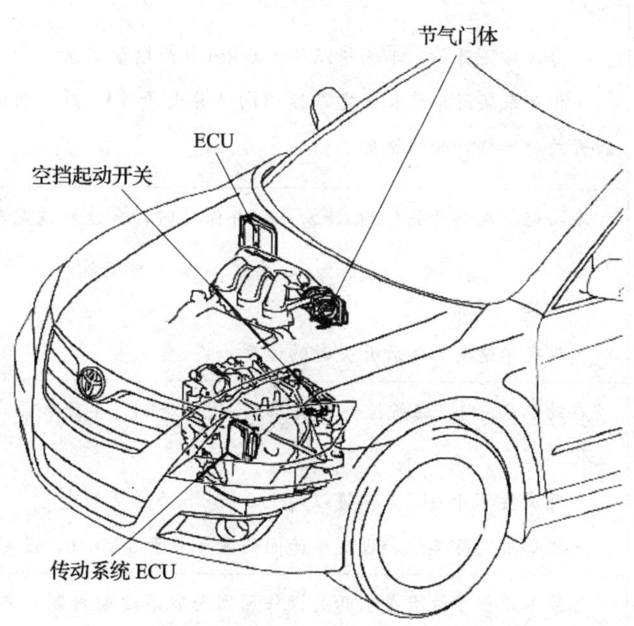

图 8—3—33 发动机舱 U660E 自动变速器元件的位置

(3) 巡航系统的功能

丰田凯美瑞巡航系统的功能见表 8—3—5。

表 8—3—5　丰田凯美瑞巡航系统的功能

序号	控制功能	说明
1	等速控制	发动机 ECU 比较实际车速和设定速度。如果实车速高于设定速度，则通过节气门电动机来减小节气门的开度。如果实际车速低于设定速度，增大节气门的开度
2	设定控制	当汽车以 40 km/h 或更高速行驶，且在已经按下巡航控制开关上的 ON—OFF 按钮，开启巡航系统后，将巡航开关按到 SET/—侧时，发动机 ECU 将存储车速并一直保持
3	低速极限控制	低速极限是指巡航控制可被设定的最低速度，约 40 km/h。在巡航控制模式下行驶时，如果车速低于此速度，将自动取消巡航控制。但是设定速度仍存储在记忆中
4	COAS 开关控制	当巡航控制开关处于 SET/—侧时，车速和设定车速将按照如下所示变化 ・车辆一直减速 ・释放 COAST 开关时，设定车速将变为当时行驶的车速
5	Tap Down（轻拍开关减速）控制	在约 0.6 s 内将巡航控制开关推到 SET/—侧。车速和设定车速将按照如下变化 ・每次按下开关。车辆将以约 1.6 km/h 为增量减速 ・但如果实际车速和设定车速间的差异大于 5 km/h，则设定车速将变为释放开关时车辆行驶的速度
6	ACC 开关控制	在将巡航控制开关按到 RES/＋侧并保持时，车速和设定车速将按照如下变化 ・车辆一直加速 ・设定车速变为释放开关时的速度
7	TapUp（轻拍开关加速）控制	在约 0.6 s 内将巡航控制开关推到 RES/＋侧，车速和设定车速将按照如下变化 ・每次按下开关，车辆将以约 1.6 km/h 为增量加速 ・但如果实际车速和设定车速间的差异大于 5 km/h，设定车速将不会变化
8	RES 开关控制	如果不是出于故障或主开关操作原因而取消巡航控制且车速大于低速极限，则通过将巡航控制开关设定在 RES/＋侧来将车速恢复到取消巡航操作前的速度。即使车速下降到低于低速极限，但由于仍未清除记忆中的速度，因此还可以继续巡航控制模式

续表

序号	控制功能	说　明
9	减挡控制	发动机 ECU 中含有 ECT ECU（U241E 和 U250E 自动传动桥）：当车辆在上坡巡航时，ECT（电子控制变速器）可以执行减挡控制。当发动机 ECU 根据节气门角度判定上坡巡航结束时，将再次起动减挡控制。在 ACC 或 RES 开关控制期间，减挡控制会关闭 ECT ECU 与发动机 ECU 未合为一体（U660E 自动传动桥）：当车辆在上坡巡航时，ECT（电子控制变速器）可以执行减挡控制。在发动机 ECU 根据节气门角度判定上坡巡航结束时，发动机 ECU 将加挡请求信号传送给 ECT ECU。如果在 ACC 或 RES 开关控制期间执行减挡控制。则在 ACC 或 RES 开关控制结束后发动机 ECU 将加挡请求信号传送给 ECT ECU
10	手动取消控制	如果在巡航控制行驶期间出现以下任一情况，则取消巡航控制 ·在踩下离合器踏板时，离合器开关 ON 信号被发送至发动机 ECU（仅适用于 M/T） ·在踩下制动踏板时，制动灯开关 ON 信号被发送至发动机 ECU ·在巡航控制开关移到 CANCEL（取消）侧时，CANCEL 开关 ON 信号被发送至发动机 ECU ·在推动巡航控制开关 ON—OFF 按钮将其关闭时，巡航控制 OFF 信号被发送至发动机 ECU ·将换挡杆从 D 位置换到 N 位置上（适用于带 U250E 和 U660E 自动传动桥） ·当换挡杆位于 S 位置时，选择 3 挡、2 挡或 1 挡（适用于带 U250E 和 U660E 自动传动桥） ·将换挡杆从 D 位置换到 N、2 挡或 1 挡中的任一位置上（适用于带 U241E 自动传动桥） ·将换挡杆从 3 挡换到 N、2 挡或 1 挡中的任一位置上（适用于带 U241 自动传动桥）
11	自动取消控制	如果在巡航控制运行期间出现以下任一情况，将清除记忆中设定的速度并取消巡航控制 ·刹车灯开关打开或短路 ·在预定的时间内没有输入车速信号 ·ETCS—i 故障 此外，巡航主指示灯将闪烁，直至通过巡航控制开关上的 ON—OFF 按钮关闭系统；同时禁用巡航控制，直至再次打开 ON—OFF 按钮 如果在巡航控制运行期间出现以下任一情况，将清除记忆中设定的速度并取消巡航控制

续表

序号	控制功能	说　　明
11	自动取消控制	·刹车灯开关输入信号异常 ·巡航控制开关输入信号异常 此外，巡航主指示灯将闪烁，直至通过巡航开关上的ON－OFF按钮关闭系统；同时禁用巡航控制，直至再次打开点火开关 如果在巡航控制行驶期间出现以下任一情况。则取消巡航控制 ·车速低于低速极限（约40 km/h或更小） ·车速减少16 km/h或低于巡航控制设定的速度 ·VSC起动
12	诊断	如果在巡航期间发动机ECU没有在预定时间内接收到车速信号，或者如果由于巡航控制、制动开关或车速信号故障而取消巡航控制（自动取消），则ECU将立即使巡航主指示灯闪烁故障有关内容将存储在发动机ECU中

（4）故障诊断

如果在运行期间，巡航系统出现故障，发动机ECU将起动自动巡航系统控制，并使巡航指示灯闪烁，以便通知驾驶员。此时，发动机ECU将以5位和2位DTC（诊断故障代码）形式记忆故障。

1）将智能测试仪Ⅱ连接到DTC上，便可读取5位DTC。

2）通过SST109843－18040连接DLC3连接器的Tc和CG端子时，通过巡航指示灯闪烁，读取2位DTC故障码。

2．丰田凯美瑞自适应巡航系统

传统的定速巡航系统，速度固定，在需要频繁制动的城市道路上很不实用。而自适应巡航系统则能很好地适应路况较复杂的城市路况。目前越来越多车型采用，如雷克萨斯、英菲尼迪、奥迪、宝马、奔驰、沃尔沃、一汽大众CC、雪铁龙新款C4都配备了自适应巡航系统。

自适应巡航系统（ACC，Adaptive Cruise Control）是一种智能化的自动控制系统，又称为动态雷达型巡航控制系统。在车辆行驶过程中，安装在车辆前部的车距传感器（雷达）持续扫描车辆前方道路，同时轮速传感器采集车速信号。当与前车之间的距离过小时，ACC控制单元可以通过与制动防抱死系统、发动机控制系统协调动作，使车轮适当制动，并使发动机的输出功率下降，以使车辆与前方车辆始终保持安全距离，如图8—3—34所示。

（1）自适应巡航系统的电路

丰田凯美瑞自适应巡航系统的电路如图8—3—35所示。各部分的作用见表8—3—5。

Auto Brake

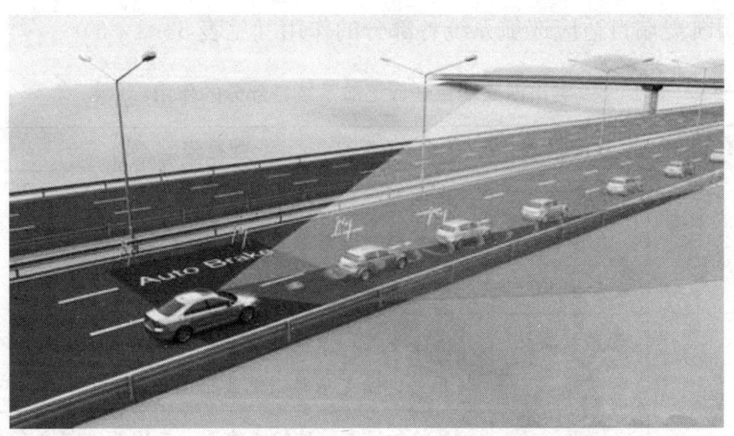

图 8—3—34 自适应巡航系统能自动保持安全距离

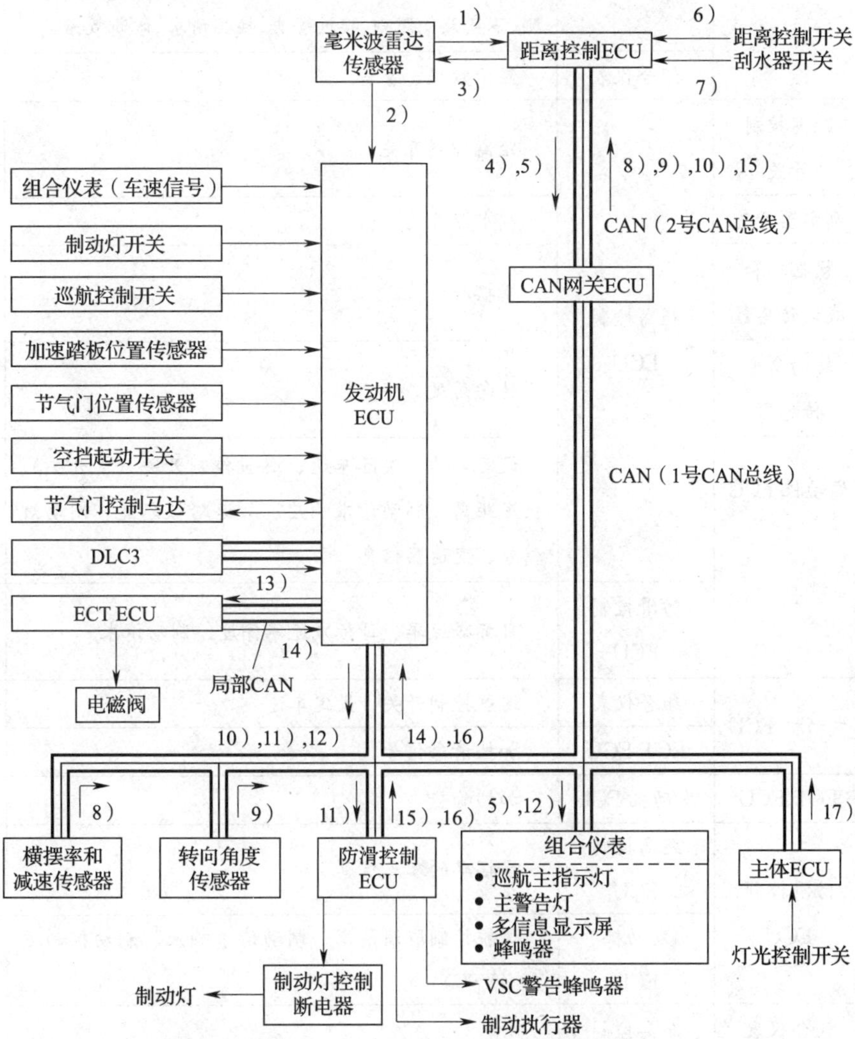
毫米波雷达传感器
距离控制ECU
距离控制开关
刮水器开关
1）
2）
3）
6）
7）
4），5）
8），9），10），15）
CAN（2号CAN总线）
CAN网关ECU
CAN（1号CAN总线）
组合仪表（车速信号）
制动灯开关
巡航控制开关
加速踏板位置传感器
节气门位置传感器
空挡起动开关
节气门控制马达
DLC3
ECT ECU
13）
14）
局部CAN
电磁阀
发动机ECU
10），11），12）
14），16）
8）
9）
11）
15），16）
5），12）
17）
横摆率和减速传感器
转向角度传感器
防滑控制ECU
组合仪表
• 巡航主指示灯
• 主警告灯
• 多信息显示屏
• 蜂鸣器
主体ECU
灯光控制开关
制动灯控制断电器
制动灯
VSC警告蜂鸣器
制动执行器

图 8—3—35 丰田凯美瑞自适应巡航系统的电路

（2）丰田凯美瑞自适应巡航系统各部分的作用（见表 8—3—6）

表 8—3—6　　丰田凯美瑞自适应巡航系统各部分的作用

序号	传　输	接收	数据表	通信
1	毫米波雷达传感器	距离控制 ECU	车间距、前方有车辆、相对加速率 相对车速、前方目标宽度和位置、诊断数据	串行
2		发动机 ECU	毫米波雷达传感器运行信号	导线
3	距离控制	毫米波雷达传感器	实际车速、预计转弯半径、刮水器状态、灯光控制开关、设定距离、光束轴调整数据	串行
4		发动机 ECU	目标加速率、目标减速率、车间距、前方有车辆、制动请求、光束轴偏差、毫米波雷达传感器污垢探测、不良天气探测、接近警告、换挡请求、诊断数据	CAN
5		组合仪表	显示数据、警告	CAN
6	距离控制开关	距离控制 ECU	距离控制开关	导线
7	刮水器开关		刮水器开关	
8	横摆率和减速传感器		横摆率	
9	转向角度传感器		转向角度	
10	发动机 ECU		设定车速、实际车速、巡航控制开关（主开关）、设定距离、制动请求响应、加速踏板怠速、制动灯信号、变速器信息	CAN
11		防滑控制 ECU	目标减速率、目标减速率梯度、制动请求	
12	发动机 ECU	组合仪表	巡航控制开关、设定车速	CAN
13		ECT ECU	加挡请求信号	CAN
14	ECT ECU	发动机 ECU	加挡响应	CAN
15	防滑控制 ECU	距离控制 ECU	横摆率的零点信息	CAN
16		发动机 ECU	巡航控制取消请求、制动请求响应、制动控制运行（VSC）	
17	组合仪表 ECU	距离控制 ECU	灯光控制开关	CAN

（3）丰田凯美瑞自适应巡航系统的模式

丰田凯美瑞自适应巡航系统有等速控制模式和车间距控制模式两种。用巡航控制开关切换这两种模式。巡航控制系统起动时默认模式是车间距控制模式。

等速控制模式与常规型巡航控制系统大致相同，由发动机 ECU 控制，将信号输出给执行器和发动机 ECU。不同之处是设定速度为 40～45 km/h。

在车间距控制模式中，由毫米波雷达传感器和距离控制 ECU 控制，将信号输出到执行器和 ECU 上。系统识别并确定驾驶员所在车辆的车道以及前方车辆行驶的车道。这样，系统能根据车速保持适当的车间距，并允许车辆在跟车控制下行驶。驾驶员可以操作转向盘上的距离控制开关，选择三种车间距：长距离、中距离和短距离。组合仪表显示驾驶员相关的控制情况。

车间距控制模式主要包括四种控制：等速控制、减速控制、跟车控制和加速控制。如图 8—3—36 所示，当驾驶员所在的车辆以 100 km/h 运行，而前方车辆以 80 km/h 运行时的控制示例。通过控制节气门和制动，实现平滑减速。

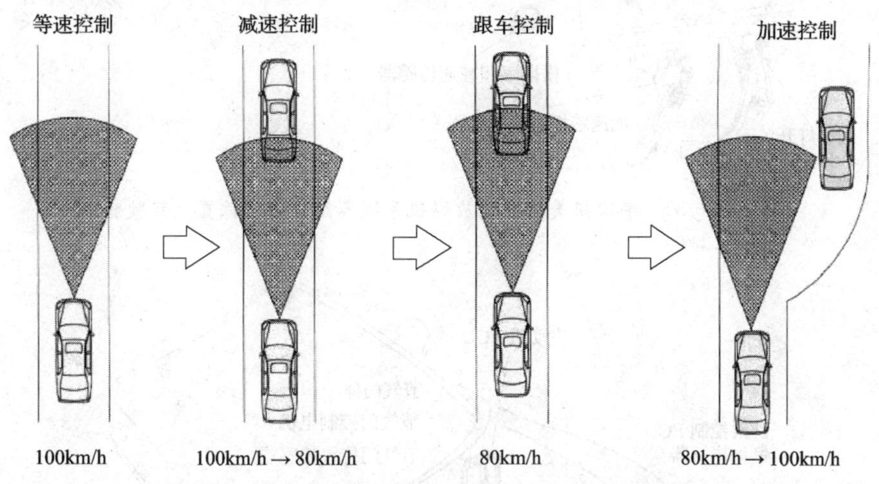

图 8—3—36　车间距控制模式的四种控制方式

（4）主要组件的功能

丰田凯美瑞自适应巡航系统各组件安装位置如图 8—3—37 和图 8—3—38 所示。主要组件的功能见表 8—3—7。

（5）构造和操作

1）巡航控制开关

巡航控制开关包括 RES/＋、MODE、SET/－、CANCEL 开关（四个方向上操作）和 ON－OFF 按钮。按下 ON－OFF 按钮，巡航控制系统才可有效地使用控制开关的功能，如图 8—3—39 所示。

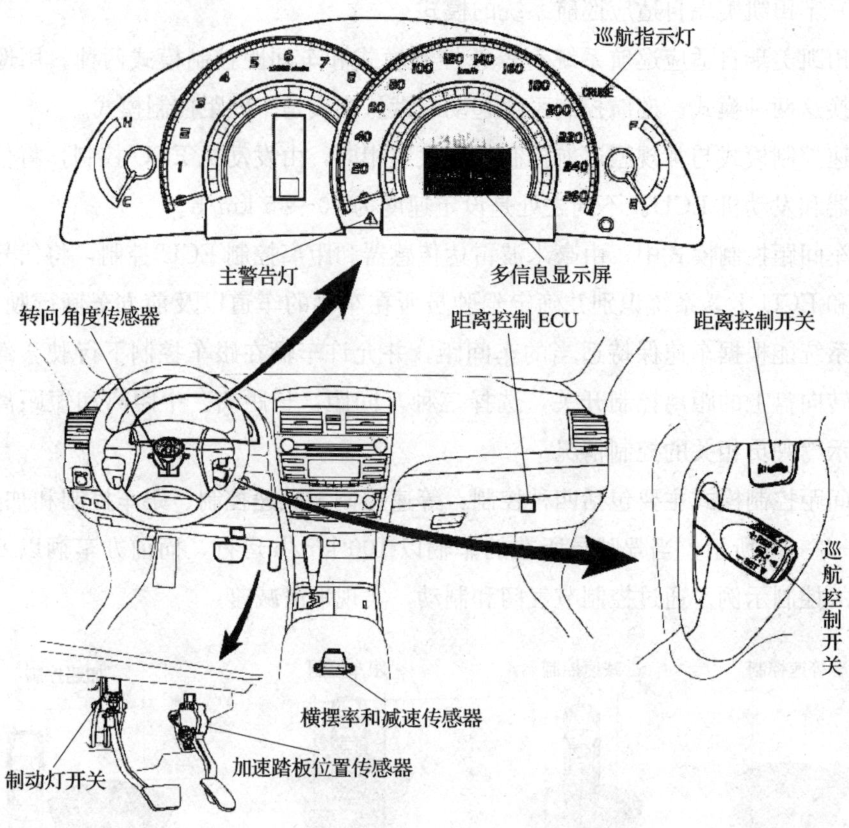

图 8—3—37　丰田凯美瑞自适应巡航系统各组件安装位置（驾驶舱）

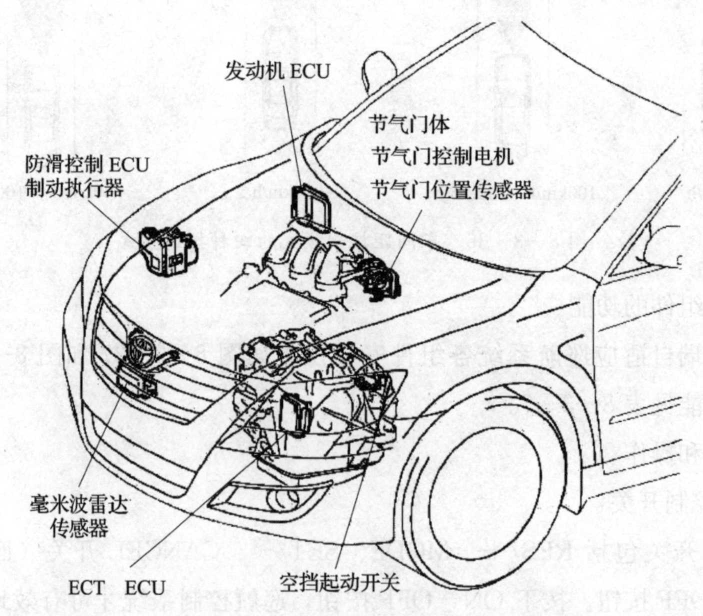

图 8—3—38　丰田凯美瑞自适应巡航系统各组件安装位置（发动机舱）

表 8—3—7　　丰田凯美瑞自适应巡航系统主要组件的功能

项目		概　要
巡航控制开关	ON—OFF 按钮	接通或关闭巡航控制系统的电源
	MODE（模式）开关	在等速控制模式和车间距模式之间切换控制模式
	CANCEL（取消）开关	可以通过操作此开关将取消信号输出到发动机 ECU
	RES/＋开关	可以通过操作此开关来执行预定速度的加速功能和恢复。操作此开关时信号将被输出到发动机 ECU
	SET/－开关	可以通过操作此开关来将减速功能和车速设置恢复信号输出到发动机 ECU
距离控制开关		当系统处于车间距控制模式中时，驾驶员可以通过操作距离控制开关来在三种阶段中选择车间距：长距离、中距离和短距离
制动灯开关		探测制动踏板的踩住情况并将信号传输给发动机 ECU
组合开关	刮水器开关	将刮水器开关信息传输到距离控制 ECU
	灯光控制开关	为毫米波雷达传感器切换到光束轴调整模式上
毫米波雷达传感器		向前发射雷达波，通过反射波来检测前方是否存在正在行驶的车辆、车间距、相对速度。并将此信息传输给距离控制 ECU
距离控制 ECU		当系统处于车间距控制模式中时，距离控制 ECU 根据来自毫米波雷达传感器的信号来检测后面跟随的车辆。然后，距离控制 ECU 计算所需的加速率或减速率以获得目标车间距。并将请求信号传输给发动机 ECU 和/或防滑控制 ECU
组合仪表	车速传感器	将车速信号传给发动机 ECU
	巡航主指示灯	如果已经按下巡航控制开关上的 ON—OFF 按钮以起动系统，则此灯将点亮 如果距离控制 ECU 检测出故障，则此灯将闪烁以警告驾驶员
	主警告灯	如果系统内存在故障，则此灯将点亮
	蜂鸣器	如果当车辆在巡航控制下运行时发动机 ECU 或距离控制 ECU 检测出自动取消或警告信号，则此蜂鸣器将发出声音以通知驾驶员
	多信息显示屏	在动态雷达巡航控制期间，多信息显示屏将接收来自距离控制 ECU 的信号以显示系统状态
转向角度传感器		检测转向角度和方向并将信号传输给防滑控制 ECU 和距离控制 ECU

续表

项目	概　　要
横摆率和减速传感器	检测车辆的横摆率并将信号传输给防滑控制 ECU 和距离控制 ECU
防滑控制 ECU	当系统处于车间距控制模式中时，防滑控制 ECU 将根据接收自距离控制 ECU 中的制动请求信号来起动制动执行器
制动执行器	根据来自防滑控制 ECU 的信号来起动制动器
制动灯控制继电器	将根据来自防滑控制 ECU 的刹车灯照明请求信号来点亮制动灯
发动机 ECU	通过接收来自开关、传感器、防滑控制 ECU 和距离控制 ECU 的信号来控制巡航控制系统 如果发动机 ECU 在巡航控制系统中探测出故障，则将存储 DTC（诊断故障代码）

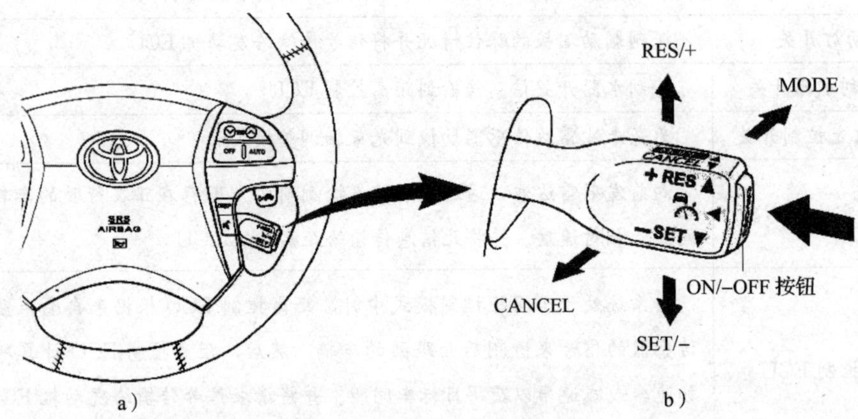

图 8—3—39　巡航控制开关

a）安装位置　b）操作

2）距离控制开关

距离控制开关的安装位置如图 8—3—37 所示。当车辆在车间距控制模式运行时，按下距离控制开关后可以更改车间距设置。

如果关闭电源，然后又返回到打开状态后，系统将默认为长距离模式。以 80 km/h 的车速行驶时，长距离约 50 m、中距离约 40 m、短距离约 30 m。

3）毫米波雷达传感器

①概述

毫米波雷达传感器包括毫米波雷达电路、信号处理电路和 CPU。毫米波雷达电路包括一条变速器天线和九条接收天线，如图 8—3—40 所示。

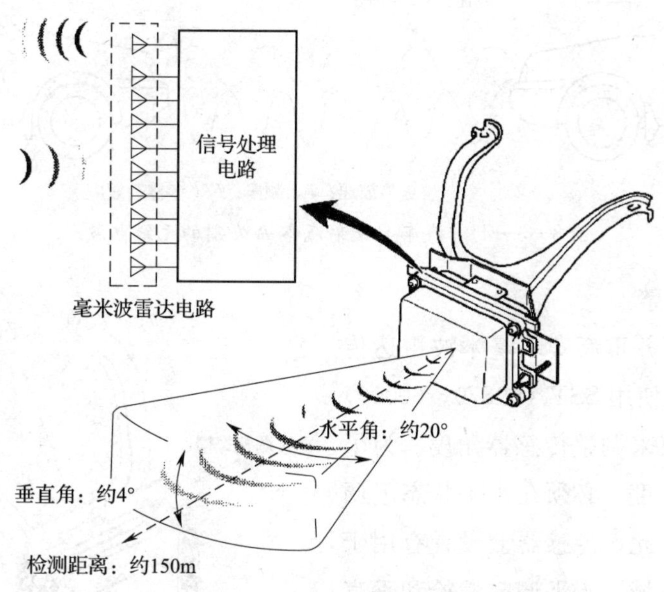

图 8—3—40 毫米波雷达电路

当车速高于 0 时，毫米波雷达将输出波。而车速为 0 时，将不会输出。毫米波雷达使用的频率为 76 GHz。

接收天线接收反射的毫米波雷达波。信号处理电路通过生成毫米波雷达波和计算接收天线所接收到的信号来检测距离、相对速度和对象方向。然后将此信息传输到距离控制 ECU。

②多普勒效应及计算方法

通过由反射毫米波雷达提供的信息来计算到对象的距离、方位角（水平角）和相对速度，如图 8—3—41 所示。根据毫米波雷达波发射到接收到毫米波雷达反射波之间的时间长度计算出距离。根据毫米波雷达接收到并反射的波的角度计算出方位角。通过出现在反射毫米波雷达波的频率中的变化（多普勒效应）计算出相对速度。

多普勒效应：当移动物体接近时，多普勒效应使观察者感到其产生的无线电波频率很高；而当移动物体后退时，该效应使观察者感觉到其产生的无线电波频率很低。产生此现象的原因是：当目标位于远处时，人们会感觉到其频率比目标位于无线电源时更高。如图 8—3—41 所示，汽车 A 发射无线电波，汽车 B 反射回来电波的频率就会发生变化，计算公式如式 8—3—1。

$$F' = \frac{V + V_B}{V - V_A} F \qquad (8—3—1)$$

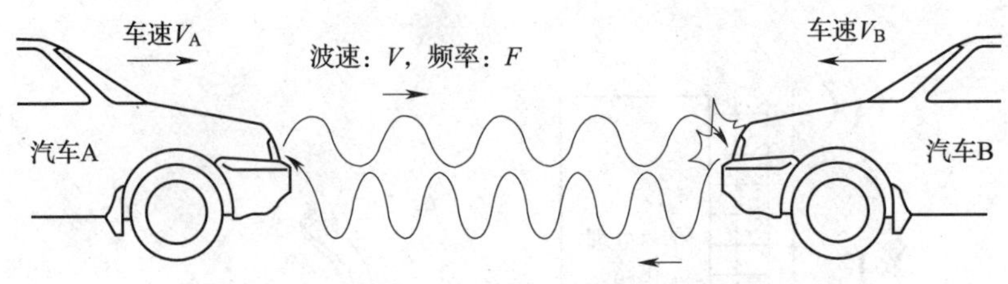

图 8—3—41　汽车 B 反射汽车 A 发射的无线电波

③维修和调整

更换或拆下并重新安装毫米波雷达传感器之后，必须使用 SST（09870－60000）或手持式测试仪来调整传感器角度。为了确保正确的精确度。必须在水平状态下调整传感器。鉴于此，传感器上设置有用于放置水平仪的区域、水平调整螺栓和垂直调整螺栓，如图 8—3—42 所示。

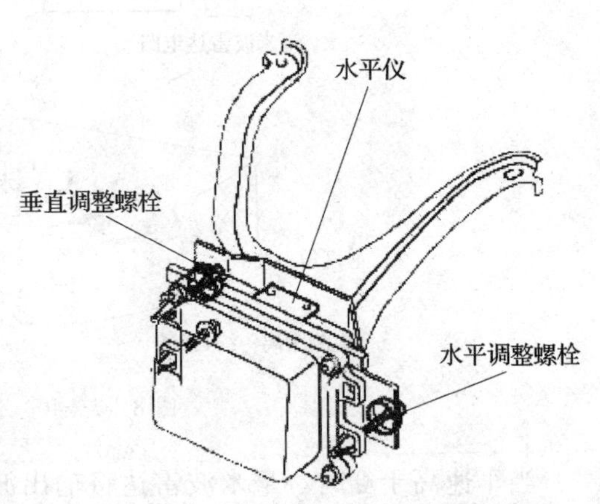

图 8—3—42　毫米波雷达传感器安装和调整

转动垂直调整螺栓，调整毫米波雷达传感器的垂直方向。螺栓转动 1 圈，传感器约转动 1°。

转动水平调整螺栓，调整毫米波雷达传感器的水平方向。螺栓转动 1 圈，传感器约转动 0.33°。

4）组合仪表

组合仪表安装有主警告灯、巡航指示灯、蜂鸣器和多信息显示屏，能警告和指示巡航控制系统的状态。

多信息显示屏显示设定车速、等速模式标记、车间距标记、前方车辆标记以及警告信息，见表 8—3—8。

表 8—3—8　每个指示灯、警告灯或多信息显示屏的点亮或显示情况

模式	状态	多信息显示屏	CRUISE	⚠	蜂鸣器
等速控制	受到控制	NORMAL 108 km/h	点亮		
车间距控制	设定就绪	RADAR READY	点亮		
	等速控制下（前方无车辆）	108 km/h 长距离；108 km/h 中距离；108 km/h 短距离 02KBE184TE	点亮		

续表

模式	状态	多信息显示屏	CRUISE	⚠	蜂鸣器
车间距控制	处于跟车和减速控制下（前方有车辆）	108 km/h　108 km/h　108 km/h 长距离　中距离　短距离 02KBE185TE	点亮		
	接近前方车辆警告	108 km/h ↔ 108 km/h 02KBE186TE 车辆以 0.5 s 间隔高亮显示在屏幕上	点亮		持续鸣响
系统故障	毫米波雷达传感器	CLEAN RADAR SENSOR 02KBE187TE	闪烁	点亮	鸣响 1 次
	不良天气状态	CRUISE NOT AVAILABLE	闪烁	点亮	鸣响 1 次
	系统检查	CHECK CRUISE SYSTEM	闪烁	点亮	鸣响 1 次
光束轴调整		BEAM AXIS ADJUSTMENT	闪烁		

5）系统控制

①等速控制

发动机 ECU 比较实际车速和设定速度。如果实际车速高于设定速度，它将通过节气门电动机来减小节气门的开度。如果实际车速低于设定速度，它将通过节气门电动机来增大节气门的开度。

在车间距控制模式中，毫米波雷达传感器将前方车辆相关的信息传输给距离控制 ECU，同时也将毫米波雷达传感器运行信号传输到发动机 ECU。距离控制 ECU 将此信号传输到发动机 ECU。发动机 ECU 比较设定车速和实际车速，并通过调节节气门控制来实现等速控制，以便获得设定车速，如图 8—3—43 所示。

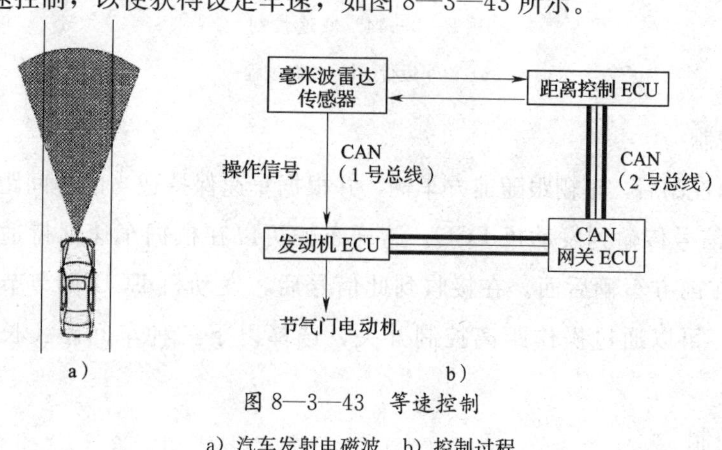

图 8—3—43　等速控制

a）汽车发射电磁波　b）控制过程

②减速控制

如图 8—3—44 所示，距离控制 ECU 根据来自毫米波雷达传感器的信号来计算目标减速率，并将减速请求信号传输给发动机 ECU。发动机 ECU 接收到此信号后，关闭节气门，从而使车辆减速。如果存在停放车辆或目标，或低于可设定车速范围，则将不能实现此控制。

如果距离控制 ECU 确定需要进一步的减速，则它将制动请求信号送给发动机 ECU。发动机 ECU 将制动请求信号传输给防滑控制 ECU。然后防滑控制 ECU 将操控制动执行器来施加制动。

此时如果减速率高于预定值，防滑控制 ECU 通过制动灯控制继电器，点亮制动灯，以便通知后方车辆。

如果在制动灯点亮后仍需要进一步减速，防滑控制 ECU 将根据来自于距离控制 ECU 的请求信号，发出 VSC 警告蜂鸣器，以便提醒驾驶员踩下制动踏板。

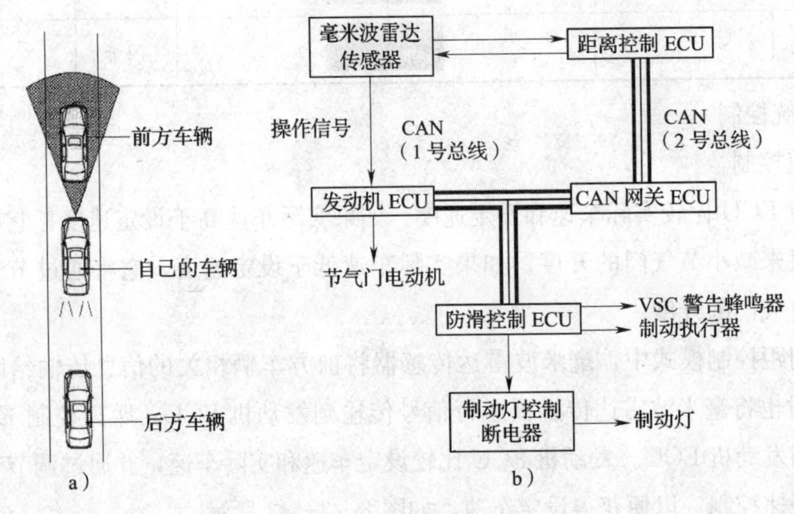

图 8—3—44 减速控制

a）汽车运行 b）控制过程

③跟车控制

实施减速控制后，车辆跟随前方车辆，并根据车速保持适当的车间距。距离控制 ECU 将请求信号传输到发动机 ECU。这样车辆可以在根据车速保持适当车间距的同时能跟随在前方车辆后面。在接收到此信号后，发动机 ECU 调节节气门以便实现跟车控制。可以通过操作距离控制开关，选择以下三种车间距：长距离、中距离和短距离。

④加速控制

加速控制是在前方车辆或自身车辆改变车道后能达到设定车速。如果距离控制 ECU 探测出（根据毫米波雷达传感器）前方车辆或自身车辆已经更改车道。则加速请求信号将被传输到发动机 ECU 以便达到设定车速。在接收到此信号后，发动机 ECU 调节节气门以便实现加速控制，如图 8—3—45 所示。

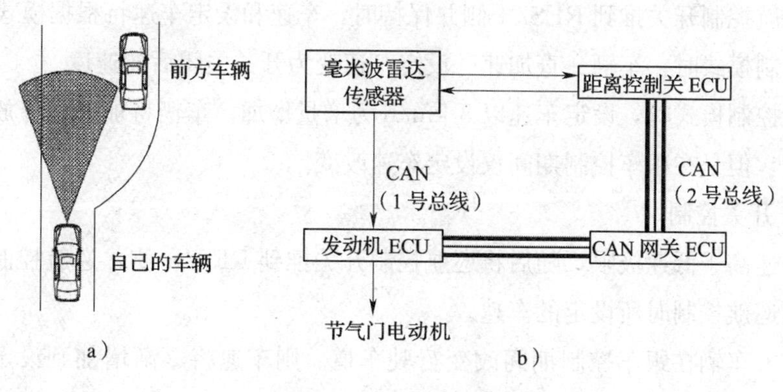

图 8—3—45 加速控制

a）车辆运行 b）控制过程

⑤设定控制

当满足以下条件，按下巡航控制开关上的 ON－OFF 按钮来打开系统后，将巡航控制开关推到 SET/－侧时，发动机 ECU 将存储车速并一直保持。

a. 换挡杆在 D 位置。

b. 换挡杆在 S 模式中换挡：挡域为 4 挡、5 挡或 6 挡。

c. 车辆以高于 45 km/h 或更高的速度行驶。

d. 车辆在 45～135 km/h 的车速范围内行驶。

⑥低速极限控制

低速极限是指巡航控制可被设定的最低速度，约为 40 km/h。如果在巡航控制模式下行驶时，车速低于此速度，将自动取消巡航控制。但是设定速度仍存储在记忆中。

⑦COAST 开关控制

当巡航控制开关处于 SET/－侧时，车速和设定车速将根据模式变化。

等速控制模式时，车辆一直减速。设定车速变为开关关闭后的速度。

车间距控制模式时，设定车速以 5 km/h 为增量减少。例如：从 103 km/h 降到 100 km/h 时，即以 95 km/h 运行。受 ETCS－i（电控节气门系统）影响，车辆快速减速。

⑧轻拍开关（Tap Down）减速控制

在瞬时将巡航控制开关推到 SET/－侧的同时（约 0.6s），车速和设定车速将根据

模式变化。每次按下开关，车辆将以约 1.6 km/h 为增量减速。

但如果实际车速和设定车速间的差异大于 5 km/h，则设定车速将变为操作开关时车辆行驶的速度。

⑨ACC 开关控制

在将巡航控制开关推到 RES/＋侧并保持时，车速和设定车速将根据模式变化。

等速控制模式时，车辆一直加速。设定车速变为开关关闭后的速度。

车间距控制模式时，设定车速以 5 km/h 为增量增加。车辆将加速到释放开关时所设定的速度。但是在跟车控制期间仅设定车速改变。

⑩RES 开关控制

如果车速高于低速极限，随后将巡航控制开关推到 RES/＋侧，巡航控制将恢复到驾驶员取消巡航控制时所设定的车速。

如果前方车辆在跟车控制期间改变行驶车道。则车速将逐渐增加到设定车速。此时，可通过将巡航控制开关推到 RES/＋侧来迅速增加车速。

⑪Tap Up（轻拍开关加速）控制

瞬时将巡航控制开关推到 RES/＋侧的同时（约 0.6 s），车速和设定车速将按照如下变化：每次按下开关，车辆将以约 1.6 km/h 为增量加速。但如果实际车速和设定车速间的差异大于 5 km/h，则设定车速将变为操作开关时车辆行驶的速度。

⑫减挡控制

当车辆在上坡时巡航时，ECT（电子控制变速器）可以执行减挡控制。在 ECU 根据节气门角度判定上坡巡航结束时，ECU 将加挡请求信号传送给 ECT ECU。

⑬手动取消控制

如果将以下任何一种信号发送给 ECU，则巡航控制也将相应被取消：

制动灯开关 ON 信号，即踩下制动踏板；将换挡杆从 D 换到 N；在 S 模式位置中选择 1 挡、2 挡和 3 挡；CANCEL（取消）开关 ON 信号（巡航控制开关移到 CANCEL侧）；巡航控制开关（ON－OFF 按钮）OFF 信号；VSC 运行信号。

⑭自动取消控制

当自动取消信号被发送至发动机 ECU 时，巡航控制操作取消。此时，对驾驶员的警告形式和控制恢复状态将根据取消信号而变化。

如果在车辆处于巡航控制时，出现以下任一情况，则将取消巡航控制。随后，将显示以下警告内容以警告驾驶员：多信息显示屏上显示警告信息；主警告灯点亮；蜂鸣器鸣响；巡航主指示灯闪烁。

⑮模式切换控制

巡航控制开关上的 ON－OFF 按钮设为 ON；巡航控制开关推到 MODE 侧。

⑯诊断

如果在巡航控制期间动态雷达巡航控制系统出现故障，则发动机 ECU 将取消巡航控制、使巡航主指示灯和主警告灯闪烁、使蜂鸣器鸣响，以通知驾驶员存在故障。同时，故障被作为 DTC（诊断故障代码）储存在 ECU 中。

如果智能测试仪连接到 DLC3 上，或在 DLC3 的 TC 和 CG 端子之间连接 SST（09843－18040）可以读取 DTC。

可通过智能测试仪Ⅱ，读取 5 位代码。如果使用 SST，可以根据巡航主指示灯的闪烁次数来读取 2 位代码。

更换距离控制 ECU 或发动机 ECU 时，必须初始化存储在被更换 ECU 中的雷达传感器信息。

巡航控制系统的故障及警告见表 8—3—9。模式 A 为等速控制模式，模式 B 为车间距控制模式。

表 8—3—9　　巡航控制系统的故障及警告

模式	故障说明	警告
A 和 B	如果出现以下任一情况，发动机 ECU 将清除设定车速并取消巡航控制。车速信号故障。ETCS－i 中的故障。制动灯开关开路或短路。巡航控制被禁止，直至故障被清除或通过巡航控制开关上的 ON－OFF 按钮关闭并再次起动巡航控制系统后	1）“CHECK CRUISE SYSTEM”（检查巡航系统） 2）点亮 3）鸣响一次 4）闪烁
	如果车速下降到低于低速极限（大约 40 km/h），发动机 ECU 将取消巡航控制，同时将车辆设定速度保存在记忆中	
A	如果车速低 16 km/h 或更多，发动机 ECU 将取消巡航控制。车速降到比设定	
B	如果出现以下任一情况，发动机 ECU 将清除设定车速并取消巡航控制 毫米波雷达传感器的故障 毫米波雷达传感器的轴位移 动态雷达巡航控制系统中的故障（以上所述故障除外）。禁止巡航控制，直至再次打开点火开关	1）CHECK CRUISE SYSTEM（检查巡航系统） 2）点亮 3）鸣响一次 4）闪烁

续表

模式	故障说明	警告
B	如果出现以下任一情况，发动机ECU将取消巡航控制，同时将设定速度保存在记忆中 ·毫米波雷达传感器有脏污。巡航控制被禁止，直至故障被清除或巡航控制开关上的ON—OFF按钮被开启后	1）CLEAN RADAR SENSOR（清洁雷达传感器） 2）点亮 3）鸣响一次 4）闪烁
	如果出现以下任一情况，发动机ECU将取消巡航控制，同时将设定速度保存在记忆中 刮水器在HI速度下运行（包括AUTO模式）由于不良的天气状况导致测量非常不稳定。巡航控制被禁止，直至故障被清除或通过巡航控制开关上的ON—OFF按钮关闭并再次起动巡航控制系统后	1）CRUISE NOT AVAILABLE （巡航不可用） 2）点亮 3）鸣响一次 4）闪烁

思考与练习

1. 简述巡航系统的作用。
2. 巡航系统有哪些类型？
3. 简述电控节气门型巡航系统的原理。

课题四　缸内直喷与分层燃烧

学习目标

◆ 了解缸内直喷技术的结构原理。

◆ 了解分层喷射和分层燃烧原理。

观察图 8—4—1 和图 8—4—2，说说缸内直喷发动机与传统汽车发动机的主要异同，以及进气管喷射和缸内喷射两种喷射方式的异同。

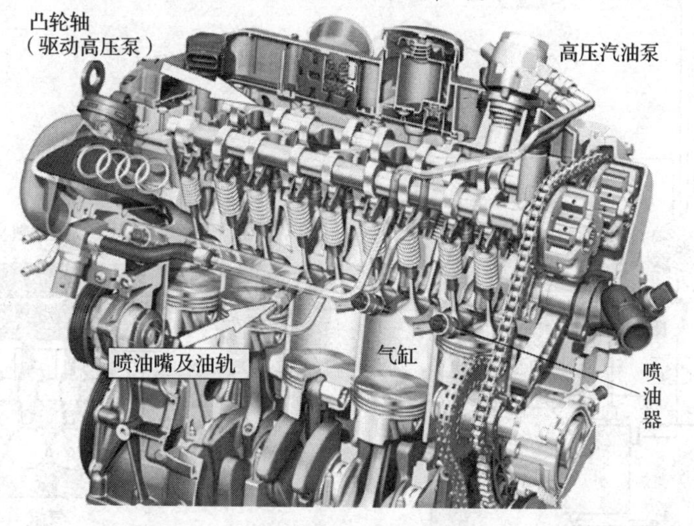

图 8—4—1　缸内直喷发动机

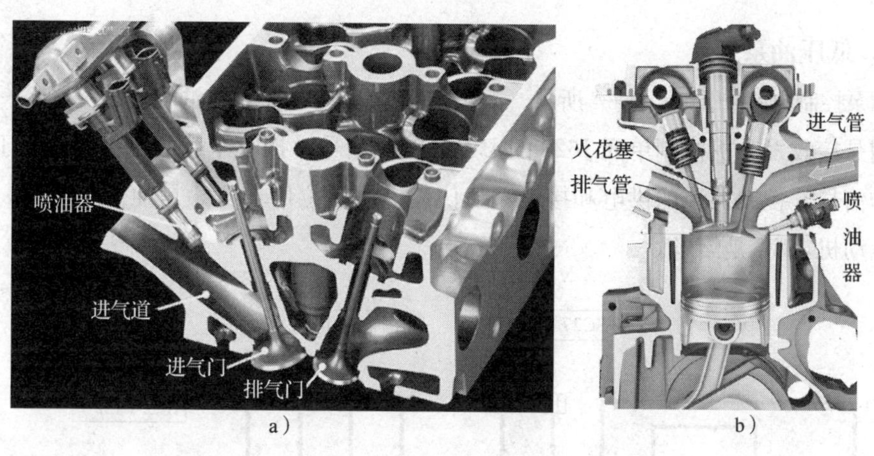

a）　　b）

图 8—4—2　两种喷射方式的比较

a）进气管喷射　b）缸内喷射

一、汽油机缸内直喷

汽油机缸内直喷系统由汽油供给和电子控制两部分组成，如图 8—4—3 所示。汽油供给部分由低压油泵、高压油泵、高压油轨（分配油管）、4 个喷油器 N30－33 组成。电子控制部分由发动机控制单元 J623、油泵控制单元 J538、燃油压力传感器 G247、燃油压力调节阀 N276 等组成。

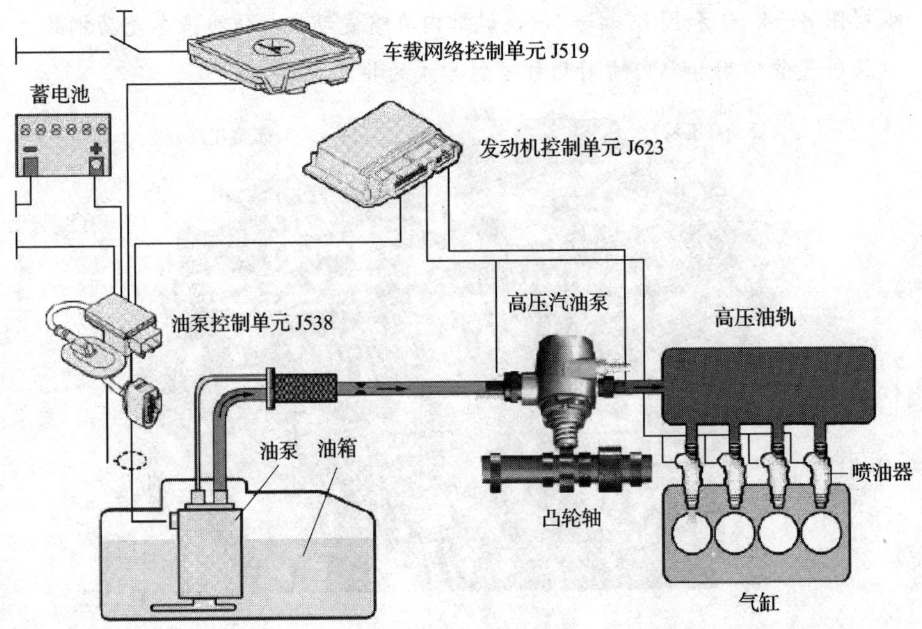

图 8—4—3 汽油机缸内直喷系统组成

1. 低压油泵

油泵控制电路如图 8—4—4 所示。油泵控制单元 J538 安装在油箱处（见图 8—4—5）。其作用是接收发动机控制单元 J623 的 PWM 控制信号，接收车载网络控制单元 J519 的预工作信号，控制油泵的供电和接地，为仪表提供油位信号。G 是油位传感器，G6 是油泵电动机，SC 是熔丝。

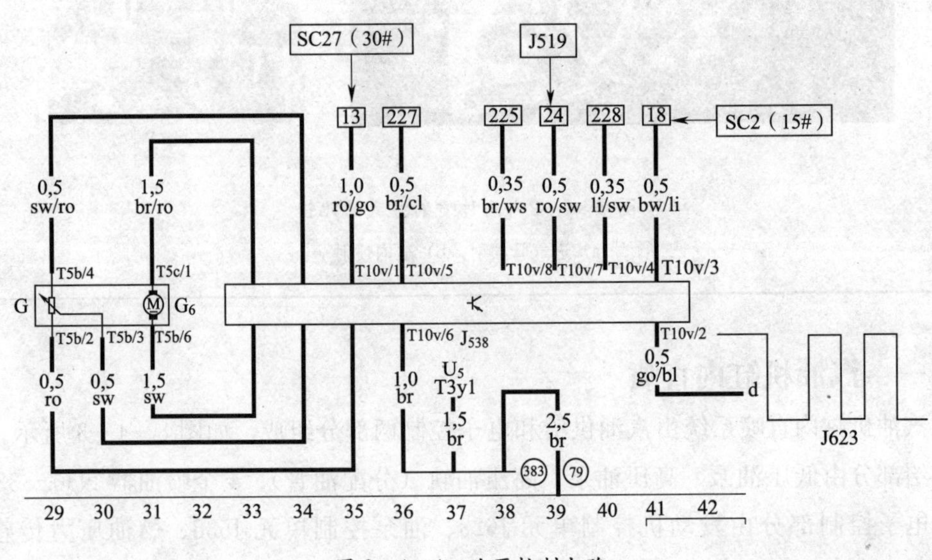

图 8—4—4 油泵控制电路

图 8—4—5　油泵控制单元 J538 的安装位置

由于没有低压传感器，低压系统的检查匹配采用如下方法：在供油循环内，持续减少供油量，直到高压压力受到影响。发动机控制单元会对控制信号和储存的信号进行比较，有偏差就修正储存的信号。如图 8—4—6 所示。

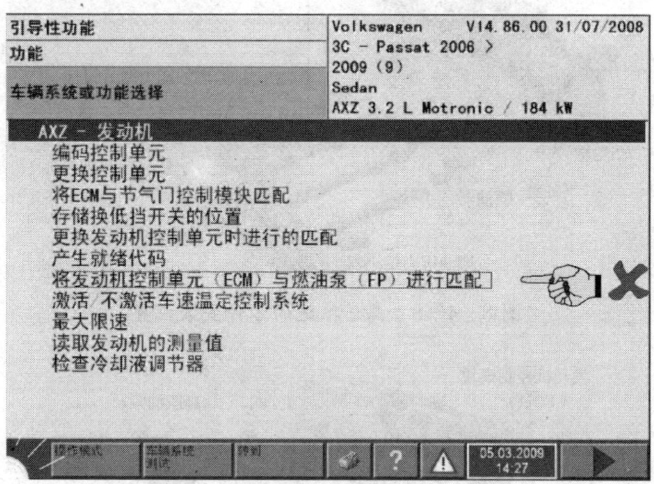

图 8—4—6　发动机控制单元与燃油泵的匹配

2. 高压油泵

（1）高压系统如图 8—4—7 所示。零件安装位置如图 8—4—8 所示。零件外形如图 8—4—9 所示。高压油路连接如图 8—4—10 所示。

（2）高压油泵（见图 8—4—11）通过滚轮由凸轮轴驱动，如图 8—4—8 所示。油泵行程为 3 mm，其上集成了缓冲器、限压阀。缓冲器用来吸收压力波动。限压阀（见图 8—4—12）提供过压保护，开启压力 140 MPa。

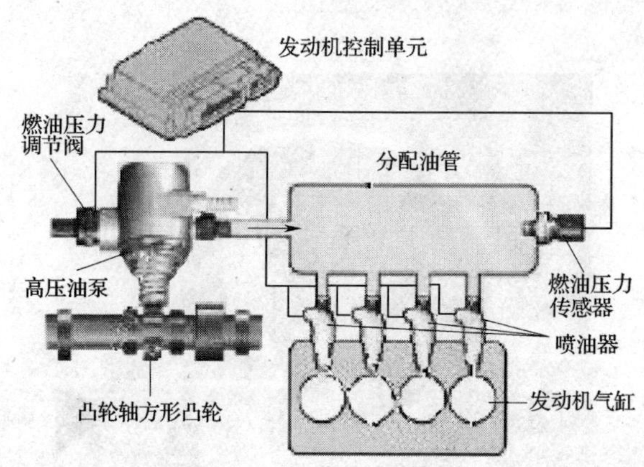

图 8—4—7 高压系统

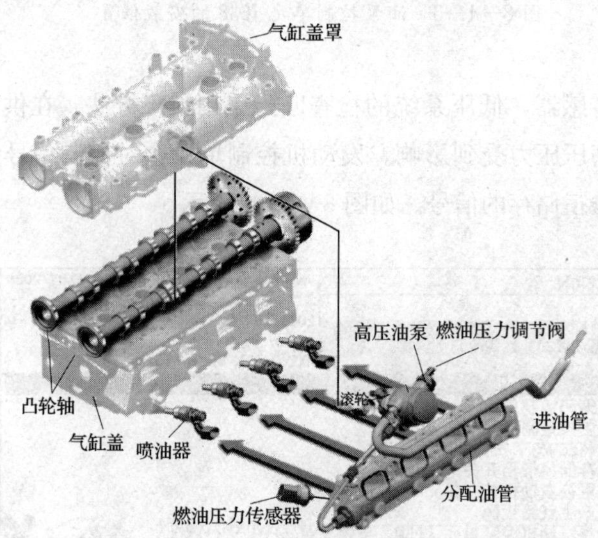

图 8—4—8 高压系统的零件安装位置

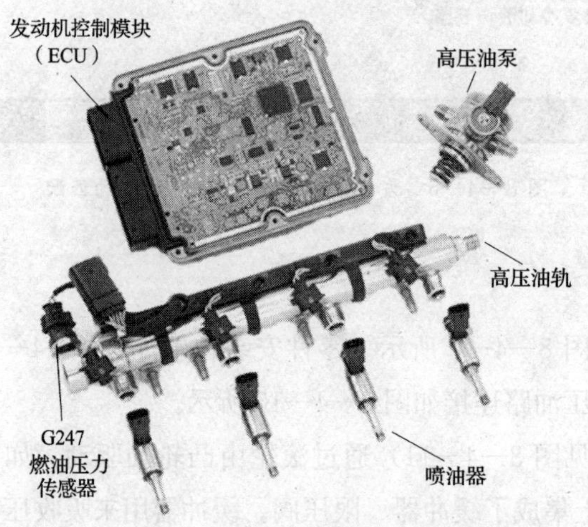

图 8—4—9 高压系统的零件形状

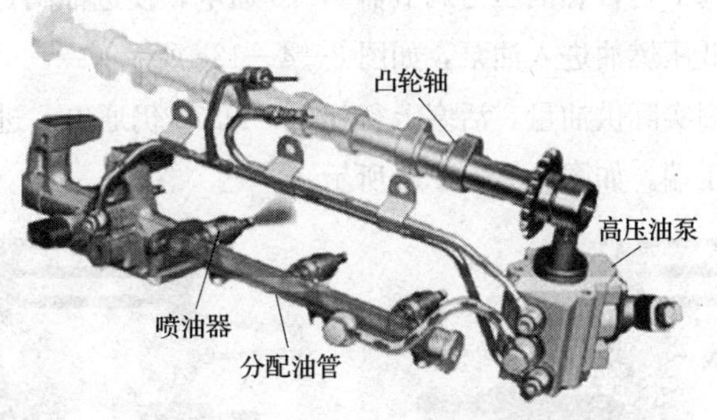

图 8—4—10　高压油路

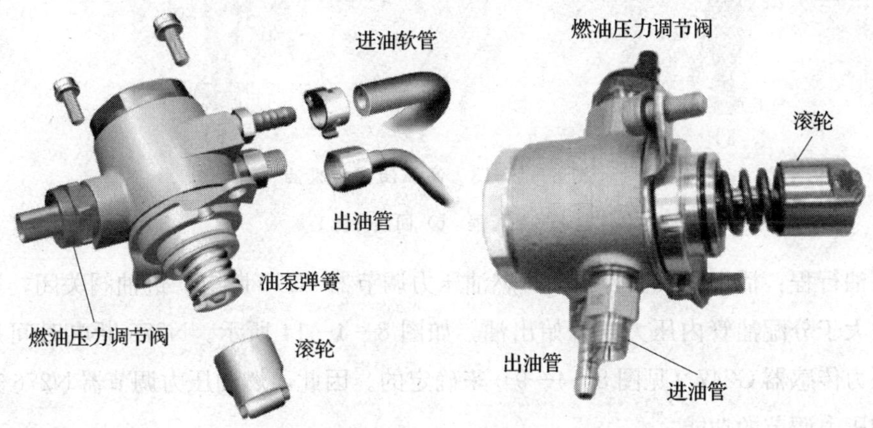

图 8—4—11　高压油泵

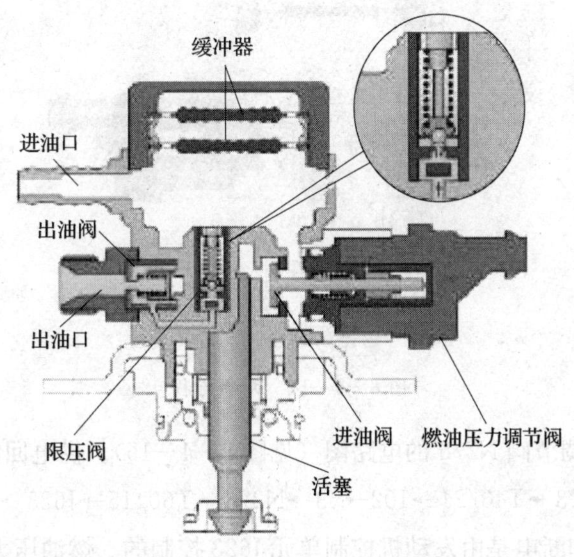

图 8—4—12　高压油泵的结构

吸油行程：活塞下行，燃油压力调节器 N276 通电，使进油阀打开。由于泵腔压力低，出油阀关闭。低压燃油进入油泵，如图 8—4—13a 所示。

回油行程：控制实际供油量，活塞上行初期，N276 仍通电，进油阀仍打开，多余的燃油被挤压回低压端。如图 8—4—13b 所示。

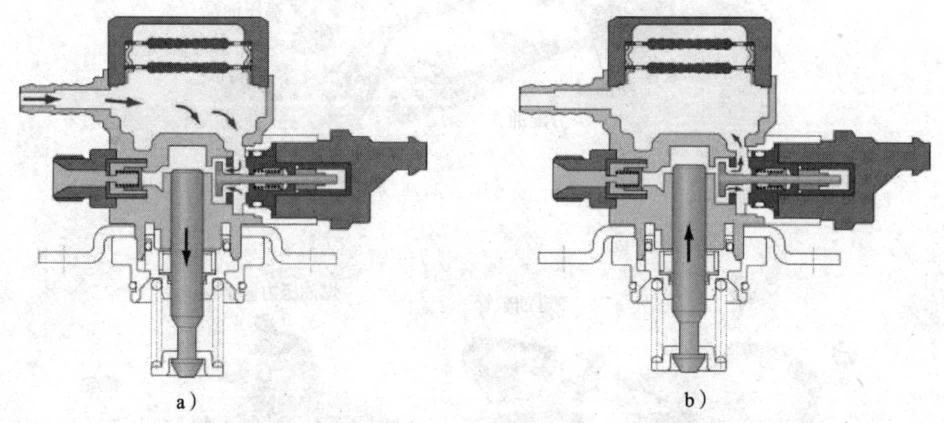

图 8—4—13　高压油泵的吸油

a）吸油行程　b）回油行程 1/3

泵油行程：活塞继续上行压油。燃油压力调节器 N276 断电，进油阀关闭，当泵腔内压力大于分配油管内压力时开始出油，如图 8—4—14 所示。N276 断电时间是根据燃油压力传感器 G247（见图 8—4—9）来确定的。因此，燃油压力调节器 N276 兼有出油阀和压力调节的功能。

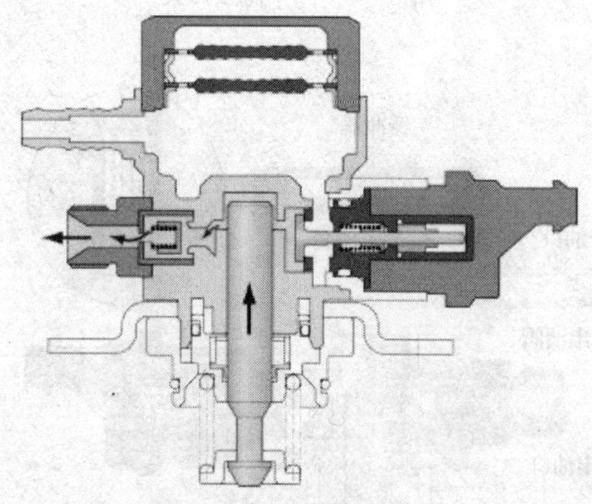

图 8—4—14　泵油行程

（3）燃油压力调节阀 N276 的电路图（见图 8—4—15）。供电回路：J271 内 30→继电器触点→87→SB23→T40/21→102→53→N276→T60/15→J623→搭铁。燃油压力调节阀 N276 的通电和断电是由发动机控制单元 J623 控制的。燃油压力调节阀 N276 的波形如图 8—4—16 所示。

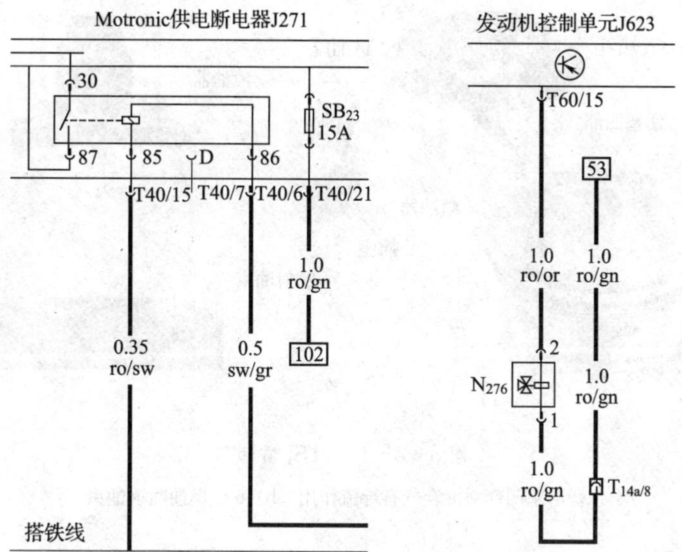

图 8—4—15 燃油压力调节阀 N276 的电路图

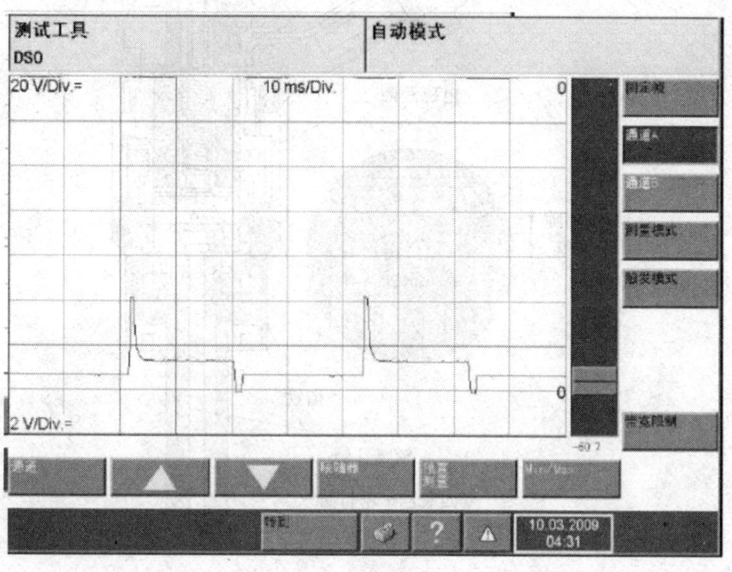

图 8—4—16 燃油压力调节阀 N276 的波形

3. TSI 喷油器

大众汽车涡轮增压缸内直喷发动机（TSI）的喷油器如图 8—4—17 所示，有 6 个孔，喷油压力高达 150 MPa。其内部结构如图 8—4—18 所示。

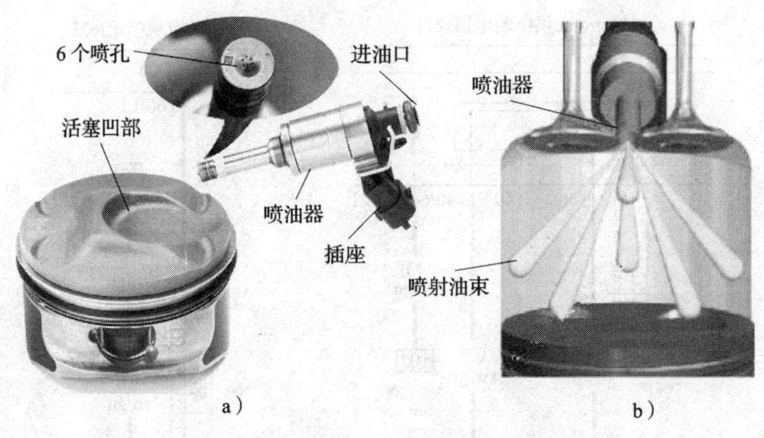

图 8—4—17　TSI 喷油器

a）活塞凹部对混合气有导流作用　b）6 个燃油喷射油束

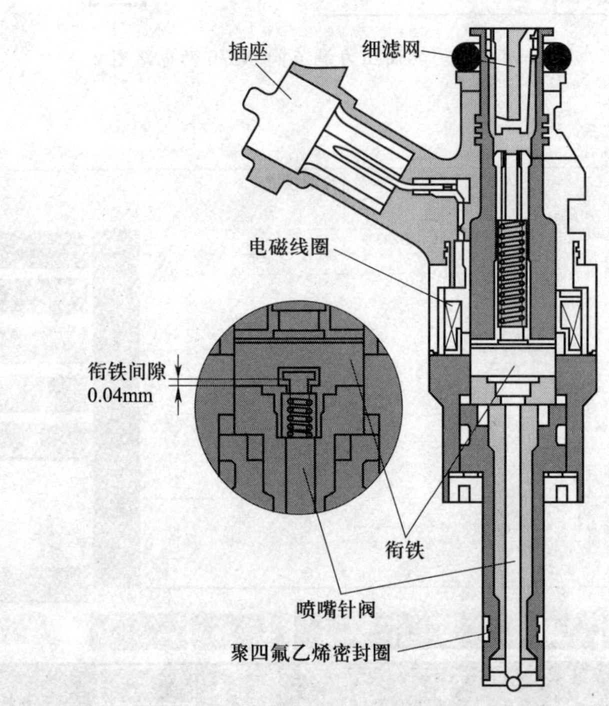

图 8—4—18　TSI 喷油器的内部结构

在气流控制燃烧系统中，利用活塞凹部形成缸内气流和油束相互作用使油雾导向火花塞。由于进气道与喷油器成一定的夹角，这样使得混合气在气缸内产生涡流，涡流围绕火花塞旋转，如图 8—4—19 所示。因此大部分工况都能实行恰当的混合气充量分层和均质化，使混合气燃烧更加充分。

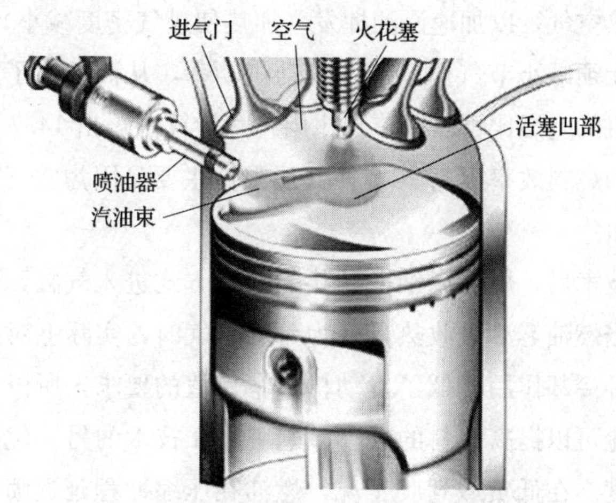

图 8—4—19　活塞凹部使混合气产生涡流

喷油器驱动电路如图 8—4—20 所示，驱动电压约 65 V，瞬时电流可达到 12 A，平均电流 2.6 A。

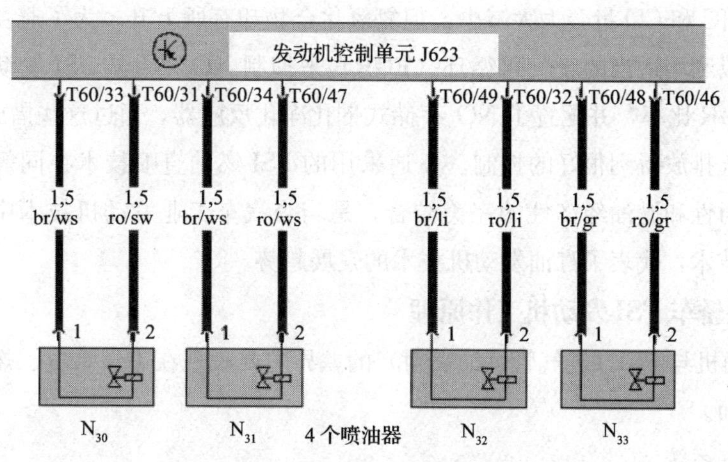

图 8—4—20　喷油器驱动电路

二、分层喷射与分层燃烧

1. 分层喷射（FSI）的特点

分层喷射（FSI）的概念在模块一中已经介绍。其特点如下：

（1）采用燃油直喷技术的发动机，发动机能在火花塞点火之前把汽油直接喷射到燃烧室，同时在 ECU 的精确控制下，使混合气体分层燃烧（既可保证火花塞稳定点火，又不至于生成过多 NO_x 和冒烟现象）。这种技术可以让靠近火花塞处的混合气相对较浓，远离火花塞的混合气相对较稀，从而更有效地实现分层点火和“稀薄”燃烧。另外，由于不用加热空气，以加速汽油挥发（加热使进气密度减小），从而提高了进气量。在部分负荷时无须减小节气门以调节发动机功率，从而减小了进气气阻。采用缸内直喷技术的汽油机的空燃比可以调节到比用化学计算法得出 14.7∶1 更稀薄的状态，从而能够将内燃机的燃料效率提高 20%。其局限性主要是因为空气过量而使氮氧化合物（NO_x）排放增加。

（2）采用直喷技术后，燃油以细微滴状的薄雾方式进入气缸，而不是以蒸气的方式。这也就意味着当燃油雾滴吸收热量变为可燃蒸气时，实际上对发动机的气缸起到了冷却的作用。这种冷却作用降低了发动机对辛烷值的要求，所以直喷发动机压缩比更大。较高的压缩比可以提高燃料的效率。采用 FSI 技术的另一优点是能够加快油气混合气体的燃烧速度。在低负载驾驶工况，燃油在压缩冲程延迟喷射，这时喷油系统提供极稀薄的分层混合气，从而提高了发动机的燃油经济性。当汽车在高速或高负荷下行驶时，提前在进气冲程进行更多的燃油喷射，以确保提供高负荷时所需要的大功率。

（3）FSI 技术对发动机的排放具有很重要的影响。当较少的燃料在一个富氧的环境中燃烧时，HC 和 CO 量会大大减少，但氮氧化合物却有所上升。为了避免这个问题的发生，则可以利用适当的废气再循环（EGR）来抑制 NO_x 产生，FSI 发动机一般采用了 30% 的 EGR 比率，并配置了 NO_x 存储式催化净化反应器，通过这些措施可以使 FSI 发动机的尾气排放得到很好的控制。奥迪采用的 FSI 燃油直喷技术在同等排量下实现了发动机动力性和燃油经济性的完美结合，是当今汽车工业发动机技术中成熟、先进的燃油直喷技术，代表了汽油发动机技术的发展趋势。

2. 奥迪轿车 FSI 发动机工作原理

FSI 发动机与 PFI（进气管燃油喷射）的差异主要表现在进气系统、燃油系统和排放系统三方面。

（1）进气系统

FSI 发动机汽油直接喷入每一个气缸，结合稀薄燃烧技术，使汽油直喷发动机在部分负荷范围内采用专门进气管翻板充气模式，如图 8—4—21 所示。

气缸盖内的进气道被一个优质钢片水平分成两部分。通过位于前部的进气管翻板可以关闭下部的进气道，于是就可以提高气流密度并会在燃烧室内使空气产生滚动，从而可使得燃油—空气混合气产生最佳的涡流运动。为了减少气流损失，进气管翻板是偏心安装的，这样就可保证翻板在打开位置可与气道壁合为一体。进气管翻板的双级调节是用真空来实现的，回位是通过弹簧力实现的。在静止位置，进气管翻板通过弹簧力关闭。

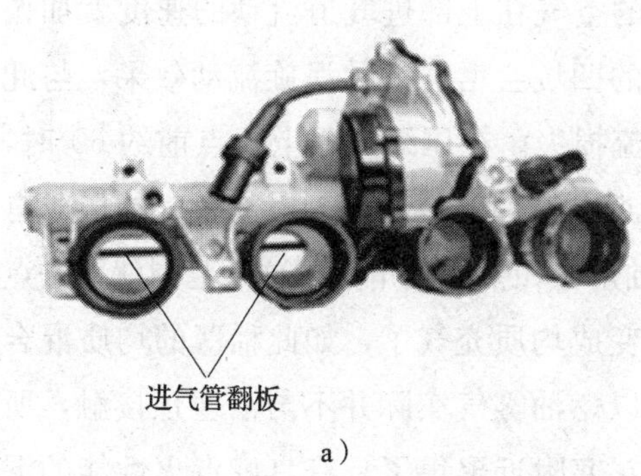

a)

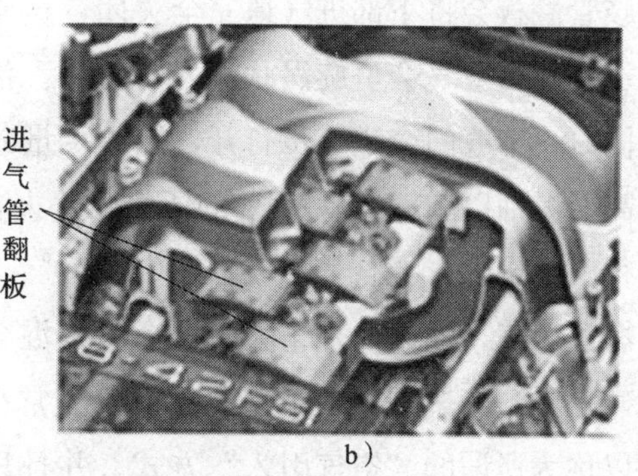

b)

图 8—4—21　进气管翻板

a) L形进气管　b) V形进气管

FSI发动机具有三种工作模式：分层充气模式、均质稀混合气模式、均质混合气模式。在不同的工况下采用不同的空燃比。

FSI发动机按照发动机负荷工况，基本上可以自动选择在低负荷时为分层稀薄燃烧，在高负荷时则为均质理论空燃比（14.6～14.7）燃烧。在中间负荷状态时，采用均质稀混合气模式。在三种运行模式中，燃料的喷射时间有所不同，用真空阀进行开启/关闭来控制进气气流的形态（见图 8—4—22）。

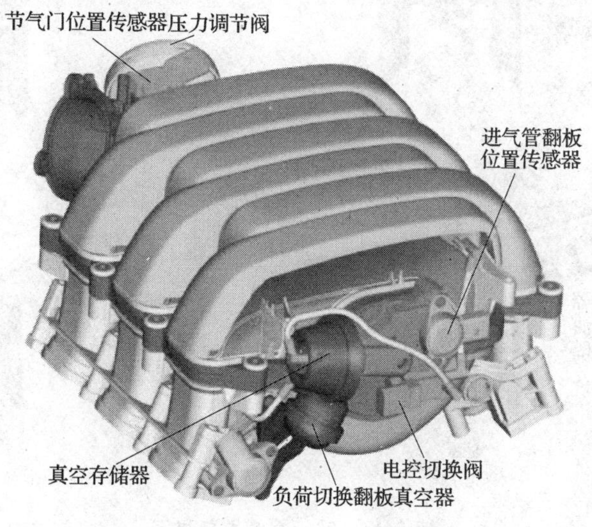

图 8—4—22　进气管翻板控制部件

1）分层充气模式

分层充气模式过量空气系数为 1.6～3。过量空气系数是实际空燃比与理论空燃比的比值。在分层充气模式下，空气经过接近全开的节气门（节气门不能完全打开，因为要保持一定的真空用于活性炭罐装置和废气再循环装置）引入燃烧室。此时，进气歧管翻板会将下部进气道完全关闭，这样吸入的空气在上部进气道流动的速度就加快了，于是空气会呈旋涡状流入气缸内。活塞上的凹坑会增强这种涡旋流动效果，与此同时，节气门会进一步打开，以便尽量减小节流损失。在压缩行程上止点前约 60°时，高压燃油以 50～110 MPa 的压力喷入火花塞附近。燃油的喷射时刻对混合气的形成有很大的影响，混合气形成只发生在 40°～50°曲轴角，如果曲轴角小于这个范围就无法点燃混合气，如果曲轴角大于这个范围混合气就变成均质充气了，如此稀薄的均质混合气是无法点燃的。由于燃油喷射角非常小，所以燃油雾气实际并不与活塞顶接触，所以称为所谓的“空气引入”方式。并且只在火花塞附近聚集了具有良好点火性能的混合气，这些混合气在压缩行程中被点燃。另外在燃烧后，被点燃的混合气与气缸壁之间会出现一个隔离用的空气层，它的作用是降低通过发动机缸体散发掉的热量，提高了热效率，如图 8—4—23 所示。最后点火时，火花塞周围的混合气很浓，便于迅速燃烧，如图 8—4—24 所示。

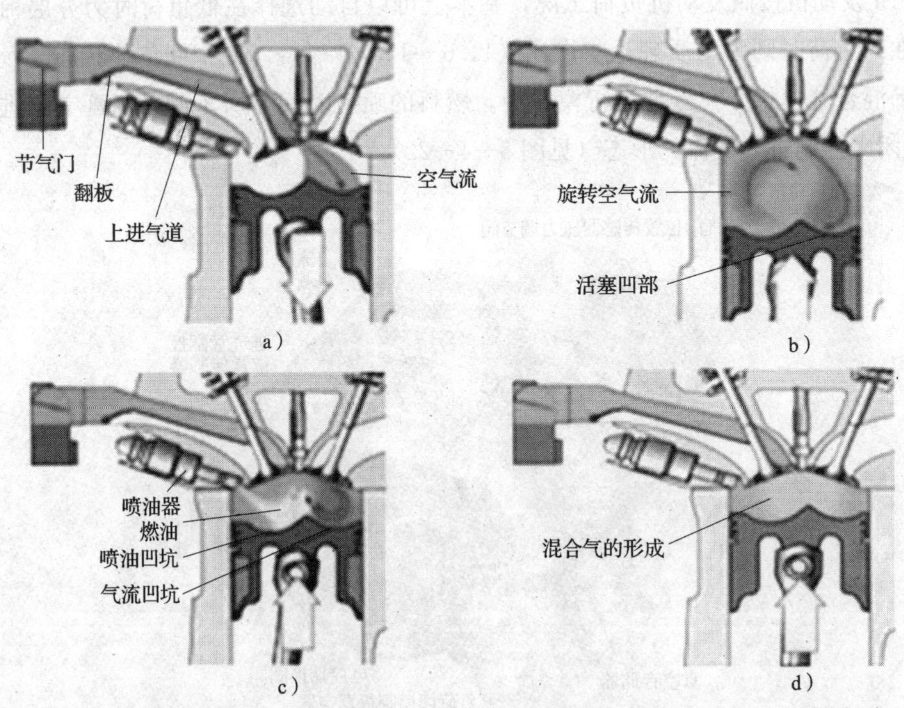

图 8—4—23　分层充气模式

a）分层充气过程　b）压缩行程　c）压缩行程喷油　d）混合气形成过程

分层充气模式并不是在整个特性曲线范围内都能实现的。特性曲线范围受到限制，这是因为当负荷增大时，需要使用较浓的混合气，燃油消耗方面的优势也就随之下降了。另外过量空气系数小于 1.4 时，燃烧稳定性就变差了，这是因为转速升高后，混合气准备时间不足，且空气的涡旋流动也对燃烧稳定性产生不利的影响。

2）均质稀混合气模式

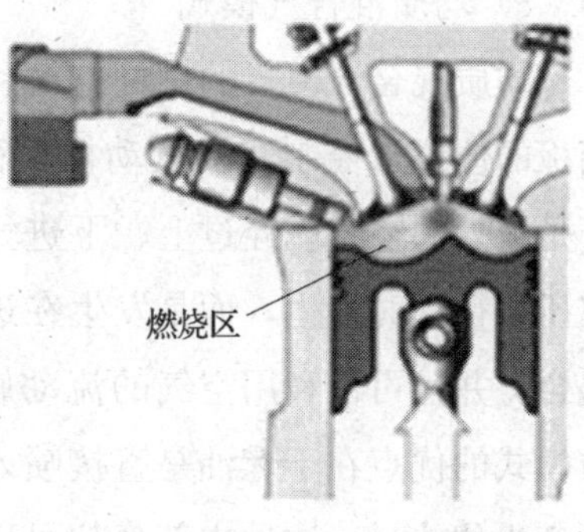

图 8—4—24　分层充气燃烧过程

均质稀混合气模式的过量空气系数为 1.55 左右，在这种工作模式下也和分层充气一样是节气门开度大，进气歧管下部关闭。在上止点前 300°左右喷入燃油，形成混合气的时间也就比较长，有利于形成均匀的稀混合气，此种工作模式称为均质稀混合气模式。均质稀混合气模式是一种特殊的工作模式，像分层充气模式一样也只能在一定的转速范围内正常工作，并且还需要满足以下条件：

①没有与排放系统有关的故障。

②冷却液温度必须超过 50℃。

③氮氧化物催化转换器的温度为 250～500℃。

④进气道翻板必须保持关闭状态。

如图 8—4—25 所示，均质稀混合气模式，燃油在进气冲程喷射，并且由于产生加速稀薄混合气燃烧的纵涡流，开关阀被关闭。这时，阻碍燃烧的废气再循环（EGR）暂不进行。与均质理论空燃比燃烧不同的是，吸入空气量超过燃油喷射量燃烧的需要，此时的过量空气系数大于 1。

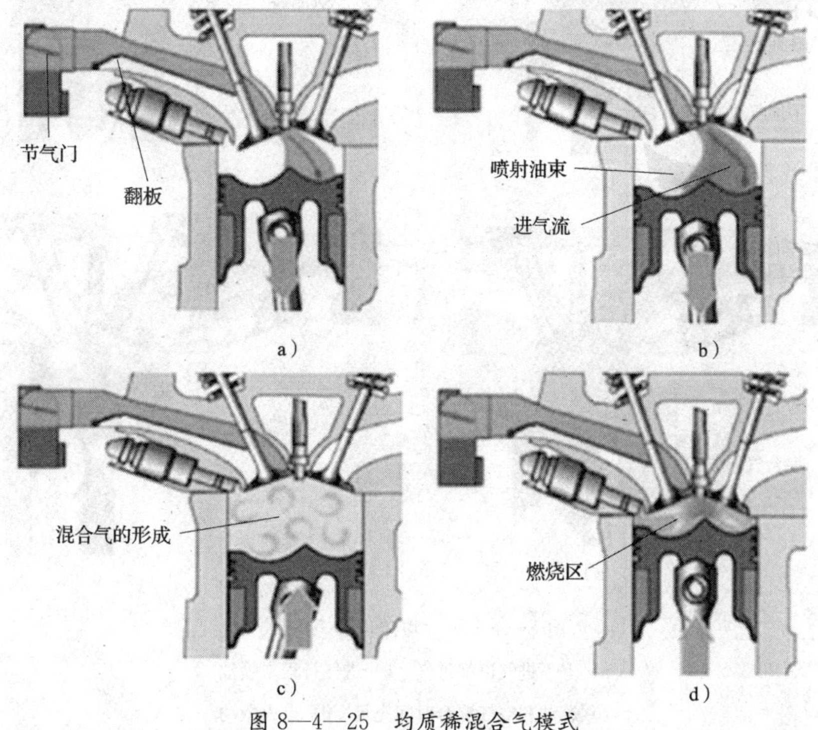

图 8—4—25　均质稀混合气模式

a）进气过程　b）在进气过程喷油　c）压缩过程紊流形成均质稀混合气　d）燃烧过程

3）均质混合气模式

均质混合气模式的过量空气系数为 1，即为均质理论空燃比。节气门开度按照油门踏板的位置来控制，在发动机负荷较大且转速较高时，进气歧管翻板就会完全打开，于是吸入的空气就经过上、下进气道进入气缸。燃油喷射并不是像分层充气模式那样在压缩行程时发生，而是发生在进气行程中，这样燃油和空气就有了更充足的时间来混合，并且可以利用空气的流动旋转的涡流来击碎燃油颗粒，使之混合更加充分。均质模式的优点在于燃油是直接喷入燃烧室内，而吸入的空气可抽走一部分燃油汽化时所产生的热量。这种内部冷却可以降低爆震趋势，因此可以提高发动机的压缩比和热效率。在高负荷中所进行的均质理论空燃比燃烧中，燃油则是在进气冲程中喷射。理论空燃比的均质混合气易于燃烧，不必借助涡流作用，因此，由于进气阻力减少，开关阀打开。而在全负荷以外，进行废气再循环，限制泵吸损失，采用直喷可使压缩比提高到 12：1。均质混合气工作过程如图 8—4—26 所示。

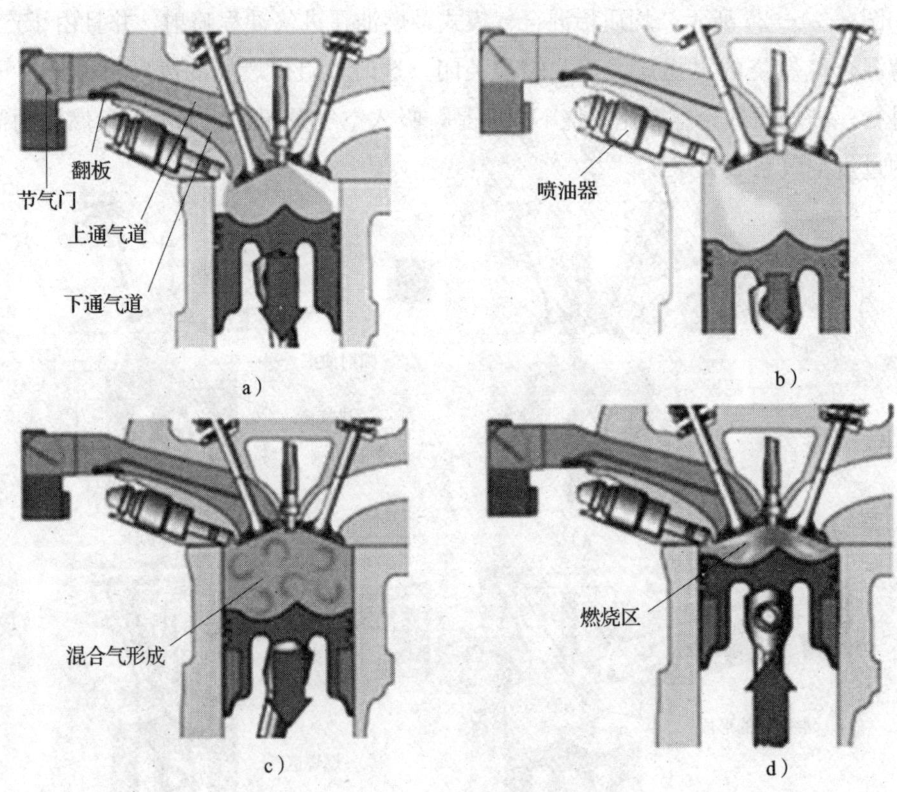

图 8—4—26　均质混合气模式

a）上下进气道都进气　b）进气行程末喷油

c）燃油和空气混合时间充足　d）点火做功

（2）燃油系统

传统的汽油发动机是通过 ECU 采集凸轮位置以及发动机各相关工况从而控制喷油器将汽油喷入进气歧管。但由于喷油器离燃烧室有一定的距离，汽油同空气的混合情况受进气气流和气门开关的影响较大，并且微小的油粒会吸附在管道壁上。奥迪轿车 FSI 发动机利用一个高压泵，使汽油通过一个分流轨道（共轨）到达电磁喷油器，然后通过 ECU 控制喷射器将燃料在恰当的时间直接注入燃烧室，其控制的精确度接近毫秒。其特点是在进气道中已经产生可变涡流，使进气流形成最佳的涡流形态进入燃烧室内，以分层填充的方式使混合气体集中在位于燃烧室中央的火花塞周围。稀燃技术的空燃比高达 25∶1 以上，按照常规是无法点燃的，因此必须采用由浓至稀的分层燃烧方式。通过缸内空气的运动在火花塞周围形成易于点火的浓混合气，混合比达到 12∶1左右，外层逐渐稀薄。浓混合气点燃后，燃烧迅速扩散至外层。

（3）排放系统

缸内直喷技术是伴随着稀燃技术的产生而产生的。据试验，在空燃比等于 30 的稀混合气模式下发动机依然可以工作，因此采用 FSI 技术其节油效果最高可达 20%。稀薄燃烧技术的一个障碍是 NO_x 的净化，这是因为在富氧环境中会产生大量的 NO_x，为了解决此问题，FSI 发动机配置了 NO_x 存储式催化净化反应器。从 FSI 发动机的排气系统中可以看出，在靠近发动机一侧安装有常用的三元催化反应器，反应器的前后各有一个氧传感器来监控工作状态。如图 8—4—27 所示，在 NO_x 存储式催化净化反应器前部的排气温度传感器将测得的排气温度传给 ECU，ECU 用此温度计算 NO_x 存储式催化净化反应器的温度。并将此信息用于下面两种情况：

1）在分层充气模式时混合气是比较稀的，并且 NO_x 只有在 250～500℃才能存储在 NO_x 存储式催化净化反应器内。因此 ECU 用此信息在监控分层充气模式时的排气温度，在温度达不到 NO_x 存储式催化净化反应器正常工作要求时，通过 ECU 推迟点火时刻和工作模式等方法使之迅速达到催化的工作温度。

2）NO_x 存储式催化净化反应器的结构和三元催化净化器是一样的，反应器的涂层另外用氧化钡处理过，这就可使氮氧化物在温度为 250～500℃时通过形成硝酸盐而存储起来。除了形成硝酸盐外，燃油中所含的硫也会存储起来。NO_x 存储式催化净化反应器的存储能力是有限的，其饱和度由 NO_x 传感器来通知 ECU，ECU 会采取一定的措施来对 NO_x 存储式催化净化反应器进行还原。还原过程分成两种。

①氮氧化物的还原。当 NO_x 存储式催化净化反应器内的氮氧化物的浓度超过 ECU 内的规定值时，就会发生氮氧化物的还原过程。ECU 使得发动机从分层充气模式切换到均匀模式，混合气变浓，排放的尾气温度升高，NO_x 存储式催化净化器内的温度也就升高，此时所形成的硝酸盐变得不稳定，当环境条件符合还原时，硝酸盐就可以分

解了。这时氮氧化物就转换成无害的氮气，存储的硝酸盐清空后，该循环又重新开始。

②硫的还原。这是个单独的过程，因为产生的硫的化学稳定性很高，这些硫在氮氧化物的还原过程中是不会分解的。硫也会占据存储空间，这会导致在较短的间隔内存储式催化净化器就会饱和。一旦超过了规定值，ECU 就会采取从分层充气模式切换到均质模式工作或者是将点火时刻延迟等措施。这就将存储式催化净化器的工作温度提高到 650℃左右，产生的硫就发生反应并形成二氧化硫。如果燃油中含硫较少，那么除去硫的时间间隔也长，但燃油含硫多，就会经常进行这种还原过程。在大负荷、高转速行车时会自动去硫。

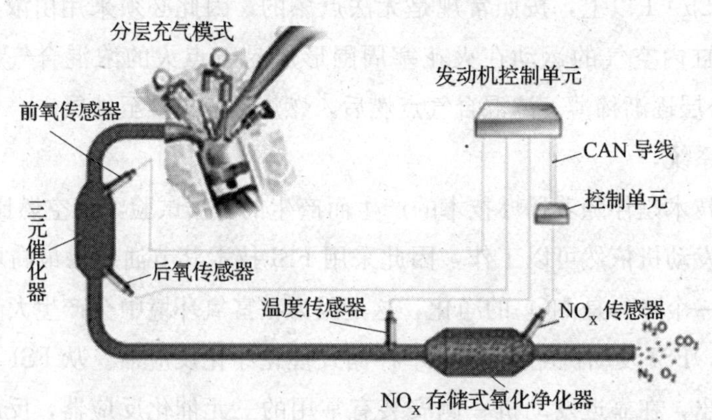

图 8—4—27　缸内直喷发动机的排气净化方法

3. FSI 发动机的注油模式

直喷式汽油发动机采用两种不同的注油模式，即分层注油和均匀注油模式。分层注油方式可充分发挥燃料的经济效益，因为在转速较低、负荷较小时除了火花塞周围需要形成浓度较高的油气混合物外，燃烧室的其他地方只需空气含量较高的混合气即可。当节气门完全开启，发动机高速运转时，大量空气高速进入气缸形成较强涡流并与汽油均匀混合。从而促进燃油充分燃烧，提高发动机的动力输出。ECU 不断地根据发动机的工作状况改变注油模式，始终保持最适宜的供油方式。燃油的充分利用不仅提高了燃油的利用效率和发动机的输出而且改善了排放。

直喷式汽油发动机技术之所以能够实现分层注油原理，是因为它可控制燃烧室内的注油过程，并在完成点火之前直接注入燃料，这样就可大幅度减少燃烧所需的燃料，提高 FSI 发动机经济效益。

FSI 发动机按照发动机负荷工况，基本上可以自动选择分层注油和均匀注油两种运行模式。在低负荷时为分层稀薄燃烧，在高负荷时则为均质理论空燃比（14.6～14.7）燃烧。

思考与练习

1. 简述发动机缸内直喷技术的组成。
2. 简述分层喷射与分层燃烧的基本工作原理。

课题五　柴油机电控系统

◆ 了解柴油机高压共轨技术系统油路。
◆ 了解柴油机电控系统部件功能。

观察图 8—5—1、图 8—5—2，试比较柴油发动机和汽油发动机以及一般柴油发动机和高压共轨柴油发动机的结构，并了解它们的区别。

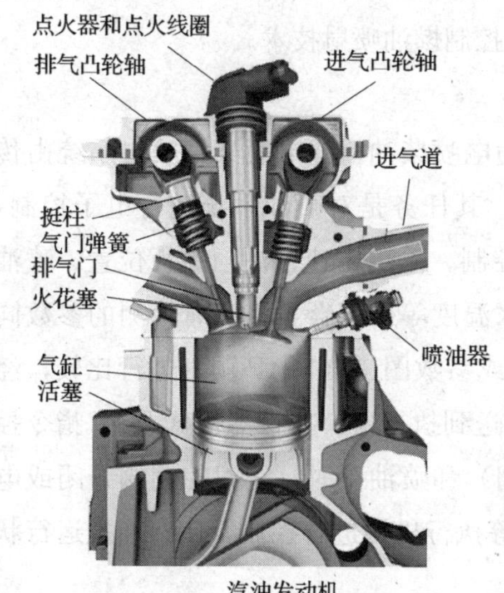

汽油发动机

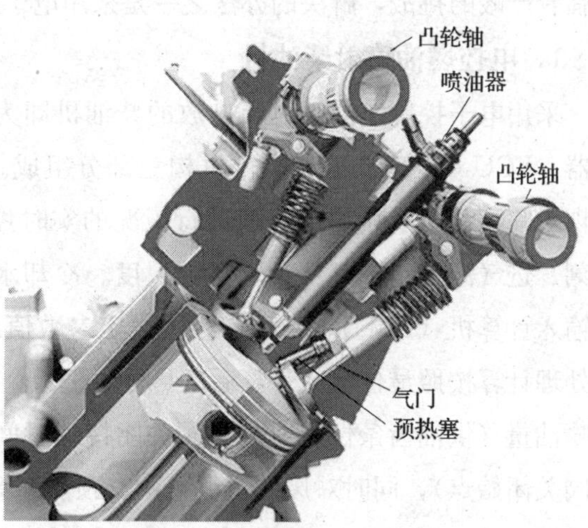

柴油发动机

图 8—5—1　发动机

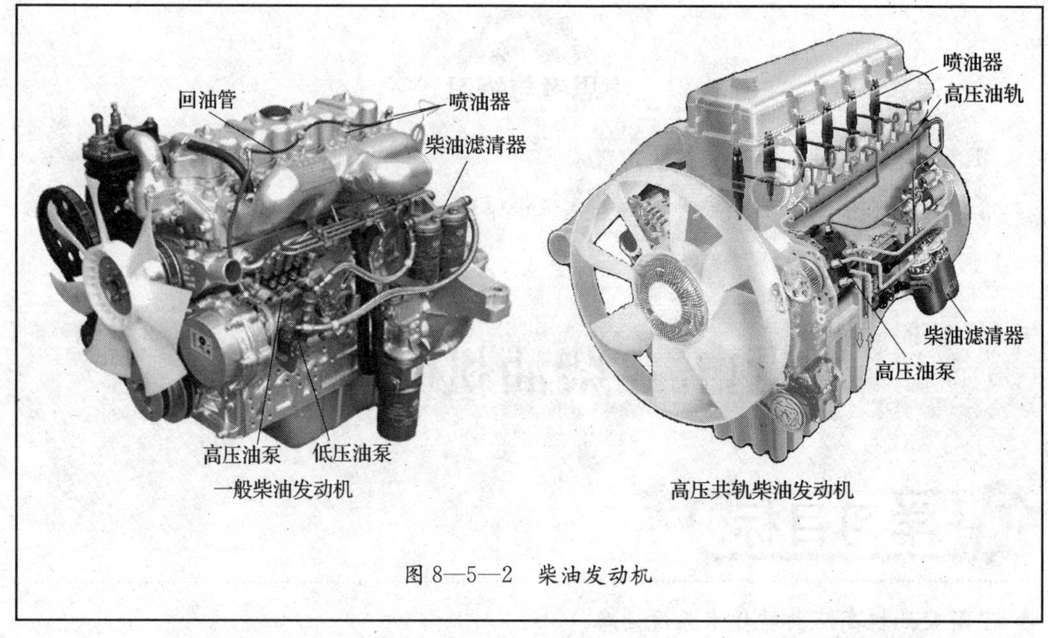

图 8—5—2 柴油发动机

一、柴油机电控技术综述

现代先进的柴油机一般采用电控喷射、高压共轨、涡轮增压中冷等技术，在控制重量、噪声、烟度等方面已取得重大突破，达到了汽油机的水平。随着国际上日益严格的排放控制标准（如欧洲Ⅳ、Ⅴ标准）的颁布与实施，无论是汽油机还是柴油机都面临着严峻的挑战，解决的办法之一是采用电子控制燃油喷射技术。

1. 电控燃油喷射柴油机

采用电子控制燃油喷射及排放的柴油机即为电喷柴油机。电喷柴油喷射系统由传感器、ECU（计算机）和执行机构三部分组成。其任务是对喷油系统进行电子控制，实现对喷油量以及喷油定时随运行工况的实时控制。采用转速、油门踏板位置、喷油时刻、进气温度、进气压力、燃油温度、冷却水温度等传感器，将实时检测的参数同时输入计算机（ECU），与已储存的设定参数值或参数图谱（MAP 图）进行比较，经过处理计算按照最佳值或计算后的目标值把指令送到执行器。执行器根据 ECU 指令控制喷油量（供油齿条位置或电磁阀关闭持续时间）和喷油正时（正时控制阀开闭或电磁阀关闭始点），同时对废气再循环阀、预热塞等执行机构进行控制，使柴油机运行状态达到最佳。柴油机电子控制技术的发展趋势：

（1）高的喷射压力

为满足排放法规的要求，柴油喷射压力从 10 MPa 提高到 200 MPa。如此高的喷射压力可明显改善柴油和空气的混合质量，缩短着火延迟期，使燃烧更迅速更彻底，并且控制燃烧温度，从而降低废气排放。

（2）独立的喷射压力控制

传统柴油机的供油系统的喷射压力与柴油机的转速负荷有关。这种特性对于低转速、部分负荷条件下的燃油经济性和排放不利。若供油系统具有不依赖转速和负荷的喷射压力控制能力，就可选择最合适的喷射压力使喷射持续期、着火延迟期最佳，使柴油机在各种工况下的废气排放最低而经济性最优。

（3）改善柴油机燃油经济性

用户对柴油机的燃油消耗率非常关注。高喷射压力、独立的喷射压力控制、小喷孔、高平均喷油压力等措施都能降低燃油消耗率，从而提高了柴油机的燃油使用经济性。

（4）独立的燃油喷射正时控制

喷射正时直接影响到柴油机活塞上止点前喷入气缸的油量，决定着气缸的峰值爆发压力和最高温度。高的气缸压力和温度可以改善燃油使用经济性，但导致 NO_x 增加。而不依赖于转速和负荷的喷射正时控制能力，是在燃油消耗率和排放之间实现最佳平衡的关键措施。

（5）可变的预喷射控制能力

预喷射可以降低颗粒排放，又不增加 NO_x 排放，还可改善柴油机冷起动性能、降低冷态工况下白烟的排放，降低噪声，改善低速扭矩。但是预喷射量、预喷射与主喷射之间的时间间隔在不同工况下的要求是不一样的。因此具有可变的预喷射控制能力对柴油机的性能和排放十分有利。

（6）最小油量的控制能力

供油系统具有高喷射压力的能力与柴油机怠速所需要的小油量控制能力存在矛盾。当供油系统具有预喷射能力后将会使控制小油量的能力进一步降低。由于工程机械用柴油机的工况很复杂，怠速工况经常出现，而电喷柴油机容易实现最小油量控制。

（7）快速断油能力

喷射结束时必须快速断油，如果不能快速断油，在低压力下喷射的柴油就会因燃烧不充分而冒黑烟，增加 HC 排放。电喷柴油机喷油器上采用的高速电磁开关阀很容易实现快速断油。

（8）降低驱动扭矩冲击载荷

燃油喷射系统在很高的压力下工作，既增加了驱动系统所需要的平均扭矩，也加大了冲击载荷。燃油喷射系统对驱动系统平稳加载和卸载的能力，是一种衡量喷射系统的标准。而电喷柴油机技术中的高压共轨技术则大大降低了驱动扭矩冲击载荷。

2. 柴油机电控技术的优点

柴油机电子控制技术优化动力性、改善燃油使用经济性、控制排放，使柴油机从怠速至额定转速范围内均能获得最佳工作状况，防止可能发生的危险运行状况，延长零件的使用寿命。其优点主要有：

（1）具有多功能的自动调节性能

工程机械用柴油机的运转工况是多变的，而且对油耗、排放和可靠性等要求较高。自动控制技术应用于柴油机的调节系统正好可以实现多功能的自动调节，从而保证柴油机动力性、燃料使用经济性、可靠性和操作方便性等性能充分发挥。

（2）减轻质量、缩小尺寸、提高柴油机的紧凑性

对于现代高速柴油机而言，由于驱动喷油泵的扭矩较大，要设计一个紧凑和可靠的供油提前自动调节器很复杂，而且在柴油机总体布置上也比较困难。采用自动控制技术解决供油提前角自动调节问题，不仅可以容易地解决上述难题，而且提高了柴油机的紧凑性。

（3）部件安装连接方便，利于维修

采用自动控制系统，相关部件尺寸减小（特别是燃油供给系统），安装部位免受空间位置的约束，连接简便，有利于柴油机日常维护及修理。

（4）扩展了故障诊断、联络等功能

采用自动控制系统，可方便地与 ECU 相连，很容易实现柴油机性能检测与故障诊断功能，柴油机运行及检测数据的存储与传递等问题也迎刃而解，便于科学管理和使用。

（5）使柴油机的动力输出和负荷得到更精确的匹配

随着工程机械制造技术高速发展，为了提高自行式工程机械的作业效能，采用了电喷柴油机，电控自动变速器等自动控制装置，使自行式工程机械在作业时，能随着负荷的变化在一定范围内自动调整动力输出、动力传递，柴油机的动力输出和负荷得到更精确的匹配，充分发挥工程机械作业效能。

（6）柴油机是一种热效率比较高的动力机械

柴油机燃油喷射具有高压、高频、脉动等特点。其喷射压力高达 200 MPa，为汽油机喷射压力的百倍以上。对燃油高压喷射系统实施喷油量的电子控制，困难大得多。而且柴油喷射对喷射正时的精度要求很高，相对于柴油机活塞上止点的角度位置远比汽油机要求准确，这就导致了柴油喷射的电控执行器要复杂得多。

3. 电控柴油喷射系统的发展

最先出现的是电控喷油泵技术，而后又发展了电控泵喷嘴技术和高压共轨喷射技术，后两种技术是现在最主要的柴油机电控喷射技术。

（1）第一代柴油机电控燃油喷射系统也称位置控制系统，它用电子伺服机构代替机械调速器控制供油滑套位置以实现供油量的调整。其特点是保留了传统的喷油泵—高压油管—喷油器系统，只是对齿条或滑套的运动位置由原来的机械调速器控制改为计算机控制。

（2）第二代柴油机电控燃油喷射系统也称时间控制系统，其特点是供油仍维持传统的脉动式柱塞泵油方式，如博世公司的电控泵喷嘴系统，但供油量和喷油定时的调节则由 ECU 控制的强力快速响应电磁阀的开闭时刻所决定。一般情况下，电磁阀关闭时，执行喷油，电磁阀打开时，喷油结束；喷油始点取决于电磁阀关闭时刻，喷油量则取决于电磁阀关闭时间的长短。时间控制系统的控制自由度更大。

（3）第三代也称为直接数控系统，它完全脱开了传统的油泵分缸燃油供应方式，通过共轨和喷油压力/时间的综合控制，实现各种复杂的供油回路和特性（见图8—5—3）。

4．高压共轨电控喷射系统

按照喷油高压形成的不同，共轨式电控燃油喷射系统有高压共轨式和中压共轨式。

高压共轨系统高压泵（压力在 120 MPa 以上）直接产生高压燃油后，输送至共轨中消除压力脉动，再分送到各喷油器；当电子控制装置按需要发出指令信号后，高速电磁阀迅速打开或关闭，进而控制喷油器工作，即按设定的要求喷出或停喷高压燃油。

中压共轨系统油泵压力 10～13 MPa，将中压燃油输送到共轨中消除压力脉动，再分送至带有增压柱塞的喷油器中；当高速电磁阀开关阀接收到电子控制装置发送的指令信号后，就迅速开启或关闭，从而控制燃油器工作，随即通过高压柱塞的增压作用，将从共轨中来的中压燃油加压至高压（120～150 MPa）后喷出。中压共轨系统又包括共轨蓄压式和共轨液压式，共轨蓄压式的控制油和喷射油均来自共轨油管；而共轨液压式的控制油来自共轨油管，喷射油来自燃油输油泵，所以该系统的控制油和喷射油可以不同。

电控高压共轨式喷油系统的共轨油道内为高压燃油，喷油压力仅取决于共轨油道内的燃油压力，采用高速电磁阀可实现喷油量、喷油压力、喷油定时和喷油速率的柔性控制。德国博世公司的电控高压共轨式喷油系统，最大喷油压力可达 140～170 MPa，采用一个两位两通高速电磁阀。

二、博世高压共轨电控系统油路

如图 8—5—3 所示，电控喷油器根据 ECU 发出的喷油指令脉冲进行喷油，喷油开始点由指令脉冲起点控制，可以实现多次喷射，喷油量由指令脉冲的宽度控制，喷油压力为油轨压力。油轨压力由 ECU 根据油轨压力传感器信号，指令高压油泵控制喷油压力。该控制系统为闭环控制系统。

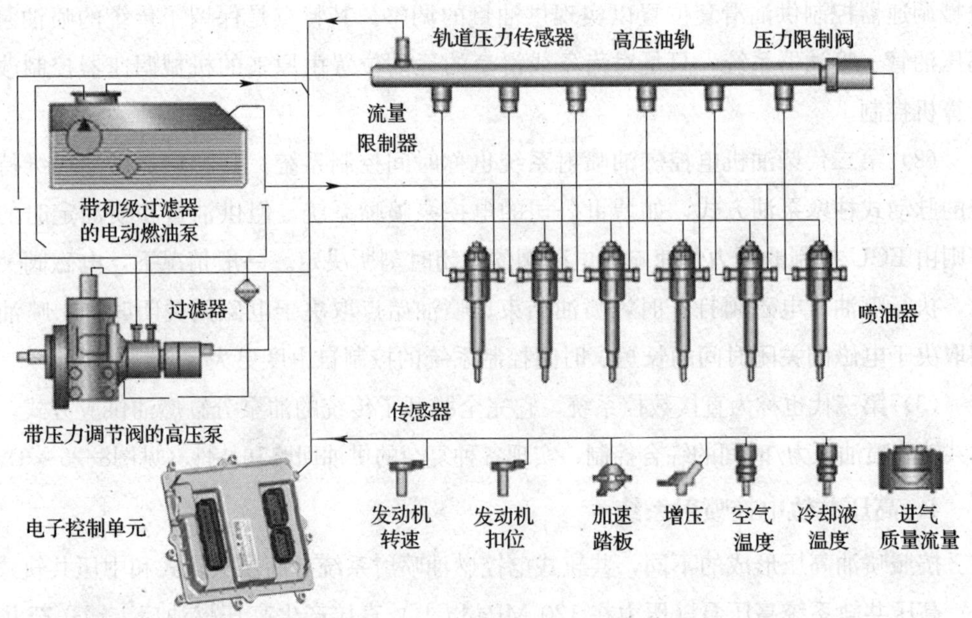

图 8—5—3 BOSCH 高压共轨电控系统

高压共轨控制技术分为起动控制、怠速控制、油门油量标定及其实现控制、热保护控制、冒烟极限控制、燃油预喷控制。

如图 8—5—4 所示，CP3.3 油泵适用于玉柴 4E、4G、6J、6A、6G 等中型系列博世柴油共轨发动机。

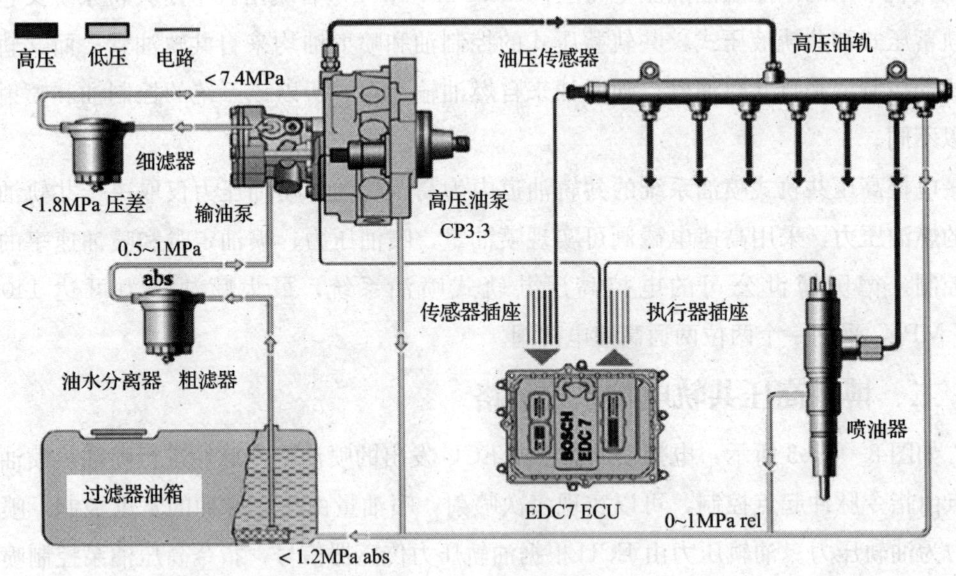

图 8—5—4 CP3.3 油泵的油路

燃油主要走向：油箱→过滤器（手油泵）→油水分离器粗滤器→输油泵→细滤器→高压油泵→高压共轨油管→喷油器。低压管路典型技术参数见表 8—5—1。

表 8—5—1 低压管路典型技术参数

	管内内径	允许油管长度	允许压力
燃油箱进油管	≥10 mm	≤3 mm	0.5～1.0 MPa
	≥11 mm	≤6 mm	
	≥12 mm	≤9 mm	
燃油箱回油管	≥9 mm	≤6 mm	≤1.2 MPa
	≥10 mm	≤9 mm	

三、柴油机电控系统部件功能

1. 齿轮传动系统

齿轮传动系统如图 8—5—5 所示。

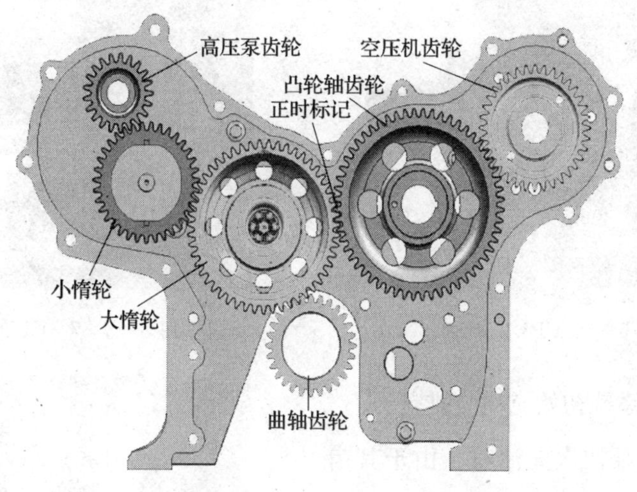

图 8—5—5 齿轮传动系统

安装时应保证各齿轮齿间隙为 0.07～0.25 mm，轴向间隙为 0.08～0.2 mm。曲轴齿轮、大惰轮、凸轮轴齿轮要严格按标记对正。燃油泵齿轮无正时记号，无正时要求。

2. 高压油泵

(1) CP3.3 为 3 缸径向柱塞式高压油泵，如图 8—5—6 所示。该泵集成了燃油计量单元，以控制高压油轨的油压。其后部设有 ZP18 齿轮输油泵。从驱动端看高压油泵逆时针旋转，采用燃油润滑。高压油泵理论供油速率为 1.087 cm^3/rev，最大轨压为

1 600 MPa，额定转速为 3 800 r/min。

油泵安装时，不能握住高低压连接口等低强度部件，而只能握住泵壳体。非必要时，安装中不能去除泵上的各种防护套；用 3 颗螺栓安装在油泵联结板上；油泵联结板安装在齿轮室盖板上；高压泵齿轮安装力矩 100～110 N·m，无正时要求；去掉防护套，立即安装好高压油管。不允许使用起动机拖动来排除油路空气，泵不允许“干转”，转动前必须加入 60 mL 燃油且排除内部空气；完成机械安装后才可以进行电气接口安装。

（2）CP2.2 油泵（适用于 6 L、6 M、6 K），如图 8—5—7 所示，为直列双柱塞高压油泵，采用机油润滑，逆时针旋转；集成调压阀 MeUN，用于控制高压油轨压力。该高压油泵还集成了 ZP5 齿轮输油泵，燃油滤清器位于齿轮输油泵压力端。高压油泵理论供油速率为 4.524 cm^3/rev；最大允许轨压为 1 600 MPa；泵额定转速为1 400 r/min。

图 8—5—6　CP3.3 油泵

图 8—5—7　CP2.2 油泵

（3）高压泵系统初始充油与排空

在对高压油泵初次充油时，由于其齿轮输油泵内有空气而导致供油不足，应该用辅助输油泵对其供油。供油时，高压油泵总成 CP3/ZP 的最小供油压力为 2 MPa，最大压力为 6 MPa。

车上排空建议：松开柴滤出口油管，压动手泵直到柴滤出口有燃油流出至无明显气泡状态。

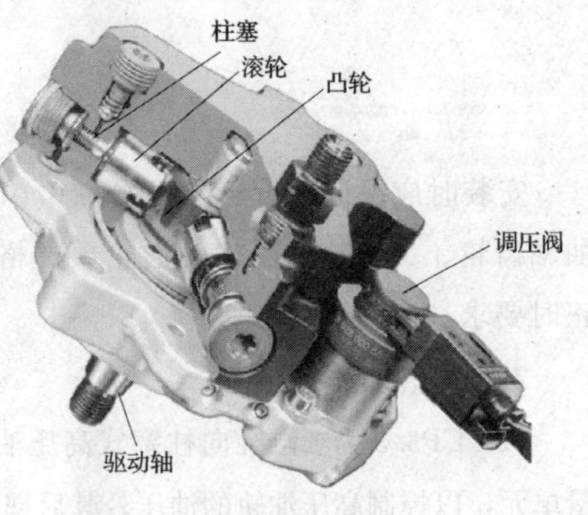

图 8—5—8　高压油泵剖视图

（4）高压油泵的内部结构

高压油泵剖视图如图 8—5—8 所示。

原理如图 8—5—9 所示，发动机通过齿轮带动油泵的驱动轴，驱动轴的末端的凸轮通过滚轮，推动柱塞泵油。

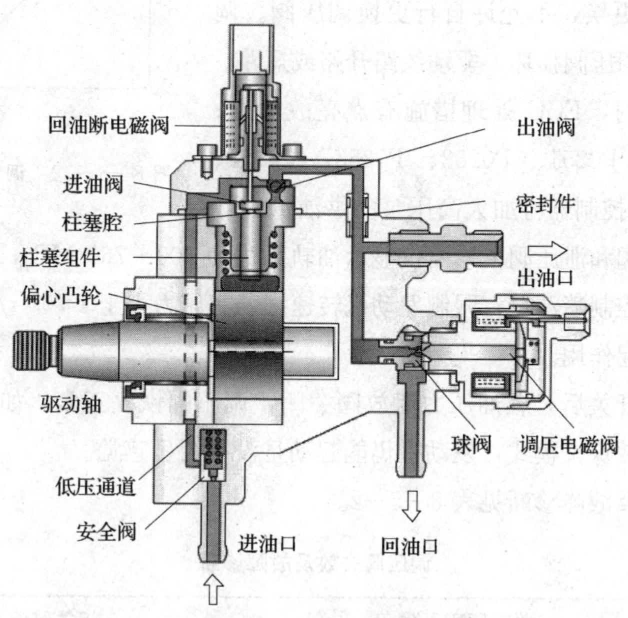

图 8—5—9　高压油泵原理图

3．调压阀 MeUN

如图 8—5—10 和图 8—5—11 所示，调压阀是一种比例电磁阀，作用是控制进入柱塞的燃油量，从而控制共轨油管压力。该阀采用脉冲宽度调制（PWM）控制，频率为 165～195 Hz。线圈电阻为 2.6～3.15 Ω，最大电流 1.8 A，缺省状态为全开（limp home）。其控制油量 Q 与电流 I 的关系如图 8—5—12 所示。

图 8—5—10　调压阀

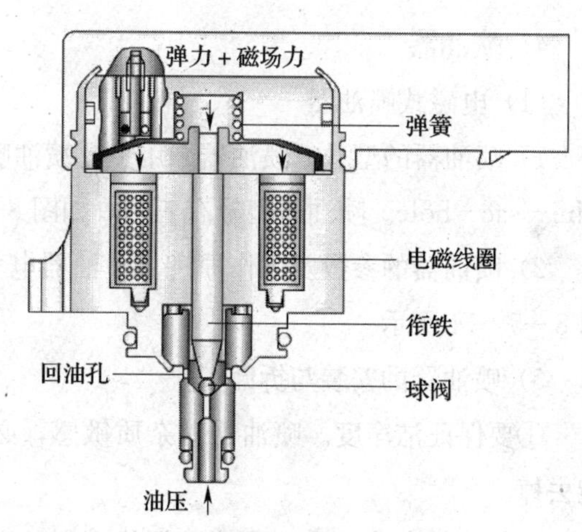

图 8—5—11　调压阀内部结构

若调压阀失效，油轨上的泄压阀将被强行冲开，此时可以明显感觉回油管温度很高。这时必须进行整个高压油泵的更换，不允许自行更换调压阀。调压阀失效原因有调压阀损坏，驱动线路开路或短路。

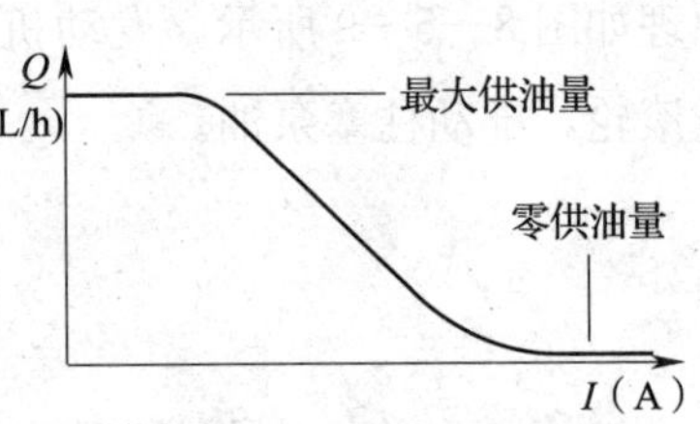

图 8—5—12　调压阀的工作特性

调压阀失效时，ECU 处理措施有点亮故障灯；产生故障码 P0251、P0252、P0253、P0254、P025C、P025D；控制器将加大高压泵的供油量；打开燃油压力超高阀和泄压阀；诊断仪显示油轨压力为 700～760 MPa，该压力随转速升高而增大；通过控制喷油量，限制发动机转速（若其压力小于 1 700 r/min）；在限制范围内，油门仍然起作用。

当关闭点火开关后，燃油压力泄放阀关闭，调压阀恢复正常。如发动机起动过程已进入调压阀失效保护模式，发动机仍能起动且没有明显感觉。

调压阀失效及故障诊断见表 8—5—2。

表 8—5—2　调压阀失效及故障诊断

故障现象	故障原因及提示	相关维修建议
功率不足，转速受限（低于 1 700 r/min）	调压阀故障；驱动线路故障 诊断仪中相关故障码 P0251、P0252、P0253、P0254、P025C、P025D 相应故障灯闪码是 354、355、356、353	检查调压阀的驱动线路，是否有开路或短路现象；正常情况下驱动线路上的电压应该是 24 V 检查调压阀线路电阻是否在 2.6～3.15 Ω，以判断调压阀是否损坏

4. 喷油器

（1）电磁式喷油器

1）喷油器的型号。喷油器采用多孔喷油嘴，最大喷油压力为 1 600 MPa，喷嘴为 mini－sac－hole。喷油器型号有三种，如图 8—5—13 所示。

2）喷油器的参数及工作原理。喷油器电气参数见表 8—5—3，喷油器工作原理如图 8—5—14 所示。

3）喷油器的安装与拆卸

①要保证洁净度。喷油器对杂质敏感，必须保持洁净。所用防护套仅在装配前才能去掉。

②喷油器安装方法：将喷油器导入气缸盖孔；要求对准、无阻力；将喷油器压板完全松开，使之不受力；将高压连接管装人，预紧力为 3.5～8 kN。

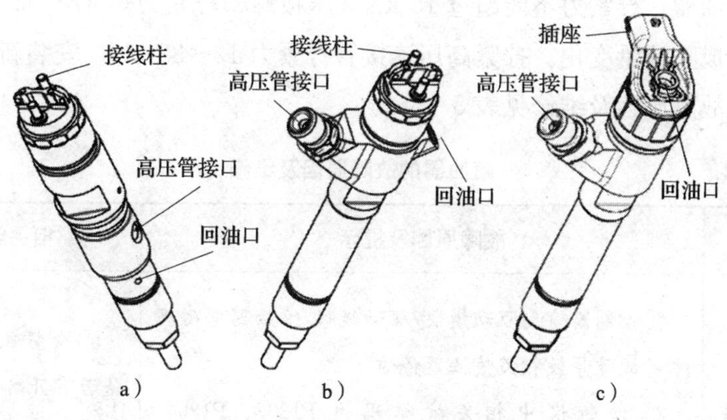

图 8—5—13　喷油器的型号

a）型号 1　b）型号 2　c）型号 3

表 8—5—3　　**喷油器电气参数**

线圈电阻 R_{coil}	MΩ	230	当 20℃时，公差：±5%
线圈电感 L_{Boost}	μH	150	模拟值，提升段，当 20℃时
线圈电感	μH	35	模拟值，保持段，当 20℃时
提升电压 U_{Boost}	V	48	提升开始时，20℃
提升电流 I_{boost}	A	24～26	设定值：25 A
保持电流 I_{hold}	A	11～13	设定值：12 A
电磁阀开启时间			110 μs±10 μs
电磁阀关闭时间			30 μs±5 μs

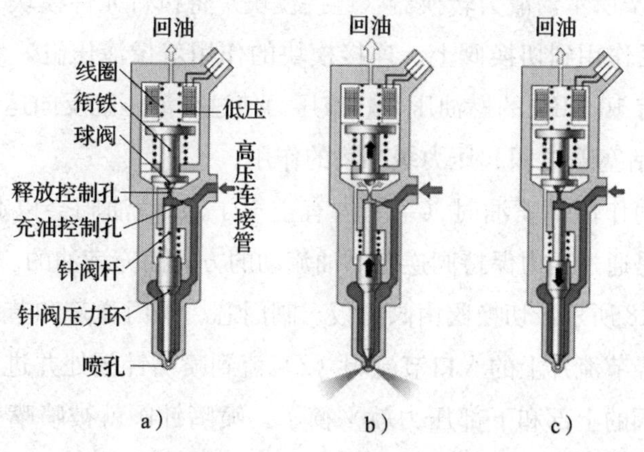

图 8—5—14　喷油器工作原理

a）喷油器结构　b）喷油器通电开启　c）喷油器断电关闭

③拧紧喷油器：拧紧力不能超过 15 kN（压板螺帽拧紧力矩 47～55 N·m），过高的压紧力会造成喷油量变化。拧紧高压连接管拧紧力 12～22 kN。安装新 O 形圈。

喷油器的故障原因及维修见表 8—5—4。

表 8—5—4　　喷油器的故障原因及维修

故障现象	故障原因及提示	相关维修建议
某缸不工作，整机功率、扭矩不足，运行不稳，冒黑烟、油耗高	①控制器喷射驱动模块/驱动线路/喷油器电磁阀本身故障导致相关喷油器停喷 ②诊断仪中相关故障码为 P1203、P1204、P1209、P120B、P120C、P1211、P0261、P0262、P0201、P0264、P0265、P0202、P0267、P0268、P0203、P0270、P0271、P0204 等 ③相应故障灯闪码是 322、323、324、332、334、335 等	①检查喷油器驱动线路，是否有开路/短路情况 ②检查喷油器电磁阀特性，静态电阻应为 230 mΩ ③排除上述情况后，表明故障可能出现在控制器内部

（2）压电式喷油器

奥迪汽车柴油高压共轨发动机采用压电式喷油器，如图 8—5—15 所示。其特点是能连续多次触发喷油，各喷油阀之间切换时间非常短，产生的控制力很大足以对抗油轨压力，燃油卸压时行程控制精确，根据油轨压力触发电压可为 110～148 V。

执行元件中装有 264 层压电元件层，如图 8—5—16 所示。压电元件是由电气石、石英、酒石酸钾钠等构成的离子晶体，发生变形时，会产生一个电势。反过来，给压电元件加上电压，晶体会被拉长，称不压电效应。

如图 8—5—17 所示，液力转换器（连接模块）将执行元件模块长度的增长转化为液力和位移，然后作用到切换阀上。连接模块的作用就像液压缸，它的上面通过压力调节阀总是作用有 10 MPa 的燃油压力，该压力使这个液压缸反向运动。燃油在连接模块中活塞 A 和阀活塞 B 之间起压力缓冲垫的作用。

当喷油阀有动作但不喷油时（系统内有空气了），喷油阀会以起动转速起动来排气。另外喷油阀是通过压力保持阀逆着燃油流动的方向而充满油的。

如图 8—5—18 所示，切换阀由阀门板、阀门芯、阀门弹簧和节流片组成。燃油油压（油轨压力）经节流片上的入口节流阀（Z）流到喷嘴针阀处并进入该针阀上部的腔内。于是喷嘴针阀的上部和下部压力就平衡了，喷嘴针阀就被喷嘴弹簧的作用力保持在关闭的位置上。当压下阀门芯时，回流通路就打开了，轨内的压力油首先流过喷嘴针阀上部的一个较大的出口节流阀（A），于是喷嘴针阀就被该压力抬离针阀座，然后

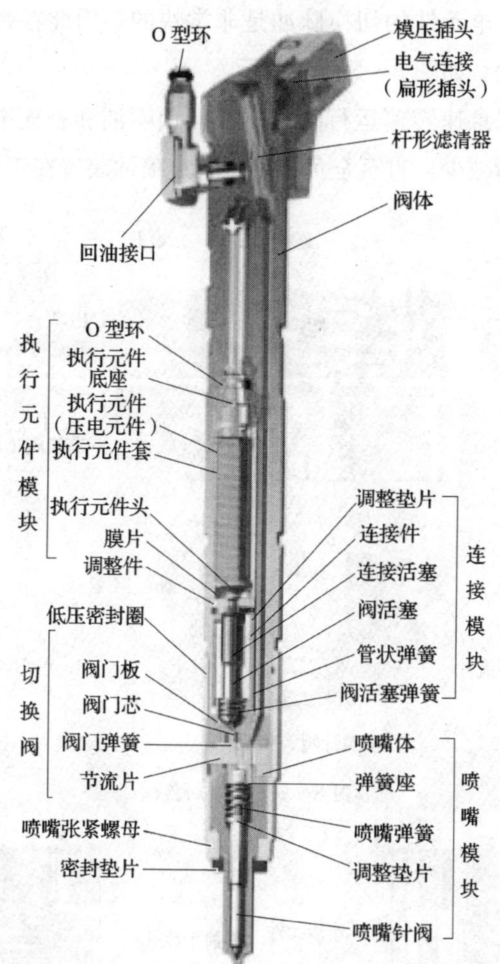

图 8—5—15　奥迪汽车采用的压电式喷油器

图 8—5—16　执行元件中 264 层压电元件层

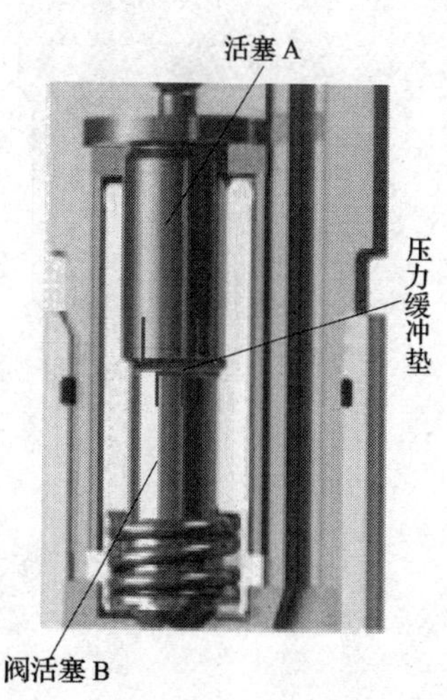

图 8—5—17　液力转换器

就开始喷油了。由于压电元件的切换脉冲是非常快的，因此在每个工作行程中可以完成多次连续的喷油过程，如图 8—5—19 所示。

当发动机冷机且以怠速转速运行时，要进行预喷油和补充喷油两次喷油。随着负荷的增加，预喷油逐渐减少，直至全负荷时只有主喷油装置在工作了。

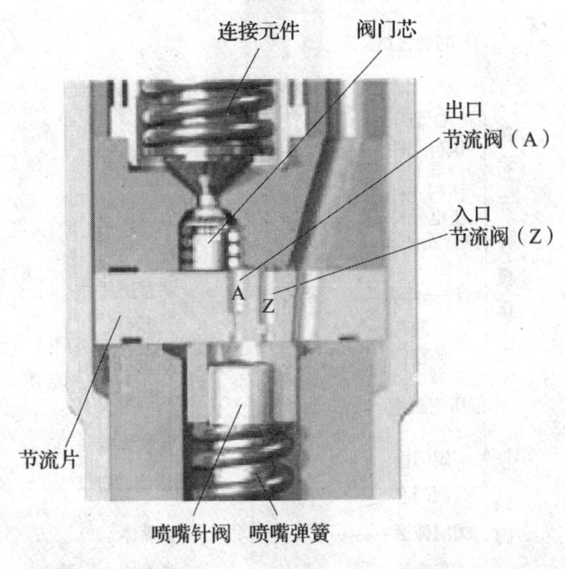

图 8—5—18 切换阀

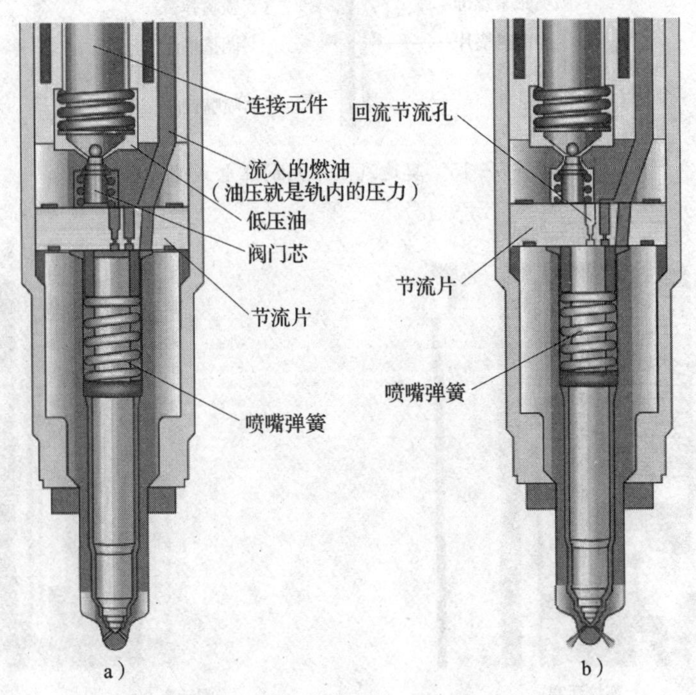

图 8—5—19 喷油过程

a）喷油器关闭 b）喷油器打开

5. 高压共轨油管

共轨油管结构如图 8—5—20 所示，其作用是积累和分配高压燃油，降低由于柱塞间歇性供油和喷油器短暂喷射产生的压力波动。

如图 8—5—21 所示，节流孔是压装在高压共轨油管上的，每个喷油器有一个高压油管安装座。

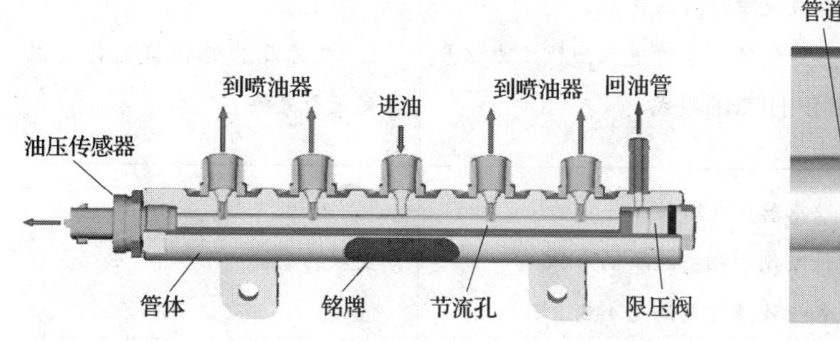

图 8—5—20　共轨油管结构

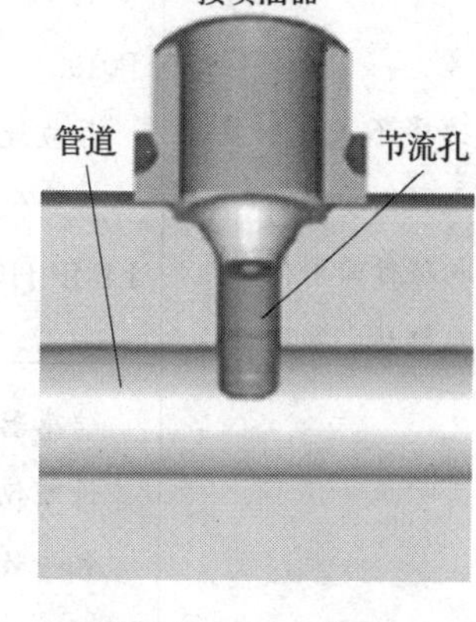

图 8—5—21　节流孔

限压阀安装在共轨油管上，作用是将共轨油管内的油压限制在设定范围内。如图 8—5—22 所示，当油压低于设定值时，弹簧向左压紧滑阀，限压阀关闭。当油压高于设定值时，高压油克服弹簧力，向右推开滑阀，限压阀开启。

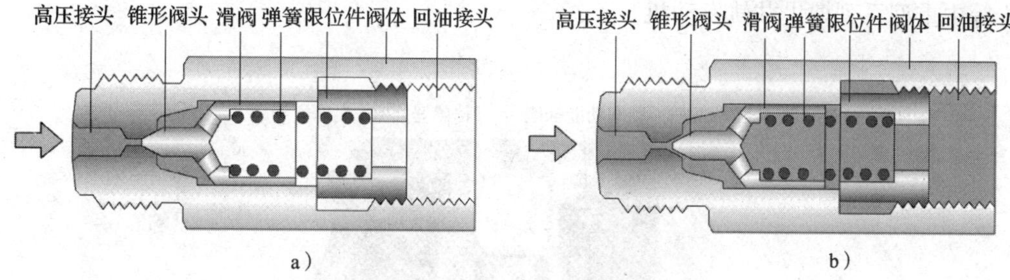

图 8—5—22　限压阀的工作原理

a）限压阀关闭　b）限压阀开启

6. 油压传感器

如图 8—5—23 所示，油压传感器安装在共轨油管上，最高压力为 1 800 MPa，具有良好的精度和线性度、重复性。油压传感器适时给 ECU 提供油压信号。接插件有 5 V 电源、信号和接地三个端子。油压传感器失效模式及维修见表 8—5—5。

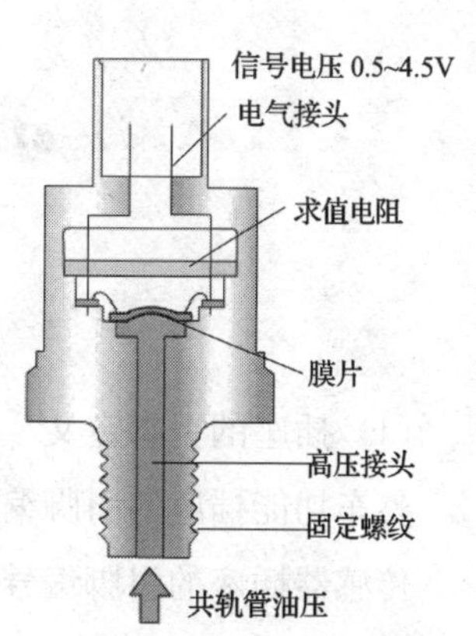

图 8—5—23　油压传感器

表 8—5—5　　油压传感器失效模式及维修

故障现象	故障原因及提示	相关维修建议
功率不足，转速低于 1 700 r/min（或者进入跛行回家模式）；难起动，冒黑烟	传感器信号丢失 诊断仪中相关故障码为 P0192 P0193 相应故障灯闪码是 441 诊断仪显示系统进入油轨压力信号 LIMP HOME 模式	1. 检查信号线路，是否开路/短路；在正常通电的情况下插接件上三条线中两两之间应有 5 V 左右电压 2. 参考压力特性检查传感器，决定是否更换
	传感器信号飘移 诊断仪中相关故障码为 P0191 相应故障灯闪码是 442	更换传感器

7. 控制器 ECU

控制器 ECU 如图 8—5—24 所示，适用于玉柴 4E、4G、6J、6A、6G、6L、6M、6K 等中重型系列博世共轨发动机。

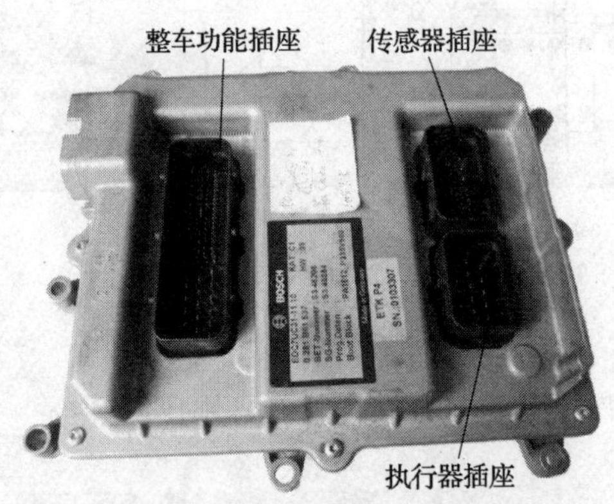

图 8—5—24　控制器 ECU

(1) 插座的引脚定义

整车功能插座的引脚编号如图 8—5—25 所示。引脚的定义见表 8—5—6。

传感器插座的引脚编号如图 8—5—26 所示。引脚的定义见表 8—5—7。

执行器插座的引脚编号如图 8—5—27 所示。引脚的定义见表 8—5—8。

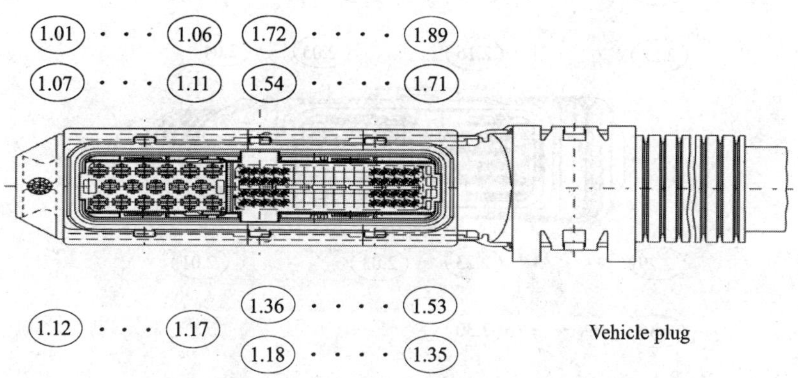

图 8—5—25　整车功能插座的引脚编号

表 8—5—6　　整车功能插座引脚的定义

线号	定义	线号	定义
1.34	CAN 通信高端	1.64	巡航控制，“减速”
1.35	CAN 通信低端	1.65	扭矩限制信号低端
1.36	燃油加热控制	1.66	离合器开关
1.37	发动机起动继电器控制高端	1.70	车速信号低端
1.38	冷起动指示灯	1.71	车速信号高端
1.39	水传感器指示灯	1.72	诊断请求开关
1.40	点火开关	1.74	巡航控制，“关闭”
1.41	制动开关 1#	1.76	2# 油门传感器低端
1.42	空调请求开关	1.77	1# 油门传感器高端
1.43	水传感器	1.78	1# 油门传感器低端
1.47	发动机停止开关	1.79	1# 油门传感器信号端
1.48	低怠速开关高端	1.80	2# 油门传感器信号端
1.49	制动开关 2#	1.84	2# 油门传感器高端
1.5	发动机起动继电器控制低端	1.85	空挡开关
1.55	预热装置继电器控制线高端	1.87	曲轴传感器信号输出端
1.59	预热装置继电器控制线低端	1.88	凸轴传感器信号输出端
1.61	起动机控制端	1.89	K 线
1.6	扭矩限制信号高端		

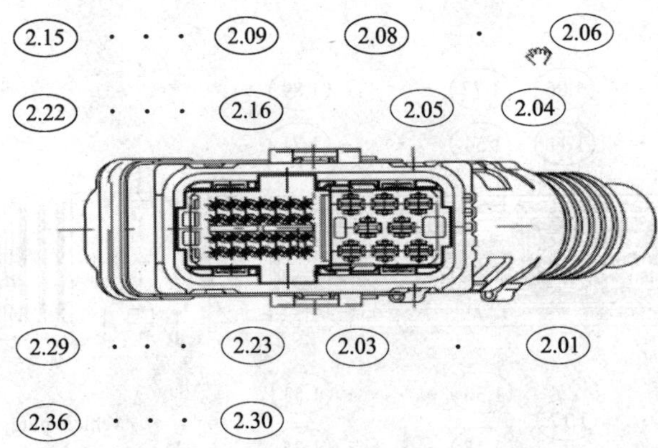

图 8—5—26 传感器插座的引脚编号

表 8—5—7 传感器插座引脚的定义

线号	定义	线号	定义
2.03	电源输出端（24 V）	2.14	共轨油压传感器信号端
2.04	燃油加热继电器控制高端	2.15	冷却水温传感器高端
2.05	燃油加热继电器控制低端	2.26	冷却水温传感器低端
2.06	排气制动碟阀控制	2.19	凸轮轴传感器低端
2.11	空调压缩机继电器控制	2.23	凸轮轴传感器高端
2.09	曲轴传感器信号高端	2.25	增压压力传感器低端
2.10	曲轴传感器信号低端	2.33	增压压力传感器高端
2.12	共轨油压传感器低端	2.34	增压压力传感器信号端
2.13	共轨油压传感器高端	2.36	增压温度传感器信号端

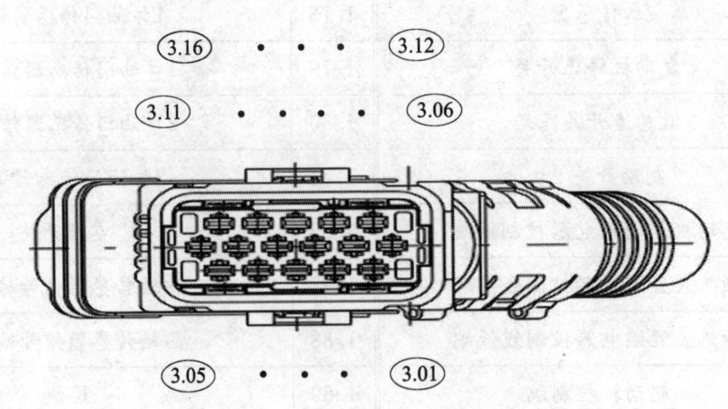

图 8—5—27 执行器插座的引脚编号

表 8—5—8　　执行器插座引脚的定义

线号	定义	线号	定义
3.04	第一缸喷油器驱动高端	3.02	第六缸喷油器驱动高端
3.13	第一缸喷油器驱动低端	3.15	第六缸喷油器驱动低端
3.06	第二缸喷油器驱动高端	3.10	油量计量阀驱动低端
3.11	第二缸喷油器驱动低端	3.09	油量计量阀驱动高端
3.05	第三缸喷油器驱动高端	3.04	第一缸喷油器驱动高端
3.12	第三缸喷油器驱动低端	3.13	第一缸喷油器驱动低端
3.03	第四缸喷油器驱动高端	3.02	第二缸喷油器驱动低端
3.14	第四缸喷油器驱动低端	3.15	第二缸喷油器驱动高端
3.01	第五缸喷油器驱动高端	3.01	第三缸喷油器驱动高端
3.16	第五缸喷油器驱动低端	红色部分为四缸机	

（2）ECU 功能

1）喷油方式控制，高达 5 次喷射（现只用 2 次）。

2）喷油量控制，预喷油量自学习控制和减速断油控制。

3）喷油正时控制有主喷正时、预喷正时、正时补偿。

4）轨压控制有正常和快速轨压控制、轨压建立和超压保护、喷油器泄压控制、轨压 Limp home 控制。

5）扭矩控制有瞬态扭矩控制、加速扭矩控制、低速扭矩补偿控制、最大扭矩控制、瞬态冒烟控制、增压器保护控制。

6）过热保护和各缸平衡控制。

7）EGR 控制和 VGT 控制。

8）辅助起动控制（电动机和预热塞）。

9）系统状态管理和电源管理。

10）故障诊断。

8．传感器

博世共轨系统传感器见表 8—5—9 所示。

表 8—5—9　　博世共轨系统传感器

<table>
<tr><th>序号</th><th>名称</th><th>图形</th><th>主要参数</th><th>功能描述</th></tr>
<tr><td>1</td><td>曲轴传感器</td><td></td><td rowspan="2">可变磁阻式（VR），有两个输出端子
空气间隙 0.5～1.5 mm
输出电压≥1 650 mV
静态电阻值 860 Ω×（1±10%）</td><td>精确计算曲轴位置，用于喷油时刻、喷油量和转速计算</td></tr>
<tr><td>2</td><td>凸轮轴传感器</td><td></td><td>判缸和曲轴传感器失效时用于跛行回家模式</td></tr>
<tr><td rowspan="2">3</td><td>进气温度传感器</td><td rowspan="2">电源地　温度信号　电源（5V+）　压力信号
1　2　3　4</td><td rowspan="2">集成 NTC 温度传感器和压力传感器
输出电压(0.3±0.5)—(4.8±0.5) V
方向：带有密封圈的气孔向下
电阻：2.5 kΩ×（1±5%）（20℃）</td><td>测量进气温度，修正喷油量和喷油正时，过热保护</td></tr>
<tr><td>增压压力传感器</td><td>监测进气压力，和进气温度一起计算进气量，与进气温度集成在一起</td></tr>
<tr><td>4</td><td>冷却水温传感器</td><td></td><td>两个输出端子的热敏电阻式 NTC
工作电压：5 V±0.15 V
静态电阻：2.5kΩ×（1±6%）（20℃）
0.186 kΩ×（1±2%）（100℃）</td><td>测量冷却水温度，用于冷起动、目标怠速计算等，同时还用于修正喷油提前角、过热保护等</td></tr>
</table>

续表

序号	名称	图形	主要参数	功能描述
5	油门位置传感器		双信号输出，比例式（P1、P2） 工作电压：5 V×（1±6%） 工作电流：≤20 mA 最大信号电流：0.52 mA	将驾驶员的意图送给控制器ECU 主要功能：扭矩控制（油量控制）；怠速控制（高、低怠速）；减速断油控制；Limp home 控制
6	车速传感器		频率 f=0～1.5 kHz 低电平输入电压：0.1～3.8 V 高电平输入电压：4.7～10.5 V 霍尔传感器：每转输出8个脉冲 参考电压：DC 8 V	提供车速信号给ECU，用于整车驱动控制，由整车提供

思考与练习

1. 简述BOSCH高压共轨电控系统组成。
2. BOSCH高压共轨电控系统有哪些传感器？

课题六　电子控制气门机构

学习目标

◆ 熟悉电子控制气门机构的优点。

◆ 了解电子控制气门机构的工作原理。

> 参见图 2—2—12、图 2—2—13、图 2—2—15，试判断在配气机构方面采用了哪方面的技术？

图 8—6—1 所示为奥迪汽车采用的螺旋槽式凸轮，图 8—6—2 所示为日产的 VVEL 系统。这些技术都是为了使气门的开闭要适应不同发动机转速的变化，以增加进气充量，提高发动机的扭矩和功率，提升效率、节约燃油。无论怎么改进，气门都是由发动机驱动，且凸轮的形状是固定的，使气门开闭不能完全适应发动机转速和工况的变化，如图 8—6—3 所示。采用电子控制气门系统（e－Valve），取消了配气机构的凸轮等传动部件，是发动机进气系统的一次革命。

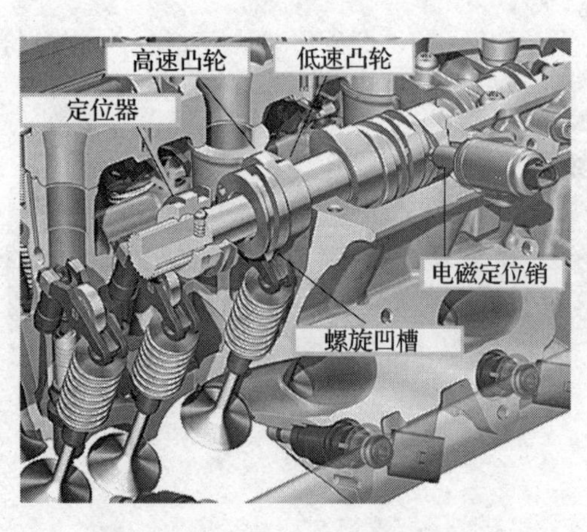

图 8—6—1　奥迪汽车螺旋槽式凸轮

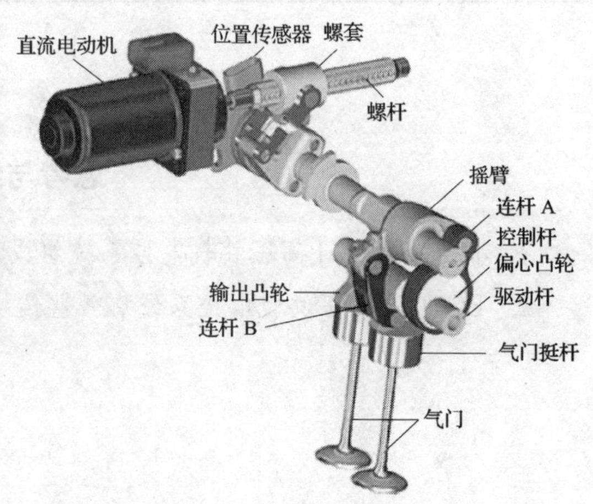

图 8—6—2　日产 VVEL 系统

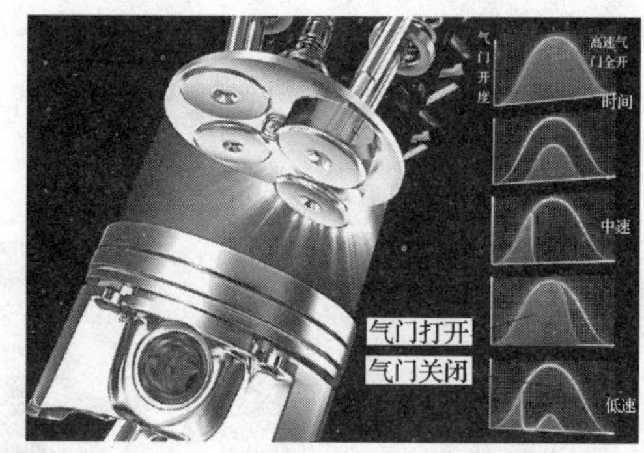

图 8—6—3　配气相位与发动机转速的关系

一、电子控制气门机构的优点

1. 有效降低了发动机重量和体积

可用传感器来检测各缸的燃烧状况，以调整个别气门来提升整体效能；还可利用进、排气门同时开启，使气缸内变成非真空无压力的状态，在起动瞬间保留一个气缸的气门正常工作，而将其他缸气门皆设为半开启状态，便于发动机起动。这样可以节省燃料又可轻松起动发动机，并延长起动机寿命，甚至可以不用借助于起动机起动，而利用活塞刚好达到上止点的某个气缸进行单缸点火来起动发动机。

2. 踩踏油门时发动机产生反应的时间短

传统发动机以油门控制节气阀的方式，油门踩下节气阀打开，还要等待空气流填满进气歧管之后，才会大量进入发动机气缸，产生所需要的动力。而电子控制气门发动机油门踩下时，可直接控制加大进气阀门开启深度，大量空气立刻流入发动机气缸，产生所需要的动力。电子气门发动机进气阀门开启深度最浅 0.25 mm，最深可以到 9.7 mm，相差近 40 倍，然而从最浅变化到最深，电子控制气门机构所需要的反应时间只要约 0.3 s，如图 8—6—4 所示。

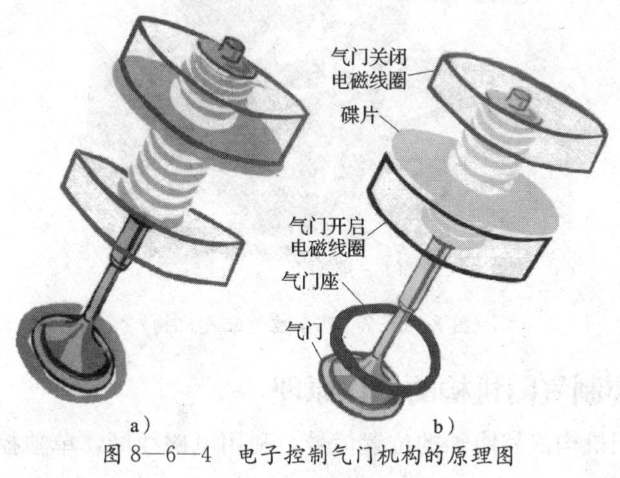

图 8—6—4　电子控制气门机构的原理图

a) 气门关闭　b) 气门开启

3. 电子控制气门机构很容易实现发动机的排量变化

如果汽车阻力减小，可以关闭一部分气缸。e－Valve 结构如图 8—6—5 和图 8—6—6 所示。

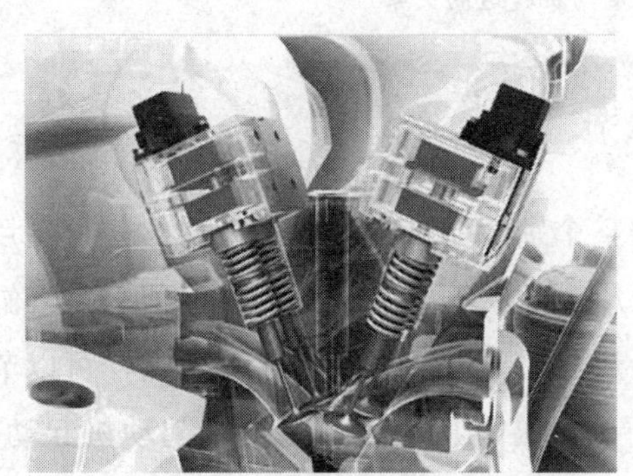

图 8—6—5 e－Valve 外形

图 8—6—6 e－Valve 的结构

如图 8—6—7 所示，进气门采用电子液压控制，排气门采用凸轮轴控制。

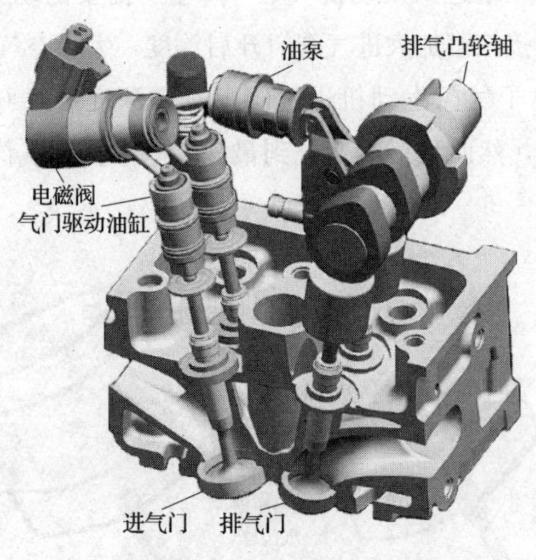

图 8—6—7 混合控制配气机构

二、电子控制气门机构的工作原理

电子控制气门机构依靠曲轴的位置信号，利用电磁线圈，单独控制每一个气门的开闭。当气门关闭电磁线圈通电时，电磁铁将与气门杆连为一体的碟片吸起，气门关闭，如图 8—6—4a 所示。当气门开启电磁线圈通电时，电磁铁将与气门杆连为一体的碟片拉下，气门开启，如图 8—6—4b 所示。

高速时，气门提前开启，开度较大，且开启的时间较长，以增大发动机的功率。低速时，气门推迟开启，开度较小，且开启的时间较短，以使燃烧完全，达到省油、环保和提升扭矩的目的。

思考与练习

1. 简述电子控制气门技术的优点。
2. 电子控制气门机构的工作原理是什么？